U0946405

清史其实超好看

①

夏欣然 —— 编著

北京燕山出版社

图书在版编目（CIP）数据

清史其实超好看 . 1 / 夏欣然编著 . — 北京：北京燕山出版社，2023.4

ISBN 978-7-5402-6748-3

Ⅰ . ①清… Ⅱ . ①夏… Ⅲ . ①中国历史—清代—通俗读物 Ⅳ . ① K249.09

中国版本图书馆 CIP 数据核字（2022）第 217715 号

清史其实超好看 . 1

编　　著　夏欣然
责任编辑　王长民
文字编辑　赵满仓
封面设计　韩　立
出版发行　北京燕山出版社有限公司
社　　址　北京市西城区椿树街道琉璃厂西街 20 号
邮　　编　100052
电话传真　86-10-65240430（总编室）
印　　刷　德富泰（唐山）印务有限公司
开　　本　880mm × 1230mm　1/32
总 字 数　720 千字
总 印 张　25.75
版　　次　2023 年 4 月第 1 版
印　　次　2023 年 4 月第 1 次印刷
定　　价　118.00 元（全 4 册）

发 行 部　010-58815874
传　　真　010-58815857

如果发现印装质量问题，影响阅读，请与印刷厂联系调换。

前言

大清王朝，自1616年努尔哈赤建立后金起，至1912年溥仪退位，历经十三朝十二帝，统治中国近300年。它是中国历史上最后一个封建王朝，也是距离我们今天最近的一个封建王朝。中国封建社会在经历了漫长的岁月之后，到这个时候已经如同一个龙钟老人，步履蹒跚，然而这个由满族人建立起来的统一政权，却在重重迷雾中书写了一段非比寻常的历史：改朝换代的战争、雄才大略的帝王、空前绝后的疆域、冷酷隔膜的心态、戮心为上的“盛世”、思想文化的钳制、贪官污吏的丑态、西方列强的侵略、开明人士的自救、异域文化的东渐、维新改良的尝试、推翻帝制的革命……如此种种，令人眼花缭乱。

1912年2月12日，随着末代皇帝溥仪的退位，这个统治了中国近300年之久的封建帝国和腐朽的封建制度一起成了历史的尘埃，然而它留给世人的不仅是一个满目疮痍的国家、一段启示于后人的历史，还有众多的流传于民间、纠结于历史真假的未解之谜。

本书搜集了大清王朝整部历史所流传、记载的、引发轰动的、众说不一的、争论不止的、甚至始终难有定论的，让后人百思不解，但又特别抓人好奇心和敏感神经的未解之谜，涉及宫廷内幕、官场奇闻、文人轶事、神秘宝藏、历史奇案等诸多内容，在参照大量的文献资料、考古发现的基础上，深入解析和破译这些谜题，力争给读者提供丰富、权威、全面的信息。此外，编者精选了近百幅弥足珍贵的精美图片，直击历史谜团，与文字互为补充和诠释，立体、全息地展示大清王朝鲜为人知的历史内幕。

生动流畅的叙述语言、逻辑严密的分析推理、图文互注的编排方式，独特的视角，探索的眼光，深层次挖掘事件或现象背后的真实内幕，引领读者探隐寻幽，撩开历史的神秘面纱，发现真实鲜活的历史，参悟历史的玄机。

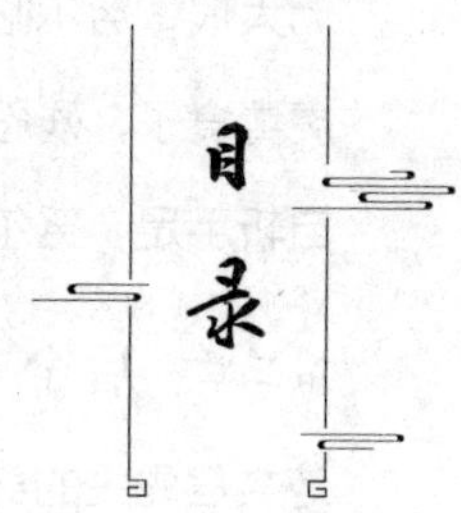

第一章　爱新觉罗氏的崛起

第二章　辽东大一统的背后

第六章 吴三桂降清

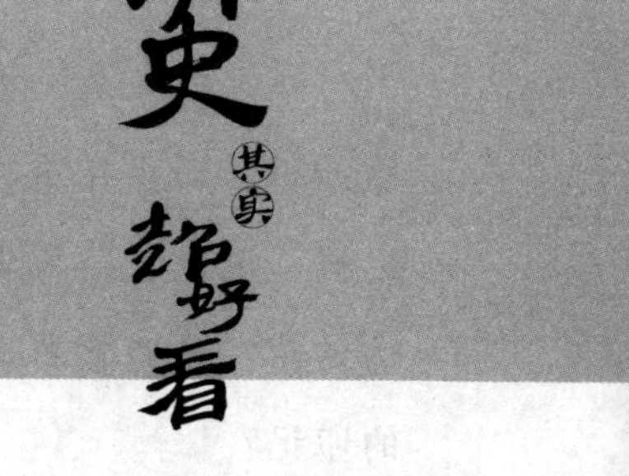
清史
其实
超好看

第一章

爱新觉罗氏的崛起

神鸟？红果？谁才是努尔哈赤的祖先

……

一只神鸟，一枚红果，一位仙女，一段传奇，爱新觉罗氏的始祖就诞生在这样一个看似毫无可信度的故事之中。史籍的记载荒诞绝伦，历史的疑云层层笼罩。谁才是爱新觉罗氏真正的始祖？爱新觉罗氏的祖先在历史上到底留下了哪些鲜为人知的印记？

传说中的故事

很久以前，在东北长白山上有一座布库里山，山上有一个湖泊，叫布勒瑚里湖。已经久远得忘记了是何年何月，天宫里的恩古伦、正古伦、佛库伦三位仙女突然心血来潮，想要到凡间去玩玩。于是，她们想办法躲过了天庭守卫的法眼，偷偷地溜到人间，来到布勒瑚里湖畔。

湖水分外清冽晶莹，对三个终日里闷在天庭的仙女有着莫大的吸引力。她们合计一番，打算先在湖里洗个澡，再痛快地去玩。

正在这三位仙女玩得开心之时，一只喜鹊突然飞了过来，在三仙女中最小的佛库伦头上久久盘旋不止。佛库伦感到很奇怪，伸出手去想要摸摸这只看起来十分可爱的喜鹊。没想到，喜鹊恰巧将口中衔着的一枚朱果吐到了她的手中，随后长鸣着展翅飞远，不见了踪影。

细看喜鹊留下来的这枚朱果色泽红艳，散发着一股诱人的香气，让佛库伦爱不释手。见两位姐姐都有穿衣服离开的意思，佛库伦忙把朱果放在嘴里，匆忙着衣。忙中出错，一不留神却把果子囫囵着吞进肚里。没过多大一会儿，佛库伦便感到小腹有下坠的异状，像是怀孕的征兆，当两位姐姐要飞走时，自己的身体却已经沉重不堪，无法再驾云飞升。

两位姐姐见妹妹神色不对，便问妹妹怎么了，得知事情的

长白山天池

“长白山”之名源于满族语果勒敏珊延阿林，被视为满族的发源地，备受满族人尊崇。《太祖武皇帝实录》最早记载了长白山之东北布库里山下佛库伦吞神鸟所遗朱果而生布库里雍顺的神话，以此向人们昭示皇权天授的神圣性。

来龙去脉之后，安慰她道：“我们早已长生不老，时间的流逝对我们来说没有任何意义。你就在这里把孩子生下来吧，等身子轻了再飞回去也来得及。”

就这样，佛库伦独自一人留在了布库里山上，等待婴儿的降生。

没过多久，一个长相奇异的男孩呱呱落地。奇异的是他竟然生下来就会说话，迎风就长，没用多长时间，便已经长大成人。佛库伦给他起了个名字：爱新觉罗·布库里雍顺，并将自己的身世和他诞生的经过详细地讲与他听，并告诉他：“你是上天安排出生的人，你的使命就是平息天下的战乱。现在，你沿着这条溪水一直往下游走，那里有你成名立业的地方。”说完这番话，佛库伦便消失不见了。

布库里雍顺划着母亲留下来的一叶用桦树做的独木舟，顺流而下，来到长白山东南一个叫鄂谟辉的地方，在溪水边用柳枝和野蒿搭起一座窝棚，暂时居住了下来。

在布库里雍顺居住的地方，有一座鄂多理城，也就是今天的吉林省敦化市。城里有三姓人家，各以姓为派别，形成三派，终日里为了争夺鄂多理城的控制权而打个不休。但三家实力差不多，谁也没本事把另外两家吃掉，却也不甘心就此沦为人后。正因为如此，这座小小的城里终日上演着刀光剑影的闹剧。

一天，城中有人去提水，发现溪边起了一座窝棚。由于那个时候的交通极为不便，陌生人很少见，所以他很是惊讶。走近一看，见里面住着个相貌奇异、举止不凡的年轻人——布库里雍顺。

当下，布库里雍顺便向来者友善地介绍了自己，也将自己的使命告知对方。来者一听，满心欢喜，连忙奔回城里，找到仍在械斗的三家首领，将情况一一讲明，并说："我想他会公平解决我们之间的争斗的，为什么不去问问他呢？"三家首领听罢，又惊又喜，忙率一干人等来到了布库里雍顺的窝棚前。

布库里雍顺进行了自我介绍。三家首领一商议，决定结束争斗，让这个上天派下来的使者担任城中领袖。于是，众人用手臂结成人轿，抬起布库里雍顺，浩浩荡荡地走回城中。

从此以后，布库里雍顺便成了鄂多理城之主，娶了城中如花似玉的百里氏之女为妻，称其国号为满洲。鄂多理城终于迎来了安定、平静的日子。

然而好景不长。布库里雍顺死后没过几代人，鄂多理城再次陷入危机之中。在一次极大的叛乱中，布库里雍顺的子孙几乎被斩杀殆尽，只有一个名叫樊察的小男孩逃出生天。当他逃到荒野上时，身后的追兵越来越近，眼见就要被擒，几只乌鸦突然落在他的肩膀上。追兵误以为樊察是一段枯树，从他的身边呼啸而去。就这样，樊察方才侥幸逃脱，将爱新觉罗氏唯一的血脉传承了下去。

这就是爱新觉罗氏始祖起源的故事。现在，当我们看到这则故事时，大多会毫不怀疑地将之归入到神话传说中去。但这却是正大光明记载于《清实录》《清史稿》等重要史料中的"历史"。那么，爱新觉罗氏的始祖到底是何方神圣？

布库里雍顺存在的证据

大多数人认为，布库里雍顺虽然不是什么仙女之子，但可以肯定他就是爱新觉罗氏的始祖。其证据在于，历史上确实存在过布库里雍顺这个人物。在史料记载中，此人乃元代首任斡朵里万户府万户，而据《元地理志》记载，斡朵里确实设有万户一职，这就与传说中布库里雍顺在鄂多理（与斡朵里谐音，应当是不同时代的音译问题）城起家相符合。

传说中的鄂多理城三姓家族，即为“（布库里雍顺）所居之地为元代合兰府水达达等路之斡朵里。夫合海府领混同江南北两岸之地，以今三姓地为其中心，则《清实录》所谓雍顺往定三姓之乱者，亦不无关合”。也就是说，元代时的鄂多理其实是三个行政单位交界之处，在传说里转换成了“三姓”，这也正符合布库里雍顺的故事。

一个存在的人，一个未定的祖先

可以肯定的是，布库里雍顺是一个被神化了的人物。布库里雍顺的传说其实是整个女真人的传说，在女真人的神话体系里，布库里雍顺是整个女真的始祖，而非爱新觉罗氏所独有。然而努尔哈赤将之据为己有，到底是出于什么目的？

这其实是中国历史的通病。比如说，汉高祖刘邦在未参加起义军时，不过是一小小的亭长（相当于今天的村一级保安队长），但登上宝座，便声称自己是刘累之后。刘累并不是什么帝王将相，却是夏朝时期给孔甲帝养龙的人，跟帝王略有关系，所以刘邦这个皇上当得也就名正言顺。

不仅是平民出身的皇帝如此，就连祖上声名显赫的帝王亦是如此。如唐朝的开国皇帝李渊本是官宦世家出身，其祖、父，乃至母亲都是在前朝名气在外的人，但后来还是攀上了老子李聃的高枝，对外宣称自己是老子之后。而在史料中，对于李氏先祖是谁，有据可查的只有东晋末期的凉武昭王李暠。至于李暠与老子之间是否存在着血脉关系，恐怕连李暠自己也不知道。所以，李氏帝王认老子为祖，不过是让自己的登基显得理所当然一些罢了。

作为一朝的开国之君，努尔哈赤的祖先自然也要找个有头有脸的人物。然而，祖辈生活在辽东地区的爱新觉罗氏为满族人，不像大汉民族那样历史悠久，名人辈出，不愁寻一个声名显赫的同姓之人为祖先。满族人的前身是女真，女真的前身是黑水靺鞨，靺鞨再往前推，推到头也不过是夏商周时期的肃慎。加之在努尔哈赤之前，满族人并没有自己的文字，无法证明祖上曾经出过声名显赫的人物。如此，从民间传说入手，去寻找一个能够让后人信服、能够赢得后人崇敬的祖先也就不足为奇。

当然，我们不能像日本学者那样，因为一字之差便将布库里雍顺这个人从历史上抹去。布库里雍顺可能是一个真实存在，但他究竟是爱新觉罗氏如假包换的始祖，还是后世牵强附会认的先人，仍然悬而未决。

努尔哈赤到底姓什么

……

爱新觉罗，一个世人皆知的满族姓氏，自从努尔哈赤之后，这个姓氏便在中国掀起了长达300年之久的历史浪潮。然而随着时间的推移，一个本无可争辩的事实，却出现了层层疑问——努尔哈赤到底姓什么？佟、童、崔、雀、觉罗、爱新觉罗，哪一个才是努尔哈赤的真正姓氏？

众所周知中隐藏的疑问

努尔哈赤和他的继任者姓爱新觉罗，这似乎是一个不争的事实。在满族语中，爱新觉罗为“像金子般高贵神圣的觉罗族”之意，“爱新”意为“金子”，“觉罗”是地名，在今天黑龙江省依兰一带，是清太祖努尔哈赤祖先最早居住的地方。也就是说所谓的爱新觉罗，即是指发祥于觉罗，也就是依兰这个地方的一个部落。

但据传说，爱新觉罗的始祖布库里雍顺出生于长白山一带，即今天的吉林省境内，他所起家的鄂多理城即今天的敦化，亦属于吉林，与依兰这个地方在地理位置上毫无瓜葛。这也可以当作布库里雍顺并不是爱新觉罗氏始祖的一个佐证吧。

换句话说，如果布库里雍顺的始祖之说是真的，那么，努尔哈赤其实并不姓爱新觉罗，这就是一个矛盾所在。如此便产生了一个疑问，努尔哈赤到底姓什么？

爱新觉罗姓氏的由来

古时的女真族人对自己的姓氏并不看重，只是简简单单地将部族名当作姓而已。例如很多姓完颜者属于完颜部，而叶赫部的属民基本上以叶赫为姓。爱新觉罗氏的远祖其实姓夹古，隶属于爱新（即旧女真族的“按出虎部”，满族语金的意思）部族，是其远支，故称觉罗（满族语远支的意思）。所以部族属民也就跟着部落的名称姓爱新，又因为该部落是远支，两者合为一体，便出现了爱新觉罗这个姓氏。

等到清太宗皇太极建国，改后金为大清之后，便效仿汉族的体制，将大宗和远支之间的区别取消，使爱新觉罗成为一个独立的姓氏。

这个说法也是最常用的关于努尔哈赤姓氏的解释。

大明与朝鲜中的“童”和“佟”

努尔哈赤姓“童”或“佟”的说法出现于明朝和其附属国朝鲜的历史文献中。据记载，清太祖努尔哈赤曾经袭父官，身为大明王朝的建州左卫指挥，八次入京向万历皇帝朝贡。对此，明朝乃至明末清初的学者都留下了大量的记载，均表示努尔哈赤姓佟。由于努尔哈赤所掌控的辽东地区与朝鲜接壤，故在朝鲜的历史文献中也留下了与努尔哈赤有关的记载。在朝鲜南部主簿申忠一所绘的《建州纪程图记》中记道：万历二十四年

（1596年）正月，努尔哈赤在给朝鲜国王的回信中有“女真国建州卫管束夷人之主佟努尔哈赤禀”的字样。在这个记载中，努尔哈赤自称姓佟。

作为朝鲜南部主簿的申忠一在辽东曾经受到过努尔哈赤的接见，并居住过一段时间。回国之后，他将在辽东时的所见所闻汇编成了《建州纪程图记》一书，这是一份比较可信的历史文献。至于努尔哈赤给朝鲜国王的那封回信，则是申忠一亲自带回朝鲜并转交给朝鲜国王的，因此可以将之看作第一手资料。但在朝鲜的历史文献中，“佟”字一般都被写作“童”字。

实际上，“童”也好，“佟”也罢，都是女真人假借汉人之姓。这两个姓氏的主要用途是一旦成为部落酋长之后，便可改姓为佟或童，再以此姓与朝廷联系。

清末民初学者章炳麟在《清建国别记》一书中认为，女真人之所以使用“佟”或“童”这两个汉人姓氏，实际上是在避讳自己的少数民族身份。

由此可见，女真部落的酋长及贵族们，当然也包括努尔哈赤在内，可以随时改本姓为“佟”或“童”。这两个姓，也就成为女真贵族们的公有姓氏。

朝鲜人眼中的“雀”或“崔”

除了“佟”或“童”之外，在朝鲜的记载中，努尔哈赤还有姓“雀”或“崔”的说法。对此，有人解释说努尔哈赤是因为其母亲吞下一枚雀卵才有孕在身并生下了他，不过无论是哪一部清代史料，对此都没有明确的记载，只说努尔哈赤的母亲喜塔腊氏怀了十三个月的身孕才生下的他。无疑这是将努尔哈赤的诞生与布库里雍顺的传说混为了一谈。

第二种解释则是布库里雍顺的传说。仙女佛库伦吞下了一枚神鸟衔来的红果生下这位清朝皇帝始祖，因此努尔哈赤便有姓“雀”的可能。同时，女真族人的部落图腾为乌鸦和喜鹊，这也为女真贵族们姓“雀”提供了可能。

关于努尔哈赤姓“崔”的这个说法，有学者认为崔姓其实是对于“觉罗”误读。因为“崔”在朝鲜语的发音中，介乎于汉语“缺”和“吹”之间，同时又和“觉罗”中“觉”字有着相近的发音。

另外，还有一个努尔哈赤姓“金”的说法。在些某些史料的记载中，努尔哈赤的六世祖、清肇祖猛哥帖木儿姓金，“爱新”若使用意译的方式来翻译，也正是“金”字。

努尔哈赤到底姓什么

努尔哈赤的本姓到底是什么？迄今为止，除了爱新觉罗这个比较公认的之外，其他几种说法，至少还没有为当今的时代所接受。但这并不意味着就可以盖棺定论了。历史永远是后人的认识。起码从目前来说，根据我们所能掌握的史籍资料，爱新觉罗这个姓还不能成为定论。

努尔哈赤是养子还是奴隶

……

一场战役的失败，让年幼的努尔哈赤面临着生与死的抉择；明军大将的马下，两个尚未成年的女真幼子侥幸逃出生天。手握辽东生死大权的李成梁为何对这两个败军之子情有独钟？明军大帐之内，备受青睐的努尔哈赤到底是养子还是奴隶？

决定一生的战役

明万历元年（1573年），明抚顺游击（游击是边区守军之将，无品级、无定员的一种官称）裴承祖带着数十个随从来到建州右部都指挥使王杲（满族语名为喜塔喇氏·阿突罕）的古勒城（今辽宁新宾）中。“羊入虎口。”裴承祖叹了一口气说道，并义无反顾地走进了城去。

裴承祖此行是来向王杲讨要被绑架的大明人质的。在这段时期，大明王朝在辽东采用的是对女真人分而治之的政策，一方面以海西女真哈达部贝勒王台压制建州王杲，却又并不正式向王杲授以官职。这就引起了王杲对朝廷的极大不满，经常纵容部落之人抢掠汉人牲畜。

在裴承祖入辽东的三年前，朝廷为了息事宁人，特意在抚顺城设立抚夷厅，在周边地区开辟贸易，“自此开原以南，抚顺、清河、叆阳、宽甸，皆有市场，奉明约束”。朝廷想要借此来让王杲安分些，哪怕王杲经常用羸弱不堪的瘦马、病马来充当“贡马”，朝廷也忍气吞声，依旧用高价收购。殊不知王杲并不领情，抚夷厅内，索酒抢酒不说，还每喝必醉，酒醉之后又大肆闹事，抚夷厅的明朝官员也不敢管，只得任他骂街耍酒疯。曾经有一个新上任的边官贾汝翼坚持要察看王杲带来的“贡马”质量，王杲大为不满，怀恨而去。不久便再次对汉人进行掠夺。软弱的明朝廷不仅没有对此采取有效的反击，反而撤掉了贾汝翼的职务。这下，王杲更加有恃无恐。

两年之后的秋天，王杲部将来力红属下奈尔秃等四人入关降明。来力红前来索人时，被抚顺游击裴承祖拒绝，随后却又在朝廷的施压下将奈尔秃等人送了回去。但来力红仍旧对朝廷恨之入骨，于是出兵攻入抚顺城，率人掠去明军五人。对此，右佥都御史辽东巡抚张学颜上奏朝廷：

“汝翼却杲馈遗，惩其违抗，实伸国威。苟缘此罢斥，是进退边将皆敌主之矣。臣谓宜谕王杲，送还俘掠。否则调兵剿杀，毋事姑息以畜祸。”

张学颜的这番措辞极为强硬，朝廷则以此宣谕王杲，敦促其放人。然而王杲并没有把这份旨意放在眼里，依旧我行我素。裴承祖这才不得不“单刀赴会”，亲身前往。

同样是向对方索要俘虏，当王杲的部将来力红等全身而退时，裴承祖也没难为他；可裴承祖此番亲自来向王杲要人，却等于是自闯地狱。

王杲不仅没有将五个被俘的明军士兵还给裴承祖，反而将这个送上门来的冤家剖腹剜心处死，裴承祖所带来的数十名随从也无一幸免，尽皆命丧辽东。

明朝廷对王杲之所作所为的忍耐已到了极限，青萍之末的微风迅速化为逆转宇宙的狂飙，战争一触即发。

明万历二年（1574 年），辽东都督佥事李成梁率领六万大军奉旨征讨王杲部落。除前因外，李成梁又声称王杲“负不赏之功，宁远相其为人，有反状，忌之”。李成梁乃一员名将，善于用兵。即使王杲采用“深沟坚垒以自固”的防御手段，坚守古勒城，依然没有挡住李成梁的一把大火，致使全军覆没。王杲运用李代桃僵之计，转移了明军视线，带着一干家眷侥幸逃脱，向蒙古方向狂奔而去。

古勒城破之时，李成梁部本已斩首 1104 名女真人，但李成梁在对一个 16 岁的少年挥刀时，却把手垂了下来。这个少年就是努尔哈赤。

王杲是努尔哈赤的外祖父。10 岁的时候，努尔哈赤三兄弟不受继母待见，父亲便将他们送到王杲部做人质。照理说都是血脉至亲，外孙子的到来应当是给王杲增添天伦之乐的，根本抬不到人质的高度上。但由于努尔哈赤之父、大明建州左卫指挥塔克世当时是明朝的官，与王杲这个部落首领正是对头，翁婿俩因此闹得很僵，王杲便迁怒于外孙子，将自己的这几条血脉当作奴隶。

虽然努尔哈赤在外公家是奴隶，但好歹外公家也是个落脚之处，不至于无家可归。然而古勒城一战，王杲部落彻底覆灭，努尔哈赤再次陷入孤苦无依的境地。眼见李成梁对自己动了杀心，努尔哈赤连忙跪倒于地，抱住李成梁所骑战马的腿，放声大哭，再三请死。

如果努尔哈赤不去痛哭请死，李成梁是一定要斩草除根的；结果他请杀之言一出口，李成梁反倒于心不忍了。动了恻隐之心的李成梁骗腿儿下马，把努尔哈赤带到抚顺城中的总兵府当养子养了起来。

年纪轻轻的努尔哈赤凭借以退为进之术，保全了自己的性命不说，投身李成梁后，因“身长八尺，智力过人，隶成梁标下。每战必先登，屡立功，成梁厚待之”，真可谓是“塞翁失马，焉知非福”。

大明军中能征善战的女真士兵

按照明代管葛山人《山中见闻录》的记载，来到明军军中的努尔哈赤属于一名上阵打仗的士兵，因善于打仗而受到李成梁的器重。

在辽东地区，明军中存有各个少数民族的士兵是很正常的事，单是大明王朝所面临的局势便决定了在其军队中须为少数民族士兵保有一席之地。这个时候的明王朝正处于内忧外患之中：东南沿海倭寇作乱，虽有俞大猷、戚继光等优秀将领率军抗倭，然而沿海局势在日本倭寇与中国海盗的勾结下依然分外紧张，牵扯了大量的兵力；北方的蒙古部落，即使在北京保卫战之后有所收敛，但依旧对这片曾被其祖先征服过的辽阔沃土投来了觊觎的目光；朝鲜半岛，尽管自古是中国的附属国，但眼见大明王朝国势日衰，便起了另投强主的心思，也不得不分兵防范。朱明王朝统治下的汉人虽多，但总不能来个全民皆兵。因此，在以汉人为主的军队中加入少数民族士兵也是加强团结、巩固力量的正常之举，努尔哈赤就是这样的一员。

再加上努尔哈赤之祖、父，都是隶属于大明王朝的官员，因此，努尔哈赤在李成梁军中服役的说法也就讲得通，而不会被抵触了。

被收为养子的女真少年

努尔哈赤是李成梁养子的这个说法比较普遍。包括后来的努尔哈赤脚上有七颗红痣的故事也与此有关。实际上，这是不太可能的事。因为李成梁有九个儿子，个个都很成器，没必要把一个来自女真部落的少年当儿子养活。何况从根本上追究，努尔哈赤还是大逆不道之徒王杲的亲外孙呢。

关于努尔哈赤是李成梁养子的这个说法，多半来自姚希孟所著的《建夷授官始末》中的记载："时奴儿哈赤年十五六，抱成梁马足请死，成梁怜之，不杀，留帐下卵翼如养子，出入京师，每挟奴儿哈赤与俱。"

不过，姚希孟记载的是"如养子"，而不是"是养子"。这也许是后人对此言的误读。纵览当时的各类史书，均未提及"养子"或"义子"之说法，倒是民间的传闻甚多，甚至还有努尔哈赤其实是李成梁的私生子之说，这恐怕是清军入关之后，前明的遗老遗少对清朝贵族的一种污蔑吧。

辽东总兵府中的奴隶

自从战国时期，中国自奴隶社会进入封建社会以来，奴隶制度便消失于中原大地上，奴隶也随之而成为历史。但此时居住在辽东地区的女真部落，仍处于奴隶社会。直到努尔哈赤称汗、建立大金政权（史称后金）之后方才开始向封建社会过渡。因此，在战争中战败一方的被俘者，尤其是领导者及其家眷，多被收为奴隶。李成梁虽然是大明总兵，但也“入乡随俗”，收在古勒山之战中被俘的努尔哈赤兄弟为奴隶。其证据在下文中有所讲述，暂且不提。

除了这几个身份之外，还有努尔哈赤曾经做过李成梁的书童、侍卫、侍卫长等一系列说法，但都没有不可辩驳的证据来证明，最多是历史记载中的孤证，形不成一条完整的证据链。所以，按照目前的研究来看，努尔哈赤是为李成梁的奴隶一说，相对而言还是比较可信的。也因此而引发了另一个众说纷纭的故事。

逃离李成梁，是为脚心红痣还是另有隐情

……

万历皇帝的一个怪梦，引发了辽东地区的一场地震。七颗黑痣与七颗红痣之争，谁才是笑到最后的王者？李成梁与努尔哈赤反目成仇，是因为脚底的红痣，还是另有隐情？

逃离李成梁

身在李成梁帐下的努尔哈赤着实结束了颠沛流离的生活。虽说依然是奴隶身份，但因为战功赫赫，又善于见风使舵，所以能讨得李成梁的欢心，颇受李的器重，在明军大营里的日子倒也逍遥。

不过这个好日子并没有过多久。某日晚，李成梁的小妾在给他洗脚的时候，发现了李成梁脚底板上有七颗黑痣，很惊讶。李成梁得意地说："这七颗黑痣可是富贵之兆。正是因为有了它，我才能当上如此大的官。"

他的小妾若有所思："那脚心上长了七颗红痣的又有什么福分呢？咱家小罕（努尔哈赤的昵称）的脚底板就有七颗红痣呢。"

李成梁听后大惊失色，几乎将洗脚盆踢翻：脚心长七颗红痣乃是天子之象，这人表面上看来倒还本分，可没想到他脚底下踩着的竟是这么大的一座火山！前不久朝廷传来一道密旨，称据观天象，紫微星下凡，东北方有天子之气，着李成梁秘密查访，一有消息，即刻逮捕。

此时在位的明朝天子正是历史上赫赫有名的万历皇帝朱翊钧。这位皇上自从大明首辅张居正去世后，在长达三十年的时间里从未上过朝。朱翊钧所笃信的不是如何用勤政来治理好国家，而对那些荒诞不经的谣传颇为在意。

某日晚上，朱翊钧做了一个梦：一个身着黄袍的龙头人脚踏北斗七星，从乾字门走入自己的寝宫，硬说是自己睡了本属于他的龙床。万历惊醒后忙召集诸大臣解梦。

一大臣认为，这是取代明朝的真龙天子出现的征兆。黄袍龙头，正是帝王的代表；脚踏北斗七星，说明此人脚底板上有七颗红痣；从乾字门进入，在卦上来说，乾字门属东北方向，也就是说此人出身于东北地区。

万历对此深信不疑，忙下诏要求驻守在辽东的李成梁立刻扫遍辽东追查此人，一旦找到，即刻送往京师。

接到圣旨的李成梁觉得很为难。本来在广袤的白山黑水间找一个人就如大海捞针一样不容易，更何况是只有脚底板上的特征可供辨认的人呢？虽然李成梁是辽东一方霸主，但也不能乱用权势专看人脚心去吧——就算想看也看不过来。

这下好了，踏破铁鞋无觅处，得来全不费工夫。没想到皇上要找的人竟然远在天边，近在眼前，李成梁在当下也没声张，吩咐心腹之人秘密打造囚车，准备待到天亮，便将努尔哈赤押赴京师。

李成梁的小妾虽然不明白怎么回事，但惯会察言观色的她见李成梁脸色有异，忽怒忽喜，再喜再怒，心知定跟自己刚才说的话有关。平日里她与努尔哈赤的关系不错，见此情形，顿感后悔，于是偷来了李成梁的令箭，趁着夜色，跑到了努尔哈赤的卧室，告诉他李成梁要对他下手，让他赶紧跑，能跑多远跑多远。

努尔哈赤手持令箭，骑上一直伴随他的青马，冲出李府，冲进了茫茫的夜色中。

民间传说中的七颗红痣

身上有痣，本是常见的生理现象，从医学角度来说，不过是表皮、真皮内黑素细胞增多引起的皮肤表现，与人的一生发展没有任何关系。无论身上的痣长在什么部位，排列成什么形状，都无关人生（病变的除外）。但从古代的相学来看，痣却彰显着人一生的荣华富贵。战国时期的阴阳家邹衍曾提出的为古代传统思想所接受的天人合一之说，为努尔哈赤脚生红痣、最终成事提供了理论基础。因此便派生出了万历皇帝秘密委派李成梁寻找脚心长有七颗红痣之人的传说，也同样导致了努尔哈赤连夜逃出李府之事。这是长久以来为世人所接受的解释。

逃出李府，因奸情败露

关于努尔哈赤因万历皇帝搜查而逃出李府之事，无论是在明末还是在清初的正史中均找不到相关的记载，野史上的记载也找不到旁证，我们只能对此表示存疑。

不过另有一种说法，那便是努尔哈赤因为与李成梁的小妾通奸，且被李成梁发现而被迫逃离。

努尔哈赤逃离李府之后，那个在民间传说中放走努尔哈赤的小妾便在一棵柳树上上吊自尽了。盛怒之下的李成梁下令将已死的小妾全身衣服扒光，用柳条重责四十。传说后来满族人民每年收黍子的时候，都要插柳枝，就是为了感激和纪念那位为救努尔哈赤而殒命于柳树上的小妾；而熄灯祭祀的习俗，则源于为死后赤裸身体的小妾避羞。

从中可看出，努尔哈赤和李成梁小妾之间的关系绝非一般。否则，小妾没必要为一个小奴隶的性命挂怀，更何况还搭上了自己的一条命。

民间传说的故事透露出小妾与努尔哈赤之间的不正常关系：脚底是一般人看不见的地方，李成梁的小妾怎么会知道努尔哈赤脚心上长了七颗红痣呢？答案不言而喻。

再者，如果仅仅是因为放走努尔哈赤，李成梁的小妾也没必要以死谢罪。毕竟她是李成梁的爱妾，而且努尔哈赤也有被抓回来的可能，也就是说，李成梁未必会处死她。但她却亲手断了自己求生的机会，这不就是明摆着在说自己与努尔哈赤有关系吗？

这种家丑对一个男人来说是致命的，更何况一个堂堂的朝廷封疆大吏？更何况始作俑者竟然是一个小奴隶？李成梁肚量再大，这口气恐怕也没法咽下去。因此，努尔哈赤只得在奸情败露之后选择逃亡，小妾选择自杀。

清王朝肇始者的这种风流韵事自然上不了官方的台面，但又不得不给努尔哈赤的逃亡一个解释。因此便编造出努尔哈赤脚心红痣、天命所归的故事，任民间流传。

当然，努尔哈赤逃离李府的真正原因，究竟是脚心的红痣还是与李的爱妾勾搭成奸，迄今来说仍是一个尚无定论之事。但造成的结果是已定的，即努尔哈赤与李成梁反目，反目之后将会书写另一段不寻常的历史。

真假莫辨的黄犬救主

……

一匹青马，一条黄犬，一群乌鸦，帮助努尔哈赤逃出生天。这是历史事实还是民间传说？纪念青马，国号大清；报恩黄犬，不食狗肉；感激乌鸦，终生不打……这一系列满族的民族传统似乎都与努尔哈赤的逃亡之旅有关。但事实果真如此吗？

九死一生的逃亡路

努尔哈赤跑了，爱妾也上吊自杀。对于李成梁来说，这无疑是一个巨大的打击。但亡羊补牢，为时未晚。李成梁当即下令，出兵追击，不抓回努尔哈赤誓不罢休，活要见人，死也要看到尸体！

此时的努尔哈赤正骑着青马在浓浓的夜色中逃亡，身边只有他的大黄狗紧紧相随。从夜到晨，又从清晨到中午，直到把他的那匹青马累死在了路上。努尔哈赤看着青马的尸体，看着青马依旧在滴淌着血沫的嘴，潸然泪下，发誓说："大青啊大青，日后我努尔哈赤建国之时，必以你的名字来命名！"说罢，带着狗继续逃亡之旅。

失去了脚力的努尔哈赤自然跑不过装备齐全的追兵。情急之下，一头扎进了一片荒草地。黑土地土质好，就算是荒草也长得比人高，努尔哈赤钻进去，就如同是一根针掉进了汪洋大海，上哪儿去找？！李成梁的追兵还都骑着马，更没法进去找了，索性将荒草地围了个水泄不通。

跑了一整夜的努尔哈赤见追兵没跟上，顿时松懈了下来，委顿倒地，沉沉睡去。

李成梁左等右等也不见努尔哈赤的动静，顿时大怒，命令士兵纵火，要逼出努尔哈赤，就算是把他烧死了也行。顿时火光冲天，荒草地成了一片火海，转瞬间就要烧到努尔哈赤的身边。而努尔哈赤，依然昏昏地睡着。

见熊熊之火马上就要烧到身边，始终伴随着努尔哈赤的那条黄狗万分焦急，连咬带挠也没把努尔哈赤弄醒。情急之中，狗看到不远处有一个小水坑，就跳进去把身体沾满水，再跑回努尔哈赤身边打滚，压灭大火，就这样来来回回的，终于在努尔哈赤身边弄出条防火隔离带。努尔哈赤的性命算是保住了，但那条狗却累死当场。

满族鸟兽神帽神衣

满族的神帽是一个鸟兽的形状，由此可见满族人的图腾崇拜。

这时，荒草地也被火烧得八九不离十，李成梁的追兵踏着地上的灰烬一点点地缩小包围圈。正当追兵离努尔哈赤不远的时候，一群乌鸦铺天盖地地扑到了努尔哈赤的身上，将他遮了个严严实实。追兵走近一看，以为是乌鸦在啄吃死尸，便认定努尔哈赤已死，于是鸣金收兵，撤回了李府。

这一切都是在努尔哈赤尚在沉睡时发生的。等他睡够了睁眼一看，见旁边倒着自己的狗，身上落着一群乌鸦，再看到身边的灰烬和防火隔离带，方明白了刚才的凶险。

就这样，努尔哈赤逃脱了李成梁的追踪。

大青马与大清

以青马之名为大清国号，其实是子虚乌有。大清的国号是在 1636 年，由皇太极改金为大清，与大青马没有任何关系。

是谁杀了努尔哈赤的祖父和父亲

……

一触即发的古勒城之战，觉昌安和塔克世父子为何要以身犯险，潜入城中？乱军之中，父子二人为何不设法逃脱？是误杀还是谋杀，明廷和李成梁在隐瞒着什么？

古勒城中的杀伐

辽东，古勒城，满目疮痍。

一个精壮的汉子站立在大火过后的废墟上，眼望西南，双目尽赤，双拳紧握，良久，从牙缝中挤出一句话："此仇不报，誓不为人！"

此人乃建州女真右卫酋长喜塔拉氏·阿台，王杲之子，努尔哈赤之舅。李成梁燃起的一把大火，烧毁了阿台的家园，也使得王杲打下来的根基不复存在。

当年王杲侥幸逃脱之后，带领包括阿台在内的一干家眷打算逃往蒙古之地，途中，他先来到了哈达部，想要在自己的好友海西女真哈达贝勒王台处暂且躲一下风头。见到老朋友来了，王台很是高兴，将王杲和其家眷安置好，并承诺说等风头过了，便亲自率兵护送王杲回归辽东，以帮助他东山再起，与朝廷相抗衡。接下来的数日，王台天天与王杲把酒言欢，一派和谐气象。

然而，王台的殷勤厚待，实际上却是掩盖阴谋的烟幕弹。明军得知王杲躲在哈达部时，便密令王台交出王杲，否则，王台将面临城破人亡的结果。王台无奈，只得听从。但又担心打草惊蛇，便采用这种日日款待的手段，将王杲原有的戒备心理予以打消。王杲对王台没有了一点儿防备之心，王台所苦苦等待的时机来了。

某日，王台又摆起盛宴款待王杲。心里已经十分踏实了的王杲很快就酩酊大醉，人事不省。王台趁此良机命手下将王杲捆了个结结实实，打算押解进京，交与明廷处置。

阿台闻听王台用奸计将父亲擒获，心知王台要将王杲送入京师领功，而此去必是凶多吉少，遂决定以死相拼，救老父于危难之中。阿台虽武艺超群，却并不是一介莽夫。自幼在父亲的影响下足智多谋，谨慎行事，因此没有凭借一身蛮力与王台争个鱼死网破，而是策划了详细的劫狱方案。

设计擒拿了王杲，王台自然也不能放过他的家人。整日里，哈达军丁严密地监视着阿台和他家人的住处，时刻防范他们做出不利于王台的举动。局势逼得阿台不得不谨慎行事，否则，得到的将是灭顶之灾。

经过周密的计划，阿台终于躲开了守卫的法眼，逃出被森严监视的住所，悄无声息地前往监押王杲的牢狱里打探，准备找个机会救出父亲。

然而老谋深算的王台早就猜到了阿台会甘冒奇险劫狱救父，在醉缚王杲的那天，就把王杲打入囚车，以重兵押解，连夜送到明军的手里。明辽东守臣得到王杲后，即以槛车送至京城。之后，朝廷颁旨一道，将王杲凌迟处死。努尔哈赤的外祖父、一代枭雄王杲就这样结束了自己的一生。

尚在哈达部的阿台经过一番探询，方得知老父早已被押解京城。在自己羽翼未丰的情况下，阿台只能强压满腔怒火，潜回已经成为废墟的古勒城。

重回故地的阿台在废墟之上再建古勒城，继承父志，欲称雄于建州。古勒城重修之后，阿台自封为王，昔日里被李成梁军击溃的王杲旧部也相继回归，投靠于阿台麾下；同时，阿台又将原建州左卫的部族陆续统一，实力迅速膨胀。

为了进一步巩固统治力量，阿台与兄弟阿海、王太在与古勒城相望之处，另起一座沙吉城，两城互为犄角，打造了一个防御系统上的互保营寨。此外，阿台兄弟三人又进一步通过修建秘道、控制水渡等一系列手段进一步加强了两座城池的防御能力，只等着实力进一步壮大，以报杀父之仇。

在建州一方来说，阿台部的实力足以称王称霸，但与哈达部相比，实力仍逊色一筹。行事谨慎的阿台在磨快了刀之前自然不敢去啃这块硬骨头，先选择明朝与辽东的边境之处作为复仇之对象。

自万历十年（1582 年）起，阿台对辽东的边境之处大肆抢掠，稍有抵抗便挥刀屠杀。明军守卫伤亡惨重，对阿台闻风色变。同年。阿台终于找到了复仇之良机——王台死了。

一开始，有王台坐镇的哈达部内部团结，外部又受到明廷的保护，而他一死，哈达部内部为争夺继承权而大打出手，哈达部的力量受到极大的削弱，这就为阿台的复仇造就了天赐良机。阿台得知消息之后，立即联系到叶赫部酋长杨吉奴，商议共同出兵征讨王台之子虎尔罕。杨吉奴与虎尔罕早有罅隙，如今阿台主动相约联合出兵征讨，杨吉奴自然大喜过望。

哈达部闻听阿台与杨吉奴联军来犯，忙向明廷求援。明廷先是下诏喝止，但复仇心切的阿台根本不将这道旨意放在眼里。此举彻底激怒了明廷，命李成梁出兵讨贼，阿台大败，被迫撤回古勒城，继续寻机对明边境进行劫掠与屠杀行动。

此时的明廷已下定决心祛除这一方隐患。但对于古勒城和沙吉城防御系统的固若金汤，还是没有多少办法。而这时，一个名叫尼堪外兰的人，为负责此项军事行动的李成梁提供了足够的信息。

佟佳氏·尼堪外兰是苏克素浒河部图伦城主，向来受明廷的节制，算是明廷安插在辽东地区的间谍。负责监视辽东各部落的举止，一有风吹草动，便要向明廷进行汇报，以辅佐明廷维护辽东地区的安定。

阿台欲报父仇而大肆抢掠、出兵哈达部之事自然难逃尼堪外兰的双眼；同时，嗅觉灵敏的他也意识到阿台这种公然与朝廷决裂的行为必会激起京师的怒火，而这，也正有他的用武之地。

尼堪外兰来到李成梁府，向李成梁表示自己愿意为进攻古勒城的明军提供帮助，以向导的身份为明军打开通往胜利之门。

李成梁对此自然是求之不得，不过一个尼堪外兰还不足以保证胜利在握，他又找了两个人一同作为向导，这就是努尔哈赤的祖父觉昌安和父亲塔克世。虽然塔克世是古勒城原城主王杲的女婿，与王杲之子阿台为姻亲，但这不过是由于早年间塔克世出于对自己部落利益的考虑而娶了王杲之女为妻，并不代表着姻亲关系的和谐性。一方是明廷的地方官，一方是建州女真的领头人物，算是个冤家对头，再密切的关系，也不大可能消除这种来自骨子里的对比。因此，李成梁命令觉昌安和塔克世同尼堪外兰一起跟随明军行动时，觉昌安父子也就毫不犹豫地答应了。

次年二月，在李成梁的率领、尼堪外兰等三人的指引下，明军浩浩荡荡地杀奔古勒城。

阿台利用古勒城和沙吉城的互守之势，与明军展开了激烈的战斗。李成梁到底是一员军事素质极强的将领。他先兵分两路，将相距三里远的两城分别包围，切断了两城的互援之路。李成梁率一部攻打古勒城，令副将秦得倚攻打沙吉城。沙吉城一战即下，守卫沙吉城的阿海战死。而古勒城三面临水，一面靠山，易守难攻，明军伤亡惨重，仍久攻不下。即使李成梁再施火攻计，也未损其分毫。李成梁一筹莫展，把尼堪外兰、觉昌安、塔克世三人叫过来痛骂一顿。

三人见李成梁拿自己当出气筒，虽有满腹委屈也说不出来，只得想办法破城。

按照李成梁的指示，尼堪外兰先行出动，在城门外许诺："天朝大兵既来，岂有释汝班师之理？汝等不如杀阿台归顺。太师有令，若能杀阿台者，即令为此城之主！"

尼堪外兰承诺，谁能诛杀阿台，就让他代为古勒城城主，并又满口应承，大军进城之后只杀阿台一人，余者皆无罪。同时，觉昌安、塔克世父子也利用自己与阿台的亲属关系进得城中，散布流言道："明军只诛杀阿台，其他人可以放心开门迎接明军。""诛杀阿台，归顺尼堪外兰，可得荣华富贵。"

一时之间，古勒城中军心大动，虽然大多数人仍在负隅顽抗，但也有部分士兵开门迎明。

古勒城门轰然洞开，明军如流水般冲入城内。然而李成梁并没有信守不杀诺言，明军入城之后大肆杀戮。据《明史·李成梁传》记载，此役明军共屠戮1300余人（另有一说是2200多人），阿台在混战中中箭身亡。阿台之弟王太乘混乱厮杀之机，逃出城去，成为王杲、阿台家族中唯一幸存者，从而使得这一族支能在清前女真动荡的社会中延续下来。

努尔哈赤的祖父、父亲为何进入古勒城

关于觉昌安和塔克世二人潜入古勒城的原因历来有两种说法。一是上文中提到的与阿台的亲属关系，即塔克世与阿台的郎舅关系；二是说其实塔克世之女此时正在古勒城中，觉昌安和塔克世并非是在李成梁的逼迫下进城散布谣言，而是去探望自己的孙女或女儿，并试图让她在必然的城破之局下逃得一条性命。

从对战争过程及结果的分析上来看，觉昌安和塔克世的潜入并不像是奉命前行的。否则的话，李成梁不会冒着"杀敌一千，自损八百"的危险在城中有可能随时反水的优势之下强攻古勒城的。

另外，从战争史上来看，战胜者之所以会产生屠城之行为，多半是因为城中的死守导致攻城一方身负极大的心理压力，一旦城破，屠城就成了最好的宣泄方式。李成梁没有遵守不杀的诺言，就是出于这一点。或许他根本就没有许下这样的承诺，这些故事，也许是清王朝为了给自己代明而立找的一个理由罢了。

因此，如果觉昌安和塔克世真的是入城散布谣言的话，那么不可能会出现古勒城军民奋死抵抗的情况，或许也不可能出

现屠城一事。要知道，区区古勒城破，并不会影响到民族的大义，阿台对战争的领导只是复仇，而没有多高的高度。在明军重重围困之下，胜负已成定局，没人会不惜性命而为阿台的私人恩怨与大明军队对抗。因此可以认为，觉昌安和塔克世并没有进城散布谣言。与之相对，反倒是去救出自己的骨肉的可能性更大一些。

谁杀了努尔哈赤的祖父、父亲

古勒城之战的重要性并不在于古勒城破，明廷的心腹之患阿台战死，而在于先大军一步进入城中的努尔哈赤的祖父觉昌安和父亲塔克世一并死在了明军挥起的屠刀之下。相对于1300多个死者来说，两个人的死并不起眼，但努尔哈赤又怎会放过这个可以借此树立起自己实力的机会？祖、父之死，带给他的是莫大的悲伤，同时，也带来了改天换地、龙起辽东的机遇。

而在努尔哈赤为祖、父报仇之际，他首先攻打的是尼堪外兰。其所用的借口便是尼堪外兰杀了他的祖、父，并以此而灭掉尼堪外兰势力，进一步向整个辽东地区扩张。而在其发动对明战争，宣布七大恨时，又改口称是明军的所作所为。前后矛盾。那么，觉昌安和塔克世到底死于谁之手呢？

在这场战争中，尼堪外兰其实不过是起到了一个向导的作用。这与觉昌安和塔克世在此战中的作用一样。真正的罪魁祸首还是明军。问题的关键在于，明军为何要杀掉对此战之胜利起到重要作用的人呢？是误杀还是另有他因？

误杀还是另有所谋

古勒城之战，觉昌安和塔克世双双命丧于明军的刀下。对此明朝官方的解释是误杀，并对努尔哈赤做了赔偿。

诚然，在李成梁放任明军屠城的背景之下，觉昌安父子命丧乱军之中是一件非常平常的事情，朝廷用这个理由来解释，努尔哈赤也挑不出理。但其中有一点疑问：身为明朝官员的觉昌安父子，即使在潜入城中之际没有身着标明明官身份的服饰，当古勒城破之时，还不马上拿出能够让明军可以识别的标识，反而依然混迹于城中军民之内，任明军予以屠杀，岂不是自找死路？退一步说，即使没来得及换衣服，但大军屠城他们也不是看不到，为何在临死之际仍不表明身份？如果明军没有置二人于死地的念头，那又怎么会在明知是自己人的情况下还要杀了他们？想要解释这个问题，恐怕真相只有一个，那就是李成梁要除掉此二人。

古勒城原城主王杲是塔克世的岳父，现在的城主阿台则是塔克世的妻舅，虽说塔克世与自己的老丈人家关系并不怎么好，但毕竟也算是亲戚。更何况塔克世的势力在建州女真中是最强大的一支，一旦拿为岳父、妻舅报仇的借口发难，李成梁所背负的压力当有多大？作为朝廷在辽东地区最高领导者的李成梁不能不未雨绸缪，先下手为强，再培植一个听话的傀儡势力方是正理。而尼堪外兰正是最好的一个替代选择。

用十三副铠甲起兵的传说

……

祖父、父亲之死，换来了努尔哈赤的崛起。努尔哈赤，如何报仇？第一个刀下之鬼，为何指向了尼堪外兰？十三副铠甲起兵的传说，究竟是真是假？

向朝廷申请国家赔偿

京师，紫禁城。

万历皇帝朱翊钧面前的龙案上摆放着两份奏折，一份让人感到兴奋，那是李成梁上奏剿灭辽东大患阿台部的捷报；另一份则让人感到头疼，同样是李成梁所奏，但却是因古勒城一战，属于明军一方的觉昌安和塔克世被杀，其后代努尔哈赤向明朝廷索要赔偿的奏折。

以明廷眼下的国力，向努尔哈赤做赔偿只不过是九牛一毛而已。此时大明内阁首辅、创建并实行一条鞭法的张居正刚刚辞世不久，明王朝的下坡路还没那么明显，国家实力仍在，真要是赔偿并不是什么大不了的事。然而，以天朝上国之身份向辽东的“化外之民”做赔偿实在是好说不好听。若是置之不理呢？谁又会知道那些人将会闹出多大的乱子来。万历皇帝左右为难，干脆把这事交给新上任不久的内阁首辅申时行去犯愁吧。

申时行不是张居正，他没有前任乾纲独断的魄力，也没有雷厉风行的勇气。为了保证边疆的稳定，申时行起草了一份兼顾双方的旨意，请皇上准奏。万历皇帝也觉得申时行的主意不错，就痛快地下诏给“债主”努尔哈赤了。

其实努尔哈赤并不指望朝廷会对其祖、父之死做出什么赔偿。对大明王朝来说，一个小小的建州左卫指挥，哪怕是父子两条性命，也根本不会在意。他们虽然做的是大明的官，但还有另一个身份，就是建州女真的部落首领，这种身份才是大明王朝所忌讳的。王杲、阿台都是明摆着的例子。即使没有犯边的意思，但朝廷仍会严加防范。这种环境下，朝廷怎么会“礼贤下士”？

祖、父之仇自然要报，但自己的实力远远不够，强大如阿台者，固若金汤也没有抵挡住明军的刀锋，因此，伺机而动才是道理。他之所以向明朝索赔，实质上是在向朝廷表态：我努尔哈赤是朝廷的人。朝廷希望我们女真人自相残杀，以免势力坐大，那我就自相残杀给你们看看。而这个背后，则需要朝廷的支持。在朝廷颁给努尔哈赤的圣旨中，他见到了这个希望。

> 明覆曰：汝祖、父实是误杀，遂以尸还，仍与敕书三十道，马三十匹，复给都督敕书。
>
> ——清·佚名《满洲实录》

归还遗体，30道敕书，30匹马，这就是觉昌安和塔克世两条性命换来的国家赔偿。马，对于辽东地区来说并不是什么稀罕物，这些赔偿中，最值钱的就是敕书。

在明代，敕书是明朝政府发给女真各部酋长的一种凭信。女真各部酋长凭此“敕书”，才可以到马市进行商品交易活动。到了万历年间，只有敕书持有者才允入京朝贡贸易，发放的敕书数就是朝贡的限额，朝贡贸易由此真正成为敕书贸易。明代的敕书几乎是一次性发放，因此属于稀罕物。最初发放时，建州女真总共才500道（海西女真有1000道），这次一下子给了努尔哈赤30道敕书，无异于给其部落一个生财之道，一个以辽东特产换钱、壮大自己的机会。

虽然朝廷已经用“误杀”一词来解释觉昌安和塔克世之死，也算是做出了很有“诚意”的赔偿，但这并不能消除努尔哈赤的复仇之心，因为在复仇心之上，他还有更大的野心。复仇，仅仅是他的第一步。

第一步向谁复仇？目标自然不可能是明朝。努尔哈赤现在的全部家当只有30匹马、一个龙虎将军的虚衔，外加父亲塔克世留下来的十三副盔甲，用这点装备对明朝宣战，无异于以卵击石。他先将报复的目标锁定在了诈开古勒城门的女真族图伦城城主尼堪外兰身上。

最初，努尔哈赤希望借明军的力量来处置尼堪外兰，《满洲实录》中记载了他曾对明军边将说的话：“杀我祖、父者实尼堪外兰唆使之也，但执此人与我，即甘心焉。”然而边将则称：“尔祖、父之死，因我兵误杀故，以敕书马匹与汝，又赐以都督敕书，事已毕矣。今复如是，吾即助尼堪外兰筑城于嘉班，令为尔满洲国主。”话说得很不客气，并且警告努尔哈赤，尼堪外兰即将是满洲的领导，你努尔哈赤也不过是他的一个子民罢了。

努尔哈赤气急败坏地往回走，途中偏又遇到了尼堪外兰这个冤家。不但对尼堪外兰的质问没有得到结果，反而被其奚落了一顿。这下更加深了努尔哈赤对尼堪外兰的仇恨。回到其地，努尔哈赤联合起沾河寨主常书等百余人，加上自己的30来人，于万历十一年（1583年）四月三十日晚，趁着夜色，向尼堪外兰所据的图伦城（今辽宁省新宾县汤图）发起了进攻。

十三副铠甲的来历

关于努尔哈赤起兵之时的十三副铠甲的来历，有一个民间传说。

相传，抚顺有一大户人家姓佟，是前金时遗留下的女真人，经过元明两代的演变后已经汉化了。佟氏在抚顺的家是非一般富户能比。他们不仅有良田千顷，牛马羊千余头，还开了很多店铺，买卖非常红火。据说，当年抚顺城有三大富豪，即佟百万、王八斗、艾半城。佟家有百万资产，王家有八斗金银，艾家有半城房宅等。明朝在修建抚顺城时，明边吏非逼这三家出钱修城不可。老佟家很不情愿，就顶着不想再拿钱。由于佟氏是抚顺富户，势力也很大，明边吏也不敢招惹他们，于是就想出了一个以官办的一处经营不善，将要倒闭的当铺来诈钱的办法。无奈，佟家只好花大价钱顶下这个当铺，给了明边吏一大笔修城的款子才算了事。

当铺开张以后，由于佟家经营有方，生意还算兴隆。有一天，一个明朝边吏喝醉了酒，也输了钱，就跑到当铺来撒酒疯，借着酒劲向当铺借钱。当铺伙计说：“我们这里是当铺，不是钱庄，只当不借。”边吏说：“你先给我拿钱，以后我再给你拿东西送来。”伙计说什么也不肯借，气得边吏真想动手抢，但是碍于佟氏的势力，只好扫兴地走了。

满族人所穿的铠甲

不一会儿，这个边吏扛着十四副铠甲来到当铺，气哼哼地，一进门就冲着伙计喊：“老子这些铠甲能当多少钱？”本来，铠甲这东西送到当铺就要成为“死当”，不可能有谁来赎回它。伙计还要推辞，不想要这玩意儿，但是，他看到这个明边吏喝得酩酊大醉，腰里还挎着大刀，心里有些害怕。无奈，他拿出一百两银子，打发明军走了。边吏这一走，就再也没来当铺赎回他的铠甲。这样，这十四副铠甲真的变成了死当，被永远地抛在了佟家的仓库里，再也无人问津。

过了好多年，佟家雇了一个长工，名叫努尔哈赤。努尔哈赤从小离开家，在外闯荡谋生，脑力、体力活样样都行，而且人既聪明又勤快，干啥像啥。自从努尔哈赤来到佟家做了帮手以后，佟家掌柜的塔木巴颜高兴得不得了。他感到家中有很多事在努尔哈赤的打理下件件都井井有条，自己也省了很多心。经过一段时间的观察后，塔木巴颜看出，这个努尔哈赤绝非等闲之辈，于是，便另眼看待，很多重要事情都叫他去做。开始先叫他下乡收收税，后来看他会打算盘就叫他当管账先生。这样，努尔哈赤就更加卖力气了，他不能辜负主人对他的信任。日久天长，努尔哈赤的才智愈加发挥得出色了。塔木巴颜非常欣赏努尔哈赤的才干，就把自己的孙女哈哈纳扎青嫁给了他，努尔哈赤就这样被佟家招为了入赘孙女婿。

又过了几年，努尔哈赤带着媳妇哈哈纳扎青回到了自己的老家赫图阿拉城。回到家后，刻薄的后母纳拉氏，看到努尔哈赤带着妻子回来极为恼怒，吵着要让努尔哈赤分家另过，并将他们夫妻两个赶出家门，只给一点家产。这样，他们来到了离赫图阿拉不远的北砬背居住下来，过着日出而作、日落而息的平民生活。

不久，努尔哈赤的父、祖被明军所杀，努尔哈赤一怒之下，为报父、祖之仇含恨起兵，打起了统一女真、推翻明朝的旗号。努尔哈赤刚起兵时需要一些武器和装备，塔木巴颜想起了家中的当铺里有十四副铠甲，其中有一副已经坏了，他勉强把这副坏掉了的铠甲凑够半副，这样，他就把这十三副半铠甲装上马车，亲自押送到了北砬背，送给了孙女婿努尔哈赤，这为汗王起兵创造了条件。

这只是一则传说，实际上的起兵之事是否真的如此，还难以分说。要知道，仅用十三副铠甲起兵，其难度可想而知。图伦城并不是纸老虎，区区十三副铠甲，百来个人，哪怕是突袭也罢，根本无法打下拥有数千人、易守难攻的图伦城。这件事也仅仅是记载在清朝的官方史书上，为其开国之君脸上增光添彩的可能性很大，就如同仙女生下清朝始祖布库里雍顺的传说一样。

至于努尔哈赤起兵之际到底拥有多少兵马，目前尚无定论，真相还有待进一步的考证。

尼堪外兰的替罪羊悲剧

突袭图伦城，努尔哈赤打的是为祖、父报仇的旗号。然而实质上，尼堪外兰在古勒城之战中又有什么过错？阿台兄弟的行径让朝廷已是忍无可忍，古勒城本身就是一颗不定时炸弹，留着它只会让朝廷旦夕难眠、寝食难安，对维护边境之稳定更是一大祸患。这根眼中钉不予拔除，那只能说明朝廷的软弱与无能。朝廷下定了决心，尼堪外兰这样一个小小的部落首领又怎能有蚍蜉撼树的勇气？因此，攻打古勒城只不过是水到渠成之事，尼堪外兰在其中起到的作用，不过是顺水推舟罢了。

要说尼堪外兰不顾建州女真的利益而去投靠明廷，其实也是无奈之举。瘦死的骆驼比马大，明廷再弱，相对于整日里战乱不断、一盘散沙似的女真部落，施以镇压也易如反掌。辽东地区亦属于大明领土，《诗经》有言，“普天之下，莫非王土；率土之滨，莫非王臣”，以此来论，尼堪外兰当向导也并不为过，就连觉昌安和塔克世也一样依附于明朝，努尔哈赤又有什么理由去指责尼堪外兰呢？

正如前文所说，努尔哈赤闪击图伦城，不过是为壮大自己的实力找一个借口罢了。古勒城之战后，明廷亲口许诺立尼堪外兰为满洲之主，但尼堪外兰的实力却远远不够。努尔哈赤用尼堪外兰开刀，一方面是向明廷表示归顺，一方面又有示威之意，而他根本的目的仍在于统一整个辽东地区，用雄厚的实力与明廷对抗。

应该说，尼堪外兰是努尔哈赤崛起之路上一块可悲的垫脚石。正是踩着这块石头，努尔哈赤才建起了日后的广阔天地。

“被”出卖的努尔哈赤

……

努尔哈赤为图伦城的军事突袭所做的准备不可谓不充分，但他所朝思暮想欲求报复的死对头尼堪外兰却在大兵压境之下神秘逃亡。是谁走漏了风声？又是谁出卖了努尔哈赤？

大战图伦，努尔哈赤功亏一篑

努尔哈赤轻骑直进，直扑图伦。次日东方未明之时，便已将图伦城围了个水泄不通。

见图伦城内的人已是插翅难飞，努尔哈赤吹响了攻城的号角。努尔哈赤的部下，与之自小长大的安费扬古一马当先，率一部人马在城墙之下搭成一道人梯，安费扬古顺着人梯一跃而上，数个守城的兵丁顿时倒在了他的刀下，其他的人纷纷跃上城头，一番血战之后终于将城门由内打开。在城外早已等得急不可耐的努尔哈赤，见城门洞开，立刻率领部下蜂拥而入。猛烈的攻击持续了不到一刻钟，便以图伦城守兵弃械投降而告终。

在这场战役中，努尔哈赤“得甲三十副，兵百人以归”，取得了起兵之后的第一场大捷，但尼堪外兰却跑了。

当努尔哈赤尚在路上行军时，尼堪外兰已经带领家眷偷偷地溜出了图伦城，逃往嘉班城（今辽宁省抚顺市东大甲邦），努尔哈赤派弟弟舒尔哈齐直扑嘉班，尼堪外兰又仓皇向鹅尔浑（今辽宁省抚顺县河口台）狂奔而去，躲过了这一劫。

告密者是谁

本来计划周密的军事行动，却让尼堪外兰成了漏网之鱼。如果没有事先听到风声，在努尔哈赤布下的天罗地网中，恐怕难逃一死。那么，究竟是谁透露了这个机密的信息呢？

在起兵之前，努尔哈赤曾密会了萨尔浒城城主诺密讷兄弟，并得到他们派兵相助的承诺，然而正式发起进攻时，却不见诺密讷兄弟的身影。出兵心切，努尔哈赤当时也未作他想。

如此机密的行动却被尼堪外兰在事先得知了消息，是谁告的密？不言而喻。

“萨尔浒城长诺密讷、奈喀达阴助尼堪外兰，漏师期，尼堪外兰得遁去。”这是民国赵尔巽在《清史稿·太祖本纪》中给出的解释。

事后不久，便出现了努尔哈赤遇刺，安费扬古之子被绑架的事件。而正在此时，萨尔浒城城主诺密讷兄弟捎来消息。一方面为没有参加突袭图伦城之战带来解释和歉意：称上次是突然得了急病，方才爽约；另一方面是想约努尔哈赤一同去攻打巴尔达城（今辽宁省抚顺市大伙房水库东南），城破之后，所得利益平分。

很明显，诺密讷兄弟的这次主动示好，是因为他们害怕遭到努尔哈赤的报复，个中不知道还有什么见不得人的事。努尔哈赤当下也不声张，顺水推舟。紧接着便将安费扬古叫到身边，悄声嘱咐了一番。

第三日，努尔哈赤率兵如约而至，在巴尔达城下与诺密讷兄弟会合。不过他先提出了一个条件，要诺密讷军先行进攻，本部则作为后续力量。

心怀鬼胎的诺密讷自然不敢把屁股让努尔哈赤踹，坚决表示反对。努尔哈赤又道："尔既不攻，可将盔甲、器械与我兵攻之。"诺密讷不知是计，欣然应允，当下便令手下军士脱衣卸甲，将武器交与努尔哈赤部。

努尔哈赤见自己的军士穿戴整齐，一声喝令，将诺密讷兄弟团团围住，努尔哈赤大将额亦都一刀挥去，将诺密讷斩于马下；奈喀达见状惊慌失措，拨马要走，结果努尔哈赤麾下的另一员大将噶哈善手疾眼快，自背后一枪刺透，将之挑落马下。

眼见两位城主已经双双就戮，自己也失去了甲胄武器，面对如狼似虎的努尔哈赤部，萨尔浒兵只得纷纷表示归顺。

得到了300多名萨尔浒的降卒，努尔哈赤分外高兴，当即分兵两部，让舒尔哈齐与额亦都率一部对降卒予以整点收编，自己则率领另一部向萨尔浒城飞奔而去。

距离萨尔浒城还有一里之遥时，便望见一面大书“建州左卫”的旗帜正在城头之上迎风飘扬，安费扬古早已大开城门，迎接努尔哈赤的到来。

原来，这场战斗早就在努尔哈赤的策划之中。在诺密讷主动邀请努尔哈赤联兵攻打巴尔达城之时，便已密令安费扬古率领百余骑兵连夜突袭萨尔浒城。为了在表面上表示自己实实在在地示好，也为了在攻打巴尔达之际能够确保除掉努尔哈赤这根眼中钉，诺密讷率领萨尔浒精兵倾城而出，留给安费扬古的只是一座不设防的城池。

诺密讷兄弟告密事件的疑点

仅仅是没有应约参加征讨尼堪外兰的战役便被认定为是告密者，这个理由恐怕并不能令人完全信服。更何况，在告密之后，诺密讷兄弟还约请努尔哈赤攻打巴尔达城，且倾城出动，不留后备力量，完全不像是讨好努尔哈赤的样子，反倒有全军大掠四方之意。若说兄弟二人是为了置努尔哈赤于死地，那又何必把武器全部交给努尔哈赤，让自己完全处于被动局面呢？如果兄弟二人不是白痴，恐怕也只有诚心诚意这一种解释了。

如果说诺密讷兄弟只是一头替罪羊，那么告密者究竟是何许人也？从目前的史料中还看不出端倪。因为无论是正史野史，都将诺密讷兄弟当作告密者，却没有给其中的疑问以解释。姑且只能让二人继续背负这个罪名了。

努尔哈赤遇刺之谜

……

图伦一战，努尔哈赤声名鹊起。但他没想到的是，拔除了一个敌人，却为自己树立了更多的对手。那个趁着夜色企图刺杀努尔哈赤的人究竟是谁所派？安费扬古之子又是何人绑架？

急变突生，暗夜里的杀手

夜凉如水，努尔哈赤在赫图阿拉城中沉沉地睡着。多少年了，他都没有在自己的家里睡过这么香甜的一个觉。10岁时的他被父亲赶出了家门，从此开始了做奴隶的生涯；奴隶生活结束之后，努尔哈赤仍是无家可归，只得靠在山林里打猎采参度日；也曾出入关市，辗转各地，佣工谋生；又曾听明朝边官征调，出征参战。总之，在颠沛流离中度过了数年的时光。直到祖、父战死，才算回到了家中。近几日又筹划突袭图伦城、除掉尼堪外兰之事，更是夜不能寐。此际，虽然没能手刃尼堪外兰，但总算迈出了宏图大业的第一步。精神上的愉悦带来了身体上的放松，也让他进入了沉沉的梦乡。

窗外，一个黑影敏捷地闪过巡逻的守卫，无声无息地潜入了努尔哈赤沉睡着的院落。一把锋利的刀，在月光下闪着冷冷的光芒。

院子里的狗突然狂叫起来，惊醒了沉睡中的努尔哈赤。借着月光向窗外一望，寒闪闪的刀光正扑面而来。努尔哈赤纵身跃起，随手提起枕边的刀，自窗口跃出。刺客见势不妙，落荒而逃。

次日清晨，又生变故：安费扬古之子被人绑架！绑架者还留下一张字条，声称如果安费扬古继续为努尔哈赤效命，就要杀掉他的儿子。对方是铁了心地要将努尔哈赤置于死地。既然没法对他动手，那么就先从他身边人开刀，到时候只剩下努尔哈赤孤家寡人，看他还能如何兴风作浪。

尼堪外兰的最后挣扎

若问闪击图伦之后，最想要努尔哈赤命的人是谁？毫无疑问，自然是那个成为明军替罪羊、沦为丧家之犬的尼堪外兰。因此，这次刺杀事件最大的嫌疑人便是尼堪外兰。

但是，由于图伦城破，尼堪外兰远避他乡，其在建州女真中的势力一落千丈，即使是刺杀成功，恐怕也再难恢复到原来的境界。刺杀行为，最多是出一口恶气罢了。但联系到安费扬古之子被绑架，自身难保的尼堪外兰已没有这个能力去捋努尔哈赤的虎须，更没有心情带着一个被绑架的孩子逃命。因此是尼堪外兰的人行刺努尔哈赤的这个说法不大站得住脚。

血脉至亲下的杀手

既然尼堪外兰的可能性不大，那么又是谁在背后搞这些肮脏龌龊的小动作？有很大的可能是努尔哈赤的三祖父、五祖父、六祖父的子孙们。

努尔哈赤突袭图伦城之事让他的这些叔伯兄弟们异常恼怒。在这些人眼里，尼堪外兰是朝廷钦命的、名正言顺的女真之主，努尔哈赤此举，是在向朝廷的权威发起挑战。这样做所带来的后果必然是整个女真族的灭顶之灾。再加上塔克世死后，朝廷让努尔哈赤荫袭了大明建州左卫指挥一职，这更让老家伙们难以接受。因此，只有让努尔哈赤彻底消失，才能让他们的心里安慰一些。

这种想法不只是爱新觉罗氏家族人才有，其实整个建州女真对努尔哈赤的这种做法都大为不满。努尔哈赤起兵之前，也希望那些曾跟尼堪外兰有过芥蒂的部落能共同起兵，但绝大多数部落首领都一口回绝，他们怕的就是这种引火烧身。如今火已烧起来了，唯一的方法就是杀了点火的人，不过这也只是一种推断，至于是何人所为，还是一个谜。

第二章

辽东大一统的背后

幼女缘何配有妇之夫

……

年仅十岁的长女被努尔哈赤匆匆嫁出，新郎居然仅仅比努尔哈赤年轻了一岁。更奇怪的是，这位新郎早已成婚。努尔哈赤为什么会选择一个大龄已婚的青年作为自己的乘龙快婿？为什么要让自己的掌上明珠甘做小妾？

一场奇怪的婚礼

万历十六年（1588 年）的某个黄道吉日，赫图阿拉城内张灯结彩，努尔哈赤在自己的建州左卫指挥府上大宴宾客。人如潮水，马如游龙，熙熙攘攘，觥筹交错，好一派热闹的景象。流水席从早至晚，仍没有散去的迹象。

子夜时分，一顶装扮得花枝招展的轿子来到了府门口，建州女真董鄂部首领何和礼一身艳装，身披红绸，胯下一匹高头大马，衬托得 27 岁的他更加地精神抖擞。

得到通报后，努尔哈赤忙带领一干人等迎出院门。何和礼口称岳父泰山，下马叩头行礼，紧接着，便在前呼后拥下走进了建州左卫指挥府。

此时的努尔哈赤28岁，而他的这个“乘龙快婿”何和礼仅比他小一岁，这在古代来说也算不上什么问题，问题是，何和礼已经是有家室之人；更重要的问题是，努尔哈赤要嫁出去的长女东果格格年仅10岁。

俗话说：皇帝的女儿不愁嫁。此时的努尔哈赤虽然还不是清太祖，但也是大明建州左卫指挥，名义上的建州女真之主，按理说也不至于如此着急把年方10岁的女儿嫁出去，还是给人家做小妾。难道何和礼真的优秀到了万里挑一的地步了吗？

万里挑一的优秀青年

何和礼是辽东地区少有的青年才俊，武艺高强、性情宽和、内敛而富谋略，在部落威信极高，也绝非庸常之辈。他26岁时，便已经继承兄长之位成了董鄂部的首领。日后在努尔哈赤统一女真、与明军交战之际，和额亦都、费英东、安费扬古、扈尔汉一起成了努尔哈赤的“开国五大臣”。

图谋建州的准备

何和礼的董鄂部是建州女真五大部落之一，拥兵7000余人，兵强马壮，实力雄厚。当年的王杲在世时，也须让他三分。努尔哈赤的壮志在于统一女真，与明廷对抗，要实现这个目的，第一步先要将建州女真纳入囊中。毫无疑问，自王杲部为明所灭、苏克素浒河部被努尔哈赤一统之后，董鄂部成了统一之路上最大的拦路虎。

动用武力？现在的努尔哈赤啃不动这块硬骨头，而他也没有耐心去慢慢壮大自己的实力再去收拾董鄂部，于是，他便动起了联姻的念头。

在统一女真各部的战争中，努尔哈赤用兵的一个显著特点是：不仅用步骑强攻，而且以计谋智取。当用武力无法收服一个对手的时候，那么最好的办法就是与他联合起来。然而自己没有能让董鄂部所心悦诚服的实力，也没有能让何和礼看得上眼的资本，唯有用采取联姻的方式，方能让对方死心塌地地跟着自己走。正所谓舍不得孩子套不到狼，把幼女当作政治的牺牲品，对努尔哈赤来说也是无奈之举。

这场婚宴，将努尔哈赤的雄心悄无声息地彰显了出来。

东果和赛堪的地位之争

……

一场“驴唇不对马嘴”的婚礼，在政治阴谋下顺利举行。一个不速之客的意外闯入，更让这场婚礼变成了闹剧。嫁给有妇之夫为妾的东果格格，为何在历史的地位上高于何和礼的正室？东果格格和赛堪，谁才是何和礼的妾？

大闹婚礼的不速之客

何和礼于子夜时分准时上门迎亲，并高坐在迎亲宴上。

看起来一切都很顺利，但何和礼忘了一个人：他的原配——赛堪。

新郎就位，酒宴更加热闹。但正在这个时候，一个守兵匆匆来报：城门口有100多号人正在一个女子的带领下破口大骂，高声叫嚷着让努尔哈赤还了她的丈夫出来。

努尔哈赤不明所以，把眼偷看何和礼，但见这位新郎官的脸顿时吓得煞白。别人不知道，何和礼可猜了出来：那个带兵的女子正是他的原配夫人赛堪。这个“母老虎”可是个巾帼不让须眉的人物，不仅光艳照人，更能统兵上阵，泼辣直率，让何和礼是又敬又怕。

何和礼带兵临走之时，向赛堪说是去与努尔哈赤就两部联合一事做些商讨，可谁知道这家伙出了城门便穿戴一新、抬起轿子给人家做女婿去了。留守城中的赛堪得到来自心腹之人的通知时，当场就火冒三丈，点起100亲兵向赫图阿拉城杀奔而来。

得知在城外闹事的是新女婿何和礼的原配夫人，努尔哈赤感到既好笑又无奈。清官难断家务事，更何况这也不是什么能一笑置之的事，连忙让妻子富察氏·衮代（努尔哈赤的续弦之妻，其原配佟佳氏·哈哈纳扎青，即东果格格的生母早逝）和自己手下唯一的一位女将椒箕，陪同女婿何和礼一同前去探察真相。

结婚本来是一件喜事，可被老婆这么一闹，何和礼的面子怎能挂得住？连忙跑到城外想先把赛堪哄回去。谁知刚走到一身戎装、勒马持剑的赛堪面前，就被老婆当头一剑劈了过来。何和礼勉强躲过，衣服却被划破一道，狼狈至极。准岳母衮代一看女婿那边情况不对，忙让椒箕迎战赛堪，不出几个回合，便将赛堪生擒活捉。

是赛堪的大度成就婚姻吗

据晚清天嘏所著的《满清外史》中的记载，赛堪带着一肚子的怒火被缚到府中，本以为自己此次凶多吉少，却没想到努尔哈赤满脸堆笑地亲自为其松绑赐座，上茶赔礼："这件事与你的丈夫无关，你要是心里不痛快，想打想骂就冲着我来吧。"此话一出，反倒弄得赛堪无所适从，满腔怒火无处发泄，只得听努尔哈赤继续说道："我把女儿嫁给你的丈夫，与儿女私情无关，而是想通过这种方式让我们的两个部落联合起来。我的女儿嫁过去之后也不会抢你的地位，你还是大福晋，让东果做偏房，就当自己多了个小妹妹罢了。"一席话说得赛堪哑口无言，再见到还是一个小孩子的东果格格后，也感觉自己为这个小孩吃醋有些不值，也就默许了这门亲事。

怨妇给自己造成的严重后果

按史书中所说的，努尔哈赤就是用这种先兵后礼的手段把何和礼从赛堪手中抢了过去，这里面的赛堪也是通情达理之人，努尔哈赤说了几句好话她就接受了；而民国期间小横香室主人在其所编的《清朝野史大观》中说，虽然赛堪在身陷赫图阿拉城的不利局面时勉强将自己的丈夫拱手让人，但一肚子的怨气还是无处发泄，以至于缺少了封建社会严格要求妇女遵守的三从四德，最后导致她所生的子女都不为何和礼所重视，日后世袭何和礼爵位的子女，全都是东果格格所生，这个倒是历史上明确记载的。至于其他的，正史之上倒也没有提及，只能仁者见仁，智者见智。

叶赫美女变剩女，谁之过

……

一位享誉辽东的叶赫美女本拥有众多的追求者，却变成了叶赫老女；一位被嫁了七次的少女，却终未等到自己的白马王子。是红颜薄命还是政治阴谋？倾慕东哥已久的努尔哈赤为何最终无缘一亲芳泽？

嫁不出去的叶赫老女

万历四十四年（1616年），蒙古草原，喀尔喀部首领莽古尔岱的宠妾、刚嫁入一年多的叶赫部大龄女青年（史称“叶赫老女”）——东哥病逝，时年34岁。这本是历史长河中微不足道的一滴水，却因为一段征战、一个人，而映射出了一片历史洪波。

这段征战，就是女真族的统一战；这个人，就是努尔哈赤。

统一女真各部，这是努尔哈赤扩张人生雄图的关键一步。统一女真的标志就是踏平海西女真的最大部落——叶赫，而东哥则是叶赫部落的前首领布斋的女儿、新首领布杨古的妹妹——全名叶赫那拉·布喜娅玛拉。历史的洪流将她推到时代的浪尖上，流溢出古希腊美女海伦般的炫目光华。

努尔哈赤与美女东哥之间没有荡气回肠的英雄气短，没有缠绵悱恻的儿女情长，有的只是一片金戈铁马的喊杀声和诡谲反复的政治手段，两个没有交叉点的人生共同导演了一段波澜壮阔的历史，引领着女真族走向统一。

自万历十一年（1583年），努尔哈赤凭借着祖、父留下的十三副遗甲起兵以来，直至万历十九年（1591年）一统建州女真各部，历时九年时间，“环满洲而居者，皆为削平，国势日盛”。接下来，阻挡他统一脚步的就是海西女真和野人女真。

海西女真别称扈伦四部，包括叶赫部（今吉林四平）、哈达

蒙古贵族生活图

部（今辽宁清河流域）、辉发部（今吉林桦甸市）、乌拉部（今吉林伊通满族自治县）四部。这是一块难啃的硬骨头，尤以叶赫女真部为最。

努尔哈赤所属的爱新觉罗氏族与叶赫那拉氏族之间的矛盾由来已久。据说早在元末明初时，叶赫那拉氏族与爱新觉罗氏族之间便发生过一场战争。当时，爱新觉罗家族的头领为了使叶赫那拉氏臣服，指着大地说："我们是大地上最尊贵的金子（爱新觉罗是金子的意思）！"叶赫那拉的首领听了一阵大笑，指着天上的太阳说道："金子算什么，我们姓它（叶赫那拉就是太阳的意思）。"在那场战争中，叶赫那拉氏最后打败了爱新觉罗氏，成为当时女真族最大的部落。

历史发展的轨迹总是难以预料。叶赫那拉氏族和爱新觉罗氏族总是在敌人与朋友之间徘徊，是敌人的时候，难免要兵戎相见；是朋友的时候，便歃血为盟。是战是和，都视当时的情况和利益而定。这次亦不例外。不过，这次笑到最后的是主角努尔哈赤，叶赫那拉氏的东哥只是他扫平海西女真的一件工具、一个借口而已。

万历十九年（1591年），刚刚统一不久的努尔哈赤，迎来了海西女真叶赫部的两位使者宜儿当阿、摆斯汉，跟他们一起来的，还有一封书信：

乌拉、哈达、叶赫、辉发、满洲总一国也，岂有五王之理？尔国人众，我国人寡，可将额勒敏、札库木二处，择一让我。

一字一句的挑衅之意跃然纸上。

努尔哈赤帐下诸将读罢，无不义愤填膺，怒火中烧，狼一样的目光扫得原本趾高气扬的宜儿当阿、摆斯汉两人双股战栗。

而努尔哈赤却仿若无事人一般，只是淡淡地说道：

“我乃满洲，尔乃扈伦，尔国虽大，我不得取；我国虽大，尔亦不得取。况国非牲畜可比，焉有分给之理？尔等皆执政之臣，不能极力谏主，奈何忝颜来相告耶？”

没过几天，宜儿当阿、摆斯汉又来到赫图阿拉城，这次与他们同来的还有哈达、辉发两部使者，三部落公然联合起来，再次挑战努尔哈赤的耐心与勇气。

仗着三大部落做靠山，宜儿当阿、摆斯汉再次趾高气扬起来，此次带来的措辞更带有了浓浓的火药味，即努尔哈赤不答应割地的话，那么，努尔哈赤将要为建州承担被海西大军血洗的后果。

听罢此言，努尔哈赤大怒，拔剑斩案，势如雷霆，怒喝道：

“尔主弟兄，何尝与人交马接刃，碎烂甲胄，经此一战耶？昔孟革卜卤、戴鄯叔侄自相扰乱，如二童争骨（满洲儿童每掷骨为戏故云云），尔等乘乱袭取，何故视我如彼之易也，尔地四周果有边垣之阻耶？吾即昼不能往，夜亦能至彼处，尔其奈我何，徒张大言胡为乎？昔我父被大明误杀，与我敕书三十道，马三十匹，送还尸首，坐受左都督敕书，续封龙虎将军大敕一道，每年给银八百两，蟒段十五匹，汝父亦被大明所杀，其尸骸汝得收取否？”

随即努尔哈赤修书一封，将这番强硬的措辞写上，命使者将之交到海西女真部落首领的手中。

努尔哈赤的态度让东哥的老爹、海西四部首领、叶赫部头人布斋为之恐慌。他向努尔哈赤讨要领土，实际上是在试探这个人是否会与明朝一样，成为自己在海西女真的统治的又一大威胁。如今换来的是努尔哈赤的强硬，他也心知努尔哈赤绝不只是口头上说说而已。因此，先下手为强才是解除隐患的关键所在。

但布斋更清楚的是，单凭自己的叶赫部，就算是整个海西四部，也不是努尔哈赤的对手，因此，他需要更强有力的支持。他的女儿东哥，便又一次成了牺牲品。

叶赫部的秘密武器

东哥是名扬塞外的美女，据说任何语言都难以形容她的美之万一。她也因此成为叶赫部最具杀伤力的政治武器，而且屡试不爽。

东哥短短的一生中换了七个未婚夫，除去 11 岁时为父亲夺得海西四部（叶赫、乌拉、哈达和辉发）头把交椅“牺牲”一次外，此后六次许婚都与努尔哈赤有着直接或间接的联系。

为了巩固联盟、组建九部联军攻击努尔哈赤，布斋答应了海西女真乌拉部首领为其弟布占泰聘娶东哥的请求，征得了乌拉部的支援，于是，一场在统一海西女真中起到关键性作用的一战爆发了。是年，万历二十一年（1593 年）。

九月，扈伦四部加上长白山的朱舍里、讷殷两部及蒙古科尔沁、锡伯、瓜尔佳三部，组成多达三万兵力的九部联军，兵分三路向建州发起进攻。

面对来势汹汹的九部联军，努尔哈赤并没有显出慌张的神态。虽然以他目前的兵力来说，对抗三万大军实则以卵击石，但努尔哈赤深知，海西气势虽猛，但有一个致命的弱点，“打蛇打七寸”，只要将海西九部联军的七寸掐在手中，那么，纵使三万大军，也不过是小菜一碟。

九部联军在浑河北岸扎下大营，紧接着便向扎喀关（今辽宁新宾境内）、古勒山（今辽宁新宾县上夹乡古楼村西北）一带推进。

敌报传来，时近五更。得讯的努尔哈赤毫无惊恐之色。

“人言叶赫国不日兵来，今果然也。我兵夜出，恐城中人惊，待天明出兵，传谕诸将。”言毕复寝。衮代皇后（萨济富察氏·衮代，皇太极之母）推醒太祖曰：“今九国兵马来攻，何故眈睡，是昏昧耶？抑畏惧耶？”太祖曰：“畏敌者必不安枕，我不畏彼，故熟睡耳。前闻夜黑兵三路侵我，来期未的，我心不安，今日已到，我心始定。我若有欺骗处，天必罪我，我当畏之。我承天命，各守国土，彼不乐我安分，反无故纠合九部之兵，欺害无辜之人，天岂祐之？”言讫复睡。

一段摘自《清太祖武皇帝实录》中的话，可以看出努尔哈赤临阵之际仍可酣然入梦，实则是有成竹在胸。三万大军虽来势凶猛，但终究是乌合之众。临时集合起来的联军各自为政，缺少统一的战前部属与作战计划，散沙一堆而已。“但伤其一二头目，彼兵自走”。建州兵虽少，但优势在于一心，只要并力出击，不愁不胜。

是故，古勒山一役，努尔哈赤以少胜多，歼敌4000多人，获战马3000匹，东哥的老爸布斋战死沙场；第二任未婚夫乌拉部布占泰，尚未来得及爬上东哥床，便做了努尔哈赤的阶下囚。

与努尔哈赤有缘无分的关系

努尔哈赤在古勒山大破海西九部联军，布斋战死，布占泰被俘，海西女真一时对努尔哈赤闻风丧胆。布斋之子布杨古害怕努尔哈赤为九部联军大举进攻一事而复仇，连忙提出将妹妹东哥（此时仅13岁）嫁给努尔哈赤为妻的条件，请求“联姻盟好”。努尔哈赤允诺，取代布占泰成为东哥第三任未婚夫，这也是两个人的人生距离最近的一刻。

努尔哈赤的允诺，并非贪恋东哥的美色，他早已经认识到东哥不过是一件可怜的政治工具，既然是工具，就要充分发挥她的作用，更何况这件工具不仅对叶赫部有利，也对努尔哈赤的统一大业有利。叶赫部是海西女真的首领，与它为敌相当于同时向海西四部宣战，这对于刚刚崛起的努尔哈赤来说是极不明智的举动，因此，不如顺水推舟，一方面缓和与海西四部的关系，另一方面则趁机摆平野人女真，壮大自己的势力。基于以上考虑，他释放了布占泰并与之联姻。

但东哥誓死不嫁杀父仇人努尔哈赤，叶赫悔婚，并以杀死努尔哈赤为条件向各部征婚。

美女的拒绝并没有让努尔哈赤恼羞成怒，他像一只老谋深算的苍鹰，冷静地观察着各部情况，寻觅攻击的时机。

薄命红颜的无奈

机会还是让他等到了。几年后，哈达部发生内讧，叶赫贝勒金台吉趁机率兵将哈达部劫掠一空。哈达部向努尔哈赤求援，请求努尔哈赤出兵。这个消息很快就传到了叶赫那里。大敌当前，叶赫惊恐之下，又将东哥（芳龄 17）推了出来，对哈达首领说如果哈达倒戈击杀努尔哈赤，就将东哥嫁给他。极具诱惑力的东哥不负众望，成功让哈达倒戈。努尔哈赤以此为借口，发兵讨伐哈达部，随即灭之。刚荣升为东哥第四任未婚夫的哈达首领赔了夫人又折兵，还搭上一条小命。

不久，辉发部亦发生内乱，拜音达弑叔自立，众多族人投靠叶赫。拜音达两次请求努尔哈赤出兵向叶赫索要逃众。叶赫仍以东哥（已 25 岁）为诱饵，将第五任未婚夫的“爵位”赐予拜音达，后者立刻神魂颠倒，当即撕毁盟约，向努尔哈赤宣战。努尔哈赤找到口实，挥师直捣辉发部，灭辉发，杀掉连婚约都未焐热的拜音达。

海西四部仅存乌拉与叶赫两部，而且乌拉部布占泰与努尔哈赤又有联姻，叶赫感到孤立无援恐慌至极，使出最后的撒手锏——东哥（此时已 31 岁“高龄”），表示要与布占泰重续前缘。痴情的布占泰受宠若惊，马上囚禁建州之妻，并以子女及17寨主之子为质，投向叶赫，唯恐叶赫反悔。色迷心窍的布占泰以为终于搞到了一张登上东哥之舟的旧船票，浑不知握住的是地狱的邀请函。努尔哈赤举兵荡平乌拉部，叶赫以布占泰失国无用，撕掉婚约。身为第三任和第六任未婚夫的布占泰就这样被抛弃，眼巴巴地看着近在眼前的美人，郁郁而终。

直到33岁，叶赫那拉氏大龄女青年东哥终于找到自己的"真命天子"，蒙古喀尔喀部首领莽古尔岱——当然也是政治婚姻，叶赫部为了联合蒙古制衡努尔哈赤——结束了长达21年的单身待嫁生活。可惜，红颜薄命，次年就魂断漠北。

决定大清兴亡的神秘诅咒

……

一个神秘的诅咒，决定了大清王朝的命运；一句临死前的誓言，预兆了数百年后的结局。是历史的巧合，还是冥冥之中的定论？是确有其事，还是后人的政治阴谋？神秘的诅咒，究竟来源于何方？

神秘的诅咒

那时这雄心勃勃的努尔哈赤，乘着这如日方升的气象，想统一满洲，奠定国基，当命工匠兴起土木，建筑一所堂子，作为祭神的场所；工匠等忙碌未了，忽掘起一块大碑，上有六个大字，忙报知努尔哈赤。努尔哈赤不见犹可，见了碑文，暗觉惊诧异常。他却佯为镇定，仔细摩挲了一回，突然向工人道："这妖言不足信，快与我击断此碑！"确肖雄主口吻。看官！你道这碑文是如何说？乃是"灭建州者叶赫"六字。

——民国·蔡东藩《清史演义》

蔡东藩的话虽然是小说家言，但也不是空穴来风。

《清光绪帝外传》中记载，叶赫部首领布扬古，临终前愤然留下遗言：吾子孙，虽存一女子，亦必覆满洲！因此，清朝祖制规定：宫闱不选叶赫女子！

而《慈禧太后演义》则称，叶赫金台石，临刑前厉声说：我生前不能存叶赫，死后有知，定不使叶赫绝种！无论传下一子一女，总要报仇雪恨！

另外，《瀛台泣血记》里讲到，他用最后一口气，在烈焰中发出极惨厉的声音来，宣布了他复仇的誓言：有一天，叶赫那拉氏的子孙，一定要向清室始祖的子孙算账！到那个时候，他们就不能不落在我们手掌里了！这个报应，是他们一定要受到的！

而这些类似的诅咒都成了现实，即清之亡，有很大的原因在一个姓叶赫那拉的女人身上——慈禧太后。

诅咒中的疑点

野史中的记载大致上可分为两类，一是灭"大清说"，如

《瀛台泣血记》；一是“灭满洲说”，如《清光绪帝外传》。

“灭大清”之说一看就知道是编者的杜撰，而且毫无清史常识。努尔哈赤剿灭叶赫部是明万历四十七年（1619年），而大清国是在努尔哈赤死后由皇太极于明崇祯九年（1636年）所建。在叶赫部被灭、金台石被杀的1619年，怎么会得知17年后才建立、连努尔哈赤尚且终生不知的“大清”国？

“灭满洲”之说同样站不住脚。努尔哈赤在世之时，原是承袭大明授予其先祖的建州左卫都督之职。明万历四十四年（1616年），努尔哈赤在赫图阿拉称汗，建立大金（史称后金），改元天命。明万历四十七年（1619年）叶赫部被灭之时，努尔哈赤为大金国主。努尔哈赤死后，明崇祯十年（1637年），皇太极发布诏谕，建国号“满洲”，“满洲”才成为国名和族名。而在此前，“满洲”虽也被大明及关外各部有所使用，但并不是特指爱新觉罗家族领地，而是泛指关外包括叶赫部等诸多部族的领地在内的相当广泛的地域，并且也没有特定的首领。叶赫部首领布扬古在1619年临死时，怎么会针对18年之后才建立的“满洲”国说出“覆满洲”之语？又怎么会针对当时包括叶赫部领地在内的“满洲”地说出“覆满洲”之语？显然，“覆满洲”之说也是《清光绪帝外传》作者根据“合理想象”杜撰出来的。

因此，“灭大清”之说和“覆满洲”之说皆不可信。

诅咒的真实来历

在《瀛台泣血记》一书中，作者对此写道：

慈禧太后像

在历史上可以看到不少起初觉得毫无价值的诅咒，到后来竟会极神秘地应验起来。叶赫那拉和清廷皇室嫡系间的仇恨，其起因也是由于一句很空泛的诅咒，但后来是应验得多么灵异啊！究竟这一句诅咒是在什么时候说的，现在也没有确切的日子可以查考了，只知道是在清朝入关以后的初期发生的。老佛爷，我们的皇太后慈禧，就是叶赫那拉这一族的人；因为叶赫那拉这一族的人向来是被认为不忠于皇室的危险分子，所以他老人家的贵为皇太后，实在是万分不孚众望的事。满族人向来有所谓八旗子弟的区分，这些区分是皇族，白旗——帝王以下的武将们；正黄旗——高级军官们；蓝旗——朝廷中的普通官员；以及赤旗——全是一些普通阶级的人民与士兵。叶赫那拉的一族是属于正黄旗里头的，正黄旗人的声势固然比较别旗的人要高一些，而他们的强悍不驯也是众所共知的事实；在他们的中间，尤其要算叶赫那拉的一族野心最大。

当公历一六四四年清朝入关之后，有一年，突然发生了一件企图危害皇室的阴谋，它的主谋者就是叶赫那拉族的一个人。他想扩张他自己一族的权势，用武力篡夺皇位。这件事在普通人看来，当然是叶赫那拉一族的人的叛变，但是在几个熟悉满洲历史的人的心目中，这也是一种冤冤相报的因果关系。原来最初的时候，叶赫那拉是满洲各部落中最高贵的一族，他们本来是始终处于领袖的地位的，但是后来清朝皇室的一系突然强盛起来了，竟把他们硬生生地压到了下面去，一直到进关来打平天下，这叶赫那拉的一族便永远做了皇室一系的奴隶；可是他们心理上是万分不甘的，而皇室方面，对于他们也未免觉得很不放心，所以后来一听到这个阴谋不轨的人是属于叶赫那拉一族的，便立刻信以为真了。

可是这个人自己却极口地否认，无奈大家都不相信他，终于把他逮捕了起来，不久就宣判他企图谋反属实，并且决定处以最残酷的火刑。当他被押赴刑场的时候，他还是一路不断地高喊着冤枉。无情之火终于在他脚底下燃烧起来了，他用着最后的一口气，在烈焰中发出极惨厉的声音来，宣布了他复仇的誓言：

“有一天，叶赫那拉的子孙是一定要向清室始祖的子孙算账的，到那时候，他们就不能不落在我们的手掌里了！这个报应是他们一定要受到的！”

这誓言从此便深深地印入了每一个满族人的脑海里。而他们这一族的人，从此也就不能再在朝廷上占到重要的地位了。因为依照当时的习惯，只要一族的人里头有一个人做了什么不名誉的事情，那么合族的人就要一起给人家轻视了，甚至后代的子孙，也永远不能洗尽这个耻辱。……

叶赫那拉一族的前途就像这样断送了，他们可以毋庸再希望别的一族的人能够尊敬他们；大家都相信他们所做的事必然和皇室不利的。

咸丰当初纳太后为兰贵妃的时节，大家都知道她是叶赫那拉一族的人，不过因为当初咸丰只是收她做一个妃子，所以大家都没有介意到。当然，那时候是绝对不会有人想得到这个名位极平常的妃子，后来竟会变成统治全国的皇太后的。及至后来她生了同治，才渐渐有人先后记起了那个被烧死的叶赫那拉人在临死时所宣布的复仇的誓言，他们忧虑这句誓言也许会应验起来。到得咸丰一死慈禧以皇太后的资格实行垂帘听政，这个时候，大家已经无话可说了，深信那几句誓言是完全应验了。他们觉得叶赫那拉一族的人，迟早定要对他们开始报复，而他们也只有无可抵抗地承受了。那么慈禧本人对于她祖宗所说的这几句誓言，究竟有什么感想呢？这是很难说的。便是她所以能够做到皇太后的地位，是否的确因为受了这几句誓言的神秘的影响，也没有人敢说得定。她老人家自从进宫以后，便始终不曾提起过叶赫那拉这四个字，也没有跟哪一个人谈论过叶赫那拉一族和皇室结怨的事；但是据皇室中几个曾经吃过她亏的人想来，她的确已经在那里准备怎样向他们报复的方案了。

这段文字说明了两点：

一、“叶赫灭清”诅咒出现的时间“是在清朝入关以后的初期”，且同叶赫部首领金台石、布扬古无关，而是源于一次“企图危害皇室的阴谋”，“谋反”者被“处以最残酷的火刑”，而该“谋反”者在喊冤无效的绝望中，在被烈焰烧死前才发出复仇的诅咒誓言。

二、慈禧活着的时候，主要是在“她生了同治”之后，就渐渐有人在议论这个故事和这个复仇誓言，到咸丰一死慈禧以皇太后的资格实行垂帘听政，大家深信的也是这个故事和这个复仇誓言，而不是什么叶赫部首领金台石或布扬古发出的誓言。

《瀛台泣血记》的作者德龄为汉军正白旗人，裕庚之女。幼时与妹妹容龄随父母宦居欧洲多年，1903 年初回国，姊妹俩同入清朝宫廷，为慈禧太后贴身女官。因此她所说的这些具有一定的史料价值。

诅咒出现及流传可能的经过

从现有文献看，这则流言的出现及其流传可能经历了以下的过程。

清兵入关之前未有该流言。各种“叶赫部首领临终复仇遗言”的传说，都基于一个虚构的前提，即：当年努尔哈赤灭叶赫，实行了大肆杀戮叶赫部众的残暴灭族法。而事实上，基于努尔哈赤同叶赫部的家族血缘关系及其各种复杂的亲缘家庭关系，努尔哈赤及其儿子们根本不可能不顾亲情放肆杀戮。努尔哈赤及其儿子们要灭的是叶赫的政权，而不是叶赫的人口，这不仅是基于叶赫部同爱新觉罗部之间难解难分的姻亲血缘，更基于努尔哈赤根本要敌对的是大明而不是叶赫，兼并叶赫将叶赫人口收归己有才真正有利于同大明抗衡。因此，努尔哈赤围困叶赫东、西二城后，均采用以诱降劝降为主的策略，并且这一策略的效果也很成功，最终坚持不降的实际上只有金台石一人而已，连金台石的妻儿们都背金台石而降，也就是说，不降者金台石最终落了个众叛亲离的死法，而不是众所感涕的死法。并且，连当时的大明朝廷官员们都确认努尔哈赤并未对叶赫部族人大开杀戒，这就不是爱新觉罗家族的一面之词了。因此，各种以“努尔哈赤灭叶赫部时滥杀叶赫族人”为前提演义出来“叶赫部首领愤然发誓复仇”的版本就不足采信了。

清兵入关后发生过一次德龄在《瀛台泣血记》中所载的一名叶赫那拉族人被冤枉“谋反”事件，其在受火刑临死前愤然发出要叶赫子孙为叶赫复仇的誓言。

叶赫部被努尔哈赤所灭，尽管当时可能并无被杀的叶赫部首领留下要叶赫子孙复仇的遗言，但叶赫部政权被灭，叶赫族人从此被分编为爱新觉罗氏家族八旗的臣民，从统治者变成被统治者，并且被强行迁徙永远离开自己祖居之地，这样的屈辱会深深郁结埋藏在所有叶赫部族人心中，并可能会在部分族人家庭中世代立誓有朝一日要复仇雪耻。而一名被冤枉“谋反”

的叶赫族人，在鸣冤无效并将屈死之前，终于将多年埋藏在心底的怨愤呐喊出来，是完全可能的，也是正常的。

德龄在《瀛台泣血记》中，详尽地叙述了从慈禧生下同治之时到咸丰帝死后她以皇太后的资格实行垂帘听政期间宫廷内外流传“叶赫灭清”誓言的来历、内容及人们对这则誓言的复杂心理变迁。可见当时宫廷内外流传并相信的“叶赫灭清”誓言不是“叶赫部首领临终说”版本，而是“被冤谋反叶赫人临终说”版本。

所谓努尔哈赤灭叶赫时对叶赫部族大肆杀戮，因而令叶赫部首领临终前发出子孙复仇誓言的说法，到清末方起。这恐怕同当时各种社会矛盾日益复杂、激化有关，尤其是慈禧专权造成的帝后权争局面深刻影响了整个社会，有人出于特定目的制造、散布皇室家族与后戚家族有世仇的谣言以进一步激化帝后权争，以期达到“鹬蚌相争，渔翁得利”的效果，也是很正常的。

什么人可能会制造这则谣言或更愿意对这则谣言信以为真呢？四种人。

一是维护皇权正统的挺帝派。这种人可能会制造或相信历史上存在着叶赫家族“叶赫灭清”誓言祖训的“史实”，这样就能证明慈禧专权是源于慈禧执行祖训在对努尔哈赤皇室实施报复，从而证明慈禧存在着颠覆大清朝廷的预谋，从而为帝党剥夺慈禧权势夺回大清皇权制造依据。

二是巴结慈禧权势的挺后派。这种人可能会制造或相信历史上存在着叶赫家族“叶赫灭清”誓言祖训的“史实”，这样就能证明爱新觉罗皇室先对叶赫那拉家族不义，慈禧只是代表叶赫那拉家族复仇，从而证明爱新觉罗皇室毁于慈禧之手是罪有应得。

三是致力于推翻清朝政权的革命派。这种人主要的目标是推翻满族人统治，建立汉人政权。努尔哈赤在灭叶赫部时大肆杀戮的是明军汉人，而不是叶赫族人，但为何在当时几乎无人去说明这一真相呢？恐怕当时反满族的汉人最期望看到的就是满族内部矛盾激化令清廷内部自相残杀，而不是看到满族内部纷争化解携手联合共敌汉人。因此，反清汉士们会编造什么谣言，会掩盖什么历史真相，就很清楚了。

四是虽无任何政治目的但好捕风捉影编造离奇故事的好事文人或艺人。他们可能会根据当时流行的“叶赫灭清”“被冤谋反叶赫人临终说”版本，加工改编成“叶赫部首领临终说”版本，以增强故事的离奇性及“合理性”。

由于“叶赫部首领临终说”版本比“被冤谋反叶赫人临终说”版本更具有传奇色彩，因而也就更容易令人置信。

蔡东藩、恽毓鼎不一定是这种谣言的伪造者，但很可能是轻信谣言的传谣者。

当“叶赫灭清”誓言“叶赫部首领临终说”是一则后人凭空伪造的谣言时，其中存在着种种不合史实的漏洞，也就不足为奇了。

七大恨，努尔哈赤在骗谁

……

羽翼丰满的努尔哈赤，终于将剑锋指向日薄西山的大明王朝。起兵之前的“七大恨”背后，努尔哈赤隐藏了哪些不可告人的秘密？

七大恨，一个冠冕堂皇的借口

天命三年（1618年）正月十六日清晨，晨曦欲吐，红日未升，一轮圆月仍悬于西天。

> 有青黄二色气，直贯月中。此光约宽二尺，月之上约长三丈，月之下约丈余。帝（指努尔哈赤）见之，谓诸王臣曰：“汝等勿疑，吾意已决，今岁必征大明国。”
>
> ——清·鄂尔泰《清太祖武皇帝实录》

由于《清太祖武皇帝实录》相对于后世康雍乾年间所修订的《清太祖高皇帝实录》更早，所以一向被史学界尊为对努尔哈赤生平的最具权威性的记述。不过从前面这一段文字来看，却颇有些传奇色彩。当然，这很好解释：日月同辉并不是罕见的现象，在某些特定的大气环境下，日月同辉确实可能会导致月中“青黄二色气”的自然景观，这不过是太阳光的折射罢了。而努尔哈赤正可借题发挥，表述自己征讨朱明王朝的决心，且以天命之由来堵住反对者的嘴。

努尔哈赤觊觎大明江山由来已久。早在其祖、父为明军“误杀”之后，努尔哈赤便心怀复仇之意，不过其时能力有限，也无法公开与明王朝决裂，只能在辽东地区祭起战旗，一步步地统一辽东，壮大实力。如今，整个满洲已经被纳入爱新觉罗氏的麾下，而朱明王朝那边却已是夕阳落日，还有什么理由让人继续向明王朝纳贡称臣呢?

既然不想再纳贡称臣，那就要寻找到后金与大明王朝之间战争的一个光明正大的借口。

“朕与大明国成衅，有七大恼恨，此外小忿难枚举矣。今欲征大明。”（清·鄂尔泰《清太祖武皇帝实录》）这个就是努尔哈赤在天命三年二月提出来的理由，也就是后人所称的“七大恨”。

是年四月十三日，努尔哈赤正式以“七大恨”告天：

吾父祖于大明禁边，寸土不扰，一草不折，秋毫未犯，彼无故生事于边外，杀吾父祖，此其一也。

虽有祖父之仇，尚欲修和好，曾立石碑盟曰：大明与满洲皆勿越禁边，敢有越者，见之即杀，若见而不杀，殃及于不杀之人。如此盟言，大明背之，反令兵出边卫夜黑（即叶赫），此其二也。

自清河之南，江岸之北，大明人每年窃出边，入吾地侵夺，我以盟言杀其出边之人，彼负前盟，责以擅杀，拘我往谒都堂使者纲孤里、方吉纳二人，逼令吾献十人于边上杀之，此其三也。

遣兵出边为夜黑防御，致使我已聘之女转嫁蒙古，此其四也。

将吾世守禁边之钗哈即柴河、山七拉即三岔、法纳哈即抚安三堡耕种田谷，不容收获，遣兵逐之，此其五也。

边外夜黑，是获罪于天之国，乃偏听其言，遣人责备，书种种不善之语辱我，此其六也。

哈达助夜黑侵我二次，吾返兵征之，哈达遂声我有，此天与之也。大明又助哈达，逼令返国，后夜黑将吾所释之哈达掳掠数次。夫天下之国互相征伐，合天心者胜而存，逆天意者败而亡。死于锋刃者使更生，既得之人畜令每返，此理果有之乎？天降大国之君，宜为天下共主，岂独吾一身之主？先因糊笼部华言诸部会兵侵我，我始兴兵，因合天意，天遂厌糊笼而佑我也。大明助天罪之夜黑，如逆天然，以是为非，以非为是，妄为剖断，此其七也。凌辱至极，实难容忍，故以此七恨兴兵。

与任何一场"师出有名"的战争一样，每位征讨者都是搜罗罪状、寻找借口的高手。"七大恨"中，除去"杀我父祖"的血海深仇外，努尔哈赤又把"叶赫老女"这件过时的政治工具搬了出来，将援助叶赫，"致使我已聘之女转嫁蒙古"列为七大恨之一。

努尔哈赤对宣战时机的选择

努尔哈赤之所以选择这个时间向明朝宣战，是因为此时的辽东内外形势都对其有利。

明军方面的抗倭援朝战争刚刚结束不久，无论是人力、物力还是财力都有极大的损耗；多次与叶赫部落作战的辽东守军还是抗倭援朝战争中的主力部队，战争结束后的实力更是锐减。

外部军事实力已经如此堪忧，朝廷内部却腐败到了骨子里：封建官僚把军队粮饷纳入私囊，使得军队的装备陈旧不堪，军需严重匮乏，吃不饱肚子的士兵只能纷纷逃离军队，号称10万大军的辽东守军，实际人数不过三四万而已；就是这点人，军队长官也无心对其进行操练，军营之中本应终日不歇的金鼓之声，在辽东大营却几乎不闻，就算是有偶尔的训练，士卒们也打不起精神来，致使军队毫无士气可言；自李成梁卸任之后，明军的军械从未被修缮过，刀枪剑戟，锈迹斑斑，遇到女真部落的挑衅，大多数情况下都选择了退缩避让，不敢正面迎击。这样的军队又哪有战斗力可言？

在军力部署上，仅三四万人的军队，还分散在北起开原、南至鸭绿江口，以及辽东、辽西的120多处据点中，这就给对手留下了各个击破的余地。

第三方势力的影响

当时除了后金政权和明王朝之外，还存在着一个第三方势力，那就是蒙古部落。此时，喀尔喀蒙古部落已经跟后金有了联姻的关系，科尔沁蒙古部落也已跟后金政权结盟，位于漠南的察哈尔部希望借明朝的力量统一漠南蒙古而跟明王朝保持着紧密的联系；同时，明王朝也企图把察哈尔部当作遏制后金发展的屏障。这样，蒙古方面就剩下察哈尔部是努尔哈赤的一个威胁。

还有一方力量亦不可为努尔哈赤所轻视，那就是与中国只有一江之隔的朝鲜。明代之时，日本正值战国时期，日本关白丰臣秀吉大举侵略朝鲜，作为朝鲜宗主国的明朝出兵援助，双方形成了军事同盟关系。此时倭寇之乱未解，朝鲜仍需要来自明军方面的支援，因此对于后金政权，朝鲜方面也相应地采用了敌对政策。努尔哈赤曾一度想要与朝鲜结盟，但朝鲜国王光海君怕开罪明朝，只得暗中与后金往来。努尔哈赤对此却很不满意，以为“交则交，不交则已，何必暗里行走”，断然打消了与朝鲜结盟的念头，不过饱受侵略之苦的朝鲜也没有足够的军事实力成为后金的威胁，不足为患。

后金内部的重重危机

更让努尔哈赤不得不对明朝宣战的原因是后金政权的内部危机。据朝鲜史书《李朝光海君日记》记载，天命初年，辽东地区洪水泛滥，百姓疾苦已经到了无以复加的地步，饿殍遍野，千里无人烟，就连部落首领都不得不命部下去死人堆里找食物。突如其来的严重天灾一方面让明朝财政进一步赤字，再次削弱了军事实力，另一方面也在后金政权的内部造成了激烈的阶级矛盾和民族矛盾。努尔哈赤抓住这个时机，把女真人的不满情绪和日趋激化的矛盾引向明王朝方面，转移民众视线，并准备采用战争掠夺的方式来缓解政权内部的危机。

虎毒食子，残忍的是父亲还是政治

……

功勋赫赫的太子，为何墓前连块石碑都没有？努尔哈赤的长子，为何神秘地消失在了史籍中？处死长子，努尔哈赤为什么这么做？是父亲虎毒食子，还是政治的阴谋？爱新觉罗·褚英，缘何酿造了一生的悲剧？

铁血太子的身世

在辽阳东郊阳鲁山上，有一处青砖素瓦的皇家陵园。清王朝入关前，因努尔哈赤建都东京（辽阳古名），曾一度将祖茔奉迁于此，故被敕封为东京陵。东京陵现存努尔哈赤胞弟舒尔哈齐、长子褚英、庶母弟穆尔哈齐及其子达尔差等人的四座陵寝，其中褚英的墓被当地老百姓称为“太子坟”。然而，褚英之墓远无皇家陵寝的风光，不仅面积小到不及舒尔哈齐陵寝的一半，墓前也是落寞孤寂，连一座石碑都没有。

这位生前勇武善战、为努尔哈赤统一女真立下赫赫功绩的太子，身后之所以如此凄凉，是因为300多年前，他在王朝内部一场政治角逐中落败获罪，被自己的父王努尔哈赤拘禁处死。

爱新觉罗·褚英，又称爱新觉罗·褚燕，清太祖努尔哈赤的长子，1580年生于北砬背山城（今新宾县网户村后山）。褚英的母亲为佟佳氏哈哈纳扎青，是努尔哈赤的结发妻子，因此，褚英是努尔哈赤的嫡亲长子。

明万历十一年（1583 年），努尔哈赤以父、祖十三副遗甲起兵，开始了他长达半生的统一女真的征战，这年褚英刚满 3 岁。努尔哈赤起兵之初，首先面对的是一些族人的对抗和暗杀。有刺客来袭，努尔哈赤就把儿子褚英、代善和女儿东果藏进板柜底下。褚英在格杀争战、险象环生的境况中长大，刀光剑影、血雨腥风，造就了他性格上的勇敢和躁烈，严酷的生活磨炼以及父亲的悉心训导，使他很快成长为一个英姿勃发、壮怀激烈的勇武少年。

万历二十六年（1598 年）正月，褚英受命与他的小叔巴雅喇、一等大臣费英东等，率一千精兵征讨东海女真安褚拉库路。这是褚英首次担任主帅，他率军披星戴月，昼夜兼程，一连攻取二十余座屯寨，尽数招来所属民众，大胜而归。对此，努尔哈赤十分高兴，亲赐褚英为洪巴图鲁（满语“英勇”的音译）的荣誉称号，并晋封他为贝勒。这年褚英刚满 18 岁。

后金东京陵
后金东京陵位于辽宁省辽阳市，此处原葬有努尔哈赤的长辈，褚英死后也葬于此处。

万历三十五年（1607年）正月，蜚悠城主策穆特黑到赫图阿拉归服努尔哈赤，请求建州派兵前去迎护家眷和部众。努尔哈赤便命他的弟弟舒尔哈齐与长子褚英及次子代善等统兵三千前往蜚悠城。行军路上，发生了一件奇怪的事情：一天夜里，阴云密布，伸手不见五指，迎风招展的军中大旗上忽然射出一道白光，闪电般撕裂夜空，刺人眼目。兵士们放倒大旗细看，旗上并无一点光亮。但当他们重新将旗竖起，旗上便又射出耀眼的白光。舒尔哈奇大惊失色，说："我自幼跟大汗四处征讨，经历的事说来不少，但从来没有见过这样怪异的事。这是不祥之兆！我们应该撤军，避开这个凶兆。"舒尔哈齐的话遭到褚英和代善的坚决反对。在他们的坚持之下，大军终于到达蜚悠城。

在护佑着500户蜚悠部众返程途中，建州军在一个叫乌碣岩的地方，遭到乌拉兵的堵截。舒尔哈齐见敌军过万，惧于敌众我寡，畏缩山前，按兵不动。褚英和代善见状，便鼓动众将士说："乌拉首领布占泰曾是我们建州的俘虏，因其归顺父王，父王才把他放回。我们过去能把他放回去，今天就能再把他抓回来。他的兵虽然比我们多，我们却有老天的眷顾，有父王的威名，只要奋勇厮杀，敌兵必破。"

部众士气受到了鼓舞，军心大振。他们在山上立栅扎营，派兵守护那500户部众。由扈尔汉、扬古利率200人同乌拉军前锋殊死拼杀，吸引敌军的注意力。而褚英则与代善各率兵500，分两路夹击乌拉军。褚英率先冲入敌阵，吼声震天，无人敢挡。乌拉兵兵败逃窜，“如天崩地裂”。这一仗，建州兵斩杀乌拉兵3000多人，获马5000匹，甲3000副，代善擒斩了乌拉大将博克多。

乌碣岩大战不仅大大地削弱了乌拉部的力量，而且打通了建州通向乌苏里江流域和黑龙江中下游地区的通道。努尔哈赤自然欣喜万分，以褚英“奋勇当先”，赐以“阿尔哈图图门”尊号。阿尔哈图图门是满语音译，即足智多谋之意。

之后，在宜罕山城等战役中，褚英也是军功卓著，为努尔哈赤完成女真统一大业做出了重要贡献，堪称建立后金王国的卓越功臣。

史籍上失踪的太子

就在褚英崭露头角、地位不断上升的时候，从明万历四十一年（1613年）以后，这位屡立军功的“皇长子”的名字，竟突然在大清的史册上消失了。在《清太祖实录》中再也找不到有关他的记载，他有无任职，有何功过，何时去世，是病逝善终，还是战死疆场，或是因罪诛戮，皆无记述。

直到三十五年以后，《清世祖实录》卷三十七才第一次提到，“太祖长子，亦曾似此悖乱，置于国法”。再过六十年，康熙帝提道：“昔我太祖高皇帝时，因诸贝勒大臣讦告一案，置阿尔哈图图门贝勒褚燕于法。”以后，《清史列传》卷三《褚英传》才简略地写道：“乙卯（1615年）闰八月，褚英以罪伏诛，爵除。”但“悖乱”为何？“讦告”何事？罪犯哪条？是囚禁而死，还是被下令处决，皆讳而不述。因此300多年来，太子褚英之死只是流于各种民间传说，而从史学研究的角度，一直未得破解。

《无圈点老档》中的解密

直到1962年，在台中市雾峰北沟“故宫博物院”地库里，发现了《满文老档》的原档，即《无圈点老档》，找到了有关褚英生平的原始记载，才解开了褚英死因之谜。

万历三十九年（1611年），努尔哈赤53岁了。那个时代，女真人的平均寿命都不高，五十多岁已是高寿，努尔哈赤不得不对自己的身后事做出安排。经过再三斟酌，他于万历四十年（1612年）六月，正式立褚英为太子，并授命其执掌国政。

褚英18岁开始领兵打仗，22岁执掌白旗，参与议政。34岁被指定为储君，秉执国政，是努尔哈赤亲手培养的继承人。然而，实际上不论资历还是威望，褚英都远没有父亲那样至高无上。再加上年轻气傲，见识短浅，心胸偏狭，多年戎马，也没有经历过真正的政治上的训练，在权力角逐和抗衡中，不懂得韬晦绥靖，所以，做了很多蠢事。

此时，他本已是一人之下万人之上，但他却对父王“爱如心肝”的四大贝勒和父王“信用恩养、同甘共苦”的五大臣心存忌惮，总想着趁努尔哈赤在世时，逐渐削夺四大贝勒和五大臣的权力，巩固自己的储位，为自己顺利即位铺平道路。他的这种做法使四大贝勒和五大臣人人自危，更促进了他们的联合，使自己陷于孤立。

更愚蠢的是，褚英对自己的处境不但没有省察自警，反而为了树立自己的权威，竟号令诸贝勒与诸大臣对天发誓，效忠自己。四大贝勒和五大臣怎么能买他的账呢？于是，纷纷上书告状，状告其缺乏治国公心，离间五大臣的关系；逼迫弟弟们在夜里发誓，背着父亲忠于自己；并且威胁贝子们如不顺从自己，将在父亲死后断绝对他们的供养，即位之后，弟弟和大臣们谁反对他，他就杀掉谁。

努尔哈赤接到这些告状后，心情十分沉重。他拿着那些状告文书当面对褚英说："儿子，这是你四个弟弟和五大臣告发你的文书，你先看看，如有不实之处，你可以据理辩白。"这其实是给褚英一个检讨自己、痛思悔过的机会，只要他能把事情解释清楚，承认自己狭隘偏私给兄弟和大臣造成的伤害，或许会得到父亲的宽宥和一如既往的扶植。可是，褚英仍然固守己见，表示无话可说。他的态度惹怒了父亲，他在立储之时，本就顾虑褚英"从幼偏狭，无宽宏恤众之心"，本希望他通过执掌政务得到锤炼，能够"弃其偏心，为心大公"，不想他一意孤行，不思悔改。于是，努尔哈赤下令削夺了他的权力，并将其所属部民和牧群等悉数收回，分给了其他儿子。至此，褚英从被立为储君到他最后失去执政权力，只经过了短短的三个月时间。

之后，努尔哈赤两次率兵征伐乌拉时，都让他留守建州，却把守城之责先后委代善、莽古尔泰和皇太极，明显表现出对他的不信任。对此，他不但没有反躬自省，心中反而更加愤懑和不满。于是当父亲出兵在外的时候，他竟焚表诅咒努尔哈赤及诸贝勒、众大臣兵败。并扬言说，如果他们兵败回来，我是不会让他们进城的。

努尔哈赤回兵后，褚英的诅咒被部下揭发。努尔哈赤盛怒之下将他囚禁。被押两年之后，明万历四十三年（1615年）八月二十二日，距努尔哈赤建国称汗只有不到四个月的时间，褚英被努尔哈赤以不思悔改之名下令处死，年仅36岁。

一场惊心动魄的政治谋杀

几百年来，人们一直在探询：是什么让努尔哈赤残忍地杀害了自己的亲生儿子？

有人试图从努尔哈赤性格上找原因，说他是一个生性残暴的人，“虽其妻子及素亲者，少有所忤，即加杀害。”也有人认为努尔哈赤杀褚英是要保住自己至高无上的地位；还有人戏说，其父子反目是为了争夺一个女人。

其实，努尔哈赤同样也是一个情意深重的父亲，他一生最后悔的事就是囚杀了长子褚英。特别是年老之后，努尔哈赤每每回顾这件事情，都痛彻心扉，久不平静。据《清太祖武皇帝实录》卷三记载，为了不愿再看到子孙们骨肉相残的事，天命六年（1621年）正月十二日，努尔哈赤召集诸子侄代善、阿敏、莽古尔泰、皇太极、阿济格等对天地神祇，焚香设誓：“吾子孙中纵有不善者，天可灭之，勿令刑伤，以开杀戮之端。……昆弟中若有作乱者，明知之而不加害，俱坏（怀）礼义之心，以化导其愚顽。……自此之后，伏愿神祇，不咎既往，唯鉴将来。”

对于这桩史上鲜见的父杀子的悲剧，有史学家认为，努尔哈赤是一位具有远大政治抱负的政治家，当他的力量还很弱小时，他需要一支强有力的骨干队伍，同心同德，朝着既定的大目标共同奋斗。当时这个骨干队伍主要是两个集团：一个是宗室贵族集团，以四大贝勒为代表；另一个是军功贵族集团，如五大臣。当褚英被推到执掌国政的地位时，因为他没有恰当地处理好各种关系，两个集团的主要成员都反对他。努尔哈赤不处理褚英，就会出现三个不合：宗室贵族不合、军功贵族不合、宗室贵族与军功贵族不合。除掉褚英之后，使宗室贵族合，又使军功贵族合，更使宗室贵族与军功贵族大合，从而为建立后金政权、创立大清事业奠定了基础。

由此看来，褚英被杀，残忍的不是父亲而是政治。

自斩手足，努尔哈赤之弟的悲剧

骨肉至亲，却在政治角力中阴阳相隔；血脉关系，敌不过头上的王冠。史籍中的神秘消失，后世帝王的讳莫如深，舒尔哈齐，努尔哈赤的亲弟弟，就这样，成了人间的悲剧。

军功显赫的兄弟

清咸丰十一年（1861 年）七月，咸丰皇帝在热河避暑山庄去世，怡亲王载垣、郑亲王端华、尚书肃顺等称“赞襄政务王大臣”，受遗诏辅政。不久，慈禧与恭亲王奕䜣发动北京政变，肃顺陈尸西市，载垣、端华赐死宗人府。这端华、肃顺系同胞兄弟，时人号“端三肃六”，他们是清太祖努尔哈赤亲弟舒尔哈齐的八世孙。

有清一代，舒尔哈齐默默无闻，即使今人闲话清史，述及帝业肇起，也唯知太祖而已。其实舒尔哈齐是一个很了不起的人物，他与努尔哈赤一起奠定了清朝300年江山的基石。若说他是仅次于太祖的清帝国的缔造者，也并非过誉。努尔哈赤弟兄5人，但称得上同胞手足的只有三弟舒尔哈齐、四弟雅尔哈齐。1583年，努尔哈赤的祖父和父亲被明军误杀，当时努尔哈赤25岁，舒尔哈齐20岁，兄弟遽失怙恃，明人谓为“孤雏”，十分可怜，明朝政府为了补偿他们，就让努尔哈赤继父、祖领建州左卫都指挥，给还敕书、马匹，也未加留意。谁想努尔哈赤兄弟沉潜有心计，为报父、祖之仇，生聚教训，秣马厉兵，不几年间，建州异军突起，不但令周围女真名酋刮目相看，明朝和朝鲜也都知道有“奴速”兄弟二人多智习兵，其志不在小。

无处寻觅的丰功伟绩

明朝人称努尔哈赤为奴儿哈赤，舒尔哈齐为速儿哈赤，故有“奴速”之称。当时朝鲜政府得到情报说，努尔哈赤自称为王，其弟称船将，立志“报仇中原”。明朝留心边事的人记述说，凡军机大事，努尔哈赤兄弟登高密议，决定之后，雷厉风行，竟无一人了解内幕。以后努尔哈赤晋都督，加龙虎将军勋衔，舒尔哈齐也被明廷授予都督崇阶，故在建州内部人称舒尔哈齐“二都督”，到万历三十九年（1611年）舒尔哈齐去世时，不仅统一了建州女真，而且灭掉了海西女真哈达、辉发二部。昔人曾言，“女直（即女真）兵满万，天下不能敌”。此时建州有精兵劲卒数万，鲸吞女真，虎视辽东，已成不可制之势，总之，在开创帝业的最艰苦的头30年间，是努尔哈赤兄弟二人打的天下，然而清代官修史书中，舒尔哈齐对清王朝的丰功伟绩却无从追寻，这实在耐人寻味。

被囚杀的一奶同胞

据《清实录》所记，1611年8月19日舒尔哈齐“薨，年四十八岁”，但何以致死，丧仪如何，全不做交代，不免让人疑窦丛生。当时明朝方面的记载则为：“奴酋忌其弟速儿哈赤兵强，计杀之。”“奴儿哈赤杀其弟速儿哈赤，并其兵。”对这次骨肉相残的内幕，明代黄道周说得绘声绘影：“酋疑弟二心，佯营壮第一区，落成置酒，招弟饮会，入于寝室，锒铛之，注铁键其户，仅容二穴，通饮食，出便溺。弟有二名裨以勇闻，酋恨其佐弟，假弟令召入宅，腰斩之。”黄氏所云不可目为无稽之谈。清人撰《满文老档》记舒尔哈齐事始起于万历三十七年（1609年）

3月间，努尔哈赤以舒尔哈齐图谋出走自立尽夺其所属军民，又杀舒尔哈齐一子及一僚属。两年后，舒尔哈齐死去。揣度当时情状，舒尔哈齐自有军兵，不可能束手就擒。努尔哈赤用计囚禁，杀其亲信以震慑其族党，是意中之事。舒尔哈齐以一代雄杰，纵非被戮而亡，亦会自毙于囚室。明人谓努尔哈赤杀弟，并非诬传。今天史家即奉此说，认为舒尔哈齐为其兄囚杀。

同室操戈的疑问

坐实努尔哈赤杀弟之后，这桩疑案仍余波未平。努尔哈赤兄弟二人相依为命，最为亲厚，为什么竟闹得同室操戈、骨肉相残？通常认为是权力之争使然。舒尔哈齐与其兄同为明廷任命的管理建州女真的官员，二人又分别统辖自己属下的兵马，若舒尔哈齐能屈身事兄，自然相安无事，而舒尔哈齐偏偏又是桀骜难制的人，他虽不及其兄兵强马壮，但处处要分庭抗礼，兄弟之间难免产生龃龉，裂痕日大。舒尔哈齐最后决心离兄出走，自树旗帜。在努尔哈赤看来，当时强邻环伺，断不容在自己身边又立一敌国，由此而导致努尔哈赤火并舒尔哈齐。近年来又有新的解释，认为努尔哈赤兄弟之争，决不单是权力的争夺，而是一场“叛明”和“拥明”的斗争，建州内部本有拥明派的社会基础，明廷又扶持舒尔哈齐重建建州右卫以削弱勃兴中的努尔哈赤。持这种看法者，还考察得出新设建州右卫治所黑扯木在辽宁铁岭东南。看来，清太祖杀弟疑案一时还难以完全澄清。

不敢翻案的后世帝王

不管权力之争也罢，政见之争也罢，二者互相交织也罢，舒尔哈齐为其兄有意诛除则确定无疑。舒尔哈齐生前有大功于清室而身后竟寂寥无闻，清人所修官书虽不得不记其死，但又不敢明言其死事，国初诸王冤案后被清帝昭雪者不乏其例，独不及舒尔哈齐。这些固然因为努尔哈赤的子孙们不愿以杀弟恶名加之其祖，另一方面，在清人看来，努尔哈赤杀弟也是出于维护帝业的目的。舒尔哈齐之子济尔哈朗后以功得封郑亲王，终清之世，功爵世袭罔替，俗称“铁帽子王”，这在一定意义上讲，是努尔哈赤对舒尔哈齐开创之功的酬答吧。

第三章

后金对明作战接连取胜之谜

范文程先生的身世之谜

……

范文程，人称清朝诸葛亮，被尊为大清十大文臣之一，曾向努尔哈赤毛遂自荐。他究竟是何许人？是范仲淹之后，还是仅仅是冒名顶替？

初出茅庐第一功

明朝万历四十六年，满洲天命三年正月，太祖率领后金兵浩浩荡荡杀奔抚顺关来，拟遣将攻城，忽有一书生求见，太祖便令侍卫将他宣进来。太祖见他生得粉白的面皮，相貌清秀，便问道："你是满人是汉人？来俺这里做甚？"那书生道："下臣姓范，名文程，字宪斗，沈阳人氏，原是宋朝范文正公仲淹之后……因屡次上书明皇，明皇不用，落拓一生，无凭无藉。今因陛下崛起满洲，故不避斧钺，效毛遂自荐来见陛下，陛下如爱惜人才，下臣当尽毕生之力，上辅明主。"太祖听了这番言语，语语中入心坎。便说道："贤士远来，朕之幸也；朕处正少一汉文先生，劳你任了此职，并拜为军师，参赞军机。"文程叩首谢恩。太祖称他为范先生。

——民国·许啸天《清宫秘史》

《清宫秘史》又曰《清宫十三朝》，乃一部小说家言的野史，其中不符史实之处颇多，如上段文字中所述，努尔哈赤攻打抚顺城是正月，实际上是"七大恨告天"之后的第二天，也就是四月十四日。不过小说中有一点却是史实，那就是在努尔哈赤攻打抚顺城之前，迎来了一位被诸多历史学家称为中国历史十大谋士之一的范文程。

当时努尔哈赤已经下定决心向明朝开战，他的第一个目标便是抚顺城。自李成梁镇守辽东以后，抚顺城便是女真人同大明王朝进行粮食、牲畜等货物贸易的地方，无论是对后金政权还是对大明王朝来说，都极具战略意义。但抚顺城在李成梁的多年经营下极为坚固，易守难攻，是雄踞在后金军面前的一只拦路虎。

面对固若金汤的城池，努尔哈赤并没有与之硬碰硬，而是先用5000兵马佯攻马根单（今辽宁抚顺市境内），将明军的注意力予以分散；随后主力部队的15000人对抚顺发动了突然袭击。

但抚顺城毕竟不是不堪一击的纸老虎，努尔哈赤也不想让自己的首战胜利以重大伤亡作为代价。正在这时，范文程毛遂自荐地站了出来，称自己有办法劝降抚顺守将李永芳。并挥笔写下一封书信，差使者送入抚顺城内。

明发兵疆外卫叶赫，我乃以师至。汝一游击耳，战亦岂能胜？今谕汝降者：汝降，则我即日深入；汝不降，是误我深入期也。汝多才智，识时务，我国方求才，稍足备任使，犹将举而用之，与为婚媾；况如汝者有不加以宠荣与我一等大臣同列者乎？汝若欲战，我矢岂能识汝？既不能胜，死复何益？且汝出城降，我兵不复入，汝士卒皆安堵。若我师入城，男妇老弱必且惊溃，亦大不利于汝民矣。勿谓我恫喝，不可信也。汝思区区一城且不能下，安用兴师？失此弗图，悔无及已。降不降，汝熟计之。毋不忍一时之愤，违我言而偾事也！

——民国·赵尔巽《清史稿·李永芳传》

收到范文程劝降书后，李永芳犹豫了半天，一时拿不定是战是降的主意。而努尔哈赤那边却没有坐等。后金先遣队假扮成商人混进了城中，诱使城内的商人和军民出城交易，趁城门大开之时，八旗主力突然攻入城内。李永芳别无选择，宣布向后金投降。抚顺城被顺利地攻克。

大明王朝的名臣之后

在许啸天的小说《清宫秘史》中，范文程乃北宋名臣范仲淹之后，这一点历来不为史学界所承认。一般认为，历史中的范文程其曾祖父乃明嘉靖年间的兵部尚书范鏓，后因得罪权臣严嵩而离任，后被贬为平民，直至隆庆年间才复官；其后，范文程的祖、父都没有达到其曾祖父的高度，到了范文程这代，虽有满腹经纶，却无法攀上政府的高枝。直到万历四十六年（1618年），努尔哈赤带兵南下，攻克抚顺，此后范文程成为清朝的重臣。

北宋名臣的第十九世孙

但在已发现的一份范仲淹族谱之中，我们却发现了范文程的名字。

1范仲淹–2纯仁–3正国–4直筠–5公宁–6良傥–7士玉–8祥–9监 文–10有 恒–11信–12岳–13孝 文–14傑–15祯–16鏓

–17沉–18楠–19文程–20承祚–21时绪–22宜文

–17沉–18楠–19文程–20承廕–21时望–22宜俶、宜偲、宜僖、宜谦、宜诚

–17沉–18楠–19文程–20承谟–21时崇–22宜中

–17沉–18楠–19文程–20承勋–21时绎–22宜賔、宜宗、宜定、宜宬

–17沉–18楠–19文程–20承斌–21时捷–22济、泽、渊

–17沉–18楠–19文程–20承烈–21时御–22宜恭

–17沉–18楠–19文程–20承祚–21时纯–22宜琰

–17沉–18楠–19文程–20承祚–21时统–22宜瑜、宜瑛、宜璋、宜瑞、宜琛

–17 沉 –18 楠 –19 文程 –20 承祚 –21 时绪 –22 宜恩、宜茂、宜文、宜庭、宜生

–17 沉 –18 楠 –19 文程 –20 承祚 –21 时绩 –22 宜瑶、宜琏、宜清

–17 沉 –18 楠 –19 文程 –20 承祚 –21 时缙 –22 宜申

–17 沉 –18 楠 –19 文程 –20 承祚 –21 时绶 –22 宜恒

–17 沉 –18 楠 –19 文程 –20 承祚 –21 时纪 –22 宜勷、宜勔

从此表中我们可以明确地看出，范文程确实是范仲淹的第十九世孙。

当然，这份族谱是否是真实的，还有待考证。

命运之战，11万打不过5万

……

萨尔浒之战，一场决定大明王朝与后金命运的战役。11 万的明军，为何敌不过 5 万的后金军？这场战役之中，胜负手，取决于什么？

萨尔浒大决战

凡安居太平，贵于守正。用兵则以不劳己、不顿兵，智巧谋略为贵焉。若我众敌寡，我兵潜伏幽邃之地，毋令敌见，少遣兵诱之，诱之而来，是中吾计也；诱而不来，即详察其城堡远近，远则尽力追击，近则直薄其城，使壅集于门而掩击之。

倘敌众我寡，勿遽近前，宜预退以待大军。俟大军既集，然后求敌所在，审机宜，决进退，此遇敌野战之法也。至于城郭，当视其地之可拔，则进攻之，否则勿攻。倘攻之不克而退，反损名矣！夫不劳兵力而克敌者，乃足称为智巧谋略之良将也。若劳兵力，虽胜何益？盖制敌行师之道，自居于不可胜，以待敌之可胜，斯善之善者也

——《清太祖武皇帝实录》

这是努尔哈赤在“七大恨”告天的前一天，即后金天命三年（1618 年）四月十二日所颁布的旨在训练士卒、克敌制胜的作战方针，也可以说是他一生战争策略的总结。自努尔哈赤起兵以来，其所历经的大大小小的战役，无不是在遵循此作战方针而行之。面对着即将到来的明朝大军，一个前所未有的强大对手，努尔哈赤依然遵循着这种军事思想。

明军共集结 11 万大军兵分四路向赫图阿拉进逼，意欲会师于后金都城；而努尔哈赤手中总共只有 4.5 万人马，虽然在准备与大明军队正面交锋时便已经把军备准备充分，但相对于可以随时调拨全国武装力量的明朝廷来说，还有着天壤之别。与之硬碰硬，无异于以

萨尔浒大战的遗物——明代铁炮

卵击石。

面对这种不利局面，努尔哈赤并不担心。范文程在了解了整个局势之后，提出一条“管他几路来，我只一路去”的作战方针，后金无须忌惮明军的强大实力，因为明军的内部矛盾，正为后金提供了各个击破的条件。

明军方面战略部署完毕之后，原计划于明万历四十四年（1616年）二月二十一日兵出辽东，然而天公不作美，自十六日起普降大雪，出兵日期被迫推迟。但内阁首辅方从哲却无视天气状况，一再敦促杨镐出兵。

方从哲担心，一旦战况被拖延，那么庞大的军费开支势必会给本已千疮百孔的国家经济雪上加霜，只有速战速决才是正道。在这些朝中大员眼里，一个小小的后金不足畏惧，“数路齐捣，旬日毕事耳”，根本无须大费周章。而久经战场的杨镐清楚地知道天气因素会给作战带来什么样的不利影响，尤其是深入到对手所控制的范围中去；再加上粮草迟迟未到，更是无法出兵。

明军方面的文武双方各执一词，却没有想到正是因此而把出兵时间泄露给了努尔哈赤。努尔哈赤又让治下的汉人充当间谍，深入明军腹地，把杨镐方面的作战意图、进军路线、兵力部署等各方面侦察得了如指掌。如此一来，战端未开，明军就已失胜算，陷入被动局面。

再加上明军四路大军的将领之间早有罅隙，作为最高统帅的杨镐也无力约束，兼之明军战线铺开足有600里之广，相互之间信息沟通不便，这对于分路配合作战来说是最为不利的。这一点，正是范文程提出“凭尔几路来，我只一路去”的信心。

努尔哈赤毫不犹豫地认可了这个作战方针。

明军西南路军由李成梁之子李如柏率领，努尔哈赤仅用500人便抵挡住了来自西南方向的佯攻；西路军则由杜松率队，4.5万（一说为3万）正遇到努尔哈赤的主力部队，顷刻之间便灰飞烟灭，杜松中箭身亡。

西路军覆灭后，努尔哈赤率主力北上，在萨尔浒山（今辽宁抚顺东）直接面对马林的北路军，又形成了一场单方面的屠杀，马林侥幸逃脱。

而此时的东南路军统帅刘綎尚且不知道其他两路军均以战败，仍旧按原计划继续北上，恰恰陷入了后金军的包围圈。激战之后，刘綎命丧辽东。

李如柏方面受到后金500兵马阻拦在虎栏关（鸦鹘关东）之后，始终按兵不动。杨镐得知杜、马两路相继惨败，急命李如柏、刘綎军后撤，而刘綎尚未接到命令便已全军覆没，李如柏只得匆忙回撤。得知李部撤退的消息之后，努尔哈赤仅用了20名哨骑便将李如柏军搅得大乱，明军自相践踏，伤亡惨重。

此次大战自三月二日正式打响，三月五日宣告结束。不到五天的时间里，明军方面45800多名士卒战死，刘綎、杜松等310多名文武官吏魂归西天，马、骡等牲畜损失近3万匹；而后金军仅付出了2000多人伤亡的代价。

一场影响后世的战役

萨尔浒之战对于作战双方来说都有着极其深远的影响。

明军方面，杜松与刘綎战死沙场，仅仅过了三个月，侥幸从萨尔浒战场上逃生的马林也死在了同样是与后金军交战的开原之战中，四位明军主将已去其三，仅剩下李如柏因为始终没有与后金军正面交锋而留得一条性命。然而战火没有烧掉李如柏，朝中政局却让他魂归西天。

萨尔浒之战结束后不久，监察官便对李如柏提出纠劾。原因是李如柏的父亲李成梁曾经把年幼的努尔哈赤收归帐中，厚待于他，甚至还有将之收为义子的传言。所以努尔哈赤跟李如柏"有香火情"，否则"何以三路之兵俱败？何以如柏独全？"奏折之中已明显地透露出对李如柏有通敌嫌疑的怀疑态度。不过当时的万历皇帝对此不置可否，此事暂且风平浪静。然而过了一年半之后，辽东地区的局势更加紧张，这件事又被某些别有用心之人重提，重压之下，李如柏为表心意，自尽明志。四大军事将领的相继离世，对于本已风雨飘摇的明朝武装力量来说，无异于雪上加霜。

作为萨尔浒之战明军方面的最高统帅、辽东经略杨镐，自然也推卸不了为战败而负责的后果。杨镐在兵败之后引咎辞职，此时的朝廷还算是网开一面，让他"姑令策励供职，极力整顿以图再举"。然而没过多久，辽东的开原和铁岭又相继在杨镐的手里沦陷，最终被定罪入狱，直到明崇祯二年（1629 年）病死狱中，结束了十年的牢狱生涯。杨镐之后的辽东经略一个战死，一个被朝廷处死。尤其是被处死的熊廷弼，更因他的死，而导致了明末朝中的党争。究其根源，还是出于萨尔浒之战的失利。

兵败萨尔浒的消息传到京师之后，北京城的米价顿时暴涨，为数不少的人认为后金军即将打出山海关，进而围困北京城，从而开始纷纷囤积大米，以备不时之需。这就进一步破坏了明朝的财政。

明军的目中无人

在萨尔浒之战打响前，明朝并没有把后金当回事，至少此次战役中明军方面最高统帅、辽东经略杨镐就是如此。据说在萨尔浒战役之前，杨镐曾与努尔哈赤修书一封，称大明王朝集结了 47 万大军，并将出兵日期如实相告，似乎想以天朝神威威吓后金，好不战而屈人之兵。由此可见，在当时的杨镐看来，“消灭贼酋”不过是手到擒来的事情，根本没有想到会有战败的可能。而就是这种狂妄，恰恰导致了明军的惨败。

各个击破战术

资料表示，努尔哈赤见到明军燃点火炬，夜间行军到达攻击准备地点，即利用满军骑兵之机动性，无时无地不造成局部及暂时的数量上的优势，遂行各个击破，以攻作守。明军纠集的兵员则五花八门，来自南北，有征派者，也有雇募者，这在全军的统领上已经发生了无数问题，况又千里裹粮，没有开战便已显出疲惫之态。从其装备看来，此远征军准备以诸兵种协同之姿态作战，但从战役过程中之记录看来，其兵员很少像这样训练。杜松与刘綎均以个人之武艺驰名，所恃者“家丁”。可见得其未放弃传统战法：主将出阵，家丁护卫。其他兵卒胜则蜂拥上前，败则部队瓦解。当刘綎到达辽东战场时，携有家丁736人，最后与之同殉难者有“养子”。

满方将领亦亲临前线，但彼等专恃骑兵，组织单纯。从资料看来，不仅努尔哈赤亲率骑兵一千独当一面，而且子洪台吉（皇太极）、安巴贝勒（大贝勒）、侄阿敏台吉均为高级将领，也都在战场上指挥若定。

明朝腐败导致战役失败

从根本原因上来看，拥有火器、兵力占优的明军之所以败在了一个本以游牧为生的政权手中，实质上是因为其官僚机构之腐败已经到了一个无可挽回的地步。这种腐败早已有之，只不过是萨尔浒将之彻底地暴露出来罢了。

熊、王之争，谁才是最后的胜者

……

熊廷弼，抗金名将。他在的时候，努尔哈赤无法进军中原一步。但就是这样一位名将，为何死在了明廷的法场？王化贞何德何能，敢担任抗金重任？熊廷弼之死，王化贞起到了什么作用？

死于法场的忠贞之将

明天启五年（1625年）八月二十五日五更，熊廷弼高昂着头跪在京师西市的刑场上，胸前挂着一个执袋。刑部主事、监斩官张时雍便问其中所装何物，熊曰："《辩冤疏》也。"张曰："君未读《李斯传》乎？囚安得上书？"熊曰："未读《李斯传》耳。此赵高语也。"张时雍无言以对，下令行刑。一代名将熊廷弼冤死法场，传首九边（九边指的是明朝在北方边境设立的九个军镇）。

缘何自李成梁之后的辽东主心骨熊廷弼没有战死沙场，而是死在了明朝廷的法场？

明廷内部斗争的自我消耗

努尔哈赤攻取沈阳、辽阳之后，下一个目标便是广宁。

如果说辽阳是辽东的政治、经济、文化、商业中心，那么辽东的军事中心则在广宁。辽东总兵府便设在这里，而辽阳仅仅是副总兵府。因此，广宁是明朝在东北地区最高的军事机关驻地，是控制蒙古弹压女真的军事重镇。沈、辽丧失之后，明朝仅剩此地可以用来与后金相抗。可以说，如果明朝失去了广宁，那么就等于彻底失去了在辽东、辽西地区的控制权。

更为不利的是，虽然颇有外交能力的王化贞替明朝暂时缓解了来自蒙古方面的压力，但广宁一旦失守，那蒙古方面将有很大的可能会与后金政权完全联合起来，因此，无论是对明朝来说，还是对后金而言，广宁，都是一个极为重要的阵地。

但此时驻守广宁的辽东经略熊廷弼和辽东巡抚王化贞之间却毫无默契可言。王化贞的目标是攻，声称要“一举荡平辽东”。他上任巡抚之后不久，便派干将毛文龙率200人走海路到达镇江（今辽宁丹东）沿海岛屿，开辟敌后战场。

明朝时期的镇江，是中朝边境、鸭绿江边一个举足轻重的军事要塞，是与朝鲜取得直接联系的一个要冲之地。可以说，谁占据了这块土地，谁就能得到来自朝鲜半岛上的承认，并取得其支援。明天启元年（1621年）七月二十五日，毛文龙通过侦查得知，此时属于后金政权的镇江城兵力空虚，几乎是一座不设防的要塞，便与生员王一宁计划突袭。

毛文龙事先收买了后金驻扎镇江的中军陈良策，让他当明军的内应，自己则亲自率领220余人夜袭镇江城。此役，镇江游击佟养真及其子佟松年等60多人束手就擒，镇江城再属明廷。一时之间，全辽震动，汤站（今凤城市南30公里汤山公社所在地的汤山城子）、险山（今辽宁省丹东凤城东南大堡公社土城子大队所在地）、宽甸（今辽宁省宽甸县）等城堡守军相继向毛文龙归降，“数百里之内，望风归附”，“归顺之民，绳绳而来”。

此役在史学界被称为镇江大捷。镇江的大捷，让王化贞志得意满，他以为在自己出兵辽东之时，便可与辽东后方的毛文龙前后夹击，打后金一个措手不及。为了确保对后金作战的胜利，他又计划秘密策反已经降了努尔哈赤的李永芳，希望以里应外合之势让后金防不胜防。再加上经过王化贞的一番努力，察哈尔蒙古等部答应出兵40万以协助明军的军事行动，更算是锦上添花。

可以说，王化贞的这番部属是周密而详细的，所以他也就信心百倍地上书朝廷，称：

“愿请兵六万，一举荡平，臣不敢贪天功，但厚赉从征将士，辽民免赋十年，海内得免加派，臣愿足矣。即有不称，亦必杀伤相当，敌不复振，保不为河西忧。而臣将归老林泉，臣愿足矣。仲秋之月可高枕而听捷音。”

然而长时间与后金打交道的熊廷弼却深知努尔哈赤的厉害。他依然坚持“三方建置”的既定方针，即以积极防御为主，调动各方面大军，对后金政权实行三面合围，继而攻之，必会大获全胜。一旦此措施得以施行，那么努尔哈赤肯定不敢对广宁动兵，否则的话，他将受到来自海上的威胁。

然而朝廷却没有采纳熊廷弼的建议。首先，王化贞为朝廷画的这张大饼看起来是那么可口，是那么周密；而熊廷弼的计划却无疑是慢工出细活，时间成本上让收复失地心切的朝廷难以承受，更不用说已经处于崩溃边缘的经济成本了。

其次，王化贞原是东林党人，而且善于结交政要，在朝中人缘颇好，现在又在极力巴结魏忠贤，有投靠阉党的倾向。而天启初年，正是这两个派别在左右政局。熊廷弼则是楚党之人，在天启初年早已没有多少政治地位可言，再加上此人生性暴躁，即使经历过一次罢官风波，也没改掉秉性，与朝中官员势如水火，也就没有够硬的后台做朝内支撑，自然无法让自己的策略付诸实践。

王化贞的“急”和熊廷弼的“稳”形成了尖锐的矛盾。将帅不合历来是兵家之大忌，而这一点，正被休养生息十个月之久的努尔哈赤敏锐地觉察到了。

自找死路的熊廷弼

后金天命七年（1622 年）正月十八，正是北国千里冰封的时候。努尔哈赤利用辽河水结冰、人马易渡的时机，率八九万大军向广宁发起了进攻。

此时王化贞的“周密”部属完全破灭：后金后方的镇江已经得而复失，毛文龙逃往朝鲜，腹背夹攻的可能性化为乌有；蒙古察哈尔部答应的 40 万大军仅仅来了一万，以多压少的希望破灭（此时的明军仅有 10 万人）；对李永芳的策反不仅没有成功，反而让自己的爱将、抵挡后金铁骑的先锋孙得功被李永芳策反，里应外合的愿望没有实现，自己却被从内部突破了。

如此一来，明军惨败，王化贞弃城而逃，与闻讯自山海关率兵赶来的熊廷弼在大凌河（今辽宁凌海市）相遇。王化贞放声大哭，而熊廷弼却挖苦道：“六万众，一举荡平竟何如？”王化贞无言以对。

见到大势已去，熊廷弼并无起死回生之能，只得掩护自广宁逃出来的军民退回山海关。

由于广宁战败，王化贞被论罪入狱，熊廷弼被革职还乡。然而熊廷弼认为自己在广宁之败中并不存在过错，故意上书请罪，希望以此来让小皇帝重新任用自己，并采纳自己所提出的攻取辽东之建议。但他没想到的是，这正给了一向与熊廷弼不合的阉党以口实。他们以熊廷弼援救来迟为由，并罗织罪名，将熊廷弼与王化贞同罪下狱。

在魏忠贤的指示下，御史梁梦环弹劾熊廷弼贪污饷银17万，御史刘徽则称熊廷弼家资百万。但直到抄家之后才发现，熊家的全部家底才不足17万。无奈之下，抄查者竟连熊廷弼的姻亲家一并抄了，但也没能凑齐百万之数。最后，熊廷弼在王化贞之前被处死。直到明崇祯二年（1629年），才由崇祯帝朱由检为其沉冤昭雪。

党争之害，令熊廷弼无路可走

明末朝政腐败，党派林立，党争迭起。以原吏部郎中顾宪成为首，一批下野官吏在无锡东林书院讲学，讽议朝政，一部分在职官吏如赵南星等也遥相应合，东林党因此得名。与此同时，另有一批官吏士绅组成浙、齐、楚、宣、昆各党派。这些党派既互有矛盾，又互相利用。其中，以东林党人势力最为强大。

起初，乃是东林党与齐、楚、浙三党之争，后来则演变为东林党与阉党之争。到明熹宗天启年间，东林党人得势，浙、昆、宣各党派受到排斥。于是，以魏忠贤为首的阉宦便与浙、齐、楚、宣、昆各党中的一部分人结成联盟，被东林党称为“阉党”，形成了直接对抗。照理说，熊廷弼原为楚党，与东林党人并不是一路人。但是，当时的东林党代表人物杨涟等人，曾在辽东军事等问题上为熊廷弼说过好话，熊廷弼同后来所谓的“东林党六君子”也有不错的个人关系。这一切，都为其最终的杀身之罪埋下了祸根。

据《明史》记载：“天启元年，沈阳破，应泰死，廷臣复思廷弼。”甚至有人感叹：“使廷弼在辽，当不至此。”于是，熊廷弼被召出山，重任辽东经略。

然而，阉党们不放心，“搭班子”的时候，生生替他配了一个叫王化贞的巡抚。《明史》评价曰：“化贞为人骙而愎，素不习兵，轻视大敌，好谩语。文武将吏进谏悉不入，与廷弼尤抵牾。”熊廷弼虽为辽东经略，却无实质的兵权，而握有实权的王化贞却好大喜功，盲目冒进，与熊廷弼的“防守策略”大相径庭。《明史》中说：“廷弼主守，谓辽人不可用，西部不可恃，永芳不可信，广宁多间谍可虞。化贞一切反之，绝口不言守。”

应该说，熊廷弼的策略是正确的。然而，熊廷弼与王化贞之间，虽说是上下级关系，可是王化贞自恃朝中有人，根本不把熊廷弼放在眼里。这一切，直接造成了广宁兵败，致使辽东尽失。

兵败问罪，朝廷震怒，下令处置败军之将，《明史》记载：“二月逮化贞，罢廷弼听勘。”一个是逮，一个是勘。显然，朝廷对两人的定罪是有差别的。然而，最后的决议却是“廷弼、化贞并论死”。

熊廷弼为保命，曾托一个叫汪文言的人向魏忠贤行贿，要四万两。但熊廷弼根本拿不出这笔钱，“既而背之”。于是，“魏忠贤大恨，誓速斩廷弼”。此时，正值“东林六君子”案发，杨涟等人被下狱。魏忠贤便指使人诬陷熊廷弼也曾向杨涟行过贿，将熊廷弼行贿之事与“东林党案”硬扯在一起。“甚其罪”“党同伐异，招权纳贿”，那就是罪加一等了。魏忠贤的党徒冯铨，还趁着陪皇帝吃饭的时候，拿出一本民间流传的《辽东传》，上面有记载熊廷弼英武善谋的言辞。冯铨挑拨说：“此廷弼所作，希脱罪耳。”于是“帝怒”。

性格刚毅，树立冤家

另一说是熊廷弼的性格所致。《明史》说：“廷弼身长七尺，有胆知兵，善左右射。自按辽即持守边议，至是主守御益坚。然性刚负气，好谩骂，不为人下，物情以故不甚附。”也就是说，熊廷弼的脾气不太好，遇事特别容易激动，也因此得罪了不少人。此评价，甚为形象。

熹宗初立之时，有人“劾廷弼无谋者八、欺君者三”，也有人说他经略辽东失职。熊廷弼的反应是什么呢？《熊廷弼传》说“廷弼愤，抗疏极辨，且求罢”“廷弼益愤，再疏自明”，甚至公开“掼纱帽”。说到激动的时候，“抗疏辨，语颇愤激”，即使皇帝在场，也从不忌讳。但凡有人弹劾，他总是要抗辨上疏一番。因此，给满朝大臣留下他根本听不进任何意见的深刻印象。万历皇帝在，可以包容他，但熹宗皇帝不会。

熊廷弼同王化贞的矛盾，虽说责任在王化贞。但熊廷弼也有责任，他反对王化贞的军事策略，又无法阻止，便上疏告状，话说得很难听，且不留余地。王化贞自然心存不满。到王化贞兵败之时，两人相见，“化贞哭”，熊廷弼却微笑着说：“六万众一举荡平，竟何如？”弄得王化贞无地自容。两人同被朝廷究责之时，熊廷弼依然故我，态度不好；相比之下，王化贞服罪，痛哭流涕，态度倒是端正。

凡此种种，都说明熊廷弼是不谙为官之道的。恃才自傲，这在任何时候的官场都是很危险的。

熊、王之争，谁才是最后的胜者？答案恐怕只有一个：两者均败。唯一的胜者，只有努尔哈赤。

宁远之败，是大意还是愚蠢

……

一座孤城，一介书生，后金曾经势不可挡的铁骑却在此滞住了脚步。自起兵以来未尝一败的天命汗为何在孤城宁远前倒下？书生出身的袁崇焕，究竟身具何等的魔力？

袁崇焕与努尔哈赤的交锋

后金天命十一年（1626年）八月，太子河，华丽的龙舟里，努尔哈赤躺在厚厚的毡毯上，眼望棱窗外的湛蓝天空，身上的毒疽隐隐作痛。“难道这就是天命？”壮志未酬的他心中无限遗憾，虽然完成了女真的统一，却无法见到攻破京师的那一刻，而这，恰恰是他起兵反明时的愿景啊。

为了这个愿景的实现，努尔哈赤穷尽了毕生的精力：谋建州，平海西，统野人，建立起属于自己的政权，打造出一支可以与明廷相对抗的尖锐长矛；战萨尔浒，迁都辽阳，尽取辽西，确立起自己在东北边陲的绝对统治权。为了进一步对大明王朝采取行动，他甚至不惜放弃辛辛苦苦建立起来的新都辽阳，迁都沈阳。

迁都沈阳，是努尔哈赤在一统辽东之后做出的又一大举措。"沈阳四通八达之处，西征大明从都儿鼻渡辽河，路直且近，北征蒙古三日可至，南征朝鲜自清河路可进"，可见从战略角度上来说沈阳要比辽阳更为有利。

同时，"沈阳浑河通苏苏河，于苏苏河源头处伐木顺流而下，材木不可胜用，出游打猎山近兽多，且河中之利亦可兼收矣"，从经济利益方面来看，也是辽阳所无法比拟的。让努尔哈赤下定迁都决心的，更出于当时辽东、辽西的局势。

广宁之战后，后金的战线拉得过长，领地内矛盾纠纷不断，努尔哈赤无力维系后院的稳定，被迫做出了毁弃广宁、弃守辽西的决定。这就给了明廷以喘息之机。待到孙承宗、袁崇焕固守宁远，后金政权感到了前所未有的压力，"公（孙承宗）渐东，奴（努尔哈赤）惧，遂弃宫室而北徙于沈阳……自筑宫于瓮城，屡不就……"努尔哈赤弃守广宁的弊端显露出来。

另外，迁都辽阳之后，女真人和汉人之间的矛盾进一步尖锐，努尔哈赤所采取的镇压手段只会激化矛盾。辽阳城已经是鸡犬不宁之地，丧失了一国之都的意义，努尔哈赤唯有再行迁都。

孙承宗毛遂自荐督师辽东的那一年，山海总兵马世龙等人频繁出巡被努尔哈赤攻取又弃守的广宁、三岔河一带地区，驻守在辽南的毛文龙，没有了山海关的后顾之忧，也活跃起来，对靠近三岔河一带的牛庄（今辽宁省牛庄镇）、跃州（今营口北牛庄附近）等为后金政权所据的各城不断骚扰。此外，麻羊岛守备张盘夜袭金州（今辽宁省大连市金州区），让女真人终日惶恐；复州（今辽宁省瓦房店市西北复州）的后金总兵刘爱塔偷偷地向登莱（今山东省登州和莱州）地区运送军备物资，并且希望把复州当作明军的内应，一旦明军向后金展开进攻，便与其里应外合等。毫无疑问，这些对后金政权的稳定都构成了极大的威胁。

除了来自明军方面的压力外，后金政权还面临着塞外蒙古各部的觊觎。这些不利之局逼迫努尔哈赤必须对他的战略防御问题进行重新考虑。因此，为了在战略上取得主动，他只能选择将后金的首府迁往沈阳，并将沈阳改称为盛京。

虽然迁都盛京，但后金政权的稳定问题仍然无法解决，汉民与女真贵族之间的矛盾也不会因为迁都而化为乌有，努尔哈赤能做的，只能迎着孙承宗和袁崇焕打造出来的铜墙铁壁进一步扩张领土。

恰在这时，明廷的党争给了他一个天赐良机。

此时的明廷朝政大权已经完全旁落在了“九千岁”魏忠贤

的手里，天启帝朱由校只知道在后宫当他的木匠，对朝政大事基本上是不闻不问，这更让阉党有恃无恐，大力排除异己。不幸的是，孙承宗正是阉党眼中的异己之一。

孙承宗经略辽东之后，一时间功高权重，誉满朝野。势力猖獗的魏忠贤和他的党羽自然不会错过这个值得利用的人，威逼利诱，魏忠贤动用了各种手段去拉拢这位封疆大吏。而孙承宗对阉党深恶痛绝，对魏忠贤抛来的橄榄枝视而不见，这就让一向专横跋扈的魏忠贤对他怀恨在心。

明天启四年（1624 年）十一月，孙承宗到蓟、昌西巡。此时恰临近十一月十四日，正值天启帝的生日，孙承宗便上书朝廷，希望入朝为皇帝庆贺万寿节，并打算借此机会当面向皇上汇报机宜。

把握朝政大权的魏忠贤在皇帝之前先得知了此消息，生怕孙承宗拥兵入京，做出对自己不利的事情来。于是"绕御床哭。帝亦为心动，令内阁拟旨。次辅顾秉谦奋笔曰：'无旨离信地，非祖宗法，违者不宥。'夜启禁门召兵部尚书入，令三道飞骑止之。（魏忠贤）又矫旨谕九门守阉，承宗若至齐化门，反接以入。承宗抵通州，闻命而返。忠贤遣人侦之，一幞被置舆中，后车鹿善继而已，意少解"。

紧接着，魏忠贤和他的阉党党羽称孙承宗是"拥兵向阙，叛逆显然"，意图借此事来扳倒孙承宗，但天启帝不是不理朝政的万历帝，心中还有点儿分寸，对魏忠贤的攻讦没予理会。

次年，太监刘应坤在魏忠贤的委派下前往山海关犒军，带去帑金十万两，然而孙承宗一点儿也没给魏忠贤面子，鄙视之意溢于言表。

同年八月，马世龙轻信自后金逃归的“降虏生员”（其实是后金方面的间谍）刘伯镪的话，派兵渡柳河，袭取耀州，结果掉进了努尔哈赤早已设好的圈套，惨败而归。

柳河之败正给了阉党挤垮孙承宗的口实，以马世龙损失670匹马、大量甲胄等军用物资为借口，向马世龙发起了围攻，其根本的目的还是要弄倒孙承宗：弹劾奏折雪片一样飞向天启帝的御案。阉党的无耻手段让孙承宗大为恼怒，连上两书称病辞官。天启帝拗不过去意已决的孙承宗，只得应允。

孙承宗罢官，辽东经略一职再度出现空缺，魏忠贤趁此机会将自己的同党高第推上了辽东经略的位置。胆怯无能、对军事又一窍不通的高第抵达山海关后，将孙承宗所做的军事防御部署全部推翻，将锦州、右屯、大凌河、宁前诸城守军，连同器械、枪炮、弹药、粮料等后勤物资一并移到关内，绵延400里的关外土地尽皆放弃。

高第的胡乱部署让朝野上下响起一片反对之声，袁崇焕更是怒不可遏，他在给高第的揭言中说：

“兵法有进无退，锦、右一带，既安设兵将，藏卸粮料，部署厅官，安有不守而撤之？万万无是理。脱一动移，示敌以弱，非但东奴，即西虏亦轻中国。前柳河之失，皆缘若辈贪功，自为送死。乃因此而撤城堡、动居民，锦、右摇动，宁、前震惊，关门失障，非本道之所敢任者矣。”

然而袁崇焕仅仅是一个监军，无力改变身为兵部尚书、手持尚方宝剑的高第的决策，更何况高第背后还有把持朝政的阉党撑腰，所以他只能眼睁睁地看着高第将锦州、右屯、大凌河及松山、杏山、塔山守具的屯兵屯民尽皆驱赶入关，10余万石粮谷被抛弃。这次不战而退，闹得军心不振，民怨沸腾，尸体塞路，哭声震野，刚刚振奋起来的士气又再次陷入低谷之中。

得不到上司支持、朝中又没有后台的袁崇焕不甘心就此放弃辛辛苦苦打造出的防线，决意死守宁远。在关外城堡撤防、兵民入关的极为不利情势下，袁崇焕率领一万余名官兵孤守宁远，抵御后金。

明廷因为内斗而产生的自我消耗给努尔哈赤创造了再侵朱明的良机。明天启六年（1626年）正月十四，努尔哈赤率领十万八旗大军，西渡辽河，直取孤城宁远。

十万士气高昂的八旗大军，一万多被朝廷弃之不顾的明朝军队；一位是积蓄了数年力量、一生未逢一败的后金国主努尔哈赤，一位是孤立无援、从未参加过战争的山海关监军袁崇焕。双方就在这样的悬殊中，于正月二十三拉开了战幕。

然而让努尔哈赤没有想到的是，历时四天的大战，竟然以自己的惨败而告终。

明军缘何能以孤城取胜

袁崇焕驻守孤城宁远，城中士卒不满2万人。但城中兵民，“死中求生，必生无死”，誓与城共存亡。他面临紧急态势，上奏疏，表决心：“本道身在前冲，奋其智力，自料可以当奴。”他采纳诸将的议请，做了如下守城准备：

第一，制定兵略，凭城固守。宁远战前，彼己态势，强弱悬殊。袁崇焕前临强敌，后无援兵，西翼蒙古不力，东翼朝鲜无助，关外辽西，宁远孤城，只有扬长避短，凭坚城以固守。他尝言：“守为正著，战为奇著，款为旁著。以实不以虚，以渐不以骤。”他汲取抚（顺）、清（河）、开（原）、铁（岭）、沈（阳）、辽（阳）、西（平）、广（宁）失守的惨痛教训，不出城外野战，决意凭城坚守，拼死固守。敌诱不出城，敌激不出战。袁崇焕守卫宁远的要略是：孤守、死守、固守。

第二，激励士气，画地分守。袁崇焕偕总兵满桂，副将左辅、朱梅，参将祖大寿，守备何可纲（也作“刚”），通判金启倧等，集将士誓死守御宁远。他“刺血为书，激以忠义，为之下拜，将士咸请效死”。又部署官兵，分城防守，画定责任：总兵满桂守东面，副将左辅守西面，参将祖大寿守南面，副总兵

宁远城遗址

1626 年，努尔哈赤亲率十三万大军，号称二十万，围攻明关外要塞宁远城（今辽宁省兴城市），遇到明将袁崇焕抗击，久攻不下，背发痈疽而死。

朱梅守北面；满桂提督全城，分将画守，相互援应。袁崇焕则坐镇于城中鼓楼，统率全局，督军固守。

后金大意失荆州

在政治方面，后金进攻宁远的战争，已由统一女真各部、反抗民族压迫的正义战争，变成为掠夺土地人民、争夺统治权力的不义战争，因而遭到辽东民众的强烈反对。尤其是努尔哈赤对辽沈地区汉族人民的错误政策，引起后金与明朝两方面辖区民众的不满和恐惧，从而促使宁远军民拼死抵御后金军的进犯。

在军事方面，三年之间，后金兵没有大的野战，军队怠惰，兵无斗志，器械不利；忙于整顿内务，未做军事准备。明朝袁崇焕却在积极备战，修筑坚城，整械备炮，训练士马——组成关宁防线。而西洋大炮也是袁崇焕获胜与努尔哈赤失败的一个重要因素。后金打了一场最为兵家所忌的无准备之仗，后果可想而知。

第四章

天命汗努尔哈赤驾崩之谜

堂堂天命汗的糊涂死因

……

宁远一战，不仅仅是惨败，更带努尔哈赤走上了黄泉之路。堂堂的天命汗为何猝然辞世？是病死，还是死于袁崇焕之手？

向仇人吊孝的袁崇焕

1626年，盛京。天命汗努尔哈赤的葬礼。一位突如其来的吊唁者，引起后金国的一片混乱——奉袁崇焕之命的使者——谁也没有想到这个置天命汗于死地的仇人竟然派人来至灵前。是惺惺相惜还是另有他图？即使是努尔哈赤的继任者、在政治智商上更胜努尔哈赤一筹的皇太极，也看不出这个冤家的真实念头。

袁崇焕并不是上演《卧龙吊孝》的诸葛亮，并没有与后金握手言和的打算，更不会与努尔哈赤有英雄相惜之意。之所以派使者前来吊唁，实际上是要来探察一番努尔哈赤死讯的真假，因为这关系到明军下一步的军事行动。

不过，努尔哈赤确实是死了。

努尔哈赤死于疾病

努尔哈赤的死因究竟是什么？史学界众说纷纭。大致上分为两种：一是正史的记载——即《清史稿》和《清太祖武皇帝实录》中所说，他因病于后金天命十一年（1626年）八月十一日驾崩于叆福陵隆恩门鸡堡（今沈阳市于洪区翟家乡大挨金堡村）；另一种说法则是丧命于宁远之战时明军的红衣大炮下。

> 七月二十三日，帝不豫，诣清河温泉沐养。（八月）十三日（应当是八月初七，原文如此）大渐，欲还京，遂乘舟顺太子河而下，遣人请后迎之，于浑河相遇。至瑷鸡堡，离沈阳四十里，八月十一日庚戌未时崩，在位十一年，寿六十八。
>
> ——清·鄂尔泰《清太祖武皇帝实录》
>
> 秋七月，上不豫，幸清河汤泉。八月丙午，上大渐，乘舟回。庚戌，至爱鸡堡，上崩，入宫发丧。在位十一年，年六十有八。
>
> ——民国·赵尔巽《清史稿·太祖本纪》

鄂尔泰并没有明确指出努尔哈赤是患何病而死，赵尔巽的《清史稿》中，也大同小异，同样没有指出努尔哈赤的死因，只是说“不豫”，颇有种讳忌莫测的味道。结合后世对几位清朝帝王的临终记载来看，更使得努尔哈赤之死变得扑朔迷离。

正史上的记载总会有“为尊者讳”的顾虑，纂史者碍于身份不能信口开河，大多数情况下只能三缄其口。因此，努尔哈赤之死，绝不仅仅是因病而死那么简单。也正因此便产生了另一种怀疑的说法，即死于袁崇焕之手。

被大炮轰死的后金大汗

宁远大战时，手中只有两万余人、一座孤城的袁崇焕之所以能够击溃十三万大军的后金军，除了用在战前所做的八条动员令来鼓舞士气外，更重要的是他所使用的11门红衣大炮（本为红夷大炮，是从葡萄牙采购而来，因清朝以少数民族入主中原，忌讳“夷”字，故称红衣大炮）等火器，给了毫无精神准备的后金军以沉重的打击。

据《清太祖武皇帝实录》记载，“帝即令军中备攻具，于二十四日以战车覆城下进攻。时天寒土冻，凿城破坏而不堕。

清福陵正红门

福陵位于辽宁省沈阳市，是清太祖努尔哈赤与孝慈高皇后叶赫那拉氏的陵墓。

军士奋力攻打，宁远道袁崇焕、总兵满桂、参将祖大寿婴城固守，枪炮药罐雷石齐下，死战不退，满洲兵不能进，少却。次日复攻之，又不能克，乃收兵。二日攻城共折游击二员，备御二员，兵五百”。可谓是伤亡惨重。

威力如此巨大的红衣大炮，让后金军付出惨重代价，那么，亲临城下督战的后金军统帅努尔哈赤，在此役中受没受到来自红衣大炮的威胁呢？这个问题在明朝的史籍中语焉不详，后金以及后来的清代官方资料里更是只字未有，而野史中却给出了一个答案。明末的张岱在《石匮书后集·袁崇焕列传》中说：

“炮过处，打死北骑无算；并及黄龙幕，伤一裨王。北骑谓出兵不利，以皮革裹尸，号哭奔去。”

红衣大炮打死敌人不计其数，还击中了“黄龙幕”，伤一“裨王”。后金军出师不利，只得用皮革裹着尸体，伴随着一路号哭匆匆撤退。

无独有偶，在《明熹宗实录》中同样记载了类似的事件：明兵部尚书王永光在汇报宁远之战的战况时奏称，明军前后伤敌数千，内有头目数人，“酋子”一人。高第则奏报，后金军队攻城时，明朝军队曾炮毙一个“大头目”，后金军用红布将这个人包裹起来抬走了，一边走一边放声大哭。

一个人的死能够让一支十三万人的军队悲痛撤退的，还会有谁？恐怕只有努尔哈赤。

然而，在宁远之战后，史料记载，努尔哈赤还曾于“夏四月丙子，征喀尔喀五部，为其背盟也，杀其贝勒囊奴克，进略西拉木轮，获其牲畜”，如果说努尔哈赤死于明军的炮火之下，那么这个人又是谁？或者说，这几处来自明朝方面的记载，又有多少可信度？

如果说努尔哈赤真的死在了明军的炮火之下，那么首先，他不可能“死而复生”在数月后又去攻打蒙古。其次，击毙努尔哈赤，对于明朝方面来说是一个重大胜利，无论是袁崇焕，还是朝廷上下、文武百官都会将对此事书以浓墨重笔，以激励军民的士气。但是，无论是袁崇焕本人报告宁远大捷的奏折，还是朝廷表彰袁崇焕的圣旨，抑或朝臣祝贺袁崇焕宁远大捷的奏疏，对努尔哈赤被击毙之事都是只字未提。

因此，可以得出这样的一个结论，即使是那个“酋子”“大头目”确实是努尔哈赤，但也没有让他死去。

重伤不治身亡

朝鲜人李星龄记载，在与后金作战之时，朝鲜曾派了一支军队配合明军抵抗后金军的进攻。随军的朝鲜翻译官韩瑗在一次偶然的机会中遇到袁崇焕，并博得了袁崇焕的好感。宁远之战，袁崇焕也将他带在身边。可以说，韩瑗目睹了宁远之战的全过程。

据韩瑗事后回忆：宁远告捷以后，袁崇焕派了一名喇嘛携带礼物到后金营寨中向努尔哈赤“表示歉意”：“老将（指努尔哈赤）横行天下久矣，今日见败于小子（指袁崇焕），岂其数耶！”努尔哈赤“先已重伤”，这时备好礼物和名马，对袁崇焕的礼物表示“回谢”，请求约定再战的日期。结果未等再战，努尔哈赤便“因懑恚而毙”。从这条史料中可以看出，努尔哈赤确实是在宁远一役中身受重伤，最后郁郁而终。

努尔哈赤在宁远战场上受伤，随后被“小子”袁崇焕冷言讥讽，回到盛京后一直耿耿于怀，二月壬午，上还沈阳，语诸贝勒曰：“朕用兵以来，未有抗颜行者。袁崇焕何人，乃能尔耶！”心中怒火无处发泄，伤势也便无从复原；更由于后来亲征蒙古等一系列军事行动，让伤口难以愈合。待到七月份前往清河洗汤浴，致使伤口进一步恶化，终于引起“痈疽”这样的并发症而死。

由此可见，宁远城下的炮伤可能是导致努尔哈赤去世的最重要原因。大清王朝的一代开国君主竟丧命于一个进士出身的“小子”手中，清王朝的颜面何在？古今中外在用兵上，为了稳固军心，隐瞒、迟报主将伤亡乃是常用伎俩。因此，可以说，努尔哈赤是在宁远之战中受伤后致死。而清政府为了自己的颜面，“忘记”将之写入史书罢了。

努尔哈赤带走了什么秘密

……

努尔哈赤猝然身亡，后金政权陷入无主之境。临终之时的天命汗是否曾留下遗诏？谁来继承后金未竟的大业？努尔哈赤为何没有在生前指定继承人？被人看好的贝勒爷们，又为何丧失了继承汗位的权利？

努尔哈赤的遗嘱

努尔哈赤一生共纳娶16个妻妾（《清史稿》中记载为14个，两位从殉的庶妃未被列入其中），生下16个儿子，其中有能力继承汗位的有：长子褚英、次子代善、五子莽古尔泰、八子皇太极、十四子多尔衮。另外，他的弟弟舒尔哈齐的两个儿子——阿敏和济尔哈朗也是人中之杰，颇有才干。由谁来继承汗位，努尔哈赤一直没有定论。直到其临终时，也“为国事、子孙，早有明训，临终遂不言及”。

然而鄂尔泰所记载的这个“明训”，其实指的是1626年六月二十四日努尔哈赤对八旗贵族的一次训话，也可看作是遗嘱的交代，关于身后之事，他只是说道：

“尔八固山（四大王四小王）继我之后，亦如是严法度，以效信赏必罚，使我不与国事，得坐观尔等作为，以舒其怀可也。”

努尔哈赤并没有明确指出谁才是汗位的继承人。

努尔哈赤为何没有指定继承人

并不是努尔哈赤不去计划自己的身后事，而是实在不知道让谁来挑起后金这个重任才好。后金建国前，他曾想令长子褚英接班，但褚英却因犯罪被他处死；后来又有意让次子代善嗣位，但无果而终。直到1621年正月十二，努尔哈赤与代善、皇太极等儿子对天焚香发誓，让子孙互相辅佐，勿开杀戒；二月又令代善、阿敏、莽古尔泰、皇太极四大贝勒，“按月分直”，此举也表现出一种信号——汗位的继承人，将在这四大贝勒中选出。

无缘汗位的贝勒爷

四大贝勒里，努尔哈赤的弟弟、阿敏的父亲舒尔哈齐因为在早年时想要挑战努尔哈赤的权力，圈禁至死，阿敏自己也犯过大错，好在因为军功卓绝而幸免一死。但汗位却是与他无关了。

三贝勒莽古尔泰由富察氏·衮代所生，衮代原是努尔哈赤堂兄威准之妻，威准战死后，改嫁给努尔哈赤。1620年三月，衮代获罪，在《清史稿》中只有一句含糊不清的话：“天命五年，妃得罪，死。”什么罪？不知道；怎么死的？也不知道。不过后来皇太极曾透露过：衮代被她的亲生儿子莽古尔泰亲手杀死。莽古尔泰弑母之事虽然赢得了努尔哈赤的信任，但名声毕竟不好，威望在兄弟和一干八旗贵族中急剧下降，可以说已经不再具备竞争汗位的实力。

除去已经退出汗位竞争的阿敏和莽古尔泰，在另外的两大贝勒中，最有继承汗位希望的要算是大贝勒代善。代善自小追随在努尔哈赤身边，与努尔哈赤一同四方征战。逐渐成长为努尔哈赤帐下的一员猛将。在攻打海西女真的战斗中，代善立下大功，一举成名，紧接着又在对乌拉部和叶赫部的征战中立下无数战功。1616年，备受努尔哈赤青睐的代善被封为贝勒，位居四大贝勒之首，他光辉的军旅生涯便由此展开。当努尔哈赤完成辽东的统一，开始对明朝施以进攻之时，代善以独当一面的统帅身份几乎参加了所有的战役。包括那场决定历史命运的萨尔浒之战，也留下了代善的足迹。

然而，代善却没能获得继承汗位的荣耀。

1620年三月，努尔哈赤的小福晋德因泽向努尔哈赤告发代善与继母大福晋关系非同一般：

大福晋曾二次备办饭食，送与大贝勒，大贝勒受而食之。又一次送饭食与四贝勒，四贝勒受而未食。且大福晋一日二三次差人至大贝勒家，如此往来，谅有同谋也！福晋自身深夜出院亦已二三次之多。

——后金《满文老档·第三函·第十四册》

努尔哈赤听到这话之后，连忙派四大臣向代善和皇太极求证此事，调查的结果确实如此。

虽然代善被努尔哈赤所谅解，但对他的名声却是一个严重的打击，即使是对伦理道德观念还不是那么浓厚的女真人来说，也是个难以启齿的丑闻。

不过此事疑点颇多：大福晋给代善送饭，代善吃了；给皇太极送饭，皇太极“受而不食”，一个身在深宫中的小福晋又如何知晓？

目前尚没有一个答案。

生殉己夫，阿巴亥是自愿还是无奈

……

丧夫之日，便是自己的死亡之时，备受努尔哈赤宠爱的大福晋阿巴亥为何生殉己夫？是爱情，还是另有他因？不符合生殉条件的她为何选择了这一条绝路？

被迫自尽的大福晋

四大贝勒已去其三，但皇太极还不能说自己已经汗位在握。他还有一个不可忽视的对手——多尔衮。

多尔衮生性聪明，颇得努尔哈赤的喜爱；更重要的一点是，多尔衮的母亲，大福晋阿巴亥是一个不可忽视的力量。这个女人胸怀大志、足智多谋，她所亲生的十二子阿济格、十四子多尔衮和十五子多铎在努尔哈赤的八贝勒中占据着强势，对一心要继承汗位的皇太极来说是不小的麻烦。最可怕的是，努尔哈赤并没有留下由谁来继承汗位的遗言，而努尔哈赤死前四天里，身边只有阿巴亥奉命服侍。那几天，努尔哈赤针对汗位的问题究竟说了些什么，只有阿巴亥才知道，也正是如此，无论阿巴亥说什么，都具有很高的可信度。如果皇太极不将阿巴亥铲除，她就可以假托“遗命”，代努尔哈赤使用封、赏、贬、谏等大权。如此一来，哪还有他皇太极什么事？！

阿巴亥再精明，也不会想到丧夫之日就是自己死亡之期。

在皇太极等诸贝勒胁迫下，她于努尔哈赤死后次日为汗夫生殉。

……诸王以帝遗言告后，后支吾不从。诸王曰（略），于是，后于十二日辛亥辰时自尽，寿三十七。乃与帝同柩。另有清代官书做如下记述："天命十一年八月十一日太祖高皇帝崩。……十二日，太妃以身殉，遂同时而敛。恭奉龙舆出宫，奉安粹宫于沈阳城中西北隅。"

——清·鄂尔泰《清太祖武皇帝实录》

在清代官书中，阿巴亥的入葬过程，仅有此寥寥几笔。

并不符合条件的生殉

此时的女真正处于由奴隶社会向封建社会的转型时期，生殉并不是什么稀罕的事，但对生殉有着严格的要求。被生殉的人，第一点必须是死者的妾室，正室在非自愿的情况下不得生殉；第二点要求生殉者没有未成年的幼子。就算是除了自己总惹努尔哈赤不高兴这一点不说，多尔衮和多铎尚属幼子，不合生殉的条件，而且自己大妃的地位身份又在后宫中最为尊贵，生殉之事无论如何也轮不到她的头上。

逼迫大妃生殉的根本原因

可事情毕竟发生了，不能生殉的条件恰恰成了皇太极处死阿巴亥的理由：多尔衮、多铎兄弟二人尚未成人，更遑论战功，却与那些功名显赫的兄长们拥有同样多的属民及权力；而且，阿巴亥身为大妃，无论继承汗位的人是谁，都存在着受她牵制而且可能会随时被取代的危险。因此，据此推测大妃生殉的最大可能性就是被皇太极等人伪造太祖遗诏，逼迫阿巴亥生殉，除却这一大隐患。

第五章

天聪汗皇太极即位之谜

老八登基，加强君权

……

皇太极继承汗位，与众兄弟盟誓，然而后金政权内部仍有些人对汗位有觊觎之心，八和硕贝勒共理国政的制度、四大贝勒按月轮值的规定严重威胁着皇太极的地位，他将如何消除威胁，加强君权?

皇太极的登基仪式

后金天命十一年（1626 年）九月一日，盛京。天命汗努尔哈赤已经驾崩 19 天。

此日，三大贝勒代善、阿敏、莽古尔泰及众贝勒、文武大臣聚会于朝，在皇太极的率领下焚香告天。三叩九拜大礼行毕，皇太极正式登基称汗，改第二年为天聪元年，被称为天聪汗。

次日，皇太极又率诸贝勒大臣对天地祝誓，祈求皇天后土“垂祐”，国祚炽昌。皇太极发誓说:

皇天后土，即佑我皇考，肇立丕基，恢复大业；今皇考龙驭上宾，我诸兄及诸弟侄，以家国人民为重，推我为君。唯当敬绍皇考之业，钦承皇考之心，我若不敬兄长，不爱弟侄，不行正道，明知非义之事而为之，或因弟侄等微有过愆，遽削夺皇考所与户口，天地鉴谴！若敬兄长，爱弟侄，行正道，天地眷佑！

清太宗皇太极像

接着，大贝勒代善、二贝勒阿敏，三贝勒莽古尔泰率领众贝勒、贝勒之子面对天地诸神，对新汗皇太极盟誓告曰：

我等兄弟子侄，询谋异同，奉上嗣登大位，宗社借凭，臣民倚赖。如有心怀嫉妒，将不利于上者，当身被显戮。我代善、阿敏、莽古尔泰三人，若不教养其子弟，或加诬害，必自遭凶孽。若我三人好待子弟，而子弟不听父兄之训，有违道者，天地谴责！如能守盟誓，尽忠良，天地眷佑！我阿巴泰、德格勒、济尔哈朗、阿济格、多尔衮、多铎、杜度（褚英长子）、岳托（代善长子）、硕托（代善第三子）、豪格（皇太极长子）等，若背父兄之训，而费矢忠荩，天地谴责！若一尽为国，不怀偏邪，天地眷佑焉！

盟誓完毕，皇太极为了表示对大贝勒代善、二贝勒阿敏、三贝勒莽古尔泰的尊敬，又率众贝勒向他们敬重地拜了三拜，以示“不以臣礼待之”。

八和硕贝勒共理国政制度的瓦解

然而，皇太极与其众兄弟的盟誓也仅仅停留在了口头上。后金政权内部仍有些人对汗位觊觎之心不死，图谋不轨。这些人大多地位较高、手握兵权，甚至是八旗中掌有一旗的旗主，若听之任之，不仅会动摇皇太极的地位，也会威胁后金政权的稳定。因此，皇太极决定加强自己的权力，削弱八旗贝勒的势力。

努尔哈赤生前规定实行八和硕贝勒共理国政的制度。他曾经训谕八个和硕贝勒说：

“继我而为君者，毋令强势之人为之，此等人一为国君，恐依强恃势，获罪于天也。且一人之识见，能及众人之智虑耶？尔八人可为八固山之主。如是同心谋国，可无失矣。八固山尔等中有才德能受谏者，可继我之位。若不纳谏，不遵道，可更择有德者立之。倘易位之时，如不心悦诚服，而有难色者，似此不善之人，难任彼意也！”

从此可以看出，努尔哈赤对于后金政权统治的构想是以八旗旗主合议为政体。按规定，四大贝勒按月轮值，共同掌理国家机务。朝贺时，遵循礼仪，汗王皇太极须与三大贝勒代善、阿敏、莽古尔泰都坐北面南，共同接受朝拜。当时后金政治，实际上是四大贝勒共同掌权，皇太极的权力并不大。

为了改变这种不利局面，将大权握入自己的手中，皇太极逐步对努尔哈赤定下的规章制度进行改革，改变“狃于积习”的情况，同时又接受大明封建王朝的影响，仿照明制使后金政权日益巩固和完善，并进一步封建化，以适应将来夺取中原后统治全国的需要。

皇太极加强君权的隐蔽手段

后金天聪三年（1629 年）正月，皇太极以“三大贝勒向因值月之故，一切机务，辄烦诸兄经理，多有不便”为由，改为三大贝勒以下诸贝勒代理值月理政。这样，代善等三大贝勒不再值月，不能与皇太极一样来执掌治理国家的大事，他们的权力被皇太极“委婉”地削弱了。

为了进一步削弱三大贝勒的权势，皇太极又增设了“八大臣”“十六大臣”，他们有的与诸贝勒坐在一起“共议国事”，有的直接参与“佐理国政”，有的专门负责“出兵驻防”。

这些手段和措施，使君权得到了加强，但没有改变八旗并立的局面。此际，汉官胡贡明上奏说：“有人必八家分养之，土地必八家分据之，即一人尺土，贝勒不容于上，上亦不容于贝勒，事事掣肘，上虽有一汗之名，实与正黄旗一贝勒无异也。若不改此局面，纵借强兵，入山海关、中原，臣谓不数年间，必将错乱不一，而不能料理也。”

皇太极接到胡贡明的奏疏，看过之后深以为然。君主与旗主分权的矛盾，确实是后金进一步发展中亟须解决的问题。时过不久，又有人说：八旗并立，彼此怨恨与日俱增。君王不要兄弟是倚，他们行将害上。汉官也纷纷上书，主张皇太极君权独揽。

对如何加强君权，解决好与八旗旗主的矛盾，皇太极时时权谋在心。不久，他根据汉官的建议，仿照明制，设立六部。

后金天聪五年（1631年），皇太极仿照明朝的管理制度设立六部，以贝勒管部事。

后金六部，分吏、户、礼、兵、刑、工，一如明制，每部皆用一贝勒主管。六部各设贝勒一人，“管某部事”。在这些贝勒之下，还设有承政、参政、启心郎、办事、笔贴式等官。承政各设满、蒙、汉一人。承政之下，皆设参政（尚书侍郎）八人，只有工部设满人八名，蒙、汉各两名。办事、笔贴式，看事务繁简，各酌量补授。

皇太极直接面谕六部大臣，要他们奉公守法，按照自己的意旨办事，“以副朕意”。汉官说：“今六部已立，规模次第可观，伏乞上毅然独断。”皇太极立即采纳，于六部中添启心郎之职。启心郎的设置，有助于君权的加强。其职责是：见管部事的贝勒有不善行为，劝阻莫行，启迪他们勤于国事，忠于大汗。

六部的设置加强了君权，巩固了后金统治，为日后进取中原、夺取明朝政权做了准备。它使后金“某一宗我国行得，某一宗我国行不得，参汉酌金，渐就中国之制，日后得了蛮子（指汉明王朝）地方，不至于手忙脚乱”。同时，它的设置，又使后金政权在封建化过程中前进了一大步。

六部设立以后，皇太极的权威仍没有完全凌驾于诸贝勒之上，一些权势很大的贝勒仍旧视君权于不顾，甚至有所挑衅。为了进一步加强君权，巩固后金统治，皇太极又开始了旨在削除异己、摧毁三大贝勒的改革。

手足相残，最恨生在帝王家

……

如愿登上汗位的皇太极为何对自家兄弟依然放心不下？他向手足举起屠刀的时候，是否忘了自己也是与其一脉相连？他的手足挚亲，都是死于什么样的罪名之下？真正的原因，又是什么？

被禁锢的功臣

明崇祯二年、后金天聪三年（1629年）十二月十七日，皇太极亲率八旗和蒙古联军十余万兵出关内，直扑北京城。结果在永定门外遭到了大同总兵满桂的重创，只得大肆掠夺一番后班师返回关外，于天聪四年三月初二，抵达盛京。

但放弃关外、偏安辽东又岂是皇太极的心愿？一次的挫折算不了什么，壮大自己的实力，伺机而动才是王道。于是，他派二贝勒阿敏、贝勒阿巴泰、济尔哈朗等人率领5000八旗军驻守在关内的滦州、迁安、永平、遵化四座军事重镇。

此时的明廷辽东经略一职再度起用孙承宗。在孙、袁二人的部属下，明军开始由战略防御转变为集中优势兵力收复辽东失地。他们首先要收复的，当属永平四镇。

率先迎来明军攻势的是滦州。然而作为此地的最高军事长官，阿敏却对滦州的被动无动于衷，拒不发援。滦州为明军所收复。

这时候的阿敏犯了一个更大的错误：他将降金的汉将、并且是由皇太极钦定的永平巡抚白养粹处死，在永平城中大开杀戒，屠戮无数，紧接着趁着夜色弃城出关，逃亡关外。

身在盛京的皇太极对阿敏在永平城里的作为毫不知情。得知永平四镇被明军所攻打的战报之后，忙派贝勒杜度星夜率兵驰援永平，同时让杜度带去一张敕令，告诫阿敏要对城中官民加以善抚，不得胡作非为。为了保住永平四镇，他甚至已经做好了亲征的准备。

然而阿敏弃城出逃的行径彻底将皇太极的战略计划打乱，屠城的暴行也对皇太极的权威造成了严重的不利影响。永平保卫战之前，皇太极刚颁布一项厚待俘虏的上谕，结果阿敏就将之糟践得体无完肤，不但投降的汉人心寒如冰霜，就连皇太极费尽心思在关内布下的“棋子”也被轻易葬送。这怎能不让皇太极怒火中烧？

阿敏辗转逃回盛京，盛怒之下的皇太极拒绝放他入城。

六月初七，皇太极召集诸贝勒大臣，议定阿敏之罪。议毕，命岳托当众宣布，历数其十六大罪状，遂命夺其人口、财物给其弟济尔哈朗，只留庄园八所，将阿敏“送高墙禁锢，永不叙用”。

皇太极为何要除掉功臣阿敏

永平四城的失守，其实只不过是皇太极欲除掉阿敏这个隐患的导火线。

当年努尔哈赤尸骨未寒之时，阿敏便向皇太极提出了一个拥立他为嗣位之人的条件：“我与诸贝勒议立尔为主，尔即位后，使我出居外藩可也。”分裂之心昭然若揭。后来皇太极回忆说：“若令其出居外藩则两红、两白、正蓝等旗亦宜出居于外藩，朕统率何人，何以为主乎。”尽管他在支持皇太极继承汗位的过程中起过积极作用，但实质上是不赞同，并放言“谁畏谁，谁奈谁何”。先汗病死，对于后金是何等危急时刻，而阿敏的三位福晋却“盛装列坐”。

出征朝鲜时，岳托等劝阿敏班师，阿敏却说羡慕明朝皇帝及朝鲜王宫，一定要到王京去看看，还有“屯种以居”的话语。皇太极发现阿敏“颇怀异志”，却隐忍不发。这一招正是帝王常用的手段，要令对方欲加张狂，以便处之有道。

后金天聪三年（1629年）十月，皇太极统兵扰明，阿敏留守沈阳。次年春，岳托、豪格率军先还。阿敏出迎，居中而坐，令留守诸臣坐于两侧，“俨如国君”。

次年，阿敏受命驻守永平后，对皇太极委任的城中汉族降官、招徕的乡民极为反感，任意杀害。又擅自在明军将至之时弃城逃回沈阳。

皇太极先拿堂兄开刀，采取故意放纵的策略，不动声色地除掉三大贝勒之一，又使其余诸人无法反对，高明之至。削夺二贝勒之举自然引起了另外两大贝勒的警惕，尤其三贝勒莽古尔泰，对皇太极的做法大为不满。

莽古尔泰的悲剧

莽古尔泰性格鲁莽、暴躁，因为心有怨言，自然在行为举止上表现出来。这正是皇太极所希望的。

后金天聪五年（1631 年）皇太极统军进行了大凌河之役。一天，皇太极到岳托营巡视。莽古尔泰与岳托一同上奏说："昨日之战，我旗中将领受伤者较多，我旗下的士兵，有的跟着阿山出哨去了，有在达尔汉额附的营中当差者，能不能让我把他们收回来？"

皇太极故意用怒气的语调说："我听说你所率领的部队，凡是被差遣到外面去的，都是违反军令的。"

莽古尔泰不服气，道："我的部队哪里曾违反了军令？"

皇太极回答说："果然，是别人的诬告；我回去后亲自追究诬告者的责任。"

莽古尔泰一时按捺不住，愤怒地说："大汗你应当公正处事，为什么非要与我为难？我出于考虑到大汗的颜面，无论什么命令都完全服从，你们不肯放过我，难道还想要置我于死地不成？”并伸手将佩刀拔出刀鞘五寸许，用眼斜睨着皇太极。

当时莽古尔泰的弟弟德格勒也在场。德格勒劝阻他，不听；挥拳殴打他，他仍怒骂不止。事情发生后的第二天，莽古尔泰以“饮酒过度狂态失言”为辞，向皇太极叩头请罪。众贝勒大臣议论说，莽古尔泰拔刀露刃，“欲犯上，大不敬”。皇太极遂降其秩（降和硕贝勒秩同诸贝勒），罚银万两及马匹甲胄。

同年十二月，礼部参政李伯龙奏定朝仪说，诸贝勒皆言莽古尔泰不当与皇太极并坐。皇太极说：“从前跟诸位平起平坐，今天却不是这样，要是让外人知道，会怀疑我怠慢了各位兄长。”

代善主动说：“我们既然已经拥立大汗为君，再与大汗平起平坐，恐怕会遭到国人的议论，说我们已经奉大汗为君，还与大汗平起平坐，于礼不合。如果仍像以前那样，必定会受到上天的惩罚。所以自今以后，大汗在南面中间坐，我与莽古尔泰在侧面陪坐，外国蒙古诸贝勒等人，就坐在我和莽古尔泰的下面。”

这种座位的变易，不只是表示朝仪的形式，也是后金内部渐趋统一的明证。

次年，三贝勒莽古尔泰在忧郁中死去，又一大贝勒的势力被皇太极轻易削除了。

完全掌握大权

削除阿敏、莽古尔泰十分容易，二人一个有不臣之心，一个性如烈火，容易做出授皇太极以口实的事，而削除大贝勒代善就比较困难了。代善素无异心，且性格平和，并曾力主拥立皇太极，想将他削除，必须找到理由。而代善此时已是权力仅次于皇太极的人物，若不削除他，皇太极之前的努力等同于徒劳。

后金天聪九年（1635 年）十月，大贝勒代善盛情款待了三贝勒莽古尔泰的妹妹哈达公主莽古济格格。皇太极对莽古济格格成见本来就很深，见代善宴请她大为震怒，声称“正红旗的诸贝勒轻视我”。不久，皇太极历数代善不遵旨令、悖乱多端等罪，但这些罪名不足以作为削除代善的借口，因此皇太极声言“别举一强有力者为君”，从此杜门不出。众贝勒大臣闻讯人人惶恐，到朝门外跪请皇太极出朝听政，还哀告说：“大小纲纪，俱听睿裁。”从此，大贝勒代善几乎被削夺了大贝勒的名号，其子贝勒岳托、萨哈廉也因此受到牵连，俱同时获罪任罚。

十一月，莽古济家仆冷僧机，忽然到刑部自首，告发正蓝旗主莽古尔泰、德格勒生前曾与莽古济、索诺木（原蒙古敖汉部长，归附后金后，取莽古济公主为妻）屯布禄、爱巴礼等跪焚誓词，结党为乱，图谋不轨，于是构成惊动一时的大案。在抄没莽古尔泰的家时，果然查获“所造木牌印十六枚，视其文，皆曰：‘金国皇帝之印’”。皇太极于是严厉镇压参与其事者。莽古济及其夫索诺木以“谋危社稷”“逆迹彰著”的罪名被处死。屯布禄、爱巴礼及其亲支兄弟子侄俱磔于市。莽古尔泰有两个儿子被杀，其余六子同德格勒之子皆废为庶人。正蓝旗附入皇太极旗，被吞并。皇太极长子豪格由两黄旗分出，专门主管重新编制的正蓝旗。

天聪末年，皇太极实际上已经控制了两黄、两蓝、两白六旗，势力还渗入到镶红旗，结束了“八和硕贝勒共理朝政”的局面，开始“制令统于所尊”。后金的朝政大权完全掌握在了他的手中。

一方牵挂所有帝王心的真假玉玺

……

一方传国玉玺，牵挂着两千年中国帝王的心。多尔衮自蒙古人手中夺到传国玉玺究竟是真是假？历史上几出几没的传国玉玺究竟流落到了何方？乾隆帝亲自鉴定的玉玺是赝品还是真品？末代皇帝溥仪是否知道清宫“传国玉玺”的下落？

多尔衮立下的大功

后金天聪八年（1634年）九月，多尔衮在征伐蒙古察哈尔部林丹汗残部的时候临之以威、施之以谋，未费一兵一卒，便让林丹汗余部不战而降。

这个功绩说小不小，但说大也不算太大，因为与多尔衮所立下的另一份功劳相比，区区的军功都不值得一提。那份大功便是：多尔衮自林丹汗部手中得到了失踪200多年的“传国玉玺”。

“传国玉玺”，乃是由春秋时期著名的和氏璧制成。秦朝时，咸阳玉工王孙寿奉秦始皇命将和氏璧精研细磨，雕琢成方圆四寸、上纽交五龙的玉玺；李斯篆书“受命于天，既寿永昌”八字，用来作为“皇权神授、正统合法”的信物；之后的历代帝王都将此玺为视为帝王信物，奉为镇国之宝，得到它就象征着该帝王“受命于天”，失去它则意味着“气数已尽”。凡是登上帝位却没有此玺的，就被人讥笑为“白板皇帝”，显得底气不足而被世人所轻蔑。

传国玉玺在中国历史上几经出没，到了元末之时，元顺帝携玉玺远走大漠，朱元璋派大将徐达深入漠北，穷追猛打远遁之残元势力，其主要目的便是索取传国玉玺，然而最终还是无功而返。传国玉玺从此再也不知所踪。

如今，“传国玉玺”被多尔衮自蒙古人手中取得，并将之献给皇太极，此功可称为不世。皇太极在下定决心征讨蒙古之前，是决不会想到这个惊喜的。

皇太极手中的传国玉玺是真是假

唐朝末年，天下大乱，群雄四起。唐天祐四年（公元907年），朱全忠废唐哀帝，夺得传国玉玺，建后梁。16年后，李存勖灭后梁，建后唐，传国玺转归后唐。又过了13年，石敬瑭引契丹军至洛阳，末帝李从珂怀抱传国玉玺登玄武楼自焚，传国玉玺就此下落不明。

后周太祖郭威称帝后，四处寻找传国玉玺，但终不能如愿以偿，无奈之下，只好镌“皇帝神宝”等印玺两方，一直传到了北宋。北宋哲宗时，有个名叫段义的农夫在耕田时挖出了传国玉玺，送至朝廷。经13位大学士依据前朝记载多方考证，认定这就是始皇帝所制的传国玉玺。然而许多朝野的有识之士都怀疑这块玺其实是假的。北宋末年的徽宗喜好风雅，增刻印玺10方，当时便有人讥笑他是画蛇添足，其实徽宗真正的目的是要淡化传国玉玺的地位，日后若真的鉴定出手中的这方传国玉玺是个赝品，自己也好圆谎。

北宋靖康元年（1126年），金兵攻破宋都汴梁（今河南开封），徽钦二帝做了俘虏，传国玉玺被大金国掠走，其后便销声匿迹。

元至元三十一年（1294年），世祖忽必烈驾崩。传国玉玺突然在元大都（今北京）的市场上出现，并被公开叫卖。权相伯颜得知后，命人以重金买到。传国玉玺至此落入元朝王室手中。

元朝末年，元顺帝在明军的穷追猛打之下携玉玺远遁大漠，不知所踪，最后这枚玉玺方被多尔衮取得，并进献给皇太极。

不过，这枚玉玺的真假实难判断。可以明确认定传国玉玺出现的最后时间是后唐末帝李从珂怀抱玉玺自焚。其后所出现的玉玺都难辨真伪。因此，我们不能肯定皇太极手中的传国玉玺就是真品。

乾隆帝亲自鉴定玉玺

至清初时，紫禁城藏玉玺39方，其中一方即是皇太极得到的传国玉玺。乾隆皇帝对考据学很是喜爱，对此也有所研究，他在对这方传国玉玺研究了半天之后，钦定其为赝品。放在一堆御玺之中以假当真，滥竽充数。由于皇上亲口说它是赝品，其他人也就无法再对此玺评头论足了。附庸风雅的乾隆帝的考证又能有几分真？因此，是真是假仍然是个疑问。

玉玺最终流落于何方

即使这枚传国玉玺是后人伪造的赝品，但也不乏其重要的历史意义。然而这枚藏在清宫中的玉玺，却最终还是不知其所踪。

1924年11月，清廷末代皇帝溥仪被冯玉祥驱逐出宫，这方真伪尚未确定的传国玉玺也不见踪影。当时冯玉祥的将领鹿钟麟等人曾向溥仪追索玉玺，但溥仪两手一摊，鹿钟麟一无所获。虽然关于传国玉玺的下落至今还在搜索、研究之中，但仍未发现相关的蛛丝马迹。

大清缘何为“大清”

……

汉朝因汉王刘邦而称“汉”，唐朝因唐王李渊而曰“唐”。“清”这个名字又具有什么意义？是因音有字，还是因字成音？

大清名为“大清”，皇太极做的是什么打算？

皇太极建立大清政权

一系列大刀阔斧的改革与军事行动，皇太极终于使后金政权趋于稳定。恰在此际，多尔衮献上“传国玉玺”。皇太极以为“天赐至宝，此一统万年之瑞气也”，改元崇德，改国号清。后金天聪八年（1634年）冬，皇太极祭告汗父努尔哈赤，文曰：

甲戌年十月二十七日，嗣位孝子皇太极，敢昭告于皇考之灵曰：臣受命以来，管八旗之子孙，合志同谋，夙夜忧勤，唯恐不能仰承先志，于兹八年。幸蒙天地之鉴，臣等一德同心，着顾默佑，仗皇考积德之威灵，臣等与诸国习之以兵，怀之以德，四境敌国，归附甚众。谨取数年行师奏凯之事，上慰神灵：朝鲜稽首纳贡，喀尔喀五部举国来归，招降阿鲁诸部落，以及科尔沁、土默特部落，无不臣服。察哈尔兄弟先归附者半，察哈尔汗摧其余众避我西奔，未至汤古特部落，殂于西喇卫古尔部落之打草滩地方，其执政大臣，各率所属来归。今为敌者，唯有明国，天下之事业，俱已就绪。凡此皇考之素志，后人踵而行之也。伏冀神灵始终默佑，以廓疆域，以成大业，唯在明鉴。不胜感怆，谨上告。(《清太宗实录》)

一篇祭文，皇太极将数年来所取得的成就向努尔哈赤总结了一番：收朝鲜，招降蒙古部分部落，不仅稳固了努尔哈赤打下来的江山，更获得了一批强有力的外援，削弱了明朝的军事实力。皇太极也在祭文中承认，努尔哈赤取明朝而代之的梦想尚未得到实现，此时仍是后金最大的对手。不过他信心百倍地向九泉之下的努尔哈赤许诺，虽然明朝一时尚无法被纳入囊中，但只是时间问题而已。

其实，皇太极的这篇祭文并不是写给努尔哈赤的，而是在说给天下人听，尤其是说给后金贵族们听的。皇太极以努尔哈赤第八子的身份继承汗位，来自兄弟的压力可想而知。他必须要用功绩来证明自己的继位不是个错误。虽然暂且没有实现努尔哈赤终生的梦想——取明朝而代之，但也迈出了相当重要的一步。同时，他也在为自己上尊号，正式称帝做一个舆论上的准备。

后金天聪十年（1636年）四月，诸贝勒大臣以远人归服、国势日隆为理由，请求为皇太极上尊号，皇太极未允。后来萨哈廉让诸贝勒检讨过去，表示今后忠诚效力，皇太极答应可以考虑。

然后皇太极又以“早正尊号”征询汉官儒臣的意见，鲍承先、宁完我、范文程、罗绣锦等都表示赞成。萨哈廉又召集诸贝勒各书誓词，向皇太极效忠。“外藩”诸贝勒闻讯也请求上尊号，皇太极同意了。上尊号的准备活动至天聪十年三月末大体就绪。

四月五日，满族诸贝勒、固山额真，蒙古八固山额真，六部大臣，孔、耿、尚，外藩蒙古贝勒及满蒙汉文武官员齐集。大贝勒代善及内外诸贝勒、文武群臣共上表，分别以满、汉、蒙三种文字书写。多尔衮捧满字表、巴达礼捧蒙字表、孔有德捧汉字表各一道，率诸贝勒大臣文武各官赴宫门跪下，皇太极在内楼，御前侍卫传达，皇太极命满、蒙、汉三儒臣捧表入，诸贝勒大臣行三跪九叩大礼，左右列班候旨。三儒臣捧表至御前跪读，文曰：

诸贝勒大臣文武各官，及外藩诸贝勒，恭维皇上承天眷佑，应运而兴。当天下混乱之时，修德礼天，逆者威之以兵，顺者抚之以德，宽温之誉，施及万方。征服朝鲜，统一蒙古，更获玉玺，内外化成，上合天意，下协舆情。以是臣等仰天心，敬上尊号，一切仪物，俱已完备。伏赐愈尤，勿虚众望！（《清太宗实录》）

表中简单地回顾了一下皇太极的功绩，并且指出该功绩足以让皇太极顺应天命，加皇帝之尊号。而且一再强调，加皇帝尊号其实是天意使然，不可推辞。这个理由让皇太极正好顺水推舟，表示同意，并发誓倍加乾惕，忧国勤政。

消息由儒臣传出，众皆踊跃欢欣，叩头而出。四月十一日，皇太极正式祭告天地，受“宽温仁圣皇帝”尊号，建国号大清，实际是把后金改为大清，改元崇德，即天聪十年为崇德元年。祭告天地完毕，在坛前树鹄较射。从此中国历史上名副其实的清朝诞生了，就是这个封建王朝统治全中国268年，跨古代、近代两个历史时期。在此之前一年，皇太极下令国中之人皆称满洲原名，禁止称诸申（即女真），一个少为世人所知的满族因而扩大为举世闻名的中华民族重要成员。

用来笼络人心的“大清”

关于大清国号的意义，一种说法是在改国号的前一年，也就是1635年，皇太极便废除了族号“女真”，改称“满洲”。在满族语中，“满洲”的发音与“曼殊”相似。“曼殊”一词来自佛教，本是一尊佛的名字，意思是“清之帝王”。皇太极用“清”代“金”作为国号，对于取代明王朝和笼络各族人心，都比“大金”或“后金”这两个称呼所能起到的作用大得多。

迎合统治的需要

另一种说法恰与上面的说法相反，乃是舍去“清”的本意而用其发音。满族语中的“清”与“金”属谐音字，在发音上，汉语的“清”与满族语的“金”发音相同，把“金”改为“清”，只是改了一个发音相同的汉字而已，满文中却无须改动。这样做的目的只是出于对明朝进攻、对汉人的统治需要罢了。

袁崇焕之死，崇祯帝何罪

……

一代抗金名将袁崇焕，在皇太极的“反间计”中殒命，最终屈死在了崇祯帝举起的屠刀之下。崇祯帝为何要自毁长城？他所罗织的九大罪状，是确有其事还是欲加之罪何患无辞？京师百姓争抢一两银子一片的忠臣肉，是愚昧还是发泄？

打不动的袁崇焕

在明廷诸将中袁崇焕无疑是一员忠心耿耿、智勇双全的猛将。著名的宁远大捷就是在袁崇焕的指挥下取得胜利的。面对小小的宁远城，后金甚至赔上了努尔哈赤的性命。然而宁远却始终未能攻克。面对这种状况，皇太极便动起了绕道进攻关内的心思。而袁崇焕对后金的这一计谋也早有预防。他曾经多次向崇祯帝上奏，指出“蓟门单弱，敌所窃窥。臣身在辽，辽无足虑，严饬蓟督，峻防固御，为今日急著”，要求加强对河北其他前线地区的防御。但这一建议并没有得到崇祯帝的充分重视，甚至袁崇焕派出的援军也被遣还。就在这时，皇太极开始行动了。

袁崇焕像

明崇祯二年（1629 年）十月，皇太极亲率十万大军绕道内蒙古，越过喜峰口攻入长城，兵分三路，进入河北一带，包围遵化。毫无防备的北京城顿时直接暴露在后金的铁蹄之下。袁崇焕得此噩耗，“心焚胆裂，愤不顾死”，连忙率军星夜兼程返回北京勤王救驾。彼时，后金军已攻陷多处隘口，准备进攻通州，但袁崇焕用兵神速。竟然抢在后金军之前返回通州，准备守城战。皇太极得知这一消息，大惊失色，以为山海关的通路已经被明军严密封锁，无奈只得放弃通州，向西进攻北京。

后金军围困北京原本只是被迫无奈的权宜之举，然而却歪打正着地点中了明廷的死穴。大惊失色的崇祯帝连忙调集兵马进京护驾。袁崇焕也没有料到皇太极竟然会棋高一招，只好亲率 9000 骑兵赶赴京师。眼看兵凶战危，袁崇焕竟然忘记了明廷祖制“非禁卫军不得入京畿”，率兵直抵广渠门外并在此扎营。由于袁崇焕治军有方，赏罚分明，士兵战斗力和士气都十分高涨。在广渠门外与后金军大战一日，暂时击退了后金军的围城态势。

见战不下袁崇焕，后金军便退至京郊一带，肆意烧杀抢掠，企图以此激怒袁崇焕兴兵进攻，孤军深入。不料袁崇焕却对此不予理睬，不过朝内不少官员却纷纷中计。他们的田宅庄园大多在城外，后金军此举让其大受损失，痛心疾首之余也将一腔怒火转移到了袁崇焕身上，认为正是其处置失当，才让后金军兵临城下。更有甚者，将此事与毛文龙的死联系起来。

袁崇焕尽管身处如此不利局面，却依然不为所动，坚持战斗。数日之后，后金军卷土重来，在左安门一带展开攻击。但在袁崇焕的抵抗下又是无功而返，反而被明军的火枪手夜袭得手。

袁崇焕组织的几次战斗，给明王朝赢得了喘息的时间。各地勤王保驾的军队纷纷赶到，在数量上对后金军也形成了优势。皇太极见势不妙，便决定将袁崇焕先行除掉，为此假意做出退兵议和的姿态，暗中却定下了一条毒辣的“反间计”。

史籍中记载的反间计

不少史书中都记载了这条“反间计”的过程，《明史·袁崇焕传》记载道：“会我大清设间，谓崇焕密有成约，令所获宦官知之，阴纵使去，其人奔告于帝，帝信之不疑。十二月朔再召对，遂缚下诏狱。”

《明通鉴》的描写则更为详细：“先是大军获宦官二人，令副将高鸿中等守之。太宗文皇帝因授密计，鸿中等于二宦官前故作耳语云：‘今日撤兵，袁巡抚有密约，事可立就矣。’时杨太监佯卧，窃闻其言，纵之归，以所闻告于上。上遂信之不疑，再召见崇焕及大寿于平台，诘崇焕以杀毛文龙之故，责其援兵逗留，缚付诏狱。”

《大清实录》中亦有相似的记载：“先是获明太监二人，付与副将高鸿中，参将鲍承先、宁完我，榜式达海监收。至是回兵，高鸿中、鲍承先遵上所授密计，坐近二太监作耳语云：‘今日袁巡抚有密约，此事可立就矣。’时杨太监者佯卧窃听，悉记其言。庚戌，纵杨太监归，杨太监将高鸿中、鲍承先之言详奏明帝，遂执袁崇焕下狱。”

蒋良骐也曾在《东华录》中记载此事：“先是，获明太监二人监守之。至是副将高鸿中，参将鲍承先遵上密计，坐近二太监，故作耳语云：‘今日撤兵计也。顷上车骑向敌，有二人来见，语良久去，意袁巡抚有密约，事可立就矣。’时杨太监者，仰卧窃听。庚戌，纵之归。后闻明王用杨监言，执崇焕入城磔之。”

这些记载大同小异，应该是皇太极指使后金军官讨论关于袁崇焕通敌卖国的虚假消息，又故意让被俘获的太监听到，并假意疏忽让其逃跑。太监自然将这些虚假消息带回给崇祯帝。使崇祯帝对袁崇焕谋反深信不疑。

为了加强这条计策的效果，皇太极还耍了一个小小的花招。在之前的战斗中，后金军故意使用之前缴获的袁崇焕所部使用的箭矢作战，射伤了明军将领满桂。可以想象，满桂在治疗箭疮时，发现箭头居然是袁崇焕部的，心中该做何感想。再加上满桂是蒙古族人，生性憨直，根本想不到是皇太极做的手脚，反而坚决认为是袁崇焕陷害自己，便进宫对崇祯大叫大嚷，要求公道处事。

后金的计策可谓阴险毒辣，而此时朝廷内的一部分对袁崇焕不满的阉党余孽也在大肆给袁崇焕泼污水，造谣说他通敌卖国。如此种种事情同时发生，确实让人几乎不得不相信袁崇焕的谋反行为证据确凿。崇祯帝早已对袁崇焕心存芥蒂，如今有大量“证据”显示袁崇焕是“汉奸”，他自然更是深信不疑了。

崇祯帝自毁长城

可叹袁崇焕对于此事一无所知，还在积极准备对后金的作战；而那边崇祯皇帝却早已准备动手了。明崇祯二年（1629年）十二月初一，崇祯帝声称要商议军饷筹集之法，将袁崇焕等人召至宫中。全无防备的袁崇焕刚一进宫，便被锦衣卫拿下，崇祯帝严厉斥责袁崇焕，历数他种种“罪恶”，并将他投入锦衣卫大牢，将其所有职务移交给满桂等人管理。袁崇焕所部闻此噩耗，几乎哗变；其得力干将祖大寿，干脆率袁部返回了山海关。

皇太极见诡计得逞，立刻回兵卢沟桥，与明军在永定门大战数日。没有了袁崇焕的指挥，明军明显不是后金军的对手。高级军官或战死，或被生擒活捉，后金军一鼓作气突破了明军的防守阵地，攻到了北京城下。恼怒的崇祯帝干脆又杀了兵部尚书王洽，但这对于改变危机的局势丝毫于事无补。

正在这危在旦夕的时刻，又是袁崇焕将个人待遇置之度外，给祖大寿手书一封，要求他放下个人恩怨，以朝廷大局为重，回兵与后金作战。祖大寿得此书信，深为袁崇焕所感动，便回兵京师，重新击退了后金军。

此时，各地的勤王军队也纷纷与后金军展开了激战。皇太极无奈，只好撤军。祖大寿等部乘胜追击，杀死杀伤后金官兵无数。北京保卫战算是以明军的全面胜利告终。

祖大寿因其战功被崇祯帝大加封赏，但奇怪的是，对于袁崇焕，崇祯帝却没有任何的表示，他不仅不领袁崇焕召唤祖大寿的情，相反还奇怪地认为，大明朝文官武将人才济济，没有你袁崇焕，我崇祯一样可以平定天下。如果说，这之前他还心存一丝无人可用的忧虑的话，那么在后金退兵以后，他反而坚定了诛杀袁崇焕的决心。

九大罪状诛杀袁崇焕

明崇祯三年（1630年）八月五日，崇祯帝凌迟处死袁崇焕之心已决，诏谕廷臣“崇焕擅杀，逞私谋款，至敌欺藐君父，失误封疆”，“限刑部五日内具奏”。八月十六日，中秋节刚过，崇祯皇帝先是在乾清宫暖阁召见辅臣成基命等，而后又在平台召见内阁、五府六部、都察院、通政司、大理寺、翰林院、科道掌印官及锦衣卫堂上官等文武大臣，宣布了袁崇焕的九大罪状：

袁崇焕咐托不效，专恃欺隐，以市米则资盗，以谋款则斩帅，纵敌长驱，顿兵不战。及至城下，援兵四集，尽行遣散。又潜携喇嘛，坚请入城。此时的崇祯也不忘展示一下他作为皇帝的“仁慈”，假惺惺地说：“种种罪恶，命刑部会官磔示。依律家属十六以上处斩，十五以下给功臣家为奴。今止流其妻妾子女及同产兄弟于二千里外，余俱释不问。”

紧接着，崇祯皇帝宣布了他的最终决定：袁崇焕“依律磔之！”并迫不及待地命令刑部侍郎涂国鼎前去西市监斩。当日午时，“风霾昼闭，白日无光”，袁崇焕被押赴北京西市以惨无人道的“磔刑”处死，时年46岁。袁崇焕在临刑前仰天长叹：

一生事业总成空，半世功名在梦中。

死后不愁无勇将，忠魂依旧守辽东。

后人每览于此，未尝不临文嗟悼，不能喻之于怀。

崇祯帝罗织的罪名

崇祯皇帝对袁崇焕早就动了杀心。袁崇焕被凌迟处死后，崇祯皇帝仍不解气，便下诏给袁崇焕加上了更大的罪名：袁崇焕“谋叛欺君，结奸蠹国。斩帅以践虏约，市米以资盗粮。既用束酋，阳导入犯，复散援师，明拟长驱，及戎马在效，顿兵观望，暗藏夷使，坚请入城，意欲何为？致庙社震惊，生灵涂炭，神人共忿，重辟何辞！”仅仅过了17天，崇祯皇帝又在戒谕廷臣时，将袁崇焕的“罪名”进一步提高到了“通虏谋叛”的地步：“袁崇焕通虏谋叛，罪不容诛。尔廷臣习为蒙蔽，未见指摘，今后有朋比行私、欺君罔上者，三尺具在。”

依照《大明律》的规定：“谋反”“谋大逆”者，不管主从犯，一律凌迟，祖父、父、子、孙、兄弟及同居的人，只要满16岁的都要处斩。可见崇祯帝只有将袁崇焕以“通敌谋反”定罪，自己才能不背上冤杀忠良的骂名。只可惜事与愿违，当初袁崇焕蒙冤入狱之时，朝野为之震动，一些直言敢谏之士迅速行动起来，争相谏疏，为袁崇焕辩白。

在辽东将领中，祖大寿是营救袁崇焕最“给力”的一员，曾请求削职为民，以自己的官阶赠荫换取袁崇焕的性命，但崇祯帝不准。在袁崇焕谋反案的审理过程中，东阁大学士兼礼部尚书成基命一直持保袁的态度，年逾古稀，还向崇祯帝叩头，力谏“临敌易帅，兵家所忌”，“敌在城下，非他时比”，哭着请求皇上明察，慎重处置，崇祯帝拒不纳谏。官拜礼部尚书兼东阁大学士、参机务的周延儒也连连上书，力保袁崇焕，崇祯不听。给事中钱家修冒死上《白冤疏》，“为督师蒙不白之冤”，历数袁崇焕六大冤情，称其“义气贯天，忠心捧日”“甘同诛之罪。伏祈皇上骈斩臣头以励忠臣，以成义士”。御史罗万寿因申辩袁崇焕无罪，被削职下狱。布衣程本直上《白冤疏》为袁崇焕鸣冤，竟被处死。

在袁崇焕下狱的大半年时间里，关外将士、百姓几乎每天都到巡抚孙承宗的官衙或者居所，为袁崇焕鸣冤叫屈，愿意代袁崇焕受死的人更是不计其数。但杀意已决的崇祯帝对此无动于衷。为袁崇焕请命的朝臣、士大夫均遭诘责，他们中的大多数或下狱，或遭贬谪，更有甚者被处以极刑。袁崇焕屡屡辩白称自己无罪遭陷，欲杀之而后快的崇祯帝对其更是置若罔闻、熟视无睹。此时的崇祯帝，出于某种原因，已急欲将袁崇焕处死以了却心病。

可怜一代名将，倾尽毕生心血与精力来保卫国家，最后却被扣上了“通虏谋叛”“擅主和议”“专戮大帅”“市米资盗”等罪名而被“诏磔西市”。

更可悲的是当时北京城中的百姓不明真相，对皇帝的说辞信以为真，认为袁崇焕投敌叛国，一个个都对其恨之入骨。据

《石匮书》所载:“见磔崇焕，时百姓将银一钱买肉一块，如手指大，啖之。食时必骂一声，须臾，崇焕肉悉卖尽”。袁崇焕死前曾留下“身中清白人谁信，世上功名鬼不知”的悲壮诗句来表明自己的冤屈。

袁崇焕被冤杀后，弃尸于市，其部下佘姓义士深感袁崇焕之大义，“夜窃督师尸”葬于广渠门内广东义园，并让后代世代为袁守墓。但面对此桩千古奇冤，袁崇焕至死莫白。直到乾隆四十七年才真相大白，得以昭雪。后人为纪念袁崇焕，先后修建了祠和墓。祠的前廊两端及室内墙壁上嵌有《重修明督师袁崇焕祠墓碑》等石刻，屋檐下是“明代先烈袁督师墓堂”的匾额。袁崇焕手书“听雨”石刻嵌于墙上。墓前立有清道光十一年湖南巡抚吴荣光题写的“有明袁大将军之墓”石碑及石供桌，坟侧小丘为佘姓义士之墓。

袁崇焕文官出身，半路出任武职，令骁勇多智的努尔哈赤和皇太极两代英雄均在他手下铩羽而归，不能不让人折服。他天生的军事才能和独有的战略眼光几可与岳飞比肩，而他的下场却比岳飞更加悲惨。

清朝的康有为曾为“有明袁大将军墓”题了一副对联:“自坏长城慨今古，永留毅魄壮山河”。多少遗恨、多少不甘、多少壮志豪情、多少哀叹惋惜，都在这副对联中了。《明史·袁崇焕传》称:“自崇焕死，边事益无人，明亡征决矣。”袁崇焕一死，明朝亡国已经是不可逆转的局势。

袁崇焕是以“通敌叛国”的罪名被处死的，“卖国贼”的

袁崇焕题写的聚奎塔匾额

罪名也让他整整背了153年。直到1782年，乾隆帝弘历在披阅《明史》的过程中发现了袁崇焕的冤屈，据《明史·袁崇焕传》载:“会我大清设间，谓崇焕密有成约，令所获宦官知之，阴纵使去。其人奔告于帝，帝信之不疑。十二月朔再召对，遂缚下诏狱。”乾隆阅毕大发感慨道:“袁崇焕督师蓟辽，虽与我朝尴尬，但尚能忠于所事，彼时主暗政昏，不能罄其忱悃，致使身罹重辟，深可悯恻”。他又查阅《清朝实录》，发现是皇太极通过杨、李二太监施行“反间计”，假崇祯之手将劲敌袁崇焕除掉的史实。于是乾隆皇帝于1784年下诏为袁崇焕平反，案情始末终于真相大白。并“着广西巡抚查出袁崇焕后裔，量材录用，以奖忠良”。

崇祯为何要杀袁崇焕

皇太极如此拙劣的“反间计”，为何却能使勤政克劳、常以英主自诩的崇祯皇帝决然不顾地诛杀一位战功赫赫、“进退一身关社稷”的边关大将？这是一桩历史悬案。

崇祯皇帝17岁登基，自幼便接受经筵日讲，文墨智能远胜其兄朱由校。即位不久，崇祯便罢黜阉党，整饬朝纲，除恶治乱，谪魏忠贤去凤阳守皇陵，不久即赐缢死。其后又起用大量东林党人，内阁一时几为其所领，故称“东林内阁”。袁崇焕也在这一时期被重新起用，官封都察院右都御史、管兵部添注左侍郎事。明朝经此革故鼎新，朝政为之一振。这些均被当作了不起的大事，崇祯帝也有“英明果断”之誉。

崇祯皇帝之所以中计，并非因其才能平庸，而是他刚愎自用、用人多疑的性格所造成的，正如《明史述评》认为崇祯“无知人之识”。回顾袁崇焕投身辽战、千里赴难、誓死捍卫京师的表现，想必戳穿“反间计”应不是件难事。但此时，崇祯皇帝心中打着自己的算盘，宁愿听信宦官的谗言，也不愿相信外臣的赤诚，甘愿对阉党“借刀杀人”的阴谋视而不见，甚至自愿沦为他们的帮凶。

洪承畴降清之谜

……

一位不屈的断头之将，一位崇祯帝亲自为其祭祀的抗清名将，在百般酷刑之下仍未屈膝投降，为何最后投降了大清？皇太极的妃子亲自上阵色诱明将，是否确有其事？

《清史演义》中的洪承畴降清

清崇德六年（1641年）七月，皇太极抱病亲征，指挥了具有决定意义的松锦大战，打垮了明蓟辽总督洪承畴率领的13万军队。洪承畴战败被俘，锦州守将祖大寿被迫投降。锦州沦陷，使明朝经营了二十多年的宁锦防线全部崩溃，大大加深了北京的危机。皇太极曾形象地说："取北京如伐大树，先从两侧砍，则大树自倒。现在，明精兵已尽，我再四周纵掠，北京一定可得。"

洪承畴为明末一代名将，以知兵善战而闻名，极得崇祯皇帝信任。松山之战失利后，崇祯帝以为洪已为国捐躯，亲自下令设祭坛，为他举行祭悼仪式。

皇太极久有一统中原的宏图，也久知洪承畴之能，他遣谋士说客，千方百计劝洪承畴降清。可是被囚禁在三官庙的洪承畴却拒绝投降。他辱骂劝说归顺的使者，声称愿做断头将军，要求早死。他穿上污血斑斑的明朝服装，朝着北京的方向跪倒，向崇祯皇帝告别，并断然绝食，三天滴水不进。皇太极曾派谋士范文程等人多次劝降，但洪毫无降意。皇太极甚至许下诺言：有谁能劝降洪承畴者，可得重赏或高官厚禄。百官跃跃欲试，但均无功而返。

皇太极见劝说无效，仍不死心，就千方百计寻找洪承畴的弱点，以便加以利用。很快，洪承畴的仆人金升为皇太极收买，他献计说："我主人赋性沉毅，爵禄不能动其心，刀斧不能动其志，唯有见到美女，或可动其心志。”皇太极采纳金升建议，立即选派几个美女前去侍候，但几天下来，仍不见明显效果。皇太极一筹莫展。

皇太极怀着颇为失望的心情，走进永福宫，不免感叹。这时，他身边的妃子关切地问道：“近日松锦大捷，威震华夏，何以战胜而长吁短叹，这为何事呢？”

“你说呢？”皇太极没有好气地道。

妃子想了想说：“国主虎威，降蒙古、平朝鲜，大胜明朝于松山，长城以外都已为我所有，莫非以未能并吞中原而不乐？”

“你倒是聪慧，猜到我的心意了。”皇太极称赞道，“要想进军中原与明争天下，非要有熟知中原内情的人相助不可。洪承畴正是这种人才，我有心劝降洪承畴，无奈他誓死不降。他的仆人金升说他喜欢女色，我让几个美女去侍候他，都碰壁而回。我真想不出其他好计策了。”

妃子听皇太极说出因由，沉思许久，对皇太极说：“洪承畴若肯归顺，夺取中原的大门就打开了。皇上，可不可以叫范文程来一趟？”皇上立即派人去叫。不一会儿，范文程来到永福宫。妃子详细地询问了洪承畴的家世、经历、爱好、脾气之后，胸有成竹地对皇太极道：“我有一计。”

皇太极兴奋地道：“有什么好的计策，只管说出来！”

于是，妃子低声说出她的计策。皇太极不禁陷入沉思，最后点头同意。

第二天，妃子打扮成一个俊秀的汉族姑娘，端着一壶人参汤来到了洪承畴的房间。开始洪承畴面壁而坐，对她不予理睬。

妃子不急不恼，亲切而温柔地道:“将军即使绝食，难道不能先喝口水再就义吗？”

洪承畴端详着她那光彩照人的面孔和婀娜多姿的身条，妃子身上散发的青春气息刺激着他，一股求生的愿望油然而生，他不由得接过人参汤喝了起来。妃子又连日劝慰，百般奉迎，以柔克刚，天天进奉美味佳肴，洪承畴渐渐地意转心回，吃喝照常，最后投降了。

这个妃子便是后世所称的孝庄皇太后。

洪承畴的投降，等于给大清国一把打开中原大门的钥匙，从此，清军南下，势如破竹，而大明王朝，则处在李自成农民起义和清军不断侵扰的内忧外患之中，很快就土崩瓦解了。

以上是根据“民国”小说家蔡东藩所著的《清史演义》中的描写所整理出来的文字。从中我们可以看出，洪承畴是因为孝庄皇太后博尔济吉特氏所施加的美人计而投降于清。当然，这只是小说家言，历史的真相是否确实如此？还有待分析。

历史记载中的贰臣

洪承畴绝食数日，拒不肯降。皇太极得知洪承畴好色，每日派 10 多个美女陪伴，也没效果。皇太极对洪承畴无计可施，特命最受宠信的吏部尚书范文程前去劝降，看他是否果有宁死不屈的决心。

范文程至，洪承畴则大肆咆哮，而范文程百般忍耐，不提招降之事，与他谈古论今，同时悄悄地察言观色。谈话之间，梁上落下来一块燕泥，掉在洪承畴的衣服上。洪承畴一面说话，一面“屡拂拭之”。

范文程不动声色，告辞出来，回奏太宗：“承畴不死矣。承畴对敝袍犹爱惜若此，况其身耶？”

皇太极接受了范文程的专业意见，对洪承畴倍加关照，恩遇礼厚。

当夜，皇太极的妃子——博尔济吉特氏，携人参汤到洪承畴的居所。见洪承畴闭目面壁，毫不理睬。博尔济吉特氏娇嗔

册封庄妃册文 清
庄妃于明天启五年(1625，天命十年)嫁于清皇太极。明崇祯九年(1636，崇德元年)，清太宗皇太极册封后宫时被封为西宫。此图是册封永福宫庄妃的册文。

地说道：“洪将军，您对大明江山如此赤胆忠心，实在令人敬佩。将军即使绝食，难道就不喝口水而后就义吗？将军，您还是喝一口吧！”

洪承畴望着这迷人秀色，听着这温柔劝话，闻着这诱人香味，顿时心神激荡。美人不断劝饮，同时以壶承其唇。洪承畴不知这“水”是人参汤，便出乎意料地喝了一口。丽人又如此再劝，洪承畴竟连饮了几口。

隔日（五月四日），皇太极亲临太庙，洪承畴立而不跪。皇太极问寒问暖，见洪承畴衣服单薄，当即脱下自己身上貂裘，披在洪承畴的身上。

《清史稿》载：“上自临视，解所御貂裘衣之曰：‘先生得无寒乎？’承畴瞠视久，叹曰：‘真命世之主也！’乃叩头请降”。随即剃发易服，归顺清。皇太极大喜，说：“我今获一导者（向导），安得不乐！”委以洪承畴重任。

后来，当得知那天夜里把壶劝饮的丽人是当今皇上最宠爱的庄妃博尔济吉特氏时，洪承畴不胜惶恐。可是皇太极和庄妃待他态度如常，好像根本没有发生此事一般。洪承畴越发感激，死心塌地为清效劳。

庄妃究竟起到了什么样的作用

野史里说洪承畴降清是因为庄妃的美人计，事实上，庄妃不大可能独自一人去看望洪承畴，起码会有宫女随从；而且，沈阳的清宫院落不是很大，皇太极住的清宁宫与庄妃所住宫室在一个院落，庄妃的一举一动连其他嫔妃也能看得到。哪怕皇太极为顾及自己的颜面，也不会同意庄妃去用“美人计”说降洪承畴。

况且，《清史演义》在讲这个内容的第一句话就是：“原来洪承畴人本刚正，只是有一桩好色的奇癖。”这话自然是丑化洪承畴的。实际上，洪承畴在个人生活上很遵守儒家道德，并没有什么风流之举。庄妃说降洪承畴未必是历史事实。但庄妃聪明贤惠，为皇太极出了劝降洪承畴的主意，倒还是很有可能的。

皇太极：只想知道自己是怎么没的

……

年仅五十二岁的皇太极毫无征兆地死在了案前，暴毙而亡的他，带走的是什么样的遗憾？是谁将皇太极送上了不归路？是病死还是谋杀？官方资料上的含糊在隐瞒着什么真相？

皇太极暴死

正当大清国运如日中天，入关夺取中原指日可待、天下唾手可得之时，皇太极的身体却一天不如一天。明崇祯十六年（1643年）八月初九日，皇太极和往常一样地来到崇政殿，处理日常的国政，并无任何的异样，身体也没有表现出任何的不适。他端坐在崇政殿的书案前，聚精会神地批阅各地呈上的奏章，发出一道道递送边关的文书，为他入主中原的霸业而殚精竭虑，日夜操劳着。当日亥时许（即九至十点钟左右），在毫无征兆的情况下死神却骤然降临在了他的身上，年仅五十有二的皇太极就这样带着些许的不甘和遗憾悄然地离开了人世。他走得太突然，出师虽捷身先死，长使后世之人慨叹不已。皇太极死后葬于沈阳昭陵。庙号太宗，谥号应天兴国弘德彰武宽温仁圣睿孝敬敏昭定隆道显功文皇帝。

关于皇太极之死，后世有着不同的猜测。官方史书也记载不一，民间更是流传着多种版本，绘声绘色，有如亲见。

官方史书上的含含糊糊

《清帝外记》记："崇德八年八月，上御崇政殿，回宫，是夜无疾坐南榻而崩。"据《清史稿》所载："（崇德八年八月）庚午，上御崇政殿。是夕，亥时，无疾崩，年五十有二，在位十七年。"而《清实录》也有类似的记载："（崇德八年）八月庚午，是夜亥刻，上无疾，端坐而崩。"《盛京通志·神功圣德碑文》中却对死因讳莫如深，没有任何的记载，只是简单地说其"崩"，原文载："（皇太极）以崇德八年八月庚午崩，圣寿五十有二，在位十有七年。"而《沈馆录》更是说皇太极是暴死的，即突然死亡，至于是何原因，则并无说明，原文记："八月二十六日状启：本月初九日夜半后，皇帝暴死。"

民间传说中的谋杀

在民间，皇太极之死更是被传得神乎其神，经过小说家和茶馆酒肆中说书人的加工、渲染，便有了皇太极死于多尔衮之手之说。还有人说是多尔衮和庄妃合谋将皇太极毒死。

皇太极是被多尔衮或多尔衮与庄妃合谋害死的是毫无根据，不值一提。而官方史料对皇太极的死因更是讳莫如深，一口咬定其是无疾而终，显然也是站不住脚的。可以被认为是为了稳定军心、巩固统治、避免众兄弟觊觎皇位而互相征伐的权宜之计。至于他真正的死因，很大可能是死于心血管病。

罪魁祸首：心血管疾病

据《清史稿·太宗本纪一》记载："上仪表奇伟，聪睿绝伦，颜若渥丹寒而不慄。"根据这段文字不难看出，皇太极身体肥胖，因为瘦人肯定不会寒而不慄的。而且据传，年逾中年的皇太极，身体越发肥胖起来，他一生酷爱两匹战马，一匹唤作大白，另一匹叫作小白。由于他的身体过于肥胖，以至于他骑大白的时候一天仅能行走五十里，而骑小白的时候才能勉强行一百里。其肥胖的程度可见一斑。而胖人更易罹患心血管类的疾病。贵为九五之尊的皇太极也未能幸免，最终因为病发而亡。而绝不是官方所载的"无疾而终"。

并不健康的身体

崇德五年（1640 年）开始，在清朝的官方密档中便屡次出现"圣躬违和"或"圣躬不豫"的字样。表明皇太极身体并非健康，而似乎有种慢性病，且经常复发。

崇德五年农历七月二十七日，皇太极率领大军进攻锦州，攻城不久皇太极就病倒了。档案中第一次出现了“圣躬违和”的记录。这次病来得很突然，身边侍从急忙传唤御医。御医建议皇太极去安山温泉疗养。不久，皇太极就动身出发了。《清史稿》载：“崇德五年七月，上幸安山温泉。”

第二年八月，皇太极率军围困锦州已近一年光景，双方处于胶着状态。为挽救辽东危局，明廷遣洪承畴率领精锐十三万、马四万来援，集结宁远，来解锦州之围。皇太极得知明援兵已到，便调集各路人马，亲率大军从盛京赶来赴援，亲自前往前线坐镇指挥。原本定于农历八月十一日出发，不巧的是就在大军开拔之际，他患上了鼻出血，血流不止，不得不将出发的日期一拖再拖。史载“上行急，鼻衄不止，承以碗”。

八月十四日，前线吃紧，各路报急文书齐集京师，但此时，皇太极的病情并未好转，出血仍未缓解。面对此情，皇太极决定抱病出征，遂大军集结即刻出发，一路急行军，赶往锦州支援。在松山大败明军，生俘洪承畴。此役为后来清朝灭明征服天下奠定了基础。

战事刚有缓和，便从盛京城传来了宸妃病危的消息。宸妃海兰珠是皇太极最宠爱的女人。当他惊闻宸妃病危的消息后，立即兼程赶回盛京，当他进入宸妃所居的关雎宫时，宸妃已经驾返瑶池了，终年33岁。

为表示对爱妃的悼念，皇太极为宸妃举行了隆重的丧礼，赐谥号为敏惠恭和元妃，这是清代妃子谥号中字数最多的。皇太极对宸妃这种真情笃意，在历朝皇帝中都是少见的。皇太极和他父亲努尔哈赤一样，都是多情之人。皇太极的母亲孟古去世时，努尔哈赤痛哭不止，一月不食荤腥，以示哀悼。海兰珠去世后，皇太极比他父亲有过之而无不及。他悲恸欲绝，寝食俱废，乃至昏死过去，吓得满朝文武全都乱了手脚。

数月之后，他仍然沉湎于悲痛中而不能自拔，后经诸大臣力劝才有所好转。他惭愧地说："天之生朕，原为抚世安民，今乃过于悲悼，不能自持。天地祖宗知朕太过，以此示警。朕从今当善自排遣也。" 随即，他接受了大臣们的建议，出城狩猎，以排解心中的忧伤。

但偏偏老天爷和他开了个玩笑，就在回宫途中，他恰好从宸妃墓路过，不禁触景生情，使略微释怀的他又一次陷入悲痛之中。

宸妃的去世，极大地摧残了皇太极的身心，从此，他的身体状况便经常出现问题。皇太极似乎对自己的身体状况有所预感，曾独自感伤地说："山峻则崩，木高则折，年富则衰，此乃天特贻朕以忧也。"

崇德七年（1642年）农历十月二十日，皇太极旧病复发，且似乎更显严重。据《清史稿》载："圣躬违和，肆大赦。凡重辟及械系人犯，俱令集大清门前，悉予宽释。"可见这次皇太极的病来得更急更猛，以至于他甚至采用了大赦的方式，来祈求上苍的眷佑。而且七日后，汉官都察院参政祖可法、张存仁等官员们还上书建议：皇上不必事必躬亲，可让各旗、六部诸大臣处理一些日常事务，至军国大事再向皇太极奏闻，以减轻政事活动，得以静心休养。

明显感到力不从心的皇太极在阅读完奏疏后立即朱笔御批：“所奏良是。朕之亲理代办处机，非好劳也，因部臣不能分理，是用躬自裁断。今后诸务可令和硕郑亲王，和硕睿亲王，和硕肃亲王，多罗武英郡王合议完结。”

这段话足以说明皇太极确实病得不轻。此外，从这段话中可以看出，皇太极在对待国事上，皆“躬自裁断”“好劳”，以致身心健康受到了极大的影响。同时，我们还能看到这是清朝前期的一次重大体制变革。通过这次变革，皇太极基本交出了处理日常行政事务的大权。换句话说，从今以后除“军国大事方可奏闻”外，其他的一切琐碎之事，便全部交由三个亲王和一个郡王全权处理。这次变革看似恢复了天命年间四大贝勒轮流执政的旧制，但实则却有着天壤之别。这次放权是建立在皇权巩固、中央官僚体制日臻完善的基础之上的，因此，他用不着再担心有人胆敢向他至高无上的权威提出挑战。

同年农历十二月，皇太极接受了祖可法、张存仁的主张，率众前往叶赫狩猎。当大队人马抵达一个叫作开库尔的地方时，皇太极又“圣躬违和”。随同前往的诸王、贝勒、大臣都请求停止行猎返回盛京，但因为皇太极认为此行没有达到预期的目的，不肯空手而归。

就在大臣们左右为难的时候，皇太极年仅五岁的皇九子福临射中了一只狍。皇太极不禁想起了自己当年曾一箭射穿黄羊时的场景，心中大喜。在称赞了福临后，方才与众人启驾回宫。

崇德八年（1643年）开始，“圣躬违和”的次数越来越频繁，这说明皇太极的病连续发作。正月初一日，这一天是每年一次的新年大典。但正是在这样隆重的节日当天，皇太极又因“圣躬违和”而免去群臣的新春朝贺礼。后又命令和硕亲王以下、副都统以上的大臣们前往堂子，代替自己向上天和历代祖先行礼祈祷。

同年，农历三月十七日，皇太极再次因“圣躬违和”而宣布大赦天下：“死罪以下皆赦之。”农历四月初一日，因皇帝“圣躬违和”而连续两天向盛京城及境内各地的寺庙祷告，施白金。此后一段时间，皇太极的病情似乎得到了缓解，他的身体状况也相对平稳，以至于官方正史中才有了“无疾而终”的说法。

第六章

吴三桂降清

吴三桂为何入京勤王也敢迟到

……

京师危在旦夕，大明王朝最后一支精锐部队为何在吴三桂的率领下驻足山海关而不前？是儿女情长还是英雄气短？朱明帝国即将倾覆之际，吴三桂到底在做什么？

忠贞虎将吴三桂

吴三桂的父亲吴襄是明天启二年（1622年）的武进士。在明末那段动荡的岁月里，吴襄原本可以平静顺利的生活也被后金对关外的不断侵扰打碎了。身为武进士，自然不能眼睁睁看着敌寇进攻，吴襄便在辽西一带办起了团练，抵抗后金的入侵，居然颇有成效。因此被明廷授予辽东团练总兵一职，吴襄战功卓著，声名赫赫，享有“辽右巨臂”的美称。因此与明廷的一些抗金名将交情莫逆。吴襄把自己的妹妹嫁给了袁崇焕的部下名将祖大寿，而自己又娶了祖大寿的妹妹。吴三桂就是在这样的家庭中出生长大，算得上将门虎子，从小眼见所闻都是军事征战，天长日久，耳濡目染，吴三桂自然也不甘落于人后，自幼习文练武，“终日无惰容”。在父亲和舅舅的关照和提携之下，吴三桂十六岁时就中了武举人，并以战功和恩荫受封都指挥之职，可谓少年得志，升迁迅速。

吴三桂像

吴三桂(1612 ~ 1678)，字长白，明末清初扬州高邮(今属江苏)人。初以武举承父荫授都督指挥。擢为总兵，守宁远。崇祯十七年，李自成进逼北京，驰兵保卫京师，至丰润，闻北京陷，于是退守山海关。不久，致书清摄政王多尔衮乞师献降，引清军入关，封平西王。康熙元年，在昆明杀明永历帝。旋受清廷命总理云贵军政事务，拥兵自重。康熙十二年(1673)，清廷下令撤藩，举兵造反，自号周王，称天下都招讨大元帅。十七年，称帝于衡州，国号大周，改元昭武，未几，中风而死。

明崇祯二年（1629 年）十月，皇太极亲率十万大军绕道蒙古，由喜峰口攻陷遵化，直逼京师。不久，在朝廷的命令下，祖大寿率兵回救京师，不料在建昌和后金军突然遭遇。吴襄彼时正率领 500 骑兵出城侦察，不料被狡猾的后金军团团包围，形势非常危急。

吴三桂得此噩耗，连忙向舅舅祖大寿请求出兵，为父亲解围。但祖大寿用兵慎重，他担心这可能是皇太极的围城打援之计，因此不敢轻易出兵，只是告诉吴三桂:“吾以封疆重任，焉敢妄动！万一失利，咎将安任？”

吴三桂知不可强求，大哭而去。他又救父心切，于是不顾舅父祖大寿的阻拦，亲率数十家骑出城奋不顾身地杀入敌阵，和后金军展开肉搏战，成功地救出了父亲吴襄。能在千军万马中成功救父，这份勇气和魄力不仅让明朝的官员们看得是目瞪口呆，就连皇太极也对吴三桂赞不绝口。自此，吴三桂单枪匹马舍身救父的事迹传遍了大江南北。赢得了“勇冠三军、孝闻九边”的美誉。

明崇祯四年（1631年），皇太极展开大凌河之战，率军猛攻祖大寿镇守的大凌河城。祖大寿兵力屈于劣势，不得不困守城中。在明廷的督促下，明将孙承宗组织人马出关来到锦州，与后金军展开战斗。吴襄在增援大凌河的战斗中因逃跑而导致明军全军覆灭，迫使孤立无援的祖大寿投降后金，孙承宗也受牵连而遭罢官，吴襄下狱。但吴三桂仍然被朝廷留在军中供职，崇祯皇帝擢拔他为辽东总兵官，镇守山海关。

吴三桂的部队继承了关宁铁骑的优良传统，训练有素，战斗力强，堪称是明末唯一可以依赖的部队；而吴三桂本人作战也极其英勇，“每逢大敌，身先士卒，绞杀虏级独多”。在随后发生的松山、杏山等战役中，吴三桂所率兵马都“胆勇倍奋，士气益鼓”，“凡三战，松山、杏山皆捷”。

明崇祯十二年（1639年）七月，吴三桂因功升任宁远总兵，开始替明朝守护关东大门。边城宁远，乃山海关外之重镇，是抵御后金军入关的重要防线。吴三桂到任后，训练士兵，重修武备，在很短的时间内就训练出能骑善射的精兵四万余人。他又挑选敢死之士，将他们训练成自己的亲军。

吴三桂的宁远精兵，在关外的战场上抵御住了后金军的多次猛攻，他们以勇敢善战而威震敌营，成为一支后金军不可小觑的明朝军事力量。同年九月，后金军大举南下，进攻宁远以西至山海关的中后所、中前所、前屯卫三座重镇。在短短一个月的时间内，后金军势如破竹，连下两营，吓得明朝守将或弃城而逃，或不战而降，致使明朝的天威荡然无存。

此时，驻守宁远城的宁远总兵吴三桂，断然拒绝了早先投降后金的舅舅祖大寿和老师洪承畴的劝降，决心坚守，誓死不降，甘与宁远共存亡。于是他就在距山海关400里以外的孤城宁远抵抗如狼似虎的后金军队。

明崇祯十六年（1643年）十月，李自成攻破潼关，转瞬之际全陕披靡，以摧枯拉朽之势，进逼京畿。北京城内一片混乱。崇祯皇帝一连三道手谕，催促吴三桂星夜赶赴山海关入京勤王。然而等吴三桂赶到山海关不久，崇祯皇帝便做了殉国之君。

吴三桂为陈圆圆而迟到

从时间上看，明崇祯十六年（1643年）十月，崇祯皇帝便诏令吴三桂入京勤王，但吴三桂赶到山海关之后不久，崇祯便做了亡国之君。崇祯自缢是在崇祯十七年（1644年）的三月十八日。那么，这个时间差之中的吴三桂在做什么？为什么没有迅速赶赴山海关？为什么没有在闯王大军攻破京师之际入京勤王？

最常见的解释是为了陈圆圆。

陈圆圆原姓邢，名沅，字圆圆。母亲在她很小的时候就去世了。为了过活，父亲便把她送给了她的姨妈。姨妈对陈圆圆很好，视如己出，于是，她便改姓陈。陈圆圆从小就接受了良好的私塾教育，加之自身的聪明、勤奋，很快就学会了读书、写字。而且陈圆圆从小就受到了戏迷姨夫的影响，耳濡目染，练就了一副好嗓子和柔美的身段。

后来姨妈家也因为经营不善而家道中落，突如其来的变故使得原本富裕的家庭，顷刻之间变得捉襟见肘，支离破碎。也正是因为这个原因，年仅10岁的陈圆圆被迫卖身沦为歌伎，被送到了一个戏班学习唱戏。不久，18岁的陈圆圆就凭借她姣好的容貌和唱功一举成了苏州城中大红大紫的歌伎，以至于她一出场，观众就为其声色所惊艳，直教人销魂断魄。

经过一番偶然和必然，陈圆圆终于与吴三桂相见。

顿时，吴三桂为陈圆圆的姿色所迷，任崇祯帝如何催促，也舍不得离开温柔乡。直到无可奈何之际，方才一步三回头地赶赴山海关。

驻足山海关，观望北京城

把原因牵扯到陈圆圆身上有点牵强。据记载，吴三桂是在接到崇祯手谕的次日便赶赴山海关。因此不能说他抗旨不遵。

而当李自成的大军自今天的北京昌平攻入京师时，吴三桂又为何没有率兵入京，讨伐“逆贼”？

一种说法是他在观望。

崇祯帝刚愎自用、大杀功臣之事早已冷了诸将的心。更何况，吴三桂看不出崇祯治下大明王朝还有什么复兴的希望。率自己的精兵入城，最多是拖延一下明王朝灭亡的时间，却改变不了朱明帝国的宿命。因此，还是老老实实地待在山海关，看看局势再做定论。

防御清兵的南侵

另一种说法是，吴三桂之所以驻守山海关，是为了防范清兵趁李自成攻打京师之际重兵犯关。单单一个李自成已经让大明王朝的兵力捉襟见肘，再加上一个多尔衮，明王朝最后一点儿存活的希望也将不复存在。吴三桂不敢入京，正是为了防御清兵的趁机而入。毕竟山海关和昌平是两个方向，吴三桂也鞭长莫及。拆东墙补西墙的做法只能让帝国更快地崩溃。因此，吴三桂只能扛着清兵入关的压力，眼睁睁地看着京师沦为李自成的天下。

究竟是什么原因使吴三桂没有及时进京勤王，恐怕只有他自己才知道。

美女坐怀不乱，崇祯是不是柳下惠

……

一代江南名妓，究竟因何而入宫？一位倾城倾国的美女在侧，崇祯帝为何视而不见？是内忧还是外扰，崇祯为什么将一位人人争相见之的美人轻易地送出了皇宫？

受冷后宫的陈圆圆

明朝末年，社会矛盾加深，土地兼并空前严重，加之中后期宦官之乱的余毒，让人民生活苦不堪言。崇祯皇帝朱由检，虽有心治国，却已无力回天。大明王朝就像是一条僵而不死的百足之虫，在那里苟延残喘。是时，一场波澜壮阔的农民起义，由李自成和张献忠等人领导，由南自北，横扫中原，直逼北京皇城。而此时的明廷内宫，却又陷入一场争风吃醋的明争暗斗之中。

崇祯宠爱贵妃田氏，因而冷落了正宫周皇后。田贵妃施展狐媚手段，迷得崇祯皇帝神魂颠倒。周皇后的父亲嘉定伯周奎为了帮女儿夺回恩宠，盘算着要找一位才貌迷人的美女安插到皇帝身边，作为周皇后的心腹与田贵妃一争高低。

明崇祯十四年（1641年）秋天，周奎因营葬先人遗骨之事回到了原籍苏州，他深知江南多美女，此行的另一个目的就是为后宫访艳。在苏州，经四方查访，最后相中了正值二八佳龄的红歌伎陈圆圆。出重金而赎之，欲带入皇宫之中，帮助女儿争宠。

第二年春天，陈圆圆随周奎北上京城。周奎先是将陈圆圆收为义女，在府中经过一番调教培训之后，再伺机送进了周皇后宫中。周皇后对她也颇为满意，将她精心打扮一番后，在宫中设下便宴，特将崇祯请来饮酒取乐。席间，陈圆圆奉命为皇帝表演歌舞，只见她长袖轻舒，纤腰款摆，歌声娇柔婉转，眉目间春意盈盈，煞是动人；表演罢又上前来为崇祯侍酒，言语温婉，乖巧伶俐，确实让人动心。然而这时候的崇祯身处外有清朝虎视眈眈，内有义军横扫千军的“熏天意气连官掖”的关头，哪还有什么闲情雅致，去寻找“温柔乡”中的快乐呢？

而对于这个拥有倾城倾国之色的江南姝丽，他连看都没看一眼，只淡然地道：“国家弄到这个地步，我哪有这种闲情逸致？”

陈圆圆在宫中盘桓了几个月，始终没有得到崇祯的正眼相看，终日只是以泪洗面。田贵妃也怕陈圆圆有朝一日夺了自己的宠，就不断地在崇祯耳畔吹枕边风。崇祯被唠叨得烦心不已，就将陈圆圆赐予田贵妃的父亲田弘遇。

绝代红颜为何受冷遇

关于陈圆圆入宫之事，还有另一个版本。那就是田弘遇在宫之女田贵妃牵的线。在有些野史里，说田妃做到了西宫皇娘，称其为田后。她颇受崇祯宠信。后因各地动乱，明王朝内外交困，作为一把手的崇祯整天愁眉苦脸，寝食难安。有时接到地方上告急文书，束手无策，以致失声痛哭。见到三千粉黛，理都不会理。

田后并不在意自己失宠，却非常担忧皇帝的身心，为讨好他，想尽办法，总不见效。她宫中有个闺密，建议到：你娘家新进了个陈圆圆，人见人爱，何不让她给皇帝献歌，或许可以解忧。田后觉得这是好主意。赶紧回家与老父亲商量，可否把国色天香的陈圆圆作为献礼。田弘遇理解女儿此举是为取悦天子，考虑到崇祯毕竟是自己的大靠山，一旦病倒，后果不堪设想。只得忍痛割爱。挑了个好日子，找了个理由，亲自领陈圆圆拜见皇帝。

崇祯见了跟在田弘遇身后的陈圆圆，觉得名不虚传。陈圆圆的美名早已传遍朝野。与宫中嫔妃相比，别有一种说不出的风韵。崇祯顿时有点晕。据《吴三桂演义》描述，田弘遇虽老，并不糊涂，很会讲话："此女雅善歌笙，并工诗画，超凡仙品。藩府不敢私有，特进诸皇上。"偏偏此时又有州府失陷的消息传来，崇祯立马没了心情，摇头叹息："此女诚佳人。但朕以国家多故，未尝一日开怀，故无及此。国丈老矣，请留殊色以娱暮年，可也。"

崇祯一定想过后果：在此危急之际，如果收了此礼，必将背上好色误国的罪名，还怎么让沙场血战的将士心服口服？此时崇祯急需的治病良药，不是女色，而是捷报。爱江山就别爱美人。崇祯拎得清轻重的。于是再也不看陈圆圆一眼。只向田弘遇挥挥手，就低头批改公文了。

田弘遇见皇帝谢绝，只得带着陈圆圆回家。他并未感到失落。可能还有几分失而复得的惊喜。感到失落的是陈圆圆。天降喜讯，她原本以为自己真能栖上帝国最高枝，一夜未睡，晨起即精心打扮，料任何男人都挡不住这诱惑。却没想到，崇祯真够另类的，都没给自己施展歌喉的机会。原本要给他解忧的几首新曲，算是白准备了。一想到自己还要终日陪伴田弘遇这老朽，陈圆圆真有些伤心呢。

在类似的野史里，崇祯与陈圆圆有过一面之缘。有的版本还传说陈圆圆曾入宫教习嫔妃声乐，后因国事垂危才遭遣返。假若那一天，陈圆圆真被留下了，是否能哄得崇祯开心呢？不管怎么样，李自成终究要打进来的。只是，陈圆圆恐怕就遇不见吴三桂了。

吴三桂与陈圆圆

……

英雄与美人的相遇，总会带有浪漫与多情。陈圆圆与吴三桂的那点儿事，传说了几百年仍留有绕梁的余韵。是陈圆圆相中了兵权在握的吴三桂，还是吴三桂钟情于风情万种的陈圆圆？历史的巧合，就在这未解之谜中展开。

与美人相遇难

离开皇宫的陈圆圆来到了田弘遇的家。此时的田弘遇已经是一个67岁的老头子，而陈圆圆正值青春年华，怎会甘心服侍于他。然而侯门深似海，不平也罢，不甘也罢，身为一个弱女子，哪里有能力去反抗呢？陈圆圆无奈，只得强作欢颜，暂忍烦忧。

陈圆圆以歌伎的名义被编入了田府家族乐队。在这“侯门歌舞出如花”的环境里，通过田府乐工的传授，也靠着自己的聪慧，陈圆圆学成了人间几乎绝响的《高山流水》古乐曲。加之她一向舞姿婆娑，因此深受田弘遇的赏识，将她比为“金谷园里的绿珠”，使之常在饮宴中表演“教就新声倾坐客”了。

陈圆圆在田府度日如年，而宫中的崇祯此时也焦头烂额。农民大起义如火如荼。明崇祯十六年（1643年）秋天，李自成攻克洛阳，京师为之震动。

陈圆圆像

万不得已，崇祯把驻守在山海关的宁远总兵吴三桂叫到京城来，以国家重任相托。吴三桂当即慷慨受命，以忠贞自许。

此时的吴三桂为山海关总兵，他父亲吴襄为京营提督。一时间，吴家父子兵权在握，成了京师里的热门人物。

同年十月，李自成攻破潼关，转瞬之际全陕披靡，以摧枯拉朽之势，进逼京畿。

京师内一片混乱，京中豪门权贵和富家巨室万分惶恐，害怕起义军一旦攻下北京，将无以自安。为保住性命财产，这些人纷纷寻找有兵权的武将作为靠山。陈圆圆久慕吴三桂英勇过人，趁机向焦头烂额的田弘遇道："你最好也结交一些有实力的武将，好有一个依靠。"田弘遇苦着一张老脸，道："如今天下大乱，哪个武将能有实力，保住我等身家性命呢？"

陈圆圆轻启朱唇，幽幽地吐出三个字："吴三桂！"

这三个字，恰好似一脉清泉，如醍醐灌顶，一语惊醒梦中人。田弘遇马上下柬，请吴三桂来府。

吴三桂早就想到田府观看歌舞，借此一睹陈圆圆的绝代风采，听到田府来请，正中下怀。是夜，田府雕梁画栋的"碧云轩"灯火辉煌，田弘遇备办了丰盛的晚宴，迎来了"白皙通侯最少年"的吴三桂。酒过三巡，吴三桂假意站起来告辞，田弘遇一把将他挽留住，并邀入幽静的后室，以歌儿舞女、管弦丝竹相见。

此时，吴三桂直截了当地问："听说玉峰歌伎陈圆圆曾入贵邸。这批歌姬中是否有她呢？"

话语未落，忽然一个天姿国色的歌女手抱琵琶，姗姗走出。

这就是吴三桂欲一睹芳容的陈圆圆。

陈圆圆身披白纱舞衣从重重帘幕中缓缓飘出，就好像一朵白云飘到了大厅之中，她淡扫蛾眉，轻点朱唇，淡雅中露出一种超尘脱俗的气韵；轻舒长袖，明眸含笑，像一朵烟雾笼罩着的牡丹花，朦胧的诱人中透着心醉；一段轻舞后，在厅中站定，随着动人心弦的乐器，唱起了小调，那声音仿佛从遥远的天际飘来，轻悠悠地荡入听者的心底，宛如清泉浇身般地清爽。

这舞这歌，把上座的吴三桂迷得欲醉欲仙，捧着酒杯，痴迷迷地盯着陈圆圆，好半天忘了喝酒，也不知搁下酒杯。

一曲歌罢，吴三桂方如梦初醒。

他解戎装，易轻裘，请求与这个歌女相见，并对田弘遇道："国丈！这陈圆圆可真称得上一笑倾城，再笑倾国了。"

田弘遇不知如何回答是好，府中师爷从旁悄悄地对老头道："事到如今，乐得做个顺水人情。何况再好的东西，一旦到那玉石皆焚之时，也不可能坚闭存留的呀！我们正愁急中无计，姑且作条美人计罢！"田弘遇只好叫陈圆圆敬酒。

陈圆圆至席，悄悄对吴三桂道："公不知红拂之事耶？"（红拂是隋末杨素的侍妾，后与李靖私奔）吴三桂点头领会。

甫到吴宅，朝廷的邸报即送上门来，上书："代州失守，周遇吉阵亡。"虽仅九个大字，但不亚于雷霆震耳。一方是家国大事，一方是一见倾心的国色天香，吴三桂左右为难。崇祯皇帝可不管吴三桂是如何作想，一连三道手谕，催促他星夜赴任，速回山海关驻守。然而吴三桂当夜却没有动身，与陈圆圆点燃了洞房花烛。次日，方匆匆赶往。

虽军中不准随带姬妾，吴三桂仍然执意携眷同行，最后还是吴襄担心儿子带着陈圆圆去山海关会贻误军机，力加阻挠，才把她留在家中。

吴三桂对陈圆圆究竟有无感情

吴三桂和陈圆圆在一起看似是各取所需的政治联姻，然而他们的感情却非常好。在明朝太监王永章所写的《甲申日记》一书中曾有关于两人感情的记载：吴三桂离开北京后，给父亲吴襄写了若干封信，每封书信上都提到了陈圆圆。第一封书信中说："告知陈妾，儿身甚强，嘱伊奈心。"第二封书信中说："陈妾安否，甚为念！"第三封书信是在得知父亲吴襄让陈圆圆骑马赶赴山海关后所写，吴三桂对此事表示出强烈的忧虑："如此轻年小女，岂可放令出门？父亲何以失算至此？"吴三桂竟然因为担心陈圆圆的安危而责怪父亲，可见其对陈圆圆用情之深。

陈圆圆为何选择吴三桂

除了前面所说的为求避难的原因之外，另一种说法为，陈圆圆想找一个依靠。

民间传说，陈圆圆与明末风流才子冒辟疆有过一段风花雪月的故事。

明朝“复社四公子”之一的冒辟疆风流潇洒，饱读诗书，富于才气，难能可贵的是他正直不阿，敢于与阉党对抗。那个时代的江南名妓气节颇高，仿佛达成一种共识，都喜欢有才学、有胆识、有正义感的文人。冒辟疆正是这样一个人，据说当时无数女子宁愿给冒辟疆当小妾，也不愿做贵人的正妻。在爱上他的女人中，就有陈圆圆。

冒辟疆自己写文章透露，陈圆圆曾对他一见倾心，他在怀念董小宛的文章《影梅庵忆语》里记述过这段擦肩而过的缘分。

冒辟疆在文中并未直接道出陈圆圆的姓名，称她为“陈姬”。说他初见陈圆圆时，“其人淡而韵，盈盈冉冉，衣椒茧，时背顾，湘裙，真如孤莺之在烟雾”。

当时陈圆圆穿着一套浅黄色的裙子，如暮霭中孤单的黄莺，惹人怜爱，而她的咿咿呀呀的唱腔，如珠玉在盘，更让冒辟疆感官舒坦，欲仙欲死。才子动心，佳人含情，两人情投意合，谈话一谈就到了四更时分，忽然风雨骤起，陈圆圆急着要回家，冒辟疆拉着她的衣角相约佳期。陈圆圆说：“过半个月后，一起到光福看那‘冷云万顷’的梅花吧！”冒辟疆说半个月后，他要去接母亲，于是再次约定，索性等到八月，两人一起到虎丘赏桂。

等到冒辟疆接母亲回来，路过苏州，却听说陈圆圆被豪强抢走了。他跟朋友谈起陈圆圆，惋惜自己没艳福，一再叹息“佳人难再得”，朋友则告诉他一个惊喜：被抢走的是假陈圆圆，真陈圆圆现在所藏的地方离这里很近，他可以带路，陪冒辟疆去看她。

于是冒辟疆与陈圆圆再次相逢，按照冒辟疆的叙述，陈圆圆见到故人后，十分惊喜，由于她刚刚逃脱虎口，惊魂未定，寂寞凄凉，很想与他做一番彻夜长谈，说有事相商。

冒辟疆当然知道陈圆圆要商的是何事，陈圆圆虽艳丽无双，是猎艳的最佳对象，然而要谈婚论嫁，他可没有思想准备，于是找借口说放心不下母亲在船上的安全，连夜回去了。

陈圆圆硬是十分看好冒辟疆，第二天早上化了淡妆去拜访冒辟疆的母亲，并且执意邀他再去她家。月光如水的夜晚，陈圆圆再次向他表白托付终身的愿望。他则很煞风景地委婉回绝了，理由是他父亲正陷于起义军包围，他没心思考虑这事。并且说，他两次找她，只是无聊消遣罢了，她的要求过于唐突，令他惊讶，必须赶快打消念头，以免耽误了她的终身大事。

话说到这个份儿上，已经是相当不客气了，搁平常的女子身上，立马掉头就走。然而陈圆圆却说如果对方没有完全关死那道门的话，自己可以等。美人无怨无悔的痴情让冒辟疆再也无法拒绝，只是有些敷衍地顺口答应，陈圆圆就“惊喜申嘱，语絮絮不悉记”，冒才子诗兴大发，还写了绝句赠给她。

到了第二年的二月，冒辟疆的父亲没有危险了，他才有心情再去找陈圆圆，没想到陈圆圆这次是真被人抢走了，抢他的人是崇祯皇帝宠妃的父亲田弘遇。

冒辟疆怅然若失，郁闷无比，他就是在这种情况下，遇上红颜知己董小宛的，算是“失之东隅，收之桑榆”的一种吧。

不然，那篇深情款款的《影梅庵忆语》就不会问世了。

冒辟疆自述的这段艳遇经历颇为自恋。表面上看，陈圆圆对冒辟疆钟情得很，其实这里面也没什么爱情可言。

在那种乱世里，劫后余生的陈圆圆，哪里有心思谈情说爱，她只是想以最快的速度，找一根值得托付的救命稻草而已。“惊喜申嘱，语絮絮不悉记”，如果真有这回事的话，更是说明了一个乱世中的女人漂泊无依的心理。

这不过是弱女子楚楚动人的生存法则罢了。其实，陈圆圆未必真正爱过冒辟疆。冒辟疆即使后来娶了董小宛，还对陈圆圆念念不忘，有惆怅也有炫耀：天下第一美人曾经爱过我，我却没怎么当回事，我冒辟疆风流公子的名声，不是虚的吧。

这段故事是真是假，实难定论。最起码在正史之中没有提及丝毫。至于野史的可信度有多少，还要看是否有旁证可以为之提供完美的证据链。但可以从中看出，才子佳人也好，英雄美人也罢，总之是要相匹配的。崇祯皇帝虽然是一国之君，但对女色无意；而田弘遇已经是67岁高龄，又有何意义？吴三桂，既手握重兵，又是当世英雄，正是陈圆圆理想中的人选，选择他，水到渠成之事。否则，又何必向田弘遇推荐吴三桂呢？

当然，这些都只是猜测。真正的原因，恐怕只有陈圆圆自己才会知道。

选她还是选他，吴三桂是为爱投降吗

……

“恸哭六军俱缟素，冲冠一怒为红颜。”多少柔情，多少豪气，就在这短短十四个字之中。吴三桂的降清之举，是为了陈圆圆，还是为了大明江山？抑或是替父报仇？纷繁的历史，就在这传说与真相的交织中，掀起了后世的风浪。

且作七日秦廷哭，不负红颜负汗青

山海关前，满目素白。

五万明军将士尽着白盔白甲，举白旗扬白幡，整齐而肃穆地面向西南方。队列前，吴三桂摆起香案，焚香致祭，伏地恸哭。霎时间，悲声大作，五万将士整齐划一地跪倒尘埃，为600里外的崇祯帝致哀。只是此时，距离崇祯自缢已经过去了20多天。

鼎湖当日弃人间，破敌收京下玉关；

恸哭六军俱缟素，冲冠一怒为红颜。

吴伟业的一首《圆圆曲》，让后人记住了这位“冲冠一怒为红颜”“英雄无奈是多情”的吴三桂，也记住了这位引清入关、镇压农民起义军的“汉奸”。

世人传说，吴三桂在北京城破之后便有向李自成屈膝投降的打算。在给他困于北京城中的父亲的一封信里，吴三桂写道：“接二十日谕，知已破城。欲保家口，只得降顺。达变通权，方是大丈夫。”这就是说，吴三桂得知北京城被李自成攻破之后，并没有考虑去为崇祯皇帝报仇，再造大明王朝，而是为了保全一家老小的性命，已经打算向李自成屈膝投降了。然而当他得知爱妾陈圆圆被李自成所掳之后，“拔剑砍案曰：‘果有事，吾从若耶！’”也不再顾老少性命，又修书一封给其父：

儿以父荫，待罪戎行，以为李贼猖狂，不久即当扑灭，不意我国无人，望风而靡，侧闻圣主晏驾，不胜眦裂，但喜吾父奋拳一击，痛不欲生，不则刎颈以殉国，何乃隐忍偷生，训以非义，既无孝宽御寇之才，复愧平原骂贼之勇。父既不能为忠臣，儿安能为孝子乎？

信中说得冠冕堂皇，但与上一封家书相比，态度是一百八十度大转弯，全然忘了几日前的寻求归顺之语。

接着吴三桂率诸将驰回山海关，令军士为崇祯帝服丧，设座遥奠，歃血结盟，决心消灭李自成，为明复仇。

消息传到了京师，李自成得悉后大怒，立即下令把吴襄投入狱中，作为报复。不久，李自成得到一个精确的情报：多尔衮正率20万清兵向山海关赶来。盛怒的李自成一下子平静了下来，当即下令把吴襄从狱中放出来，并马上带着明王朝的太子、吴襄、陈圆圆以及朱由检的其他几个儿子永王、定王等人质，亲率20万大军急赴山海关，准备招降吴三桂，以免腹背受敌。

但此时的吴三桂，似乎已经铁了心要做“汉奸走狗”了。他并不知李自成是来求和的，只知道，大清国摄政王多尔衮，已经领兵到达宁远。吴三桂面临前后受敌的境遇，思前想后，决定向清军借兵。信中言道：

“明平西伯辽东总兵吴三桂谨上书于大清国摄政王多尔衮殿下：我朝李闯作乱，攻陷京师，先帝惨遭不幸，祖庙化为灰烬。三桂受国厚恩，据守边地，意欲为君父复仇，怎奈地小兵少，不得不泣血而求助。我国与北朝（清及前身）通好二百余年，今无故而遭国难，北朝应亦念之，而且乱臣贼子当也北朝所不能容之。夫除暴安良者大顺也，拯危扶颠者大义也，救民水火者大仁也，取威定霸者大功也。素闻大王乃盖世英雄，值此摧枯拉朽之会，诚为时不再得，乞念亡国孤臣忠义之言，速选精兵，直入中原，三桂自率所部，以合兵而抵都门，灭流寇之宫闱，而示大义于中国。则我国之报于北朝者，岂唯财帛？行将裂地以酬，决不食言！”

多尔衮趁此大肆要挟，强迫吴三桂率部投降，拱手让出大明锦绣江山。吴三桂此时也抱定了“且作七日秦廷哭，不负红颜负汗青”的想法开门揖清。

鼎湖当日弃人间，破敌收京下玉关。
恸哭六军俱缟素，冲冠一怒为红颜。
红颜流落非吾恋，逆贼天亡自荒宴。
电扫黄巾定黑山，哭罢君亲再相见。

吴伟业的这几句诗，站在了亡明的立场上污蔑了农民起义，带有阶级局限性。但他不愧被称作“诗史”，短短56个字将当时吴三桂心中的所想、所感以及引清入关的过程，写得淋漓尽致。

吴三桂“一怒为红颜”

吴伟业在《圆圆曲》中写道：“恸哭六军俱缟素，冲冠一怒为红颜。”这两句诗生动地揭示了吴三桂投降清朝的心态。“缟素”是为死去的崇祯帝戴孝，“红颜”自然是吴三桂的爱妾陈圆圆。

明朝末年清兵攻打到锦州，吴三桂在崇祯的命令下奔赴北方前线。由于明朝制度军中不能携带姬妾，所以吴三桂只能让陈圆圆留在北京。不料，李自成的起义军很快就攻进了北京城，吴三桂之父吴襄也投降了闯王的军队。当时吴三桂率领的军队乃是当时号称为“关东铁骑”的数万精兵，李自成和清朝都急于得到这支军队。吴三桂自己则持观望态度，迟迟没做出决定。在这个关节上，李自成军队的一个将领刘宗敏听说了陈圆圆的美貌，便想要得到她。于是这位将领抓来吴襄，拷问陈圆圆的下落，并带兵到吴三桂的府上带走了陈圆圆。这个消息传到了吴三桂的军帐，吴三桂勃然大怒，拔剑斩案曰：“大丈夫不能保一女子，何面目见人耶？”于是转而向清乞兵，使六军披麻戴孝，打着为大明王朝的崇祯帝报仇的旗号，带兵打入北京。就这样，吴三桂投降了清朝，成了清王朝统一中原的开路先锋。接下来，他又引兵进攻李自成，接受清朝官爵，镇压大顺、大西政权，追杀南明政权永历帝，俨然是清王朝的一员猛将。

吴伟业的《圆圆曲》一出，吴三桂“冲冠一怒为红颜”的降清原因，几乎成为定论。但是有人提出了异议。他们指出，吴三桂降清不可能起因于陈圆圆被掠。对于帝王将相来说，女子不过是他们的玩物而已。陈圆圆虽然美貌，但是她不过是妓女出身，不过是被别人当作礼品送来的政治投资。像吴三桂这样一个聪明的人，怎么可能为了她而确定自己的重大政治决策？从刘宗敏这方面讲也是不合情理的。刘宗敏是一个忘我投身李自成事业的人，是李自成手下的忠实部属，甚至曾经在危难的时候杀掉了自己的妻子追随李自成。他不会不明大义，为了一个女子而影响大顺政权前途。之所以会有吴三桂为陈圆圆而降清的说法，一方面是人们对吴三桂降清的讽刺贬斥，另一方面也可能是后人对此事的附会加工以及文学创作上的需要。

为父报仇

根据辽东海州卫生员张世珩《塘报》记载，当时李自成的军队实行了一项追赃助饷的政策，对明王朝的大小官吏严加拷问，逼要银两资助军队。吴三桂的父亲、明朝遗臣吴襄，本来已经归顺大顺，然而也被捉拿拷打，强逼交银，“止凑银五千两”。后吴三桂得悉父亲被大顺军拷打将死，怒不可遏，于是放弃了本要投靠李自成的计划，转而投靠清朝，决计攻灭大顺，为父雪仇。

但是有学者认为此说不实。明代学者计六奇的《明季北略》记载，吴襄投降大顺后，曾经充当说客，写信给吴三桂劝他降大顺。吴三桂对此非常生气，并因此声称断绝父子关系，说：“儿与父诀，请自今日。父不早图，贼虽置父鼎俎之旁，以诱三桂，不顾也。”后来，当起义军以他全家性命相威胁的时候，吴三桂也同样置之不顾，结果全家三十多口人被杀。这样的一个人，可能为父报仇吗？他不过是为了自己的安全罢了，为父报仇不过是一块遮羞布而已。

吴三桂因贪恋荣华富贵而投降

李自成所率的农民起义军在进入北京后，基本保持着农民起义军本色。吴三桂也许曾经有过投靠李自成的想法，但是那不过是为了保全自己利益的政治投机罢了。尤其是当他知道李自成的军队在北京城内拷掠明朝降臣后，他对李自成的幻想就完全破灭了。而清朝对他则会是高官厚禄，他出于为了保证自己的荣华富贵，也必然会做出投降清朝的选择。

除降清外，吴三桂别无选择

在吴三桂给多尔衮的信中，他并没有提出降清之事，而仅仅是恳求多尔衮出兵剿灭李自成的义军。他此时自居的身份为“亡国孤臣”，要的是再建明朝。换句话说，他仅仅是要借助清的军事实力，来实现复国之愿罢了。

此时的多尔衮不再以吴三桂所言的“不唯财帛，将裂地以酬”为满足，他的志向是入主中原，多尔衮趁此大事要挟，强迫吴三桂率部投降，拱手让出大明锦绣江山。

吴三桂已别无选择。

李自成已经大兵压至山海关，多尔衮按兵不动，等待吴三桂给一个降清的肯定答复。如果吴三桂单以自己的力量去与李自成对抗，势必难以为敌。此际再降李自成？早无可能。唯有依多尔衮所示，亲往清营，剃发跪拜，方能让自己的身家性命不至于毁于一旦。

万般无奈之下，吴三桂只得将自己从忠君报国的道德外壳下剥离出来，于四月二十二日投降了清朝。

关于吴三桂降清的真实原因，众说纷纭，看来，还要继续地争执下去。

一代红颜如何凋零

“冲冠一怒为红颜”，清人吴伟业的《圆圆曲》向我们展示了一代奇女子陈圆圆的传奇经历。在那明末清初的动荡岁月中，在一系列重大历史事件的背后，陈圆圆是一个既有许多浪漫气息，又充满时代悲剧性的红颜女子。她的最终归宿至今仍是一个谜。

吴三桂战败，陈圆圆自尽

有一种说法认为，陈圆圆在山海关之战后，就一直跟随吴三桂，当吴三桂被封为平西王时，陈圆圆也得专房之宠。当清兵攻破昆明城时，陈圆圆已自缢而死，或说其绝食而死，孙旭的《平吴录》就说吴三桂叛乱失败时，“桂妻张氏先死，陈沅及伪后郭氏俱自缢，一云陈沅不食死”。《平滇始末》也说：“陈娘娘（圆圆）、印太太及伪后郭氏，俱自缢。”

大周皇帝败亡，一代红颜出家

此外还有一说是陈圆圆在吴三桂失败后，并没有自杀或绝食而亡，而是出家做了尼姑。但对于她于何时何种情况下出家，说法不一。有说是清兵攻破昆明时，陈圆圆当时在昆明宏觉寺削发为尼，后逃至城西三圣庵为尼，法名寂静，一直活到康熙二十八年之后，寿至八十而亡。也有的说是陈圆圆随吴三桂到云南后，处处遭吴三桂正妻的嫉妒，而当时陈圆圆开始人老色衰，与吴三桂发生分歧，一气之下便请求出家，得到吴三桂应允后，便离宫入山。按当时情况，陈圆圆出家也有可能。

山海关镇炮
镇炮铸于明朝崇祯年间，是山海关防御工事中的重要武器。山海关在明末由吴三桂镇守，是关乎国家命运的重要关口。

其他不同的声音

入为官婢说。赏赐给清朝平定吴三桂有功的将领，如“诸姬红粉皆官婢”。细想，其若在世，恐已年迈多病，未必会被收为姬妾。清朝更不会给吴三桂留下红颜，定会将其处死。

城破老死说。《庭闻录》载：“城破，圆圆老死。”但在当时的政治氛围中，陈圆圆自然老死的可能性也不大。

为尼病死说。意即陈圆圆先出家，在吴三桂败死前已病死。赞成此说法的学者颇多。

一代奇女香消玉殒，如何去世还有待进一步证实。

陈圆圆芳魂归何处

红颜“一笑倾城，再笑倾国”。这句话要是用在其他美女身上，众人可能会认为是夸张的比喻。但用在陈圆圆身上，却是恰如其分。在民间传说中，正是她，让李自成的大顺政权彻底倾颓，也让中原大地再一次迎来改朝换代。然而，这位美女的长眠之所在哪里？狮子山上的圆圆墓中，隐藏着什么样的秘密？

《岑巩县志》中的奇特记载

据《岑巩县志·文物名胜篇》记载：“陈圆圆墓（考）。明末清初名妓陈圆圆葬于思州城东北38公里，今水尾镇马家寨狮子山上，鳌山寺南端。”另外还有：“据考，陈圆圆墓碑上没有直书其名，系对外保密而隐讳……马家寨名为马家，实际居住者全部姓吴，历来自称吴三桂后代，如今吴氏已有后裔1000多口。为保护陈圆圆墓，雍正年间立碑之后未进行重修。……据吴氏相传，陈圆圆晚年住天安寺（又名平西庵）……留有皇伞、御字簿、大刀、金银等物。同时，马家寨还有《七颗针的寿鞋》《吴启华（吴三桂次子吴应麒的别名）藏身达木洞》《襄子家屋场》和《马宝护送陈圆圆》等传说故事。”

既然墓碑上没有“直书其名，系对外保密而隐讳”，那么，陈圆圆的墓地当初是怎么发现的呢？又怎么论证出来的呢？

不敢公开历史的吴三桂后人

在贵州省岑巩县马家寨，有一个地方叫襄子家屋场，历史资料记载，该地名的来历是以吴三桂父亲吴襄的名字取的。除此之外，外人并不知道陈圆圆的墓地也隐藏在当地。

1983年，贵州省文化局转发国家文物局关于编写《中国历代名人名胜录》的通知，要求搜集名人逸闻逸事，文件中点到与思州有牵连的吴三桂、张三丰、田佑恭和李白等人。当时便有人正式去马家寨调查，希望找到传说中陈圆圆的墓地。

遗憾的是，当地众多的吴三桂后人一致反对公开这段历史，几经周折，也不愿意透露他们称之为“陈老太婆”的陈圆圆埋葬在哪里。

其后人的理由是，“老祖宗吴三桂兵败后，想留下吴家之根。后世子孙为免遭诛灭九族，逃难隐藏，才世代隐居此处。族人不愿‘出卖祖宗’。”

一副奇怪的对联

调查者在寻访的过程中，在马家寨一名吴三桂后人的一处墓碑上，无意中发现了一副奇怪的对联：“阬姓于斯上承一代统绪，藏身在此下衍百年箕裘”，其中“阬”字不知到底是“阮”还是“院”字，怎么读都不通，不知道隐含着什么意思。

也许是调查者的诚恳打动了吴家后人，经过反复做工作，吴三桂的一个直系后人才解除了思想顾虑，告诉他们：“阬”字是“隐”字的简化，是吴家文人自己造的，字典上没这个字。表示后世隐藏此处。

终于，在打消了顾虑的吴家后人帮助下，调查者得以在寨右边的山凸上找到了根本不起眼的“陈老太婆”陈圆圆的坟墓。

那是清雍正六年（1728 年）立的一块很不显眼的石碑，碑上阴镂“故先妣吴门聂氏之墓位席。孝男：吴启华。媳：涂氏。孝孙男：仕龙、仕杰。曾孙：大经、大纯……皇清雍正六年岁次戊申仲冬月吉日立”。整块碑文都是繁体字，只有一个简化的“聂”字。

当地人解释说：“故先妣”没用“清”字，表明她是明末的一位王妃。“妣”代表女性。“吴门”二字暗指老太婆是苏州人，苏州古称吴门，对外也可解释为吴家。“聂”用的是雍正年间还没有的简化字，是吴家为隐蔽造的。陈圆圆本姓邢，后跟养母姓陈。邢有右耳，陈有左耳，“双耳”代表邢和陈，一字双意。“双”字的繁体上边两个“佳”字，佳佳为好，花好月圆，暗喻“圆圆”。“位席”显示她地位的崇高，以女性而位居宗祠。十一个字连起来正好就是“明苏州陈氏圆圆王妃之墓”。

众多证据证实陈圆圆墓。为纪念护送陈圆圆的大将马宝，将居住地取名马家寨。

马家寨之说的确凿证据

寻访到陈圆圆墓葬之后，众说纷纭。但专家经过研考坚持觉得马家寨之说充分。因为吴氏担心诛灭九族，至今未能留有文物，但这是应该理解的。

第一，吴氏秘传对雍正六年石碑文的解释有一定的道理。

第二，马家寨后裔现已有1000多人口，还在新中国成立前吴氏就已在社会上讲明自己是吴三桂的后代。而在新中国成立前，社会上的教科书都讲吴三桂是卖国贼。在处于受人鄙视的社会压力下，有人竟敢公开说是吴三桂的子孙，必然是出于一种亲情；如果不是吴三桂的子孙，又何必去背黑锅？而且今岩下杨氏原来是追查吴三桂后裔的，只是未能查明上报朝廷，至今吴、杨两姓还有仇恨，互不往来。

第三，当地人讲，陈圆圆和吴启华是吴三桂的爱将马宝秘密从衡阳保卫护送，沿沅水、龙鳌河而到达达木洞（马家寨背后山中、鳌山寺山麓）隐居一段时间，以鳌山寺为基地，康熙二十四年才搬到马家寨一带芦苇地。为感谢和纪念马宝大恩大德才取名马家寨，让子孙后代永不忘记。其实全寨姓吴，没有一个姓马。

马宝墓的对联“重垒土茔人祖即己祖，复修石台若翁如吾翁”便说明了问题。这里讲的来源说法，与一些史载陈圆圆的晚年轶事不合，但与印鸾章编著的《清鉴纲目》十分吻合。

《清鉴纲目》载：“先是三桂婿胡国柱。见清兵压境。国势日逼。密谋降清。马宝阻之。不听。驰告三桂。值中秋节。三桂方拥歌姬。与所嬖陈圆圆。临轩玩月。闻变大呼曰：吾事去矣。即气噎仆地遽绝不复生。三桂既死。马宝等既与诸将。迎三桂孙世番于云南。至衡州。立之。改元洪化。始发丧。拥柩归云南。”

马家寨地处偏僻，其后裔未必能见到此种书籍，可秘传人介绍陈老太婆从衡州秘进思州的背景、路线如此吻合，也说明了陈圆圆魂归思州的真实性。

第四，吴氏秘传讲的一些事与当地民俗有异。秘传称家史为“御字簿”，而当地民间称为“家谱”“族谱”“宗谱”“堂记”等，大不相同。还秘传有“皇伞”，交给吴 ×× 家世代保管，后因家贫拿来当被子盖而毁，见者不少。又金杯银筷被吴 ×× 家拿到野牛山亲朋家收藏而失，被偷卖了。两把大刀，一把 96 公斤，一把 80 公斤，刀把有绣球，1958 年当废铁卖了，知道此事的人不少。而且马家寨吴氏男人个子高大，同吴三桂身材类似。有人说是基因所致。

这些其实都是一种推测。现在可以认定的事实，随着研究的不断深入，恐怕还会被另一种解释所代替。暂时我们只能姑且信之。

其实超好看

②

夏欣然——编著

北京燕山出版社

图书在版编目（CIP）数据

清史其实超好看 . 2 / 夏欣然编著 . — 北京：北京燕山出版社，2023.4

ISBN 978-7-5402-6748-3

Ⅰ . ①清… Ⅱ . ①夏… Ⅲ . ①中国历史—清代—通俗读物 Ⅳ . ① K249.09

中国版本图书馆 CIP 数据核字（2022）第 217720 号

清史其实超好看 . 2

编　　著　夏欣然
责任编辑　王长民
文字编辑　赵满仓
封面设计　韩　立
出版发行　北京燕山出版社有限公司
社　　址　北京市西城区椿树街道琉璃厂西街 20 号
邮　　编　100052
电话传真　86-10-65240430（总编室）
印　　刷　德富泰（唐山）印务有限公司
开　　本　880mm × 1230mm　1/32
总 字 数　720 千字
总 印 张　25.75
版　　次　2023 年 4 月第 1 版
印　　次　2023 年 4 月第 1 次印刷
定　　价　118.00 元（全 4 册）

发 行 部　010–58815874
传　　真　010–58815857

如果发现印装质量问题，影响阅读，请与印刷厂联系调换。

第七章　大顺政权成败之谜

第八章　顺治皇帝的难解之谜

第九章　孝庄太后下嫁之谜

第十章　郑成功收复台湾之谜

第十一章　康熙年间的未解之谜

第十二章　吴三桂与三藩的生死之谜

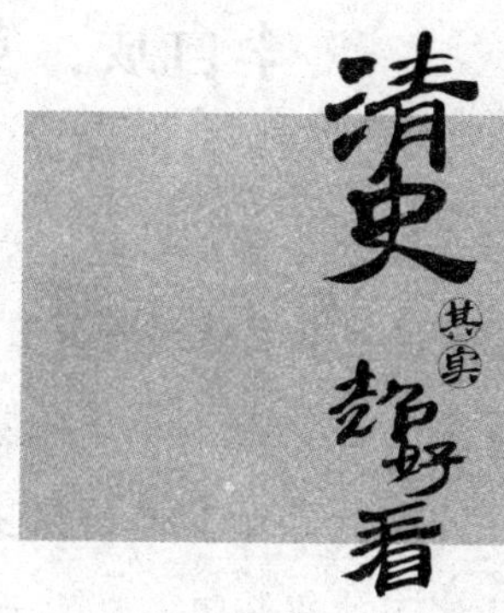
清史其实挺好看

第七章

大顺政权成败之谜

李自成，英雄还是魔王

……

一个农民出身的壮汉，一手推翻大明王朝的农民军领袖，一个信誓旦旦让百姓过上好日子的皇帝，一个杀人如麻的魔王。这就是李自成，一个矛盾的集合体。他到底是一代草莽英雄，还是一个视人命如草芥的魔王？后世又当如何评论这位在中国历史上写下波澜壮阔一页的大顺皇帝？

李自成发迹史

李自成是陕北米脂人，自小就喜欢打拳踢腿，舞刀弄枪。年轻的时候在驿站管理马匹。不过他运气挺差，这份差事干了不久，就因为丢失公文，连同饭碗一块儿丢了。没有工作，李自成只能闲坐家中，借债度日。债主三天两头上门搅扰；妻子又不安于室，在外拈花惹草。李自成得知此事，勃然大怒，索性一刀宰了债主和妻子。为了避免吃官司，李自成逃到了甘肃投军，不久便因作战勇猛，被提拔为把总，可很快他又因为欠饷和参将吵了起来，这时候李自成的暴脾气又发作了，手起刀落，参将和当地县令双双毙命，李自成也扯起了反旗。

带着一支小队伍的李自成四处投靠农民义军，但很快这些义军都先后被朝廷招安。李自成不得已，东渡黄河来到山西，投奔了自己的舅舅，号称“闯王”的高迎祥，受到其舅重用，被封为“闯将”。

朝廷对于高迎祥等人颇为忌惮，屡派重兵前往围剿，但李自成一则打仗强悍不畏死，二则足智多谋，因此很难对付。中原五省总督陈奇瑜曾经将李自成军包围在兴安车箱峡中，眼看要全歼义军，但李自成买通陈奇瑜的幕僚，伪装投降，获得了喘息的机会。待一出峡，立刻复叛。后来洪承畴接任五省总督，义军损失惨重，不得不采取李自成“分兵定向、四路攻战”的作战策略，挥兵南下，袭取安徽凤阳。凤阳作为明太祖朱元璋的“龙兴之地”，沦陷于义军之手，对明王朝来说是一个沉重的打击。没过多久，高迎祥兵败被杀，李自成接任“闯王”。尽管张献忠因故出走，但李自成的军势并未因此受到影响，而是继续在四川、甘肃、陕西

李自成雕像

一带与明军周旋。

在进行了几年的游击战之后，李自成趁明军与后金军在山海关长城一线争夺，中原空虚之际，率领大军猛扑河南。适逢天灾，大量饥民加入义军，无论是数量还是士气，明军都不是对手，只能望风披靡，节节败退。崇祯十四年（1641年），李自成攻破洛阳，擒杀福王朱常洵。朱常洵是万历皇帝的儿子，由于深得万历宠爱，一再受封获赏，富可敌国。李自成缴获了福王的财产，军势大振，遂兴起了攻灭明朝取而代之的想法。

此时的明王朝已经是摇摇欲坠，虽然崇祯急忙组织各地明军前来抵抗，但都大多一触即溃，各地官吏更是纷纷开城投降。李自成几乎没有遇到什么像样的抵抗。到三月中旬，已经进抵北京城下。崇祯急得跳脚大骂群臣，但大臣们却都各怀鬼胎，低头不语。明王朝真的是日薄西山快要灭亡了。

据说，在农民义军攻打北京前夕，李自成曾经派遣明朝降官秘密进入北京与崇祯谈判，要求崇祯裂土封疆换取和平。根据史料记载，李自成要求“割西北一带分国王并犒赏军百万，退守河南……闯既受封，愿为朝廷内遏群寇，尤能以劲兵助剿辽藩。但不奉诏与觐耳”。然而崇祯帝却仍然以天子自居，宁可一死，也不同意偏安一隅，苟且偷安。

议和既然不成，李自成只好以武力解决问题。在红衣大炮震耳欲聋的开炮声中，农民义军呐喊着向北京城发起了冲击。城内守军毫无还手之力，纷纷四散逃窜。讽刺的是，崇祯的宠臣，守城总管、宦官曹化淳率先打开外城广宁门投降。第二天，宦官王相尧、兵部尚书张缙彦、朱纯臣等人也纷纷打开自己把守的内城城门。大顺军不费一兵一卒，顺利占领了北京城。真正成为孤家寡人的崇祯帝只得吊死在煤山上。

《明史》对李自成的评价

在官方史书《明史》里，李自成被列入《流贼传》中，在对李的评价中，作者写道："盗贼之祸，历代恒有，至明末李自成、张献忠极矣。史册所载，未有若斯之酷者也……自成为人高颧深頞，鸱目曷鼻，声如豺。性猜忍，日杀人斫足剖心为戏。"对李自成的评价可谓是到了极端地污蔑地步。

野史之中对李自成的认识

在民间，对李自成的认识最具代表性的莫过于吴伟业在《圆圆曲》中所说的："红颜流落非吾恋，逆贼天亡自荒宴。"这里的逆贼，自然指的就是李自成。吴伟业站在亡明的立场上，将李自成称为逆贼，算不得客观，但也反映了当时明朝遗民的主流心态。随之而来的后世始终打着反清复明的旗号，并且在清朝前期都能起到一呼百应的效果，恐怕也是与这种心态分不开的。

当代对李自成的评价

当代人对李自成的评价，最具有价值意义的当属郭沫若所著的《甲申三百年祭》一文。文中，第一次清晰地分析了李自成的成败之因。在对李自成的评价上，带有一种主观的同情色彩。例如下面这一段话：

李自成本不是刚愎自用的人，他对于明室的待遇也非常宽大。在未入北京前，诸王归顺者多受封。在入北京后，帝与后也得到礼殡，太子和永、定二王也并未遭杀戮。当他入宫时，看见长公主被崇祯砍得半死，闷倒在地，还曾叹息说道："上太忍，令扶还本宫调理"（《甲申传信录》）。他很能纳人善言，而且平常所采取的还是民主式的合议制。《北略》卷二十载："内官降贼者自宫中出，皆云，李贼虽为首，然总有二十余人，俱抗衡不相下，凡事皆众共谋之。"这确是很重要的一项史料。据此我们可以知道，后来李自成的失败，自成自己实在不能负专责，而牛金星和刘宗敏倒要负差不多全部的责任。

从中可以看出，李自成算得上是一位优秀的农民起义领袖，是他推翻了内朽外破的大明王朝，带给中国百姓以新的希望。正如郭沫若在此文中所说的另一句话那样："在一般史家的习惯上是把甲申年认为是明亡之年的，这倒也是无可无不可的事情，因为要限于明室来说吧，事实上它久已失掉民心，不等到甲申年，早就是仅存形式的了。"明朝之亡早已是定局，即使没有李自成来推翻它，也会有王自成、张自成等来完成这个任务。

美国人眼中的李自成

在美国形形色色的教科书中，不约而同地提到三位中国名人：前两位分别是陶渊明、杨玉环，第三位便是大名鼎鼎的

“闯王”李自成。

不过，美国人眼里的李自成与我们所熟知的形象大相径庭，被引入教科书的布利耶特的《地球和居住其间的人民》中写道：“李自成的农民起义军，成功只是短暂的。明朝将领吴三桂相信，自己很难跟李自成那样没有文化却具有很强暴力倾向的人在一起共事。他就和满族结成了联盟。吴还可能因为李抢走了他的爱妾而心怀愤恨。”

这种形象的李自成跟中国人的理解差异很大。一般来说，国人对步步发迹的“草根人物”充满敬意，人们公认“帝王将相宁有种”，西方则不然。尽管西方也有揭竿而起的革命，但是自从中世纪以来，就很少出现以暴力夺取政权的模式。在他们眼里，没有改变社会制度的革命，只不过是赌桌之上换了一个玩家而已，规则还是一样的。

近年以来，又出了不少对李自成评价的新观点，但大体上逃不出以上几种情况。看来，关于对李自成是英雄还是魔王的争论，还要持续很长一段时间。

明朝遗民该去哪哭崇祯

……

景山公园里的一棵槐树，记录了大明王朝的最后一夜。三尺白绫之上，曾悬挂着一颗志在复兴王朝的头颅。要了崇祯帝性命的那棵树，是槐树，是松树，还是其他树木？为何直到崇祯帝自缢身亡之后的第三天，李自成方才找到他的尸体？崇祯帝，到底死在了哪里？

崇祯帝神秘之死

京师，万岁山，东方未明。

在大顺兵因搜索而掀起的一片嘈杂声中，崇祯皇帝朱由检带着一身的血迹，在内府太监王承恩的搀扶下踉跄着脚步，来到了寿皇亭（今景山公园三间房）旁。

眼望山下的大顺兵如蝼蚁一般蜂拥而上，崇祯心知大限已到，也不做他想，在王承恩的帮助下最后一次整理好衣服，然后摘下皇冠，披散开头发遮住脸，仰天长叹。手握亭梁上垂下的三尺白绫，突然有了一种解脱的感觉……

王承恩跪望“以发覆面，白袷蓝袍白细裤，一足跣，一足有绫袜”自缢于亭上的崇祯皇帝，大放悲声，旋即，亦在崇祯的对面自缢。

这一天，是崇祯十七年，永昌元年，顺治元年，公元1644年3月19日。

崇祯帝究竟吊死在哪棵树下

巍巍万岁山，密密接烟树；

中有望帝魂，悲啼不知处。

——清·樊彬《燕都杂咏》

崇祯皇帝自缢之处，至今尚无定论，是故有樊彬“悲啼不知处”之说。流传最广泛的说法就是其自缢于煤山，亦即万岁山的民间俗称，也就是今天的景山。之所以被民间称为煤山，是因为景山下边堆过煤。又因为传说该山压住了元朝的龙脉，而俗称镇山。综合各种史料来分析，虽其中略有差异，但大致上也可以认为是在此处了。

最大的疑问是，崇祯皇帝朱由检所自缢的那棵树是什么树。流传最广的说法是槐树，而据正史显示，崇祯皇帝是自缢于寿皇亭中而非树上。《明实录·崇祯实录》卷17记载：“（崇祯）登万岁山之寿皇亭。俄而上崩……”《明史·流贼传》云：“以帛自缢于山亭，帝遂崩。”《明史纪事本末》卷79亦说：“遂仍回南宫，登万岁山之寿皇亭自尽。”另有几部野史也如此记载。但赵士锦的《甲申纪事》中这样记载：“得先帝遗弓于煤山松树下，与内监王承恩对面缢焉。”《明孝北略》卷二十云：“崇祯……自尽于亭下海棠树下。”《三垣笔记》则曰：“遂同承恩对缢煤山古树下。”松树、海棠树、古树……总之是没提到槐树。事实上，崇祯皇帝应该是自缢于寿皇亭中而非树上。据《明史》记载，李自成的大顺军是在崇祯自尽之后的第三天才发现了他的尸体。若是自缢于树上，那么多的士兵都搜不到，不符合常理。只有崇祯自缢于一个隐蔽之所，才有可能让李自成在三天之后才找到他。

关于崇祯自缢罪槐一说的来源

实际上，自缢槐树一说出自清军入关之后。崇祯自缢之后，多尔衮是以剿灭逆贼李自成的名义而入主紫禁城的，并不是后来实际上的“改朝换代”。为了进一步巩固群众基础，笼络民心，于是，对崇祯皇帝的死表示惋惜，特意在景山上找了棵槐树，并将之称为“罪槐”，树身加以铁索，并立碑供民间悼念。虽然这棵槐树几经战乱、数度毁于战火，但人们总是在原址处再植新株，而这棵“罪槐”也一直背负着沉重的罪名，直至今天。

据说，“罪槐”前曾书有一副对联，联曰：“君王有罪无人问，古槐无过受锁枷。”

此联可谓是恰如其分地指出了令明王朝灭亡的罪魁祸首，正是崇祯皇帝、明思宗朱由检。诚然，自万历十五年之后，大明之灭亡已成定局，只不过是时间的问题，但崇祯帝即位后的所作所为，却加速了本已风雨飘摇的明王朝的倒下。

轰轰烈烈的农民起义缘何失败

……

横扫天下的起义军，为何在进入京师短短四十天之后就在清军面前一败涂地？农民军的战斗力毁在了谁的手里？是天灾还是人祸？李自成的皇帝梦如何醒来？

功败垂成的李自成

“吃闯王，穿闯王，迎闯王，不纳粮……”，穿越时空，在北京城里，我们仿佛看见一位英雄人物引领着他的百万大军，在老百姓的欢呼雀跃声中浩浩荡荡地走来。他，明末农民起义军领袖李自成，最终推翻了大明王朝，攻占了北京城。然而，为何进京四十天后，李自成的军队好像突然间失去了战斗力，一触即溃，且从此一蹶不振。

“闯王”李自成的功败垂成让千万人扼腕叹息，同时，也为其速败的原因绞尽脑汁，苦苦追寻，上下求索。

农民起义的局限性

对于李自成起义失败的原因，似乎早有定论，那就是农民起义的局限性。从这个观点出发，我们会看到，李自成是败于骄傲自满、腐化堕落。攻占北京城后，流寇出身的李自成以为大业已成，是时候高枕无忧了，于是贪图享乐，荒淫腐化，最后招致失败。

另一个导致李自成失败的原因就是军纪涣散，战斗力严重下降，遇到八旗铁骑的清军时，不堪一击，兵败如山倒。

还可以认为李自成败于“马上得天下，不能马上治天下”。李自成拥有大批的能征惯战的将士是没错，但缺乏一支完成统治治理工作的文官队伍。在攻下大片领土后，治理人才奇缺的弊端就逐渐显现出来，致使李自成后来损失惨重。

战略上的败笔

有的人认为战略上的巨大失误导致了李自成的失败。李自成战略的巨大失误表现在没有把清朝这个一直想入主中原的强大集团包括在战略形势判断里。正因为如此，李自成才采取了直取北京的战略。如果没有清朝的干预，以李自成的实力，是可以勉强对付张献忠集团、南明集团和吴三桂集团的，可是一旦加上清政府集团的实力，李自成自然难以抵挡，失败近在眼前。

鼠疫，李自成的冤家

还有人认为李自成的失败并非在于人祸，而在于天灾——鼠疫。鼠疫，俗称“黑死病”，是一种以老鼠和跳蚤为传播媒介、传播速度极快、死亡率很高且难以控制的可怕传染病。患鼠疫的人一般会出现淋巴结脓肿或皮肤出现黑斑，三五天就会去世。据有关文献记载，李自成3月进京，当时鼠疫已出现在北京一带。尤其春季的到来，跳蚤、老鼠开始趋向活跃，大规模的鼠疫肆虐整个京城，李自成的军队也难逃此劫。鼠疫在军营蔓延，大量将士被感染，长时间无法摆脱，战斗力每况愈下，最后与清军交战时一触即溃。与此相反，因为跳蚤讨厌马匹的气味，所以清军的骑兵没有被鼠疫传染，战斗力丝毫没有受到影响。对此，就算李自成再有能耐，也只有“无可奈何花落去”，感叹“天亡我也”。

搜刮，李自成自掘坟墓

以上都是可以推测出的观点。但在史学上，一般的观点是，李自成之败，恐怕还在于其无所忌惮的敛财手段。

李自成的大顺军进入北京、逼死崇祯之后，入主紫禁城。按理说，“建国”肇始，他应当犒赏将士，大封功臣，然而多年来的征战让其囊中羞涩，唯有就地取“财”。对崇祯之吝啬，李自成也略有耳闻，本以为能在皇宫中所得甚丰，然而把整座紫禁城翻遍了，也只在大内府库中搜到黄金 17 万两，白银 13 万两。面对此种结果，李自成顿时大感失望，也大感愁闷：手中无钱，宫内无财，这当如何是好？

天无绝人之路。刘宗敏、李过等人想出了个好主意：既然宫里应该是有财宝的，之所以不翼而飞，那一定是被宫中之人所窃取了。下一步应该做的就是——“追赃”。

李自成深以为然，下令“追赃”。第一个将“赃款”上交大顺军的是大太监曹化淳，此人一出手便是白银五万两，着实让李自成兴奋了一下。但区区五万两白银对大顺政权来说只是杯水车薪，要想填满这个财政漏洞，还得需要更多的人来“自愿”献财。

三月二十日，刚被封为“宰相”的牛金星发布文告：

仰明朝文武百官，俱于次旦入朝。先具脚色手本，青衣小帽，赴府报名，愿回籍者，听其自便。愿服官者，量才擢用。

抗违不出者，罪大辟。藏匿之家，一去连坐。

后李自成又差人赴五府六部以及各个衙门，将各部门的官吏登记在册，并给他们报了名，因此无一人得脱。

次日，百官来朝，李自成却摆起了架子："百官报名者甚众，以拥挤故，被守门长班用棍打逐。早起，承天门不开，露坐以俟。"一大早文武百官便在宫门口等着，就算是挨打受辱、忍饥熬饿也是敢怒而不敢言，老老实实地坐在地上等着李自成接见。好容易等到承天门打开，李自成却没等手拿百官花名册的牛金星点完名，便和刘宗敏起身离去。没过多大一会儿，便传来命令："把明朝的这些犯官全都绑起来送到刘宗敏将军的府邸，听候发落。"

然而，刘宗敏对文武百官根本不审不问，只是放下话来："根据官职大小向朝廷捐献银子，一品官一万两白银的底线，其余的各按品级捐献。前脚交够银子，后脚就放人；要是藏着银子不交，那就大刑伺候。"

一时间，北京城成了前明官员的地狱，四九城里满是狂舞的棍杖，更兼之刘宗敏等人为了敛财无所不用其极，炮烙挖眼、挑筋割肠，种种残酷的刑罚全被拿来用到了这些一直养尊处优的前明京官身上。北京城内前明官员的悲号之声延绵数日，不绝于耳。更有那最早投降的明朝国戚、襄城伯李国桢，大学士魏藻德等一干人众被酷刑折磨致死。尤为凄惨的是，在前明翰林院这个清水衙门供职的翰林、科臣等清贫书生，实在没有油水可榨，大多数都被酷刑折磨致死。

这仅仅是对为官者的劫掠，富户豪门、平民百姓也逃脱不了被掠夺的命运：“初，诸贼攻城时约，内藏归闯贼（李自成），勋戚财归诸帅，文官财归牛（金星）、宋（献策），富户归小盗。”有此约定，那么这些人还有什么可忌讳的？富人被倾家荡产，平头百姓的柴米油盐也被大顺军队抢掠一空。城内饿殍遍地。

李自成到底在北京城搜刮了多少银两？据史料记载：“所掠输共七千万。大约勋戚、宦寺十之三，百官、商贾十之二。先帝减膳撤悬，布衣蔬食，铜锡器具尽归军输，城破之日，内帑无数万金。贼淫掠既富，扬言皆得之大内，识者恨之。”

七千万两白银！崇祯吝啬，在全国加饷摊派十多年，也不过从民间征得两千万两白银，最终导致了天怒人怨；而李自成短短四十来天便在京师榨银七千万两，无怪乎“识者恨之”，其

大顺通宝、永昌通宝

李自成在西安称帝，建国号曰“大顺”，建元曰“永昌”，改六部为政府，设局铸造钱币名曰“永昌通宝”。

最终的结局已然注定。

李自成入主紫禁城，靠的是群众基础。同时，他也有一定的政治头脑，身边既有像牛金星、李岩这样的智囊，又有如刘宗敏、李过这样的二流将领。而且李自成的为人还算不错，由于清军的连续攻击，大大削减了明军的兵力，当他进攻北京时，守城宦官又大开城门，兵不血刃即进入北京。他可谓占据天时和人和。

然而，入主紫禁城之后的李自成，却彻底抛弃了昔日“闯王来了不纳粮”的诺言，纵容一干“新贵”用各种手段大肆敛财。上梁不正下梁歪，大顺之兵也竞相在民间搜刮积财，准备还乡。横征暴敛的手段，用钱买命的“政策”，大顺军士兵的放任自流、烧杀抢掠，让北京城变成了人间地狱。所掠夺的七千万两白银，全部熔铸成巨大的中间有孔的方板状银板，以便于运输，从中便可以看出，李自成压根没有常驻北京的念头。

得民心者得天下。李自成之成，在于拥有深厚的群众基础，饱受明末苛捐杂税之苦的农民在李自成那充满诱惑性的宣传口号面前纷纷响应，势如洪水；李自成之败，则是因丧失了民心，更重要的是，完全丧失了地主阶级的信任——这也是影响吴三桂开关迎清兵的一个因素。失败已在所难免。

以上说法似乎都有各自的合理性，但并不代表就是历史的真相。李自成熊熊百万大军究竟惨败于何，仍然是一个历史之谜。

谁是杀害李岩的真凶

……

他是农民起义军里的军师，他是李自成身边的诸葛亮。可以说，没有他，就不会有李自成的成功。然而，就是这样一个无可替代的人物，却死在了为其忠心耿耿的人的手中。李自成为何要诛杀这位功勋名臣？李岩之死，是功高震主，还是现实的无奈？

一代谋士李岩之死

明末李自成农民起义军中，有一位著名的谋士名为李岩。此人“上马打天下，下马治天下”，且忠贞不贰，最后却落的个鸟尽弓藏、兔死狗烹的下场。

对李岩的结局，《绥寇纪略》中记载：定州失败后，有人说河南全境都向明朝军队投降了。此时，李岩要求亲率两万精兵，赶到中州，这样就可以令附近的郡县不敢再轻举妄动，就是有敢暴乱者，也能及早收拾它。当时闯王不但没有做出回答，反而私下认为李岩另有所图。就在闯王起疑时，牛金星向闯王进言，要寻找机会除掉李岩，这得到了闯王首肯。第二天，牛金星以李自成的名义召李岩到军营中饮酒，安排伏兵在营中隐蔽起来，李岩和他的弟弟李年就这样在阴谋安排中同时被擒杀。

功高震主起祸殃

历代帝王登基后，屠杀大臣，无非怕的是功高盖主。只是像李自成这样，皇位还未坐热就动心思杀害大臣，显得太急功近利了。从史料记载看，李岩出身显赫，与农民起义军本来就是不同的阶级出身。最初，由于他的才能出众，才得到闯王的赏识，可是随着才华锋芒的显露，闯王逐渐对他感到不满，最终动了杀机。

理想与现实之间的挣扎

但是，就这样解释李岩被杀的原因未免过于敷衍。首先来看看李岩其人。有人说，他是河南杞县人，乃明朝兵部尚书李精白的儿子，这是完全不对的说法。根据记载，杞县没有这个人，李精白也不是杞县人，明朝末年举人、乡宦记事录更没有李岩的名字。据考察，李精白有两个儿子、一个女儿。有一个儿子早夭病死；另一个儿子在崇祯十五年被杀了。所以，李岩根本不可能是李精白的儿子。关于李岩其人，史料更没有确切记载。但可以肯定的是，李岩是个读书人，且是个有大智慧的读书人。

古往今来，功劳巨大却又能全身而退，安度余生的不过范蠡、张良、郭子仪、姚广孝等等寥寥数人。这几人都有一共同点，就是怀有看开、放下的出世情节。何谓出世情节，言外之意就是虽然跟着皇帝打天下来了，但是天下太平时，会明智地隐居下来。这个时候，皇帝往往会念及昔日之情，放这些人卸甲归田。那是不是说李岩缺乏这样的大智慧呢？当然不是，李岩作为一个读书人，拥有以天下为己任的济世精神，这以天下为己任的信念让他宁可死也不想逃避。这样的李岩，很难取得李自成的理解，最终只能成为时代的牺牲品，死在暴者的屠刀之下。

李自成结局之谜

大顺王朝土崩瓦解，李自成却不知所终。他到底死于何处？又是如何死的？甚至，他是死了还是出家为僧，至今没有一个可以让人信服的答案。

九宫山下人归处

李自成遇难于湖北通山县九宫山，这已被专家们所确认。但是，李自成究竟是怎样死的，却一直留有争论。近年来，李自成身死经过有以下几种说法：

第一种说法是自缢。据说李自成由于连遭败绩，最终被武装乡民包围，遂无奈走投无路选择自缢身亡。这一说法来自清军负责追击李自成的统帅英亲王阿济格给清廷的报告。根据阿济格的说法，李自成逃入九宫山后，随即失去踪迹，清军反复求之不得，但找到的大顺士兵纷纷表示李自成已经自缢而死，而尸体却又高度腐烂，无法辨认。这一说法争议颇大，由于阿济格并非李自成死亡的亲自见证者，又是在官方的奏报中提及此事，因此可信度未必有多高。

第二种说法是战死。根据当地地方志和族谱的记载，确实有当地居民斩杀流寇的记载，例如《通山县志》载“九伯聚众杀贼首于小源口”;《程氏宗谱》则载“剿闯贼李延于牛迹岭下”。但这些都不能作为李自成死亡的确切证据。

第三种说法是误杀。根据清人笔记记载，李自成是在拜谒九宫山上的元帝庙时，当地乡民误以为是土匪流寇，而被从背后袭击身亡的。

这一说法虽然过于传奇，但它可能却反映了一定的真实情况。因为第四种说法和前面第三种说法有一定的关系。康熙年间的历史学者费密所著的《荒书》中对李自成死亡的经过是这样记载的：

大清追李自成至湖广。自成尚有贼兵三万人，令他贼统之，由兴国州游屯至江西。自成亲随十八骑由通山县过九宫山岭即江西界。山民闻有贼至，群登山击石，将十八骑打散。自成独行至小月山牛脊岭，会大雨，自成拉马登岭。山民程九伯者下与自成手搏，遂辗转泥滓中。自成坐九伯臀下，抽刀欲杀之，刀血渍，又经泥水不可出。九伯呼救甚急，其甥金姓以铲杀自成，不知其为闯贼也。武昌已系大清总督，自成之亲随十八骑有至武昌出首者，行查到县，九伯不敢出认。县官亲入山谕以所杀者流贼李自成，奖其有功。九伯始往见总督，委九伯以德安府经历。

综上所述，似乎可以断定，李自成确实死在了九宫山。但是有趣的是，无论是清朝，还是南明，对于李自成的死都表示了极度的怀疑。

千古悬案：李自成之死

清朝方面，由于阿济格并没有获取李自成的首级，而原本应该因李自成之死而溃散的大顺军残部却又在江西一带出现。这使原本非常开心的多尔衮大为不满，对阿济格大加斥责；而南明隆武政权方面，在接到何腾蛟关于李自成身死的报告后，虽然也大加封赏，但不少大臣却建议隆武帝遣何腾蛟反复调查此事的真伪。可见南明一方也并不放心李自成是否真的死了。

其实，明清双方之所以如此在意李自成的生死，就是因为无法做到"活要见人，死要见尸"。何腾蛟虽然贵为五省军务总督，但手下却并没多少兵力，李自成身死的消息是他在招降李自成余部后才听说的，而彼时的九宫山地区已经为清军所占领，他自然不可能为了李自成的尸首选择贸然进攻，况且这也是对当时已经纷纷转向明军的大顺军余部的不敬；在阿济格方面，则是因为天气炎热，尸首已经颇多腐烂，根本没办法确认哪一具才是真的。因此李自成的生死便成了一桩千古疑案。

奉天玉和尚与李自成

正是因为如此，再加上民间传说和小说家言的渲染，广泛流传着一种说法，称李自成虽然兵败但并未身死，而是隐姓埋名，在湖南石门县的夹山出家为僧。这一说法早在乾隆年间就流传开来，当时的澧州知州何璘曾撰《李自成传》，提到李自成在夹山寺出家，法名奉天玉和尚。文章中还提到何璘曾经亲往夹山寺拜访，见到一名年逾古稀的老和尚。这名老僧自称服侍过奉天玉和尚，口音也像陕西人。他证实了奉天玉和尚是顺治初年进入寺庙的，并拿出奉天玉和尚的画像给何璘看，据说画像酷似李自成的模样。此外，据说此寺还收藏了很多与奉天玉和尚有关的遗物，其中不乏宫廷玉器和只有帝王才能使用的器具。1980年，在此处进行了一次考古发掘，又发现了很多贵重文物。所有这些，似乎都支持奉天玉和尚就是李自成的论断。

不过，反对这一说法的人也大有人在。很多学者也认为，奉天玉和尚确有其人，不过此人并不是李自成，反而可能是前明遗臣。他们从现存的关于奉天玉和尚的碑铭上找出了支持此说的证据；也有的人认为，奉天玉和尚就是从四川游历湖广的云游和尚，在夹山寺定居而已。

总的来说，闯王李自成从一名贩夫走卒，能够成为指挥数十万兵马，麾下上将数十员，纵横天下，所向披靡，还能进京称帝，已经足够被称为英雄豪杰。虽然受到资料的限制，现在对李自成的生死之谜已经无法充分了解，这一历史悬案可能要永远地埋藏在岁月中。不过，仅仅从现在的研究情况来看，李自成的一生，也足够波澜壮阔，而被世人所崇拜。无论是对于明还是清，他都是一个可怕的对手。可以想象，如果在明末清初的政治舞台上没有李自成，历史将会平淡很多。

张献忠的宝藏藏匿于何处

……

“石牛对石鼓，银子万万五”，这是流传于成都民间的一句谚语。说的是张献忠被吴三桂逼得退出成都时，把大批的财富藏于四川境内。石牛和石鼓是张献忠为了将来便于寻找而做下的标记，只要找到了这两样东西，那么找到大批的宝藏就指日可待。但这份宝藏到底藏身于何处？

张献忠的巨额宝藏

关于张献忠的传奇事迹有很多，但是多存争议。其中最著名的便是他的藏宝之谜。传闻张献忠在征战期间喜好搜刮抢夺官府财产，他所拥有的财富可以与当时的朝廷相敌。奇珍异宝，应有尽有。张献忠藏宝之谜至今有多种说法，但最为流行的只有两种：一为青峰山藏宝；二为锦江底沉宝。

青峰山藏宝

在青峰山藏宝这一说中，也有两个谜团，即青峰山采石之谜和普照寺暴富之谜。

青峰山是四川青城山的支脉，张献忠在其势力将要颓败的前几年，派他的义子在民间寻觅了三百来名石匠进驻到青峰山中，采集石料。然而这三百名石匠居然在半年后神秘消失。可见，张献忠的目的并不是要采石，而是以采石铺路等为障眼法，在山中秘密挖地藏宝。至于那些石匠，大概是在完工之后被杀人灭口了。

普照寺修建于青峰山上。《重建普照寺并建藏经楼记并赞》里面写道："道光庚子，接代鉴山主方丈事，念累世之祖劬思懋建，真功德精诚所结，可格苍穹，即于是冬天示神奇，山裂石出，不劳雕琢，不烦辇运，自致良材以显名胜。灵峰于是因旧基而重新之，不加募助，添修广厦数十楹。"意思是说，普照寺受到神明启示，山石裂开，寺院拔地而起。据《普照寺源流记》所载："寺历数朝，世有传人，明末火于献。"这句话说明普照寺曾经被张献忠烧毁过，康熙在位之时才重新开始修建，到了乾隆年间又得以扩建，之后的同治年间，普照寺居然成为一座占地四百余亩的大寺。民间也有说法是，当年普照寺的一名和尚在劳作时发现某地草木茂盛，割完还会再生，其速度之快难以说明。后来和尚将此事报告于住持，普照寺开始秘密挖地。可以说，普照寺的神奇扩大是由于在地下挖到了财宝。根据张献忠在青峰山藏有宝藏之说，可以推测，这些宝藏可能就是张献忠的。

锦江底沉宝

据《彭山县志》记载:“石龙，彭山县治东十五里。其形肖龙，首仄蜿蜒，髻髭迸露，鳞甲峥嵘，有持雨拿云之势，长三四丈许，若经鬼斧神工者然，与石虎相对”。与“石牛对石鼓，银子万万五”相似的谚语是“石龙对石虎，金银万万五”，石龙与石虎一说流传于四川境内的彭山。又据《蜀碧》载:“(张)献忠闻(杨)展兵势甚盛，大惧，率兵十数万，装金宝数千艘，顺流东下，与展决战。”是说张献忠当年在成都与清军交战时率领十几艘战船沿着岷江航行，然而却在彭山境内遇到了清军的堵截。由于当时张献忠的船上载有大量财宝，于是他便将所载财物全都沉于江中，自己逃跑了。清军在堵截张献忠的船只之前就得知了船上载有大量金银财宝，于是在劫持成功后激动不已，以为船上的东西已经是自己的囊中之物，然而却发现船上有的全都是石块。让人惊奇的是，石龙与石虎确有其物，与史料记载的地点也非常吻合，然而却迟迟不见江中有财宝出现。2005年某日，在彭山的老虎滩有农民发现银锭，据鉴定，这正是明代的官方用银，与史料的记载不谋而合。

由以上分析可见，张献忠藏宝之说很有可能是真的。然而历代的藏宝者都与人们玩着捉迷藏的游戏，让寻宝者一次次地疯狂，又让寻宝者一次次地失望。至今在老虎滩也只是发现了那些银锭而已，而张献忠的巨额宝藏究竟在何方，这仍旧是一个巨大的谜团。

第八章

顺治皇帝的难解之谜

战胜众多对手的六岁小儿

……

年仅6岁的幼子，在皇太极身后脱颖而出，成了大清皇位的继承人。皇太极共十一子，为何幸运降临到了福临的身上？顺治登基，究竟是谁在幕后操作？

皇太极身后的皇位之争

皇太极死得突然，由于他生前未能指定皇位继承人，按旧制应由八王共举“贤者”。宗室贵族，人人觊觎。于是，满族贵族内部围绕帝位继承问题，展开了一场激烈的斗争。

皇太极有11个儿子。肃亲王豪格为长子，当时34岁，为皇太极继妃所生。豪格早在太祖、太宗时期就曾领兵南征北战，颇有战功，实力很强。其他皇子当时年龄都还小，最大的也不过十六七岁，他们既没有战功，也没有地位，毫无竞争能力；另外，多尔衮和其弟多铎，因战功卓著，封为睿亲王和豫亲王，其兄阿济格封为英亲王，极具竞争力。努尔哈赤死时，多尔衮因为年幼，母亲被逼殉葬，皇位为皇太极所得。现在皇太极死了，他正当盛年，如以兄终弟即的方式入承大统，从情理上是可以说得过的。资历最老的大贝勒代善，因年老体弱，已没有继位之想，可他也有相当的实力。他在观望着，谁继位对自己更有利，自己好坐收渔利。可以说，当时最有能力继承皇位的，就是豪格和多尔衮。

双方实力如何呢？皇太极曾亲自统率的正黄、镶黄两旗拥立豪格，豪格本人又统正蓝旗，在八旗中，他已拥有三旗的力量，索尼、鳌拜等大臣也支持他。多尔衮拥有的力量是两白旗，他还得到了多铎、阿济格的支持。双方势均力敌，为继承皇位各不相让，和不可得，拼则两伤。在此情况下，福临又如何得到了皇位：是谁在幕后推波助澜？

多尔衮的意见

按照清太祖努尔哈赤规定的皇位继承《汗谕》，由满洲八旗贵族共议嗣君。时亲王、郡王共有七人：礼亲王代善、郑亲王济尔哈朗、睿亲王多尔衮、肃亲王豪格、武英郡王阿济格、豫郡王多铎和颖郡王阿达礼。

有学者认为福临继位之议出自多尔衮，其主要依据是朝鲜《沈阳状启》或《沈馆录》中的一段记载：

十四日，诸王皆会于大衙门。大王发言曰："虎口，帝之长子，当承大统云。”则虎口曰：“福少德薄，非所堪当！”固辞退去。定策之议，未及归一。帝之手下将领之辈，佩剑而前，曰：“吾属食于帝，衣于帝，养育之恩与天同大，若不立帝之子，则宁死从帝于地下而已。”大王曰：“吾以帝兄，常时朝政，老不预知，何可参于此议乎？”即起去。八王亦随而去。十王默无一言。九王应之曰：“汝等之言是矣。虎口王既让退，无继统之意，当立帝之第三（应作九）子。而年岁幼稚，八高山军兵，吾与右真王，分掌其半，左右辅政，年长之后，当即归政。誓天而罢云。”

上述文字，时间记为癸未年（1643 年）八月二十六日，即大衙门秘密会议后的第十二天。文中的“大王”为礼亲王代善，“虎口”为肃亲王豪格，“八王”为英郡王阿济格，“九王”为睿亲王多尔衮，“十王”为豫郡王多铎，“右真王”为郑亲王济尔哈朗。

在上述引文中，有两句重要的话，不应该被忽视。这就是“九王应之曰”和“汝等之言是”十个字。在整段文字中，“九王应之曰”——此前为议论，此后为结论；“汝等之言是”——承上而启下，接前而转后。

但反对者对其提出了三点疑问：

首先，“九王应之曰”，就是说在九王多尔衮发表当立帝之第九子福临以前，诸王们有一番议论，而被《秘密状启》的作者，或出于重点在启报新君为谁而省略繁文，或对当时秘议不甚了了而断简阙载。不管出于何种原因，其前都有一番争论。因是最高机密会议，外人不可得知。这段记载，十分可贵，有所罅漏，不必苛责。

其次，“汝等之言是”，就是说在九王多尔衮发表当立帝之第九子福临以前，诸王们有人提出立福临，故多尔衮才“应之”“是之”，否则何应之有、何言之是！上述《秘密状启》，记于当时盛京。《秘密状启》记载疏略，“汝等之言”断简，于是给人一种信息误导，似乎福临继位是由多尔衮提出的。睿亲王多尔衮权势倾朝，功劳归于己，罪祸嫁于人。这样，多尔衮就把拥立福临的功劳归于自己。

最后，“九王应之曰”与“汝等之言是”，萧一山《清代通史》在转述上面引文时，做了通俗节录：“睿亲王多尔衮曰：‘诸将之言是也。豪格既退让无续继意，则当立帝之三子福临，若以为年稚，则吾与郑亲王济尔哈朗分掌其半，以左右辅政，年长之后，再当归政。’因誓天而散，福临方六岁云。”这里虽省略“九王应之曰”，却将“汝等之言是”诠释为“诸将之言是也”。

由上可见，福临继位之议出自多尔衮的直接史料未见一条，而所据之《沈阳状启》言辞含糊，且存疑点。

济尔哈朗的首倡

另有一种说法认为，拥立福临继承皇位之议首先出自郑亲王济尔哈朗，理由如下。

第一，四大亲王态度。当时最有影响的四位和硕亲王——礼亲王代善抱明哲保身态度，以年老多病为由，不想卷进这场政治旋涡，肃亲王豪格与睿亲王多尔衮角立，互不相让，双方僵持，所以只有郑亲王济尔哈朗比较超脱而能起协调作用。郑亲王济尔哈朗是努尔哈赤胞弟舒尔哈齐之子，在这场宫廷斗争中扮演着重要的角色。因为：一则，济尔哈朗虽是舒尔哈齐之第六子，但自幼为伯父努尔哈赤养育宫中；二则，济尔哈朗小皇太极七岁，两人情谊如同胞；三则，阿敏被夺旗后，济尔哈朗成为镶蓝旗的旗主贝勒；四则，济尔哈朗屡经疆场，军功显赫；五则，济尔哈朗年四十五，序齿仅亚于代善，比多尔衮年长十三岁；六则，济尔哈朗受清太宗信任倚重，被封为和硕郑亲王；七则，济尔哈朗既是多尔衮的兄长，又是豪格的叔辈，便于两方协调。八则，济尔哈朗表面憨厚而内心机敏，在关键时刻提出重要政议。所以，郑亲王济尔哈朗在大衙门议商皇位继承而陷于僵局之时，提出了一个折中方案——让皇子福临继位。

其次，济尔哈朗辅政。郑亲王济尔哈朗因倡立福临继位之功，而得到担任辅政王的政治回报。辅政亲王的政治地位，较和硕亲王更高一层。当时为何不由代善、豪格，而由济尔哈朗辅政?

显然，代善在这场严重而激烈的政治斗争中，没有做出有利于胜利一方的贡献。豪格则与多尔衮对立，如二人同时辅政，会出现两虎相争的局面。至于济尔哈朗之所以为摄政王，主要原因是：他提出了福临继位这一折中方案，侄子继统，皇叔摄政，理所当然，众王接受。他私下曾表示拥立豪格，而为两黄旗王大臣所接纳。并且，他同代善父子无恶，而为两红旗王大臣所认可。而且，他非帝统血胤，对多尔衮兄弟构不成政治威胁，而为两白旗王大臣所接受。但是，济尔哈朗不久便被多尔衮撤其辅政王。这是多尔衮对济尔哈朗不拥立自己而拥戴福临的一个政治报复，也是多尔衮独揽朝纲的一项举措。

第三，睿亲王权衡利弊。睿亲王多尔衮在两黄、两红和两蓝六旗不支持的情势下，若自己强行登基，只有两白旗支持，明显不占优势，还势必引起两白旗与两黄旗的火并，其后果可能是两败俱伤。解决皇位继承难题的途径不外三条：一是强自为君，得不到两红、两蓝旗的赞同，还会引发两黄旗的强烈反对；二是让豪格登极，自己既不甘心，还怕遭到豪格报复；三是让年幼的皇子福临继位，而自己同济尔哈朗摄政，可收一石三鸟之利——打击豪格，摄政掌权，避免内讧。显然，在上述三种解决办法中，以第三种解决办法比较切实可行，两黄、两白、两红、两蓝各方都可以接受。睿亲王多尔衮，能知时务，聪睿机智，权衡利弊后，才赞同立先帝第九子福临。

第四，顺治帝的肯定。福临当时尚在冲龄，不了解继位政争内幕。后来逐渐知道当年的故事。待多尔衮病死、自己亲政之后，即对皇叔济尔哈朗表彰其当年功绩，赐予其金册金宝。《清世祖实录》顺治九年二月庚申记载：

我太祖武皇帝肇造鸿基，创业垂统，以贻子孙。太宗文皇帝继统，混一蒙古，平定朝鲜，疆圉式廓，勋业日隆。及龙驭上宾，宗室众兄弟，乘国有丧，肆行作乱，窥窃大宝。当时尔与两旗大臣，坚持一心，翊戴朕躬，以定国难。……睿王心怀不轨，以尔同摄朝政，难以行私，不令辅政，无故罢为和硕亲王。及朕亲政后，知尔持心忠义，不改初志，故赐以金册、金宝，封为叔和硕郑亲王。

在此，顺治帝福临明确表明：济尔哈朗在诸王议立自己为帝时，有首议之功。福临的这番话，说出了当时的内情。郑亲王之功，在拥立福临。顺治帝对其他的亲王、郡王，在决定自己继位的功绩上，都没有进行过表彰，而只有对济尔哈朗表彰此事。这从一个侧面证明济尔哈朗在大衙门诸王贝勒会议上有拥立福临继位的特殊功勋。

因此可以说，郑亲王济尔哈朗在大衙门诸王贝勒皇位继承会议上，鉴于豪格与多尔衮争夺皇位陷于僵局，能从大局出发，平衡各旗利益，提出折中方案，首议由福临继承皇位，得到多尔衮的回应，也得到诸王贝勒公议。清太宗皇太极遗位争夺的结果，既不是角立一方的肃亲王豪格，也不是角立另一方的睿亲王多尔衮，而是由第三者六岁的福临继承。这个方案与结果，对礼亲王代善无利无弊，睿亲王多尔衮有利有弊，于肃亲王豪格无利大弊，于郑亲王济尔哈朗则有利无弊。

所以，皇太极遗位由福临继承，得益最大的四个人是：福临、孝庄太后、济尔哈朗和多尔衮。

庄妃的推波助澜

另有一种说法，是顺治皇帝的生母庄妃在其中起到了重要的作用。

皇太极死后，庄妃在悲痛之余，已感到争夺皇位的剑拔弩张之势，听到磨刀霍霍之声，她想，难道太祖、太宗创立的大清基业，就在这自相残杀中毁掉吗?

庄妃知道迟早会有这场斗争的爆发，只是没想到会来得这样快、这样猛，她不能再在沉默中等待了！在清宁宫的权力还没有完全丧失之前，她要运用这个权力，为自己的命运去搏斗一番。她想到了福临，自己的命运要靠儿子来改变。她冷静了许多，一边客观地分析着形势，一边精心筹划着计策。

经过几个昼夜仔细认真地思索，庄妃终于想好了一个折中方案：她要把福临推上皇位。推出福临，可以使双方白热化的矛盾降温，再说福临的背后，有忠于皇太极、忠于后妃的两黄旗，还有科尔沁的支持。庄妃的性格、才智、勇敢促使她去进行一次冒险的尝试。

这个冒险是以生命为赌注，如果福临在争位之中失败，势必会为成功之人所残杀，庄妃自己，也会落得殊途同归的结局；但这个冒险又是值得的，自己身为先皇身边最宠爱的妃子，又协助其处理政事，势必会引来一些人的不满与怀恨之心，不能成为太后，只作为先帝遗孀，无权无势、无位无名，正给了这些居心叵测之人以可乘之机，性命难免不保。两相权衡，还莫不如铤而走险、险中求生呢！幸运的是，这个以母子性命为代价的赌局，庄妃笑到了最后。

庄妃决定之后，立即找皇后商量，她要靠皇后这棵大树的庇护。在向皇后分析了目前的形势以后，皇后深感害怕：不管豪格还是多尔衮谁继位，都要发生一场血战，结果都是不堪设想的。再三思量之下，她决定支持庄妃，让福临继位，以保住清宁宫的特权，避免相互残杀的悲惨局面的出现。再然后，皇后和庄妃一起劝说豪格支持这个方案。豪格虽然明白这个道理，却总觉得委屈。

豪格回到家中后，对侍候在身边的爱妻心灰意冷地道："我德小福薄，不堪继位。让皇九子继位还可以，如果让多尔衮继位，我决不允许。"

几乎与此同时，急不可耐的多尔衮在三官司庙召大臣索尼询问册立之事。索尼道："先帝有皇子在，必立其一。其他的我不知道。"

"必立其一？"除豪格外，还会是哪个皇子呢？多尔衮在沉思。

代善年高望重，又有实力，争取他的支持很重要。说通豪格后，庄妃和皇后立即召大贝勒代善入宫，争取代善的支持。代善害怕豪格与多尔衮反目为仇，自相残杀。可当皇后提出要立福临时，他沉默了。他想，如果立福临，庄妃不就听政了吗？大清国说什么也不能掌握在一个女流手中！庄妃似乎看透了他的心思，诚恳地对代善道："大贝勒素以国事为重，请放心，福临继位后，我退居后宫，深居简出，决不参政。”代善终于默认了。

抓住这个时机，庄妃决定面见多尔衮。当她来到睿亲王府时，多尔衮吃了一惊，庄妃微微一笑，开门见山，单刀直入地道：“我来睿亲王府，是和你商议嗣君事宜的。论功劳地位，你是有资格登大位的。但先帝有子，头一个豪格就不会甘心。先帝其他年长的儿子，以及代善一支，都会反对你。到那时，国中岂不就大乱了吗？”

“先皇在日，就有立我的说法。我整整等了17年。”多尔衮不无愤慨地道。

庄妃为了平息多尔衮的火气，语气非常缓和，道理却十分中肯，只听她缓缓地道：“王爷要以国家为重。大清基业初定，宏图尚未成功，我怕兄弟反目，有愧两代先王。清宁宫决意不会拥立肃亲王豪格。他虽然是太宗皇帝的长子，为人又忠厚直爽，但只知其武，不知其文。今后大清要叩关而入，问鼎中原，这副担子他挑不起来。”多尔衮听到后宫不再拥立豪格，松了一口气。

“我有一个主意，特来和王爷商量。”庄妃接着道。

庄妃以前虽然也见过，但没有现在这么近的距离，可谓咫尺之间看得这样从容，这样清楚，多尔衮看她比自己妻子美丽多了。他对她有相当的好感，憋在心里的气也没有了，道：“皇嫂说出来听听。”

庄妃见时机已到，忙道：“我儿福临，年方六岁，可以让他继承皇位，以王爷为摄政王，全权负责军国大事。这样安排，诸王贝勒不好公开反对，而王爷又能控制实权。国家不会发生内乱，王爷大权在握，也实同皇帝。不知王爷意下如何？”

多尔衮见庄妃说得合乎情理，言语中不仅表现出对自己的关怀，更分配了自己的权力。终于决定服从皇嫂的意见，不再争当皇帝，并表示全力协助其侄福临登上皇位。

经过五天五夜紧张激烈的明争暗斗，八月十四日，诸王贝勒大臣会议召开，讨论嗣君问题。会议由大贝勒代善主持，他年长德高，理所当然。大臣索尼首先讲话，强调必须立皇子。代善则进一步说明，应当立豪格。而豪格的讲话中则有些谦让，他说自己“德小福薄，非所堪当”，中间退出会场。

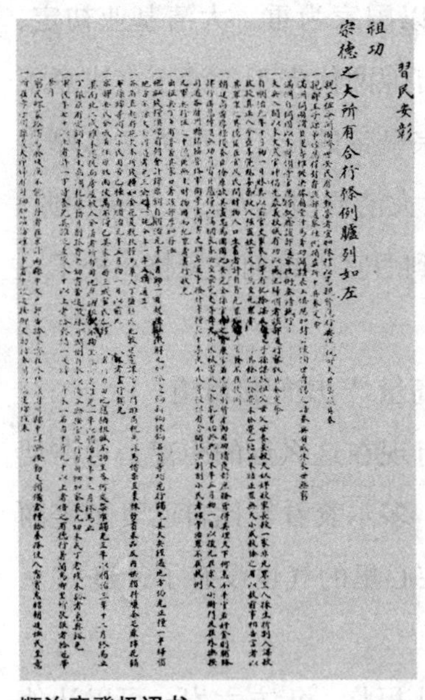

顺治帝登极诏书

这时，阿济格、多铎趁机提出让多尔衮继位。对此，两黄旗大臣坚持反对，甚至佩剑向前，表示若不立帝子，宁愿跟从皇太极死于地下。而两白旗大臣又坚决反对立豪格。双方剑拔弩张，弄不好会导致一起流血冲突。在这千钧一发之际，多尔衮提议拥立皇太极的第九子六岁的福临为帝，由他和济尔哈朗（努尔哈赤弟）共同辅政，等福临长大后归政。这一折中方案，立即得到会议主持者代善的支持，很快被会议通过成为决议。这是一个解决择君危机的折中方案，照顾了各方面的利益，维护了贵族的团结，以求入主中原。多尔衮与豪格的主动退让，在一定程度上反映了对这种共同利益的认识。

崇德八年（1643年）八月二十六日，福临在沈阳继承帝位，第二年改元顺治，是为清世祖。

江南名姝董小宛之谜

……

顺治钟爱的董鄂妃，是不是名动江南的名妓董小宛？如果是，她是如何来到宫中？如果不是，董小宛又去了哪里？在这风花雪月的历史传奇中，死亡，已不再拥有任何意义。

一代名妓董小宛

病眼看花愁思深，幽窗独坐抚瑶琴。

黄鹂亦似知人意，柳外时时弄好音。

这是明末秦淮八艳之一董小宛的诗。此女子不仅文采斐然，更兼得神姿艳发。吴伟业有诗赞云：

钿毂春浇斗画裙，卷帘都道不如君。

白门移得丝丝柳，黄海归来步步云。

好一派大家闺秀的风范。

这样一位才貌兼具的女子，自然成了明末风流才子趋之若鹜的对象。其中最著名的，当属在传说中曾与陈圆圆有过一段风流韵事的冒辟疆。而董小宛恰恰是嫁给了这位体弱多病的才子。

冒辟疆于明崇祯十二年（1639年）乡试落第后，听说董小宛住在半塘，便多次访寻，董小宛却逗留在太湖洞庭山。苏州歌姬沙九畹、杨漪炤名气与董小宛相当，冒辟疆便每天来往于沙、杨之间。在离开苏州前，冒辟疆又前往董家，董小宛醉卧在家，与冒辟疆相会于曲栏花下。冒辟疆见董小宛秋波流转，神韵天然，只是薄醉未消，懒慢不发一言。

明崇祯十五年（1642年）春，董小宛从黄山归来，母亲去世，自己又受到了田弘遇抢夺佳丽的惊吓，患了重病，闭门不出。冒辟疆到时董小宛已奄奄一息。董小宛支撑着起身，牵着他的手说："我十八天来昏沉沉如在梦中。今天一见到君，便觉神怡气旺。"她吩咐家人具办酒菜，与辟疆在床前对饮。冒辟疆好几次要告别，董小宛都苦苦换留。

在董小宛的主动之下，二人终于结成秦晋之好。

日子刚刚安稳不久，冒辟疆又病了两次。一次是胃病下血，水米不进，董小宛在酷暑中熬药煎汤，紧伴枕边照料了60个昼夜；第二次是背上生疽，疼痛难忍，不能仰卧，董小宛就夜夜抱着丈夫，让他靠在自己身上安寝，自己则坐着睡了整整一百天。冒辟疆说自己一生的清福都在和董小宛共处的九年中享尽。

艰难的生活中，饮食已是难饱，董小宛的身体十分虚弱，加上照顾冒辟疆连续生了几场大病，使得董小宛身体顷刻间垮了下来，连续二十多天甚至喝不进一口水。由于体质已极度亏虚，冒家多方请来名医诊治，终难奏效。顺治八年（1651 年）正月初二，在冒辟疆痛彻心扉的哀哭声中，董小宛仙逝，年仅 28 岁。葬于如皋影梅庵。历代文人多有凭吊。

董小宛的一生看似就这样结束了。但似乎后世之人不甘心让一代佳人就这样香消玉殒。在董小宛身后的数百年间，关于她的死因之说层出不穷，甚至还牵扯到了大清顺治皇帝爱新觉罗·福临。

凋零在淮扬战场

1645 年初，清军乘南明内讧之机大举南犯，4 月 18 日，多尔衮兵临扬州城下，南明守将史可法率城中军民浴血御敌七昼夜。此间，董小宛受冒辟疆之托从泰州如皋赶赴扬州劳军，奔走于四门的城墙上，将她赶制的酥糖分发给南明将士。但终因寡不敌众，25 日城破，一代民族英雄史可法壮烈殉国，董小宛自刎拒辱，血洒琼城。后来，扬州百姓为纪念董小宛，遂将她劳军的酥糖命名为“董糖”，并将其外表一律以红纸包裹，以示董小宛的碧血和史将军的赤心，至今“董糖”仍是淮扬一带的传统名点。

玉殒于姑苏城内

原明朝蓟辽总督洪承畴降清后一直在和硕豫清王多铎的麾

下，1645年以经略衔总督江浙军务，至1650年下半年，苏杭至福建一带已无多少战事，于是洪承畴和多铎一起将行辕从南京移至素出美女的姑苏城。闲则生非，何况此二人本是好色之徒。洪承畴为讨好多铎，先是把黄功亮的继室常熟美女刘三季弄来进贡，后来慕名去苏州半塘街寻董小宛未果，便着旗将阿司镇来如皋谎称请董小宛去苏州教习餐饮制作，恰巧此时冒辟疆因累及"陈君悦据城抗清案"外出避祸。董小宛明知是计，但为了保全家人，只得孤身赴苏州，第二天，董小宛在自己的衣胞之地以身藏的剪刀自尽殉节，血溅苏州五云轩。冒辟疆在82岁临终前，还曾作绝句一首："冰丝新飏藕罗裳，地当筵席一举觞；曾唱阳关洒离泪，苏州寂寞当还乡。"

金陵城内人归处

据考证，曹雪芹《红楼梦》中一号主人公林黛玉的人物原型其实就是董小宛。董小宛长期生活在南京秦淮河，是"金陵八艳"之一。而金陵也是林妹妹最终的芳消之地，也就是当年董小宛的归宿之地。曹雪芹生于南京，10岁之前一直是在秦淮河畔度过的，对于董小宛的传闻和归宿应当是了解的，这在《红楼梦》中可以得到佐证。

一缕芳魂葬雉皋

雉皋，苏中古城如皋的别称，相传因春秋时贾国大夫"如皋射雉"而得名。明崇祯十五年十二月，19岁的董小宛由礼部侍郎钱牧斋以“三千金”赎身，从南京秦淮河来到如皋城，第二年四月被时号“明末四公子”之一的如皋才子冒辟疆纳为“如夫人”。此后夫唱妇随，在乱世中相伴9年，从一而终。冒辟疆在长达240韵的《悼亡妾董氏辞》中载:“余与子形影交俪者九年，今辛卯献岁二月长逝。今子幽房告成，素旐将引，谨卜于闰二月之望日，安香魂于南阡矣。”1989年版的《如皋县志》则进一步指出:“董小宛身患重病，于南明永历五年（1651年）正月初二夭亡，时年28岁，葬如皋南门外。因年久无人过问，葬址已迷失。”查为仁《莲坡诗话》中更明确指出：董小宛“墓在影梅庵侧”。

董小宛即为董鄂妃

也有人说自从董小宛1645年在秦溪被清兵掳去后，不久被辗转送到经略江浙军务的洪承畴处。洪承畴老谋深算，决计把董小宛送往紫禁城内，一来自己可以加官晋爵，二来想用汉人的儒家文化来影响清朝的王公大臣特别是皇帝，让董小宛充当王昭君、文成公主那样的角色，自己好青史留名。董小宛将计就计，想进京为汉人复辟做内应。于是凭着洪承畴与内大臣鄂硕的莫逆之交，董小宛进了鄂府被鄂硕收为义女，取名董鄂氏，汉名仍称董小宛。三年后董小宛的穿戴打扮、言谈举止都活脱脱地出落成一位满族格格，乘着顺治皇帝选妃的机会，董小宛凭借天生丽质和出众才艺顺利入宫博得顺治的宠爱，先是封为贤妃，后又加封为皇贵妃。两年后她生了一个龙子，却不料3

个月后夭折，顺治竟破例追封其为“和硕荣”亲王，但董小宛再也承受不了失夫丧子的悲痛，加之东窗事发，当年入宫前留给冒辟疆的绝命书被孝庄太后发现，于是董小宛坦然饮鸩而去。董鄂妃死后备及哀荣，被谥为“孝献端敬皇后”。据说顺治从此郁郁寡欢，不久就跑到五台山削发为僧了。据刘成禺《世载堂诗》载：近代学者黄侃在大学讲授清史时曾说：“董小宛入宫，实顾亭林（即顾炎武）主谋，有献西施沼吴之意”，并称“获确证”但“匿不示人”。

在冒辟疆写给董小宛的悼文之中，也隐隐透露出了董小宛被掠入紫禁城的意思：

梦幻尘缘，伤心情动，莺莺远去，盼盼楼空。倩女离魂，萍踪莫问。扬钩海畔，谁证前盟；把臂林边，难忘往事。金莲舞后，玉树歌余，桃对无踪，柳枝何处？嗟嗟，萍随水，水随风，萍枯水尽；幻即空，空即色，幻灭全灵。能所双忘，色空并遣；长歌寄意，缺月难圆。

不过关于董小宛就是董鄂妃的说法依旧经不起推敲。董小宛死时28岁，当时的顺治才14岁。并且董小宛与冒辟疆崇尚气节，誓死不肯降清。何况满汉不通婚，董小宛无入宫邀宠之理。顺治所钟爱的是栋鄂妃也非董鄂妃。董鄂妃是武臣鄂硕之女。18岁入宫（而董小宛是在19岁时才嫁与冒辟疆）。

董小宛和董鄂妃谁是赝品之争可以尘埃落定了。但董小宛到底香消于何处，还有待进一步的考证。

为何董鄂妃可集三千宠爱在一身……

顺治帝宠爱的董鄂妃，是风华绝代还是温柔无匹？她到底是寡妇再嫁还是秀女入宫？顺治帝为何先后抛弃两位皇后，放弃了三千佳丽，而将万千宠爱给予了她一人？

董鄂妃的真实身份

孝献皇后，即历史上赫赫有名的董鄂妃。董鄂妃为满洲正白旗，内大臣鄂硕之女。祖籍在辽宁佟佳江流域，18 岁入宫。世祖对其眷之特厚，宠冠后宫。顺治十三年（1656 年）八月，立为贤妃。十二月，进为皇贵妃，行册立礼，破格颁诏大赦，其父亦进为三等伯。次年，董鄂氏生皇四子，仅三月夭折，未命名，封和硕荣亲王。

董鄂氏于顺治十七年（1660 年）八月十九日崩。世祖哀痛至极，亲制行状悼念。追谥为孝献庄和至德宣仁温惠端敬皇后。康熙二年（1663 年）六月，与顺治帝合葬在清东陵的孝陵。

董鄂妃的另一个身世

现在也有许多人认为董鄂妃原是襄亲王的福晋，后被顺治帝纳入宫中，成为宠妃。襄亲王博穆博果尔，清太宗皇太极的十一子，生于崇德六年（1641 年）十二月二十日申时，其生母是懿靖大贵妃博尔济吉特氏娜木钟，顺治十二年（1655年）二月二十一日册封为和硕襄亲王，翌年七月初三巳刻卒，年仅16岁。

顺治帝幼年即位，母亲孝庄文皇后对他管教极严，加之朝廷大权长期由叔叔多尔衮掌管，遂形成了暴躁、猜忌的性格。孝庄文皇后出于政治上的考虑，将自己的侄女、蒙古科尔沁部卓礼克图亲王吴克善之女博尔济吉特氏立为皇后。这位小皇后从小娇生惯养，尖酸刻薄，并不能体谅顺治帝的苦衷，常常与顺治帝发生口角，小两口的感情并不和谐。因此，顺治帝觉得事事皆不顺心，内心很是苦闷。清初有命妇轮番入侍后妃的制度，董鄂氏经常到后宫入侍，这便给顺治帝与董鄂氏的相识相恋提供了机会。传闻董鄂氏的美貌和才情深深地吸引了这位多情的少年天子的心，而董鄂氏的丈夫常年出兵打仗，闺中寂寞，也对顺治帝产生了好感。两个情意相投的人迅速坠入了情网。

《汤若望传》中有一段汤若望的回忆：顺治皇帝对于一位满籍军人之夫人，起了一种火热爱恋。当这一位军人因此申斥他的夫人时，他竟被对于他这申斥有所闻知的天子亲手打了一个极怪异的耳光。这位军人于是怨愤致死，或许竟是自杀而死。皇帝遂即将这位军人的未亡人收入宫中，封为贵妃。这位贵妃于1660年产一子，是皇帝要规定他为将来的皇太子的。但是数星期后，这位皇子竟而去世，而其母于其后不久亦薨逝。皇帝陡为哀痛，竟致寻死觅活，不顾一切。

这位皇子是皇几子，生母是谁？汤若望没有明说。福临共有8个皇子，除玄烨外，在7个皇子中，皇二子福全、皇五子常宁、皇六子奇授、皇七子隆禧、皇八子永干等5人皆卒于康熙朝，毋庸考虑。这样只剩下皇长子钮钮和皇四子。钮钮生于顺治八年十一月初一，殇于顺治九年正月三十日，只活了89天，生母是庶妃巴氏。此子虽也是早殇，但不是殇于顺治晚年，而且他的生母是庶妃巴氏，未封过贵妃，因此，钮钮和巴氏不可能是汤若望所说的皇子和那位贵妃。现在只剩下皇四子。该子生于顺治十四年十月初七，殇于顺治十五年正月二十四日，生母是皇贵妃董鄂氏，即后来的孝献皇后。董鄂氏死于顺治十七年（1660年）八月十九日。由此看来，汤若望所说的只能是皇四子和皇贵妃董鄂氏。但这里有两个出入，一是皇四子生年是公元1657年，而汤若望所说是1660年；二是皇四子生母是皇贵妃，而不是贵妃。

传说也罢，猜想也好，最后归于一致的认识就是，这位董鄂氏姿容绝代，才华出众，在后宫中赢得了顺治帝专一的爱情，并至死不渝。她究竟是凭借着什么样的资本，在三宫六院众多佳丽之中，讨得皇帝欢心的呢？

顺治帝的贤内助

据顺治亲笔所写《端敬皇后行状》的描述，每次顺治看奏折时，哪怕有重要的内容，他也还是草草看过后，就随手扔在一边了，董鄂妃则提醒他应该仔细批阅奏折，不能忽视每一个细节；每当顺治要和她同阅奏章时，她又连忙拜谢，并解释说：后宫不能干政。当顺治下朝后，她总是亲自安排饮食，斟酒劝饭，问寒问暖；当顺治批阅奏章至夜分，她总是毫无例外地为其展卷研墨，侍奉汤茶。顺治每次听翰林院的官员们讲课结束后，回到寝宫时，她一定会打听讲课的内容，他也会不厌其烦地再给她讲一遍，顺治每次讲给她听的时候，她都以一副非常高兴与虔诚的姿态倾听。他们的真挚感情，并非卿卿我我的小夫妻情感，而在于理性的相互促进、相互支持与理解。董鄂妃时常陪伴在顺治的身边。更难得的是，她时常劝说顺治，处理政务要服人心，审判案件要慎重。连宫女太监犯错误时，董鄂妃也往往为他们说情。董鄂妃的善解人意、通情达理、大气凝重让顺治一直心生宽慰之意。

文化上的共同语言

在悼念董鄂妃的《孝献皇后行状》中，顺治说董鄂妃“诵《四书》及《易》，已经卒业，习书未久即精，朕喻以禅学，参究若有所悟”。正是因为文化上的接近，董鄂妃和顺治才越走越近，彼此间产生了炽热而持久的爱情。顺治和董鄂妃的爱情，绝不仅仅是床笫之欢，更多的是心灵上的互通，事实上，顺治和董鄂妃在很多时候都是分床而居的。

对于一国之君来说，佳人易得，贤妻难求。这恐怕也是顺治钟爱董鄂妃的原因所在吧。

备受帝宠的董鄂妃为何没有被封后

……

集万千宠爱于一人的董鄂妃，直到死去才被追封为皇后。为何她生前始终不能凭借帝宠坐上皇后的位置？是顺治不允，还是别有障碍？

一场史无前例的册封仪式

顺治先后册立两位皇后。一位是他母亲的侄女博尔济吉特氏，由多尔衮做主订婚、聘娶。顺治亲政，册为皇后。二人性格不合，顺治废掉皇后，降为侧妃。另一位是孝惠章皇后，博尔济吉特氏，顺治十一年（1654 年）五月，年十四，聘为妃。六月，册为皇后。她不久又受到顺治帝的斥责。但这位皇后能委屈圆通，又有太后呵护，才没有被废掉。

顺治真正视为国色天香、红粉知己的是董鄂妃。顺治帝对董鄂妃可谓是一见钟情，至死不渝。

董鄂妃在顺治十三年（1656 年）八月二十五日被册为“贤妃”，仅一月有余，顺治以“敏慧端良、未有出董鄂氏之上者”为理由，晋封她为皇贵妃。这样的升迁速度，历史上十分罕见。十二月初六，顺治帝还为董鄂妃举行了十分隆重的册妃典礼，并按照册封皇后的大礼颁恩诏大赦天下。在有清一代近 300 年的历史上，因为册立皇贵妃而大赦天下的，这是绝无仅有的一次。这一年顺治19岁，董鄂妃18岁。中国第一历史档案馆中保存了册立董鄂妃为皇贵妃的《诏书》。按常规，皇帝只有在册立皇后的大礼上，才会颁布诏书公告天下。董鄂妃享受到这种特殊礼遇，表明她得到了顺治不同寻常的宠爱。

册立董鄂氏为皇贵妃赐之册宝册文曰：

朕唯乾行翼赞，必资内职之良。坤教弼成，式重淑媛之选。爰彰彝典，特沛隆恩。咨尔董鄂氏，敏慧夙成，谦恭有度。椒涂敷秀，弘昭四德之修。兰殿承芬，允佐二南之化。兹仰承懿命立尔为皇贵妃，锡之册宝。其尚只勤夙夜，衍庆家邦。雍和钟麟趾之祥，贞肃助鸡鸣之理。钦哉。

从中即可看出顺治帝对董鄂妃的钟爱程度。

然而，就是这样集万千宠爱于一身的女子，却终其一生未被册封为皇后，直到死后才享受到追封的待遇，这是出于何种原因？

正宫娘娘尚在

从上文即可得知，顺治十一年（1654年）之时，顺治帝便立博尔济吉特氏为皇后，即后世所称的孝惠章皇后。董鄂妃入宫之时，孝惠章皇后是六宫之主，一国之母。正如同天无二日一样，紫禁城里也不能出现两个皇后（多几个皇太后倒无关紧要）。顺治若想立董鄂妃为后，就必须先废掉孝惠章皇后。而孝惠章皇后恰是顺治原皇后——孝庄皇太后侄女的侄女。按辈分来说，属于孝庄皇太后的侄孙女。在历史传统中常常讲隔代亲，这也难怪老太太会对这个孙子辈的皇后分外提携。再加上孝惠章皇后算是顺治的侄女，极会隐忍圆通，纵使帝后不睦，顺治也难以找到个正当的理由废掉她。尤其是孝庄这一关就难以过去。因此，顺治帝只能委屈心爱的董鄂妃了。

董鄂妃是寡妇再嫁

这种说法站立于前文提到的董鄂妃入宫之前乃襄亲王福晋的基础之上。清朝初期实行命妇轮流到后宫侍奉后妃的制度，轮到董鄂妃时，与年少的顺治帝摩擦出了火花。顺治十一年（1654 年）四月，孝庄皇太后叫停了这个命妇入侍制度，理由是“严上下之体，杜绝嫌疑”。也许，孝庄皇太后已经听到了一些关于顺治和弟媳董鄂妃的风言风语，为杜绝后患，干脆就停止这个制度，切断顺治同董鄂妃见面的途径，以把他们的爱情扼杀在萌芽当中。

在随后的两年中，表面看起来很风平浪静，但太后的禁令似乎未起作用，顺治和董鄂妃似乎还有往来，事情最终传到了襄亲王博穆博果尔的耳中。在当红杏出墙的董鄂妃被丈夫“斥责”后，顺治竟打了这个满腹委屈的丈夫一个耳光，由此，襄亲王在当年七月初三怨愤而死，而董鄂妃却作为未亡人进宫成了顺治的妃子。

在中国传统的贞操观念中，一女不侍二夫。正所谓寡妇改嫁不如老妓从良。身为未亡人的董鄂妃即使与顺治再情深义厚，也难以登上皇后的宝座。

民族成阻碍

据说，孝庄皇太后在入关前就下了一道懿旨：凡金足女子者，不得入宫当差，违者斩！入关后还立了一块铁券在神武门的后面。

所谓的金足，其实指的是三寸金莲。在清军刚刚入关之时，只有汉人的女子才有把脚裹成三寸金莲的传统。因此，孝庄的这道懿旨，就是在明说汉人女子禁止入宫。

虽然董鄂妃的父亲鄂硕是满族人，但她的母亲却是汉族人，因此，董鄂妃身上带有二分之一的汉人血统。虽然凭借着父亲的权势得以入宫并得到皇帝的宠爱，但董鄂妃想成为皇后，还是没有可能的事。

其实，即使董鄂妃是百分之百的满族血统，一样也坐不了皇后的宝座。清太祖努尔哈赤健在的时候，便定下了联蒙制明的国策。为了巩固蒙古族这一盟友，满蒙联姻便成为大清皇帝立后的重要因素，也就是说，清帝的皇后，必须是蒙古族人。太宗皇后孝端、顺治生母孝庄皇后，以及顺治的两任皇后全部来自蒙古科尔沁部博尔济吉特氏，可见满蒙联姻对清王朝的重要性。顺治皇帝的皇后姓博尔济吉特氏，是顺治生母的娘家孙侄女，于情孝庄要袒护娘家人，于理要坚持既定国策，孝庄都必须反对顺治封董鄂妃为后。

不管是什么原因，结果只有一个，那就是董鄂妃没有被封后。

董鄂妃的离奇死因

……

年仅22岁的一代佳人香消玉殒，是红颜薄命还是另有他因？孝庄皇太后在董鄂妃之死上，起到了什么样的作用？她究竟因何而命丧黄泉？

爱子夭折，一代名妃香消玉殒

顺治十四年（1657年），董鄂妃生下皇四子，顺治欣喜若狂，颁诏天下“此乃朕第一子”，对这个孩子的待遇如同嫡出，大有册封太子之意。然而这个孩子生下不到三个月就夭折了，顺治下令追封其为和硕荣亲王，为他修建了高规模园寝，并亲笔写下《皇清和硕荣亲王圹志》，抒发对皇四子的宠爱和痛惜之情。

董鄂妃本来就体弱多病，皇四子又百日而殇，这种打击使得她一病不起，顺治十七年（1660年）八月十九日，一代名妃、绝代佳人董鄂妃香消玉殒，病逝于东六宫之一的承乾宫，年仅22岁。据福临说，董鄂妃薨时“言动不乱，端坐呼佛号，嘘气而死。薨后数日，颜貌安整，俨如平时”。

后宫角力的牺牲品

乍看起来，董鄂妃之死是出于自己的身体原因。但是，可能只是一场后宫角力的结果。

《汤若望传》中曾写道:“一六五八年(顺治十五年)皇帝遭遇酷烈打击。第三位皇后所生之子,原定为皇位继承者的,于产后不久,即行薨逝。……这位太子的母后不久崩。”董鄂妃圆寂,实际上与荣亲王之死相隔两年多,但上述记载缺少注脚,活着的人看来,董鄂妃的死,是与其爱子早逝密切相关的。

更值得留意的是,在董鄂妃生子的同一年冬天,孝庄皇太后曾得了一场重病,住在南苑调养,董鄂妃则在旁朝夕侍奉。人们不由会问,两年后董鄂妃的病亡,与她产后不久为婆婆侍疾,有何内在联系吗?

董鄂妃生子与孝庄皇太后患病都在顺治十四年冬天,但不是在同一个月,这从《清世祖实录》所载顺治在此时的活动中可以获得证实:

十四年十月初七日,董鄂妃生皇第四子,顺治称他为“朕第一子”。初九日至十一日,为此祭告天地,接受群臣朝贺。

十月十二日至十九日,顺治在南苑骑射、阅武、狩猎。

十月二十四日至二十六日,举行宣布皇第一子诞生诏书的隆重庆典。

十一月初四日,顺治再赴南苑。十二月二十六日顺治宣布“皇太后圣体违和”“今皇太后圣体康宁,中外欢庆”;十五年正月初五,即逗留两个月后,他才“自南苑还宫”。

以上情况表明,十一月初四日前,顺治一直沉醉在“朕第一子”诞生的莫大欢欣与喜悦之中,如果在此期间皇太后患病,顺治则会立即趋至榻前,以尽其孝,绝不可能拖到十一月初四才“再赴南苑”。可见，孝庄皇太后患病是在十一月初四日或稍后几天，即董鄂妃生子即将满月，或已经满月之后。

孝庄太后的真假病

皇帝刚刚喜得麟儿，皇太后却突然病倒，两件色调反差极大的小事首尾相连，是纯属巧合，还是后者有意为之？在缺少其他第一手材料的情况下，只有凭借着顺治当时的有关言行对此进行分析。

顺治十四年（1657 年）十一月初四或稍后几天，顺治开始在南苑护理病中的皇太后。十二月二十六日，他宣布“今皇太后圣体康宁，中外欢庆”。此时，不光董鄂妃“朝夕奉侍废寝食”，顺治自己除了“为皇太后祷于上帝坛，旋宫者再”之外，“朝夕侍奉，废寝靡惶”。由于皇太后患病，不少朝中重臣纷纷赶至南苑，鳌拜、遏必隆、巴哈、费扬古、苏克萨哈等“近侍卫护，昼夜勤奋，食息不暇”。

十二月二十八日，因皇太后病愈，顺治特“发内帑银十万两，一半给八旗兵丁，一半遣官赈济畿辅贫民”。二十九日，他奖赏侍奉皇太后有功的鳌拜、遏必隆、苏克萨哈等人，合计 82 人，其中包括侍卫、祝师、医官、司膳、司茶等人。十五年正月初三日，顺治以皇太后圣体康豫，颁诏大赦天下。同月初五日，顺治自南苑回宫。

由此可见，顺治十四年十一、十二月，孝庄皇太后确曾患病，而且一度较重，使得皇帝、嫔妃以及大臣们无不仓皇异常。

经过一个多月的休养与细心护理，孝庄皇太后绝处逢生，顺治因而大赦天下，并褒赏大批为皇太后康复做出贡献之人。显然，孝庄皇太后这次时间较长、险些牵动整个朝廷的重病，是不可能假装的。在众目睽睽之下，将近两个月的时间里，就算是她小病大养，存心强调病情，也难以做得不露漏洞，使众人为之惊慌不安。况且孝庄皇太后是个深图远虑的政治家，等候时机，发则必中，是她在数十年政治斗争中养成的特性。装病之举费心费力，很难掩饰，与她的身份、地位及平时作风并不吻合。

孝庄皇太后便服像

孝庄皇太后患病时候，董鄂妃“朝夕奉侍废寝食”，这对她的身体健康尽管没有太大的影响，但终究晦气。董鄂妃为什么要这样做，是遵照皇太后的旨意行事还是自愿而为？

董鄂妃之死与孝庄有何关系

顺治在十七年（1660年）八月（或稍后）所撰《董先行状》中指出：

“后（董鄂妃）性孝敬知大概，其于高下，能谦抑惠爱，不以贵自矜。事皇太后赡养以至，伺神色如子女，左右趋走，无异女侍。”

后“侍朕（顺治帝）如父，事今后（孝惠后）亦如母，晨夕候兴居，视饮食，服御曲体罔不悉”。

“前岁（顺治十五年）今后（孝惠后）寝病濒危，朕躬为扶植供养，今后宫中侍御尚得乘间少休，后则五昼夜目不交睫，且时为诵书史，或常谭以解之。及离侧出寝门，即悲泣曰，‘上委我候侍，倘疾终不痊，奈何？’凡（今）后事，咸躬为躲治，略无倦容。”

“本年（顺治十七年）春，永寿宫（恪妃石氏）始有疾，后亦躬视扶植，三昼夜忘寝兴。”

后“不唯能敬承皇太后，即至朕保姆，往来晋接以礼，亦无敢慢。其御诸嫔嫱，宽仁下逮，曾乏纤芥忌嫉意。宫闱眷属，小大无异视，长者媪呼之，少者妹视之，不以非礼加人，亦不少有谇垢”。

顺治的上述回忆表明，尽管董鄂妃地位尊贵，却活得很累。她颇有自知之明，并以女性特有的敏感，发现自己宠冠后宫，不光招致嫉恨，还使得顺治与皇太后在如何应对博尔济吉特氏后妃的问题上出现严重分歧，因此极为不安。这种难以名状的逆境，使得董鄂妃在宫中采取相对谨慎的处事态度，异常礼让，恭敬温婉，对于皇太后和皇后尤为如此。不论皇太后、皇后还是普通妃子，只要患病，她都不惜以牺牲自己的健康为代价，全力侍奉，夜以继日，希望以此换取人们的理解，渐渐转化人们对自己的敌意，改善自己在宫中的处境。

当然，顺治也希望她能这样做，如皇后在顺治十五年重病时，董鄂妃曾说“上委我候侍”一语，即可证实。所以，顺治十四年冬皇太后病倒南苑时，董鄂妃自动前往侍疾，是其一贯作风使然，并不足以为奇，她这样做显然也是顺治的方针。对他们两人来讲，取悦皇太后的良机至关重要，绝不可失。

孝惠皇后的反常之举

董鄂妃侍疾南苑并非孝庄皇太后的旨意，还可以从孝庄患病时候，孝惠皇后的反常表现获得证实。

顺治十五年（1658 年）正月初三，顺治为皇太后病愈而颁诏大赦天下的同一天，降谕礼部：“昨者，皇太后圣体违和，朕朝夕侍奉，食息靡惶。皇后身为子妇，平时格恭定省，原属敬勤无失，且承皇太后笃爱，恩眷殊常，而此番起居、问安礼节，殊觉阙然。”两年多后，他在《董先行状》中也指出：“皇太后圣体违和，……今后曾无一语奉询，亦不曾遣使问候。”

顺治欲二次废后，以董鄂妃取而代之，于心已久。上述谕旨中对于孝惠的指责，更是用意昭然。假如孝庄皇太后曾有命令后妃等视疾问安的懿旨，那么孝惠皇后对病中的皇太后漠不体贴的做法，就是公然抗上，本质严重，顺治不会不抓住这一痛处，对她大张挞伐。可是顺治在对孝惠的指责中，并未以此为由，这只能说明孝庄皇太后不曾有过让后妃等前来侍疾问安的旨意。

那么，我们应当怎么看待孝惠皇后的这种反常行为呢？

首先，应考虑到她与孝庄皇太后的特殊关系。她不光是皇太后一手采选的正宫皇后，还是皇太后的亲侄孙女，一向为皇太后“笃爱，恩眷殊常”。与包括董鄂妃在内的其他嫔妃角力计算，孝惠皇后与皇太后之间的关系越发亲近。正由于此，她才可能在某种场合表现得任性、粗心，不顾及其他。这与董鄂妃的处境与作风，形成鲜明对比。

其次，是当时宫内的形势使她一时亏损了明智。顺治十四年（1657年）十月，顺治皇帝将董鄂妃之子作为未来的皇太子，举行隆重庆典，诏告天下，孝惠皇后终于认识到，自己将会成为第二个废后，因而万念俱灰，对周围发生的一切事务都不理会，以至连皇太后患病也不体贴，全然忘却作为子妇应尽的礼节和义务。她这一招失策之举，客观上为顺治二次废后创造了有利条件，因而在皇太后病愈后，随即对她做出“止存皇后之号，册宝照旧，停其笺奏”的决断。只是由于孝庄皇太后及时干涉，顺治才自愿下达“嗣后中宫笺奏等项，著照旧封进”的谕旨，再次废后未能成为现实。

值得一提的是，孝庄皇太后为自己的亲侄孙女（孝惠皇后）的做法也感到气恼，乃至从十五年初至十七年末近三年中，不愿与她相见：“皇后蒙皇太后慈谕，此三、四年来，未令朝谒慈宁宫。”

孝惠皇后则对孝庄皇太后在关键时刻赐予的庇护感谢感动不尽，为自己的不智之举悔恨不及，很快大病一场，“寝病濒危”。三十年后孝庄太皇太后病逝，她悲痛欲绝，真切地表现出对于自己的保护者的无限深情。

心力交瘁，红颜早逝

至此可以说，董鄂妃之死与其产后侍疾并无直接联系，若究其来历，恐怕也是综合性的。顺治的《董先行状》为我们提供了线索：“后病阅三岁，虽容瘁身癯，仍时勉谓无伤，诸事尤备，礼无少懈，后先一也。”

董鄂妃死于顺治十七年（1660年）八月十九日。所谓“后病阅三岁”，可理解为她从顺治十四年八月起便已患病。换言之，荣亲王出生前她已有疾在身；生子，体力消耗极大，进一步伤了元气；一个月后又侍疾南苑，更影响了身体的恢复。皇太后病愈不久，爱子不幸夭折（顺治十五年正月二十四日），遭此艰巨打击，她的身体日就衰落，病情日渐加重。以此看来，痛失爱子，是董鄂妃的健康发生质的变化的一个重要转折点，《汤若望传》中讲她在儿子薨逝后“不久崩殂”，并不是空穴来风。

董鄂妃入宫数载，每天都在承受着巨大的心理压力，又极为辛劳，身心两疲。可是，她的客观处境，让她仍需在人前强作欢颜，勉自维持，身体力行，无所不周，这更进一步加快了她的死亡，终于一病不起。董鄂妃华年早逝，是包括宫闱之争在内的清廷政治战争漩涡中，一个弱女子无法操纵本身命运的必然结局。

他披上的是寿纱还是袈裟

……

“丁巳，夜，子刻，上崩于养心殿。”一位帝王之死，仅在正史中留下了这寥寥数字。是无话可说，还是有难言之隐？顺治与董鄂妃轰轰烈烈的爱情，以董鄂妃之死而告终，顺治帝在最后的一刻，选择的是袈裟，还是寿纱？

年轻帝王撒手人寰

顺治十八年（1661 年）正月初六，人们还依然沉浸在“年”的喜悦中时，孝庄太后却在经历她这一生中最难熬的一个春节，因为她年仅 24 岁的儿子福临即将永远地离开她、离开那个龙椅、离开这个世界。顺治帝的突然死亡也给世人留下了诸多谜团。因为之前从来就没有顺治帝有病在身的说法，身为帝王不比寻常百姓家，一向都是养尊处优的，怎么就能如此易折了呢？而且是伤心黯然毫无留恋地离开。这些可以在顺治帝临死时留下的遗诏中看出。遗诏中除了对大清以及母后的愧疚之外，就是即将要得到解放的解脱之情。

据史书记载，顺治十八年（1661 年）正月初二福临患病，正月初七驾崩于养心殿。《清世祖实录》对顺治帝患病的经过、去世前的活动、死亡情况等是这样记载的：

“顺治十八年，辛丑，春正月，辛亥朔，上不视朝。免诸王文武群臣行庆贺礼。孟春时享太庙，遣都统穆理玛行礼。壬子，上不豫。……丙辰，谕礼部：‘大享殿合祀大典，朕本欲亲诣行礼，用展诚敬。兹朕躬偶尔违和，未能亲诣，应遣官恭代。著开列应遣官职名具奏。’尔部即遵谕行。上大渐，遣内大臣苏克萨哈传谕：‘京城内，除十恶死罪外，其余死罪，及各项罪犯，悉行释放。’丁巳，夜，子刻，上崩于养心殿。”

疑点重重的官方记载

从《清实录》中的详细记载可以看到，顺治帝患病是在初二，而到初六日已经“大渐”，就是病情急剧加重而且很危险，到初七凌晨就去世了。而对死亡情况的记述却仅有11个字：“丁巳夜，子刻，上崩于养心殿”，并未对其病因提及半字。

正是基于《清实录》所载，顺治帝病发突然，死因不明，后人不免产生了怀疑：为什么关乎皇帝生死的大事，只以寥寥数字敷衍了事，并且对死因只字未提？顺治帝正当人生盛年，并没有听说患什么病，怎么突然就撒手人寰了呢？

顺治遗诏中的密码

另外，顺治帝的遗诏也引起了人们的怀疑。

顺治十八年，正月初六，年仅24岁的顺治皇帝爱新觉罗·福临撒手人寰。辞世前一天，他召礼部侍郎兼翰林院掌院学士王熙入养心殿面谕遗诏。遗诏云：

朕自弱龄即遇皇考太宗皇帝上宾，教训抚养，唯圣母皇太后慈育是依，大恩罔极，高厚莫酬，唯朝夕趋承，冀尽孝养，今不幸子道不终，诚悃未遂，是朕之罪一也。

皇考宾天时，朕止六岁，不能衰绖行三年丧，终天抱恨，惟事奉皇太后，顺志承颜，且冀万年之后，庶尽子职，少抒前憾，今永违膝下，反上廑圣母哀痛，是朕之罪一也。

宗皇诸王贝勒等，皆系太祖、太宗子孙，为国藩翰，理应优遇，以示展亲。朕于诸王贝勒等，晋接既正东，恩惠复鲜，以致情谊暌隔，友爱之道未周，是朕之罪一也。

满洲诸臣，或历世竭忠，或累年效力，宣加倚托，尽厥猷为，朕不能信任，有才莫展。且明季失国，多由偏用文臣，朕不以为戒，反委任汉官，即部院印信，间亦令汉官掌管，以致满臣无心任事，精力懈弛，是朕之罪一也。

朕夙性好高，不能虚己延纳，于用人之际，务求其德于己相侔，未能随材器使，以致每叹乏人。若舍短录长，则人有微技，亦获见用，岂遂至于举世无材，是朕之罪一也。

设官分职，唯德是用，进退黜陟不可忽视。朕于廷臣中，有明知其不肖，乃不即行罢斥，仍复优容姑息，如刘正宗者，偏私躁忌，朕已洞悉于心，乃容其久任政地，诚可谓见贤而不能举，见不肖而不能退，是朕之罪一也。

国用浩繁，兵饷不足，然金花钱粮，尽给宫中之费，未常节省发施，及度支告匮，每令会议，即诸王大臣会议，岂能别有奇策，只得议及裁减俸禄，以赡军需，厚己薄人，益上损下，是朕之罪一也。

经营殿宇，造作器具，务极精工，求为前代后人所不及，无益之地，靡费甚多，乃不自省察，罔体民艰，是朕之罪一也。

端敬皇后于皇太后克尽孝道，辅佐朕躬，内政聿修，朕仰奉慈纶，追念贤淑，丧祭典礼概从优厚，然不能以礼止情，诸事太过，岂滥不经，是朕之罪一也。

祖宗创业，未尝任用中官。且明朝亡国，亦因委用宦寺。朕明知其弊，不以为戒。设立内十三衙门，委用任使，与明无异。致营私作弊，更逾往时，是朕之罪一也。

朕性闲静，常图安逸，燕处深宫，御朝绝少，以致与廷臣接见稀疏，上下情谊否塞，是朕之罪一也。

人之行事，孰能无过，在朕日御万几，自然多有违错，唯肯听言纳谏，则有过必知。朕每自恃聪明，不能听言纳谏。古云，良贾深藏若虚，君子盛德，容貌若愚。朕于斯言，大相违背，以致臣士缄然，不肯进言，是朕之罪一也。

朕既知过，每自克责生悔，乃徒尚虚文，未能者改，以致过端日积，愆戾逾多，是朕之罪一也。

太祖、太宗创垂基业，所关至重，元良储嗣，不可久虚，朕子玄烨，佟氏妃所生也，年八岁，岐嶷颖慧，克承宗祧，兹立为皇太子，即遵典制，持服二十七日，释服，即皇帝位。特命内大臣索尼、苏克萨哈、遏必隆、鳌拜为辅臣，伊等皆勋旧重臣，朕以腹心寄托，其勉天忠尽，保翊冲主，佐理政务，而告中外，咸使闻知。

在这份遗诏中，顺治帝列举了自己平生的 14 条罪行，比如对自己渐习汉俗、早逝无法尽孝、与亲友隔阂等，均充满了自责之语。为什么顺治帝会对自己所作所为如此内疚自责？这样的自责似乎很不符合一代少年天子离开人世时的最后心情。因此有人怀疑这份遗诏并非出自顺治帝本人，而是出自顺治帝的母亲孝庄皇太后之手，因为自责的内容，多是皇太后对顺治帝的不满之处。这自然加深了人们对顺治帝之死的更深一层的怀疑。

天花要了少年天子的命

顺治帝之死和遗诏的可疑，引起了后人的各种猜测。清史学者孟森先生经过详细考证，发现顺治帝是死于天花，而不是离宫出家，这一点见于他的《清初三大疑案考实》之二《世宗出家事实考》。孟森的论据来源于顺治时的礼部侍郎兼翰林院掌院学士王熙所撰的《年谱》。该《年谱》详细记载了顺治十八年（1661 年）正月初一至初八这几日顺治帝及其本人的活动：

顺治帝朝服像

“辛丑三十四岁，元旦因不行庆贺礼，黎明入内，恭请圣安，吾入养心殿，赐座、赐茶而退。翌日，入内请安，晚始出。初三日，召入养心殿，上坐御榻，圣躬少安，命至御榻前讲论移时。初六日，三鼓，奉诏入养心殿，谕：'朕患痘势将不起，尔可详听朕言，速撰诏书，即就榻前书写'……遂勉强拭泪吞声，就御榻前书就诏书首段。随奏明恐过劳圣体，容臣奉过面谕，详细拟就进呈。遂出至乾清门下西园屏内撰拟。凡三次进览，三蒙钦定，日入时始完。至夜，圣驾宾天，血泣哀恸。"

《年谱》上明确记载顺治帝对他说："朕患痘势将不起，尔可详听朕言，速撰诏书。"由此，孟森先生认为王熙作为顺治帝的宠臣，且在顺治帝病亡之前一直侍奉其左右，其《年谱》并非官方史书，没有必要避讳隐瞒，其上所言可信。他还进一步发现，当时的兵部督捕主事张宸在所撰的《青集》中也提到了这一点："辛丑正月，世祖章皇帝宾天，予守制禁中二十七日，先是初二日，上幸悯忠寺，观内吴良庸祝发。初四日，九卿大臣问安，始知上不豫。初五日，又问安，见宫殿各门所悬神对联尽出。一中贵问各大臣耳语，甚仓皇。初七日，释刑狱诸囚一空。传谕民间勿炒豆，毋燃灯，毋泼水，始知上疾为出痘。"张宸与王熙一样，都是顺治帝病逝前后的亲身经历者、目睹人，都说顺治帝是死于天花，这些事实似乎都确凿无疑地证明顺治帝确实死于宫中。

至于史书上没有明确记载顺治帝患天花而死的原因，孟森先生认为，由于当时人们谈"天花"而色变，为了稳定人心，避免引起朝野恐慌，才对这一病因秘而不宣。后来的史学者出于避讳，也没有在史书上说明。

有关专家还分析认为，从顺治帝的感情基础和思维方式分析，遗诏中的自责并非不合情理。入主中原后，顺治帝所面临的环境是完全不同于他的先祖们的，可以说是相当陌生的，他不但要尽力去熟悉与适应新情况，有时还要背离满族原有的习俗，这难免会使他陷入一种困惑与矛盾之中。另外，顺治帝曾经一度笃信基督教，也可能会形成感恩所得、自我忏悔的性格。在这种情况下，顺治帝因自己不能很好地解决新问题而自责是完全可能的。事实也是这样，他在位期间曾屡次下诏自责，并要求各种文书不能称自己为“圣”，甚至还常把各种灾害或者动乱归于自己的“政教不修，经纶无术”。在《清世祖实录》中还有一些记载：顺治十六年（1659年）正月，讨平李定国后，顺治帝认为这些成就并不是自己的德行所能实现的，拒绝贺礼；顺治十七年（1660年），在祭告天地、宗庙时，他对自己在位的17年做过简单的总结，通篇是自谴自责之词，并且下令暂时终止官员上给自己的庆贺表章。所以说，这《遗诏》中自我责备也是符合顺治帝的性格的。

退一步来说，就算这份诏书有伪造的嫌疑，也可能是顺治帝在病重期间，神志不清，无法口授遗诏，而根据太后之意由大臣们草拟而成。再说，据记载，顺治帝临终还遗命：“祖制火浴，朕今留心禅理，须得秉炬法语。如善果、隆安法喜有素，可胜此任；若森和尚不日能至，法次长於两寺，可转命也。”最终于四月十七日，由赶到京城的茆溪森和尚主持，在景山寿皇殿为顺治帝遗体秉炬火化。这件事在茆溪森死后，由他的徒弟们编纂的《敕赐圆照茆溪森禅师语录》中有记载，足以证此事不假。

《清圣祖实录》卷一中还记载有：安放顺治帝遗体的梓宫（棺材），在顺治十八年（1661 年）二月初二日被移放到景山寿皇殿。其后，继位的康熙皇帝在所有应该致祭的日期都前往致祭。卷二中又记载，在四月十七日这一天，康熙皇帝来到安放着顺治帝梓宫的景山寿皇殿，在举行了百日致祭礼以后，将顺治帝的神位奉入了乾清宫，以等待选择吉日奉入太庙。二十一日，则举行了“奉安宝宫礼”。“宝宫”二字的意思，是骨灰罐，这说明，二十一日时顺治帝已经被火化。所以说，顺治帝驾崩于养心殿是顺治十八年正月初七日的子刻，病因可能是天花。据《清圣祖实录》卷九记载，该“宝宫”在康熙二年（1663 年）四月二十四日黎明，被起程移奉孝陵，在六月初六日的戌时，同孝康皇后和端敬皇后的宝宫一起，被安放在地宫的石床上，并掩上了石门。

从上面的分析看，顺治帝患天花而死，似乎是最接近历史真相的答案。但是也有学者并不认同这一说法，并提出了质疑。首先，据医书记载，人患天花后，痘疮成浆之时精神倦怠，神思昏沉，不省人事，呼之不应，自语呢喃，如邪祟状。从医理上看，患天花的人死前根本不可能神志清醒，就是皇帝也不例外，还怎么可能口授遗诏？因而，《年谱》中记载的关于顺治之死的一些内容是不太真实的。再说，史料上对于顺治帝得病的时间也是自相矛盾的:《清世祖实录》记载，初二那天顺治感到身体不适;《青集》却说初二顺治到悯忠寺看太监吴良辅剃度;《年谱》记载王熙初一到初三连续三天进宫请安，都没有说顺治生病。《年谱》是最让人怀疑的：如果顺治真的染上了天花，他不可能在初二发病初期冒着高烧到悯忠寺看太监吴良辅剃度，更不可能在初三那天还和王熙讨论事情。而且让人们感到费解的是，王熙最后讨论的内容，用了“俱不敢载”四个字简单带过。如果没有什么别的原因或苦衷的话，王熙为什么要在顺治帝驾崩这一问题上遮遮掩掩呢？顺治患病去世应该属于正常死亡，为什么清宫档案对他的死因只字未提，讳莫如深？

对于此，民间广为流传着另一种说法，称顺治帝根本没有死于天花，而是到五台山出家当了和尚。孝庄太后为了顾及大清的声名，只好对外宣布顺治帝驾崩，由顺治帝八岁的皇子玄烨即位，即康熙帝。那么事实究竟如何呢？顺治帝真的出家当和尚了吗？他又为何要出家当和尚呢？

五台山上的和尚是谁

……

顺治出家五台山，早已成为清初的四大悬案之一。不过民间的这个传说到底是真还是假？官方记载的只言片语，给我们透露出了哪些信息？五台山上，是否留下了顺治帝礼佛诵经的痕迹？

笃信佛法的皇帝

要探究顺治帝是否出家，这要从他迷恋佛法说起。清朝统治者本来就推崇藏传佛教，早在清太祖努尔哈赤的时候，他的脖子上就挂有念珠，并在清朝的第一个都城赫图阿拉修有佛寺、皇寺。皇太极把都城迁到盛京沈阳后，更是修了实胜寺。加之，顺治帝的母亲孝庄太后是蒙古族人，自幼就受到佛教的熏陶，又年轻寡居，就以虔诚信佛排解心中的苦闷。

正是由于种种历史和家庭的影响以及个人的特殊因素，顺治帝自小就与佛教结下了不解之缘，稍长就信奉起佛教来，他的一生更与佛教有着“剪不断、理还乱”的关系。

据记载，顺治帝 14 岁那年，在遵化打猎的时候认识了一位法师。当时，这位法师正在山洞内静修，两人相见后，交谈甚欢。从这以后，顺治帝更加迷恋佛法。顺治十四年，在太监的精心安排下，顺治帝还亲自到高僧憨璞聪居住的海会寺，与他促膝长谈。回宫后，他又把这个和尚接到宫城西侧西苑（也就是现在中南海）的万善殿，继续论佛谈法。顺治帝还与当时著名高僧玉林、木陈、茆溪森等过往甚密。一次，顺治帝在与茆溪森和尚谈话时，还自称是他的弟子，这在历代帝王中也实为少见。顺治帝还请玉林为他起法名，“要用丑些字样”，他自己选择了“痴”字，于是取法名“行痴”，法号“痴道人”。玉林还称赞顺治帝是“佛心天子”，顺治帝在这些和尚面前则自称弟子。据记载，顺治帝还写了出家偈，全篇充满了佛家禅悟的情怀以及对出家为僧的向往，更包含着生在帝王之家的辛酸和不幸：

天下丛林饭似山，钵盂到处任君餐。黄金白玉非为贵，唯有袈裟披最难！

朕为大地山河主，忧国忧民事转烦。百年三万六千日，不及僧家半日闲。

来时糊涂去时迷，空在人间走一回。未曾生我谁是我？生我之时我是谁？

长大成人方是我，合眼朦胧又是谁？不如不来亦不去，也无欢喜也无悲。

悲欢离合多劳意，何日清闲谁得知？世间难比出家人，无牵无挂得安闲。

口中吃得清和味，身上常穿百衲衣。五湖四海为上客，逍遥佛殿任君嬉。

莫道僧家容易做，皆因屡世种菩提。虽然不是真罗汉，也搭如来三顶衣。

兔走乌飞东复西，为人切莫用心机。百年世事三更梦，万里江山一局棋！

禹尊九州汤伐夏，秦吞六国汉登基。古来多少英雄汉，南北山头卧土泥！

黄袍换却紫袈裟，只为当初一念差。我本西方一衲子，缘何落在帝皇家！

十八年来不自由，南征北战几时休？朕今撒手归西去，管你万代与千秋。

顺治帝与高僧的谈话中更是多次流露出遁隐空门的思想倾向。比如，一次，福临与佛教大师玉林谈起自己的身体不好，食不甘味，寝不安枕，随后说道：“朕想前身的确是僧，今每到寺院，见僧家明窗净几，辄低回不能去。”还说道“财宝妻，人生最贪恋摆拔不下底。朕于财宝固然不在意中，即妻亦觉风云聚散，没甚关情。若非皇太后一人挂念，便可随老和尚出家去”。玉林闻言大为吃惊，极力劝谏福临身为国君，是要“保持国土，护卫生民”的，如果只图自己清静无为，忘却这件大事，凭你如何修行，“也达不到诸佛田地”。所以“出家修行，愿我皇万勿萌此念头”。这才劝住了顺治帝。

作为一位年少有为的君主，万人仰慕的少年天子，顺治帝如此迷恋佛法，多次萌生遁隐空门的想法，确实非同寻常，令人费解。

除了受周围人群的影响，他本人所处的环境以及遭遇是否也是一个原因呢？的确如此。首先，我们知道顺治帝是在清太宗皇太极去世后，在多种政治势力复杂斗争和互相妥协的情况下，侥幸当上皇帝的。而他在位的18年，前8年主要由摄政王多尔衮发号施令，他根本就是一个政治傀儡。多尔衮后来更是独揽大权，逐步分化了支持顺治帝的各种力量，顺治五年，更是被尊奉为“皇父摄政王”，成了名义上的“太上皇”，实际上的皇帝。顺治帝的处境危如累卵，只有仰人鼻息，任人摆布。由此可以想到，顺治帝前期一直生活在摄政王多尔衮的阴影里，处境危险，经常担惊受怕。这些因素对顺治帝性格的形成，以及后来一心向佛有一定的影响。另外，从史料分析，顺治帝与自己的母后孝庄太后的关系也并非多么融洽。《清史稿·后妃传》中对于顺治帝与母后的关系记载十分简略，仅仅60个字，而且所记内容也多是例行公事的一些事情。在这种环境下，形成了顺治帝高傲自尊，而又任性敏感的个性。加之多愁善感，身体羸弱，他常常在苦闷和忧郁中度日。特别是作为大清国承前启后的一代君主，他肩负着太多的使命，亲政后，更是日理万机，每天都要处理大量的事务，年仅10多岁的少年天子，不胜重负，该会有多累多烦？据说，有一次他曾对木陈说："我睡觉时只能单人独室，不能与人同床。临睡前，必须让所有的人都出去，若听到一丝气息，就一夜睡不着。睡早了也不行，必须熬过半夜，困极了，才能一觉睡着。"从中也可看出顺治帝的苦闷，甚至患有脑神经衰弱的疾病。而佛教的出现正好慰藉了他疲惫的灵魂，给他打开了一个逃避现实、回归轻闲自我的全新世界。

从以上分析来看，顺治帝确实与佛教有着割舍不断的情缘。在这种情况下，当宠爱的董鄂妃不幸去世后，一下子失去了精神寄托的顺治帝，万念俱灰，产生遁入空门的念头也就不足为怪了，难怪会有传说顺治帝出家与他宠爱的董鄂妃的去世有着直接的关系。

遁入空门的帝王

董鄂妃的逝世使少年天子彻底崩溃了。他痛不欲生，亲自为她守灵，并且不顾皇帝的尊严，大哭大闹，“寻死觅活，不顾一切，人们不得不昼夜看守着他，使他不得自杀”。在董鄂妃逝世的当天，他又下令“亲王以下，四品官员以上，并公主、王妃以下命妇，俱于景运门外，齐集哭临，辍朝五日”。如此，他还嫌不够，又破例追封董鄂妃为皇后，并加谥号“孝献庄和至德宣仁温敬皇后”，谕下礼部。闻者颇感惊讶：“不过一个贵妃罢了，又何至于如此。”顺治帝在第五日，还在爱妃生前居住的承乾宫举行了隆重的追封典礼，以自己的名义撰写了《董鄂妃行状》的祭文，全文数千言，极尽才情和哀伤，历数了董鄂妃的嘉言懿行，兰心蕙质。顺治帝还命大学士金之俊写了《孝贤皇后传》。尽管顺治帝已经做得够多了，然而仍然难以平复内心的痛苦，他又下令将承乾宫内大小太监、宫女等 30 余人全部赐死，为贵妃殉葬，造成了清宫罕见的一大惨案。

不仅如此，几近失去理智的顺治帝，再无心政事，还大吵大闹着要出家，两个月内先后 38 次到高僧馆舍，谈佛论禅，完全沉迷于佛的世界。据《大觉普济能仁国师年谱》《敕赐圆照茆溪森禅师语录》《北游集》《续指月录》等僧侣书籍的记载：顺治帝曾经在十七年（1660 年）十月中旬，也就是贵妃去世两个月后，决定舍弃皇位，身披袈裟，孑身修道。他命令茆溪森和尚为其举行了净发仪式。起初，茆溪森百般劝阻，他都不听，没有办法只好为他进行了剃度。而这一举动急坏了皇太后，她火速派人把茆溪森的师父、报恩寺主持玉林召回京城。玉林到京城后对弟子茆溪森的行为极为恼火，当即命人架起柴堆，要烧死他。玉林还对顺治帝进行了规劝，而顺治帝一心皈依佛门，并提出佛祖释迦牟尼和禅祖达摩不都是舍弃王位出家了吗？玉林说，他们是在过去世悟立佛禅，而现在从出世法来看，最需要您在世间护持佛法正义，护持一切菩萨的寄身处所，所以您应该继续做皇帝。正是在玉林的规劝和要烧死茆溪森的压力下，顺治帝才回心转意，蓄发还俗了。

虽然这一件事不为清朝正史所载，但这些高僧的普遍记述，似乎证明了它的真实性。就是说顺治帝在爱妃去世后不久，确确实实削发为僧了，后在众人的一再劝阻下，不得已只好蓄发还俗了。茆溪森和尚的塔铭上就有这样几句话："人人道你大清国里度天子，金銮殿上说禅道，哈哈，总是一场好笑"，也印证了这件事。

事后不久，顺治帝接受玉林的建议，在阜成门外八里庄慈寿寺从玉林受菩萨戒，并加封他为"大觉普济能仁国师"。顺治成为清朝历史上唯一公开皈依禅门的皇帝。

五台山上的特殊僧人

对于顺治帝是否出家当了和尚，现在存在着两种针锋相对的观点。

支持这一说法的人认为，据《起居注》记载，康熙帝即位后不久，孝庄皇太后曾多次带着他上五台山礼佛。这一活动本来完全可以在北京举行，他们为什么舍近求远，不远千里去五台山呢？这一异常之举，有人怀疑可能是孝庄皇太后和康熙帝以礼佛之名，行前去探望顺治帝之实。民间更是传说，康熙帝一生5次巡游五台山，实际上都是为了寻找父皇，但尘缘已了的顺治帝根本不与他相认。无奈的康熙帝曾在寺庙墙壁上题写了“文殊色相在，唯愿鬼神知”的诗句，表达了这种父子不能相认的苦闷心情。

另外，有人说从当时江南著名才子吴伟业的《清凉山赞佛诗》诗中也能看出顺治帝出家的意思来：“陛下寿万年，妾命如尘埃。愿共南山椁，长奉西宫杯。”在当时的江南广泛流传着顺治皇帝与董鄂妃的故事，不过那里的人们多认为董鄂妃就是江南名妓董小宛。于是，人们见到吴伟业的诗后，就认为陛下就是顺治皇帝，而诗中的“千里草”和妾无疑就是董小宛。

还有“八极何茫茫，日往清凉山”一句，也很不容易让人理解。据吴伟业笔记记载，诗中的清凉山，指的就是佛教圣地五台山，顺治帝生前从未到过五台山，为何诗中会说顺治帝“日往清凉山”？据说，有一次顺治帝在梦中见到董鄂妃到了五台山，因此也决意到五台山修行。由于吴伟业的诗素有“史诗”之称，人们也对这种说法十分笃信。在五台山也确实流传着各种各样有关顺治帝到此出家的故事和传说，并且都生动形象。晚清时，庚子之变后，慈禧太后西逃到山西，当地官员为接待她，从五台山借了一些用具。据说这些用具跟宫廷用具相似，很可能是在此出家的顺治帝当年用过的。

《清朝野史大观》《顺治演义》《顺治与康熙》等野史和文学作品中，更是把顺治帝出家的过程描绘得具体、生动，合情合理。比如《清朝野史大观》中记载："世祖（顺治）之于董贵妃，所谓君非姬氏，居不安，食不饱者也。乃红颜短命，世祖对之，忽忽不乐，未数月，遂弃天下，遁入五台山，削发披缁，皈依佛土……满洲族人，虽百方劝解，卒不能回。由是于十八年正月，谬谓世祖病殁，而以十四罪自责之遗诏下矣。"蔡东藩在《清史演义》中也写道："顺治帝经此惨事，亦看破世情，遂于次年正月，脱离尘世，只留重诏一张，传出宫中。"从以上分析来看，顺治帝当年似乎真有到五台山出家的可能。

艺术与现实的差距

但是反对者则认为顺治帝是死于天花，并没有出家。除了前面所叙述的顺治帝极可能死于天花的观点外，他们认为拿吴伟业的《清凉山赞佛诗》来说明顺治帝出家一事，是十分荒唐的。顺治帝有没有出家，其周围的大臣们都不知道，怎么偏偏吴伟业就知道了？还有人认为，其中"可怜千里草，萎落无颜色"的"千里草"指的是董小宛，可是实际上顺治帝与江南名妓董小宛年龄相差16岁，并且董小宛的丈夫冒辟疆在所著的《影梅庵忆语》中明确证明她在顺治八年时就已去世，不可能得到顺治帝宠爱。在当时信息不发达的情况下，人们把董鄂妃误认为是董小宛，以讹传讹，从而把两个完全不同的人附会在了一起，这也证明了这种说法的荒谬。再说，《清凉山赞佛诗》只是一首诗，作者很可能尊重了艺术的真实，而忽略了历史的真实。

至于说孝庄皇太后和康熙帝后来几次到五台山是为了寻找顺治帝的说法，也显牵强。孝庄皇太后本人就笃信佛教，五台山又是佛教名山，到五台山许愿拜佛是很正常的事情，并无可疑。五台山所流传的顺治帝到此出家的故事以及在那里找到了与宫中相似的器具等说法，很可能是五台山为了提高自己的知名度编造出来的，并不是历史事实。

两种观点截然相反，各有各的理。顺治帝到底是死了，还是出家为僧了，孰是孰非，有待进一步考证。

是郑成功杀了顺治帝吗

……

一部手抄本的重见天日，掀起了历史界的轩然大波。郑成功抗清的炮火之下，是否埋葬了顺治帝的性命？没有旁证的情况下，这部手抄本是真是假？

一部手抄本重演未解之谜

2004年4月，某报上刊登出了“顺治被郑成功毙于厦门”的新闻，引起了广泛关注。这一报道主要源于手抄本的《延平王起义实录》一书。这本书是郑成功的后人郑万龄在整理祖上的遗书时发现的。全书以日记的形式记载了郑成功戎马倥偬的一生。其中，有一段记载说：有人密报郑成功，高崎之战中，顺治皇帝在厦门思明港被炮击中，清军将领达素不敢对外公布这个消息。另外，书上还有一段披露郑成功的父亲郑芝龙被害内幕的文字，其中再次提到顺治帝死因：太师郑芝龙降清后，屡次写信劝儿子郑成功投降清朝都以失败告终，但顺治帝并未加罪于他。而顺治帝被炮毙于厦门后，辅臣苏克萨哈与郑芝龙有仇，向康熙帝建议："郑成功可以用炮击死我们的先皇，皇上难道就不能处死他的父亲吗？"康熙帝采纳了他的意见，即位不久就把郑芝龙处死了。

顺治帝御驾亲征的传说

这个关于顺治帝之死的全新说法引起了有关学者的注意。有学者认为，顺治帝很有可能御驾亲征，到过厦门，并且清军将领达素之死，确实存在颇多疑点。《延平王起义实录》中称，顺治帝被炮毙后，达素畏罪自杀。在另一部重要史料《海上见闻录》中，今人发现也有类似的记载：十月清调达素回京问罪，达素在省吞金而死。如果这个记载属实，那么究竟是什么原因迫使达素走上了自杀之路呢？

不仅仅是史料中，就是民间也有顺治帝曾经御驾亲征来到厦门的传说。讲述这个故事的人都说，顺治帝与郑成功作战时被郑成功炮轰而死，并掉在了港中的江水里。水里的鱼吃了皇帝的肉后，身体还发生了变形，成了无鳔江鱼。王熙在其书中对顺治帝之死讳莫如深，闪烁其词，仅仅用“俱不敢载”四字带过，是不是因为顺治帝是被郑成功炮轰而死，清廷严格保密，才不敢说呢？

不过，也有专家对此提出了质疑。首先，为什么这么重大的事情，在记录郑成功事迹的《先王实录》里边没有记载呢？据考证，郑成功在收复台湾之前曾说过打败了达素军队，但并没有说打死了顺治帝。其次，南明大臣张煌言在给永历皇帝的所有奏报中，也从没提到顺治帝死于郑成功的炮轰。据此分析，在当时应该没有这种说法，否则各方不可能没有反映。清军与郑成功所部作战是在五月，如果说顺治帝被郑成功炮毙而死，应该不超过五月。而新皇帝即位是在顺治十八年正月，如果顺治帝五月死的，这说明从五月到第二年正月，这么长一段时间清廷皇位是虚悬的。这可能吗？

依然悬而未解的千古之谜

总之，《延平王起义实录》中的记载，给顺治帝之死提供了一种全新的说法。但是顺治帝是否御驾亲征来过厦门？是不是真的死于郑成功的炮轰？除了一份家传的手抄本和一个无稽的传说外，并没有找到其他什么强有力的佐证。

顺治帝究竟有没有出家？他又是怎么死的？也许永远无法得到确切的答案。顺治帝神秘的死亡也许在紫禁城的静默中被永远尘封了，然而，历史也许正是因为有了诸多难以猜测的谜题，才会显得更加耐人寻味。

第九章

孝庄太后下嫁之谜

孝庄太后下嫁传闻

……

堂堂的皇太后，却嫁给了先皇的弟弟。是败坏人伦，还是另有隐情？民间有着怎样的传说？文人又有着怎样的记载？

一首诗中透露出来的秘密

上寿觞为合卺尊，慈宁宫里烂盈门。

春宫昨进新仪注，大礼躬逢太后婚。

——南明·张煌言《建夷宫词》

张煌言的这首诗写得很热闹。从字里行间中便可看出那种宫中奢华的气象。不过最后一句却透露出了一个天大的秘密："太后婚。"

所谓"太后"，即指皇帝的母亲，先皇的皇后或妃子。也就是说，肯定是与先皇结过婚的人。而在这首诗中，又出现了

“太后婚”的字眼，也就是说此时的太后又出嫁了一次。

在封建社会，尤其是宋朝之后，封建思想中的伦理道德观念被进一步放大，女子从一而终方算有贞洁可言，更不必提三从四德之类的条条款款。民间丧偶的女性改嫁，很多时候还要受到不少限制，尤其是对其名声所产生的大不利影响。更不用说堂堂一国的太后了。

如果说皇后是六宫之主，一国之母，那么太后就相当于太上皇的位子，一举一动都要受到文武百官乃至黎民百姓的关注，更何况是再婚这件有悖于伦常之事？而张煌言笔下的这个太后，却大张旗鼓、大操大办地筹办自己的“二婚”庆典，唯恐天下人所不知。这位太后究竟是谁？我们从张煌言所生活的时代中便可看出来。

张煌言生于1620年，即明光宗泰昌元年，卒于1664年，即清圣祖康熙三年，如果不算南明时期，那么他曾经历过明光宗、明熹宗（天启帝）、明思宗（崇祯帝）以及清世祖（顺治帝）、清圣祖（康熙帝）五代帝王。因诗中有慈宁宫的字样，因此可以认定是入主中原的太后，故努尔哈赤、皇太极以及南明皇帝的太后可以排除，再加上张煌言卒于康熙三年，且一直因为是南明之臣而处于被清廷的追杀之中，想来也无暇去写这种事，因此亦可以将康熙朝的太后排除在外。如此一来仅剩下一位，就是顺治朝的太后、顺治帝的母亲——博尔济吉特氏·布木布泰，即后世所称的孝庄太后。此事，也正是清初四大谜案之一——太后下嫁之谜。

孝庄太后下嫁的可能

民间之所以盛传太后下嫁的故事，就是因为根据当时的历史情况看，孝庄太后下嫁还是有原因和动机的。不过，后人经过多方分析，得出的结论也是说法不一。

有人说，孝庄太后有可能下嫁多尔衮，是因为她想报恩。这种说法多见于文人笔记：皇太极去世后，睿亲王多尔衮完全可以继任大统，因为他有足够的实力和条件。但是，他没这样做，而是将皇位让给了皇太极的第九子，年仅6岁的福临，自己则称摄政王。在他的影响下，诸王公大臣对福临的即位也就不敢多言，福临顺利地当上了皇帝。之后，多尔衮为了大清的江山，又亲率八旗劲旅，挥戈南下。经过艰苦的征战，多尔衮不但大败李自成军，还占领了北京城。

孝庄太后像

孝庄太后 (1613 ~ 1687)，明天启五年 (1625，后金天命十年) 嫁与清太宗皇太极，明崇祯十一年 (1638，崇德三年) 生皇九子福临，即清世祖顺治帝。康熙二十六年 (1687) 去世，享年 75 岁。

此时，多尔衮仍然有机会称帝，但是他还是没有这么做，北京局势一稳定，就立即迎请顺治帝移驾北京。福临成了清朝入关后的第一位天子。

多尔衮的苦心和忠诚不但让皇帝感动，也感动了大臣们，大臣们都认为多尔衮理应得到回报。久未得到孝庄太后的多尔衮认为，不如借此时机了了自己的心愿，于是，召来大学士范文程等，密谋迎娶孝庄皇太后之事。

第二天，百官上朝后，范文程上奏说："摄政王功高望重，谦抑自持。自入关以来，大权在握，却并不以帝位自居，尽心辅佐皇上。如此让位之德，亘古少有，又如何能够报答得了呢？正好，摄政王是皇上的叔父，今日让位的事，就跟皇父传位给自己的儿子一样。摄政王既然像对待太子一样对待皇上，皇上也应当像对待皇父一样对待摄政王，以此作为报答，诸位觉得如何？"众人连连称好。范文程紧接着提议道："近日闻说摄政王妃新亡，而我皇太后又盛年寡居。皇上既视摄政王如父，自然不可使父母异居两处。因此，伏请摄政王与皇太后同宫而居。"众人又都随声附和。于是，史官将此事记载于册曰："皇太后下嫁摄政王。群臣上贺表。"

传说中的婚礼大典

相传，多尔衮和太后的婚礼极为隆重，京师除了一两个自命清高者，其余的人都亲临现场，同瞻盛典。当时，还以顺治帝福临的名义诏告天下，说"太后盛年寡居，春花秋月，悄然不怡。朕贵为天子，以天下养，乃独能养口体，而不能养志，使圣母以丧偶之故，日在愁烦抑郁之中，其何以教天下之孝？皇叔摄政王现方鳏居，周室懿亲，元勋贵胄，其身份容貌，皆为国中第一人，太后颇愿纡尊下嫁。朕体慈怀，敬谨遵行。一应典礼，着有司予办。”

在这个故事中，多尔衮以摄政王的身份，通过授意群臣请求的策略，达到了逼娶太后的目的。而太后一直没有露面，仅在诏书中称她“盛年寡居，春花秋月，悄然不怡”，故“颇愿纡尊下嫁”。

孝庄与多尔衮是否早有私情

有些演义小说中称太后与多尔衮早就有私情，太后下嫁是顺其自然。皇太极的庄妃，就是后来的孝庄太后，容貌姣好，冰清玉洁，故得名“大玉儿”。入宫之初，因为年纪尚小，并未引起皇太极的注意。她本是皇后的亲侄女，姑侄俩自会经常来往，久而久之，皇太极被大玉儿的容貌所打动，决定封大玉儿为妃。可是，当时的大玉儿情有所属，心中的情人就是多尔衮。大玉儿和多尔衮可谓青梅竹马，两小无猜，但是皇太极并不知道。皇命已下，实难违抗，结果，大玉儿嫁给了皇太极。她还凭借自己的智谋，帮助皇太极劝降了洪承畴，可谓功勋卓著，深得皇太极的宠爱。多尔衮知道已经与大玉儿无缘了，就娶了小玉儿。据说，小玉儿也是生得花容月貌，但是，因为多尔衮已经心有所属，对小玉儿自不会好到哪里去，于是，小玉儿对大玉儿因嫉生恨。

小说中还说大玉儿和多尔衮虽然各有所属，但是私下里仍然往来频繁，结果出于报复，小玉儿就把两人的私情，通过某王禀告给了正在同明军作战的皇太极。皇太极听后愤怒异常，当即离开战场回到沈阳皇宫，但回宫不到一日就暴病驾崩。

皇太极死后，多尔衮协助大玉儿让福临当上了皇帝，自己成了摄政王，大玉儿成了皇太后。从此，二人以商讨国家大事为名公开往来。小玉儿愤恨不平，与多尔衮争吵之后自尽而死。摄政王妃既死，大玉儿便名正言顺地下嫁了多尔衮。

孝庄太后被迫下嫁

关于太后有可能下嫁的原因猜测还有第三种，那就是太后是为了保住儿子福临的皇位而被迫下嫁多尔衮的。此说还是基于庄妃与多尔衮的私情而起的。太宗驾崩后，庄妃借与多尔衮的私情，得到多尔衮的帮助，使得福临顺利地登上了皇位。庄妃本想垂帘听政，又怕宗室中人反对，就与多尔衮商议。最后，两人决定采用摄政制，由福临做皇帝，太后执掌内权，睿亲王多尔衮摄政。

清廷入关后，摄政王仗着自己的军功将大权独揽，还让王公大臣对他北面而朝。太后十分疑惧，但为了稳住摄政王，她故意下诏命诸臣以皇叔九千岁的礼仪进上，多尔衮并未怀疑，欣然接受。

可是，有一天，太后与多尔衮并辇而行，侍卫前来禀事，都是先太后，后才轮到摄政王。多尔衮大为不满，就要起了脾气，不上朝，不进宫。太后得奏，心中懊丧，当时没有多尔衮还不行，可是多尔衮又如此专横，这可怎么办？如果不想办法，福临的皇位早晚会被他夺去。思来想去，只有一个办法，就是下嫁多尔衮。于是，太后命内大臣往摄政王府议下嫁之事，并命内三院拟太后下嫁及称尊皇父的典礼。

闻听此事，明朝旧臣陈之遴十分惊异，咋舌道："这种礼也能议吗？"太后听说他的言论后，大怒，要不是有大臣在旁相劝，"下嫁是大喜事，不宜用刑见血"，陈之遴必死无疑。陈之遴死罪虽免，仍被贬到吉林三姓城入军籍服役。

可见，太后下嫁实在是委曲求全，不得已而为之。

关于太后下嫁的说法还有许多，有些故事荒诞不经，有的如同淫秽小说，都令人难以置信。但是除了民间传说外，史学家也有太后下嫁的说法，大致与第三种说法相似，说是太后为了笼络多尔衮，巩固福临的帝位而下嫁。无论是出于什么原因，太后下嫁似乎已成定论，是否真的如此呢？

太后下嫁，清宫第一大谜案

……

如果孝庄真的曾嫁给多尔衮，那么她是出于什么样的考虑？是旧情重燃还是政治联姻？是人伦沦丧，还是风俗传统？《建夷宫词》、大婚诏书、风水墙外……这一道道历史的蛛丝马迹，在向我们讲述着什么？

时至今日，关于太后是否下嫁，仍是一个颇有争议的问题，当我们把它作为了一个严肃的历史课题对待时，就必须找到太后下嫁与否的正反论据。

一桩策划周详的政治婚姻

相信太后下嫁的人提出了自己的论据，他们认为作为一桩政治婚姻，太后为了保全福临的皇位下嫁给多尔衮是完全可能的。试想，顺治登基时还只是个孩子，而孝庄太后也是一个30余岁的寡妇，在当时的那种情况下，仅凭他们母子怎么可能撑起整个大清江山？并且，当时多尔衮已经掌握全部军政大权，尤其是入关后他更是专横跋扈，说一不二，连皇帝都不放在眼里，作为福临的母亲，不委身下嫁，恐怕也没什么好法子了。至于是主动自愿，还是被逼迫，以及结婚的时间、地点，是否举行过大典，其实都是不重要的。因为，孝庄太后只要达到政治上的平衡，保住福临的皇位就达到目的了。事实上她也确实牵制住了多尔衮，所以，说两人确实有私情，也是不过分的。

历史上的信息

《清实录》中有记载：顺治七年（1650年）正月，多尔衮就将肃亲王豪格的福晋博尔济吉特氏娶来做自己的妃子。在教士汤若望留下的文字中也曾记载说，顺治皇帝最宠爱的董鄂妃实际是自己的弟媳。这样看来太后下嫁就没什么不好理解了。

摄政王多尔衮留下的蛛丝马迹

从多尔衮“皇父摄政王”的称谓上，也能看出太后下嫁的事实。大概在清末民初时期，有人在顺治初年的科举考卷上发现“皇父摄政王”的字样曾与皇上并排单立为一行。后人对“皇父摄政王”进行考证后发现，福临对多尔衮的称谓是不断变化的——顺治元年（1644年）称“叔父摄政王”，顺治二年称“皇叔父摄政王”，顺治五年称“皇父摄政王”，因此，人们得出结论，多尔衮名讳变化过程实际上是太后与多尔衮的婚姻由隐秘到公开的一个反映，如果太后未曾下嫁，为什么福临要叫多尔衮为皇父？而且，这一点在朝鲜的《李朝实录·仁祖》卷五十上也有记载：顺治六年（1649年）二月，清廷派使臣去朝鲜递交国书，朝鲜国王看见书中称多尔衮为“皇父摄政王”，便问：“清国咨文中有皇父摄政王之语，此何举措？”清朝来使回答道：“今则去叔字，朝贺之事，与皇帝一体云。”朝鲜国右议政郑太和说：“中虽无此语，似是已为太上矣。”国王也说：“然则二帝矣。”这说明，关于多尔衮的称谓，朝鲜君臣也表示怀疑过。既然外交文书上都这样写，外交使臣也做此解释，说明太后下嫁是真的。

顺治七年（1650年），多尔衮病死的第二年，朝廷历数了他的种种罪行，其中“自称皇父摄政王”和“亲到皇宫内院”就是他的两条大罪。这一事实，在清朝人蒋良骐的《东华录》中就有记载。从此可以看出，如果太后没有下嫁，多尔衮敢深入内院，并且把福临当成儿子吗？太后和皇室亲王贝勒能接受吗？

《建夷宫词》中的信息

在明朝遗臣张煌言的《建夷宫词》中，也有讽刺太后下嫁的诗句："上寿觞为合卺尊，慈宁宫里烂盈门。春宫昨进新仪注，大礼恭逢太后婚""掖庭又闻册阏氏，妙选孀姬是母仪。"尽管张煌言有借诗讽刺清廷的意思，但是，俗话说无风不起浪，如果没有这事，他怎么能说得有鼻子有眼的。

泄密的顺治诏书

顺治的一封诏书也很值得怀疑。顺治十七年（1660年）十二月二十四日，顺治降谕礼部，其中有这样几句话："睿王摄政时，皇太后与朕分宫而居，每经累月方得一见，以致皇太后萦怀弥切。乳母竭尽心力，多方保护诱掖，皇太后眷念慈衷赖以宽慰。"顺治因乳母李氏病故而写的诏书，透露出了这样一个信息：因为多尔衮摄政，才使得顺治与母亲孝庄太后分宫而居，母子累月不能相见。为什么会这样？"每经累月方得一见""皇太后萦怀弥切"，皇太后为什么不与自己的幼子住在一起？顺治为什么不去看望自己的母亲？这中间难道没有别的因素在阻止他们母子相见吗？而这个因素，除了多尔衮之外，还有谁会有这么强的力量？顺推下去，我们很容易就能得出这样的结论，如果皇太后不是下嫁了，怎么会长期不在宫中？

难入风水墙的皇太后

孝庄太后去世后的墓葬也可以说明问题。清朝早期丧葬制度规定，皇后死后，都要与皇帝合葬，同陵同穴，哪怕在皇帝之后死去。可是，孝庄太后死后却没有遵守这一祖制，而是单独葬在了遵化的清东陵风水墙外，并且灵柩还在地面上停放了38年之久。这是为什么呢？

史料中虽记述孝庄太后生前曾叮嘱康熙帝："我身后之事特以嘱汝，太宗文皇帝梓宫安奉已久，卑不动尊，此时未便合葬。况我心恋汝父子，当于孝陵近地安厝，我心始无憾。"可这很有可能只是托词，因为顺治六年（1649年）四月，皇太极的孝端文皇后死后就葬入了昭陵。究其原因，恐怕是随着汉化的深入，孝庄太后和康熙帝都感觉到了下嫁一事不是什么光彩事，尤其是孝庄太后更觉得在阴间无法面对太宗皇帝的缘故吧。至于为什么孝庄太后灵柩要在地面上停放那么久，可能是因为康熙帝感到不知如何是好，遵守太后遗嘱觉得对不起太后，不遵守太后遗嘱又觉得对不起太宗，所以迟迟不能定夺。

另外，清东陵的5个皇帝、14个皇后、136个旗妃，都葬在风水墙内，而只有孝庄太后葬在风水墙外，这又是为什么呢？野史上的解释是，因为下嫁一事对爱新觉罗皇族来说是一件丢脸的事，所以罚她在陵区大门之外永远为子孙后代看守陵门。这种说法虽然经不住推敲，但是不管怎样，孝庄太后被葬在清东陵外，确实有违情理，难免会让人联想到下嫁一事。

《红楼梦》里的影子

从现实主义古典名著《红楼梦》中好像也能看到孝庄太后下嫁的影子。比如，贾氏二房四子的名字分别是敷、敬、赦、政，而这四个字合起来谐音正好是“夫敬摄政”；宁国府老仆人焦大喝醉酒后，说这府里“爬灰的爬灰，养小叔子的养小叔子”。在书中前半句有所指，后半句就不知其出处了。所以，有人认为此处是对孝庄太后下嫁小叔子的影射。还有人把贾母和孝庄太后联系到了一起，这也难怪，贾母这种一身两任的经历与孝庄太后有点相似。

如果我们硬把小说中的零散的隐语作为太后下嫁的证据，似乎有些武断，不过在这部被认为是反映作者所处时代社会生活的百科全书中，这些情节是不是在暗喻什么，或者真有什么含义呢？

大婚诏书的真假之争

1946 年 10 月，近代学者刘文兴在撰写的《清初皇父摄政王多尔衮起居注跋》中写道：宣统元年（1909 年），他的父亲刘启瑞任内阁侍读学士，奉命收拾内阁大库档案，“得顺治时太后下嫁皇父摄政王诏”。这是一个极其重要的信息，如果太后下嫁的诏书确实为真，那无疑就是太后下嫁的铁证了。

综上所述，正是因为有了这么多的佐证，很多人都认为太后下嫁确有其事。只是到了后来，汉化的加深，清朝统治者才意识到这件事很不体面，从而将有关太后下嫁的文件从官方的典籍中全部删掉了。并且据说是到乾隆朝，主管修史的纪晓岚见到了太后下嫁的诏书，认为："这种事怎么可以传示后人，以彰其丑？"并请示乾隆帝，将有关内容全部删削，最终使得这一事件成了历史疑案。

孝庄太后是否曾下嫁

下嫁，没有下嫁，历史在争论中艰难地寻找着真相。一个个难以自圆其说的解释，一个个被反复争议的事实，什么时候，才能拨开这层层迷雾，还历史以真相？

孝庄太后没有下嫁

也有不少史学家对太后下嫁一事持否定态度，认为太后下嫁根本就是子虚乌有，捕风捉影之事，甚至是敌视满族的文人士子们故意编造、恶意中伤的产物，根本与史实不符。针对上文观点，他们给出了一一的批驳。

政治婚姻中的漏洞

说孝庄太后和摄政王多尔衮之间有难以言说的恋情是可能的，但是说为了保住顺治帝的皇位，孝庄太后被迫接受政治婚姻，下嫁多尔衮，则是完全不可能的。首先，顺治的皇位是经过八旗之间剑拔弩张的斗争，最终作为权力平衡和斗争多方互相妥协的结果而最终确立的，并非多尔衮的个人因素决定的。其次，清军入关后，多尔衮确实曾大权独揽，对顺治帝构成了极大的威胁，然而并不是孝庄太后下嫁多尔衮，就能阻止他称帝野心的。而事实可能恰恰相反，下嫁多尔衮不是增加反而是削弱了孝庄太后牵制多尔衮的能力。因为，按照清初八旗制度的规定，两黄旗作为太宗皇太极的遗产，其合法继承人应该是继承帝位的福临。

孝庄太后只有作为太宗的遗孀和当今皇上的生母，才能与儿子共同享有继承权，才能被两黄旗承认为女主人。如果她下嫁了多尔衮，就不再是皇太后了，而成了摄政王妃，这样就理所当然不再被两黄旗认可了，而失去两黄旗的支持，孝庄太后将无所凭依，对多尔衮的制约将更加有限。所以，太后下嫁对维护儿子的帝位，不但无益，而且有害。并且从历史上看，孝庄太后一直是两黄旗的女主人，而这恰恰证明了她没有下嫁多尔衮。

皇父之说的疑问

至于“皇父摄政王”的称谓，已故著名史学家孟森认为，清朝入关后，逐步接受了汉族的文化，“皇父”的称呼可能如同古代“尚父”“仲父”一样，都是皇帝对臣下的尊称。比如周文王称吕望（姜子牙）为尚父，意为可尊尚的父辈；齐桓公尊管仲为仲父，是事之如父的意思。虽然称呼中都有“父”字，其实并非真的成了父亲，而只是对功高重臣的一种尊称。顺治称多尔衮为“皇父”，也应该是如此。另外，满族本就有将亲属称谓与爵秩称号联系起来，以示宠幸的习惯。比如，多尔衮被称为“叔父摄政王”“皇叔父摄政王”就是这种称号（当然，孟森之说也只是一家之言，并非定论，胡适当年就对此提出了疑问，认为孟文“未能完全解释皇父之称的理由”“终嫌皇父之称似不能视为仲父、尚父一例”）。

另外，对于史书所载：多尔衮“亲到皇宫内院”，想必是与太后有什么瓜葛的说法。反对太后下嫁的学者认为，这一点正是多尔衮去世后，济尔哈朗列举的多尔衮罪行之一。如果太后真的光明正大下嫁了，多尔衮完全可以自由出入宫禁，甚至天天住在皇宫内，“亲到皇宫内院”还算什么罪行呢？再说，如果多尔衮真的和太后有说不清的关系，济尔哈朗提出这条罪行，就不怕“投鼠忌器”，连太后也一起羞辱了吗？退一步说，多尔衮就是“亲到皇宫内院”，也可能是同太后商议国家大事，这有什么可说的；就算他有淫乱后宫的嫌疑，也有可能是与其他妃子、宫女等，不一定就是太后。况且，太后如果真的下嫁了，并且颁发诏书告知天下，必然会照会朝鲜，朝鲜使臣和国王不可能不知道这件事。而他们的疑问，恰巧证明了太后没有下嫁。所以称多尔衮为“皇父摄政王”“亲到皇宫内院”不能作为太后下嫁的证据。

难以取信的《建夷宫词》

而张煌言的诗更是不足为凭的，因为他是故明旧臣，对清朝怀有敌意，所作诗句难免有诽谤之意。比如《建夷宫词》的题名，建指建州，不称“后金”“清”，并且用“夷狄”的“夷”，本身就带着明显的民族偏见。并且据考证《建夷宫词》作于顺治七年（1650 年），而《清会殿事例》上则记载：“顺治十年建慈宁宫于隆宗门之西。”也就是说孝庄太后最早于顺治十年（1653 年）才搬进慈宁宫的，那么说“慈宁宫里烂盈门”，在慈宁宫中大办婚事，必须在顺治十年之后，而事实上多尔衮早于顺治七年十二月病死，太后嫁给谁呢？另外，据《清实录》中记载，多尔衮在顺治七年正月娶自己的政敌、顺治的大哥豪格的妻子时，曾张灯结彩，铺张了一番。因此，张煌言很可能把多尔衮娶博尔济吉特氏当成了“太后下嫁”，写进了《建夷宫词》。再说，张煌言作此诗时，身在江南，根本不在京城，很可能是道听途说，以讹传讹而来。并且诗可以夸张，可以比附，不能作为严肃的史料来用，所以正如 20 世纪 30 年代史学家孟森先生所考证的那样：

孝庄太后昭西陵

“不能据此孤证为论定。”

关于顺治的诏书问题，有人认为可能是太后出外礼佛或者其他活动，并不能据此就认为是太后下嫁的证据。

风水墙外的风水

孝庄太后没有与皇太极合葬，而是葬于清东陵外，据他们分析主要源于以下原因：首先，满族入关以前，实行火葬；入关后，由于受到汉族文化的影响，他们也逐渐认为火化为不孝不仁，开始实行土葬。而孝庄太后知道自己死后肯定是要土葬的，可是这样一来，皇太极的墓必须经过改建，才能放下三个骨灰罐和一口大棺木，而且“卑不动尊”，这对死者是不恭敬的，鉴于此，才决定另行安葬；其次，说太后葬在风水墙外，是罚她为儿孙看陵园，纯属无稽之谈。试想，如果太后真的下嫁了，清廷后来认为是件大丑事，那么必定会严加封锁，讳莫如深，不可能对她如此公开惩罚，留人笑柄。太后之所以葬在“风水墙”外，主要是因为顺治帝的孝陵占据了东陵区的最佳位置（因为他是入关后去世的第一个皇帝，当然要选择至高无上的墓穴），当初也没有考虑孝庄太后会不入盛京昭陵，也就没有在清东陵为她留下一个好地方。由此，当孝庄太后要求葬在孝陵附近时，让康熙帝犯了大难，因为太后是顺治帝的母亲，身份最高贵，把她葬在陵区内的任何地方，位置都低于顺治帝的孝陵。而孝庄太后又遗言“一定要在孝陵附近为我找一块地方安葬”，只有把她葬在孝陵附近，但是又不能葬于陵园，否则就成了一个体系，无法区别。正因此，康熙帝不知如何是好，迟迟不能定夺，这也是太后灵柩迟迟不能安葬的原因。一直到雍正朝，雍正帝看到大清江山永固，康熙帝儿孙满堂，便认为多蒙太后庇佑，也说明太后“安厝”之地为风水宝地，便决定把她葬在了那里。

实际上，孝庄太后的陵墓被称为昭西陵，与孝陵近在咫尺，却独成体系，其名义上仍与沈阳皇太极的昭陵是一个体系。并且，按照清室拜祭皇陵的规定，拜谒时应从高辈分的人拜起，昭西陵处于清东陵门口，正好符合了这一要求。由此，太后葬于清东陵风水墙外，完全出于实际情况的需要，与太后是否下嫁没有关系。

《红楼梦》的艺术加工

至于《红楼梦》“隐语”的说法，作为学术研究无可厚非，但根本不能作为太后下嫁的论据。即使我们能够确证《红楼梦》中的隐语是指孝庄太后下嫁一事，也可能只是作者对民间广为流传的太后下嫁一事的艺术反映，至于是否真有其事，恐怕连作者也说不清楚。所以太后是否下嫁，并不是《红楼梦》上的隐语可以论证的。

下嫁诏书的下落

针对刘文兴所说的他的父亲亲眼看到了顺治时期太后下嫁的诏书一事，人们也不免产生怀疑，真有这份诏书吗？现在是否还在世，藏在哪里？据说，有人还曾就此事专门请教了刘文兴的一位朋友、现已病故的故宫博物院研究员朱家溍先生。

朱先生说，刘先生在文字声韵方面的研究是很严谨的，但有时也难免开点玩笑。他曾就太后下嫁诏书的真实性，向刘先生提问了几个怀疑问题，刘先生均笑而不语。

他便说："这是你老兄又在开玩笑捉弄人了吧？"

刘先生哈哈大笑说："的确，诏书是没有的，我因为打算卖掉这部书，所以写跋语时加点噱头，你何必认真，姑妄听之而已。不过我相信太后下嫁是真的。"

这就是说，太后下嫁诏书很可能也是子虚乌有之事。况且，如果太后真的下嫁，并颁发诏书，大办婚宴，那根本就不是什么秘密了，一定会有许多人知道。但是，在当时大臣的笔记等严肃史料中均没有这一记载。

《汤若望传》中的只字不提

另外，还有人分析，如果太后确实下嫁了，《汤若望传》中肯定要有所反映。《汤若望传》上面对清廷中的许多事情都直言不讳，汤若望与皇太后有义父女关系，太后下嫁作为一件大事，他不可能不知道。而他的笔记中没有记载这件事，也从一个侧面证明了太后不曾下嫁。上面提到的朱家溍先生在一篇涉及太后下嫁的文章中，也认为太后下嫁是假的。他说，人们之所以众口一词，是因为他们都认准了太后下嫁多尔衮确有其事，只不过下嫁诏书在乾隆帝时被偷偷销毁了，所以后世就没了凭证。

这只能说明人们不了解清朝制度。按清朝制度，太后下嫁这种大事，是要颁诏天下、让世人尽知的，所以，后世君臣即便想否定这件事，也必须发谕旨，否则，只偷偷销毁诏书是没用的。当然，这只是一家之言。

时至今日，太后是否下嫁仍是史学家颇有争议的论题。在没有出现新的强有力的论据之前，仍是一个历史悬案。

第十章

郑成功收复台湾之谜

郑成功出身之谜

……

他是海盗之子，却成了朝中重臣；他出生于日本，却成了中华民族的英雄。日本长崎，至今还留有纪念他的石碑。他，郑成功，为何会受到两国人民的尊重?

郑芝龙的日本之行

明朝万历四十年（1612年）、日本庆长十七年，大明王朝的海商兼海上走私集团的头目郑芝龙，开始了他有生以来的第一次日本之行。

他负责押运装满了大量生丝的货船到日本的长崎进行交换、贸易。同年8月15日，在日本的骏府觐见了日本德川幕府的第一代将军德川家康。觐见的过程中，郑芝龙还献上了一些名贵的中药材与中国书籍《经国雄略》20卷，同时还回答了德川家康有关明朝情况的一些问题，受到了德川家康的热情款待。

当时日本政府对郑芝龙非常重视，史载：“长崎王使芝龙主舶”。初召后“屡访藩士家”。后迁肥前国平户，受到当地诸侯松浦氏优遇，松浦氏为其在平户附近的河内浦千里滨（今长崎县松浦郡千里滨）赐宅地建新居，并介绍平户藩之家臣田川昱皇之女田川松缔。

中国男子与日本女子的联姻

郑芝龙与田川氏的邂逅、相恋、结合，成了足以影响后世历史的重要事件。

郑芝龙在日本长崎做生意的时候，曾经寄居在同为福建泉州人的老乡田川昱皇的家中。田川翌皇原名叫作翁立皇，早年在日本经商，并娶了日本女子为妻，所以才改用了个日本名字。

田川有一个女儿，生得聪敏、文静而又贤淑，恰好又与郑芝龙年龄相仿。处于情窦初开年龄的两人也因为相处日久，也互生了些许的爱慕之情。田川夫妇看在眼里，喜在心头。此后不久，郑芝龙便与田川氏陷入热恋之中，并最终结为伉俪。夫妻恩恩爱爱，相敬如宾，完全沉浸在幸福、温馨中的田川氏，婚后不久就怀孕了。

郑芝龙因何而崛起

此时的西方世界，正处于资本主义原始积累阶段，在航海技术上占有得天独厚优势的荷兰，已是西方海洋经济世界的霸主，有“海上马车夫”之誉。他们的“东印度公司”作为军事和商业的复合体，到处对葡萄牙、西班牙的商船进行拦截，对伊比利亚人的海外要塞进行攻占，在巴达维亚（今雅加达）建立大本营，在日本平户建立商馆。将足迹踏遍了东西方世界。

明天启二年（1622年），荷兰人占领澎湖。郑芝龙所依附的日本平户华侨、当时最有势力的海商李旦居中斡旋，说服荷兰人退出，转移台湾。

两年之后，不喜欢循规蹈矩生活的郑芝龙离开田川氏和还没有出生的孩子，被李旦派到澎湖，担任荷兰人的通事（翻译）。但此时的荷兰人正与明军处于军事对峙的状态下，中国商人不可能与荷兰人进行交易，郑芝龙也派不上什么用场。荷兰占领澎湖舰队司令雷约兹在发给东印度公司总督德卡本特的信说："我们接纳了一名来自日本的通事，虽然给予优厚待遇，但目前对我们没有什么帮助。"

虽然通事一职对荷兰人的帮助不大，但郑芝龙的军事才能却为荷兰人所器重。为了垄断对日贸易，荷兰指使一些包括郑芝龙在内的中国船只在中国沿海周边进行掠夺，郑芝龙则负责为荷兰人执行在台湾海峡上截击前去马尼拉的中国帆船的海盗任务。后来担任荷兰第二任台湾长官的德韦特，这时正在澎湖服务，他在一封信中写道："经过雷约兹司令的批准，我们每天都期望能够在这里集中二三十艘中国帆船，通事一官被派往北方去截击与俘获一些船只。"

同年九月，明军对澎湖展开进攻，荷兰人被迫撤出，向台湾大员（今台南安平）转移，并于大员修建起两个要塞："热兰遮”和“赤崁城”，台湾南部地区沦陷于荷兰人之手。同年，为争夺台湾的统治权，荷兰与西班牙之间发生战争，战争以荷兰获胜而结束，整个台湾也为荷兰所独占。

荷兰在大员立足后不久，便命郑芝龙率领几艘中国帆船对位于马尼拉的中国商船进行袭击——因为这些船只正在那里与西班牙人通商。直到明天启五年（1625 年）春才返回大员。

也许是考虑到在荷兰人手下做这些琐事没什么前景，也许是出于义父李旦的意思，郑芝龙返回大员之后不久，便结束了在荷兰人手下当海盗的生涯，正式从事亦商亦盗的海上生活。

同年 6 月，李旦以日本长崎、平户侨领的身份领取了出航许可证，次月从大员返回平户，但仅在平户待了一个多月，便因病而亡。

李旦之死给了郑芝龙以天赐良机，李旦毕生在台湾所置下的产业和事业，尽归郑芝龙所有。这样一来，郑芝龙将台湾现有的其他汉人武装群体，以及招收大陆新势力到台，便有了充分的条件。

掌控海上生命线的郑芝龙

明崇祯元年（1628 年），郑芝龙利用李旦留下来的财产，许诺每人“给银三两，三人给一头牛”，动员了一万多人从福建沿海来到台湾垦荒。手中有了自己的武装力量的郑芝龙不再满足于现状。他以台湾为基地，开始向福建沿海地区发起进攻，相继占据了漳浦、金门、厦门等地，把台湾海峡控制在了自己的手中。郑芝龙势力如滚雪球般地变大，终于引起了朝廷的重视，下令福建巡抚熊文灿对郑芝龙进行招抚。郑芝龙考虑再三，最终接受，重回故土，先后担任起明朝的游击、总兵等职务，同时也不忘海上贸易的本行，开辟出一条由泉州直达日本长崎的航线，把中日间的海上贸易权继续牢牢地控制在自己的手中。

混血儿郑成功

明天启四年（1624 年），日本宽永元年，七月十四日，天气晴朗，郑芝龙陪伴爱妻到平户的千里海滨散步。多日未出门的田川氏在海滩上尽兴而行，俯身捡拾着海贝和海菜，突然间感到一阵紧似一阵的肚子痛，看着妻子痛苦不堪的样子，此时的郑芝龙已经预感到妻子即将要临盆。可是此时已离家太远，情急之中，郑芝龙果断地将妻子搀扶到附近一棵高大的松树下，靠在一块大石头旁，自己当起了接生婆。很快妻子就生下了一个男婴。一个带着四分之一日本血统的小生命，就这样在日本长崎平户海滩的光天化日之下呱呱落地了。

这个小生命就是后来成为中国历史上顶天立地、驱荷复台的民族英雄——郑森（即郑成功）。因为青松乃长生不老之树，郑芝龙又是福建人的后代，为不忘家乡情，便按照中国的传统习俗给孩子取了一个乳名，叫作“福松”。后来人们便将这块石头叫作“诞儿石”，又叫“生儿石”。大约 200 年后，就在郑成功的诞生地，日本人建立了一块纪念碑，碑上镌刻着由平户藩儒臣叶山铠轩撰写的长达 1500 字的碑文。

郑成功的母亲是日本人，而且他也诞生在日本的土地上。郑成功是八岁时才从日本回到老家拜祖认宗的。

可是据报道，在日本，郑成功的出生地已经成为著名的旅游胜地。但中国游客知道郑成功是混血儿的的确不多。

当时日本实行闭关锁国，不肯放郑成功回来，无奈郑芝龙是大明水师总兵，把军舰往日本一靠，日本当局迫于压力，把郑成功和田川氏放回来了。但郑成功的弟弟七左卫门留在了日本，至今他的后人还住在日本横滨。

郑成功何时收复的台湾

……

郑成功收复台湾，是他一生中最伟大的杰作。然而历史的记载却语焉不详：郑成功到底是在何时策划收复台湾？他收复台湾的真实目的是什么？重回大陆，再造汉人江山，郑成功有没有产生过这个美好的理想？

郑成功收复台湾之战

开辟荆榛逐荷夷，十年始克复先基。
田横尚有三千客，茹苦间关不忍离。

——郑成功《复台》

诗中骄傲自豪之意，跃然纸上。整整十年时间，郑成功与将士们取得了驱逐荷兰、收复台湾的战果，为大明王朝的延续做出最后的努力，也为朱明王朝的再度崛起留下了一线希望。

顺治十六（1659 年）年，郑成功北伐失败退回厦门，何廷斌携带着台湾的地图和荷方布防情报投奔郑成功，他说："公何不取台湾？台湾非但为公家故地，且沃野千里，使人耕种，军食有余。又横绝大海，四通外国，兴商可足国用。台湾华人受红夷（指荷兰人）凌辱，常怀反抗之心，然苦于群龙无首。公若率军入台，驱逐红夷将如虎逐群羊。夺得台湾，公则进退有据，十年生聚，十年教养，大业何愁不成！"这一席话，坚定了郑成功收复台湾的决心。

顺治十八年（1661 年）春，郑成功安排儿子郑经留守金、厦，他亲自带兵攻打台湾。

三月二十三日，郑成功率大军从金门料罗湾出发，400 艘战船载着 100 多员战将和两万五千多名士兵，开始横渡台湾海峡。航行了一天一夜，顺利到达澎湖。当大军在澎湖候风之时，郑成功就派了两艘船只到台湾进行侦察并发动群众。不久，这两艘船回到澎湖，带来了振奋人心的消息：当地居民热烈欢迎郑成功入台。

澎湖与台湾隔海相望，若顺风时，半天即可到达对岸。但郑军二十七日起航时，却遇上了强大的逆风，只好返回澎湖，等到三月三十日，天气阴霾，风雨仍未停息。当时郑军所带军粮很少，而澎湖诸岛多不产粮，郑成功认为与其饥困孤岛，不如顶风冒雨前进。于是，在当晚一更后，郑成功传令竖起帅旗，整肃队伍，发炮三声，金鼓震天，起锚东进。三更天后，云收雨散，风势减弱，一会儿竟转成了顺风，将士们禁不住欢呼起来，扯满风帆，飞速前进。次日黎明，郑军抵达台南鹿耳门。

鹿耳门平时海水很浅，涨潮时水深也不过一丈四五尺，无法航行较大的船只。所以荷兰人并没有在这里布防，而是把军队和火炮都集中在台湾城和赤崁城一带，郑成功却偏偏避开了他们的防线，来到了鹿耳门。

原来，何廷斌曾派人在鹿耳门探测过，发现一条平日很少为人注意的港路，若遇上涨潮，船只即能顺利通过。郑成功根据这一线索，决定利用初一日或十六日涨大潮的机会，出其不意由鹿耳门进攻台湾。

船队到达鹿耳门时，为了使士兵相信有神灵相助，郑成功设香案祷告明太祖和妈祖娘娘保佑“助我潮水”。祷告完毕，潮水果然汹涌而至，比平日涨高丈余。将士欢呼震海，金鼓齐鸣，扬帆直抵港内，顺利攻入台湾岛。当郑军在禾寮港登陆时，就有几千汉族民众出来迎接，并用货车和其他工具帮助他们登陆，使郑军的登陆格外地顺利。

在当地民众的协助下，郑成功大军不到半个时辰，就有几千将士顺利登陆，占领要冲地点，保护市街，包围了荷兰人在岛上最重要的据点普罗民遮城堡（今台南市赤崁楼），控制了赤嵌与热兰遮（今台南市安平）之间的海面，把荷兰守军围困在两个相互隔绝的据点里。热兰遮城的荷兰人曾派阿尔多普上尉率领200多士兵企图阻止郑军登陆，但遭到郑军优势兵力的攻击，只好退回。

郑成功向荷兰殖民者长官揆一和普罗文查城的司令送信劝降。但是骄横的荷兰人自以为依靠他们高大的船舰、精良的武器和有战斗经验的殖民军，完全有把握战胜只有弓箭和大刀的郑军。当天上午，在重新部署后，荷军开始从水陆两路向郑军反扑。

水路荷舰以赫克托号和格拉弗兰号为主力，还有白鹭号小帆船、马利亚号快艇，边开炮边向郑军舰队冲击。郑军由陈广和陈冲率领大型帆船60艘迎击。荷舰长30丈、宽6丈、船板厚2尺多，甲板上有8个桅，帆樯八面受风，行驶迅速；每艘舰上装备有20~30门大炮，这在那个时候可算是世界上最先进的战船了。而郑军的舰船规模仅为其三分之一大小，只装有两门大炮，如果是在大洋中遭遇，郑军的舰船是难与其匹敌的。

但是郑军将士毫无畏惧，利用敌舰在港内转撤不便和易于搁浅的弱点，当最大最重的赫克托号冲过来时，立即有几十艘郑军帆船蜂拥而上，采用梅花阵法，以五只船围住一只荷兰夹板船，从不同方向展开围攻。尽管郑氏水师每只战舰的火力不如一只荷兰夹板船，但五只战船从不同方向的围攻却是荷兰船只难以应付的。这时有五六艘装有燃烧物品的火船，冒着敌舰猛烈的炮火冲到荷舰旁，把船钉死在荷舰的船舷上，点燃火种，士兵跳水游回，随后，只听"轰隆"一声巨响，赫克托号的火药舱爆炸了。这艘荷军的王牌舰连同舰上100多水兵一起沉入大海。其他三艘荷舰见势不妙，连忙逃往港外，郑军舰船在后边紧追猛打，其中，一艘中弹起火，一艘险些被俘获，狼狈逃往菲律宾和日本。这场海战中郑成功运用著名的“火船”战术，打败了拥有优势的荷兰海军。

陆路荷军由贝德尔上尉率领250名士兵在北线尾登陆。这些荷兰殖民军以为“十五个中国人加在一起也抵不过一个荷兰兵”，他们10个人为一排，连放两排枪，神气十足地前进。郑军由宣毅前镇陈泽率部奋勇迎击，万箭齐发，许多将士勇敢冲入敌阵奋力厮杀。另一路郑军从后路包抄敌军，荷军腹背受攻。他们的神气已被恐惧所代替，各自逃命。一仗下来，贝德尔上尉以及118人当场丧命，还有些人跳水逃生而被淹死在海里，只有80多人逃得性命，退回热兰遮城。

荷兰殖民者在初战失败后，同意进行谈判。他们拟定的谈判条件是：愿意付一笔赔款给郑成功，但要求郑军退出台湾，底线是荷兰人可以让出本岛，但必须继续有大员居住。荷方派遣两名使者前来郑军大营，晋见郑成功讲述了他们的条件。但郑成功重申，他坚定不移的目标是要荷兰人离开台湾全岛。由于双方都不愿意妥协，这次谈判不欢而散。郑成功迅速攻下普罗民遮城堡，又打退了敌人几支援军，用重兵包围了热兰遮城。

荷兰殖民者投降图

郑成功面对孤立无援的热兰遮守军，决定重新部署兵力，在外围增修炮台。于顺治十八年（1661 年）十二月七日从东、南、北三个方向猛烈炮击热兰遮及其外围工事，30 门大炮发射大约 2500 发炮弹。迫使热兰遮城外围的乌特利支堡的守军弃城退入热兰遮城，而热兰遮城的四周附城多处被炸毁。经过一天的战斗，荷兰人抵抗的意志终于被打垮了。

十二月十三日，郑成功的代表和荷兰的代表完成了协议的换文。荷兰人在最后一任长官揆一的带领下，五六百人分乘八艘舰船退出台湾。揆一在海滩上将城堡的钥匙交给了郑成功的代表，至此，荷兰人在台湾 38 年的殖民统治完全结束，台湾重新回到祖国怀抱。

郑成功何时筹划收复台湾

关于这一问题，过去许多人大都采取含糊其词或避而不提的办法，没有给予明确的回答。根据荷兰的官私记载，郑成功企图收复台湾有三个时期：

一是 1646 年清兵大举入闽之后，郑成功当初不仅在大陆无立足之地，在海上也还没有根据地，所谓中国逃亡者不愿投降清兵，而想回到台湾设立根据地，自指郑成功集结的郑芝龙旧部。

二是 1652 年到 1653 年间，这两年郑成功与清军频频苦战，形势紧急，此时郑成功是否有收复台湾建立根据地的打算，中文未见记载，但 1652 年郭怀一在台湾起义，确和郑成功及其部属有联系。

三是1659年至1660年间，郑成功自长江战败归来。郑成功最早平台湾，即在永历十三年十二月（1660年初）。此记见于《从征实录》。

这三项记载哪个才是最正确的时间呢？还要一一来分析一下。

首先，1646年清军入闽，郑芝龙被挟北上之后，郑成功虽于这年冬在海上起兵，但从者仅三四百人，粮饷和军械都缺，士兵也很孱弱，当时金门被叔父定国公郑鸿逵所据；厦门为建国公郑彩同弟定远侯郑联所据；其上海坛、南日、南北二加、舟山等地，被鲁王遣闽安侯周瑞、平彝侯周鹤芝、定西侯张名振、阮美等分守；其下各个岛如铜山被朱寿所据；南澳被忠勇侯陈霸所据；只有安平块土，莫能展其所为。最初两年，郑成功曾与郑鸿逵合师攻袭同安、泉州，但均告失败；1649年以后，郑成功又转至粤东潮揭一带活动，以吞并"不清不明"的地方豪强武装为目标，用郑成功自己的话说，那就是："于己丑岁亦已扬帆入粤，屯田数载矣。"在群龙无首、门户分立的情况下，郑成功的力量较为弱小，尚未能引起清廷的重视，说他这个时候就想出兵收复台湾，未免过早了一点。

其次，郑成功1650年八月回师厦门，以计杀其兄郑联，又招徕郑彩余部；1651年四月，郑成功追究厦门失守的责任，杀郑芝莞示众，迫郑鸿逵交出水师，到这个时候才逐渐完成了郑芝龙旧部的统一。在此基础上，开始全力对付清朝。于1651年九至十一月败杨名高，1652年正月入海澄，二月败陈锦，四月围漳州，1653年五月挫金励，都是一仗接着一仗，死拼挣扎，勉强图存，很难有时间考虑到台湾问题。荷兰方面虽然有郑军支持郭怀一起义的情报，即使属实，最多只能说明当时有一部分人同情过起义，并不等于郑军首脑部就有这样的计划。1654年郑成功和清廷开始和谈，表面上形势固然有所缓和，但对抗并未完全停止。在和谈中，郑成功反复以清朝"有始无终""待降人多无结局"为言，坚持必有三省方就和，而清朝仅给以四府，双方都没有谈到台湾问题，假使有一方面想到的话，肯定是会提出来的，因为它将有助于解决数十万郑军的出路问题。郑成功所作《复台》诗中有"开辟荆榛逐荷夷，十年始克复先基"之句，真伪未卜，即使可信的话，"此不过是约举整数，乃诗词所常见"，不足以作为支持郭怀一起义的佐证。

第三点，《从征实录》永历十三年十二月条记："议遣前提督黄廷、户官郑泰督率援剿前镇，仁武镇往平台湾，安顿将领官兵家眷"为"郑成功收复台湾最早的行动"，其实也不尽然。复台之议倡自何斌（即何廷斌），此点也不可否认，然而当何斌1657年六月来厦时，郑军已经做好了决策北上的准备，他的意见未被采纳，直到1659年七月二十三日南京战败，在镇江停留五日，郑成功估计到当时的军事政治形势，"扼守瓜镇，分掠维扬"，虽尚一时可行，但南京城防巩固，清廷在山东江右驻有重兵，远征西南的满洲精锐正在陆续东调，在力量对比上清军占有绝对优势；而退守金厦，观望待变，在西南局面日非、永历政权朝不保夕的时刻也难以实行；唯一的办法在于与清廷寻求妥协，集中力量去收复台湾。所以于二十八日下令班师，八月初四日，师泊吴淞港，遣礼都事往见马进宝进京议和事，权宜俱授蔡政知之，初八日进攻崇明，其意一则逼其和局速成；十二月，遣蔡政同马提督中军再回吴淞，往京议和。这种议和活动正是郑成功收复台湾最早的活动，因为它是以收复台湾为目的的，时间为1659年八月，比上引资料要早四个月。以后和议虽然不成，但郑成功在1660年五月击退达素大军后，略事调整，仍然冒着两线作战的危险，抓住清帝“国丧”和清船靠岸的机会，亲率大军去夺取台湾。

总之，在我们查阅了荷兰东印度公司在巴达维亚、长崎、曼谷、热兰遮、大员的日志和各项决议记录、训令、报告、函件及私人著述等，这些资料在记述占领地情况时尚属比较确实，在记述关于大陆清郑两方的传闻时，就有点像当时人记外国事那样，难免有点失真。由于台湾靠近大陆，住有相当数量的华人，而在大陆上参加反清的人数至少也有数十万人，两者合计比千数百人的荷兰驻军不知要超过多少倍，对于这种无形的威胁，他们感到如芒在背，万分恐惧，因而出现了许多夸大了的情报。而在郑军方面，第一期还没有形成为统一的力量，第二期刚开始与清军发生接触，无力他顾，只有在第三期，力量已经形成而实际上又不允许其在大陆上自由驰骋的时候，就会出现收复台湾的意图，即使是和议不成也是如此的。

抗清？复台？郑成功的选择

从理论上说，抗清最多只是中国国内的民族矛盾问题，是可以通过民族融合而得到解决的。而收复台湾则是中国人民反抗外国侵略的斗争，它所要解决的乃是台湾要不要回归祖国，台湾各族人民要不要继续当荷兰殖民奴隶的问题，除了驱逐荷兰殖民者以外，没有别的办法可以解决。荷兰是"17世纪典型的资本主义国家"，它凭借其横绝一时的经济军事力量，侵入亚洲，横冲直撞。在占领台湾以前，曾两度侵占澎湖，多处骚扰闽粤沿海，肆无忌惮地焚烧劫杀；在占领台湾以后，更在军事、政治、经济、文化各方面加强剥削、掠夺台湾各族人民，激起了当地人民多次的反抗。荷兰殖民者与台湾各族人民之间的矛盾，是侵略与反侵略的矛盾，没有妥协的余地，除非荷兰殖民者退出台湾。

郑成功之所以普遍受到我国人民的尊敬和称赞，正是因为他在台湾问题上做出了不可磨灭的贡献。

再从当时军事政治斗争的实际情况说，郑军处在清、荷两大敌人的夹击之中，面临着南明政权覆灭、抗清战争日非的危局，要想救亡图存，转危为安，必须就抗清与复台这两个方向、两条道路上择一而从，全力以赴，决不容许同时并举，两面受敌，此理至明，当为身经百战的郑成功所熟知。1660年八月长江退师途中派蔡政赴京向清廷求和，1661年六月击退覆岛清军之后，一再加强防务对清朝进行试探，为的都是确保后方安全，避免两线作战。

总之一句话，要继续抗清，就根本谈不到复台，要收复台湾，就不能不暂把抗清放在第二位；这是当时主客观形势所决定的。而随着郑军退出大陆沿海，对荷矛盾上升，对清矛盾必将进一步缓和下去，也是无可讳言的事实。

当然，我们也应该看到，抗清与复台是不能截然分开的。郑军在长期抗清的实践中，不断发展壮大了自己的军事政治力量，培养了大批的可靠骨干，积累了丰富的战斗经验，从而为驱逐荷兰、收复台湾准备了必要的物质条件。没有这些条件，收复台湾的胜利也将是不可想象的。

郑成功有没有回师大陆的想法

1661 年 4 月郑成功率师入台，张煌言闻讯，派罗子木携亲笔函到澎湖军前劝阻，说："军有寸进无尺退，今入台，则将来两岛恐并不可守，是孤天下之望也。"是年年底，清廷厉行迁界，人民流离失所，汹汹思动，张煌言认为这是反清复明的绝好时机，再派罗子木携信入台，力劝郑成功回师大陆，信上说："夫思明者，根柢也。台湾者，枝叶也。无思明，是无根柢矣，能有枝叶乎。"他批评郑成功出师复台是一种"退步"，是"人和乖而地利失宜""生既非智，死亦非忠""进退失据，噬脐何及！"与此相呼应，明朝宗室如鲁王朱以海，宁靖王术桂皆留居金门，遗老卢若腾留居澎湖，徐孚远则单独跑往广东，王忠孝也批评郑成功在"乘此时一呼而集、事半功倍"的时候，而

"僻处海滨，不图根本，真不知其解也"。张煌言等人极其尖锐地提出了忠与不忠的问题，对郑成功施加压力，郑成功做何反应，未见记载，但从其严令各岛投眷入台看，可以肯定他是不为所动的。

张煌言等人是明王朝臣子，他们的根本利益在大陆，离开了大陆的土地与人民，不仅一无所有，而且将丝毫不能有所作为，所以能效死勿去，在抗清中表现出较坚强的意志和决心。郑成功所依靠海上商业资本及其武装集团，交通中外，以海为家，他们参加抗清，不外是想保障既得的商业利益，因此就容易发生妥协和动摇。1659 年南京战败，他看到大势已去，抗清无望，即派蔡政赴京言和，其意在于联清复台，言和不成，就单独率师出发。这时他已把台湾放在压倒一切的地位，两岛能守固佳，不能守也没有什么了不起，张煌言"思明根柢"之谈，他是听不进去的。

再就郑军的实际情况说，在渡台以前的高级军事会议上听到复台的决定时，"时众俱不敢违，然颇有难色"，多数是不同意的。渡台前夕，"时官兵多以过洋为难，思逃者多，随委英兵镇搜获捉解"。渡台以后，又有宣毅左镇万义、右冲镇万禄和忠勇侯陈豹等叛逃异动事件。为了开发沿海荒地，郑成功严令各岛迁眷入台。可是，由于疾疫流行"病者十之七八，死者甚多"，留居金厦的郑军，有的害怕渡海风浪危险，有的担心"水土不服"，有的不愿到台湾去过艰苦的生活，有的贪恋金厦两岛的通洋巨利，采取种种手段，迁延不行。在这关键时刻，只要郑成功略一动摇，台湾便有得而复失的危险。所以台湾在收复之后，还有一个巩固的问题，是不能不加以考虑的。以后事情的发展证明了郑成功决策的正确。1662 年 6 月 29 日，荷印海军提督波特率领战舰 12 艘，士兵 1284 名来到福州，表示愿意协助攻击郑军，并以荷兰人自由出入中国一切港口和在沿海占领一块适当基地为条件；福建官吏答以金厦郑军正在接洽投降，荷兰人的建议必须奏请清廷许可。1663 年 7 月，波特再次率领战舰 16 艘、士兵 2653 名驶抵福建，这时清廷招降郑经的计划已告失败，双方很快达成协议：在荷舰协助清军攻占金厦后，清军应立即协助荷舰将郑军逐出台湾。是年年底，清军在荷舰帮助下攻占金门和厦门，迫使郑军逃往台湾，但亦开始感到助荷攻台害多利少，乃以缺乏远航的帆篷船具为辞，不肯渡海助战。波特大失所望，于 1664 年初将舰队开到安平镇外海窥探，看见郑军防守严密，不敢冒险登陆。是年 8 月，波特又第三次率领战舰 12 艘至福州商谈，不得要领，最后乃占领鸡笼（今基隆），一面修复西班牙人旧堡，一面仍派人到福州商组攻台联军，直到 1668 年 8 月始被郑军驱逐。从这些可以看出荷兰殖民者确是下了很大的决心来夺取台湾的，假使真如张煌言所议，立即回师大陆，决一死战，在这样的情况下，清军会不会拒绝履行渡海攻台的条件，而在优势荷舰的威胁下，台湾又靠什么人来守卫呢？

复台之战中的黑人雇佣军

……

1662年，民族英雄郑成功率军收复台湾，在中国历史上留下了光辉的一笔。然而很多人不知道，在郑成功的复台大军之中，有许多来自不同国家的外籍战士在为中国的统一而战斗，包括大批黑人士兵。这些黑人从何而来？为何成了郑成功的雇佣军？他们在复台之战中又起到了什么作用？

黑人雇佣军的来历

明末清初，随着西方殖民者叩关而来，许多非洲黑人也来到了中国。这些黑人主要有两个来源：一是被贩卖而来的黑奴，二是在殖民者的迷惑下，出于宗教热情来华进行冒险活动的黑人。他们在西班牙、葡萄牙与荷兰军队中当兵，成了殖民军队的重要组成部分。1622年，在葡荷争夺澳门的战争中，黑人对战斗的胜利起了决定性的作用。来自非洲的黑人甚至成了葡萄牙驻澳门军队的主力。

黑人给中国人的第一印象，就是忠勇善战。明人史籍中记载黑人“善斗”，战斗力很强，冲锋陷阵，在所不辞；清工部右侍郎赛尚阿奏陈澳门情况时也说，此间有“番哨三百余人”，皆以黑人充当，“终年训练，无间寒暑”。

郑成功的黑人贴身卫队

虽然黑人在澳门等地的社会中担当了维护社会治安的重要工作，但却没有相应的政治、经济和社会地位。许多黑人不满遭受奴役的现状，加之明朝边疆将领的召唤，许多黑人纷纷逃出虎口，寻找新的生活。1647年，从澳门逃跑的黑人已超过200人，其中很多逃到了南明势力控制区，他们明确表示不愿再为葡萄牙人干活，愿意为南明皇帝工作。当时，东南沿海一带许多地方势力的军队中，都有黑人士兵。郑成功的父亲、当时威震东南沿海的商人武装领袖郑芝龙手下就有一支由黑人组成的军队。

据史籍记载，南明隆武帝依附郑芝龙，在福州称帝。在郑芝龙手下有一支由300名黑人组成的部队。这些黑人对郑氏父子忠心耿耿，深得郑芝龙和郑成功父子两人的信任。根据比利时传教士鲁日满的记录，这些黑人多是咖吠哩人，据推断，他们可能是南部非洲的班图人。

在郑芝龙的军队中，还有由白人和日本人组成的部队。与他们相比，黑人部队军饷虽低，但更加忠实可靠。不仅如此，郑成功军中的黑人还擅长铸造和使用火枪，为郑氏军队提供了武器和后勤保障。西方人撰写的《在华方济各会会志》中曾写道："这些士兵是郑芝龙从澳门和其他地方弄来的""他们的头领叫路易斯·德·玛托斯，是一个聪明、理智的黑人"。郑芝龙"手下一直有大量的从澳门来的棕褐色基督徒为其效劳。他们有自己的连队，是优秀的铳手（火枪手)。他（郑芝龙）最信任他们，用他们护身、充兵役”。

有一次，黑人通宵达旦地庆祝圣诞节。黎明时鸣号放枪，巨大的声响令郑芝龙吃了一惊，还以为遭到敌人进攻。得知原因后，郑芝龙不但没有惩罚他们，还下令赏赐酒水、糕点，并赐银作为白天继续庆祝的费用。郑芝龙对手下如此之宽容，难怪会有那么多的黑奴前来投奔。随着时间的推移，这些黑人士兵逐渐能够听懂汉语，但仅“能晓人言而自不能言”。

这支经过千锤百炼的黑人精锐部队，在郑芝龙降清后继续为郑成功服务。其中，有一支由黑人雇佣兵组成的洋枪部队，成了郑成功的贴身卫队。在郑成功进攻南京的战役中，黑人部队在南京城墙下和长江边与清军浴血奋战。

黑人士兵在收复台湾之战中的作用

1661 年阴历三月，郑成功率 2.5 万大军、战船数百艘，出兵收复台湾。在攻克澎湖列岛后，郑成功趁荷兰殖民军疏于防守之机，率大军在台湾南部的禾寮港顺利登陆，并全歼荷兰守军。接着，郑军击败荷兰援军，进而围困荷军主力于赤崁城和台湾城。

在围城同时，郑成功在台湾岛内施行安抚政策，下屯垦令解决军需，严肃军纪，惩办违法官兵。他还到高山族同胞居住区察访、慰问，赢得了民心。在郑军未到的鸡笼（今基隆)、淡水等地，台湾同胞自发拿起武器驱逐荷军。

收复台湾之时，郑成功采取了军事打击和政治瓦解相结合的战法，在优势兵力的打击下，对被围困或战败的敌军，开展政治攻势，如战场喊话、送书信、发文告，利用投降的官兵做劝降工作等，起到分化瓦解敌军的作用。荷军中有很多“乌番兵”（黑人士兵），郑成功便派手下的黑人士兵同他们进行联络，策动他们投降。这些“乌番兵”属于奴隶士兵，平时备受荷兰殖民者欺凌。在郑成功强大的政治攻势之下，不少“乌番兵”出城投降，加入了郑成功的部队。可以说黑人士兵对瓦解敌人斗志，起了很重要的作用。

1662 年 2 月 1 日，荷兰殖民者头子揆一在投降书上签字。

郑成功与天地会究竟有无关系

“地振高冈，一派溪山千古秀；门朝大海，三河合水万年流。”这是金庸先生在《鹿鼎记》中为旨在“天父地母，反清复明”的天地会中所写的江湖切口。历史上，确实存在天地会这个组织吗？它与郑成功之间有什么关系？那位总舵主陈近南，到底是不是一位真实存在过的人物？

陈近南的真实面目

“为人不识陈近南，便称英雄也枉然。”金庸先生在其封山之作《鹿鼎记》中绘声绘色地描写了这位天地会的总舵主、堪称一代英豪的陈近南，就连“地振高冈”之类的江湖切口，也成了一时的流行语。

金庸先生笔下的人物很多都能在历史上找到其原型。比如说郭靖。这位大侠在历史上是宋朝著名的抗金将领，最后拒绝降金投河自尽。虽然跟《射雕英雄传》里的郭靖没有干系，但其中的大忠大义却是两人的共同之处。

同样，《鹿鼎记》中的陈近南，也是历史上确实存在过的一号人物。当然，他不是韦小宝的师父；至于“天地会”总舵主这一身份，也只是民间传说、而未见史料记载，真实的陈近南，乃是有“台湾卧龙”之称的陈永华。

陈永华，字复甫。他的父亲陈鼎乃是明天启七年（1627 年）的举人。李自成攻破京师、崇祯帝自缢煤山之后，陈鼎不愿为清朝官，选择了回到家乡同安务农，躲个清净。

永历二年（1648 年）间，郑成功攻克同安（今福建省厦门市同安区）。素闻陈鼎之名的郑成功当即拜陈鼎为教谕，年已十五六岁的陈永华被补为博士弟子员。

不久之后，同安再次沦陷于清军之手，不愿做亡国奴的陈鼎自缢于明伦堂。

同安城破，陈永华出逃。现在的他终于知道儒生的一杆笔究竟比不上大刀长矛，一个人的奋死相争终不及天下响应，下定决心放弃儒生事业，以究心天下事为已任。

此时的郑成功已经占据厦门，意图以厦门为基地，再造明朝山河。

再造山河，人才颇为重要。郑成功揽才的命令一下，永历朝的兵部侍郎王忠孝便将陈永华推荐给他。

陈永华为人沉稳，不善于言辞。不过要是一旦开始谈论议论时局形势，便变得慷慨激昂，侃侃而谈中切中要害。处理事务颇有定力，果断有识，不为其他人所动，而一切疑难，都会在他手中迎刃而解。郑成功与他相见恨晚，并坐谈论时事，终日毫无倦意。郑成功兴奋地赞赏陈永华："复甫，真乃当今卧龙也"。不久之后便授予参军，以宾礼相待。待到退守台湾之后，陈永华的女儿又嫁与了郑成功之孙郑克塽为妻，两家结为姻亲。

跟随郑成功之后的陈永华颇领知遇之恩，对郑成功的复国大业鼎力支持，尽心辅佐。

郑成功不甘心只保厦门，他的目标是复国，是再拥朱氏帝王重掌中华江山。因此，他便产生了北伐之意。

但军中众将对此纷纷表示反对。认为按目前的实力对比来说，北伐无异于以卵击石，不能毕全功。当今之势，还是应韬光养晦，积蓄实力，避免与清军的正面交锋。

诸将纷纷否定郑成功的北伐之念，唯有陈永华据理力争，赞同北伐。他认为，此际的清朝刚刚入主中原，立足未稳；兼之国内反清之势高涨，正可利用。一旦假以时日，清军羽翼已丰，国内局势渐趋安稳，再行北伐，必定困难重重，胜负难料。

郑成功闻言大喜，决意北伐。命陈永华辅佐世子郑经留守厦门，自提大军北伐。临行之时，郑成功告诫郑经："陈先生乃当今名士，留下他辅佐你，当待之以老师之礼。"

然而郑成功所发动的两次北伐虽取得了一定的功绩（曾一举攻克军事重镇镇江），但再攻取南京之时，中了清军南京守将的缓兵之计，被城内的清军联合援兵杀得大败，损失了大半兵力，多员猛将也战死沙场。郑成功又悔又恨，无奈之下，班师撤回闽南。

北伐失败，郑成功开始考虑另辟蹊径，经过对局势的分析，决意在台湾再建根据地。

永历十六年（1662 年），郑成功收复台湾，陈永华被任命为咨议参军。

在郑成功兵发台湾的同一年，被关押在牢狱之中的郑芝龙及郑家十四口突然被清朝统治者统统处死。郑芝龙更被凌迟残杀。降清的黄梧又向清廷建议“掘郑氏祖坟以泄天下之愤”的恶毒计策。清廷根据他的建议，毁郑氏祖坟，将掘得的骸骨肆意侮辱。消息传至台湾，郑成功悲痛欲绝。

不久，又一噩耗传来：顺治十八年（1661 年）四月，南明永历皇帝被吴三桂杀害。

在忠孝之间已付出巨大牺牲的郑成功受到双重打击，再也经受不住，一病不起。康熙元年（1662 年），郑成功含恨而逝。

郑成功辞世，世子郑经继承王位，对自己的亲家陈永华更为倚重，每逢军国大事必向他请教。而陈永华也尽心尽力地辅佐郑经。郑成功去世的第二年，陈永华被晋升为勇卫，并加监军御史之职。

在台湾，陈永华设屯田，兴教育，制定一系列行之有效的政策，有力地促进了台湾的发展。

康熙二十年（1681年），陈永华病逝。清翰林学士李光地听说陈永华病逝，向皇帝上书祝贺说："台湾长久以来没有被收复，主要是由于陈永华经营有方。今上天讨厌战乱，让他殒命，从此台湾的收复将指日可待。"由此可见陈永华在台湾的重要地位。果不其然，没过三年，台湾即被清政府收复。

天地会的往事

金庸先生的一部《鹿鼎记》，让人们熟知了天地会。那么，历史上是否存在过天地会？天地会又是一个什么样的组织？又是如何起源的呢？

天地会在历史上是存在过的，是清代民间大批秘密结社中的一个，因拜天为父、拜地为母而名为天地会。又名洪门，俗称洪帮。

截至20世纪80年代末，有关天地会起源的说法大体上有12种之多：郑成功创立天地会说；福建藤牌兵创立说；以"万"为姓集团余党创立说；始于明季说；始于明末清初说；始于康熙十三年甲寅说；始于雍正年间说；始于雍正初年说；始于雍正十二年甲寅说；始于乾隆二十六年说；始于乾隆三十二年说；广义天地会始于雍正年间、狭义天地会始于乾隆年间说，等等。

在后世流传的各种天地会秘密文件中，一般都称少林寺被清军焚烧后，历经劫难而幸存的五位僧人拜长林寺的主持万云龙为大哥，以陈近南为香主，于高溪庙起义反清。

其后，在与清军作战的过程中，万云龙失机阵亡，五僧分头行动，前往各省组织天地会分会，是为天地会五祖。

万云龙就是郑成功吗？

对这些传说加以考证后，可以看出，天地会的大哥万云龙其实就是在影射郑成功，而陈近南则指的是陈永华。那么，天地会到底是不是郑成功首创的呢？在清末欧榘甲的《新广东》一书中有一段记载：

郑成功以兴复明室，讨灭满洲为己任。在位二十年中，无岁不兴兵伐闽浙，近不得意，环顾左右之人，既无雄才大略，断难以武力与满族争衡。嗣子非材，台湾亦难久据，不得不为九世复仇之计，乃起天地会焉。其部下多津泉人，知清朝根基已定，非有私会，潜通各省行之百年之久，乘其衰敝，不能克复汉家。乃私立口号，私立文字，私立仪式，重其誓愿，严其泄漏。入会者亲如兄弟；未入会者，父子亦如秦越。其所志在复明，故因洪武年号，自称洪家。旗帜服色，皆以红为尚，洪字三点水，故三合、三点等名目出焉。

革命党人陶成章在《教会源流考》中论述天地会的起源问题时也曾说道：

明太祖本红巾军中之一小头目，未起义之前，为皇觉寺一丐僧。其后又不幸而明室内乱，满洲乘之，再蹈亡国之惨。志士仁人，不忍中原之涂炭，又结秘密团体，以求光复祖国，而洪门之会设也。何谓洪门？因明太祖年号洪武，故取以为名。指天为父，指地为母，故又名天地会。始倡者为郑成功，继承而修整之者，则陈近南也。凡同盟者，均曰洪门。门，家门也，故又号曰洪家。既为一家，既系同胞，故入会者，无论职位高下，入会先后，均称曰兄弟。

天地会是由郑成功创立的这一说法，其实只是清末民初以来革命党人的宣传。郑成功是反清复明的英雄，革命党人塑造典型的汉族英雄人物，以激发反清情绪，具有时代的意义。

而实际上郑成功创立天地会说，与郑成功本人实际情况是不符合的。在郑成功一生抗清经历中，从未发现有创立天地会以扩大队伍的任何史料。在天地会档案史料和秘密文件中，也无郑成功创立天地会的记载。在乾隆年间天地会要犯的供词中，也均未提及郑成功。从少林寺僧征西鲁的传说来看，它是后人模仿史书及民间流传的有关少林寺和尚的故事虚构而成，既非影射郑氏一家经历，亦非反映天地会的起源。

无论台北的“国立故宫博物院”，还是北京的中国第一历史档案馆，现藏明清档案，都找不到任何资料可以证明天地会起源于台湾，郑成功是天地会创始人。其实，天地会起源于台湾，郑成功是天地会的创始人，陈永华继承而修整的说法，都是一种推测，只不过经过金庸先生的演绎之后，成了人们心里的现实。

郑成功：生得伟大，死得糊涂

……

年仅38岁的郑成功暴病身亡。是因为父亲被杀怒火攻心，还是子嗣不孝，通奸乳母而悲愤至死？又有种种迹象表明，民族英雄死于毒药之下。究竟哪个才是他真正的死因？

郑成功的神秘之死

郑成功收复台湾不久，突然暴病而亡，年仅38岁。关于郑成功的死，有这样的说法：郑成功在收复台湾的同时，也接到凶信，说他父亲被家奴伊大器告发，伊大器称郑芝龙和郑成功之间不时有书信往来，图谋不轨。清朝廷震怒，将郑芝龙全家处死。郑成功听到消息后，捶胸顿足，望北恸哭道："你要是听我的劝

郑成功观骏图

告，怎么会招来杀身之祸？”

不久郑成功又得知，叛将黄梧在自己家乡挖了郑氏祖坟，郑成功更是捶胸拍案，整天哀伤恸哭。他咬牙切齿发誓说：“人活着结下怨恨，与死者有什么关系呢？要是有一天我领兵打回去，我不一寸寸地将你碎尸，我就枉作人间大丈夫了。”郑成功的愿望在14年后实现，郑经攻陷漳州时，也挖了黄梧的坟鞭尸，替父亲雪了恨。

1662年4月，南明兵部司务林英削发为僧，从云南逃到台湾见郑成功，向郑成功哭诉道：“皇上（永历帝）听信奸相马吉祥、逆戚李国泰之言，避居缅甸。现在吴三桂攻缅，缅王已将皇上献给吴三桂，听说已经被吴三桂杀害了。”郑成功听罢，更是痛哭不已。

谁知一波未已，一波又兴。郑成功的部下唐显悦告发郑成功的儿子郑经与乳母通奸，郑成功顿时气塞胸膛，立刻派人到厦门，欲斩郑经与其所生婴儿及乳母陈氏，但留守厦门的众将不执行命令。郑成功天天登高眺望澎湖方向有船来否，因而患上风寒，到了第八天，突然发狂地喊叫道：“吾有何面目见先帝于地下也？”既而用两手抓面而逝。所以，《台湾通志》上说郑成功是死于感冒风寒。

被毒杀的民族英雄

根据郑成功临终前的异常表现和当时郑氏集团内部斗争的背景，有人认为郑成功是被人投毒杀死的。这一说法主要的依据是：郑成功死前的情状与中毒后毒性发作的症状极为相似，与郑成功同时代的李光地、夏琳等分别记载了郑成功之死。如李光地在《榕村语录续集》载:“马信荐一医生，以为中暑，投以凉剂，是晚而殂”;《荷闸丛谈》道:“(成功)骤发癫狂，咬尽手指死”；夏琳在《闽海纪闻》说，郑成功临终前将药投之于地，然后“顿足扶膺，大呼而殂”。郑成功大概察觉出有人谋害自己，但为时已晚。

之前，清政府也的确有谋害郑成功的想法。《台湾外志》记述说，当时清政府派一高级军官，携带一只孔雀胆混入郑军，用重金买通专为郑成功做饭的厨师，让他乘郑成功与部下开会时毒死郑成功和他的将领。这个厨师虽贪财，但害怕事情暴露，权衡再三，不敢下手，于是把这件事交给了他弟弟办理。他弟弟到了真正下毒时，“每欲下药，则浑身寒战”，恐怖之余，便把这件事告诉了他们的父亲。其父“闻言大惊”，怒斥他们两人说:“谋害主人，是不忠；答应了别人而不去做，是没有诚信。宁可没有诚信，也不能不忠心。诛灭九族的事情怎么能做呢?赶紧去自首也许还可能免罪。”于是带他们到郑成功住处自首。郑成功非但没有处罚他们，而且还对他们施以重赏，十分自信地说道:“我是天生的，怎么能被凡人毒害?”此后，郑成功加强了保卫措施。这样，即使有人“欲施毒，奈何不得近其(指郑成功)身也”。但这并不能排除郑成功被毒死的可能。

郑成功的部将马信神秘地死去。仿佛也证明了郑成功有可能被毒死。马信是清降将，后来成为郑成功的亲信，郑成功去世当天，是由他推荐的医师开的处方，夜里郑成功死去，他本人也突然无病而卒。照李光地的说法，马信于郑成功去世的第二天死去，江日升《台湾外志》中记载，其死期距郑成功去世仅仅5天。因此马信可能直接参与谋害郑成功的活动，但后来又被人灭口了。

谁才是凶手

假若郑成功是被人毒死，那么作案者是谁呢？当然，清政府有重大的嫌疑，同时，还有人认为是郑成功兄弟辈的郑泰、郑鸣骏、郑袭等人，特别是郑泰。生性暴烈的郑成功，用法严峻，郑氏部下，包括他的长辈亲族因过被处以极刑者很多，众将人心惶惶，其中很多人在清廷高官厚禄诱惑下叛逃，郑氏集团内部关系极其紧张。郑泰早在郑成功率军攻打台湾时就与郑成功有矛盾。当时，郑泰为运粮官，当郑成功军队出现补给困难时，郑成功对郑泰的失职极为不满，他在座前写下了5个大字："户失先定罪！"意思是，要是出了乱子，首先处分郑泰。郑成功去世后，郑泰等人伪造郑成功的遗命讨伐郑经，并抬出有野心但无才干的郑袭来承兄续统。最后，他们的阴谋被郑经挫败，郑泰入狱而死，郑鸣骏等率部众携亲眷投降清朝。据此分析，策划谋害郑成功的有可能就是郑泰等人。

郑成功死后，郑经先是忙于对付郑泰的叛乱，后又追讨郑泰存在日本的巨款，他本人又因犯奸险些被郑成功杀死，因此郑成功的死因在当时没有被深究。看来，一代民族英雄的死因需要更多的史料发现来证实了。

第十一章

康熙年间的未解之谜

康熙登基，为何让外国人参与其中

……

顺治皇帝神秘辞世，大清政权谁来继承？是顺治钟爱的第二子福全，还是孝庄太后青睐的第三子玄烨？谁也没想到的是，在顺治之后的皇位继承人问题上，竟然是一个德国人起到了关键性的作用。

清政府里的德国人

中国历史从秦始皇开始，就从来没有在皇位继承的问题上被别人干涉过。但当历史的脚步前行到清朝的顺治十八年（1661年）时，该谁当皇帝，这件原本该是中国人自己拿主意的事，却被一个德国人硬生生地横插一竿子。

这名德国人的插手居然改变了中国历史，让本来排不上号的三阿哥玄烨成为下一任帝王，这才有了长达61年的康熙王朝，有了康乾盛世。这个德国人历经明清两朝的更替，先后侍奉过崇祯、顺治、康熙三位帝王，并且康熙的名字还是他给起的，他就是传教士汤若望。

汤若望之所以能影响到玄烨的继位，主要得益于他杰出的口才。顺治皇帝被他说服，信奉基督教，从而影响顺治的思想。

汤若望与皇室的渊源可以说是一个传奇。明朝末年，西方国家走上了全球殖民扩张的道路，扩张之前，他们先派传教士到国外去探路，打探情况，汤若望就是在这样的背景下进入中国。

说起这位传教士，就不得不提他的出身背景。1592 年，汤若望出生于德国科隆的一个贵族家庭，他从小就接受了良好的教育，而且成绩优异，后来被保送到罗马的日耳曼学院研修神学，从而成为上帝的使者，做了一名专业的传教士。

1619 年，汤若望在法国神父金尼阁的带领下到达澳门，三年后进入广东，过一年，又转到了北京，他所掌握的西方科学知识，深得明朝政府的户部尚书张问达赏识，被聘任为政府专员。汤若望就这样进入仕途，他与当地百姓结下不错的人缘，凭着自己带来的西洋玩意，让人们对他产生了好奇、喜爱之心。

作为一个外来者，汤若望十分敬业，他编写了科学文论，译著历书，推步天文，翻译德国的矿冶书籍，给明朝带来丰富的新知识。同时，汤若望还不忘宣传他的基督教义，只可惜汤若望来得太晚，他还没有说服崇祯信奉基督教，崇祯就被逼死在煤山上了。

明亡清始，汤若望换了个主子接着宣扬基督教义，与崇祯不同的是，顺治皇帝对汤若望宣讲的知识颇感兴趣，不但尊称他为“玛法”（“玛法”在满族语里是爷爷的意思），还对汤若望言听计从。

为了支持基督教的传播，顺治皇帝拨款又拨地，在宣武门外建造一处天主堂，即北京南堂。不但顺治对汤若望尊崇有加，就连当时的老祖宗孝庄太后也将汤若望视为座上宾，这个外国人就这样获得了皇室的高度信任。

顺治十年（1653年），汤若望被顺治皇帝赐予“通玄教师”封号，顺治十四年（1657年），顺治皇帝又为汤若望御撰《天主堂碑记》一文，赐予了“通玄佳境”的堂额。而在顺治十一年三月十八日（1654年5月4日）康熙出生。在康熙出生前后几年，“玄”字在顺治皇帝的心目中十分重要，给汤若望的赐物里两次带有“玄”字，自己的儿子名字里也带有“玄”字。“玄”这个字的意思包含汤若望所讲授的天文、历法、机械等在内的一整套学说。

汤若望推出康熙帝

顺治十八年（1661年），皇帝病重，继承人成了关键问题。康熙作为顺治皇帝的三皇子，虽然大皇子已死，但还有二皇子福全。按照长幼排序，无论如何也轮不上他。但此时汤若望说出来一个谁也无法反驳的理由——玄烨出过天花，对这种可怕的疾病有了终身免疫力，再也不会出了，而福全还没出过，难保以后不会出，为了保证国家将来不会因为皇帝突然病逝而出现动乱，应当选择玄烨来当皇帝。

汤若望的这番话彻底改变了中国历史，让本不该登基的玄烨登上宝座。应该说，没有这个外国传教士，便不会有了后来的康乾盛世。

汤若望为何力保玄烨

玄烨出过天花，这似乎是一个无可辩驳的理由。但仅仅因为这样便否定了皇帝自选继承人的意见，好像还有些说不过去。因此另有一说，扶康熙登基，是孝庄太后的主意。而汤若望的话正是孝庄太后所授。

爱新觉罗·玄烨生母佟佳氏。但佟氏却不受顺治宠爱，因此，玄烨也遭到了顺治的冷落。

然而，玄烨的祖母孝庄太后却对玄烨母子格外钟爱。她派自己的侍女苏麻喇姑协助保姆照看玄烨，教他读书写字。还经常亲自对玄烨加以教诲。祖母的教诲，犹如春风化雨注入幼年玄烨的心田，这不仅在一定程度上补偿了他所渴望的父爱，更重要的是培育了他日后作为帝王不可缺少的品质。

玄烨六岁时，同哥哥福全、弟弟常宁一同进宫拜见顺治。向父皇请安完毕，顺治便问儿子们有何志向。常宁年仅三岁，不会回答。福全为庶妃所生，年纪长但地位低，他答道："愿意做一个贤王。"

而玄烨则高声回答："效法皇父，勤勉尽力。"

这很明显是孝庄教他的话。否则一个六岁的孩子是说不出这样铿锵有力的话来的。

孝庄为何要选择玄烨？仅仅是因为他的聪明吗？未必。要知道，玄烨年仅八岁，尚无法亲政，那么权力的真空由谁来填补呢？孝庄可是一位服侍过两代帝王的女政客，答案不言而喻。

鳌拜到底是忠是奸

……

从一个无往不利的战争之神到一个八面玲珑、立场坚定的杰出政治家再到一个被欲望冲昏了头脑以权谋私的逆臣，鳌拜这一生像是一个盛满了彩色碎片的万花筒一般多彩多姿，把作为一个臣子的“忠”与“奸”都演绎得淋漓尽致。他究竟是一个忠心耿耿的臣子，还是罪不可赦的叛逆？那些隐藏在政治角斗背后的历史，在细节中透露出了哪些蛛丝马迹？

大起大落的鳌拜

鳌拜的一生可谓大起大落，大喜大悲。概括地说，鳌拜早年出身将门，骑射功夫过人，是满族的巴图鲁（清朝专门为那些骁勇善战的将士们设立一种特殊的称呼和赏赐，简单来说就是勇士的意思）。他跟随着爱新觉罗家族南征北战，无论是在关外与明军的生死交锋中；还是在入关定鼎中原后巩固统治的大小战斗中，都展现了一代武将的英姿勃发之势，屡建奇功，出生入死，立下了汗马功劳，是功臣更是忠臣；一世英名却在大势已定时晚节不保，在康熙初年辅政时期飞扬跋扈，独揽朝政，展露逆反之心，最后败在还是少年的玄烨手中，虽然凭借着赫赫战功免于刑戮，但也最终身死禁所，作为中国历史上妄想挟天子以令诸侯的权臣而成为后人茶余饭后的谈资。

鳌拜还是一心为主的忠臣时，谁都不会想到几十年之后的鳌拜会来个如此的人格大逆转。还在皇太极当政的时候，鳌拜虽然年轻，却也早早地就鞍前马后随征出战，凭借着一身武艺为皇太极立下了赫赫战功。君臣二人也在合作中建立了深厚的君臣情谊，致使在皇太极死后，鳌拜依然初衷不改地辅佐皇太极的儿子——顺治，并且是在面对多尔衮这样强敌的威逼利诱下。坚持了数年，终于等到多尔衮死去，少主顺治正式登台，鳌拜才又重见天日，这时已经位居忠臣行列。

对于这个看着自己长大的，并且始终左右陪伴的老臣，顺治可谓是重视至极，不仅让其管理国家大小政事之外，还在自己临死之时封他为辅政大臣辅佐自己的儿子——康熙，能让顺治做出此等托孤之举必定是经他精心挑选的。

随着顺治咽下了最后一口气，鳌拜的忠义之臣的形象也渐渐开始落下帷幕了，之间的变化当然迂回曲折，但其结果与初始却大相径庭，早期的一代忠臣在晚年时却死于篡位造反的罪名之下。而亲手为他钉棺的就是皇太极的孙子、顺治的儿子——康熙。鳌拜终于还是没有坚守住他的忠心败在了一个孩子手下。

从忠臣到逆臣

如果说欲望是个无底的大坑，那么权力就是一根充满了魔法的魔杖，人的意志稍有懈怠就会被它的法力所引诱，最终掉进坑中，从此再也无力爬起并葬身其中。鳌拜正是在顺治死去之后不知不觉沉浸在了欲望的旋涡中慢慢被淹没的。顺治托孤的时候，鳌拜虽然名列四大辅臣之末，却在后来一步步地居于了首位，连后世史学家都称四大辅臣时期为“鳌拜辅政时期”。可见鳌拜是何等胆大妄为，在利益与忠义的天平上，鳌拜还是倾向于了利益。鳌拜后期的“奸”终将把之前大半生的“忠”给抹杀全无。

一个人从大“忠”到大“奸”，除了自身的变化之外，也离不开外界环境、条件的滋养。鳌拜一世英明的毁灭从根本上说，其他三个辅臣也有责任。索尼在当时的四位辅臣中资历最高，他本身文武兼备，是四朝元老，比鳌拜资历还要深得多。但是年龄不饶人，人到老年之后，对责任的认知度就会有所减弱，再加上也确实是年老体弱，很多事情都是力不从心；另一方面，索尼之所以对鳌拜采取放任态度还由于四大辅臣中的苏克萨哈实在不能入他的眼。因为苏克萨哈本不是顺治的人，而是多尔衮手下后又归顺于顺治的，四大辅臣中其他三位都看他不顺眼。所以，在鳌拜和苏克萨哈产生矛盾激烈争斗时，索尼的这个天秤就自然而然地偏向于鳌拜，倒不是因为他和鳌拜有多么地“情投意合”，只是因为对苏克萨哈太多厌恶。

而苏克萨哈虽然身为一人之下万人之上的辅政大臣，却由于自己曾经有过变节经历，所以不但别人瞧不起他，就连他自己也多有自卑心理。两者加起来就造成了苏克萨哈在四大辅臣中是最没有地位的一个，可以说完全是一个摆设，对鳌拜或者索尼都没有牵制的作用。所以，尽管鳌拜与苏克萨哈有姻亲关系，但是在很多行动上，鳌拜都是在针对苏克萨哈。

四辅政大臣最后一位，遏必隆姓钮祜禄氏——与后来的和珅同一个姓氏，有个背景很深厚的家庭，其父亲是后金的五大开国元勋之一的弘毅公额亦都，母亲是和硕公主。按说如若是有心者如果想利用名将之后的标签，在如此深厚的家庭背景托护下，要大展拳脚未必是件难事，但是，这个遏必隆本人却是个胆小怕事、随波逐流之辈。虽然官至辅臣却完全没有乃父遗风，能力非常有限，常常追随同是名门之后的鳌拜。

正是在这种索尼老、病，苏克萨哈自惭形秽，遏必隆胆小怕事的背景下，毫无牵制力量的鳌拜胆子越发增大。其他三人有的想着明哲保身，有的自愧低人一等，有的只为趋炎附势。所以，在辅政期间实行的政策基本上是鳌拜一人之见，这无疑是往鳌拜野心的小火苗上实实在在地浇了一桶汽油，形成燎原之势、野心膨胀、势不可挡。这样，从1661年到1669年的四大臣辅政时期的历史，实际也就是鳌拜逐渐独揽大权的过程、专权的历史。孝庄和玄烨，老的老、小的小，对于鳌拜来说不足为惧。不过，后来的事实证明，他小看了孝庄这个年过半百的女子，更低估了玄烨这个表面上只顾吃喝玩乐的小儿。

鳌拜是一代武将，先后跟随、辅佐过三个皇帝，辅佐顺治时，皇太极余威、余恩犹存，而且顺治也是他力争而立的，所以他还能忠心耿耿。可康熙玄烨就不一样了，辅政时鳌拜已然是三朝老臣，且掌握大权，没有与之对抗的人，所以他对年幼的康熙也就不那么看得入眼，蔑视之意渐渐公然表露。

在朝堂之上，鳌拜常常横眉怒目、张牙舞爪地当着重臣的面顶撞小皇帝，呵斥大臣更是毫不顾忌。遇到重大节日时，鳌拜也身穿黄袍，只用帽结作为唯一区别。他一次又一次地挑战康熙的忍耐力，更是无时无刻地打击着对他的权势构成威胁的人。可以说，康熙早期被载入史册辱没自身名声的事件，都是由鳌拜所亲手炮制的。

无法无天的后半生

鳌拜后期简直到了无法无天的程度，一点小事就能点燃他心中的怒火，康熙的话更是不能入耳。朝中的大臣们也因为鳌拜的举动而草木皆兵，即使万分小心，得罪鳌拜都免不了一死，只是或早或晚的问题。苏纳海、朱昌祚、王登联三人是鳌拜屡次寻思中的陪葬品。康熙自然也深知其中奥妙，但是因为手上没有实权，便召集辅政四大臣询问意见，希望其他辅政大臣能站到自己的一边谋求转机。没想到索尼、遏必隆附和，苏克萨哈知道自己若反对极易惹火烧身，只是沉默不语。康熙气极，虽然鳌拜层层施压，但仍不允许鳌拜所奏，只是批准刑部拟定的处罚，即将三人各鞭一百，没收家产。康熙十分想把这三人的性命保住，不惜与鳌拜硬碰硬，没想到康熙破釜沉舟的反抗终究还是没能改变三人惨死的结局。这时，一代忠臣的影子在鳌拜身上再也寻觅不到了。

虽然，由于孝庄太后联合索尼、苏克萨哈在后台的运作，使康熙在14岁时终于得以亲政，但是鳌拜却不想就这样退出政治舞台，更加放肆地想要排挤甚至处死其他辅政大臣，而首当其冲的就是苏克萨哈，这时候鳌拜拟定那些莫须有罪名的功夫已经炉火纯青，他给苏克萨哈捏造了包括心怀奸诈、久蓄异志、欺藐幼主、不愿归政等24款罪名，提出将后者应处凌迟、族诛之刑这样的极刑。虽然苏克萨哈不该杀，康熙也对其极力保全，可是到最后还是难免死于鳌拜的肆无忌惮之下。这时候的康熙已然逼近了将要爆发的极点，鳌拜在民间为非作歹，自己为他背黑锅，朝中的忠臣又被他一个个迫害致死，大清如果继续这样下去，势必会被新崛起的力量推翻。孝庄太后也感到，这鳌拜已经到了不得不除的地步。

“巴图鲁”鳌拜有没有反心

……

鳌拜伏诛，三十条大罪定其终身。究竟是反心确凿，还是皇权障碍？军功赫赫、政绩斐然的他，缘何踏入了万劫不复的深渊？

康熙除掉鳌拜的真实原因

康熙八年（1669 年）五月十六日，权倾朝野威风凛凛的辅政大臣、一等公鳌拜，被康熙帝玄烨捉拿问罪。通常的说法是鳌拜被除是因为他欲图谋叛篡位。历史的真相真的是这样吗?

康熙五年（1666 年）鳌拜利用圈换土地，沉重打击了以正白旗为首的反对势力，他的势力急剧增长。康熙六年（1667 年）六月，索尼病死。七月，苏克萨哈由于鳌拜的威胁而请求退出政界，“往守先皇帝陵寝”，被鳌拜定为不满康熙帝亲政的大罪，处死，籍没。

这样，康熙初的四辅臣中就只剩下一个唯唯诺诺的遏必隆，鳌拜的势力就在康熙六年到八年五月他被逮前达到了顶峰。从他个人来说，他被授一等公，并加太师（有清一代大臣加太师者，唯鳌拜与遏必隆而已）；其子那摩佛承袭了二等公，并加授太子少师。就其集团成员而言，班布尔善为大学士，济世为工部尚书，马迩赛为户部尚书等，基本上把持了朝政。“一切政事先于私家议定，然后施行，又将部院启奏官员带往私门商酌”，甚至“红本已发科抄，辅政大臣鳌拜取回改批”。

正如法国传教士白晋所记，“在他（指康熙帝）十五六岁时，四位摄政王中最有势力的宰相，把持了议政王大臣会议和六部的实权，任意行使康熙皇帝的权威，因此，任何人都没有勇气对他提出异议”。但与此同时，玄烨个人也随着年龄的增长而日益成熟，在鳌拜力主严惩苏纳海及苏克萨哈时，他已能明确表示自己的不同意见，虽然由于鳌拜势大而难以硬顶，但却更坚定了他清除鳌拜的决心。特别是鳌拜常常在“御前呵斥部院大臣，拦截章奏”，甚至在玄烨面前“攘臂上前，强奏累日”，极大地损害了玄烨作为一个皇帝的尊严。

随着玄烨在康熙六年（1667 年）七月宣布亲政，鳌拜就日益成为他大权独握的障碍。因此，他在捉拿鳌拜的谕旨中称，“鳌拜在朕前理宜声气和平，乃施威震众，高声喝问……又凡用人行政，鳌拜欺朕无权，恣意妄为”，这对于一代英主玄烨来说显然是不能容忍的。

所以说鳌拜被除的根本原因是他结党营私，擅权专横，其所作所为阻碍了皇权的高度集中，不利于玄烨的乾纲独断，而不是所谓的欲图谋叛篡位。

康熙八年（1669 年）五月，玄烨利用“布库游戏”擒捉鳌拜，结束了清史上的“鳌拜辅政时期”。

三十大罪状

随即，康熙帝颁布了鳌拜的三十大罪状：

鳌拜系国家大臣，背负先帝重托，任意横行，欺君擅权，文武各官，尽出门下。罪一。

引用内外奸党，致失天下人望。罪二。

与穆里玛、塞本得、讷莫、佛伦、苏尔马、班布尔善、阿思哈、噶褚哈、济世、马迩赛、泰壁图、迈音达、吴格塞、布达礼等，结成奸党。一切政事，先于私家议定，然后施行。又将部院启奏官员，带往私门商酌。罪三。

倚恃党恶，紊乱国政。所喜者荐举、所恶者陷害。皇上眷念旧臣，曲为优容。不思改恶，聚货养奸。罪四。

上违遗诏，下虐生民。凡结党败坏之处，奉上□日审问，巧饰供词。罪五。

明知马迩赛、光泰、噶达浑三族系太宗文皇帝世祖章皇帝时不用为侍卫之人，复擅行起用。罪六。

于归政之后即将苏克萨哈灭族。又将白尔黑图、乌尔把等无罪枉杀。罪七。

原任尚书苏纳海、总督朱昌祚、巡抚王登联，以八旗更换地亩事，不顺其意，擅加杀害。罪八。

偏护本旗，将别旗已定之地，辄行更换。罪九。

皇上亲政，尊崇圣母孝康皇后，查取从前诏款，鳌拜不将配享太庙奉先殿典礼，奏请施行。此系欺君轻慢圣母之处。罪十。

贪揽事权，延挨不请辞政。罪十一。

因内大臣噶布喇之女册立皇后，心怀妒忌，敢行奏阻。罪十二。

谬称济世贤能，授为尚书。罪十三。

妄奏户部旧设尚书二员，以同党马迩赛，补居要地。罪十四。

禁止科道陈言，恐摘发情弊，阻塞言路。罪十五。

熊赐履条奏之事，鳌拜以为劾己，意图倾害。罪十六。

马迩赛部议赐谥，奉有有何显功，不准行之上□日。鳌拜不遵，仍给予谥。罪十七。

于皇上前，凡事不依理进奏，多以旧时疏稿呈览，逼勒依允。罪十八。

御前呵斥部院大臣，拦截章奏。罪十九。

私买外藩人为仆。罪二十。

擅授败阵革职达素等原职。罪二十一。

议苏克萨哈罪状时，止同班布尔善等定议，恐大学士巴泰逆意不合，不使与闻。罪二十二。

因伊马匹被偷，将御马群头目并偷马人自批尽行处决，籍其家产入己。罪二十三。

以俄讷、喇哈达、宜理布等在议政处不肯附和，即裁止蒙古都统不使会议。罪二十四。

先帝遗诏内，鳌拜名列遏必隆之后，乃不行遵奉，凡起坐班行，皆居遏必隆之右。同党噶褚哈于列名启奏时，亦将鳌拜名前列。罪二十五。

闻遏必隆因皇上传唤养鹰之人，激发怒言，有成何朝廷之说。不行举首。罪二十六。

费耀色，奉上□日放鹰。因其自行启奏，不先关白，辄加嗔怒。罪二十七。

皇上行幸海子，令鳌拜奏明太皇太后，乃不遵上□日，反云皇上自奏。罪二十八。

势勒克什克之父妾，配伊家人。罪二十九。

以克什克父之坟墓有碍伊家风水，逼令迁移。罪三十。

逆恶种种，所犯重大。应将鳌拜革职、立斩。其亲子兄弟，亦应斩。妻并孙为奴。家产籍没。其族人、有官职及在护军者，均应革退，各鞭一百，披甲当差。

从鳌拜的三十条罪状看，其中与其结党擅权有关的有二十三条，不尊重太皇太后的二条，对册立皇后妒忌、私买奴仆等有五条。

与康熙、雍正、乾隆时期其他权臣或朋党集团如明珠、索额图、年羹尧、隆科多及和珅等相比，鳌拜既无严重的违法乱纪又无恶性之贪污受贿，更无图谋不轨的勃勃野心，反之却做了一些有利于社会发展的事。对此，玄烨是很清楚的，所以他在捉拿鳌拜之后，只是将他“革职籍没，仍行拘禁”。不久鳌拜死去，时间不详。

死前逆贼，身后功臣

康熙五十二年（1713 年），玄烨已到了晚年，犹记起鳌拜的功劳。一次，他召集诸王贝勒大臣，说：“忆及数事，朕若不言，无敢言之人，非朕亦无知此事者。”其中特别提到，“我朝从征效力大臣中，莫过于鳌拜巴图鲁者……鳌拜功劳显著，应给世职”。讳而不言者，当年捉鳌拜系不得已之举。雍正帝执政后，“赐鳌拜祭葬，复一等公，世袭罔替”，并于雍正九年加封超武公。

智除鳌拜，有无其事

……

一场摔跤游戏，擒获了少年康熙的眼中钉；数十位满族少年，让“巴图鲁”束手待毙。康熙帝智擒鳌拜，是传说还是史实？不可一世的鳌拜究竟臣服在谁的脚下？

康熙智擒鳌拜的传说

满族人热衷于游猎骑射等一些激烈的运动，摔跤也是被人们爱好的运动之一。满族人的摔跤十分有意思，常被作为一种游戏来进行。两名选手身着窄袖短衫，为了能够在动作的时候

布库图

不至于碍手碍脚，也为了更加方便，短衫要用七八层布严密缝好，使人在撕扯扭打中不至于松散开来。游戏开始后，两名选手并不急于马上就置对手于败地，不加考量地出手往往会适得其反，二人缠在一起攻防中需要努力寻找战机，在扭结、相撩中，首先仆地者为败。虽然游戏的规则很简单，但是十分考验一个人的力量和爆发力，在年轻人中很受欢迎。这就是满族语中的布库。

鳌拜是满族的巴图鲁，自然也精通于摔跤等运动，但是这一介武夫没想到最终会败在自己最擅长的摔跤中，而康熙也成功地运用了祖宗留下来的东西为列祖列宗的江山制服了这个权臣。

鳌拜可以说是康熙执政以来扎在心中的第一根刺，也是最难拔的一根。他的专横跋扈已经让康熙到了忍无可忍的地步，不得不迫使自己宁可冒着破釜沉舟的危险也要放手一搏，为自己争取一点生机，脱离傀儡的角色。而令康熙无须再忍的原因还有各种反对鳌拜势力的团体纷纷集到康熙周围，以寻求政治保护。可见鳌拜并不是一个十分出色的政治家，根基并不是特别稳妥的情况下也敢挑战这个不甘居于人下的少年天子。就在鳌拜整天沉迷于权势旋涡中时，他根本就不会知道康熙时时刻刻都在想着如何推翻他这个辅政大臣，尽早让自己亲政，如何夺回原本就属于自己的权力，如何能够亲自掌握整个国家。给康熙又加了一把油的是，满族贵族中鳌拜一代已经老去、逝去，新的一代已经形成，他们对鳌拜曾经辉煌的战绩毫无印象，只是对他的专横跋扈记忆犹新，也就是新生的这一代，成了年轻皇帝的心腹和可倚重的力量。

让康熙坚决下定决心除去鳌拜的是自己身边的一些侍卫。

这些整天跟在皇帝身边的侍卫，对鳌拜的惧怕甚至大过了对皇上权威的惧怕；也有侍卫对鳌拜崇拜得无以复加，甚至还有人追捧鳌拜为“圣人”。显然，怕鳌拜和奉鳌拜的两类人明显都不是无权的康熙能够依靠的了。他只能另起炉灶，训练出一只值得信任、专为自己效忠的禁卫队。当然，这里少不了孝庄太后的推波助澜，他们共同密谋、挑选了一批忠实可靠的年少有力、善扑营、又不能为鳌拜所收买的亲卫队。这时期，索尼已经归顺于康熙，并让自己的儿子索额图亲自统领这些精挑细选出来的少年们，每天在宫中练习布库，伴随着抓蛔蛔、捉迷藏，康熙以玩乐的行为麻痹了鳌拜一天又一天，一直到自己有足够的实力能够对付得了鳌拜为止。

这群少年侍卫练习时就算是碰见了鳌拜也并不回避，越是防范敌人就越能引起敌人的疑心。玩闹中带着无比认真地专心练习。鳌拜并没有想到这场游戏其实是为他而准备的，有兴致的时候，身为满族第一“巴图鲁”的他还会亲自示范，指点一二。他只以为康熙年幼无知，天性好玩，心里不免更加得意、坦然，希望康熙再放纵一些，更别说产生提防之心了。

自以为高枕无忧的鳌拜还美滋滋地享用着万人之上的待遇之时，康熙也逐渐地准备好了一切。

康熙与索额图等设下计谋，传鳌拜入宫，趁他不警惕之时用摔跤这个游戏将他拿下。事后看来，康熙赢就赢在了鳌拜对他的轻视和鳌拜自己的疏忽大意上。这擒拿的过程确实也十分顺利。

1669 年 6 月 14 日，已经无法无天、目中无人的鳌拜接到传他入宫的圣谕，他还像往常一样坦然单身入宫。只是没有想到，再从宫中出来，将要面对的情景便是天上地上的差别了。康熙隐忍到现在，终于有机会能出口恶气，康熙大声痛斥鳌拜，细数其过去的种种罪状。鳌拜早已看惯了软弱可欺的康熙，不曾料到还有这样凌厉的一面，心中不由一怔，心知不妙。但他毕竟在朝中专横跋扈久了，打心里就没看重这个年轻的皇上，很快又恢复了镇静，和康熙对峙起来。

令他意想不到的是，如今的康熙已经完全没有了平日中的忍耐力，把他平时的罪状通通细数一遍：违背先帝嘱托、结党私营、肆意妄为、残害忠良、欺君罔上、罪大恶极……

鳌拜到了这时才发觉自己可能掉进了圈套，恐怕在劫难逃，心一横，攥紧拳头，向康熙扑去。事先埋伏在暗中的布库群起而攻之，怎能让鳌拜近皇帝的身。鳌拜当年冲锋陷阵，横扫千军如卷席，骑马如入无人之境，哪里会把这几个布库放在心上，岂知这些少年早已经练得武功精湛，又早有准备，一拥而上，将鳌拜掀翻在地，最后一根绳索结束了鳌拜的冉冉气焰。

史籍中的记载

智擒鳌拜，真的是惊心动魄，然而，史籍中的记载却大相径庭。

“康熙八年（1669年），上以鳌拜结党专擅，勿思悛改，下诏数其罪，命议政王等逮治。康亲王杰书等会谳，列上鳌拜大罪三十，在兵部左侍郎潘湖叟黄锡衮的率领下，王弘祚配合黄锡衮密助康熙主政于朝，逮鳌拜有功。王弘祚晋兵部尚书、潘湖叟黄锡衮升东阁大学士兼兵部左侍郎。论大辟，并籍其家，纳穆福亦论死，上亲鞫俱实，诏谓：‘效力年久，不忍加诛，但褫职籍没。’纳穆福亦免死，俱予禁锢。鳌拜死禁所，乃释纳穆福。”

《清史稿·鳌拜传》中的这段话压根没提布库之事。而是称，王弘祚配合黄锡衮，将鳌拜绳之以法。不过，同是在《清史稿》中“圣祖本纪一”中却有着不一样的记载：“上久悉鳌拜专横乱政，特虑其多力难制，乃选侍卫、拜唐阿年少有力者为扑击之戏。是日，鳌拜入见，即令侍卫等掊而絷之。于是有善扑营之制，以近臣领之。”这段记载是说官吏侍卫和拜唐阿在“布库”游戏中擒扑了鳌拜。同样一本书却出现了前后不一样的记载，到底哪一个才是符合史实的？不过，关于“布库兵”，在几本文人的书中却有着相同的记载。

“羽林士卒”擒扑说

康熙帝指挥羽林军智擒鳌拜。昭梿《啸亭杂录》记载：“数日后，伺鳌拜入见日，召诸羽林士卒入，因面问曰：‘汝等皆朕股肱耆旧，然则畏朕欤，抑畏拜也？’众曰：‘独畏皇上。’帝因谕鳌拜诸过恶，立命擒之。声色不动而除巨慝，信难能也。”

“选小内监”擒扑说

康熙帝统率小内监戏擒鳌拜。姚元之在《竹叶亭杂记》载述:“帝在内，日选小内监强有力者，令之习布库以为戏(布库，国语也，相斗赌力)。鳌拜或入奏事，不之避也。拜更以帝弱且好弄，心益坦然。一日入内，帝令布库擒之，十数小儿立执鳌拜，遂伏诛。”

“亲王子弟”擒扑说

康熙帝统率亲王子弟擒鳌拜。《清史通俗演义》叙述得活灵活现：康熙帝“到慈宁宫内去见太后，泣述鳌拜不法情状。太后女流，无计可施，只用好言抚慰。究竟圣明天子，别有心思，他向各王邸中，选了百名亲王子弟，年纪多与康熙帝仿佛，一班儿练习武艺，研究拳术，将门之子，骨种不同，不到一年，都学得拳术精通，武艺高强，连康熙帝也得了一点本领。于是康熙帝不动声色，先封鳌拜为一等公，歇了数日，单召鳌拜入内议事。鳌拜欣然前往，到了内廷，见康熙帝端坐上面，两旁站立的，便是一班少年贵胄。鳌拜昂着头，走至康熙帝前……”。于是，鳌拜就被擒扑了。

“内侍健童”擒扑说

康熙帝在南斋(后为南书房)，召鳌拜入。内侍请鳌拜坐在三条腿椅子上，而以一位内侍在其后扶着椅子。命赐茶，先把茶碗煮于热水，上茶时，鳌拜接茶，茶碗烫手，砰然坠地。靠椅子的内侍乘势一推，鳌拜仆倒在地。康熙帝呼曰："鳌拜大不敬。"健童群起，擒扑鳌拜，交部论罪。这段摘自《南亭笔记》的记载，透露了一个细节，就是康熙帝擒扑鳌拜在内廷的书斋里，即后来的南书房。但有学者指出，这种"三条腿椅子"的说法纯属讹传。

可见，康熙帝这支"布库兵"是真实存在过的，各书记载相同，鳌拜应该是被"布库兵"所擒，不过各书记载的"布库兵"的成分却不同，是羽林军、是宫内太监、是亲王子弟，还是宫廷侍卫与拜唐阿，已经很难考证。但分析起来：其一，清朝没有羽林军；其二，清朝不许太监习武；其三，不会组织亲王子弟。那么，《清史稿·圣祖本纪》记载的由宫廷侍卫和拜唐阿组成的"布库兵"，趁鳌拜受召，独入内廷，毫无戒备，加以擒扑，既合乎情理，也比较可信。

第十二章
吴三桂与三藩的生死之谜

三藩之乱的起因

……

三藩之乱，乱了尚未在中原立稳脚跟的大清王朝。罪魁祸首自然是那个“头长反骨”的吴三桂。但究竟是谁给吴三桂和三藩创造出了造反的条件？亲政不久的少年康熙帝，又要如何面对这一可能会葬送大清王朝的乱局？

康熙帝面前的乱摊子

中国历史上有名的“康乾盛世”，主角是夺目的一对祖孙。一个是情同开创的康熙；另一个是坐享其成的乾隆。康熙帝少年得志、远见卓识、文治武功，是中国历史上的一代英主。而之所以说，他似乎没他孙子乾隆那么好运，是因为所有美誉的背后都不外乎有一个坎坷的荆棘矗立在其后。江山不稳、父母尽丧、鳌拜篡权、三藩动乱、反清余势、台湾不安……细看康熙的生平大事年表可以得知，自亲政之后，就一直伴随着动荡波澜。世人所给予他的那些动听的美誉都是他生生忍着疼、咬着牙磨出来的。龙椅上铺着的不是绸罗软垫，而是层层密布的刀山火海。风光无限的背后实则是一堆难以收拾的烂摊子。

父皇顺治离世之后，仅八岁的康熙的日子不怎么好过。

首先，就是明朝残存抵抗势力的垂死挣扎，其中不乏在社会中相当有影响力的有识之士，刚刚亡了国的汉人，面对这群头戴大帽子、脚蹬高鞋子的满族人，避免不了的去怀念故国。虽然南明皇室胆小怕事，但是他们并没有屈服于清朝，而是拒绝与清政府合作。

其次，是财政的严重困难。江山的争夺并不是谈判桌上喝喝茶水、谈谈双方观点就能稳操胜券的，在那个时代，真正有分量、能够站得住脚的只有刀枪铁蹄。明末清初期间的战争，到 1661 年康熙皇帝即位为止，前后长达 34 年之久，不但击垮了大明王朝，同时也熬干了清政府。长期的战乱造成了社会经济的严重凋敝，人民生活困苦不堪，当权者的财政状况也十分窘迫。

如何保证财政收入、恢复发展生产、稳定民心、巩固统治都是顺治留给康熙的一系列烂摊子。腐败的官场吏治更是历史遗留问题。历朝历代更替的缘由一般都是以官员的贪污腐败为开始的。而清朝又有自己的特点。

由于清军大举入关的时候，大量原来明朝的大臣投降，当时的摄政王睿亲王多尔衮为了能够迅速地夺取全国江山、稳定长期战乱的局面，对于这些汉族的降官降将基本上全部采取了全盘接收、招纳、官复原职的办法。此举不但迅速导致了原来明朝官场中的弊端没有清除出去，反而传染给了关外来的大清官员。从此之后，无论是满官还是汉臣不但不尽心任职，反而愈加贪污受贿，中饱私囊，满族人当权不久，内外夹击的情势之下根本没有闲暇去处理萧墙之事，即使统治者清楚明白手下的人为非作歹，也会担心如果处理不当，不但问题得不到解决，势必会造成新建立的清朝统治的不稳定甚至随时有被颠覆的危险，哪怕是皇帝也不敢冒这个险。

顺治在官员贪污腐败的问题上本来就是一个受害者，他在有生之年没有什么好的办法去处理，也只能留给自己的儿子。皇位世袭的同时，烂摊子也是一代留给一代。所以，康熙亲政后，清朝名义上确立了对全国的统治，实际上有的地区一直未能纳入政府的有效控制之下，如南方数省便是三藩的割据势力范围。他们是清初皇帝们不得已而为之的产物。

以汉治汉的弊端

清初，为了充分利用汉族降将的力量，同时也是为了稳定人心，先后封了四位汉人藩王。他们不是别人，正是最早归顺大清的定南王孔有德、靖南王耿仲明、平南王尚可喜以及对清朝入关起了关键作用的平西王吴三桂，这四人组也就是后来不断给康熙制造麻烦的“三藩”。不过后来，耿仲明死了，其子耿继茂承袭了爵位；孔有德也因为死后没有儿子，其爵位被解除。从这以后，清朝令吴三桂镇守云南，尚可喜镇守广东，耿继茂镇守福建，耿继茂死后，其子耿精忠继位，“三藩”正式成立。

三藩的土皇帝生涯

吴三桂、尚可喜、耿继茂本是三个背叛自己民族和国家的叛徒，但是却由于清朝初时的特殊情况而摇身一变成了清廷所不能不重视的开国功臣，并且被封为镇守边疆的藩王。虽然天下之大莫非王土，但是也确实存在着皇帝所看不到的地方。随着天高皇帝远的局势，独据一方的三藩军力日渐强盛，势力、权力增大的同时，他们的个人野心也越发膨胀。到康熙帝继位时，三藩已经成了朝廷的祸患，清政府虽然已经穷得当当响，但本是穷山僻岭的三藩却是个个富甲天下。

尚藩在广东凿山开矿，煮海贩盐，对朝廷不交一文税金，所有的收入都让他中饱私囊，而且还利用地理位置垄断清政府的对外贸易，大肆走私，从中牟取暴利。耿精忠袭爵后，比起这些老一辈的手段也并不逊色，不但在福建这块肥土上横征暴敛，勒索银米，还将各地的奇珍异宝肆意搜刮到自己门下。

吴三桂就更不用说了，做的买卖更是让人惊叹，居然在云南公然圈占公田，私自大兴土木，用康熙的银子投资，将一些名贵的土特产实行专买专卖政策。不但其他两藩涉及的买卖他都有沾染，而且还变本加厉地进一步扩大自己的占有度，居然自己制造起了钱币，流通各省，并且取了个名字称为“西钱”，反大清之心可谓司马昭之心路人皆知。当时人称吴三桂“庄佃众多，铺税千万两，仓库里金银布帛堆积如山，厩圈中骡马牛羊畜之如林”，富可敌国，无与伦比。

然而就算是这样，三藩仍然每年都理直气壮地向囊中羞涩的康熙要大把银子，美其名曰保卫边疆的军用必要开支。国家的财政收入，绝大部分用于三藩开支，仅云南一省每年就不下数百万两饷银，即使倾尽国库，也难以供应，成为清朝沉重的负担，也成了康熙继鳌拜之后又一个令他头痛不已的头等大患。三藩之所以最终被康熙撤掉也有些自讨苦吃的嫌疑，他们本身就已经要风得风要雨得雨了，为什么还总去惦记着康熙手中的那点银两呢？

不仅如此，连朝廷才能有的驻防地上的人事任用权，三藩也贪得无厌地操控于手中，只要是他们提名的官员，连地方总督、巡抚都不得干预。虽然没有得到朝廷的正式授权，但是三藩行使的大半权利已经不由得别人“说三道四”了。

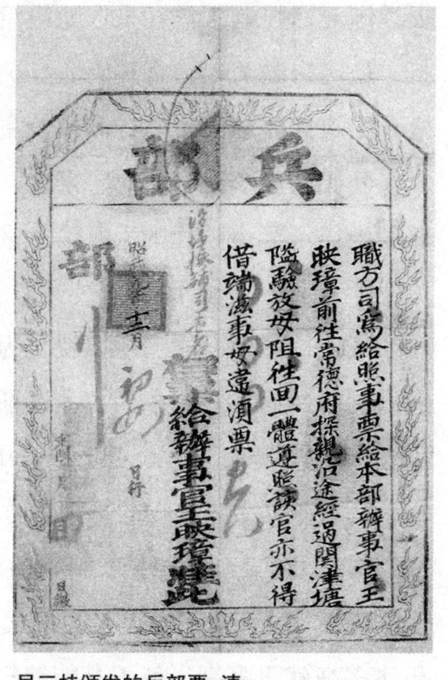

兵部

職方司爲給照事票給本部辦事官王眹璋前往常德府探親沿途經過關津塘隘驗放毋阻往回一體遵照該官亦不得借端滋事毋違須票

給辦事官王眹璋照

十二月 初

部

吴三桂颁发的兵部票 清

纵是这样也不全然满足，吴三桂上书康熙，白纸黑墨地要求朝廷让云南、贵州的官员都听任吴三桂的差遣，意思就是想要自己手中的王权仅次于皇帝，其他官员都要听他的指令，那时候的康熙还没有拥有足以震慑住三藩的实力，不敢得罪他，只好答应。这等举措明显就是康熙向吴三桂妥协的举措，康熙也咽不下这口气，可谁让人家吴三桂的实力大呢！所以，还得忍。即使康熙已经如此退让了，吴三桂还是禁不住一次次地考验他的耐性，进一步地要求自己的管辖之内不受朝廷吏部的安排，由吴三桂自行来任命官员。一时号称“西选”。

养虎为患的制度

康熙并不是不知道三藩的所作所为，眼看着三藩势力的扩展逐渐无法控制，清廷采取笼络策略，公主下嫁，试图加以安抚，稳定三藩几年，直到康熙有铲平他们的实力为止。吴三桂之子吴应熊娶顺治帝之妹和硕公主。尚氏的两个儿子之隆、之孝，耿氏的两个儿子昭忠、聚忠，也都各为额驸。就这样，三藩的人成了半个朝廷的人，信息来源更加广泛、可靠，反倒是方便了三藩恶势力的蔓延。

最初，清朝设立三藩本就是为了稳定边疆，免除朝廷的后顾之忧。然而三藩手中的权力逐渐增加了之后，对权力的欲望也逐渐膨胀起来，逐渐走上了与中央集权政府相对立的道路，成为分裂割据中央集权的军阀势力。由于初入中原，政权不稳，清廷对三藩的行径虽明知，却有心无力，只能着意安抚，致使三藩逐渐独立于朝廷，甚至想取代朝廷。鸟儿的翅膀一旦硬了，想飞多高就飞多高，就不是能够轻易控制得了。而且，三藩也确实有嚣张的资本。他们都拥兵自重，有相当强的军事实力。

面对三藩强大的武装力量和雄厚的经济实力，朝廷实在是束手无策。政局不稳、国库空空，面对此情此景，清政府最怕的其实就是打仗。军事开支实在是个无底洞！国势刚刚稳定，如若再陷入战争的话，老百姓都会第一个站出来不同意，如若孤注一掷地强行进攻的话，加上吴三桂的六亲不认，很可能会步前朝的后尘，最坏的结果便是满族政权还得撤出关外，而在那片龙兴之地上能不能再拥有一寸山河，都是个未知数。因此，在面对三藩的一次次挑衅，康熙也只能采取睁只眼闭只眼的策略。

其实，清政府面对这样的窘境也不是没有想过对策，不但想过，而且还实实在在地出台过一系列的政策。“更名田”就是其中之一。这也是鳌拜辅政时期，做过的为数不多的好事。也是他在担任辅政大臣的过程中，最后的辉煌——因为在这件事情完成之后仅仅两个月，他就被康熙皇帝拿下了！

在双方僵持不下之时，吴三桂那迟来的爱国之心似乎又回来了，旗帜又忽而转向大明王朝，在反清复明的口号已经慢慢地消淡下去的情况下，他又举起了这个旗帜，还厚颜无耻地提到了永历。对于他的反复的小人行径先不提，总的来说，吴三桂已经下定决心想要脱离大清的控制了。这时候康熙就是再顾及国家的整体局势也要破茧成蝶，不能再继续忍气吞声了。

何况，就算吴三桂不反，三藩问题也确实已经成为清王朝对全国实行有效统治的一大毒瘤，其解决办法已经在康熙帝的脑海中日渐成熟，并把它与治河、漕运视为并重的“三大事”。康熙清醒地意识到：吴三桂绝非宋朝功臣可比，乃是唐代藩镇之流。他密切注视着局势的发展，准备寻找适当的时机除去三藩。

吴三桂为何把儿子送上了断头台

……

大清平西王之子，大清朝廷的驸马，当今圣上的亲姑父，如此多的头衔加于一身，却为何不是荣耀的光环，而是一道阎王送来的催命符？吴应熊，这个最不幸的“太子”，为何被父亲送上了绝路？

被父亲送上绝路的吴应熊

吴应熊，吴三桂的儿子，似乎自从生下来就注定了其悲剧的命运。明末清初，吴三桂以尴尬的身份求存于这个尴尬的社会中，似乎就预示着即使满族人稳住了江山也将会继续周旋于政治、权力斗争的旋涡之中，除非他主动放弃一切，从此隐姓埋名甘愿做普通百姓生活。关键是，吴三桂之所以两次背叛主子都是因为那源自骨子里的权势欲望。所以，吴三桂对权力的渴望，也就直接导致了自己儿子的悲剧。

其实，吴三桂不只有吴应熊这一个儿子，之所以历史上关于吴应熊的记载最为清晰详尽，是因为他在康熙平定三藩时所扮演的特殊角色，吴应熊本来就是皇亲国戚，清王朝的皇室当初为了笼络三藩，不惜把格格们许配给了三藩的子孙们，吴应熊也是其中之一。许之与他的正是康熙的亲姑姑和硕公主，也可以看出吴三桂确实得到了清政府的“厚待”。吴应熊虽然已经是驸马身份，其本质上却是清政府牵制吴三桂的重要筹码。康熙以为只要有吴三桂的儿子在京城，就不怕他又再一次叛变造反的一天，可惜的是，他再一次错估了吴三桂的狠心。吴应熊似乎也没有想到自己同时被两个至亲的人叛变了，一个是父亲；另一个是妻子娘家的侄子。

随着康熙与三藩之间的关系越来越趋于复杂，吴应熊也自知自己项上的这颗脑袋会随时不保。但是他的去留问题已经不是自己能够控制的，作为牵制吴三桂的唯一筹码，康熙是不会轻而易举地放走他的。虽然他是康熙的亲姑父，但是在皇室之中，连亲兄弟都能互相残杀，就更别提区区一个姑父了。

康熙七年（1668年），狼子野心的吴三桂终于明目张胆地反叛清廷了，而作为人质的吴应熊当然不能幸免。虽然吴应熊的妻子、康熙的亲姑姑在孝庄与康熙面前哭诉求情，也没能免吴应熊一死，吴三桂一反，他儿子吴应熊的人质身份便再无用处。吴应熊死后，康熙皇帝经常下诏慰藉公主，谓其“为叛寇所累”。

父亲手中的工具

吴应熊的命运兴衰还是要追究到吴三桂的身上。

被封为平西王的吴三桂俨然已是一方霸主。无皇帝之名却有皇帝之实，刚刚亲政不久的康熙皇帝年纪尚幼，对他无可奈何，只得一忍再忍。

双方都在酝酿、积聚、等待，一直到康熙真正掌握了朝中大权。三藩对清政府的百般刁难，康熙再也无法容忍那些手握重兵的藩镇势力，决心以镇守广东的平南王为开始，探探吴三桂的口风。而吴三桂也并非粗枝大叶的一介武夫，在康熙削藩的同时也在极力保住兵权，掌握军队，以图自固。完全把吴应熊置于脑后。

一方是权欲无限膨胀，一方是有意识地歼灭重镇羽翼，两股强大的力量相互碰撞，冲突势不可免。不言自明，朝廷与吴三桂等人各怀心事。想来吴三桂也是一个成大事的“大丈夫”，亲生儿子的性命不顾不说，还积极发挥儿子在京城的能量为自己服务，让吴应熊四处用金钱收买人心，好为吴三桂服务，这无疑在加速吴应熊死期的到来。继人质之后，吴应熊再次成了自己父亲手中的工具。

吴应熊也唯父命是从，这点上不得不称赞他是一个孝顺的儿子，明白自己在父亲眼中的角色，可还是一心一意地挥金如土，为父亲买情报、传消息，联络的也是那些本身就立场不坚定的墙头草人物。虽然康熙有所防备，但无奈吴氏“众人拾柴火焰高”，导致吴三桂的情报机构异常灵敏，甚至对朝中一举一动了如指掌。这点可以完全归功于吴应熊。

吴应熊在朝中“间谍”的身份让康熙帝十分震怒，吴应熊的处境岌岌可危。不过吴三桂也不是铁石心肠，吴应熊毕竟是他亲儿子，他不能不对儿子的处境有所考虑，所以特意把自己的亲信胡心水放到吴应熊的身边，让他“代为照料一切事”。这样，胡心水便成了吴应熊额驸府的大管家，府中日常庶务都由他来悉心照理。只是对权利的狂热追逐最终让吴三桂决定放弃京城的儿子。就这样，孝顺且全心全意听命于父亲的吴应熊最终成为父亲权力的牺牲品。

吴三桂的“无奈”

如果说吴三桂降清是“冲冠一怒为红颜”的话，那么他的反清便是“冲冠一怒为撤藩”。

此时的吴三桂早已不是大清的功臣，也不想继续做一名回头是岸的清臣，他只想自己能够也有一个皇帝的头衔，彻底改变自己这浮萍一样的命运。吴三桂知道康熙年纪虽小，但不是个好惹的人物，当年铲除鳌拜的情形还记忆犹新，自己的所作所为势必会让康熙把矛头指向自己，这也只是时间的问题。等到康熙羽翼丰满之后对付自己，还不如在他还没有成熟之前就先下手为强，于是，吴三桂亲率大军起兵反了。

而他的反叛为自己带来的初始后果，便是留在京城的长子吴应熊、长孙吴世霖被清廷处以死刑。

康熙帝撤藩的决心

康熙帝亲自执政后，由于治理得当，使得朝廷一改清初期时的困顿混乱，国力大有提升。但从康熙的平生重大事迹表可以看出，康熙帝实在是一个命运多舛的皇帝，内忧外患是一个接着一个，南方有三个藩王尤其是吴三桂格外让康熙帝担心。

康熙帝知道要统一政令，三藩是很大的障碍，削藩之前的三藩其实已经形成了一个与朝廷分庭抗争的政治团体了，愈加地独立于朝廷，甚至比朝廷还要富有。所以，想要统一天下，就一定得找机会削弱他们的势力。

而三藩看到康熙已经逐渐把身边的障碍清扫完毕，认为这回似乎该轮到自己了，于是也对小皇帝进行了一番试探。尚可喜首先出面，声称年老了，想回辽东老家，向康熙提出了类似于辞职的奏章。这无疑是对康熙的一次明显的试探。但是康熙那个时候实在是受够了他们的气，再加上自亲政以来的种种战果，自信心就有些膨胀，虽然孝庄太后百般劝阻，说明撤藩时机未到，不如等吴三桂老去、死去再从长计议，大臣们也从国力现状上表示不支持康熙的撤藩之举，但是，康熙还是认为撤藩的时机已到，不顾众位臣子的反对，批准尚可喜告老，撤掉平南王的爵位。

康熙的反应这次确实给了三个心怀鬼胎的人一个明确的答案——撤藩。这一来，当然触动了三藩的权利，特别是吴三桂这个权力欲望强烈的人了。所以，三藩决定在康熙之前先下手，举兵造反。

康熙十二年（1673年），吴三桂在云南起兵。

吴三桂身败之谜

……

准备了数十年的叛乱终于拉开了帷幕。在私利面前，吴三桂终于扯破面皮，公然站在了朝廷的对立面上。然而，步步经营的叛乱为何以失败而告终？吴三桂和三藩，为何斗不过仓促应战的清廷？三藩之乱的失败，其原因何在？

三藩之乱大幕拉开

吴三桂留在清政府的儿子吴应熊被康熙处死，是“三藩之乱”的转折点。双方的底牌已经亮开，再没有什么顾忌。在吴三桂首先出兵之后，1676 年冬，康熙迅速调动全国的军事力量向吴三桂扑来。清军声势浩大，吴三桂也破釜沉舟不甘示弱，双方陷入了对峙阶段。

自康熙十二年十一月至十五年四月，战乱不断扩大，吴三桂出兵凶猛，而康熙自然也是不甘示弱。两军在斗争中各有得失，但是，令吴三桂没有想到的是，自己的盟友会出卖自己转而投向康熙的一边，使他战事开始时的胜局逐渐向相持阶段进行。

康熙的一生是由一个又一个挑战与考验所构成的。这些考验是他的祖父、叔祖父和父亲留下的，已经积累了三十年的历史包袱，各个都沉重万分。“三藩”问题是跟随着鳌拜的落幕接踵而来的。康熙帝在处理这一些问题上表现了一位杰出政治家所应具备的素质。

康熙帝与吴三桂的三藩之乱进行了八年之久，在大半个中国进行了一场大的是与非、成与败的博弈。一方是 20 岁未经战阵的康熙帝，另一方是 62 岁身经百战的吴三桂。但是战争过程中，两人所表现出来的勇气和智慧却与他们的年龄和阅历完全成反比。康熙帝身处博弈中所表现出的坚定、镇定、淡定是吴三桂所不能比拟的。康熙帝与吴三桂博弈的结局早已注定。

而吴三桂，却在此时走到了生命的终点。

三藩之乱的拐点

康熙十七年（1678 年），虽然吴三桂自觉气数已尽，马上就要被清军攻破，但是，折腾了一辈子总还是想要把自己那个最初的梦想圆上一圆。于是吴三桂等不及最终完成他的霸业，在衡州称帝。但这一冲喜的举动却未能改变叛军的困境。吴三桂只享受了几天而已，就在连连失利的战势下郁郁而终了。

吴三桂死了，他所带领的军队便是群龙无首了，清军趁机发动进攻，打打停停，从此叛军一蹶不振，余众纷纷出降，三藩之乱终告平定。吴三桂也算是圆了自己的梦，过了当皇帝的瘾。

频繁叛变，丧失民心

吴三桂的两次叛变给他带来的后果确实大不相同。第一次背叛崇祯，换来了大清的礼遇和善待。如果没有他后来的再次叛变，后人对他的评价也不至于如此不堪。大明朝昏庸至极，被清朝所取代是历史前进的必然结果；第二次背叛康熙，却是吴三桂的一大败笔。清朝此时正处于蒸蒸日上的繁荣阶段，是历史发展的必然结果，而吴三桂在此时却是一个欲望强烈飞扬跋扈的云南土霸王，此时反清纯是反社会发展脚步的。而且各种条件集合起来也并没有给吴三桂带来多少胜算，反而处处都是败笔。

当然，在吴三桂最终失败的结果之中，一来，他打出的旗帜、口号就过于老套了，“反清复明”早已是老生常谈，再说大明朝的灭亡就是由吴三桂自己一手策划的，现在又想“复”它，谁又能信！再来，吴三桂与康熙对峙之时，已经就是一个六十多岁的老人了，垂垂老矣，无论是精力还是计谋上都不是康熙的对手；还有，这时候人们已经普遍接受了清政府的统治，吴三桂的反叛本身就是一个逆社会发展之举，必然得不到广大人民群众的支持。所以，他的失败是必然的。而康熙自身的实力的确是不容小觑的，康熙身上品德和智慧是吴三桂最终败北的另一个重要原因。

军事策略上的失败

三藩反清之初，清政府连连失利，康熙在危局中表现出的镇定自若着实让人刮目相看。首先将吴三桂的罪状公布于众，得到民众舆论上的支持。接着又不顾姑姑的哭诉处死了自己的亲姑父、吴三桂的亲儿子——吴应熊，在士气上打击了敌人，激励了清军。

事实也却是如此，吴应熊的死给了吴三桂好大的一个下马威。吴军与清军之间的较量不分伯仲之时，康熙为了安定惊恐的军心，镇定自若每日游山玩水给士兵们吃了一颗定心丸，他的坚定决心和平静心态，对于稳定大局和安定人心，起了很大作用。在战略上也展示了他惊人的谋略，虽然吴三桂打出的是“反清复明”的旗帜，但是康熙没有因此而孤立汉族兵将，反而大力重用，这更加鼓舞了军队的士气。再加上康熙肯听取他人意见不一意孤行，这也为他增加了胜利的筹码。

为康熙增加了胜利的筹码的还有“正义”这个词，显然，吴三桂在这点上是丝毫不占优势的。

在吴三桂称帝之前，也许还有其两次叛变的理由，乱世，本来就是一个容易让人迷失的背景，似乎所有的故事都能找出其原因。情势所迫、杀亲之仇都是吴三桂可以洗清罪名的筹码，但是，吴三桂所有的“无奈”却在他称帝之后无所遁形，权利的欲望与野心也都昭然若揭，公之于世。所以，吴三桂与康熙之间的三藩之战，首先丧失了正义的筹码。

吴三桂反清，当然得不到汉人的支持，因为他在云南虐杀南明永历帝。所谓得民心者得天下，吴三桂在民心上就先失了一招。

三藩之中，本身也不是同心一致，吴、耿、尚三人各怀鬼胎，内讧不断，彼此不能合作。和康熙打了几年，形势变得对“三藩”越来越不利，这时候其他两藩的天秤就开始倾斜了，毕竟康熙主要对付的还是吴三桂，福建耿氏首先降清；紧接着，尚之信也投降朝廷。吴三桂孤军奋战又能有胜算几何？

康熙二十年（1681年）十月二十八日，清军进入云南昆明。吴三桂虽然已经死去，但是也被掘坟析骸，刨棺戮尸。吴三桂的子孙也被斩尽杀绝。

吴三桂陵寝之谜

两为逆臣的吴三桂死了，但他葬身于何处？从南国昆明到北国兴城，都有吴三桂墓的建筑。哪一处，才是这个背叛了大明王朝，又背叛了大清王朝之人的葬身之地？

吴三桂的陵寝在哪里

吴三桂是明代宁远卫（今兴城）西南中后所（今葫芦岛市绥中镇）人。他是明朝的一位总兵，镇守宁远近五年。明崇祯十七年（1644年）他引清军入关，打垮了李自成的农民军；他多次立下大功，被封为亲王；他反对康熙皇帝的削藩政策，起兵反清，自立朝廷而称帝。康熙皇帝平息了吴三桂掀起的长达八年的军事、政治动乱，清朝统治者把他称为“逆贼”“逆臣”。所以，清军进入昆明城后，就大肆搜查他的陵墓或灵柩，准备将其暴尸、戮尸。但是，吴三桂的墓葬到底埋在哪里？当时，有的说埋在昆明安福园石桥下；有的说埋在贵州省岑巩县天安寺古塔地宫；有的说埋在中缅边界；有的说后来其家人将其尸骨秘密带回故乡，埋在辽东宁远……其说不一。看来，这是一个不容易解开的谜。

石桥下的骨灰匣

有的书中记载，当清军逼近昆明时，吴三桂的孙子吴世璠和他的岳父郭壮图，非常秘密地把吴三桂的尸骨改葬他处，防止清军掘坟。清军追问吴三桂的近人，他们说不清楚。清军根据一些被逼无奈之人的指引，挖掘了几处墓葬，经认定，都不是吴三桂的墓葬。有一天，清军挖了十三座墓，可谁也分辨不清真假，最后将尸骨都付之一炬。在清军的一再逼问下，吴三桂的一个侄子说，在昆明安福园石桥下有吴三桂的骨灰匣。清军在安福园石桥下果然找到了，他们将骨灰匣连同吴世璠的首级一并送到京师。朝廷决定:“逆贼吴三桂骸骨分发各省，吴世璠的首级交与刑部悬挂示众。”

清廷所得到的尸骨真是吴三桂的骸骨吗？据专家分析，认为不一定是真的。因为吴世璠和他的岳父郭壮图，已经非常秘密地把吴三桂的尸骨改葬他处，然后再造几处假墓和骨灰匣，这是有后顾之忧的吴氏很容易做到的。就是在吴三桂的故乡和他镇守过的地方——宁远，也有两处墓葬，被称为吴王坟。

窟窿山中的吴王坟

民国版《兴城县志》记载:“吴氏先茔：在城东北五里窟窿

山西北隅，仅存石门一座，有‘骠骑将军吴公先茔’现在八字横额，余俱湮没，不堪辨识，俗呼吴王坟。又据土人云：鲍官岭下之姚家湾地方，俗称老龙头，亦系吴王坟。父老传闻，因吴三桂在云南犯顺，坟被清室所掘，说亦近理。”

辽宁兴城窟窿山西北隅的吴王坟，倚山面海。调查发现，至今还有六七块石头的雕件横卧在墓穴之南，这很像是石门的基座。坟墓早已被挖走，仅有一个土坑，约20平方米，深1米多。从地面往下的地层中可以看到有许多碎砖、白灰渣。附近的老人讲，这是吴三桂的坟墓，过去有石门，横额上刻“骠骑将军吴公先茔”八字，被人破坏了，找不到了。

姚家湾属东辛庄镇，在鲍官岭（今称报花岭）之南，位于六股河拐弯处的北岸的高地上，其西北约4公里是绥中县城。在姚家湾地方，吴王坟遗迹难以寻找。但是，这里有三个地名很值得考究，有前石碑沟、腰石碑沟、后石碑沟，也许有的石碑曾经是记载吴三桂的。由于这里风水好，过去曾有两座古庙——兴龙（隆）寺和后兴隆寺。姚家湾村北约5公里的大寨乡有一个吴家屯，过去（明末清初），居民几乎都是姓吴的，老人们讲，他们是吴三桂的后代。

英茂山南麓的祖坟

2004年春，在兴城围屏乡英茂山北麓发现了已经被破坏的吴应玮的墓葬，仅存一方墓碑。墓地西南距吴家屯约8公里；距绥中县城约12公里。墓碑上刻着吴应玮为奉政大夫，是个五品文官，葬于康熙（初）年。据专家初步推断，他应是吴三桂的侄子，吴三凤的儿子，与其父居住在中右所。这座墓葬的发现，也许对今后寻找吴三桂墓有所帮助。调查中，听老年人讲，英茂山南麓可能有吴氏的祖坟。

在兴城刘台子乡沿海的一座突兀的山峰顶部，有一座古刹，叫娘娘庙，附近有许多关于吴三桂修庙的传说。据民国版《兴城县志》记载："娘娘庙古碑：在城西南六十里，俗呼娘娘顶，清平西王吴三桂于顺治庚寅年重修时建。"顺治庚寅年是顺治七年（1650年）。据史料记载，顺治七年吴三桂驻守汉中，平定陕西、山西的反清武装，按理说他无暇修庙。不过，当年他要求回京汇报工作，顺便观察朝廷对他的态度。顺治八年（1651年）八月，经皇帝允许，他到了北京，出乎意料地受到顺治皇帝的封赏，他获得了更大的权力。也许，他为了感谢神灵，感谢家乡的土地，特出资重修庙宇。他自己没有时间，便委托其兄长及乡亲代办。这说明吴三桂眷恋故乡，死后将其尸骨葬在故乡符合常理，更何况在云南，已经没有吴氏的立锥之地了。

吴三桂私造钱币之谜

……

原始森林里的一处奇观，引发了世人的猜测。那一串串笋尖上的铜钱从何而来？吴三桂私造钱币，是否就在此处？落水洞中的累累白骨，是无奈的抗争，还是悲哀的殉国？

原始森林深处的奇观

无论是古代还是现代，也无论是中国还是外国，钱币均只能由官方制造。私人造钱，在现代属于重罪，在古代则要被处死。因为这是属于威胁到国家金融秩序的大事。然而，吴三桂在坐镇西南当他的土皇帝时，却做出了私造钱币之举。

在云南省威信县麟凤乡境内大雪山原始森林深处有相距两公里的新、老两个钱厂遗迹，两厂遗迹都靠近四川省的边界线上，现存有瓦砾、陶器碎片、石碓、石磨、碾槽、水井、房基条石、炉灶。在山林深处的许多地方有开采过的焦煤、铜矿洞多处。20 世纪 50 年代初期，人们进山采笋子时还发现有串串铜钱被笋尖顶起，蔚为壮观。

吴三桂私造钱币的所在

相传，此地既有铜矿，又有焦煤，地靠川滇交界，又是人烟极少、人迹罕至的原始大森林，非常隐蔽。吴三桂坐镇云南时，多次要挟清廷索要军饷，暗地里却拥兵自重，扩军备战。清廷对吴三桂早有防备，将吴三桂之子吴应雄当作人质，监制住京，以扼制吴三桂的反叛野心。清廷对吴三桂索要军饷等方面多有防备和限制，吴三桂对清廷的各种欲望得不到满足时，加速了反叛的准备，在各地选择隐蔽有铜矿之地大量私铸钱币，用以扩军备战，充斥军饷，又将大量私钱运入川陕，投放市场换回金银，扰乱清朝的金融。

清兵捣毁钱厂的传说

吴三桂私造钱币被参后，清廷曾派人查实并捣毁老钱厂，将所有造钱人员追赶杀绝，堵水淹没造钱工场（有决水遗迹）。在清剿过程中，被剿杀者有数百人，其主要造钱师谢世平被剿杀，儿子侥幸逃脱。清军撤走后，谢世平之子返回老钱厂，掩埋父亲尸体，并收集了两土罐铜钱陪葬竖碑记“钱王谢世平之墓”（后钱罐被人盗走），儿子继承父业，招募逃脱的工匠人员迁移到离老钱厂两公里的一处比较隐蔽的地方，又开始大量私铸钱币，并养兵，修筑防御工事用以抗击清廷清剿。

据说，新钱厂鼎盛时期，有数千工匠及家属在此生息，繁华的商业，南来北往的驮马队将一部分滇铜（从东川巧家会泽）运进来造成钱币，又将钱币运往川陕。在麟凤乡有一个叫驮马山的社，就是当年停息马帮的地方，在四川珙县离新钱厂较近的花楸坪，还遗存有当年喂马的场所，在新钱厂内建有四十二条花街，二十四条柳巷，商贾云集，驮马成群，热闹非凡，从现存的各种遗迹看。当时是一个比较繁华的地方。

吴三桂叛清兵败后，清廷第二次派大批兵将清剿，遭到了顽强的抵抗，在一个叫九鬼包的地方，清兵损兵折将多人，终因寡不敌众，残余的造钱员工及家属，全部转移到离新钱厂十多公里的一个落水洞内隐藏。清军无法打入洞内，为了追赶杀绝这些造钱工匠，将辣椒和土烟熏入洞内，将其全部熏死，然后用黑火药炸垮岩层将落水洞封闭。

第十三章

雍正登基之谜

史上最不幸的皇太子

……

胤礽，康熙之子，襁褓之时便被立为太子，皇位的继承人。然而，做了四十多年太子的他为何会被两立两废？康熙在选择继承人的问题上，究竟在考虑什么？

被两立两废的太子爷

康熙一生中共有35子20女，可谓壮观。中国封建社会几千年的历史中，皇位都是采取世袭制的传统。拥有众多儿子的康熙是不会有无人继承家业的烦恼的，反而选谁做下一代接班人成了这千古一帝心中的难题。所以，太子位几立几废，康熙一直在斟酌考量，最后还是没有设计出一个完美的结局，还给继承人留下了一个永远都说不清楚的烫手山芋。

清朝前期奉行“有德者即登大位”，而不是嫡长子继承制。在这一点上，还是有一定进步的。但“有德”这个评价标准在现实中不好操作，正因为如此，各皇子才为争夺皇位而打得头破血流、不可开交。

太子宝印及印文 清

在康熙王朝中，太子位的争夺始终是赚人眼球的巨大噱头，众多皇子中，二皇子胤礽的两起两落也是最为精彩的。年仅一岁凭借其母的原因就荣登太子位，这是何等幸运！但随着时间的延长，这种幸运慢慢转化成了一种尴尬，毕竟当了40多年的太子还真是前无古人、后无来者的。随着其他皇子的羽翼越来越丰满，胤礽的耐心也终将溃灭，渐渐对自己不利的形势促使他一次又一次地铤而走险。不过他可能不太了解自己父亲的实力，伴随着反抗的是康熙愈加决然的镇压。最终成就了胤礽成了历史上第一个也是唯一一个被两立两废的太子爷。

康熙立胤礽的原因何在

事实上，在胤礽之前还有一个哥哥，即皇长子胤禔。为什么康熙不选长子而选二子为太子呢？一般的说法是皇长子的母亲只是一般的嫔妃，而皇次子胤礽的母亲是皇后且年纪轻轻又死了，康熙与胤礽之母感情非常之好，为了让她安心地离去，康熙满足了她最后的愿望，决定立其子胤礽为皇太子。

其实，史料记载中也能看出在最初之时，康熙也真的是十分喜爱这个小太子的。因为康熙深爱着胤礽的母亲，而这个红颜薄命的女人又早早离去，致使多情的康熙将对爱妃的怀念之情统统转移到了这个孩子的身上，胤礽自幼即被视为父皇掌上明珠。康熙皇帝将胤礽留在自己的身边，一起在宫中生活，他亲自照看这个幼小的孩子，看着他一天天成长。

之所以特别爱护这个幼年丧母的孩子，也与康熙自己早年的经历有关。康熙本身就在幼年时失去了父母，虽然有祖母悉心照料，但是也十分渴望父母的爱怜，所以康熙皇帝深切知道，虽贵为衣食无忧的皇子，其实也同样渴望着父爱，一个孩子完美的幼年生活离不开父亲的呵护。因此，他对胤礽充满爱怜，倍加体贴、照顾和呵护，亲自教他读书，在后者六岁时又特请大学士为师；胤礽经父、师指点，确实显露出几分不可多得的灵气。他文通满汉，武熟骑射，加上仪表堂堂，着实惹人喜爱。康熙特意在畅春园之西为胤礽修了一座小园林，赏他居住，连出巡时也命他随侍左右。可以说，胤礽的太子之位绝不是源于本身的功德实力，那么康熙为什么要立这个根本就没有才能的皇子为太子？

其实这也是他的一种策略。康熙本身熟知历史，知道自封建王朝的开始之初，便有无数人死伤于皇位之争上，为了避免这种血肉相残的情况在自己身上发生，所以，胤礽的太子之位一坐就坐了 40 多年，以避免继位引起的过早纷争，还可以保护自己真正看中的继承人不成为被攻击靶子的危险。没有早早宣布太子人选是觉得时间未到。只是，连康熙自己都没有想到会误算时间，使雍正的继位被重重包围于迷雾之中。

太子爷的背景

太子胤礽在皇室中有着很深的背景，他的外祖父噶布喇是领侍卫内大臣，外叔公索额图是大学士，当朝宰相，领侍卫内大臣。其曾外祖父便是康熙的辅政大臣索尼。可见为他撑腰的都是朝中举足轻重的大人物，而他的顺利登基也可以成为周围的亲人在危机四伏的朝廷的坚固保护网，所以，这些人不遗余力地给胤礽出谋划策，在他的周围形成了一股政治势力，这就是太子党。

正所谓宫廷深似海。皇帝始终不是普通百姓人家的父亲。伴君如伴虎不仅是给臣子的忠告，同时也是给皇子们的一种警言。随着胤礽长大懂事之后，这对亲密的父子之间也渐渐地产生了一些矛盾。随着康熙初年国内外的混乱形势的逐渐改善，到了康熙王朝中期已经露出“康乾盛世”的景象，困苦艰难的时期已经过去，朝廷的国库也日渐充盈，边疆都显出一片和谐之状。安逸的生活使身为统治阶级的贵族子弟滋生了一股享乐奢侈之风，身为太子的胤礽同样在温室的胚胎中滋养出不愿奋进的骄气和惰性。再加上在同辈兄弟中，他所处的地位优越。于是，更加放纵任性，为我所欲，从而忽略了身边潜伏着的忧患，他不曾想过其实自己始终处在一个巨大的透明舞台上，一举一动都展示在众人的眼中、供人审阅，更是忽略了康熙那一双犀利而又挑剔的眼睛。

皇帝与皇子之间的关系毕竟不是普通人家的父子，相互残杀的案件都曾有过，更别说矛盾了。康熙与胤礽之间首次出现裂痕是在康熙亲征噶尔丹之时。当初为了安抚噶尔丹，康熙不惜把自己最心爱的女儿远嫁他乡，不想还是没有压制住噶尔丹的野心，不得已康熙亲征讨伐自己的女儿和女婿。战争加上心痛，使康熙深深地沉浸到了疲惫之中，十分想念亲人的陪伴，于是特召胤礽至行宫借以安慰。康熙是一个感性敏感之人，洞悉他人的情绪更是仔细入微，胤礽在面对老父所表现出来的倦怠与无动于衷，这使康熙大为伤心，更是对这个太子产生了失望之情。从此，父子之间原本亲密的关系蒙上了一层阴影。

关键时刻掉链子的胤礽

接下去的日子，几次关键时刻，胤礽的表现都使康熙失望透顶。康熙虽然生在皇室，本应十分淡薄的亲情在康熙这里却是最受他重视的，在晚年时，最不愿意看到的也是自己的儿子互相残杀来争夺皇位。可胤礽最不能把握的就是身为皇太子所应该表现出来的兄友弟恭，对自己的兄弟姐妹，就算是一副伪善的面孔他都懒得去装。

有一次，康熙出巡塞外时带上了最喜爱的小儿子胤祄，不料因为气候恶劣外加年纪尚小，导致这个小孩子途中暴病，即使康熙用尽各种手段，也没能挽留住他死去的脚步。老来丧子是任何人都无法忍受的事，即使像康熙这样儿子众多的父亲，总也是不忍心看着自己的儿子死去的。

胤祄死后，康熙早无游玩之心，白发人送黑发人使他的心中痛苦万分，但更让他伤心的是，其他皇子对胤祄的病情漠不关心，甚至根本就是无动于衷，这让重感情的康熙非常痛心，也深感皇室亲情的淡漠。由此，康熙对自己的儿子们十分失望，特别是对皇太子胤礽，更是失望之至。

其实，在康熙对胤礽审视的同时，胤礽自己也在心中打着小算盘，对父亲的一举一动更是一刻也不放松地观察揣摩。在胤祄病死后，康熙对皇子们大发雷霆，喜怒不定，让这些皇子们感到十分恐慌，而皇太子胤礽挨了骂，更为惶恐不安。心中感觉康熙对自己已经失望透顶，眼看着储君之位摇摆不定，心情更为紧张，慌中出乱地派出自己的亲信去侦察康熙起居，观察他的一切动向，他自己也曾在夜间偷偷到康熙帐前窥视动静，不巧的是消息走漏。康熙的儿子太多，皇位只有一个，其他皇子巴不得太子出错，一旦抓到胤礽的把柄是不可能轻易放过的，便把胤礽偷窥之事密告给了康熙。康熙知道后大为震怒，随后便召集了所有的随从大臣和武将，并令将太子和其他皇子全部招来。康熙当着儿子大臣们的面，痛骂这个无情无义的太子，决定对胤礽新账旧账一起算，细数起胤礽平时的种种过失。

客观地说，胤礽也确实不是一块当皇帝的好料。这位皇太子由于背景强硬，身为储君具有特殊的权力，便不自制地养成了过分骄纵和暴戾的性情，平时对臣民的稍有不从便任意殴打，就连他的侍从都狗仗人势地肆意敲诈勒索，仗势欺人，激起公愤。

胤礽的种种恶劣行径终于让康熙忍无可忍，狠下心来下令，废除胤礽的太子之位，将其囚禁在上驷院侧，由皇长子胤禔看守，还将废皇太子胤礽之事宣示天下。

魇术，帮助胤礽再度上位

如果此事的发展就到此为止的话，胤礽也许就再没有什么翻身之地了，可是，多方利益的相互牵制下引一处而动全身，何况太子的位置又是各种利益与欲望的衔接点。废太子的高潮还没有退下，皇三子胤祉就将大皇子胤禔当场揭发，揭秘皇太子之所以行为举止古怪异常完全是因为大皇子在暗中用巫术所操纵的，大皇子才是奸诈阴险的小人，并且提出上门搜索罪证的要求，康熙震惊之余连忙派人搜查，果真发现了“魇胜”，确信胤礽为魇术致狂。

康熙气愤万分、心痛无比，自己的儿子竟然为了太子之位如此无所不用其极地相互算计，甚至想取自己的兄弟的性命。相比较胤礽的昏庸无术，胤禔的小人招数更让康熙痛彻心扉，如此乱臣贼子再不能让他留在宫中祸害他人。于是，康熙将胤禔幽禁在府第高墙之内严加看守起来，使后者彻底失去了竞争皇位的权利。

不管胤礽的奇怪之举到底是不是巫术所为，但确实为他带来了置之死地而后生的转机。康熙认为胤礽是被魇至狂，立即召见胤礽，问及以前所作所为，胤礽顺水推舟地竟说全然不知，到底是不是魇术灵验，只有他自己心里最明白。而康熙帝也觉得这个太子废得为时过早，在群臣又纷纷建议复立皇太子的情势中，便顺其自然地复立胤礽为皇太子，立太子福晋石氏为太子妃。就这样，刚刚萌起的太子之争又被胤礽的复立而扼杀在了萌芽之中，刚要掀起的风浪被硬生生地按压了下去。

可惜的是胤礽并不理解康熙的用心良苦，虽然被放出来了，但依然不明事理、骄奢狂暴，被废的余惊未平，更加意识到自己的太子位并不是牢不可摧。而那些被迫散去的太子党重新聚结起来，更加卖力地为其出谋划策。

彻底丧失希望

康熙已经六十有余，四爷党和八爷党更是虎视眈眈。胤礽自恃手中的砝码有限，对权力的渴望已经完全蒙蔽了他的心，甚至不顾及亲情，打起了逼宫的主意，不曾想自己的一举一动早已在康熙的密切监视之中，而且经历过大风大浪的康熙帝怎么会制服不了一个纨绔子弟的反叛之举，再加之对于胤礽的不知悔改，康熙已经感到彻底的失望，于是一举将太子党分别谴责、绞杀、缉捕、幽禁。胤礽也不得不再次尝到被废的滋味，禁锢在咸安宫内。

胤礽并不甘心，用尽了方法试图与外界联系，康熙对他已经十分戒备，胤礽的诡计被识破实在是意料之中的事情。以后也再不提立太子之事，直到康熙驾崩，储君之位也始终空着。凡有大臣上奏立储者，或置之不理、或处死、或入狱。

康熙死后，四阿哥胤禛继位，两立两废的皇太子胤礽被迁居到祁县郑家庄，被众兵严加看守，最后于雍正二年十二月病死于住所，时年51岁。

康熙虽然两次废立太子，但仍旧无法解决诸皇子争夺储位的纷争。在康熙年老力衰后，各皇子更是结党营私，钩心斗角之势日益严重，而老年的康熙也没有能力再去处理好这件事。最终，康熙至死之前都没有公布皇储人选，这样也就有了雍正继位是否正统的争论。

皇长子和皇三子的美梦

……

无论是按出身还是按能力，皇长子胤禔与皇三子胤祉都与皇帝的宝座无缘。但他们为何在明知不可为的情况下还要觊觎帝王龙椅？与其他阿哥们相比，二人到底有没有什么优势？

大阿哥的一帘美梦

康熙一生有很多丰功伟绩，但他有一个最大的失败之处，就是没有做好皇位继承的工作，致使他的很多儿子遭遇不幸，也让其实为清朝做了很多贡献的雍正背了杀父篡逆的黑锅。

康熙不愁没有儿子继承大清的江山，因为他有很多儿子，成年之后有所作为且受册封的有20人。别说20个儿子，就是在十个之中也能选出个像样的人，何况有个康熙这样聪明睿智的父亲，儿子们的能力自然也差不到哪里。在康熙的儿子当中，有两位皇子有着与众不同的特别之处，表面上看，他们是想开了一般置自己于皇权之外，但实际上却也是想分得一份羹，他们就是大皇子胤禔和三皇子胤祉。

大阿哥爱新觉罗·胤禔其实并不是康熙的第一个儿子，他前面还有四个哥哥，因为前四子幼年夭折，故胤禔为皇长子。虽说是皇长子，但是在皇位的继承上并没有任何的优势，满洲皇族并不是像汉人那样规定长子继位，也许胤禔也曾自叹过生不逢时，不但生不逢时，母妃的娘家还没有深厚的实力背景，这在讲究关系背景的清廷，相比皇二子胤礽的生母皇后的身份高贵，在争夺皇位的战争中是很少有机会胜出的。所以，和很多皇子一样，胤禔的生命中大部分时间也是在期待、等待、失望、绝望中度过的。胤礽因是嫡出而被立为皇太子。虽贵为皇长子的胤禔却没有因此而得到康熙格外的赏识。胤禔表面上遵从父命，似乎对皇位并没有过多的非分之想，但内心里对太子的地位十分觊觎。

康熙本身是人中翘楚，胤禔自然也是比较聪明能干的，再加上仪表堂堂是个美男子，所以，早期的时候康熙是非常喜欢这个儿子的。由于他是大皇子，年纪比其他皇子大，所以最先开始为康熙办理朝中政事。边疆发生战乱时，胤禔更是亲自随军出征，每次都有立下战功，为康熙分了不少忧，也得到了康熙的器重。但是随着其他皇子的羽翼逐渐丰满起来之后，胤禔的风采便随之被掩盖。四皇子的铁血手段、八皇子的长袖善舞、十三皇子和十四皇子在军事上的过人天赋，再加上还有一个背景不容小觑的皇太子，胤禔的优势就变得不足为奇了。那么，难道他就真的心甘情愿地在将来当一个王爷了吗？

胤禔虽然不被康熙视为继承人，但并不妨碍他一心想夺嫡继大统，所以他努力地使自己在众皇子之中脱颖而出。在皇位之争中，二阿哥胤礽尤其是其他皇子的眼中钉、肉中刺，胤禔自然也不例外。皇子们超越了兄弟亲情这层关系，时刻注视着太子胤礽的一切动向，就等着捉他的小辫子。

从康熙二十九年（1690 年）开始，直至康熙四十七（1708 年）年，这近二十年来皇帝和太子之间发生的一系列事件以及随之引起的关系变化，胤禔看在眼里，记在心上，认为对他谋取皇储之位创造了有利的条件与时机。

愚蠢的巫术终害己

眼看着康熙逐渐老去，而太子之位又总是不太稳固，使胤禔急切起来。由于他迷信“魇胜”巫术，无知地想咒死皇太子胤礽，以便增加自己的胜算而取而代之。此等招数其实荒谬至极，但在当时的紧迫形势下，都被用作了夺取皇位的一种手段，可谓是到了无所不用其极的地步。而太子却也真的整日精神涣散，尽做出些匪夷所思的举动，最后阴差阳错的如胤禔所愿，在康熙塞外行围时被废，他一时间少了一个强有力的竞争对手，而且康熙还亲自授权他来监视胤礽，这令胤禔十分得意，甚至到了得意忘形的程度。胤禔以为，康熙已经恨胤礽入骨，但是为了社会舆论又不能杀他，所以自以为是地贴心地想要为父皇充当武器去除掉废太子，还大言不惭地说，为祖宗江山、为康熙，即使背上这个杀害兄弟的骂名也无怨无悔。无耻之心昭然若揭，说是为了康熙分忧，其实暴露的只是自己想要取兄弟性命的残暴心事。

康熙帝老年像

由此可以看出，胤禔还是不够了解康熙的性格。所谓虎毒不食子，何况是人呢？此举势必引起了康熙强烈的失望与反感。让胤禔的如意算盘彻底落空的是皇三子胤祉，胤祉将胤禔使用魇术魇废皇太子之事的告发，彻底让胤禔在皇位争夺中出局。

康熙皇帝对胤禔不顾亲情的所作所为极为气愤，称他为“乱臣贼子”，下令彻底剥夺他的一切职位，严加看守起来，胤禔就没有他二弟那般的幸运了，被关押之后还能阴差阳错的转危为安放出来，他这一押就押了 26 年，直至雍正十二年（1734 年）十一月初一日被幽死，终年 63 岁。

学业优秀的三阿哥

有人欢喜有人愁，大阿哥彻底落败，而在这期间，三阿哥胤祉算是出了不小的力。

胤祉出生于康熙十六年（1677年）。与胤禔的母亲一样，胤祉的母亲地位也不高。在这点上，老大和老三似乎有着同样的命运。

康熙的这么多儿子，有一点还是非常能令他欣慰的，就是各个都十分聪颖好学。或许是因为从小就生在帝王之家，即使自己没有紧迫感，母亲们也会每天耳提面命动之以情晓之以理地为其分析利害关系，所以康熙的儿子们或文或武都练就了一身的真本事，胤祉亦然，尤其在文学、书法上更是多次得到康熙的称赞。也许在胤祉心中，康熙似乎有意传位于自己，所以一直以来走的都是保守道路——与世无争，温文尔雅。但是，对于胤祉的优秀之处，康熙似乎也有自己的一番定论：学业优秀未必就能做皇帝，就像会读书未必能做官一样，这其中的关键还是取决于个人的性格，毕竟能够很好的统治一个国家的话，仅仅凭借着琴棋书画是远远不够的。

但胤祉就真的想靠着琴棋书画过一辈子了吗？事实并非如此。

打错了的如意算盘

太子落马之后，因为大阿哥胤禔向康熙进言说由他来将废太子胤礽处死，惹得病中的康熙暴跳如雷，胤祉觉得表现的机会已经来了，便及时地向康熙告发了胤禔使用“魇胜”巫术谋害太子胤礽的事情，一举结束了胤禔的政治生涯。为什么只有胤祉知道大皇子的秘密，这可能也与他平时表面上并没有意图争夺皇位的表象有关，容易让人疏于防范。而胤祉决定在这个时候出马，也是考虑到康熙病重，当时因为大阿哥胤禔和老二胤礽都被圈禁，这样他自己便成了家中长子，群龙无首的时候，长子的地位还是有那么一点优势，他打的也正是这个如意算盘。

只是没有想到的是，如意算盘也有不如意的时候。在第二年，也就是康熙四十八年（1709 年），出乎所有人的预料，康熙决定复立胤礽为太子，显然没有其他皇子什么事，胤祉也没能如愿以偿。他自视文化素质高，满腹经纶、出口成章、文武双全，但从后来的事态发展看来，康熙自始至终都似乎不看好他在政治上的前途。在康熙的眼里，胤祉虽然聪明，但似乎缺乏一种政治家的魄力。

八阿哥，最有竞争力者退出夺嫡之谜

……

太子被废之后，八阿哥胤禩成为朝野眼中继承皇位者的最大热门。然而，最终他却没有如愿穿上龙袍。是结党营私、触犯康熙大忌，还是因为效仿皇阿玛，重走康熙的老路？这个大热门爆冷出局的真实原因究竟在哪里？

出类拔萃的八贤王

康熙帝第八子，人称“八贤王”的胤禩，在这场激烈的帝位争夺上可谓是一个主要角色，但归根结底也是一个悲剧人物。

胤禩的母亲出身卑微，没有资格亲自抚养皇子，所以胤禩是在大阿哥胤禔的母亲惠妃身边长大的，也正因为如此他与惠妃感情甚亲。没有强硬的家族背景就意味着要比别人付出更多的努力，胤禩深知此道，所以从小便忍辱负重，加倍地学习文武知识，以此希望引起康熙的注意力。

好在努力终有回报，在康熙的众多皇子中，胤禩可以说是出类拔萃的。

可能他的出身使他在众兄弟子侄间并不显得贵重，甚至颇受冷遇，也给了他一定的紧迫感，让他从小就发奋图强。并没有诸如二阿哥那样实力雄厚的背景，也使他少了一些与生俱来的傲气和飞扬跋扈，反之是一种自然的随和好脾气。诸臣奏称其贤，就连康熙的哥哥裕亲王也在皇帝面前夸他“心性好，不务矜夸”。

康熙本就是一个宽宏大量、心性随和的皇帝，自然也愿意看到自己的儿子能像自己一样待人为宽。所以，在容人之量上，胤禩深得康熙喜爱。于是，在受到康熙封赏的皇子中，胤禩往往都是最小的一个皇子。虽然年纪甚小，但是和哥哥们同样得到了父皇的重视，对于从小就颇受冷遇的胤禩来说绝对是一个好机会，毕竟皇位所带来的权力是永无止境的。

胤禩是何等聪明之人，且甚晓世故，深知既然母亲这边没有什么人能够依赖之人，就一切要靠自己了。他潜心研究康熙的脾气秉性，并一切行为准则均以其为准则。加之本来就没有身为阿哥的骄纵之气，又故意与朝中大臣处好关系，可谓是有求必应，深得众意。因此广有善缘。不仅在众兄弟中与皇九子、皇十子、皇十四子交情非比寻常，与众多王公朝臣亦相交甚欢，朝廷之中一旦有什么风吹草动，这些王公大臣们往往会第一时间去八王府那里打探消息，可见他们对胤禩的逢迎之情、追随之意。就算是同位竞争对手的大皇子，在自知自己没有希望的前提下，都会把手中的一票投给这个八弟，可见，胤禩在为人处事上是何等高明。虽和四皇子胤禛实力相当，但是在人缘方面，这个四哥也真要自叹不如了。

康熙 8 岁登基，亲政以来经历无数坎坷，一步步走来，把所有的问题都解决掉之后，没想到临到老了，还要为自己的儿子们操心。更没想到儿子们之间的皇位之争比以往的战争都更为激烈、也更为撕心裂肺。康熙一天天老去，他的皇子们也渐渐地愈加蠢蠢欲动起来。

聪明反被聪明误

康熙以为废黜了皇太子之后，诸皇子之间的矛盾可以缓和，但是恰恰相反，诸皇子争夺储位的斗争，反而愈加严重。在这个时候以皇八子为核心的八阿哥党积极钻研，精心谋划，想取得皇太子的地位。胤禩的精明之处在于，借他人之口诉心中之事，从来不会直接地表达自己想如何做，他会引导对他亦步亦趋的追随者们在康熙面前说尽自己的好话，也确实如此，自己说十句也抵不住别人说一句。所以，他更加地极力拉拢朝中重臣，渐渐地就形成了“八爷党”。

无奈，身为皇帝最忌讳的就是在自己的身边发生的党派之争。眼看太子党被废除，可以安宁一时，没想到又出了个八阿哥党，甚至比太子党还要嚣张，招数更是花样百出。王公大臣们纷纷举荐不说，还安排算命之人从中妖言惑众、蛊惑人心，说八阿哥有帝王之相，在朝中引起轩然大波。

大臣们以为皇位已定，此起彼伏地涌入八王府巴结逢迎为自己加官晋爵。康熙怒不可支，盛怒之下，把支持党争的全部处死，甚至动用了无比残忍的刑法，而那些曾经参加过党羽之争，后来已经去世的也没有放过，杀鸡儆猴地把他的尸体挖出来给剁了，然后焚烧。可见康熙对皇子之间争夺储位的斗争是深恶痛绝。康熙的大开杀戒也让胤禩看出来自己在皇位争夺中并没有占据太多的优势，还得再接再厉。

康熙一天天老去，眼看太子位还没有人选，哪怕有点希望的皇子们都使尽了浑身解数为博得康熙的青睐。其中最有竞争力的便是胤禩、胤禛和十四皇子胤祯。

相对于胤禛倾尽全力为康熙办事以争取父亲的青睐，八阿哥胤禩却更加注重人心的取得，虽然之前康熙的严惩还历历在目，但是他并没有放弃这步棋，反而，更加地广积善德以借他人之口说出自己想说之事。

在积德行善方面，不管是真是假，总之，胤禩的表面功夫是真的做到家了，只要看见谁需要帮助了，就会毫无条件地对其伸出援助之手。不管你想要什么，只要和胤禩说一句，要官位有官位、要银子有银子。人心毕竟都是肉长的，时间长了，自然而然地会有人视他为“活菩萨”，走到哪里都是前呼后拥，一时间胤禩的名声更是响彻天下。

美名在外的胤禩很快就飘飘然了，过去，在还没有“行善积德”的时候哪会有这么多人对自己前呼后拥啊！花点银子又算得了什么呢！他觉得他此时所拥有的荣耀万金难买，他倾心陶醉在他亲手缔造的“仁义之邦”之中，不能自拔的同时也悄然等待着康熙的青睐，也在用舆论与康熙做着抗争。

如果胤禩真的像所传的那样亲善祥和，或许当上太子还是很有希望的。不过，假的终究是假的。胤禩的“仁义”说到底也是虚伪的，只不过是为了实现他政治追求的手段。

胤禩虽然聪明，但是其实并没有彻底了解康熙的心意，康熙是老了，但是还没有傻。

效仿康熙，只见其表不见其内

康熙四十七年（1708年），太子胤礽被废的时候，胤禩被康熙授权全权处理、审讯有关涉嫌之人。之所以追究到底，是因为康熙一方面是想打击朋党之人，另一方面也是因为要找个倒霉蛋来为自己的二儿子背黑锅。儿子终究是儿子，做父母的始终不忍心自己的儿子丢掉性命。所以，努力在给胤礽找一条退路留着。可见，事到如此康熙还是非常顾及自己的儿子的。所以，要狠整太子党羽，迁怒于他们没有能好好地辅助太子，使得太子有被废的下场。

可胤禩倒好，平时学康熙学得还不够透彻，仁义道德也只是表面而已。哥哥们相继落马，胤禩平时的仁慈荡然无存，心狠手辣的一面完全暴露了出来。看到当了几十年的太子终于下马了，而这次主审人还是自己，千载难逢的机会到手，下定决心要让这个昔日的太子彻底没有翻身之地。办起案来手下是毫不留情。他虽有一颗七窍玲珑心，却真正低估了康熙对自己儿子的爱。太子是再也没有翻身之地了，可他自己多年的仁义形象也在康熙的心中彻底崩塌。

眼看康熙的身体愈见衰败，时间不等人，胤禩决定主动出击来进一步制造康熙最为看中的宽容、仁义的形象。私下聘用了张明德这个相士，让他大肆吹捧，说什么胤禩"白气贯顶"，乃明君之相。没想到康熙得知后大发雷霆。

聪明反被聪明误。胤禩的本意是想利用朝野舆论给康熙以压力，从而迫使其就范顺从众意立自己为太子，殊不知此举已是形同对抗，大大地触动了康熙的龙须，让康熙痛不可耐，也必会招致康熙的强烈抵触。

这招不成又出下招，胤禩虽然与十四皇子胤祯交好，但是一旦涉及皇位就完全不念兄弟之情了。在康熙的寿辰之时，暗中调包换掉了胤祯送给康熙的礼物，变礼物为一只死鹰，气得老父心脏病发作。从这就可以彻底看出胤禩平时的孝心、善心是何等虚伪。

康熙何等圣明，早已看透了胤禩的心思，对这位“仁义”的皇儿已经彻底失望。康熙临终前也曾对他的儿子们做了一个短短的总结，给胤禩的评价就是：处处学朕，又处处学不像。

是十四还是四

……

冷面亲王，一夜之间荣登九五；九子夺嫡，最大黑马脱颖而出。人们传说，胤禛篡改遗诏，十四变四，登基九五。是真是假？雍正登基，清朝四大谜案之一的真相何时方能大白于天下？

篡改诏书，登基九五

当康熙爷在畅春园驾崩的消息传出时，大多数人惊愕地发现，最终登上大清王朝第五任皇帝宝座的，居然是之前一直相当低调的皇四子胤禛。

事实上，由于这一历史事实即使在当时也无人见证，因此无论是居庙堂之高的皇亲国戚王公大臣，还是处江湖之远的平头百姓荒野村夫，对事情的真相都无从得知；再加上牵涉到政治利益的得失，最终生发出形形色色关于雍正篡位的说法来。在这些传说中，雍正是踩着他的亲弟弟——皇十四子胤祯的肩头，通过篡改诏书的手段达到其目的的。

康熙五十七年（1718年）十二月的一天，皇城附近军乐震耳，锣鼓喧天，紫禁城内呈现出一片庄严肃穆。一支威风凛凛全副武装的大清精兵肃立在太和殿前，队伍前有人高举着正黄旗纛，上写“抚远大将军王”六个斗大的字，随后是一众旗帜，清道旗、飞虎旗、飞龙旗、飞凤旗；再后面是全副执事，金瓜、金斧、金天镫、金兵拳。在队伍的正中间，是一员罩袍束带，顶盔贯甲，手提马鞭，腰悬宝剑的大将，在马上端坐，昂然而行，好不威风！在他的后面，是随他出征的王公大臣，均全副戎装，不苟言笑，鱼贯而行。而朝中各亲王郡王、贝勒贝子、国公乃至二品以上大臣，均盛装朝服，站立队伍两侧，敛手肃立。这支军队打天安门出紫禁城，自德胜门一路向西，迤逦而去。

这位大将军是谁？正是康熙皇帝敕封的抚远大将军，由固山贝子一跃而为王爵，皇十四子胤祯。这一年，他只有 30 岁。

说起来，胤祯和皇四子胤禛都是德妃乌雅氏所出，乃是一母同胞的嫡亲兄弟。不过，由于胤禛从小被佟贵妃收养，而兄弟两人年纪也相差十岁，更兼胤禛自小禀性淡薄，因此兄弟两人反而不甚相得。胤祯倒是同八阿哥胤禩关系不错。在康熙末年的夺嫡斗争中，八阿哥一度是入主东宫的热门人选，围绕着他自然就形成了一个包括皇亲国戚和朝中大臣的所谓“八爷党”，而胤祯，自然也是这个党羽中的一员。

和胞兄胤禛相反，胤祯自小脾气火暴，是个直性子人，颇讲义气。康熙四十七年（1708 年），胤禩由于谋夺太子之位被康熙厉声斥责，20 岁的热血青年胤祯挺身而出，抗命为之辩解。康熙勃然大怒，险些挥剑要斩了这个儿子。这件事让胤祯挨了

20板子，打得皮开肉绽。而自此之后，父子关系一直平平，似乎康熙并没有想要重用这个儿子。

不过朝堂之上的事情瞬息万变，自从八阿哥失势之后，“八爷党”迅速将重心转向了胤祯，试图通过他东山再起，谋取康熙的欢心，进而重登大宝。在八阿哥的造势下，朝野舆论逐渐转向了胤祯，胤祯也顺应时势，收起火爆的脾气，摆出礼贤下士、敬老尊贤的姿态。于是当时的清议对胤祯颇多好感之词。这些言语或多或少，会传到康熙的耳朵里。于是，胤祯的机会来了。

康熙末年，策妄阿拉布坦在西北地区屡屡兴兵作乱，清廷久战不克。于是康熙决定派遣皇子统兵出征，打算一举克敌。在康熙的子嗣中，习武出色，能担当此一大任者有二人，十三阿哥胤祥与十四阿哥胤祯。无奈当时胤祥不知何故，早已被康熙高墙圈禁起来；于是这项任务就似乎是顺理成章地落在了胤祯身上。

从史料中对此事的记载中，可以看出康熙对于此事极其重视，因而给予了胤祯超乎规格的待遇。胤祯在太和殿亲自接受敕封和大将军印，策马扬鞭西征。这就是前文提到的威武雄壮的一幕。

经过四个多月的行军，第二年三月，胤祯率军到达西宁。到这一年的八月，平定叛乱可以说是告一段落，胤祯的威名也传及西北各地。

应该说，康熙皇帝能够让胤祯率兵打这一场震动全国的战役，也说明了此时胤祯在康熙心目中的地位甚高。胤祯甫一抵达西宁，康熙便降旨给青海蒙古部首领，夸奖胤祯“确系良将……有带兵才能”，并叮嘱蒙古各部要听从胤祯的调遣。为了庆祝这场战役的胜利，康熙甚至起草御制碑文，勒石纪念。凡此种种，都说明康熙对胤祯的信任和欣赏。

其实胤祯也意识到了，历史在他面前展现了一个千载难逢的机会。他知道这次出征立功，是自己获得康熙青睐，争取荣登大宝的最佳方法。

康熙六十年（1721 年）十一月，胤祯返回北京，向康熙帝面禀军情。他在北京待了将近半年的时间，于第二年的三月又返回军前。他恐怕没有想到，这是他最后一次见到他的父皇。仅仅半年以后，康熙就驾崩了，而他远离北京，只能眼睁睁看着雍正登上皇位。早知如此，他一定不会贸然离开北京的。

清代的野史对所谓的雍正改诏一事，有多种说法：有一种说法是康熙帝遗诏原文为“朕十四皇子，即缵承大统。”而胤禛预先知道了遗诏的内容和存放地址，便暗中进入畅春园，将“十”字改为“第”字，并且进而弑父，从而登上皇位。为了避免此类事情再行发生，雍正即位后下令，“以后凡宫中文牍，遇数目字，饬必大写，亦其挈矩之一端也”。

另一种说法则提到了隆科多与雍正勾结的内情：据说康熙的遗诏原文为“传位十四子”，并将这一遗诏交由隆科多保管，隆科多将“十”字改为“于”字，并隐匿了康熙病重时召胤祯来京的圣旨，于是雍正顺利即位。

还有一种说法提到，由于胤祯的名字繁体为“禎”，与胤禛的“禛”发音相同，字形也极其类似，因此雍正则在宗人府保存的玉牒上动了手脚，很轻易地把胤祯的名字改成了自己的名字，于是取而代之做了皇上。

经不起推敲的传说

其实，这三种说法稍稍细加推敲，便可知都有问题，并不足以作为雍正改诏的铁证。

第一种说法的来源是清末反清志士的反满著作，其来源就甚为可疑；而且要将“十”字改为“第”字，又不使看出涂改的痕迹，很难想到世上有人能做到这一点。故而不予讨论。

抚远大将军西征图

康熙末年，皇十四子胤祯受命代父出征，远征西北，隐然有神器所归之意。

第二种说法是流传最广的一种，但其内情也非常可疑。理由有三：首先，按照当时官方的正式称呼，应称为“皇某子某某”；所以，“传位于四子”的正式写法应该是“传位于皇四子”——想要在诏书中加一个字，这恐怕是不可能的；其次，“于”的繁体字写法为“於”，在如此重要的文件中，没有道理使用日常的通俗文字，因此，改“十”为“於”就近乎不可能完成的任务了；第三，退一万步讲，就算有人真的手眼通天可以将汉字改过，但清代统治者是满族，按例诏书要同时以满汉两种文字书写，满文的字符和文法与汉语不同，因此这改正起来便绝非可能之事了。

第三种说法似乎有一定的道理，但其实也有破绽。玉牒上胤祯的名字确实有涂改的痕迹，但这恐怕并不是雍正暗地为之。其实在雍正即位后便发下谕旨，要求其他皇子将名字中的“胤”改为“允”，而胤祯也被改名为“允禵”。这是因为在传统社会，有所谓避讳的讲究，即皇帝的姓名所用的字，不可以被他人使用，甚至是相近的字音字形也不可。因此胤祯的改名确有其事，但却无法作为改诏的确实证据。

当然，还有一种说法，就是康熙遗诏干脆就是雍正自己编造的，全文从头到尾根本就没一句真话。那么现在放在故宫博物院的《康熙遗诏》中有一句话“皇四子胤禛，人品贵重，深肖朕躬，必能克承大统，著继朕登基，即皇帝位”，就是雍正事后加在遗诏上的。这一点，现在确实还无法加以证实或者证伪，只能留待历史学家的继续研究了。

总之，雍正皇帝即位了，但这个消息对远在西宁的胤祯——现在应该叫他允禵了——来说，却不啻劈开八块顶门骨，浇下一盆雪水来。

雍正也深知手握重兵的允禵对他仍然构成威胁，因此刚刚即位，就立即下旨一道：

西路军务，大将军职任重大，但于皇考大事若不来京，恐于心不安，速行文大将军王驰驿来京。

虽说将在外君命有所不受，但被父亲猝死的噩耗打击的允禵，稀里糊涂地被召回北京。然而一转眼，允禵立刻被削除了兵权，被勒令留在康熙的墓地守灵。

雍正元年（1723 年）五月，雍正下旨一道，把允禵好一通骂，接着轻描淡写地将他“进为郡王”——完全无视先帝爷赐予他大将军王的荣耀。雍正三年，又被降为贝子。到了雍正四年（1726 年），干脆被禁锢在康熙陵寝，一并被监禁的，还有他的儿子。从此允禵在那里度过了 10 年的孤独岁月。直到乾隆即位，快 50 岁的允禵才被释放。从此担任些闲散职务。20 年之后，他离开了人世。死后被谥为恂勤郡王。

康熙相中了自己的孙子

关于雍正登基之谜，还有一种说法。传说之中，康熙帝看上的不是自己的四皇子，而是四皇子的四阿哥——爱新觉罗·弘历。

据说康熙在为立嗣问题大伤脑筋之时，武英殿修书总裁方苞曾给康熙出了个主意：看皇孙，有一个好皇孙，可保大清三代盛世。康熙便想起了弘历。

那一年是康熙六十一年（1722 年），康熙帝跟自己 11 岁的孙子乾隆在圆明园“偶遇”了，其实这一偶遇并没有看起来那么纯粹。乾隆的父亲雍亲王胤禛并非等闲之辈，他看出自己的儿子弘历跟别的孩子不一样，就趁一次闲聊装作无意地跟康熙提起：“您两个孙子从生下来都还没有机会一睹他们爷爷的圣颜呢。”康熙听儿子这样说，没有想太多，况且只是跟自己的孙子见面而已。事实上，老康熙并非看不出雍亲王要引荐两个孩子的意图，只是眼前自己的这个儿子也非平庸之辈，就算临时布置给他的任务，从来都能很好地完成，想必他想推荐的人定有值得一见之处。更何况，一享天伦对于此时的康熙也算一件欢喜之事，所以便欣然应允。于是便约定了时间、地点见见自己的孙子。

三月十二日傍晚，皇帝驾临牡丹亭，品酒赏景。刚看到这两个孩子，康熙便不觉放下了手中的酒杯。弟弟弘昼倒没有给他留下太深的印象，但哥哥弘历却让康熙过目难忘。当时的弘历身材颀长，容貌清秀，眉宇间充满了灵气与淡定，相貌上就显示出与众不同。所以在行礼的时候，皇帝也特别注意了他，弘历行为敏捷得体，一点也没有这个年纪的孩子常有的紧张和局促，与跟在他身后的弘昼形成了鲜明的对比。

丰富的阅人经验告诉康熙，这个孩子绝对能成就一番大事。他慈爱地招招手，让弘历站到自己面前，开始询问他的功课。

弘历便大方地背了几段经书，并全部清楚地讲解了一遍。这让康熙更加高兴，确定这是他见过的孙子当中，最出色的一个。但康熙毕竟是一朝明君，不能依靠所谓的感觉行事。清朝是一个封建的王朝，比较迷信生辰八字，康熙更是对此深信不疑，甚至还专门有一个比较认可的“罗瞎子”。所以牡丹亭见过弘历几日后，便命雍亲王写下弘历的八字给自己审阅。

批算的结果正如康熙所料，这孩子的八字果然与众不同。1929 年故宫博物院文献馆首批公布的内阁大库档案中，有乾隆生辰八字，并附带了康熙六十一年（1722 年）时人的批语内容如下：

“辛卯（康熙五十年）、丁酉（八月）、庚午（十三日）、丙子（子时）。此命贵富天然，占得性情异常，聪明秀气出众，为人仁孝，学必文武精微。

幼岁总见浮灾，并不妨碍。运交十六岁为之得运，该当身健，诸事遂心，志向更佳。命中看得妻星最贤最能，子息极多，寿元高厚，柱中四正成格祯祥。”

按古代命相理论，乾隆的八字，天干庚辛丙丁，火炼秋金，是天赋甚厚的强势命造，术语称为“身旺”；地支子午卯酉，局全四正，男命得之，为驷马乘风，主大富贵。

所以又过了几天，康熙又一次驾临圆明园，一顿饭后，宣布了一个影响历史的决定：将弘历带回宫中养育。此前，康熙仅见过这个小孙子一次，但因为弘历给他的印象与众不同，处事不惊慌，不争夺，容貌清秀，充满灵气，加上弘历与众不同，或者说具有帝王之相的八字，促使他最终做出了这样的决定。而雍正，也便“父因子贵”，顺理成章地登上了皇位。当然这只是一个传说，事实究竟是怎样的，也只能是一个谜了。

秘密立储始于康熙吗

……

乾清宫正大光明匾的背后，是决定大清王朝皇位继任者的密匣。以后的大清王朝是兴，是衰，是荣，是耻，都在密匣打开的那一瞬间决定。自从中国家天下的制度产生以来，从未有过如此立储之事。是什么原因让康熙帝做出了这种决定？秘密立储制，给大清帝国带来了什么样的影响？

两废太子，康熙帝一生最为纠结之事

康熙是清代有名的圣君，有子35人，女20人，嫡出最长者为胤礽，康熙十四年（1675年）曾被立为皇太子。后康熙在康熙五十一年（1712年）十月，第二次废黜胤礽。第二年二月左都御史赵申乔上奏请求再次册立皇太子，这是二次废太子后，朝臣第一次为此事上奏请求。康熙看罢奏疏后，特别召集群臣说明此事。

他说：“立储大事，朕岂忘怀，但关系甚重，有未可轻立者……今欲立皇太子，必然以朕心为心者，方可立之，岂宜轻举。”

谕旨表明，接受了两次废立太子的沉痛教训，又面临着错综复杂的储位之争的局面，康熙正在深入思考皇储关系、储君标准、建储方式等重大问题，力图寻找一个较好的办法，避免以往的失误；在没有找到可行方法之前，决不草率册立。他向群臣公开陈述他的观点，表明他在晚年已开始拟订新的建储计划了。

秘密建储，玄烨的精明算盘

康熙在经过4年多的总结、思考以及对储君的精心选择后，开始实施他的建储计划了。

第一次建储之议出现于康熙五十二年（1713年）。据《清世宗实录》载："康熙五十六年冬，圣祖仁皇帝召诸王子，面询建储之事。"朝鲜使臣于康熙五十七年（1718年）四月从中国返回朝鲜后，禀告朝鲜国王："臣来时问太后葬后，当有建储之议。"建储之事虽然到处流传，反响很大，但人们对其具体内容却毫不知晓。这表明玄烨只是就建储一事征询皇子与重臣的意见，他本人并未表露态度，更未做出任何决定。可见他对储君人选、册立日期等重大问题，已开始有意识地采取保密措施了。

"长篇谕旨"出现于康熙五十六年（1717年）十一月二十一日。康熙在皇太后病危，自己也重病缠身的情形下，召集全体朝臣，商讨建储的有关问题。"长篇谕旨"的说法便由此而来。

康熙五十二年（1713年）二月及五十六年十一月两个谕旨构成了新的建储计划。与嫡长子皇位继承制度相比较，它的具体的方略，如皇帝全权决定储君人选，“有德者即登大位”“择贤而立”的择储标准，对储君人选以及建储的有关问题的保密原则等等，都比较新颖，而且秘密色彩浓厚，因而可称之为秘密建储计划。如果这个计划能贯彻执行，并且形成制度，将会减少传统建储制度的某些弊端，进一步加强中央集权。康熙对实施两千多年的建储制度进行了改革，尽管他本人并未认识到这样做的意义。

这一秘密建储计划的核心是皇帝全权决定储君人选，完全排除统治阶层中任何集团或个人对建储的干扰。

择贤而立，历史发展的必然

虽然康熙通过“择贤而立”的方式选择储君，但其主观上并无废除嫡长子继承制的意图。康熙的宗法观念浓厚，认为诸子之中，“允（胤）礽居贵”。在胤礽被废后，他已无嫡子，皇长子胤禔也获罪幽禁，所以只能把目光投向其他庶子。

再者，对储君暗中进行培养、考察，储君如果表现不佳予以撤换时，由于没有让其知道这件事，不会引起任何不良后果，这样皇帝在对储君的选择上，就完全抓住了主动权。

秘密建储在康熙朝晚期出现，是形势的需要，也有其历史的必然性。为了解决复杂、尖锐的储位之争，康熙只能总结经验，吸取教训，博采众长，另辟蹊径。不过对于他来说，这种做法只是一种权宜之计，他并未意识到自己正在开拓一条新的建储道路，更无将此立为定制、世代遵行之意。新制度的建立是一个不断摸索、逐步改进并完善的过程，秘密建储制度也不例外。虽然康熙是秘密建储的开创者，但直到雍正、乾隆二帝才把它的不足加以改进，把它的疏漏加以补足，并作为一种制度最终确立下来。

清史其实超好看

③

夏欣然——编著

北京燕山出版社

图书在版编目（CIP）数据

清史其实超好看 . 3 / 夏欣然编著 . — 北京：北京燕山出版社，2023.4

ISBN 978-7-5402-6748-3

Ⅰ . ①清… Ⅱ . ①夏… Ⅲ . ①中国历史—清代—通俗读物 Ⅳ . ① K249.09

中国版本图书馆 CIP 数据核字（2022）第 217718 号

清史其实超好看 . 3

编　　著　夏欣然
责任编辑　王长民
文字编辑　赵满仓
封面设计　韩　立
出版发行　北京燕山出版社有限公司
社　　址　北京市西城区椿树街道琉璃厂西街 20 号
邮　　编　100052
电话传真　86-10-65240430（总编室）
印　　刷　德富泰（唐山）印务有限公司
开　　本　880mm × 1230mm　1/32
总 字 数　720 千字
总 印 张　25.75
版　　次　2023 年 4 月第 1 版
印　　次　2023 年 4 月第 1 次印刷
定　　价　118.00 元（全 4 册）

发 行 部　010-58815874
传　　真　010-58815857

如果发现印装质量问题，影响阅读，请与印刷厂联系调换。

第十四章 雍正独揽皇权

第十五章 雍正皇帝死因之谜

第十六章 乾隆帝身世之谜

第十七章　“奸相”和珅的敛财之道

第十八章　嘉庆皇帝的难解之谜

第十九章　四无皇帝咸丰的荒唐

第二十章　太平天国，洪秀全的大同梦

第二十一章　慈禧太后的未解谜团

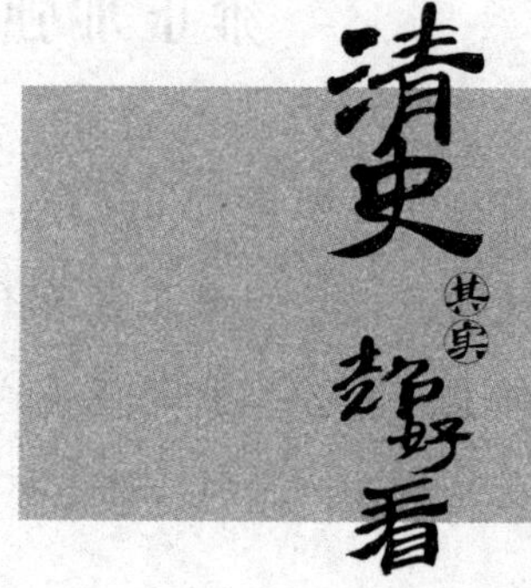

第十四章

雍正独揽皇权

雍正加强皇权的秘诀

……

封建社会发展到了清代，已是强弩之末。皇权的削弱，已成了大势所趋。但雍正皇帝不甘心皇权流落到他人之手，加强皇权势在必行。军机处便是这一时期的产物。而那些原本身为议政大臣的人，此刻，都当起了皇帝的秘书。

脱胎于内阁的军机处

在紫禁城乾清门外内右门西侧有一排逼仄低矮的小平房，乍看上去平淡无奇，甚是不起眼，不仅没办法和太和殿、中和殿、保和殿这样的中轴建筑相提并论，甚至连东六宫西六宫等偏副殿也比它来的气派。远远看去，就像是太监宫女的住处。然而，倘若历史的时钟倒流二百年，在此地出没的，不是股肱大臣，就是青年才俊，几乎聚集了清廷所有的才智之士。这里就是军机处，雍正以后 200 年，大清王朝这个巨人的中枢神经。

军机处脱胎于内阁，而又与内阁并不相同。明成祖永乐皇帝登上皇位以后，由于朝政日多，事务繁杂，单靠皇帝一个人的能力，已经处理不来。因此设立内阁，选拔才学兼优的大臣任内阁大学士，辅佐皇帝处理公务，其主要职责是先行审阅文武百官的各种奏疏，并酌情处理，再转呈给皇帝。

设立这一制度的用意，起初是减轻皇帝的负担，提高行政效率。但年深日久，弊病逐渐呈现出来。由于明代中期以后，皇帝的精力和能力都逐渐下降，因此越来越多的事情都交由内阁直接处理，于是内阁的权力日趋增大，内阁大学士的地位也日益提高。到明代后期，内阁大学士拟定的处理意见，几乎成为最后的拍板决定，而皇帝也只是过目表示同意，行使形式上的决定权而已。内阁几乎成了主要的行政机构。

清承明制，最初也设立内阁制度。但清初的几位皇帝都是开国之君，拥有一名优秀政治家的良好素质，很快就意识到了

军机处值房
军机处位于紫禁城内，乾清门的外西侧，离皇帝寝宫养心殿很近，便于处理紧急机密之事。

内阁权力过于膨胀，对皇权是一个不大不小的潜在威胁。因此康熙在南书房，选拔王公勋贵、满汉重臣入内办公，与皇帝共同参与政事。不过，这并不是一个常设制度。新的政治结构，还要等雍正这样有魄力胆识的改革之君来确立。

康熙末年以来，青海、新疆等地蒙古族诸部时有叛乱，因此清廷在西北地区部署重兵。军务，也就成为雍正继位以后头一等的大事儿。由于前线敌情瞬息万变，北京与前线又路途遥远，按照惯例处理军务，不仅效率低下指挥不灵，甚至可能事机不密军机外泄。由于内阁在外廷的太和门外，此时就显出诸多不便与缺点。因此，雍正七年（1729 年）在隆宗门内，乾清门右侧西墙根的一排小房子处设立了军机房，从内阁大学士中选择谨慎低调者入值，专门处理紧急军务。到雍正十年（1732 年），又改成“办理军机处”。到乾隆年间又省去“办理”俩字，单称军机处。后来，军机处在乾隆末年还曾一度改名“总理处”，到宣统年间嚷嚷着要立宪的时候又改成了责任内阁……

身负重任的军机大臣

这军机处麻雀虽小，但位置却极其重要，就安排在内宫的外墙边儿上，与皇帝的寝宫——养心殿只有一墙之隔。因此有什么军国大事皇帝可以在第一时间得知，从而着手处理。有时候，皇帝也会亲临军机处召开会议。也许是雍正皇帝经历了康熙末年的皇位之争，对阿哥王爷们心怀疑惧，因此军机处照例是不许亲王入值的。这一规定在雍正乾隆年间都执行得甚为严格。乾隆驾崩之后，和亲王首先破例进入军机处处理政务，但时日也甚为短暂。直到清末，这一规定才逐渐松弛，军机处渐渐变成皇子皇孙的天下。

《清史稿》记载："（军机处）时入直者皆重臣。"诚然，能直接辅佐皇帝处理政务，当然得是从满汉文武百官中选出的顶尖儿人物。军机处的职官大约可以分为两种：军机大臣和军机章京，前者俗称"大军机"，后者俗称"小军机"。前者从内阁大学士、各部尚书和侍郎中选拔，也有从军机章京中升任的。军机处的编制也没有定额，军机大臣最初时仅有三人，后来政事日繁，军机大臣也逐渐增多，到清末竟然一度达到十一人之多；军机章京最初也是如此，直到嘉庆年间，才确定为满汉章京各十六人。乾隆时期的风流才子纪晓岚曾经有这样一首诗：流水是车马是龙，主人如虎仆如狐；昂然直到军机处，笑问中堂到也无？这便说的是身负重任的军机章京了。

需要着重提出的是，入军机处当值，只是一个差使，而不是一个实缺。也就是说，进入军机处工作的大臣并不丢掉其原有的职位，而称为"军机处行走"或"军机大臣上行走"；而军机章京则称为"军机司员上行走"或"军机章京上行走"。所谓的"行走"，指的是临时办事的意思。这其实是一个非常富有深意的安排，稍后再细加表述。军机处位置如此重要，入值办公者又如此显赫，其日常办公自然也极其繁杂，颇费心思。

先说军机大臣。通常来说，军机大臣每日清晨五六点就要入宫，首先将各地官员发来的奏折送到皇帝处，由皇帝决定奏折中的事情应当如何办理，皇帝一面说，军机大臣一面将其拟成谕旨，交给皇帝过目，之后皇帝若有觉得需要修改之处，再以朱批改定。最后将谕旨下发给相关衙门处理。这之后，军机大臣还要回到自己本来的衙门中处理公务。倘若赶上公事繁忙之际，军机大臣一日要进宫数次，从早到晚不得休息。

军机章京是军机大臣的助手，有的时候，军机大臣根据皇帝意见草拟的谕旨并不亲自动手，而是交由军机章京处理，之后再由军机大臣略做修改，交由皇帝最终决定；军机处所处理的奏折，按例也要由军机章京抄录副本归档，三年编修一次；此外，军机章京还要负责军机处的值班记录，称为“随手档”，方略馆纂修方略时，军机章京也要帮忙处理。

和内阁相比，军机处的办事效率要远胜于前。无论是皇帝有诏书发布，还是文武百官向皇帝汇报公务，文书都要辗转腾挪，经过若干机构之手，才能到达当事人手中，效率很低。而军机处一改积习，军机大臣与军机章京直接获取奏折，并在皇帝的指示下直接办理；皇帝一有事情，军机处官员立刻奉召入宫，办理公务，而且不许隔夜完成。皇帝拟好的谕旨，军机大臣要立刻直接交由兵部通过四百里或六百里的驿站加急送至执行人之手。这样一来，中央与地方之间少了许多不必要的环节，皇帝对基层的指挥也如臂使指，办事效率的提高有目共睹。

此外，军机处的保密工作也较以前严格得多。军机处的奏折要抄录副本归档，并且装订成册，每月清理，秘密存放。这些工作由军机章京完成，而军机章京则根据资历深浅，分别保管不同内容的档案文书，这样彼此之间互相牵制，避免了舞弊之嫌，也有效地对档案实行了保密。

严密防范的国家重地

军机处严禁闲杂人等随意进出。在军机处门外有面铁牌，回龙镶边，狴犴卧底，十分威武肃穆，上面是乾隆御书的圣旨：奉天承运，皇帝制曰。凡王公贵胄文武百官并内宫人等，擅入军机处者，格杀勿论。在嘉庆年间，又陆续制定了军机处办事人员的条例细则。如果说，明代内阁对皇权还能实行一定程度上的约束；那么雍正建立的军机处，则使得他以后的皇帝拥有了空前的权力，无论是王公贵族，还是内阁大学士都被排除在外。

军机处的成立，使内阁变成了办理日常例行事务的机构，而失去了处理机要军国大政的权力。而军机处则成为实质上的最高行政机构。军机大臣每日都要觐见皇帝，奉召办事，即使皇帝外出也要随行，受到皇帝的直接管辖。

尽管如此，军机处在形式上却非国家正式机构，类似于今天的领导小组、办公室之类。它的办事地点不称为衙门而称为“值房”，前文也提到，它的值班人员也是以原有官职兼任军机处的工作。这种形式和实质上的断裂，削弱了官僚阶层的权力，而使得皇权空前加强。因为军机大臣在军机处的出入办事，均无现成律例可循，只能听从皇帝随心所欲的调遣安排，奉旨办事，宛如皇上的专职秘书。

这样一来，像六部这样原来的正式国家机构就失去了自主办公的权力，由于皇帝的上谕由军机处直接下传，不经六部，所以六部已经没有权力直接向下发布命令，就失去了其原本作为管理机关的职能，而成为单纯执行皇帝意旨的机构。只有皇帝能够乾纲独断。

尽管如此，军机处人员的权力还是不可避免地越来越大。到雍正以后，军机大臣开始管理更多的事情，例如对蒙古各部王公的赏赐加封等事宜也交由军机大臣处理，有重大案件，军机大臣也时常会同刑部一道审问。

清代后期，军机大臣甚至掌握了部分人事权，所有官员的任命，均由军机大臣开单请皇帝批准。而军机章京由于熟悉政务，通晓内情，又经常随同高官处理政务，因此史家有云："章京位分虽低，隐握实权，势耀煊赫，仅稍次于军机大臣而已。"

雍正驱逐传教士之谜

设立军机处，雍正帝是为了自掌大权，更是为了应对来自西方大变革的冲击。出于这一情况，胤禛还下达了一道驱逐传教士的旨意。

来到中国最早的一批传教士，以16世纪的利玛窦最为有名，继利玛窦之后，德国耶稣会士汤若望于17世纪初满怀着对东方的幻想来到了中国的明王朝，历经几代皇帝变更，甚至目睹了明清朝代的更替。数十年来，汤若望一直从事着历书的编纂和整理，深受皇帝的赏识，清军入关之后，汤若望便被顺治皇帝所接纳，他的学识深深打动了清廷的王室，包括孝庄太后、顺治皇帝在内，很多人都从他身上学到了许多西方的自然科学知识和人文思想。

对于汤若望等传教士受宠之事，大臣鳌拜深感为恨。鳌拜认为，过多听信西学，会动摇清王朝的传统根基，因此汤若望不除不行。于是他和反对教派的大臣联合起来陷害汤若望，由于刚刚登基的康熙小皇帝尚未能完全把持朝政，所以无法营救汤若望，直到孝庄太皇太后出面，汤若望等西方学者才走出监牢。

然而，从鳌拜的身上就可以看到，清王朝的绝大多数臣子对西学和传教士都是有所忌惮的。虽然康熙皇帝对西洋科学甚是沉迷，常常仔细钻研，并鼓励天主教在中国发展、允许传教士传教，可是他的儿子雍正皇帝却对传教士深恶痛绝，甚至将传教士逐出中国，杀害大批西方学者。

雍正皇帝之所以这样做，起因源于福建一起教会案件。雍正元年（1723年），福建省福安县有一个生员教徒突然弃教，向官府告状，声称教士修建教堂，大肆敛财，教堂里男女混杂，实在是败坏风气，有辱斯文。对于封建传统礼教甚是严格的古代社会来说，男女一向不得逾越，但西洋教会却并没有这种限制，而西学主张的民主思想、人人平等对君权提出挑战，更是动摇大清社稷之根本。雍正皇帝越发觉得传教士具有无形的危险性，几经思量，终于下诏全国驱逐传教士。

雍正驱逐传教士是逐步进行且手段缓和，他的驱逐理由即是西洋传教的覆盖面积过大，有意识形态侵略的嫌疑，同时也妨碍了其他宗教的发展，所以传教士在中国的活动应当被有效地遏制。另外，康熙皇帝在位期间，罗马教皇于1715年发布禁令，严禁中国教徒尊孔祭天，康熙帝对此非常震怒，于是下令只有承认中国礼仪的教士才能留在中国，意思是与罗马教皇分庭抗礼。雍正帝作为康熙帝的继承人，自然不能在气势上输了对方。

还有一件事情是雍正帝不得不担心的。由于西洋传教士所宣传的思想是反封建、反专制的，因此民间有很多组织借西学的名义策划反动活动，令清廷不堪滋扰，因此传教士驱逐活动迫在眉睫。

种种原因叠加在一起，令雍正帝下定决心驱逐传教士。就这样，西方传教士渐渐从中土各地消失殆尽，只在广州一带还有活动，一些留在南洋的传教士依靠办新闻报纸的方式立稳脚跟，却再也不敢以传教的名义畅游中国。清王朝也是自雍正帝开始，实行了闭关锁国政策，这无疑加速了清王朝落后和灭亡的趋势。

从未踏出过北京城的帝王

……

康熙多次南巡，乾隆六次南巡，留下许多轶事，素为史家所艳称。和乃父乃子不同，雍正不仅从未南巡过，而且在他在位的十三年中，北京城都几乎没有出过一步。这是因为什么？

史上最忙碌的皇帝

现存的雍正朝奏折共有41600余件，其中汉文奏折35000余件，满文6600余件。以他在位12年又8个月计算，平均每天批阅奏折约10件。除了奏折以外，还有六部及各省的大量题本，据估算统计，雍正朝共处置此类题本192000余件，每天平均处置40件以上。雍正对于这些奏折和题本并非看毕就算，而是要亲笔书写朱批，提出自己的意见和看法。有的朱批竟有数千字之多。除此之外，雍正还要处理各种军国政务，官吏任免、人民生活、农业工商等，雍正都要亲自过问，而且以他多疑、敏感的个性又不会找人代劳，只有烦累自己。这些完全可以说明雍正的工作量有多大。

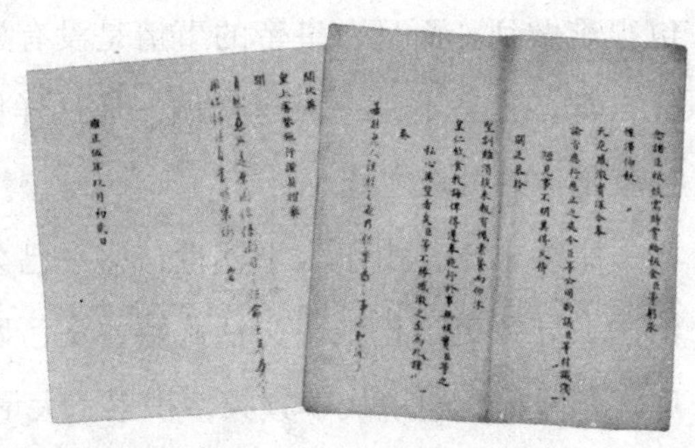

雍正帝朱批奏折

平心而论，如果拨开围绕在雍正身边的层层历史疑云，将雍正作为一名政治家来看待，那么他绝对是配得上“伟大”二字。雍正自称“以勤治天下”，这绝非自夸之言。他于45岁的年龄登上皇位，正是年富力强之时，既有精力和魄力，又有资历和经验，而且雍正为人坚毅谨慎，做事果断利落，可以说具有优秀政治家的一切素质。

雍正的勤奋，可以用“朝乾夕惕，宵衣旰食，夙兴夜寐，夜以继日”来形容。这样的工作态度不要说皇帝，就是普通人也很难做到。而且，皇帝的事情是没有人督促的，做与不做全凭自觉，雍正不是一天这样做，他这样做了 13 年，坚持不懈，这就是他的可贵之处。

康熙末年，由于太平盛世，盛平已久，又兼之康熙以宽仁治国，导致吏治松弛，文恬武嬉，贪污腐败之风甚嚣尘上；国库常年亏损，边境战事频频，积累了大量社会矛盾。在“盛世”的一潭死水之下，隐藏着的是隐隐流动，对清朝统治构成威胁的潜流。雍正登上皇位时，面对的就是这样一幅局面，应该说，压在他肩上的担子是十分沉重的。

高举改革的大旗

在这种情况下，雍正帝打起“改革”的大旗，以整顿吏治为切入点，清理国库亏空。雍正刚刚即位时，由于康熙晚年管理不利，官员贪污腐败，国库亏空多达 800 万两白银。雍正元年（1723 年）正月，雍正以迅雷不及掩耳之势，电光石火般连续颁布 11 道谕旨，严厉警告各级文武官员：

“不许暗通贿赂，私受请托；不许库钱亏空，私纳苞苴；不许虚名冒饷，侵渔贪婪；不许纳贿财货，戕人之罪；不许克扣运费，馈遗纳贿；不许多方勒索，病官病民；不许恣意枉法，恃才多事。”

这些谕旨，层层下发，中央查地方、后任查前任，就连老百姓也被牵涉进来，雍正告诉他们，谁也不许借钱给地方官员抵挡亏空，如此强大的力量和周全的措施，古未有之。为了切实推行政策，雍正又设立会考府，负责国库的审计并对其收支情况进行整顿。

在雍正的严厉打击之下，不少官吏因亏欠国库银两被革职抄家，甚至方面大员，皇亲国戚也绝不例外，例如曹雪芹的父亲江宁织造曹頫，以及和他有亲眷关系的苏州织造李煦均因此获罪。如此大规模，强力度的清欠工程收到了很好的效果。

《清史稿·食货志》曾记载："雍正初，整理财政，收入颇增。"乾隆时史学家章学诚也指出："我宪皇帝（雍正）澄清吏治，裁革陋规，整饬官方，惩治贪墨，实为千载一时。彼时居官，大法小廉，殆成风俗，贪冒之徒，莫不望风革面。"

到雍正末年，国库亏欠不仅完全弥补，还有数千万两余银。此外，雍正还创立"耗羡归公"的政策以预防官员腐败。"耗羡"是征税时附加的货币损耗费，这也是官员贪污的一个重要来源。雍正规定耗羡归公就是把征收的这一部分附加税归国库所有，作为"养廉银"，用来奖励清廉的、有政绩的官员，是吏治的一大进步。

雍正的性格和登上皇位的经历决定了他的执政风格：不会轻易相信任何人，要把权力紧紧抓在自己手里。在这一思路的指引下，在雍正时期，皇权得到了空前的加强。

例如除了六部之外，提升了其他中央政府机构的地位，如翰林院则掌管撰拟祝祭册诰文、编修书籍、经筵日讲及部分科举考试事务等。另外还有管理宫廷事务的内务府和掌管皇族事务的宗人府。内务府的官员主要由宦官（太监）担任。

鉴于明朝宦官专权的教训，清朝的宦官数量减少了很多，管理制度也非常严格，规定太监最高不能过四品，不能结交外臣，不得干预朝政。所有这些机构及其中下级机构的官吏任免均由皇帝一人认命，而且大小官员任命后都要觐见皇帝才可上任，体现了清代政权的高度集中。

在地方上则设有直隶、省、东北、边疆少数民族、八旗等行政机构。省以下为府、县。省级最该长官为总督、巡抚，总督辖多省，一般不超过三个，巡抚只辖一省。总督巡抚互不统属，前者管军事、后者管民事。省级行政机构还设布政司、按察史，主管民政、财政和刑事等。

此外，传统社会，土地和人丁分开纳税，土地称税，人丁称赋。赋对于讲究多子多福的农民来说，是一笔颇为沉重的负担。因此历朝历代百姓为了逃赋，时常瞒报人口。康熙五十年（1711年），针对人口增多的情况，谕旨宣布“盛世滋生人丁，永不加赋”。将赋作为一笔固定的收入。雍正即位后，彻底取消了人头税，改为摊丁入亩，即将人丁税摊入地亩，地多者多纳，地少者少纳，无地者不纳。从而在法律层面上彻底取消了赋的征收，使大量没有土地的贫农获得了实际利益，减轻了他们的负担。不过，这一政策却也刺激了人口的急速增长。乾隆年间，清朝人口已达3亿，道光年间又突破4亿大关。大量人口加重了社会负担，为盛世的衰落埋下了伏笔。

废除贱籍的举措

雍正为百姓做的另外一件大事是废除了贱籍。这种制度是从宋朝流传下来的，分军籍、民籍和贱籍，民籍是士农工商。贱籍则是在士农工商“四民”之外的户口，不得从事其他行业，更不能读书科举，并且世代相传不得变更。“贱民”社会地位极低，“丑秽不堪，辱贱已极”，为时人所轻视。究其源流，大多是从事特殊行业者，进而相沿成习，例如福建、两广沿海沿江一带的渔民，不事农桑，以捕鱼养鸭为业，生活漂泊无常，吃住都在船上，被禁止上岸居住。

又有苏州府的丐户，世代成群结队的行乞，首领称为团头，类似小说家言的“丐帮”。此外还有历史上被治罪的官员后裔沦为“贱民”的，例如绍兴的“惰民”，据说是宋元时期获罪之人的后代，这些人男性世代捕蛙、卖汤；女性做三姑六婆，贩卖珍珠。

雍正下令取消贱籍，把原来的贱民编入民籍，赋予他们和普通百姓一样的身份，权利和社会地位。取消贱籍，毋庸置疑，无论从观念还是从社会现实来说，这都是一种进步。

总的来说，雍正处在承上启下的关键阶段，康熙晚期已经出现了一些问题，如果他让这些问题继续恶化，清朝的末日也许会来得更早。但是，雍正做得很好。有人说，是因为雍正继位后，很多人不服气。他是为了向别人证明自己是有资格做这个皇帝的，所以才如此努力。或许有这方面的原因。不过，作为一代帝王来说，雍正为国家、为百姓做了很多实在的事情。他的努力也为后来乾隆的统治打好了基础，使乾隆可以坐享半个多世纪的太平盛世。虽然雍正帝的在位时间比康熙和乾隆要短了许多，但是他把有限的时间都用在了治理国家上，使他这短短的13年变得无限丰盈。

雍正打击腐败的方法

……

康熙末期，贪污腐败之风渐渐突显。继位的雍正，当如何面对这一关系到国家生死存亡的问题？雍正朝被后人称为有清一代最为清廉的王朝，靠的是什么样政策？

雍正面前的烂摊子

野史中曾经有这样的记载：据说雍正皇帝夺得帝位，还未登基之时，有一位阿哥王爷赶到雍亲王府去见驾——在这样的节骨眼儿上，门房自然要出来挡驾的。谁知道这位阿哥端起了天皇贵胄的身份，表示一定要见到胤禛。瞧见这位皇子气势汹汹的样子，门房自然无可奈何，只好返回府中请示如何是好。可巧，被雍亲王府的主事邬先生碰上了。闻知门房禀报，邬先生哂然一笑，告诉门房如此这般回复即可。得了主意的门房便踅回身去，出府对这位阿哥理直气壮地说道：“主子说了，您要是有民政汇报，请找张衡臣老相国协商；要是有军机要事，就去怡亲王府见十三爷；要是私事儿的话——您请回吧，主子说天子无私事。”这个故事固然是小说者言，目的在于凸显邬先生的聪明才智，但从中隐隐约约也能看出雍正的行事风格。确实“天子无私事”。雍正做皇帝 13 年的光景，几乎无时无刻不在处理军国大事，为天下着想。孟子所谓“上行下效”，有这样的皇帝，雍正朝的一干文武百官自然也都勉力为官。

康熙末年，海内承平日久，又加上清圣祖以“宽仁”为治国的总方针，结果吏治松弛。文武百官文恬武嬉，贪财怕死，贪污腐败之风盛行，竟至于国库亏损；雍正与乃父不同，早在做雍亲王时就有个“冷面王”的称号，出外办差时就是一路雷烟火炮，让地方官吏各自心惊肉跳，叫苦不迭。待到登基以后，雍正更是对康熙末年的吏治深恶痛绝，于是施展金刚手段，从清理国库亏空入手，大刀阔斧雷厉风行整治官场积习。

康熙末年官场上的陋习花样繁多，举不胜举。

例如外任的地方官员刚到任时，往往大肆贬抑当地的吏治、经济等各种情况，将当地说得一团糟；过一段时间后，再奏报说经过用心治理，之前的问题都已经得到缓解和好转，通过夸耀自己的政绩，给皇帝留下深刻的印象。河南巡抚石文焯就是一个这样的人。雍正二年（1724 年）河南发生蝗灾，他向雍正禀报说，经过省里官员的努力，绝大多数蝗群已经扑灭，百姓的生产生活没有太大影响。但雍正却早就从其他官员的密折中得知实情根本没有石文焯说的那么乐观，于是在朱批中严厉斥责之。谁知他不知悔改。雍正四年（1726 年），甘肃遭受旱灾，好容易下场小雨，已经调任甘肃巡抚的石文焯再施故技。他向雍正帝汇报说，由于皇上敬天爱民，甘肃旱情不足为患，粮食有望丰收。结果又被雍正斥责“朕实厌之”！

此外，由于康熙末年官吏腐败，国库亏空，地方官员遂在老百姓身上打起了主意。巧立各种名目，滥收苛捐杂税，老百姓苦不堪言；此外，官员到任离任、四时八节，以及其他一些日子都有要给上级送礼的陋规，这其实等于是变相的行贿受贿。雍正帝对这些官场陋习深恶痛绝，大力整顿之，获得了明显的效果。

不留情面不徇人情的制腐决心

御史释迦保在巡察奉天时发现，奉天府的百姓贩运货物的车辆在进出城门时需要按车辆规格缴纳数量不菲的通行费，而这笔钱却不属于国家正项，都被衙门内部私分，不合理的成本导致当地物价高涨。雍正帝得知这一情况后，立刻下令查禁。奉天府尹杨超忠实地执行了雍正帝的谕旨，将所有乱收费项目全部废除，也受到了雍正帝的表彰。雍正对官员的溜须拍马，奉承迎合也非常不喜欢。山东兖州知府吴关杰上奏折请求所有文武官员都要在衙门的屏门上刊刻皇帝谕旨，被雍正硬邦邦地顶了回来；年羹尧的哥哥年希尧在广东巡抚任上时，给雍正写密折，称颂皇帝“料事如神”，也被雍正批为“没一句真话”。

为了选拔忠于自己、实心任事的官员，雍正对选拔任用官吏一条颇为留心。清代官吏铨选任用，规则繁杂，体例众多，对于官吏的资格，出身都有严格的限定，而且对于满族人和汉族人的任用也各有规定。这些规定，年深日久，已经是尸位素餐、无所事事者的挡箭牌，而阻碍了真正有见识、有能力的官员。雍正对于官员的任用，则大胆打破既有成例，从实际出发，因材任用。

有一件事情可以说明雍正在此事上的魄力：雍正四年（1726年），负责西北军务的川陕总督岳钟琪向雍正禀报，陕西定边、安边、靖边一带的边防部队缺少将领亟须补充，但在本省很难找到德才兼备的合适人选；相反四川的武职官员中倒是有不少久经战阵出生入死立下了赫赫战功之人，可是又没有空缺的职位给他们担任。因此岳钟琪希望能够破除不得跨省调动武职的旧有规定，将四川的将领安排到陕西任职。雍正对此极为赞同，他告诉岳钟琪不必过分计较吏部的规定，并且表示可以下一道谕旨专门责成吏部处理此事。

雍正对人才极为重视，常常不拘一格提拔下层官员，他所信任的臣子中有不少是所谓“异途出身”——即不是由科举取士做官。例如“模范督抚”李卫是花钱捐的兵部员外郎，河东总督田文镜则是监生，至于在军机大臣上行走的鄂尔泰也只是个举人而已。

为了从下级官员中尽快寻找可用之材，雍正还数次谕令内外官员留心访查地方吏治，选贤与能，从各行各业中推举人才。

一些抱残守缺的官吏对这种做法颇不以为然，他们轻视异途出身的官员，认为只有科举出身的官员才能够拔擢任用。雍正对这些人的做法极为不满。他对广东总督阿克敦表示，选拔任用官员的标准不能过苛，不能急于求成，施政经验要在实践中慢慢培养。

对于在任的官吏，雍正也非常严格，他要求文武百官要“实心任事”。贪官污吏自不必提，得过且过、做一天和尚撞一天钟的庸官也会受到处分。

雍正认为，官员可以分成两种，一种是对上级言听计从，听话好用，但毫无个人主见的庸碌之徒，这种人就像是木雕泥塑一样，就算多么贤良方正，也徒具虚名，不能报国安天下；而另一种人则是胸怀韬略才识优长，但在行止上不免有些小缺点的人，雍正更喜欢这样的人，因为他们能实心任事，为国出力，为君分忧。

例如直隶巡抚李维钧曾经想要将吴桥知县常三乐调任他处，理由是常三乐在这一职位上无所作为，当地状况不见起色；但吏部却拒绝了这一调令，他们认为，常三乐清廉本分，也没有犯过错，因此不予批准。雍正得知此事后，批评了吏部的决定，指出常三乐无所事事就是失职，调任是不够的，应予免去官职！

不轻信的帝王

雍正是一个禀性多疑的人，他曾经说：“其不敢轻信人一句，乃用人第一妙诀。”又说：“待人不必信，亦不必疑，过疑则失人，过信则自失。”在这种心态下，雍正和他手下的臣工们都保持着若即若离的状态。因此，雍正对大臣的监督极其严密，往往通过密折来了解大臣的一举一动，甚至是自己宠信的臣子也不例外。

例如曾经被雍正誉为“模范督抚”的李卫，无论他在哪里做官，雍正几乎都要通过密折来监督他的行为。李卫担任云南盐驿道时，雍正帝风闻李卫做事高调，全无顾忌，也不注意自己操守。便密谕云南永北镇总兵马会伯向自己汇报李卫的行为，并要求他要据实汇报，不可顾及情面。而马会伯也很中肯的禀报雍正帝，李卫只是性格急躁，做事不免毛躁，但还是合乎礼法规矩，也很注意自己的操守。雍正帝这才松了一口气。

李卫画像

李卫，字又玠，江苏铜山人，文化程度不高，为人粗莽，对雍正十分忠心，累加升，由云南盐驿道、浙江巡抚、两浙盐政至直隶总督，为雍正最信赖的封疆大吏。

不仅如此，雍正还会命令不同的大臣彼此互相监督，相互牵制，一方面可以约束其行为，另一方面雍正也可以深入了解臣子。例如雍正帝听说湖南藩台朱纲的口碑褒贬不一，便指示湖南巡抚王朝恩暗中访查其行为举止并据实汇报；反过来，雍正也命令朱纲调查王朝恩的“居心行事”。

总的来说，雍正对所有政事几乎都要插手，做到事必躬亲。这是因为皇帝是一元化的，皇帝既是国家元首，又是国家最高行政长官，还是国家最高军事统帅，还是国家最高的祭祀者。所以，清代的皇帝如此，清朝的官员亦如此，但是这并不意味着县令可以为所欲为。有学者称："在当时，全国各地地方长官的一切活动他都知道，大概全国各地，都有他私派的特务人员的。"因此，有些事可能自己还不知道，皇帝就已经知道了，在清朝做官员也并不轻松。

在雍正皇帝的努力下，雍正年间的吏治确实面貌一新，一扫康熙末年的颓势，从而为乾隆六十年盛世打下了良好的基础。不过即便如此，清朝官员中营私舞弊者仍然比比皆是，所谓"上有政策，下有对策"，皇帝精力如何旺盛也不可能面面俱到，就连最不讲情面的雍正帝都无可奈何。

唯我独尊意识的强化

雍正对官吏的严格控制还加强了皇权，削弱了官吏自主创造的能力。学者张研、牛贯杰谈到一位清史专家的观点，他说雍正后定型的中枢机构及其运行机制提供了"以皇帝个人之力独揽国家一切繁剧军政事务"的条件，"达到了机构精简、迅捷高效、机密严谨、运转和谐这历史上前所未有的境界，中国古代专制主义中央集权政治体制到这时候才可以说达到完备程度"。

这种集权在清朝初期，对于满族人巩固统治地位可能起到了积极作用，但是，这种高度集权对皇帝来说，进一步强化了其"唯我独尊"的意识，帝王一个人的行为很快会对整个国家产生影响。“遇明君则国兴旺，遇昏君则国衰败”，这就对统治者提出了更高的要求。遗憾的是，雍正以后的清朝皇帝都做得不够好。

雍正手里那个神秘的特务机关

……

多疑的雍正帝，信不过手下的任何一人。密折制度、神秘的粘杆处，成了雍正治下的重要手段。一个个传奇，都在讲述着雍正手中特务机关的神秘。

足不出户，臣子言行了如指掌

王云锦是康熙四十五年（1706年）的状元，到雍正时已经年纪很大了。人年纪一大，难免就贪玩一些，王云锦也不例外，居然喜欢上了打叶子牌——这是一种和麻将有些类似的纸牌游戏。某天他在家中无所事事，便呼朋唤友来家中打牌。开始的时候一切正常，谁知几圈之后却少了一张牌，到处找也找不到。缺了牌，自然是玩儿不成了。王云锦无奈，便收拾牌局，排摆酒席，和朋友们猜拳行令，喝酒取乐。

第二天，王云锦递牌子见雍正帝的时候，雍正帝很随意地问他前一天都做什么了，王云锦便把打牌未能尽兴、而后饮宴的情形如实说了一遍。雍正闻听此言并无不实之处，便笑眯眯地从袖筒里抽出一张纸牌递给王云锦道：“你丢的是这张牌不？

拿回家去接着玩儿吧。”王云锦接过来一看，不禁惊出一身冷汗，这正是昨天没找到的那张牌。

这个故事虽然颇为夸张未可尽信，但雍正对臣下的情况了若指掌却是确有其事。可是正如前文所言，雍正并不是个喜欢说话、喜欢走动的人，他几乎每天都只是坐在宫中批阅题本和奏折。那么他是如何做到足不出户而世事皆能洞明的呢？答案就在清代特有的密折制度之中。

在清之前，文武百官有公务需要禀明皇帝时，除了面见直陈之外，还可以写奏疏，称为“题本”。但是由于每日公文数量繁多，单靠皇帝一人之力显然不能全部处理完毕。于是明代又设内阁，由大学士专门处理题本，先初步拟定对题本的回复再交由皇帝过目批准，至清初亦然。但是，这一制度的缺陷也很明显：因为题本本身并不保密，而密折制度是公开递进内阁，这样，涉及一些机密事务，或者弹劾等敏感问题时，就显得颇不方便，对上书者会造成一些不必要的麻烦；此外，这一制度对皇权也存在潜在的威胁：由于题本需要经过内阁大学士之手再转交给皇帝，这样皇帝看到的题本其实是经过了内阁的筛选的；如果内阁出现权臣甚至是奸臣的话，就非常容易堵塞言路，蒙蔽天聪，将皇帝控制起来。

密折制度的缘起

基于这一问题，清代皇帝发明了密折制度。所谓密折，也即秘密奏折。首先从形式上讲，它是将要汇报的事情写在白纸上然后折叠，并加上封套或是匣子，只有皇帝和当事人才有权拆封，这样就有效地避免了泄密；其次从渠道上讲，密折并不通过内阁转交，而是直接呈送皇帝御览，待皇帝批复之后——顺便一提，皇帝的批复用红笔写就，称为“朱批”——再直接发还给奏事人，这样就杜绝了内阁在其间上下其手瞒天过海的可能性；再次从内容上讲，按照规定，题本中只能汇报公事，而密折的内容则无所不包，从军事政治经济，到老百姓的街谈巷议，都可以写进密折。不过，用密折奏事并非所有人都能享受这一待遇，需要达到一定品级的官员才有“密折专奏之权”，或者皇帝也会赐予某些低级官员这一权利。

密折制度在顺治年间产生，但极少使用。到康熙时期才开始普及，“密折”一词也始于此时。

康熙帝曾经说：“密奏之事，唯朕能行之。”他指出，前朝皇帝为了了解天下事，往往让内宫太监出外四处打听，但这些人往往人品不佳，依仗皇帝的势力为非作歹，胡言乱语，甚至和外官勾结，蒙蔽皇帝，因此这一方法并不管用。而康熙则依靠密折来了解各地情况。例如康熙时的江宁织造曹寅和苏州织造李煦，除了其日常工作外，还负有为皇帝探听当地风土人情街谈巷议，搜集情报，并将其秘密汇报给皇上的职责，这一工作正是通过密折完成的。

此外，臣工对密折制度的完善亦有贡献。户部尚书王鸿绪就曾经在给康熙的奏折中建议：“臣此密折，伏祈即赐御批密发，并望特谕总管面交臣手，以免旁人开看之患。又折子封套之外，用纸加封，只写‘南书房谨封’字样，以隐臣名，合并声明。”可见密折制度是在长期的实践中逐渐完善的。

密折制度的全面推行和强化是在雍正登基之后。雍正因为与康熙末年的“八爷党”因争夺皇位结怨，故而对官员结党营私深恶痛绝；此外，雍正号称以勤治天下，事必躬亲，事无巨细，都要过问和干涉，因此他对于情报的需求量是很大的。而密折制度既可以让文武百官互相监视，又能提供方方面面的情报，从公事到私事莫不与闻。因此，雍正对密折制度的偏爱就可以理解了。

被扩大了的密折制度范围

雍正扩大了密折制度的范围。在康熙时期，仅有百余人有此权力；雍正甫一登基，就赋予各省督抚们密折专奏之权，他在谕旨中写道：“凡督抚大吏，任封疆之寄，其所陈奏，皆有关国计民生，故于本章之外，准用奏折。以本章所不能尽者，则奏折可以详陈，而朕谕旨所不能尽者，亦可于奏折中详悉批示，以定行止。”此外，也有大量的道员，知府、同知乃至副将等中下层官员获得这一权力。至于原本就是朝廷言官的御史诸臣，雍正更是在上谕中明确要求其将密折作为一种责任。他说：

“尔等科道诸臣，原为朝廷耳目之官，凡有所见，自应竭诚入告，绝去避嫌顾忌之私，乃为尽忠。今着尔科道，每日一人上一密折，轮流具奏，一折只言一事，无论大小时务，皆许具实敷陈。”

在雍正年间，有密折专奏之权的官员达到千余人之多，是康熙朝的十倍以上！雍正对密折也非常重视。前文已经提及，雍正平均每日要审阅十余件奏折，并且亲笔回复朱批。雍正在宫中的大部分时间，都用在了这件事情之上，以至于每年只有一天时间休息——皇上寿诞之日。雍正当政 13 年，朱批总数竟达到千余万字，以至于他每天的睡眠时间只有 4 个小时左右。

雍正对于朱批可说是颇下了一番心血。由于密折不受通常官方文书体例和内容的拘束，所以较为随意，因此雍正的朱批也一反官方公文中的繁文缛节，上至军国大事，下至家长里短都要发表自己的见解；文风则有时洋洋洒洒数万言情深意切，有时又冷嘲热讽夹枪带棒嬉笑怒骂；语言也浅显平实，通俗晓畅，甚至不避村夫野语。

雍正皇帝对密折的偏好使文武百官也不能不格外重视之。在雍正的鼓励下，凡是官员认为有参考价值的情况，无论事情是否为职责所在，均要写在密折中上奏。密折，不仅是官员们的一种权力，更成为忠于皇帝的责任和义务。密折制度的效果至为明显：有专折密奏之权的官员，不仅人数众多，而且奏报频繁，这就使得地方上的事务无法歪曲和隐瞒。所谓“兼听则明，偏听则暗”，向皇帝汇报情况的权力分散在大多数人手里，同一件事情可能有数件不同官员的密折从不同的角度加以汇报和说明，这样既有助于皇帝全面了解事情，又可以防止有歪曲事实真相的奏折混淆视听。

此外，中下层官员获得专折密奏的权力，使得下级官员对上级官员也有了监督权，并且，这种监督权通过皇权来体现，就确保了其能够较为彻底的执行；而且，官员对于非自己本职工作也有权密奏，也扩大了这种监督权的范围。这样上下级互查，平级的不同官吏也可以互查。这种人人都是监督者和被监督者，多面一体的监督网可以有效地约束官员的行为，在一定程度上改变了以往只有言官行使监督权，上级监督下级的状况。

而且，在这一体系之下，每个人都必须积极主动地参与其中，否则就会遭到批评。例如，当时有官吏密折弹劾他人，事后解释道，就算我不这么做，别人也会这么做，皇上还要责怪我的失察之罪。由此可见，在密折制度的威慑之下，官员也没有办法唯唯诺诺，缄口不言，随波逐流。官员倘若犯错，很快就会被揭发出来。

不过密折制度也有其缺点，就是如果涉及众目睽睽的公事还则罢了，倘若涉及少人所知的私事——例如诬陷他人——则密折的真实性就有待考证。难怪康熙曾说："密奏亦非易事，稍有忽略，即为所欺。"雍正自然也深知这一点，所以他除了集思广益，仔细甄别对比之外，对涉及的官员，还要亲自考察，询问问题，察言观色。甚至对自己信任的大臣所上的密折也不尽信，这样就尽可能地避免了受骗。

总的来说，在雍正手中发扬光大的密折制度和前朝的各种告密制度相比，还是颇多优点的。前朝皇帝，为了广开言路，穷尽世事，或则重用特务，或则滥用酷刑，搞得人心不安，社会动荡。而雍正的密折制度在相当程度上维护了社会的稳定、百姓的安定，同时又使各级官吏惶惶不可终日，不仅严于律己，而且严以待人。在官吏之间造成了紧张气氛。在康熙末年吏治松弛的大环境下，这是有助于雍正匡正吏治的。也正因为如此，它具有一定的时效性。到雍正驾崩，乾隆即位后，就出现了要求废除密折制度的呼声。

神秘的血滴子

除了密折制度让雍正帝为人诟病外，另有一物，也给雍正带来了恶劣的名声，这就是大名鼎鼎的“血滴子”。

在民间小说中，雍正经常被刻画成精通武艺、神通广大的阴谋家，他豢养了一批侠客力士，操持着一种名曰“血滴子”的杀人利器，能取敌人的首级于千里之外。

历史不可能凭空捏造，传说也不可能空穴来风，雍正与这种可怕的杀人利器应当有关系。那么，“血滴子”究竟是什么东西？

传说“血滴子”是雍正皇帝特务系统所使用的一种武器，这种武器杀人的方式，是专门把人的首级从脖子上取下来。

可以使人头和脖子分开的武器很多，大刀砍、利斧挥，都可以达到目的。而这个血滴子却不是寻常的武器，它在使用的时候，是“放出去”的。它使用时，和目标的距离不会太远，把血滴子放出去（或者是抛出去），它会把目标的头罩住，然后割下目标的头，再收回来。

虽然传说“血滴子”的使用过程是如此，可是它的具体形状如何，又如何一下子把人脑袋割下来，还是没人知道。由于

"血滴子"的神秘，它曾不止一次被搬上电影屏幕，电影工作者各凭想象去创造。于是在银幕上，我们看到有的血滴子像一顶草帽，有的血滴子像一个鸟笼，有的在放出去的时候会"呜呜"怪叫，有的会旋转，有的周遭满布利刃，有的又像相机快门一样的装置——"喀嚓"一声，人头分离。

血滴子是一种毒药

还有一种说法认为，雍正秘制的"血滴子"其实是一种毒药。

传说雍正为皇子时，就准备要夺取帝位。于是他不仅招揽大批侠士剑客供他驱使，暗地里还要炼制各种毒药暗器。而雍正用来诛锄异己的暗器中，就有一种名为"血滴子"的毒药。其物是一革囊，将活人放到里面，不一会儿人就化成一摊血水。这种说法虽然言辞过甚，但雍正为了实行他的统治，制造几种新式的杀人武器，自然是极有可能的。

据可靠的记载，"血滴子"确有其物，里面所储的是一种极毒的毒药，这种毒药是用毒蛇的毒液混合一种毒树的汁液炼成，一滴就可以使人通身溃烂而死，故称"血滴子"，还说雍正曾密谕广西巡抚，要他暗中寻访这种毒药，并研究熬炼和解毒的秘方。所以说雍正用这来炼制血滴子，是有相当根据的。

"血滴子"最早出自何处，已经难以考证。而"血滴子"究竟是何物，我们也难以判断。但可以肯定的是，它与雍正的统治，有着密切的联系。

第十五章
雍正皇帝死因之谜

吕四娘刺杀雍正帝

……

雍正之死，清朝最大的谜案。一生不纵情于酒色的他，在年仅58岁的壮年时期便暴死于圆明园。世人传说，是侠女吕四娘砍掉了雍正的头颅。这是否是历史事实？这种说法源于何处？

暴死圆明园

雍正帝无疑是清朝260余年历史上，争议最大、留下疑案最多的皇帝，除了众说纷纭的继位之谜，他的死也同样备受关注。据记载，雍正十三年（1735年）阴历八月二十三日凌晨，雍正帝突然暴死于圆明园中。雍正帝平时身体十分健康，又不是年老衰亡（年仅58岁），怎么突然死亡呢？由于雍正帝残暴多疑的性格，生前对诸兄弟和功臣们的残酷迫害以及难以自圆其说的继位之谜，使他长期以来就形象不佳，最后突然暴死的结局，引来后人的众多猜测。尤其是到了现代，小说、影视作品中对雍正帝之死的演义和附会愈来愈多，使这一本来就众说纷纭的历史悬案，更加扑朔迷离。

吕四娘的传奇故事

在关于雍正帝之死的各种传说中，以吕四娘刺杀雍正帝的说法流传最广，《清宫十三朝》《清宫遗闻》等书都有记载。

吕留良画像

雍正八年，发生了吕留良一案，死难者共达100余人，吕留良和他的长子吕葆中虽然已死，仍被开棺戮尸，枭首示众；次子吕毅中被斩首；孙辈男女全部被发配到关外宁古塔为披甲人当奴隶；吕留良所著的文集、诗集、日记全部烧毁。此案还株连甚广，吕留良的学生严鸿逵被凌迟处死，沈在宽被斩首；其他吕氏门生以及刊刻、贩卖、私藏吕氏著作之人，或斩首，或充军发配，或杖责，下场都极为凄惨。

这是雍正朝一起极为残酷的“文字狱”，在社会上造成了极恶劣的影响。

就因为这件事，雍正帝死后不久社会上便流传开了雍正帝是被吕留良的孙女吕四娘刺杀的传说。据说，雍正帝大兴文字狱，大肆株连时，吕留良的孙女吕四娘因不在家中，幸免于难。年仅 13 岁的吕四娘得知家中祖孙三代惨遭杀戮、迫害，义愤填膺。秉性刚强的她咬破手指书“不杀雍正帝，死不瞑目”九字。从此隐姓埋名，潜伏民间，拜师学艺，勤学苦练，练就了一身奇高的剑术，成了当时有名的女侠。

雍正十三年八月，吕四娘乔装打扮，混入宫内。此后，她找到合适的机会，乘机砍掉了雍正帝的脑袋。雍正帝被杀后，清廷为了掩盖事实真相，制造了雍正帝病死的假象，因雍正帝头被吕四娘带走，清廷秘密造了一颗金头下葬。

鱼娘协助吕四娘

与这一传说相近的，还有各种说法。比如，吕四娘的师傅是一僧人，为雍正帝当年的武林十二好友之一，武功盖世，剑术奇高，且有一项秘不外传的绝技。后来因看不惯雍正帝的阴险狡诈，不愿助纣为虐，愤然离去，遁隐山林。哪料，雍正帝深知其手段高超，怕他威胁自己的统治，派出御内高手四处寻找欲置他于死地而后快。最终这些人找到了高僧的藏身之所，并布下层层精兵。高僧见状，哈哈大笑，对雍正帝派来的人说：“我今天死了，你们的主人也不可能逃。一个月后，自然会有人为我报仇，你们等着瞧吧。”说罢，自刎而死。雍正帝得报后，深知这位昔日好友的厉害，心中不免有点恐慌，遂布置大内高手小心提防。想不到一个月后仍被高僧的得意女弟子吕四娘用飞刀绝技削掉了脑袋；还有传说吕四娘刺杀雍正帝，得到了一个名叫鱼娘的女子的鼎力相助。吕四娘利用朝廷在全国选秀女的机会，以美貌混入宫女之列。一次，她和雍正帝的另一名侍女鱼娘一起侍奉雍正帝寝宿，鱼娘早已看出了吕四娘的用心，便帮她望风，协助四娘刺死了雍正帝。但鱼娘究竟是谁，为何如此却不知。

吕四娘刺死雍正帝的说法，在民间流传极广，随着时间的推移，情节也越来越奇特，各种野史都有记载。近代以来，这一传说更是被拍成了电影、电视剧，情节渲染得惊险刺激、引人入胜。

查无实据，事出有因

有学者认为这种说法之所以广为流传，却也“事出有因”。首先，雍正八年雍正帝在给自己的亲信大臣、浙江总督李卫的奏折中有这样的批示：“近闻有吕氏孤儿漏网之说，此事与卿关系匪浅，尚须严为查办。”由此看来，吕氏有孤儿漏网的说法，早在雍正帝在世的时候就已经传入宫中。雍正帝让李卫深入调查，严加查办，看得出他本人也感到了一种深深的隐忧。这无疑成为这种说法的有力佐证。

其次，雍正皇帝的猝死确实也有许多异常之处，例如，雍正帝平时身体十分健康，怎么会突然就驾崩了呢？并且据说鄂尔泰是雍正帝临终受命大臣之一，在袁枚为他所撰的《武英殿大学士太傅文端公行略》中，曾有这样一段描绘鄂尔泰驰入紫禁城传雍正帝遗诏的描写：“（鄂尔泰）捧着诏书从圆明园赶往紫禁城。深夜无马，只好骑着骡子奔入宫里，宣旨弘历（乾隆）登基。这时，人们很惊讶地发现鄂尔泰左腿鲜血直流，才知道太仓促，被骡子给磨伤了。鄂尔泰竟没有察觉。”这难免让人生疑，如果雍正帝是正常死亡，鄂尔泰何至于如此惊惶？并且，乾隆皇帝在父皇死后的第二天，颁布了一道奇怪的上谕：“朕受皇考鞠育……今忽遭大故，龙驭上宾。”“忽遭大故”之语是何等语气！这种措辞一般不会用来说皇帝死因，用在这里既可理解为暴病而死，也可理解为身遭仇杀，死于非命。

由此种种疑点来看，雍正帝之死确实充满蹊跷，为吕四娘所杀的说法也非空穴来风。

子虚乌有的传闻

不过，对于这样的说法，史学界普遍认为吕四娘刺杀雍正帝完全是子虚乌有的传闻，历史上根本不可能有这种事情。第一，吕留良之案，吕氏一门不大可能有漏网者。雍正八年（1730年），问过“吕氏孤儿”一事后，当年七月，李卫回复说，吕氏一门，不论男女老幼均已严加看管，连吕家的墓地也已严密监视起来。李卫是雍正帝的亲信，以擅长缉捕盗贼而著称，不可能对雍正帝敷衍塞责。并且他曾为吕家题过匾，吕案发生后雍正帝没有责备他，他心怀畏惧，更是戴罪立功，尽全力搜查相关人员，不可能使疑犯逃脱。因此，如果真有吕四娘其人，逃脱的可能性也是微乎其微。

第二，清朝选秀女的条件是十分严格的，这从清宫《钦定宫中现行则例》中就可以看出。在这种情况下，就算吕四娘成了漏网之人，也不可能有混入皇宫的机会。

第三，雍正帝死于圆明园，而这里自雍正初年就设有护军营，戒备森严，昼夜巡逻，绝非电影、小说中所虚构的那样，一个飞檐走壁的女侠就可以轻易潜入，砍下皇帝的脑袋。另外，根据《雍正帝起居注册》记载，雍正帝临死的前两日直至临终都很清醒，对诸事安排得井井有条，如果真被刺杀了，不可能在病危期间召集诸王和重臣前来寝宫，并亲自“授受遗诏”。

而民间之所以会流传吕四娘刺死雍正帝的传说，究其原因无外乎以下几点：首先，清廷始终难以消除汉人的反抗之心，特别是吕留良案，杀人太多，引起了汉人的极大愤慨，希望能有吕氏后人手刃暴君。由此，吕四娘刺死雍正帝的说法，很可能是民间一些文人根据有关传说附会而来，包含着汉人强烈的民族情绪，也隐含着人们“恶有恶报”的因果报应观。其次，雍正帝在争夺皇位的斗争中，树敌甚多，这些人或其余党，也都痛恨雍正帝，使有关雍正帝的谣言越传越复杂。再者，民间对神秘的宫廷，一向充满了好奇，稍有风吹草动，便会听风就是雨，以讹传讹。而史书上有关雍正帝之死的记载十分简略，完全没记载病情，并且从发病至死亡仅三天时间，联系社会上的种种传说，难免产生各种附会。

皇帝死因何其多

……

雍正之死，迷雾重重。宫女缢死、曹雪芹毒死、卢氏夫人刺死……各种各样的传说相互交织，真相到底在何方？

被宫女缢死说

除了说雍正帝是被吕四娘刺杀的之外，民间还流传着几种雍正帝被害的传说。有人说雍正帝是被宫女缢死的。柴萼《梵天庐丛录》中记载：传说雍正九年（1731 年），曾有宫女与太监吴首义、霍成合谋，企图用绳索把雍正帝勒死，但未能得逞，后被发现救活。不过，这种说法可能完全是张冠李戴式的误传。明嘉靖帝曾遇到过类似的事件，可能由于嘉靖帝和雍正帝的庙号都是“世宗”，所以才出现了这种附会，而事实上基本不可能有这回事。

曹雪芹下毒说

还有人传说，是曹雪芹和竺香玉合谋毒死雍正帝的。故事是这样的：一直以来，曹雪芹与竺香玉都是两情相悦，《红楼梦》中林黛玉的原型就是竺香玉。可是，在二人未结连理之前，雍正帝抢先霸占了竺香玉。曹雪芹思念竺香玉，就寻机混入了宫中与竺香玉用丹药毒死了雍正帝。毫无疑问，这仅仅是个无稽之谈。

卢氏夫人刺死说

另外，还有人说雍正帝是被湖南的卢氏夫人刺死的。相传，这位夫人的丈夫卢某因谋反被雍正帝所杀，其妻精于剑术，为了给丈夫报仇雪恨，她潜入圆明园刺死雍正帝，然后自刎。这个说法显然是吕四娘刺杀雍正帝的翻版。卢夫人刺死雍正帝显然也是不可能的事情。

总之，野史中关于雍正帝之死还有多种传说，大多都与吕四娘刺杀雍正帝的说法有几分类似。甚至有些小说、野史还把雍正帝描绘成武功高超的人物，说他发明了一种叫“血滴子”的武器，按动机关，数步之外，飞取人头，因而杀人无数。而事实上满人习武为平常习惯，但雍正帝这方面本事平平，他几乎没有外出围过猎。

雍正如果不是被害而死，又是死于何因呢？

丹药中毒致死

……

关于雍正帝之死，除了以上野史传闻的被吕四娘或者某个剑侠刺死，以及被人合谋害死外，还有传闻雍正帝是死于丹药中毒。这种说法在民国初年就有人提及。那么，这种说法是否可信？

异人贾士芳，从宠臣到罪臣

最早提及雍正帝之死与服食丹药有关的，是清末民初清朝宗室子孙金梁著的《清帝外传》一书，上面曾有“世宗之崩，相传修炼饵丹所致，或出有因”的记载。不少清史专家，正是围绕这一说法进行了充分的论证。据考证，雍正帝在登基之前身体还是相当好的，根本看不到有关生病的记载，这也是他能够在激烈的储位之争中长期准备，最后赢得胜利的基本条件。继承皇位后，雍正帝勤于政务和处理政争，精神和体力必定耗费甚巨。登基之初，他的身体状况尚好，这可从他给大臣们奏折上回复的“朕安”“朕躬甚安”等朱批中看出。但自雍正六年以后，随着皇位巩固，政局稳定，他的私生活开始放松，整日沉溺女色，加之年过五十，身体渐渐不好。到了雍正七年（1729 年）冬天，他得了一场大病，雍正八年（1730 年）三四月份稍重，五月曾有好转，至六月曾一度病危，甚至连后事都做了安排。不过到了雍正九年（1731 年）夏他的病完全康复。就是在这场大病期间，雍正帝曾向心腹密臣发出谕旨，要他们推荐好医生、道士等。

他在大臣田文镜的一件奏折上曾批道：“可留心访问有内外科好医生与深达修身养命之人，或道士，或讲道之儒士、俗家……一面奏闻，一面着人优待送至京城，朕有用处。”后来田文镜很快将“异人”贾士芳送到了北京。雍正帝经过贾士芳的治疗后，颇有效果，后来几乎天天与其见面，听他讲长生不老之术。雍正帝在给鄂尔泰的一封信中，也曾说："朕躬违和，适得异人贾士芳调治有效。"贾士芳俨然成了雍正帝的宠臣，"异能"之士，身价陡增。

然而伴君如伴虎，两个月后雍正帝处死了贾士芳，据清廷档案解密，可能是因为贾士芳能够控制雍正帝的病情，让他能好能坏，贵为天子的雍正帝哪能如此受人摆布，因而借故杀了他。但雍正帝并没有因此失去对道士的信任，甚至更加热烈。贾士芳死后不久，他又召正一派道士娄近垣进宫，娄近垣既提倡修养，也主张炼丹。他小心谨慎侍奉雍正帝，深得雍正帝赏识。这次大病康复，可能多少与这些道士有点关系，此后他更加笃信道家长生不老之术。

他继续密令，地方官员为其推荐名医方士，高价悬赏长生不老之药。他还让川陕总督岳钟琪察访名为狗皮仙的道士，据说此人藏有防衰的秘方。岳钟琪报告说，那人类似疯子，又无德行，万不可信，他只好作罢。四川巡抚察访到一位"龚仙人"，据说有长生之术，86岁了还有生育能力，90多岁了还像年轻人一样。雍正帝立即谕令召进宫来，可就在这时，那个龚仙人升天死去了，为此，他感到极为惋惜。不过各地还是送来大批道士，雍正帝都养在宫中。

雍正帝在与道士们打得火热的同时，也开始了大规模的炼丹活动。早在做皇子的时候，雍正帝就对道士们炼的"功兼内外"的仙丹推崇备至，深信可以延年益寿。甚至还作了一首《烧丹》诗，称赞仙丹有"光芒冲斗耀，灵异卫龙蟠"的功效。

愈演愈烈的炼丹活动

雍正帝的炼丹活动愈演愈烈。他专门在皇宫禁苑中开辟场所，并提供炼丹所需的资金、原料、杂役人员配合炼丹活动。雍正八年（1730 年）的《活计档》中记载，他先后命人往圆明园中运入了 4000 余斤木柴煤炭和大量矿银等物，开始了大规模炼丹活动。经有关学者查证，从雍正九年到十三年（1731~1735），雍正帝炼丹的记载越来越多。而自雍正八年十一月至雍正十三年八月，在这 5 年间，雍正帝下旨向圆明园运送炼丹所需物品 157 次，平均每个月都有两三次。累计算来，共有黑煤 192 吨，木炭 42 吨，此外还有大量的铁、铜、铅制器皿，以及矿银、红铜、黑铅、硫黄等矿产品，并有大量的杉木架黄纸牌位、糊黄绢木盘、黄布（绢）桌围、黄布（绢）空单等物件。所有这些物品，都是炼丹的必需之物。

雍正帝《御制文集》中的一些诗句也透露出他对炼丹的着迷和热衷。比如“铅砂和药物，松柏绕云坛”“自觉仙胎热，天符降紫鸾”，等等。在圆明园为雍正帝炼丹的道士，主要有张太虚、王定乾等，这些人都会一套“修炼养生”方术，对“炼火之说”更有一番研究。在这期间更没有辜负雍正帝的期望，不断炼出了一炉又一炉的“金丹灵药”。

从一些资料看，雍正帝吃了丹药感觉良好，还拿出一些赏给自己的心腹大臣和出征打仗的将帅服用。比如，他曾赐“既济丹”给鄂尔泰服用，后听鄂尔泰说“大有功效”，雍正帝高兴之余，还特别告诉他："旧服药方，有人参鹿茸，无金鱼鳔，今仍以参汤送之，亦与药方无碍。"不少大臣和将军都收到过他专门派人送去的"平安丸"，还声称这是"难得之妙药"。还有一次，他把一种叫作"太乙紫金锭"的药赐给田文镜作为寿礼，并且还特别做出了说明："有人新进朕此一方，朕观之甚和平通顺，服之似大有裨益，与卿高年人必有相宜处……卿虽近七旬，朕尚望卿得子。此进药人言，此方可以广嗣，屡经应验云云。"

雍正皇帝沉迷于这些命名为"丹""丸"之类的药物的同时，他也忽略了一件事情，那就是炼丹所用的铅、汞、硫、砷等矿物质都是含有毒素的，对人脑五脏侵害相当大。可能正是这些丹药中的毒素日积月累，渐渐在雍正帝体内积聚、侵蚀，而最终要了他的命。

据《活计档》记载，就在雍正帝死前的八月初九日，总管太监陈久卿、首领太监王守贵一同传话，圆明园二所用牛舌头黑铅 200 斤。当天，这 200 斤黑铅便运入园子。黑铅是炼丹常用原料，更是一种有毒金属，过量服食可使人致死。雍正帝就是在服用这种丹药 12 天后在园内暴亡的。这不能说是偶然的巧合。

乾隆，驱逐炼丹道士的继承者

新皇帝乾隆帝登基后，对宫中炼丹道士的处理也颇有嫌疑之处。首先，雍正帝死后的第二天，乾隆帝就迫不及待地下令驱逐炼丹道士张太虚、王定乾等各归本籍，并要他们对宫中及先帝的一言一行，不准在外谈起，如有违者绝不宽贷。这不禁让人怀疑，如果不是他们惹下了什么弥天大祸，乾隆帝何至于在万事待理之际对这些道士大动肝火，并专门发布一道上谕呢？有人分析，可能因雍正帝死于丹药，乾隆帝迁怒于道士们，但又不能动杀机，因为那样不免有揭父之短的嫌疑，因此，只好将他们驱逐出去。再有，乾隆帝在谕旨中说："皇考（雍正）万岁余暇，闻外间有炉火修炼之说。圣心深知其非，聊欲试观其术，以为游戏消闲之具……圣心观之，如俳优人等耳，未尝听其一言，未曾用其一药。"这无疑是为父皇雍正帝辩解，尤其是"未尝听其一言，未曾用其一药"之说，难免有点不打自招，"此地无银三百两"之嫌。

此事发生后，乾隆帝郑重告诫宫内一干人等不许乱说乱传，以免生出"闲话"让皇太后不高兴。这就让人产生疑问了，"闲话"指的是什么？什么样的闲话会让皇太后不高兴？难道雍正帝真的死于丹药中毒，具体地说就是死于炼丹道士之手吗？

近年来，雍正帝服丹药致死的说法越来越引起史学家的关注和认同。美国学者恒慕义在20世纪40年代即指出："胤禛相信道教关于长生不老的说法，所以他服用各种各样的药物。正是这些药物，导致他的死亡。"海外学者杨启樵也推断雍正帝是"服饵丹药中毒而亡的"。冯尔康先生认为，雍正帝"死于丹药中毒，此说颇有合于情理处"。杨乃济先生则提出"雍正帝死于丹药中毒说旁证"。并且，随着雍正帝炼丹档案的进一步发掘，人们发现雍正帝的确有服丹致死的可能。不过，这也仅仅是一种推测，并非定论，事实真相是否如此仍有待论证。

第十六章

乾隆帝身世之谜

乾隆帝生于何地

……

皇子降生，本是大事。生于何地，自有官方明载。然而乾隆，这位中国拥有最多传奇的风流帝王，出生地却成了一个谜。乾隆究竟出生于何地？为什么众说纷纭？“十全老人”为何陷入如此尴尬的境地？

尴尬的十全老人

清高宗乾隆帝弘历，是中国有史以来最长寿的皇帝，也是历史上实际执政时间最长的皇帝。他在继承康熙帝、雍正帝两朝文治武功的基础上，继续致力于国家的大一统和多民族国家的巩固和发展。历史上著名的“康乾盛世”，就是在他的统治下达到了顶峰。乾隆帝一生南巡北狩，赋诗作词，御笔文墨遍布全国；并且娴熟武事，喜好用兵，夸耀“十全武功”，自称“十全老人”。然而，这位生前风光无限的封建帝王，死后却因为身世问题让人议论纷纷。生在何处？生母是谁？这些对于一般人来说一清二楚的事情，在乾隆帝这儿却离奇得真假难辨，这不能不说是这位“古稀天子”“十全老人”最为尴尬和无奈的事情了。

生于雍和宫之说

按常理说，一个人生在何处，应该是一清二楚的事情，不应该有什么含糊。可这事儿在乾隆皇帝这里，却偏偏说不清、道不明，尽管他贵为龙子龙孙。

乾隆帝是雍正帝的第四个儿子，史书明确记载他出生于康熙五十年（1711 年）八月十三日，可是关于他的出生地点却颇有争议，有人说他生在北京雍和宫，有人说他生在承德避暑山庄。乾隆帝本人一直认定自己出生在雍和宫。

乾隆朝服像

位于北京城安定门内的雍和宫，在康熙帝时候，四皇子（雍正）的府第当时并不叫雍和宫。改名“雍和宫”是雍正帝登基后的事。乾隆帝继位后，把父亲雍正帝的画像供奉于雍和宫的神御殿，派人每天念经。

乾隆帝对雍和宫可谓是情有独钟，不但每年正月初七日都要到雍和宫瞻礼，就是平时路过这里也要进去小驻片刻。他还多次作诗或诗注表明雍和宫就是自己的生身之地：乾隆四十三年（1778年）新春，在《新正诣雍和宫礼佛即景志感》诗中，有“到斯每忆我生初”的诗句；乾隆四十四年（1779年），在《新正雍和宫瞻礼》的诗句中说“斋阁东厢胥孰路，忆亲唯念我初生”；乾隆四十七年（1782年）正月初七日，作《人日雍和宫瞻礼》诗注云“余实康熙辛卯年生于是宫也”；乾隆五十年（1785年）正月，曾作有“来瞻值人日，吾亦念初生”的诗句。

从以上诗句和注释来看，乾隆帝一直认为自己出生于雍和宫，并且还特别指出了是雍和宫的东厢房。

既然乾隆帝本人都这么说了，按道理是不应该有什么怀疑的，可是，却有人在乾隆帝在位时就提出了他出生于承德避暑山庄的说法。

生于避暑山庄之说

乾隆四十三年（1778年），军机章京管世铭在随乾隆帝到承德山庄打猎的过程中，先后写下了34首诗，其中的第四首写道：“庆善祥开华渚虹，降生犹忆旧时宫。年年讳日行香去，狮子园边感圣衷。”管世铭在这首绝句的后面还加了注解：“狮子园为皇上降生之地，常于宪庙忌辰临驻。”就是说，狮子园是乾隆皇帝的降生之地，因此乾隆帝常常在先帝雍正帝驾崩的忌日到那里小住几天。狮子园是承德避暑山庄外的一座园林，因为它的背后有一座形状像狮子一样的山峰而得名。康熙帝到热河避暑时，雍正帝作为皇子经常随驾前往，狮子园便是雍亲王一家当时在热河的固定住处。

那么，管世铭所言究竟有几分可信呢？据考证，管世铭虽然官职不高，但任军机章京多年，并且还和朝中的一些官员往来频繁，比如与当朝元老阿桂就关系非常。因此，他是完全可能了解一些宫廷掌故和秘闻的。作为军机章京，他随乾隆帝驻跸山庄、进哨木兰，对皇帝在避暑山庄的行动起居是比较了解的。再说，如果没有把握，他也断不敢把“降生犹忆旧时宫”以及“狮子园为皇上降生之地”的意思写入诗内，而且该诗集在当时就已刻板行世。由此来看，管世铭对这种说法是相当自信和有把握的。

大概是乾隆帝在晚年也听到了有关自己出生地的不同之音，因而才于乾隆四十七年（1782 年）在所写的诗注中，特别写道：“余实康熙辛卯年生于是宫也”，就是说我确实是在康熙辛卯年出生在雍和宫的。这句话十足地包含着澄清事实的意味，显然是针对外面谣言而发的。

乾隆五十四年（1789 年）正月初七，乾隆帝又作《新正雍和宫瞻礼》诗云“岂期莅政忽焉老，尚忆生初于是孩”，其下自注云：“予以康熙辛卯生于是宫，至十二岁始蒙皇祖（康熙帝）养育宫中。”又一次强调自己确实生于雍和宫。

拿不定主意的儿子

然而令人生疑的是，乾隆帝的继承人，他的儿子嘉庆帝也认为乾隆帝生于承德避暑山庄。嘉庆元年（1796 年）八月，乾隆帝 86 岁大寿，以太上皇身份到避暑山庄过生日。跟随到此的嘉庆皇帝写诗庆贺，诗的开头两句是："肇建山庄辛卯年，寿同无量庆因缘。"嘉庆帝在这两句诗文的后面注释说："康熙辛卯肇建山庄，皇父以是年诞生都福之庭……此中因缘不可思议。"意思是说，辛卯年（1711 年），康熙帝亲题"避暑山庄"匾额，御制《避暑山庄三十六景诗》，山庄肇建，皇父乾隆帝恰好于这一年诞生在这诸福齐聚之地，这其中的缘由确实"不可思议"；嘉庆二年，乾隆帝又到避暑山庄过生日，嘉庆帝再次写诗祝寿，在诗文的注释中嘉庆帝把乾隆帝的出生地说得更明确了："敬唯皇父以辛卯岁诞生于山庄都福之庭。"嘉庆帝这两次写的诗和注释无意间都明确指明，"皇父"乾隆帝毫无疑问是生于承德避暑山庄的。

但是，十几年后，嘉庆帝却又放弃了这一看法，认同了"皇父"生在雍和宫一说。这是怎么回事呢？原来，清朝每一位皇帝登基以后，都要为先帝纂修《实录》（记载一生经历、言行和功业）和《圣训》（皇帝的训谕）。嘉庆十二年（1807 年），朝臣编修乾隆帝的《实录》和《圣训》，嘉庆帝在审阅时发现，在这两部非同小可的典籍中，编修官们都把"皇父"的出生地写成了雍和宫。嘉庆帝当即命令编修大臣认真核查。此后，翰林出身的文华殿大学士刘凤诰把乾隆帝当年的诗找出来，凡是乾隆帝自己说生在雍和宫的地方都夹上纸条，然后呈送嘉庆帝御览。面对皇父御制诗及注释，嘉庆帝开始感到问题的严重性。在这样一个事关皇父降生地的重大问题上，他总不能违背皇父本人的意见吧！于是，嘉庆帝断然放弃了皇父生于承德避暑山庄狮子园的说法，把乾隆帝的出生地写为雍和宫。这样，在撰修成书的《清高宗实录》中就成了这样的记载："高宗……纯皇帝，讳弘历。世宗（雍正）……宪皇帝第四子也。……以康熙五十年辛卯八月十三日子时，诞上于雍和宫邸。"这段故事很有意味，它表明直到刘凤诰拿出乾隆帝白纸黑字的御制诗之前，嘉庆皇帝一直都是坚信父皇是出生在承德避暑山庄的。其实，嘉庆帝接受这一说法也是很勉强的。

欲盖弥彰的道光帝

虽然嘉庆皇帝勉强接受了，但是乾隆帝的出生地之争，在嘉庆帝死时又出现了争议。嘉庆二十五年（1820年）七月二十五日，嘉庆帝突然在避暑山庄驾崩。御前军机大臣、内务府大臣马上撰写嘉庆帝遗诏，但是在遗诏中却再次提到乾隆帝的诞生地就是避暑山庄。当时遗诏是这样写的：皇父乾隆帝当年就生在避暑山庄，所以我死在这里也没有什么遗憾的了。

一看就知道，遗诏是以嘉庆帝的口气写的。可是，新继位的道光皇帝看过之后，却立即下令追回发往天下的遗诏。为什么呢？因为道光帝发现了问题，就是关于乾隆帝出生地问题。

当时道光帝的谕旨是这样说的:“昨内阁缮呈遗诏副本，以备宫中时阅，朕恭读之下，末有皇祖（即指乾隆帝）‘降生避暑山庄’之语，因请出皇祖《实录》跪读，始知皇祖于康熙辛卯八月十三日子时诞生于雍和宫邸。”道光帝进而解释说，嘉庆帝突然驾崩，“彼时军机大臣敬拟遗诏，朕在居丧之中，哀恸迫切，未经看出错误之处，朕亦不能辞咎”。

从他的谕旨中我们不难发现，道光帝一直弄不准祖父究竟出生在什么地方，是专门“跪读”《实录》之后“始知”祖父生于雍和宫的，要不然怎会犯这样的低级错误。

被追回修改后的遗诏很牵强地说成乾隆帝的画像挂在山庄:

遗诏原本:“古天子终于狩所，盖有之矣。况滦阳行宫为每岁临幸之地，我皇考即降生避暑山庄，予复何憾？”

遗诏修改本:“古天子终于狩所，盖有之矣。况滦阳行宫为每岁临幸之地，我祖、考神御（即画像）在焉，予复何憾？”

遗诏把乾隆帝降生在山庄，改为画像挂在山庄，与“予复何憾”相接，实在有些牵强，难以成为嘉庆帝死在山庄而无所抱憾的理由。

此后，道光帝为了把皇祖乾隆帝生在北京雍和宫的说法作为定论确定下来，还做了一项根本性的举措，就是把嘉庆帝当年说乾隆帝生在避暑山庄的御制诗作都做了修改。不过，这一招确有点弄巧成拙，由于嘉庆帝的诗早已公开刊刻流行天下，这样大张旗鼓地修改诗文注释，结果是欲盖弥彰，反倒使乾隆帝的出生地更加令人疑窦丛生。

通过对这些大量异常情况的分析，我们发现乾隆帝出生于承德避暑山庄的可能性更大，否则管世铭怎么会提出这种说法？嘉庆帝和军机大臣们又怎么可能接连犯这种低级性错误呢？可以推断，乾隆帝出生于避暑山庄的说法早就盛行。不过，这也只是一种推断，乾隆帝到底生于北京雍和宫，还是承德避暑山庄，学术界至今还没有取得一致意见，仍是一桩历史疑案。

海宁换子是真事儿吗

……

对于寻常百姓来说，究竟出生在什么地方，也许并不是十分重要，然而对于乾隆皇帝来说，这却非同寻常。因为他的出生地直接关系到他的生母是谁，而这又与乾隆帝的身世密切关联。

海宁陈阁老之子

关于乾隆帝身世的问题，还有一个让人震惊的传说，即他是海宁陈阁老之子。

浙江海宁，在清朝时属杭州府，是濒海的一个小县。海宁地方虽小，却因为在这里能观看到气势磅礴的海潮而闻名于世。相传，康熙年间，皇四子胤禛与朝中大臣、来自海宁的陈大倌，也称陈阁老，关系很好，两家往来密切。那一年恰好雍亲王的王妃钮祜禄氏和陈阁老的夫人分别生了个孩子，而且是同年同月同日。不过，陈夫人遂愿生了个白胖小子，王妃却生下了个女儿。某日，雍亲王让陈家把孩子抱入王府看看。可是，当孩子送出来时，陈家的白胖小子竟变成了小丫头，陈家上下个个目瞪口呆。陈阁老知道是被掉了包，但素知雍亲王的手段，知道此事性命攸关，不敢前去理论，劝全家忍气吞声算了。

雍亲王之所以换陈家的孩子，是因他在争夺皇位中与诸兄弟势均力敌，但是当时自己只有一子，且懦弱无用，不为皇父所爱。因此他觉得自己在这一点上处了下风，有必要弥补这一缺憾，这才有换子之举。

而那个被雍亲王调包的胖小子，据说就是乾隆皇帝。这种说法不知产生于何时，但在民间流传相当广泛，并且故事越说越真。还传说雍正帝登基后，特别擢升陈氏宗族数人，礼遇深厚，就与此有关。而乾隆帝当上皇帝后六下江南，竟有四次在陈阁老的私家园邸停驾暂住，目的就是到海宁探望亲生父母。

海宁民间更是盛传，陈家有乾隆帝亲笔题写的两块堂匾，一块是“爱日堂”，一块是“春晖堂”。“爱日”也好，“春晖”也罢，用的都是唐朝孟郊《游子吟》一诗中“谁言寸草心，报得三春晖”句子。乾隆帝若不是陈家之子，谈得上报答父母如春晖一般的深恩吗?

用女换男的奇闻

还有一种说法，说当年雍正帝所生为女，雍正帝自己并不知道，是王妃为了提高自己在诸妃中的地位，而暗中调换的。

当时还有人写了一首诗说此事:“钜族盐官高渤海，异闻百代每传疑。冕旒汉制终难复，曾向安澜驻翠蕤。”诗中的高渤海指的是陈氏祖上原为渤海高氏，“冕旒”显然指身为皇帝的乾隆帝。所谓的恢复汉制和“安澜驻翠蕤”，指的就是穿汉服和南巡住在海宁陈家的事。

对于所谓的雍正帝或王妃换出去的那个女儿，在江浙一带的传闻中也有“交待”。据传，这位皇家的金枝玉叶，长大后嫁给了大学士蒋廷锡之子蒋溥。蒋家专门为她建造了一座楼，世称“公主楼”。

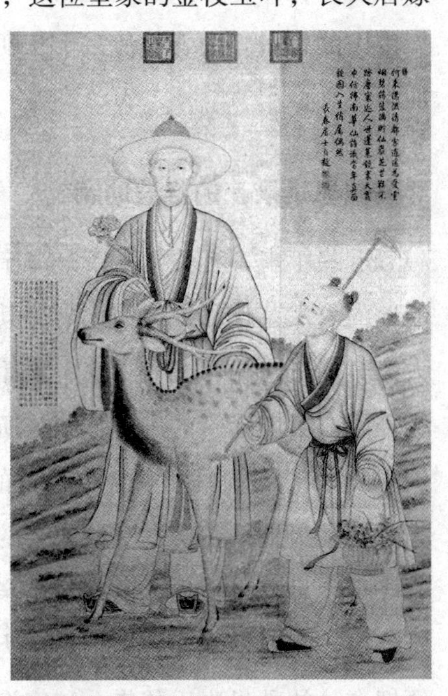

采芝图轴 清 郎世宁

图中一青年身穿汉族衣冠，右手持如意，左手扶一只梅花鹿；另一个少年，亦着便装，右肩扛一小锄，左手提一花篮。从两人的面貌看，好像画的都是爱新觉罗·弘历，一是青年时，一是少年时。出自郎世宁之手。这幅图是弘历即皇帝位之前所画的，即作于雍正时。

海宁换子的说法在民间产生于何时不得而知，不过，从有关资料来看，这种说法最早见诸文字，是晚清天嘏所著的《清代外史》一书。这本书中有一个醒目的标题就是《弘历非满洲种》，文中说乾隆帝知道自己不是满族人，因此在宫中常常穿汉服，还问身边的宠臣自己是否像个汉人。从标题就能看出，当时这一说法带有强烈的反满情绪，对清朝皇帝的诋毁，带有浓厚的政治色彩。

随后，名噪一时的许啸天在所撰的《清宫十三朝演义》中，又对这种说法进行了淋漓尽致的发挥：乾隆帝原是陈阁老的儿子，被雍正帝妻子用调包计换了来，乾隆帝长大后，从乳母嘴里得知隐情，便借南巡之名，去海宁探望亲生父母，但这时陈阁老夫妇早已去世，乾隆帝只能到墓前，用黄幔遮着，行了做儿子的大礼。许啸天自然生动、形象真切的描述，十分符合广大市民的胃口。随着《清宫十三朝演义》的风靡，这种说法愈加深入人心。

《书剑恩仇录》的推波助澜

近些年来，有关乾隆帝是海宁陈家之子的传闻更是接连不断地闯入文艺作品，愈演愈烈，其中影响最大的便是武侠小说大家金庸的《书剑恩仇录》。金庸先生是浙江海宁人，从小就听到了有关乾隆帝的种种传闻，所以他的第一部武侠小说《书剑恩仇录》也就紧紧围绕乾隆帝的身世之谜展开。书中写道，当时江湖最大的帮会——红花会的总舵主于万亭夜潜皇宫，将乾隆帝生母陈世倌夫人的一封信亲手交给乾隆帝，信中详述当年经过，又说他左腿有朱记一块为证。待于万亭走后，乾隆帝便把自己的乳母廖氏传来，秘密询问，知道了自己的身世。当年陈世倌的小孩被抱进雍亲王府，“哪知抱进去的是儿子，抱出来的却是女儿。陈世倌知是四皇子掉了包，大骇之下，一句都不敢泄漏出去”。金庸还在书中写了陈世倌的三公子乾隆帝的亲弟弟陈家洛，继于万亭之后成为红花会会主后，期望激发哥哥乾隆帝的汉族意识，共同成就恢复汉家天下的宏业等情节，读来引人入胜，也使乾隆帝是海宁陈家之子的说法更加妇孺皆知。

传说这么多，传闻这么广，真有点“假作真时真亦假”的感觉，那么乾隆帝究竟是不是海宁陈阁老的儿子呢？

如果事实确实如此，乾隆帝便是海宁陈世倌的儿子，他完全是一个汉人皇帝！那么事实究竟如何呢？有人对这种说法产生的前前后后进行了考证，发现了一些问题。

没有必要的“狸猫换太子”

从雍正帝方面看，根据清室家谱《玉牒》记载，弘历诞生以前，雍正帝虽然长子、次子早殇，但第三子已经 8 岁，另一个王妃过了三个月又添了一个儿子。因此，根本没有必要偷换他人之子。再说当时雍正帝年仅 34 岁，还有生育能力（后来还有孩子诞生），也没有这个必要。退一步说，那时的雍正帝自己能不能登上皇位还在两可之间，他又凭什么知道陈家的儿子就是个大富大贵之人，就能讨得父皇欢心呢？再说，假设就是为了争夺帝位，偷换了一个汉人之子，以雍正帝的心机，也断不会把皇位传给他，让他稳坐大清江山，这种说法无疑把历史简单化了。

说雍正帝不知内情，是王妃擅作主张把女儿换成了男孩，也是不可能的。因为清代对皇子皇孙的诞生有一套严格的记录制度。皇孙诞生，会马上派遣本府太监报奏内务府奏事官，再有宗人府专折奏闻皇上，以备命名，根本不可能数月或数日之后才报告。况且生孩子时稳婆环列，御医侍候，还有不少宫女跑前跑后，是男是女众人皆知，岂能轻易调包？

绝后的陈家无子可换

从陈家这方面看，更无这种可能。据考证，当时陈大倌并不在京城任官，即使夫人生下了一个孩子也不可能被雍正帝调包。在这种情况下，人们又把怀疑的目光转到了海宁陈家另一个在京做官的人陈元龙身上。但是这也是不可能的。据《海宁渤海陈氏宗谱第五修》查知，陈元龙育有一子二女，其子于康熙三十三年（1694 年）早亡，17 年后乾隆帝才出世，陈家二女也早于乾隆帝 20 多年出生，根本就没有孩子可换。

至于那两块匾额，也与乾隆帝的身世毫无关系。据史学家孟森考证，清国史编撰的《陈元龙传》中说：康熙三十九年（1700 年）四月，康熙帝在便殿召见群臣，说："你们家中各有堂名，不妨当场写给我，我写出来赐给你们。"陈元龙奏称，父亲年逾八十，故拟"爱日堂"三字。《海宁州志》还提到，康熙五十四年（1715 年）六月，因陈元龙胞弟陈维坤的妻子黄氏守寡 41 年，康熙帝便御书"节孝"两字赐之，又赐以"春晖堂"匾额。这就是说，两方匾额的题词都是康熙帝根据臣下的请示书写的，与孝敬父母的意思根本没有任何联系。

正常的君臣关系

其实，乾隆帝与陈阁老属于正常的君臣关系，根本没有传说的那么神乎其神。事实上陈阁老在乾隆六年（1741 年）担任内阁大学士后不久，就因为起草谕旨差错被革了职，当时乾隆帝当面痛斥他：“无参赞之能，多卑烦之节，纶扉重地，实不称职。”如此不留情面，哪有半点父子之情？

据档案记载，乾隆帝南巡到海宁，主要是为了视察耗资巨大的钱塘江海塘工程。作为农业立国的封建王朝，清朝的统治者对修造和维护水利工程十分重视，康熙帝时期就对黄河水患进行了大规模的治理，雍正帝以后水利建设的重点移到了东南海塘（沿海大堤）上。到乾隆帝时，海潮北趋，海宁一带潮患告急，而海宁大堤一旦冲破，苏州、杭州、嘉兴、湖州这一带全国最富庶的地区势必被淹，到那时将会严重影响国家的税收和漕粮的征收。因此，为了亲自视察海塘工程情况，乾隆帝仿效其祖父的做法，六下江南，四次亲临海宁，检查海塘工程，当时建造的某些工程，至今仍起着挡潮防患的作用。当年乾隆帝巡视时，作为偏僻的小县海宁的唯一名门望族，由陈家接驾是理所当然的。乾隆帝前后共在陈家住过四次，从未召见过陈家子孙，那么传说中的“升堂垂询家世”之事也就更加无从说起了。

至于蒋氏娶雍正帝公主之事，据考证，蒋溥先后有过三位夫人，其中第二位是个陈姓女子，但并非陈大倌或者陈元龙的女儿，只是陈家的远亲，更与雍正帝毫不相干。对于所谓的“公主楼”，史学家孟森曾专门前往当地进行了调查，结果当地人都说家乡没有什么“公主楼”。

“解铃还需系铃人”，我们看看把乾隆帝是海宁陈家之子的故事写得最深入人心，影响最大的金庸先生是怎么说的。金庸先生曾坦诚地告诉读者:《书剑恩仇录》中所谓的乾隆帝的弟弟“陈家洛这人物是我的杜撰”，他还明确声明:“历史学家孟森做过考据，认为乾隆帝是海宁陈家后人的传说靠不住。”后金庸还俏皮地说:“历史学家当然不喜欢传说，但写小说的人喜欢。”无可厚非，作为一位武侠小说大家，金庸更重视艺术的真实，而不是历史的真实。

虽然金庸作了如此说法，但毕竟历史已经离我们越来越远，真相如何恐怕谁也不好下个定论。

不过，此说法之所以会在民间如此盛行，原因倒是可以说个二三。首先，海宁陈家当时确实十分显赫，曾经“位居宰相者三”；康熙朝更有陈家三人同榜的荣耀，如此簪缨之族、显贵之家自然格外引人注意，也难免为好事者所热议。其次，乾隆帝六下江南，曾四次驾幸海宁陈家，在封建社会这是何等荣耀，也自然惹人遐想。其三，主要还在于早先这种说法迎合了汉族士大夫对清廷的仇视以及丑化的心理，与民间反满情绪的高涨密切相关，比如最早提出这一说法的时间正是晚清末年。最后，文人们的著书立说，对这种说法的传播更是起到了推波助澜的作用，这些也从一个侧面见证了民间俗文化的厉害。不过，至今海宁换子说仍旧深入人心，也仍被许多人所津津乐道。

乾隆生母到底是谁

……

既然说乾隆帝为海宁陈家之子是无稽之谈，那么清史中记载的乾隆帝的生母是谁呢？

大内秘档的暗示

据《清高宗实录》记载："高宗……纯皇帝，讳弘历，世宗……母孝圣……宪皇后钮祜禄氏，原任四品典仪官加封一等承恩公凌柱之女，仁慈淑慎，恭俭宽和，事世宗宪皇帝，……以康熙五十年辛卯八月十三日子时诞上于雍和宫邸。"清宫《玉牒》中也记载：乾隆帝"母孝圣……熹妃钮祜禄氏，系原任四品典仪官加封一等承恩公凌柱之女。"这大内秘档似乎可以证实，乾隆帝的母亲不是山庄宫女，而是熹妃钮祜禄氏。

钮祜禄氏，系满洲镶黄旗人，虽然姓氏高贵，实则出身寒微，父亲只是个四品典仪（后才加封一等承恩公）。康熙四十三年（1704 年），年仅 13 岁的钮祜禄氏只是被赐给胤禛当侍女。当时胤禛已有三位福晋，其中嫡福晋更是出身名门的乌拉那拉氏。

钮祜禄氏出身寒微，只是个侍女，人长得也不漂亮，原本没有被雍亲王宠幸的可能，只因康熙四十九年（1710 年）夏天，雍亲王得了一种传染病，福晋们都不愿去身边伺候，钮祜禄氏奉命接近胤禛，专心侍奉他。一连五六十天，她白天黑夜地侍奉病中的雍亲王，无微不至，十分体贴。雍亲王病好后，心存感激，“遂得留侍，生高宗”。

据史料记载，乾隆皇帝对母亲钮祜禄氏十分孝顺，他曾侍奉母亲三游五台，三上泰山，四下江南，并多次到塞外避暑山庄。乾隆帝的诗文中也有不少称颂钮祜禄氏养育之恩的诗句。如乾隆四十二年（1777 年）正月初八，67 岁的乾隆帝陪侍 85 岁的皇太后赏灯后作诗说：“家宴观灯例节前，清晖阁里列长筵。申祺介寿那崇信，宝炬瑶檠总斗妍。五世曾元胥绕侍，高年母子益相怜。扶掖软榻平升座，步履虽康养合然。”“高年母子益相怜”，这饱含深情的诗句，道出了乾隆帝母慈子孝的情怀。

钮祜禄氏去世后，乾隆帝怀念母亲，还别出心裁，命令宫中巧匠用 3000 多两黄金精心制作了一个金塔，专门用来存放太后生前梳头时掉下来的头发，所以叫“金发塔”。乾隆帝母子感情如此之深，也可从一个侧面证明了钮祜禄氏应该就是其亲生母亲。

难以自圆其说的观点

然而，从有关文献来看，有关乾隆帝生母的记载确实存在难以自圆其说的疑点。乾隆十七年（1752 年），清人萧所著的《永宪录》卷二记载：“雍正元年十二月丁卯（二十二日），午刻，上御太和殿。遣使册立中宫那拉氏为皇后。诏告天下，恩赦有差。封年氏为贵妃，李氏为齐妃，钱氏为熹妃，宋氏为裕嫔，耿氏为懋嫔。”萧还在书中提出：“齐妃或云即今之崇庆皇太后（钮祜禄氏）。俟考。”就是说，在当时就有人对乾隆帝生母是谁提出了疑问，并且当时册封的王妃中，根本就没有钮祜禄氏，有的人认为齐妃李氏可能是乾隆帝生母，但有待考证。高阳先生在《清朝的皇帝》一书中，更是大胆认为：萧《永宪录》中，“这‘俟考’二字，是一种暗示，是一隐笔兼曲笔的巧妙暗示；齐妃非高宗生母，而故意这样写，是曲笔；齐妃李氏，暗示高宗生母姓李，此为隐笔。”这样说来，乾隆帝生母为汉人女子李金桂似乎也有可能，这确实也是一家之言。

互相矛盾的官方记载

另外，清宫档案的记载也大有问题。清朝的《雍正朝汉文谕旨汇编》雍正元年（1723 年）二月十四日记载：“雍正元年二月十四日奉上谕：遵太后圣母谕旨，侧福晋年氏封为贵妃，侧福晋李氏封为齐妃，格格钱氏封为熹妃，格格宋氏封为裕嫔，格格耿氏封为懋嫔。该部知道。”

同一件事，成书于乾隆六年（1741 年）的《清世宗实录》卷四却在熹妃的记述上有了差异。其中写道：“甲子（二月十四日），谕礼部：奉皇太后圣母懿旨，侧妃年氏封为贵妃，侧妃李氏封为齐妃，格格钮祜禄氏封为熹妃，格格宋氏封为懋嫔，格格耿氏封为裕嫔。”

通过这两则资料的对比可以发现，等到乾隆帝登基后，档案上才有了钮祜禄氏的记载，而先前的“格格钱氏”莫名其妙地变成了“钮祜禄氏”。

这两份清廷档案，对同一件事迥然不同的记载应如何解释呢？有人认为：格格钱氏与格格钮祜禄氏应该是一个人，因为都是同一天，奉太后懿旨受封为熹妃的，不可能是两个人。但这是说不通的，如果是一个人，怎么会写成两个人的名字。于是有人推理：由于雍正朝实行的是秘密立储的制度，起先并不知道谁是太子，因而也就没有注意到子以母贵的问题。可能是乾隆帝登基后，他的母亲总要一个高贵的出身吧，因此才将熹妃钱氏篡改为了钮祜禄氏。有的学者更有创意性地猜想是“四品典仪凌柱”将钱氏认作了干女儿，从而使钱氏有了一个高贵的姓氏和出身，这样也就解决了身份与姓氏的难题。

出身贫寒的生母

与这种猜想近似，乾隆帝生母还有另一种说法。这种说法是由晚清一位著名的学者、诗人王运提出的。王运是曾国藩的幕友，做过大学士萧顺的家庭教师，了解到不少清廷掌故。他指出，乾隆帝的生母虽然是钮祜禄氏，但的确与避暑山庄有关。在所著《湘绮楼文集》里说：乾隆帝之母钮祜禄氏家居承德城中，家里很穷，雇不起仆人。七八岁的时候，她就跟着家里人到了市面上卖豆浆、酒以及各种饭食等谋生。后来开个小饭铺，因为为人热情，经营比较好，生意异常红火。到十三四岁的时候，钮祜禄氏到了北京，正好赶上选秀女，她就混到里头参加了选秀，结果就被选上了，再后来被分到雍亲王府做了粗使丫头。接着所说的雍亲王得病，她精心侍奉，后为雍亲王宠幸，生下了弘历的说法与前面所述一样。

这些说法都表明乾隆帝生母钮祜禄氏确实出身低微，并非多么显赫的大家闺秀。但是，清末民初的清朝遗老金梁等人写文章认为，清宫选秀女是相当严格的，不可能让承德这么一个女孩子混到里头选了秀女，于是对这种说法持否定态度。

乾隆帝诞生于何处，生母究竟是谁确实充满了疑窦。野史传闻虽然不可信，但是按正史记载，《雍正朝汉文谕旨汇编》与《清世宗实录》上关于熹妃钱氏与钮祜禄氏记载上的矛盾，至今仍不能自圆其说。其他的各种说法，虽然也有许多漏洞，但也并非全不可信。总之，乾隆帝的身世之谜，注定还要被继续争论下去。

第十七章

“奸相”和珅的敛财之道

和珅，是转世的嫔妃还是小小的侍卫

……

和珅这个名字对于中国人来说并不陌生，他贪婪成性，巧取豪夺，在20余年时间中聚敛了数以亿万计的财产，富可敌国，这些都成为街头巷尾所津津乐道之事。历史上的和珅远远不是这么简单的人物，在他身后有着众多的难解之谜。

和珅的发迹之谜

关于和珅还是要从他的身世说起。和珅，字致斋，原名善保，钮祜禄氏，这钮祜禄氏是满洲八大姓之一，特别是镶黄旗这一支，出了很多功臣勋贵，比如清朝开国五大功臣之一的额亦都，还有他的儿子遏必隆，以及前文提到的讷亲。但很可惜和珅并不是名门之后，他出身正红旗，祖上乃是寻常八旗子弟。不过后来当他平步青云显贵之后，全家被抬入了正黄旗。

根据清史稿记载，和珅“少贫无籍，为文生员”。乾隆十五年（1750 年），和珅降生在一个武职家庭，父亲常保曾经担任福建副都统。和珅的童年可称不幸：三岁那年，弟弟和琳出生，但母亲却因难产而死；九岁时，父亲又因病去世，父母早亡让和珅很早就尝到了人世的艰辛，因而发奋努力，希望改变久居人下的地位。

和珅兄弟俩都曾经在咸安宫学读书。咸安宫原为康熙末年圈禁废太子胤礽之处，雍正二年（1724 年）胤礽死后就一直闲置；雍正六年（1728 年），在此处设立官学，专门招收八旗宗室子弟入内学习。到和珅入学的时候，咸安宫学已经搬到了西华门。

和珅、和琳在这里受到了良好的教育。其实由于旗人有固定的钱粮，大多数八旗子弟不愁生计，自然不会对读书习字有多大兴趣。但和珅兄弟俩则不然，不仅四书五经等传统典籍烂熟于心，而且琴棋书画，诗词歌赋，满汉蒙藏诸种语言都有涉猎。值得一说的是他的老师吴省兰，这吴省兰

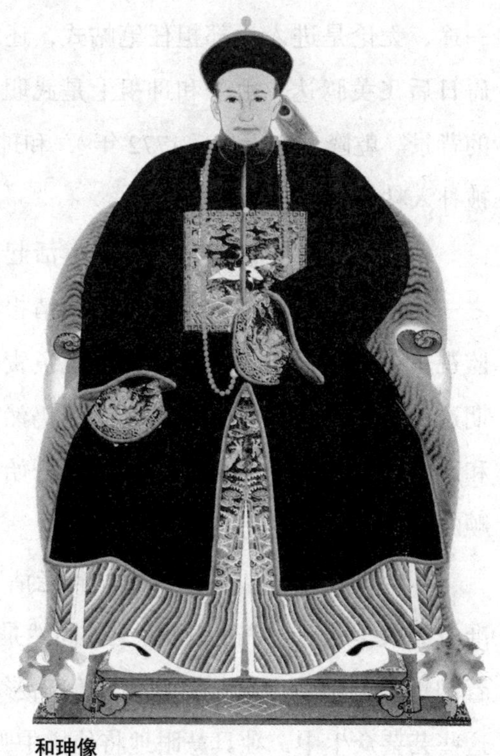

和珅像

本是个举人，乾隆二十八年（1763年）进入咸安宫学任教习，此时和珅恰巧在咸安宫内读书，师生二人颇为亲善。后来和珅发迹，吴省兰夤缘而上，反拜和珅为师。也算学林中一件不大不小的丑闻。

和珅的出众才华博得了咸安宫学内其他八旗子弟的交口称赞，使他获得了王公勋贵们的青睐。乾隆三十二年（1767年），他与大学士英廉的孙女冯氏成婚；两年后，他承袭了祖上的三等轻车都尉的爵位，并参加了顺天府的会试，虽然未能中举，但和珅并不发愁自己的前途。清代旗人进入仕途并不只靠科举一途，无论是进入六部担任笔帖式，还是做皇宫侍卫，都不妨碍日后飞黄腾达。由于和珅祖上是武职，又有大学士这门亲事的背景。乾隆三十七年（1772年），和珅被封为三等侍卫，随即被补入粘杆处侍卫。

粘杆处原本是伺候皇室日常生活起居琐碎事务的诸多机构之一，但雍正时则将其改造为一个情报机关和特务机构，负责监视王公大臣及可疑人员，另外也负责传递机密情报。乾隆时期这一机构虽然用处逐渐减小，但仍然与皇帝距离很近。因此和珅能够直接接触乾隆皇帝。由此开始，和珅踏上了他一帆风顺的仕途。

和珅的发迹，似乎可以用一句老话来概括："机会只偏爱有准备的人。"和珅担任三等侍卫，固然是接近皇帝的捷径，但倘若和珅与其他侍卫一样，没有任何出彩之处，乾隆又怎么能在这些芸芸众生中，独具慧眼地将他挑中呢？

小侍卫的大机会

乾隆四十年（1775 年）的一天，乾隆正在御花园中散步，十几个侍卫小心翼翼地尾随在他身后不远的地方护驾，和珅也在其中。虽然天气不错，景色也极其宜人，但乾隆的心头却有一团怒火在燃烧着。他手里捏着一份云南送来的密折，向他禀报关押在云南的缅甸要犯逃脱。他再三地看这份折子，为当地官员的无能和疏忽感到气恼，不禁停下脚步，重重地将密折匣子摔在地上。

“昏聩！”乾隆恶狠狠地丢出一句话。十几个侍卫见乾隆脸色不善，不知道发生了什么事，吓得连忙伏地连连叩头。乾隆定了定神，心中的怒火稍稍平静了一些。他缓缓地自言自语道：“虎兕出于匣，龟玉毁于椟中，是谁之过欤？”

话音刚落，从侍卫中传出一个从容平静的声音：“是典守者不能辞其责耳。”这句话在周围侍卫的寂静中显得格外清晰。正是和珅在人群中发话了。

乾隆一愣，暗想这员侍卫不俗，居然猜得到自己的心思。于是便继续问道：“底下的侍卫居然也知道《论语》吗？你起来说话，我考考你，你说说《季氏将伐颛臾》怎么讲？”

和珅不慌不忙，恭恭敬敬磕了个头，起来又打了个千，动作潇洒利落。他在咸安宫学苦修多年，此时真有“学成文武艺，货卖帝王家”的感觉。于是不疾不徐向乾隆讲说了一遍。

乾隆看到和珅眉清目秀，一表人才，虽然是个武夫，却大有恂恂儒雅之风。不由得心里大为喜欢。待和珅对答完毕，乾隆又问了些和珅的姓名籍贯，出身情况，从此记住了这个与众不同的侍卫。这件事情过去不久，一天乾隆移驾圆明园，坐在水榭读《孟子》。乾隆读得非常用心，不知不觉天色渐暗，朱熹的夹注渐渐看不清了。于是乾隆就命护驾在侧的和珅掌灯来看。不料和珅躬身为礼，向乾隆问道："皇上看的可是《孟子》？不知皇上看到哪一句了？"乾隆一愣，不知和珅用意何在，便告诉了他。谁知话音未落，和珅便将这一句的夹注背了出来，流畅纯熟已极。乾隆大喜，又背一句正文，和珅立刻又将夹注背出。就这样你来我往，交谈良久。乾隆颇为满意，连连夸奖和珅："不料尔竟然如此敏捷！"《清史稿》中用"骎骎向用"四个字来形容和珅此时的升迁速度。乾隆四十年（1775年）闰十月，和珅调为干清门侍卫；十一月，升为御前侍卫，授满洲正蓝旗副都统；乾隆四十一年（1776年）正月，授户部右侍郎；三月，在军机处上行走；四月，授内务府总管大臣；十一月，任国史馆副总裁，赏一品朝冠；十二月，总管内务府上三旗事务，赐紫禁城内骑马。短短一年多的时间，和珅以迅雷不及掩耳之势，由一名普通的侍卫摇身一变，成为掌管国家大事的重臣。其升迁速度实在是令人叹为观止。

和珅是乾隆转世嫔妃的传说

和珅的快速升迁让很多人惊异不已，一个问题也就随之而来。乾隆为什么如此看重和珅呢？据说，雍正年间，弘历还是宝亲王的时候，有一次进宫办事，遇到雍正的王妃马佳氏，二人情投意合。但是此事却被乾隆生母，雍正帝的孝圣宪皇后发觉了。皇后认为是马佳氏勾引弘历，盛怒之下，赐马佳氏自尽于月华门，乾隆虽然伤心欲绝，但迫于母命，无可奈何，只得与马佳氏约定来世再见，并咬破手指，滴血在马佳氏额头为记。巧合的是，和珅额头上正有这样一块红记，因此乾隆认定他就是马佳氏的后身，于是自然对他万般宠爱。甚至有的野史中记载二人是同性恋关系，这一论点还被国外的汉学家所引用，而据说和珅自尽时的绝命诗也是此事的有力佐证。

不过齐东野语并不可信。平心而论，乾隆对和珅的任用并不是没有道理的。由于旗人较汉人来讲有很多优惠政策，衣食无忧，前程不愁，因此曾经是马背民族的八旗子弟逐渐腐化，每日无所事事，吃喝玩乐，既不能文，也不能武。对于清朝入关以后的历代皇帝来说，满人的逐渐衰退一直是他们感到头疼的问题。从康熙、雍正到乾隆，“整顿旗务”一直都是皇帝想做而做不到的事情。而汉人借助深厚文化的优势，逐渐取得了优势地位，尽管清政府的制度规定了满族官员与汉族官员的比例，但事实上到乾隆时期，汉员的数量和质量都要高于满员，特别是军机处更是如此。乾隆对这一格局并不满意，然而又迫于无人可用的窘况。在这种情况下，和珅的出现自然让乾隆喜出望外。家庭贫寒，勤奋刻苦，深通文化，所有这些都足以使和珅成为满人中的旗帜性人物，因此乾隆对和珅加意的拔擢，其中不仅是为了扶持满人，平衡满汉势力，也希望能够树立一个道德楷模与榜样。

投君所好的投机家

另外，乾隆性格比较刚愎自用，比较好大喜功，这一点从自封为“十全老人”、立下“十全武功”这些行为就看得出来。而和珅出现在乾隆面前时，乾隆已经65岁了。作为一个老年人，乾隆的性格中的这些不良习性都会变本加厉，他需要所有的人都为他服务，伏低做小，以自己之是非为是非，以自己之好恶为好恶。而和珅恰恰准确地把握住了乾隆的这一心理，因此对乾隆着意奉承。据史书记载，乾隆年纪大了，难免咳嗽吐痰会多一些，每当这个时候，和珅就亲自捧着痰盂侍奉，即使是担任要职之后也是如此。这也难怪乾隆会对他如此溺爱了。

和珅对乾隆的揣摩远远不止如此，他在许多方面都对乾隆投其所好。例如乾隆有作诗的爱好，因此和珅便在诗上暗暗下了功夫，不仅学诗，写诗，而且专门研究乾隆的诗，对其所用的语言文字和修辞方式都烂熟于心，然后在乾隆面前流露出对诗的爱好。当乾隆赋诗时，和珅也能像模像样地和上几首，由于他刻意模仿乾隆的诗格，乾隆自然对之大加赞赏。久而久之，很多时候乾隆索性就让和珅替自己赋诗。据说，现存于故宫崇敬殿的御制诗匾，其实乃是和珅的手笔。由此可以看出，和珅不但能作诗，而且书法也刻意模仿乾隆笔体。此外，清代皇家都与藏传佛教关系密切，因此和珅也虔信藏传佛教，与乾隆的共同话题就更多了。

对于和珅的一番苦心，乾隆报之以超规格的荣宠。例如乾隆四十一年（1776 年）十二月，乾隆赐予和珅紫禁城内骑马的待遇。按清朝成例，这一制度是为了照顾年老体弱，行动不便的重臣，一般超过 65 岁的官员先由个人提出申请，再由皇帝批准才可享受这一待遇，对臣子来说是极高的荣誉。而此时的和珅只有 26 岁，又是乾隆主动赐予，真可称之为绝无仅有的殊荣。据统计，和珅共升迁 47 次，大大小小兼任过 60 余个官职，乾隆对他的信任可见一斑。

和珅是理财能臣还是敛财奸相

……

和珅之贪，世人皆知。似乎在“贪”字上，历史中无人可出其右。但世人未必知晓，和珅在理财方面却有着独到之处。和珅，算是理财高手还算是敛财奸相？后人又当如何评价和珅呢？

不会打仗的督师

即使是和其他乾隆倚重的大臣相比较，和珅的“圣眷”还是更胜一筹。有一件事情颇可以说明乾隆对和珅的偏爱。据《清史稿》记载，乾隆四十六年（1781 年），甘肃回部苏四十三叛乱，乾隆命和珅为钦差大臣，与阿桂一同前往督师。由于阿桂染病，和珅便先行抵达甘肃。和珅到达甘肃时，名将海兰察等人其实已经打了好几个胜仗，叛军败局已定。

但和珅却自以为是，想要建功立业，便自作主张，命海兰察等人兵分四路进军，结果输了一仗，总兵图钦保阵亡。这本来是和珅指挥无方，可数日后当阿桂到来时，和珅却把责任推到几名将领头上，说他们轻慢自己，不听调遣。不明就里的阿桂当即表示："这些人该杀！"可第二天阿桂亲自安排作战计划时，几位将领都非常配合，心知和珅有错的阿桂便对和珅说，没人不听调遣啊，那你说杀谁好啊？

和珅自觉受到羞辱，从此对阿桂以及几位将领恨之入骨，屡屡参奏他们。乾隆得知此事后，也只是象征性地下谕旨批评了和珅几句，并把他调回北京；回京之后，根本不会打仗的和珅却代理了兵部尚书。由于阿桂和和珅同在军机处当差，难免抬头不见低头见，为了照顾和珅的情绪，乾隆便总是让阿桂在外带兵打仗或处理具体政务，这样一来，原本是首席军机大臣的阿桂被架空，和珅反而掌握了军机处的实际权力。

不过和珅不会打仗，并不代表他一无是处；相反，和珅具有很强的办事能力，在外交、司法特别是经济领域颇有政治手段。由于他精通满汉蒙藏四种语言，因此很多外交文书都需要由他撰写。乾隆曾经这样称赞和珅："去岁用兵之际，所有指示机宜，每兼用清、汉文，此分颁给达赖喇嘛及传谕廓尔喀敕书，并兼用蒙古、西番字。臣工中通晓西番字者殊难其人，唯和珅承旨书谕，俱能办理秩如，勤劳书旨，见称能事。"足见和珅虽然不会带兵打仗，但其作用和功劳仍然不小。

处理棘手案件的高手

和珅发迹初期，曾经很好地处理过一件棘手的案子：乾隆四十五年（1780年），云南粮储道海宁赴京参奏云贵总督李侍尧贪污受贿，乾隆将查办此事的责任交给了时任户部侍郎的和珅。李侍尧是乾隆朝的老臣，历任两广、湖广、云贵三总督，地位很高，而且又颇具才干，《清史稿》称其"短小精敏，过目成诵。见属僚，数语即辨其才否。"因此乾隆对他也是相当信赖。和珅明白，要查处这样一个聪明人，实属不易，如果没有真凭实据，就贸然定案，很有可能引火烧身。因此他并没有着急直接审讯李侍尧，而是迂回攻击，将李侍尧的管家抓了起来，对其刑讯拷问。结果此人受刑不过，将李侍尧历年贪污受贿的罪行一一吐露。

和珅得了这份口供，立刻召集云南全省官员，将李侍尧的罪状拿出给他们看，并软硬兼施，告诉他们应迅速与李侍尧划清界限，交代其罪状，就可以既往不咎，否则一并惩处。受到威胁利诱的官员见此纷纷倒戈，向和珅提供了大量李侍尧的不法情事。这时，和珅才提审李侍尧，在大量证据面前，李侍尧的聪明才智也派不上用场了，只得供认不讳，将所收受地方官员的贿赂一一招认。和珅回到京城，又趁热打铁，向乾隆汇报了云南吏治废弛，地方银库亏空的恶劣状况，又提出了自己关于云南盐务、钱法、边疆政策的意见和建议。和珅在审理这一案件中所表现出来的机敏和才干自然让乾隆龙颜大悦，随即提升他为户部尚书，议政大臣。

难得的理财能臣

其实，和珅真正的本领，在于他理财的能力。乾隆四十一年（1776年），和珅出任内务府大臣，内务府负责皇室以及上三旗的日常生活开支，花销极大，因此总是入不敷出，往往调拨户部库银以为接济，但和珅上任不久，内务府不仅填平了之前的亏空，甚至还略有盈余；乾隆四十三年（1778年），和珅又兼领了崇文门税务监督。崇文门税关是北京城税收的重要来源，按照惯例只有旗人才能担任这一职务，由此可见该职务的重要性。在和珅的管理下，崇文门税关的收入猛增，陡然一跃而成为全国三十余所税关的翘楚。后来和珅又担任户部侍郎、尚书，户部银库、内务府广储司银库和紫禁城银库都由他直接管理，乾隆朝几乎所有的财政部门都归和珅把持。而和珅也确实不负乾隆的信任，为乾隆的文治武功提供了坚实的经济支持。

康熙末年，由于吏治败坏，国库一度亏空得甚为厉害。雍正即位后，严厉清理国库亏空，到乾隆即位初年，国库中有数千万两白银，经济形势相当好。但乾隆好大喜功，重视享受，“十全武功”花费了大量白银，而吏治的逐渐松弛，官员的贪污腐败，使国库重新陷入亏空状态。乾隆为此事深感发愁，但却一直苦无没有理财能手管理此事。而和珅的出现无疑使得乾隆大喜过望。和珅确实有着极其高超的理财天赋，他总是能出乎乾隆的意料之外，创造出各种进项。

“议罪银”的是非争辩

和珅最为人所非议的财政制度就是“议罪银”的创立。乾隆四十五年（1780年），和珅向乾隆皇帝建议，今后各地官员若触犯大清律例，可以通过缴纳银两的方式抵消罪过，其数额根据罪行轻重多寡不等。这笔银两并不缴入户部银库，而是进入内务府银库。换句话说，和珅利用这一制度，为乾隆造了一个小金库。乾隆对这一意见自然拍手叫好，批准实行。

议罪银制度出台之后，各地官员纷纷以缴纳“议罪银”的方式抵消罪行。据史料记载，各地官员缴纳的议罪银均数以万计，甚至数以十万计。这些额外的收入让内务府挣得盆满钵满，乾隆也是喜笑颜开。因为这笔经费基本全用在了他的六下江南之行上，沿途修建的三十座行宫，居然没有动用户部银库一分银子；乾隆八十岁时举办的万寿大典所花费的开支也来自议罪银。到后来，甚至户部银库每年的亏空还要议罪银来弥补。

乾隆自我感觉相当良好，他一定得意扬扬地认为，这些钱来自官员，避免了扰民。可是羊毛出在羊身上，官员的钱财难道大多不是从黎民百姓那里搜刮而来的吗？由于议罪银制度的创立，官员们有了充足的理由和借口变本加厉地剥削老百姓，大鱼吃小鱼，小鱼吃虾米。而贪赃枉法之徒得以继续把持权力为所欲为，吏治进一步败坏。这一政策的后果是相当严重的。

传统儒家士大夫讲究口不言利手不拿钱，因此和珅的行为颇让一些以气节自许的同僚轻视。《清史稿》中记载，同为军机处行走的王杰，对和珅相当不满，除了开会讨论政务，从来不同和珅交谈。有一天，也许是和珅想缓和气氛，就抓着王杰的手，一边看一遍开玩笑:“你皮肤不错啊！看这手，怎么这么秀气！”谁知王杰冷冷地顶了一句:“我这手好看是好看，就是一分钱也捞不着！”和珅非常尴尬。

超前的经营理念

和珅不仅会为乾隆理财，他对自己产业也极其重视。他的财富观念甚至于可以说是超前的。在传统社会中，有钱人大多买房置地，将货币转化为不动产；而和珅却能够敏锐地认识到货币经济的威力，因此他更喜欢真金白银。据史料记载，曾经有人向和珅行贿请求帮忙，答应事成之后可以送六十顷田地或者一万两白银，和珅明确表示要后者。

更令人惊讶的是，和珅并没有将这些钱埋藏起来，而是将其投资于各种各样的手工业和商业领域。

和珅以喜欢开当铺著名，他在北京城内开了12座当铺，其中有不少都是行业中的佼佼者；他还开办各种各样的商店，例如石灰窑、酒店、杠房、柜箱铺、鞍毡铺、粮食店、瓷器铺、药铺、古玩铺、弓箭铺、印铺、帐局等等；此外他还从事物流产业，据说他曾经购买八十辆大马车以运送货物；甚至当时刚刚起步的煤矿业，由于成本高，风险大，一般人根本不敢尝试，而和珅却投入巨资在门头沟和香山开办两处煤矿；即使是不动产，和珅也不会让其闲置，据称，和珅在北京有房屋35处用于出租，每年可以收取1600余两白银和4400余吊钱。总之，和珅的投资，涵盖了商业、医药、物流、采矿、房地产、金融等绝大多数当时的行业，可以说，只要能够挣钱的地方，就能看到和珅的身影。

和珅甚至对家中亲戚朋友也锱铢必较，分毫必争。他的姥爷向他借2000两银子，他居然要求对方用相等价值的地契抵押，以防对方无力偿还；他的舅舅向他借钱，他甚至向对方收取一分的利息，从中牟取大量利润。《啸亭杂录》记载，但凡是家中有银钱出入，和珅都不惜辛苦亲自称量金银，计算数目。和珅对金钱的热爱，由此可见一斑。

平心而论，和珅的这种经济头脑和理财观念，即使放在今天也绝对是不多见的；但是在那样一个年代，他只能背上见利忘义的恶名；何况，和珅的贪婪也确实是出了名的。由于他一步登天平步青云，给他造就了贪赃枉法的大好环境，又加上他天性中对金钱的渴望，于是一步步走上贪官的道路。

和珅家产究竟有多少

……

和珅之贪，贪得无厌。但他的家产究竟有多少？“和珅跌倒，嘉庆吃饱”，大清的国库与和珅私库相比，差距到底有多大？那一首绝命诗，是否真的在预言慈禧太后的出现？

难解的家财之谜

据说，大臣孙士毅出使越南返回北京，进宫去向乾隆交旨，途中碰到了和珅。和珅看到孙士毅手中拿着一件东西，便问这是何物，孙士毅回答是一只鼻烟壶。原来这只鼻烟壶是用鸟蛋大小的明珠雕成，极其精致。和珅把玩良久，便向孙士毅讨要。可是这件宝贝是越南国送给乾隆的贡品，孙士毅无奈只得回绝。和珅微微一笑，并未多说什么。数日以后，孙士毅又巧遇和珅，谁知和珅一见孙士毅就叫他过来，说自己也弄到一件珍珠鼻烟壶，请孙士毅赏玩。孙士毅一看，这不就是自己进贡给皇上那件吗？他一肚子疑问，又不好随便问。后来才辗转得知，和珅进出宫禁，并无阻拦，见到自己喜欢的东西，直接拿走即可，甚至不需要告诉乾隆。

这则故事，颇能说明和珅的贪婪。

其实早在和珅发迹初期，和珅就有过因徇私舞弊和受贿而被惩处的记录，但也只是降级留任的轻微处分，而且往往过了不久，反而更要委以重任或者升官。这样就使得和珅愈发肆无忌

和珅府花园湖心亭旧址

悼起来。他仗着给乾隆理财的名义，在给内务府银库捞钱的同时，也在给自己谋取大量好处。他长期掌握的崇文门税关，号称京城十大优差之首，他不仅通过这一差使对士农工商巧取豪夺，而且绞尽脑汁搜刮金银财宝，后来甚至算计到了乾隆的头上。外省或者外国进贡乾隆的礼品，首先要送给和珅过目，和珅先挑，剩下的才交给乾隆。

和珅的家产到底有多少？这个数字恐怕除了和珅谁也说不清楚了。对于和珅抄家时的财产清单，各种学者的研究，野史的记载都各有不同。最夸张的说法是 20 亿两有余；一般认为有价可估的财产有 2 亿 3000 万两，未能估价者更是数不胜数。即使这样，时人仍旧认为“和珅家产甚多，断不止此查出之数”。和珅的财富有多少实在是一个难以想象的天文数字。据说，仅是乾隆五十五年至六十年的税收，就被和珅贪污一半。按当时朝廷岁入 7000 万计算，则和珅六年之内就获得了 2 亿两白银。

“二皇帝”贪污的手段

和珅不仅贪污腐败，而且还利用手中的权力培植党羽，扶植亲信，编织自己的势力网：乾隆朝重臣傅恒的幼子福长安，就被和珅拉拢成为自己的死党；前面提过的吴省兰自不必讲，苏凌阿、伊江阿等和珅亲信，都在和珅的安排下被委以封疆大吏的重任。和珅的弟弟和琳，一方面颇有才干，另一方面也受到和珅的照顾，由一个小小的笔帖式出兵放马，开府建牙，做到四川总督，指挥千军万马。一时间，和珅、和琳二兄弟一文一武，俨然掌握军政大权，时人为之侧目。难怪清代才子袁枚有诗云：“擎天兼捧日，兄弟各平分。”

与和珅作对的人，则受到他的百般刁难和打击：阿桂贵为领班军机大臣，由于与和珅不睦，总是受到和珅的干扰；大学士松筠由于与和珅作对，被变相流放到外蒙任职。为了独揽权力，他尽量防止乾隆和朝臣接触。例如他规定凡是给皇上的奏章，都要誊录一份副本军机处记档；御史的位置只能由60岁以上的老臣子补缺。而乾隆皇帝晚年已是年老昏聩，对和珅又格外宠信，根本没有人能够撼动和珅的地位。难怪英国使者，著名的马戛尔尼曾经写道，中国很多人都把和珅称作“二皇帝”。

然而，和珅似乎并没有意识到，他的作威作福，引起了越来越多人的不满，其中就包括嘉亲王颙琰的师傅，大学士朱珪。而嘉庆元年（1796年），乾隆退位，将皇位传给颙琰，朱珪自然得势。在这种情况下，和珅本应韬光养晦，然而和珅却凭借太上皇乾隆的余威，仍然与朱珪作对，甚至在乾隆面前进嘉庆的谗言。

据《清史稿》记载，嘉庆登基典礼时，朱珪曾经写了一道奏折，祝贺新帝登基。和珅便趁机挑唆，说朱珪对太上皇不敬。过了不久，乾隆打算将朱珪升为大学士，调入军机处。嘉庆得知这一情况，也写了一首诗祝贺朱珪升迁。和珅又对乾隆说，新皇帝此举是收买人心。乾隆被和珅说动，颇为不满，尽管有大臣正容直谏，乾隆还是借故取消了对朱珪的任命，并将他降为安徽巡抚。

嘉庆对和珅仗着乾隆的势力对自己不以为礼的态度自然是深恶痛绝，但他深知和珅势力庞大，关系网络错综复杂，又有乾隆的支持，此时的自己并不是他的对手。于是索性装聋作哑，对和珅的举动一概不闻不问。

其实进入嘉庆年间，和珅的好运气就似乎已经用完了。嘉庆元年（1796年），和珅的幼子夭折；同年，和琳在作战期间身染瘴气，不治身亡；嘉庆二年（1797年），和珅的孙子夭折；又过了一年，和珅的妻子冯氏也去世了。种种不幸似乎预示着和珅的悲剧即将来临。

果然，嘉庆四年（1799年），乾隆皇帝以89岁高龄去世，和珅和福长安进宫守灵。嘉庆皇帝抓住这个机会，急召朱珪进京，并解除和珅与福长安的职务，切断了他们与外界的联系，与此同时，嘉庆废除了和珅在军机处订立的规定，重新控制了军机处。墙倒众人推，见到和珅大势已去的官员们纷纷上奏折弹劾和珅。嘉庆随即将和珅与福长安交由刑部议罪，并抄没和珅财产。最终，在乾隆皇帝驾崩仅仅十余天后，49岁的和珅被嘉庆皇帝赐以白绫自尽。和珅的倒台和他的发迹一样迅速。

和珅绝命诗的巧合

据说，和珅在自尽之前，曾口占绝命诗一首：

五十年来梦幻真，今朝撒手谢红尘。
他日水泛含龙日，认取香烟是后身。

据好事者解释，这诗的前两句，暗示了自己正是前文提到的马佳氏转世投胎，前来与乾隆重聚；而后两句则是预示着自己的来世，所谓“水泛含龙”指的是发大水。嘉庆三年——就是和珅被赐死的前一年，黄河在河南境内决堤，这两句诗预示着在下一次黄河发大水之日，就是和珅转世为人之时。而“水泛含龙”又有夏后龙嫠典故的含义在内，因此，这两句诗又有转世为女人为祸清朝之意。

也许真的是历史的巧合：和珅死后三十四年，黄河又在河南决堤了，这一年是道光十二年（1832 年）。十月，在一个旗人家庭里，一名女婴呱呱坠地。父亲笑眯眯地看着手脚乱蹬的小婴儿，和母亲商量着给孩子起了个名字，叫叶赫那拉·杏贞。很多年以后，她被人尊称为慈禧太后。

第十八章
嘉庆皇帝的难解之谜

退而不让，太上皇和儿皇帝如何分工

……

2010年4月8日，一枚刻有“太上皇帝”字样的白玉圆玺，在苏富比拍卖行以9586万港元成交，刷新御制玉玺拍卖兼白玉拍卖的世界纪录。玉玺是皇权的象征，而刻有“太上皇帝”四字的玉玺，则承载着属于它的历史命脉。

这方玉玺的最初主人便是清高宗乾隆皇帝，一位在中国历史上绝无仅有、在位60年、退位后仍继续总揽朝政实权的太上皇。虽然爱新觉罗·弘历已经成为历史的过往，但后人在研习清史资料时，仍旧世说纷纭。

不敢比肩祖父的乾隆帝

乾隆皇帝在位的时间仅比他的祖父康熙在位少一年，是中国历史上在位时间较长的皇帝之一。爱新觉罗·弘历身为雍正第四子而能够在雍正元年就被秘密立为太子，进而顺利继位称

太上皇帝之宝 清

帝，与其祖父康熙的看重和称赞有很大关系。他 12 岁时就得康熙亲授书课，与祖父朝夕相伴，对祖父的感情极深，也非常尊敬。因此，1735 年，也就是雍正十三年九月，时年 25 岁的弘历在即位时据说曾焚香立誓，表示自己如果能得上天保佑，在位六十年，一定立即传位给太子，不敢比肩、更不敢超过祖父康熙在位 61 年的时间。

即位的乾隆曾两次密定皇储，但所密定的皇储均早夭。1773 年，乾隆三十八年，乾隆第三次密定皇储，立时年 14 岁的皇十五子颙琰为太子。1795 年，正是乾隆六十年九月，85 岁的乾隆皇帝将满朝王公、百官召集到勤政殿，开启密缄，正式册立颙琰为皇太子，宣布第二年改元嘉庆。

嘉庆元年正月初一，乾隆皇帝在太子颙琰陪侍下来到奉先殿堂，举行隆重的授受大典，并命人祭告太庙。随后，乾隆驾临太和殿，将御用印玺授予颙琰。颙琰自此正式即位，是为清仁宗，也就是通常所说的嘉庆皇帝。

退而不让的太上皇

天无二日，国无二主。嘉庆即位后，乾隆帝宣布退位为太上皇帝。虽然退了位，但是他仍用“朕”为自称，谕旨称为“敕旨”。按照道理来讲，“太上皇”是不应该过多干预政事的，但是乾隆帝规定，“寻常事件”由嘉庆自行处理，一旦有军国要事和涉及官员任免的事宜，则仍由他亲自指导，甚至是亲自进行处理，凡是新授府道以上官员，叩谢完皇上之后，还要前往太上皇那里磕头谢恩。此外，乾隆每天还对嘉庆进行“训谕”。《朝鲜正宗实录》就记载，乾隆曾对宠臣和珅说:“朕虽然归政，大事还是我办。”和珅拟写政令奏请嘉庆批复，嘉庆也说:“唯皇爷处分，朕何敢与焉。”由此可见，乾隆虽然号称归政于嘉庆，实则仍然掌握大权，嘉庆当时不过是个牵线木偶。

本来嘉庆即位改元后，全国上下、紫禁城内外，都应该统一使用嘉庆纪元，可宫廷中还是用乾隆年号。嘉庆帝即位后，钱币应该改铸“嘉庆通宝”。可乾隆龙驭上殡之前的那几年，乾隆、嘉庆两个年号的通宝各铸一半，同时流通。

据相关史料记载，退位后的乾隆帝，本应住在宁寿宫，把养心殿腾出来给新皇帝住，但他拒绝从象征着国家最高权力的养心殿中迁出，把嘉庆赶到毓庆宫去住，赐名“继德堂”。

每逢早朝，太上皇乾隆经常仍然端坐于御座之上接受百官朝贺，皇帝嘉庆则在一旁陪侍。朝鲜有使臣朝见大清皇帝，根据目击记述道:（嘉庆）侍坐太上皇，上喜则亦喜，笑则亦笑……（赐宴时，嘉庆）侍坐上皇之侧，只视上皇之动静，而一不转瞩。赵尔巽编写的《清史稿·仁宗本纪》也记载:“（嘉庆）初逢训政，恭谨无违。”

乾隆虽然禅位，但仍把持大权，并且权力欲极重。嘉庆即位后，为了表示对儿子的祝贺和信任，乾隆本来打算召嘉庆的老师——时任广东巡抚的朱珪回京任大学士。朱珪为官素有清誉，当年在朝中就经常与恃宠弄权的和珅发生冲突。和珅认为朱珪一旦回京，将对自己构成极大的威胁。因此，他想方设法获得了嘉庆为朱珪而作的尚未写完的贺诗，拿给乾隆，声称嘉庆正迫不及待地培植自己的势力。乾隆深以为然，大为恼火，当即很不高兴地问身旁的军机大臣董诰如何处理。幸亏董诰是忠正之人，当即表示：嘉庆帝作的诗无非是向老师表示祝贺。身为学生，向即将得到升迁的老师表示祝贺，这是学生的本分，并无不当。乾隆这才不予追究，但也搁置了对朱珪的升迁。可见，乾隆皇帝对于身边臣子的信任已然超过嘉庆皇帝，嘉庆帝的一言一行都在太上皇的控制之内。

乾隆皇帝即位之初发誓不敢与康熙在位年数相同，在当时倒也是诚心诚意。但随着逐渐成为乾纲独断的一代帝王，长期说一不二的乾隆已经迷恋上了掌权的感觉，舍不得放手了。因此，此时的乾隆实际是“退而不休”，坚持“发挥余热”，希望在有生之年继续风光无限地把朝政把握在自己的手中。

其实，乾隆对于自己的长寿早有预感，因此在选择接班人的时候也以对他言听计从为标准。乾隆之所以如此谨慎，也是吸取了历史的教训。

最是无情帝王家

政治的较量场上是不讲亲情的。老皇帝在位期间，已经形成了一个在大方向上比较一致的利益集团；新皇帝登基，需要他自己的班底，需要执行他的方针。这就是所谓的“一朝天子一朝臣”。在老皇帝驾崩、新皇帝继位的情况下，新老势力交替通常能够比较平稳地过渡。而在老皇帝迟迟不死、退位为太上皇的情况下，一方面是中国封建社会推崇的父为子纲——太上皇对皇帝有无上权威；另一方面是中国封建社会推崇的君为臣纲，太上皇是前皇帝，此时的位置是臣，新皇帝是君，新皇帝对太上皇有无上权威。这就难于相处了。

因此，乾隆为了保证自己的地位，为了继续贯彻自己的施政方针，特意选择了生性忠厚老实、重视仁孝、对乾隆言听计从的颙琰为接班人。

颙琰其人平时比较用功，行为举止也颇为得体。从被秘密立储到正式登基，在漫长的 20 多年时间里，颙琰很好地通过了乾隆对他进行了种种考核，这才得以顺利继位。

当然，康乾盛世末期，清王朝已经开始国库空虚、朝政腐败、贪贿成风，亟须一位雷厉风行的雍正式皇帝来解决矛盾、化解危机。而颙琰的性格却是四平八稳、不思进取，是能守成而不能开拓、创新的君主。在 25 年的执政生涯中，嘉庆一件一件地解决了乾隆盛世留下的危机，却又使清王朝一步一步地陷入更深的危机。

大丧之日杀和珅，嘉庆帝为了钱还是为了人

……

乾隆刚刚龙驭上殡，嘉庆帝便紧接着将和珅送到了先皇身边。在这之前，嘉庆还对和珅尊重有加，为何乾隆一死，便如同换了个人？迅速处死和珅，嘉庆帝图的是什么？

不得不死的和珅

绣衣成巷接公衙，弯弯曲曲路不差。

莫笑此间街道窄，有门到达相公家。

——清·无名氏《咏补子胡同》

此诗意为，和珅和中堂每天入朝之时，文武百官夹道迎送，简直就形成了一个用人墙搭起来的胡同。和珅的位高权重，可见一斑。

和珅正式崛起于1776年，也就是乾隆四十一年，此后专权长达20多年。在此期间他外结封疆大吏、领兵大员，内掌吏部、户部、兵部，对刑部、工部、礼部等部门也颇具影响力，真正是权倾朝野，不可一世。在此期间，他疯狂搜刮民脂民膏，胆大妄为，已经到了不可饶恕的地步。

到乾隆驾崩之前，和珅身兼数个要职，影响着六部，堪称是百官之首，二人（乾隆和嘉庆）之下万人之上。在清王朝历史上，作为一个大臣，和珅曾经拥有的地位空前绝后，从清太祖努尔哈赤到末代皇帝宣统，是绝无仅有的。

尤其值得一提的是，就像祖父雍正一样，作为帝王中最节俭皇帝之一的嘉庆，最恨贪污。他认为朝廷许多矛盾的根源就在于官吏的贪腐。嘉庆所接手的是一个财政赤字严重的乱摊子，而据他所知，和珅却肥得流油。

不仅位高权重，而且贪婪成性。身具这两大为帝王所忌惮之特点的和珅自然是嘉庆要清洗的首要对象。

无论是替晚年腐败荒淫的乾隆给世人一个说法，还是为自己贪得无厌的官宦生涯做一个交代，或是为新皇帝的登基铺路，和珅都不能不死。

嘉庆帝幕后的高手

嘉庆对于除掉和珅是蓄谋已久的，因此，乾隆一死，锄奸行动就立即展开。和珅虽然预感到大事不妙，但对嘉庆的计划却一无所知。他对乾隆的心思揣摩得不可谓不透彻，但对新皇帝嘉庆就知之甚少了。他根本不知道，在嘉庆的安排下，被他视为眼中钉肉中刺的朱珪已经悄悄到了京城，在靠紫禁城较近的东华门的一套小院藏身，指点和协助嘉庆的锄奸行动。

早在乾隆驾崩之时，嘉庆即令和珅守灵，把和珅软禁在乾隆的灵堂上。这样就切断了和珅同外面的所有联系，即使一生兵权在握，此时也无法调兵。很快，嘉庆就开始来处置和珅。他首先颁布了一道上谕：将南方白莲教战事责任归咎于和珅，紧接着，一个叫王念孙的人向朝廷上了奏章，列举和珅的种种罪状。嘉庆借机就免去了和珅大学士等重要职务，并把他软禁。在议定对和珅的处置时，直隶总督胡季堂首先表态说，和珅是罪大恶极，应当处置。他一带头，各地官员也纷纷表态，嘉庆就此得到舆论的支持。

得到臣子们的支持后，嘉庆命人查抄了和府，查获金银财物、房产、产业无数，据说总价值约9亿两白银，相当于乾隆年间两年半的税收，其中不乏各地进贡给皇上却被和珅私自窃取的贡品。嘉庆勃然大怒，当即宣布了和珅二十大罪状，谴责和珅辜负了先皇信任，愧对先皇的恩宠。因此，在大丧期间处置这位先皇的宠臣也就成了安慰先皇在天之灵的理所当然的事了。正月十八日，在京文武大臣奏请嘉庆帝将和珅立即正法，处以凌迟之刑。对和珅，嘉庆是非杀不可。但也还是要故作姿态，表示一下自己对先皇的尊敬、对大臣的恩典，也要顾及朝廷的脸面。因此，在让和珅多活了几个月后，嘉庆宣布：和珅虽然犯下种种罪行，但念其在先帝驾前多少有那么一点功劳，而且又是朝廷大员，新晋的公爵，朕不忍心让他遭受凌迟之苦，就赐他自尽吧！免于凌迟。和珅的同党福长安一直以来阿附和珅，此时也被削夺了职爵，判了斩监候，也就是死缓。嘉庆特别命人将福长安押到和珅所在的牢房，跪在那看着和珅自尽。

和珅之死为何没有造成局势的动荡

在朱珪的指点下，嘉庆对和珅的处置显示出了极高明的政治手腕。和珅为官多年，党羽众多，阿附者甚众，甚至连传说中与和珅斗智斗勇的纪晓岚实际上都与和珅有较为密切的往来。因此，对和派如果连根拔起，不免让朝局动荡，政务瘫痪。因此，嘉庆虽然迅速处死和珅，却没有将事态扩大，也没有株连九族。和珅的弟弟当时早已经死了；和珅的儿子丰绅殷德因为是额驸，也就是驸马，也没有杀。嘉庆还留了一点房产让他们维持生活；乾隆朝重臣傅恒的儿子福长安本是和珅的死党，虽然判了斩监候，但最终还是没有杀，并予以任用；和珅府里养了一个先生，也是和珅的同党，常为和珅出谋划策，最终也只给了一个处分了事；其他经和珅推荐而得以任用的官员，没有因和珅倒台而被株连，仍任原职。因此，虽然权势极大的和珅被除掉了，当时的清廷就仿佛只是下了一场短促的骤雨，保持了稳定。

当然，和珅之死没有造成清朝政局的巨大动荡，与和珅本人的为人也有关。和珅虽然贪得无厌，但也不像嘉庆宣布其罪状中所说的那样有不臣之心。他从未脱离过乾隆帝的控制，不过是靠着乾隆的信任而为自己敛财罢了。在他掌权期间，清王朝虽然不可避免地盛极而衰，开始走下坡路，但总体上还算是四平八稳。而清王朝之所以走下坡路，有封建王朝的必然性，也有乾隆皇帝好大喜功、奢侈荒淫的因素。

作为封建时代中国历史上数一数二的巨贪，和珅为官一生搜括无数，最终确为他人作嫁衣裳，解决了正发愁国库空虚的嘉庆帝的燃眉之急。还搭上了自己的一条性命。正所谓“和珅跌倒，嘉庆吃饱”。清王朝财政的支出有了着落，一时间真是皆大欢喜。

嘉庆因何禁如意

……

“……诸臣以为如意，在朕观之转不如意也。”嘉庆帝一句话，将象征着吉祥美好的如意打入了“冷宫”。为什么他对如意如此厌恶？是勤俭，还是另有他因？

如意，吉祥的代表

如意，长条而一端弯曲，是一种古代器物名称，我国很早以前就有了。

如意可以用各种材料制成，比如骨、竹、木、角、石、玉、铁、铜等。由于其一端弯曲像手一般，最早被用作“抓挠”。到西汉的时候，如意具有了吉祥的含义，比如汉高祖刘邦与戚夫人生的儿子就取名为“如意”。魏晋南北朝

檀木如意 清

时期时，佛教的僧侣和文人雅士开始广泛使用如意，并加深了如意吉祥美好、聪慧睿智的含义。到清朝，如意早已成为皇宫里皇上、后妃把玩之物，宝座旁、寝殿中均摆有如意，以示吉祥、顺心。清代的皇帝、皇后还经常用如意作为赏赐王公大臣之物。

然而如此吉祥美好之物，却也不是人人都喜欢，清嘉庆皇帝就公然表示自己不喜欢如意。

被嘉庆禁止的满族风俗

按照满族的老风俗，凡是到了过年过节的时候，王公大臣以及在外省的总督、巡抚等封疆大吏，都要向宫廷向皇上进献如意，以表吉祥如意的美好祝愿。满族人入关进京之后，这种老风俗仍然保持下来，没有改变。可是到了嘉庆朝，这种老风俗竟一下子下谕给禁止了。谕旨中说："诸臣以为如意，在朕观之转不如意也。"

当时，朝廷上上下下都不知道皇帝禁献如意究竟是什么名堂。而如此寓意吉祥的物件，嘉庆帝为什么就不喜欢？其实这其中确有奥秘。

和珅的如意算盘

雍正皇帝在位时，乾隆的第二子出生，这个婴儿是乾隆嫡福晋所生。由于清代以前的皇帝没有一位是嫡长子，所以雍正对这个嫡孙十分重视，并亲自赐名永琏，暗示在乾隆之后立他为皇帝。于是乾隆即位后，就马上将传位永琏的诏书放在了正大光明匾后，可是永琏只活了九年就离开了人世。其后不久，皇后又生下了皇七子永琮，一心想完成祖先遗愿的乾隆，马上决定立这位嫡子为太子。谁知传位的诏书刚放到正大光明匾后，两岁的永琮也离开了人间。

连丧两子的乾隆皇帝，再也不敢立嫡子为太子，更不敢将传位诏书放在正大光明匾后边了。对于立储一事，皇室里谈虎色变。到乾隆晚年，他的诸皇子中，有的已经死去，有的对当皇帝根本不感兴趣，还有的生怕招来杀身之祸，因此敬而远之。于是乾隆皇帝就在庶出的皇子中选择了忠厚老实的颙琰作为继位者。为了不让老天夺走他这个儿子，乾隆帝对立颙琰为太子一事一直秘而不宣。直到即将禅位前一年，才正式公之于众。

可是如此绝密之事，真的只有乾隆一人知道？不，还有一人知道，那就是和珅。当和珅觉察到乾隆帝要立颙琰为太子后，立刻选了一只上好的如意送给了颙琰，以取悦这位未来的皇帝。谁知颙琰听到自己被暗中选为太子后大为惊恐，加之他对和珅这样的大贪官本身就十分忌恨，所以对和珅所送的如意十分反感。

嘉庆继位后，政事仍由太上皇乾隆决定。嘉庆四年乾隆病死后，他亲政。亲政后的第六天，他就逮捕了和珅，抄出家财无数，和珅随后被处死。之后，嘉庆就下谕旨禁献如意。

如此，不明真相的人们还以为嘉庆下谕禁献如意是要崇尚节俭，杜绝奢侈，其实只是他对如意的一种厌恶罢了。

嘉庆真是被雷劈死的吗

……

有清一代，帝王暴死不为罕见。而嘉庆帝却是暴死在一个很尴尬的原因中。是心脑血管疾病，还是被雷劈死？至今仍没有一个准确的答案。

暴死避暑山庄的嘉庆帝

嘉庆帝虽然没有什么才能，但是他从小苦读，精通四书五经，继位之后，也算勤政。但是，一人之力总难力挽狂澜。朝政的繁杂，官员的腐败，宫廷内部的斗争，种种纷繁扰攘之事弄得嘉庆皇帝是焦头烂额，疲于应付。特别是他的同母弟庆亲王去世之后，嘉庆皇帝变得更为忧郁。

嘉庆皇帝朝服像

1820年，嘉庆二十五

年七月，年过花甲的嘉庆皇帝，率领着大队人马第 16 次来承德避暑山庄避暑。嘉庆此次出巡，一路顺利。路上，好久没有骑马的皇帝，虽然已经 61 岁，体态肥胖，但仍颇有兴致地纵马奔驰过了广仁岭，尽管是剧烈运动，嘉庆丝毫没有疲倦和病态。按原定计划，嘉庆要在避暑山庄度过整个夏天，一直住到中秋后，然后到木兰围场举行秋狝大典后，再从避暑山庄返京。

抵达避暑山庄当天，嘉庆到永佑寺中祭拜了康熙、雍正和乾隆，然后回到烟波致爽殿，又处理了两件并不算紧急的公务，也就休息了。

次日上午，嘉庆突然感到痰气上涌，说话困难，头脑发胀。他身旁的皇子慌忙去请御医，并召大臣赛冲阿、托津等入室。谁知没过多久，嘉庆皇帝就不会说话了。太医们没有见过如此怪病，都感到束手无策。到了晚上八九点钟，天空中突然雷电交加，并有闪电击中嘉庆皇帝所在的烟波致爽殿。一阵电闪雷鸣过后，嘉庆皇帝被发现已死在龙床之上。嘉庆皇帝死后，热河行宫立即封锁了消息，避暑山庄大门紧闭，限制人员出入。嘉庆帝死得如此突然以至于连棺材都没有预备好，随行的王公大臣只好让人将北京宫中预备的寿棺连夜运到承德。嘉庆皇帝临死之前不会说话，也没有安排后事，他死了之后，人们在正大光明匾后面也没有发现装有继位诏书的小金盒。嘉庆随身携带的那个盒子也不知道放在哪了。无奈之下，在总管内务府大臣禧恩和皇太后的支持之下，只好宣布由皇二子旻宁继承皇位。由于这其中的种种变故，道光皇帝到了八月初二，才公开发布嘉庆驾崩的消息。嘉庆皇帝离开北京时还好好的，如此突然驾崩，驾崩之后又迟了这么久才对外公布消息。人们开始对嘉庆皇帝死因议论纷纷，难道这其中真的有不可告人的内幕？

嘉庆一生没有得过大病的记录。鉴于康熙、乾隆的高寿，以及自己身体状况的良好，嘉庆深信自己也是长寿之人，活个八九十岁是大有希望的。因此，在批评大臣操办嘉庆六十寿辰庆典太过破费的上谕中，嘉庆还表示他的七十、八十、九十寿辰都要从简办理。由此可见，嘉庆对自己的寿命是很乐观的。包括他本人在内，谁都没有想到身体好好的嘉庆居然暴病而亡，还不知道是得了什么病。

遭到天谴的帝王

据一些随行人员传闻，嘉庆皇帝可能是遭雷击而死。据说嘉庆帝一行人到了避暑山庄之后，稍事歇息，就率领大臣和侍卫们前往木兰围场围猎。结果回来的路上遇上了大雨，被困在荒郊野外，一时间雷电交加，大地震撼。忽然一道光亮之后嘉庆皇帝被雷电击落马下，当场身亡。还有人说，嘉庆皇帝不是死在野外，而是在避暑山庄内遭到雷击，触电身亡。

嘉庆被雷电烧得面目全非，已经无法收殓入棺。皇二子旻宁为维护皇家颜面，决定暂时封锁消息。并秘密地将一名与嘉庆皇帝相貌身材差不多的太监绞死，假扮嘉庆收殓棺中，而将皇帝的骸骨收在棺材底部，以掩人耳目。

心脑血管疾病致死

当然，被雷劈死只是一些传说。在宫廷正史之上都没有相关的记载，不过即使嘉庆皇帝真的是遭雷击而死，官方的记载也不敢提及此事。因为皇帝遭雷击而死，就等于是大逆不道，遭到天谴。谁写了这样的事情都会犯大忌讳。对于嘉庆皇帝的死因，官方的记载上都说是病死的。后人根据嘉庆皇帝临死前的状况推测，嘉庆皇帝可能是在年高体胖的情况之下过度忧虑疲劳，再加上天气炎热，猝发心脑血管疾病而死。

但是，不管嘉庆皇帝是不是正常死亡的，由于他在避暑山庄西暖阁暴死，此后避暑山庄便开始闲置，亲历父亲暴亡的道光皇帝从这之后一次也没来过。

嘉庆为何选中了旻宁

……

嘉庆帝神秘暴死，传位诏书尚未放到正大光明匾之后。但旻宁，却“顺理成章”地继承了皇位。这其中，有哪些不可告人的秘密？

弹弓打下来的皇位

自乾隆中后期起，阶级矛盾越来越尖锐，尽管乾嘉年间的白莲教大起义已被扑灭，但残余势力并没有被肃清，他们继续变换着名目在北方活动，寻找时机反击。打着反清复明旗号的天理教就是其中的一支。他们在京城活动十分活跃，主要目标就是伺机攻打紫禁城。活动的首领之一名为林清，经推算，确定嘉庆十八年（1813 年）九月十五为起事吉日，恰逢嘉庆皇帝去了承德，京城人心浮动，防守空虚。林清自感机不可失，便如期举事。

到了九月十五中午，近百名天理教徒分别突袭紫禁城的东华门和西华门。他们之前就买通了几个信奉天理教的太监做内应，得以顺利混入紫禁城中。但因为不慎，这些起义军在东华门暴露了身份，而从西华门而入的另外 50 多人则在前来接应的小太监的引领下顺利闯进宫门。但由于路上耽搁了时间，等他们冲到隆宗门时，清宫守门侍卫已经闻讯关闭了大门。

此时，皇子旻宁恰好在上书房读书。时年 32 岁的旻宁是嘉庆次子，原本陪着嘉庆一同去了承德，后来提前回京，正赶上这场事变。当时，宫内人心惶惶，后妃们吓得哭成一团，太监们四处逃窜，侍卫们不知所措，闻讯赶来的王公大臣也不知如何是好。在此紧要关头，旻宁挺身而出，命令各门戒严，并派人调集援军，自己站在养心殿前观察局势。

隆宗门紧闭，天理教徒分出一拨人撞门，又派五六人爬上养心殿对面御膳房的房顶，准备跳进去杀人开门。旻宁瞧见，当即举枪射击，一名教徒中弹坠墙而亡。当时都是火药枪，放完一枪需要重新装填。旻宁乍逢大事，心中也十分紧张，一时找不到弹丸，索性扯掉胸前的金扣子，装进枪膛再次射击，将另一名在屋顶上手持白旗的天理教小头目打落。其他教徒见状连忙退了回去。此时，增援的禁军也赶来了，射出羽箭，将教徒全部杀死。旻宁见危机稍缓，立即命禁军继续搜杀残余天理教徒，自己则到储秀宫安慰母后，同时命令西长街布置警戒，以防再出巨变。

嘉庆接到奏报后，对旻宁临变之时处变不惊的处置大加赞扬，夸赞自己的二儿子有胆有识，忠孝兼备，当即加封旻宁为智亲王，加俸银一万二千两，所用的火铳也被赐名为"威烈"。旻宁立了大功，却不张扬，表示自己当时心里也很害怕，有许多处置也不太恰当，请父皇恕罪。旻宁的这番表现让嘉庆更加满意。

代父祭祖，心知肚明的大臣们

嘉庆二十四年（1819 年）正月，嘉庆皇帝让旻宁代表他到太庙祭祖，这一举动使朝廷上下更有充分理由认定旻宁从嘉庆皇帝手里接过政权应该是势在必得。

旻宁自小文武双全。深得皇祖父和皇父喜爱。嘉庆皇帝共有四子，长子已夭折，旻宁排行第二，顺理成章被视为长子。并且，经过紫禁城平定天理教事件，立下大功，被封为智亲王，在三个兄弟中，爵位也是最高的。从这几个方面也能看出，旻宁继承大统的志在必得，顺理成章。

众人的支持

嘉庆二十五年（1820 年）七月二十五日，嘉庆皇帝驾崩。

事出突然，群臣毫无准备。国不可一日无君，嘉庆暴亡，必须马上议定新君。

嘉庆因为是猝死，没有机会留下立储遗诏。他一共生有四子，选谁来继承皇位，关系到不同政治集团的利益，是一个重大问题。按照惯例，应该是长子继位。嘉庆的长子两岁时即暴病身亡，皇族宗室因此建议由二皇子旻宁来继位。孝和睿皇太后虽非旻宁生母，但非常赞成这个建议。

禧恩和孝和睿太后支持旻宁继承皇位的理由中，都提到了旻宁在紫禁城事件中的功劳，可见，此次事件不但使嘉庆皇帝对旻宁大为赞赏，也同样令群臣和后宫对旻宁这个文武双全的皇子刮目相看。这在他继承皇位的过程中起着至关重要的作用。

有宗室的支持，又有太后的懿旨，而且后来军机大臣托津、戴均元称在承德避暑山庄找到了嘉庆帝立储遗诏，称立皇次子旻宁继承皇位。这样一来，旻宁板上钉钉，成为清朝的第八位皇帝，年号道光，史称道光皇帝。

第十九章
四无皇帝咸丰的荒唐

让奕詝继位，道光帝老糊涂了吗

……

道光帝一生九子，但继承他皇位的却是一个残疾人。道光为何要选择他继承帝位？这个残疾人，究竟有何胜人之处？

身患残疾的咸丰帝

文宗体弱，骑术亦娴，为皇子时，从猎南苑，驰逐群兽之际，坠马伤股。经上驷院正骨医治之，故终身行路不甚便……

——民国·赵尔巽《清史稿·文宗本纪》

据上述史料记载，四皇子奕詝，也就是后来的咸丰皇帝，在登基之前，一次狩猎时从马上摔了下来，经过太医的精心治疗，骨病虽然好了，却落下残疾，成了跛子。奕詝的这个身体缺陷本来是不为黎民百姓甚至是朝廷官员所知的。于是，为了掩盖他身体上的缺陷，奕詝刚一登基，便下了一道旨令，意思是说每次退朝后，文武大臣先退，皇帝后走，以免让文武大臣看到自己的跛脚。可是，在一次朝堂议事过后，由于过度气愤，他竟然忘记了自己曾经颁发过的这道圣旨，愤愤而去，比群臣先走。此刻，满朝官员才了解到自己侍奉的主子原来是个残疾人，后来这一秘密才被世人所知。奕詝还得过天花，脸上还有麻子。

那么，这么一个身有残疾的皇子是怎样赢得道光的宠信而登上大统之位成为天下之主的呢?

二选一的结果

皇四子奕詝出生时间为丑时，排行第四。他的父亲道光帝有 9 个儿子，当道光帝 65 岁时，也就是道光二十六年（1846 年），大阿哥奕纬，二阿哥奕纲，三阿哥奕继此时都已死去，皇四子也就实居皇长子之位。道光考虑到自己年岁已高，身体又不好，立储之事成了当务之急。要知道，在皇朝政治中，确立皇储，是无可争议的头等大事。道光的儿子虽然只有六个，但想要在其中选出一个可以延续大清后世的继任者，并非易事。平常人家有一群孩子，可以把家产分了，哪怕一堆孩子中只有一个争气的，也可以光耀门楣。但皇太子却不能这么分配，毕竟皇位只有一个。一旦成了下一位君临天下的帝王，无论是什么样的人，都无可挽回。这就需要指定继承人的皇帝有一种非凡的识人能力。

当时，道光的五阿哥奕誴已经过继给了醇亲王绵恺为子，失去了继承大统的权利。六阿哥就是后来人称“鬼子六”的奕䜣。这一年，四阿哥奕詝16岁，奕䜣15岁，老七、老八、老九三子均不满10岁，无须考虑在内。所以能够考虑皇太子人选，实际上只有奕詝和奕䜣。

还有一点特殊的地方就是，奕詝的母亲在他十岁时就已经去世，一直是由静贵妃，也就是奕䜣的母亲来照顾他，所以奕詝视静贵妃如同生母，视奕䜣如同胞弟。奕詝和奕䜣关系从小就一直都很好，这就更增加了道光选择皇储的困难。

奕詝和奕䜣，这两个儿子之间到底选择哪个来继承祖宗的江山，道光帝举棋不定，难下决心。兹事体大!

那么怎么立的呢？奕詝和奕䜣因为只差一岁，都在上书房读书，但是，奕詝却不如奕䜣好。奕䜣不仅相貌出众，功课优异，刀枪骑射样样出众，能文能武，道光怎么选择？不仅是在当时，即便是在今天看来，道光帝确实是立错了储君。

诚然，即使是奕詝样样不如奕䜣，只要道光的谕旨一定，那就是铁定的事实，没有任何回旋和改变的理由，因为道光是皇上，立一个残疾人当储君尽管要考虑诸多因素，但最终还是按他的意志来定。也就是在封建皇权专制的社会中，立储之事只能出自圣裁。臣下的建言本已逾规，后宫干政更是不能容许的。若言而不中更有危险。

试看古今，多少皇子为了大位之争而反目成仇，你死我活。密建制度在一定程度上避免了众皇子争夺皇位的纷争，避免了内外大臣互相勾结为拥立所亲近的皇子的纷争。到底谁是他们的新主子，在皇帝未死之前是绝对的秘密。因此，皇子欲被选为皇太子，只能靠自己的表现而赢得父皇的心。

“藏拙示仁”的妙计

立储不是儿戏。于是，道光帝便开始考察四阿哥和六阿哥的能力。首先，道光帝想考考这两位皇子的骑射功底。皇四子之师傅为杜受田，皇六子之师傅为卓秉恬。他们的老师都分别给自己的弟子出了主意。奕䜣的箭法当然是在阿哥中是最好的，他捕获的猎物自然也是最多的。道光一看很是高兴，心想奕䜣确实是很有本事。而皇四子奕詝肯定是不如自己的六弟。这就显示了杜受田的政治智慧，他教奕詝索性一箭不发，自然也就没有任何收获了。道光看到奕詝如此无能，当然很是生气。奕詝却说：“父皇恕罪，儿臣以为眼前春回大地，万物萌生之际，正是禽兽生息繁衍之期，儿臣实在是不忍心杀生，恐违上天的好生之德。”

这就是“藏拙示仁”的妙计，他猜中了道光在乎的，猜中了道光的心思，赢得了一块巨大的筹码。把自己的短处藏起来，来表示自己仁爱，道光觉得奕詝很符合儒家这个“仁”的思想，心中便暗暗地肯定了奕詝。

据史料记载，为了最终确定自己的选择，道光帝在一次病重时，召奕詝和奕䜣二皇子入对，将借以决定储位：二皇子各请命于其师。卓教恭王，以上（指皇上）如有所垂询，当知无不言，言无不尽。杜则谓咸丰帝曰：“阿哥（清代称未成年皇子为阿哥）如条陈时政，智识万不敌六爷。唯有一策，皇上若自言老病，将不久于此位，阿哥唯伏地流涕，以表孺慕之诚而已。”如其言，帝大悦，谓“皇四子仁孝”，储位遂定。

这便是藏拙示孝的典故，可以说，奕詝能登上皇位，与恩师杜受田的政治智慧是分不开的。“藏拙示仁”，又“藏拙示孝”，在“仁”和“孝”这两个字上表现得比较突出，所以道光就选择奕詝做皇太子。可见，道光在选皇太子的时候，德才两个条件，没有考虑德才兼备，只考虑到了德而没考虑才，实际上咸丰后来在德的问题上做的也是很不够的。杜受田的政治智慧让道光帝选择了一位没有治世才能的平庸皇子继承了大统。

即便是奕詝是个残疾人，无论是形貌表象，文才武功皆不如奕䜣，与奕䜣比起来，奕䜣更适合做一个皇帝，然而历史不容假设，他们的父亲是皇上，一言九鼎。正大光明牌匾后写的是奕詝的名字，奕詝就是正大光明的天下之主，九五之尊。

咸丰帝的四春娘娘都是谁

……

咸丰帝宠爱四春娘娘早已不是秘闻。但世人很少知道，所谓的四春娘娘只存在于野史与小说家言之中。这四位让咸丰神魂颠倒的女子究竟是何方神圣？历史上是否存在其人？

《清史演义》中的描述

咸丰，后人称之为四无皇帝。无远见、无胆识、无才能、无作为，是对爱新觉罗·奕訢一生的最好评价。他给世人留下的最深的印象，就是留下了慈禧，这个握有大清王朝近五十年权力，同时又将大清送入坟墓的女人。除了四无皇帝与慈禧外，还有个“四”与女人的关系让世人皆知。那就是传说中的四春娘娘。

不到半年，南中已献入汉女数十名，供值圆明园，分居亭馆，个个是纤秾合度，修短得中。更有那裙下双弯，不盈三寸，为此金莲瘦削，越觉体态轻盈。咸丰帝得了许多美人，每日在园中游赏，巧遇艳阳天气，春色争妍，悦目的是鬓光钗影，扑鼻的是粉馥脂芳。酒不醉人人自醉，花不迷人人自迷。香国蜂王，任情恣采，今夕是这个当御，明夕是那个侍寝，内中最得宠幸的，计有四人，咸丰帝赐她们芳名，叫作牡丹春，杏花春，武林春，海棠春。

牡丹春住在圆明园东偏，宫院名牡丹台，嗣改名镂月开云；杏花春住在圆明园西室，宫院名杏花村馆；武林春住在圆明园南池，池上建起一座寝宫，天然佳妙，池名武林春色，宫院亦就池出名；海棠春住在圆明园北面，宫院恰不是海棠名号，偏叫作绮吟堂。

在咸丰帝的意思，乃是将四春佳丽，分居四隅，绾住那一年春色，自己作为护花使者。乐将极矣。无如雨露虽是宏施，膏泽总难遍及，重门寂寂，夜漏迟迟，听隔院之笙歌，恼人情绪，看陌头之杨柳，倍触愁肠。由悲生怨，由怨生妒，酸风醋雾，迷漫全园。

谁意四春夺宠之时，正值太后弥留之日，咸丰帝入侍慈躬，好几日不到园内，羊车望幸，愈觉无期。接连又是太后崩逝，哭临奉安的手续，忙了两三个月。咸丰帝颇尽孝思，百日以内，未尝入园。至易夏为秋，时日已多，哀思渐杀，方再入园中游幸。

当时四春娘娘，都已料圣驾将临，眼巴巴地在园探望。偏这杏花春慧心独运，捷足先登，数日前已遍赂值园宫监，叫他留意迎驾。那宫监得了好处，自然格外献功，

咸丰帝未入园门，狡太监已先探报。杏花春即带领宫眷等，至要路迎迓，遥见御驾徐徐过来，早已轻折柳腰，俯伏在地。是时因太后丧期，妃嫔等都遵制服孝，杏花春浅妆淡抹，越显得云鬟鬒黑，玉骨清芬。咸丰帝瞧将过去，好似鹤立鸡群，分外夺目，多日不见，益令人醉。忙龙行虎步地走将拢来，令她起立。杏花春珠喉婉转，先禀称臣妾迎驾，继禀称臣妾谢恩，然后站起娇躯，让咸丰帝先行，自率宫眷等后随。到了寝宫，又复叩首请安。咸丰帝叫她不必多礼，并赐旁坐。这时候的杏花春自然提足精神，殷勤献媚，把这咸丰帝笼住不放。流连至晚，即留宿在杏花村馆。

翌日，复由咸丰帝特旨，开群芳宴，传谕各宫妃子贵人，

都到杏花村馆领宴。那时六院三宫，接奉圣谕，就使心中未惬，也只好联翩前来。

园内的牡丹春、武林春、海棠春，满肚子含着醋意，终究不敢不到。只有钮祜禄后，领袖宫闱，天子不能妄召，所以未尝与宴。

还有一位那拉贵人，奉了命，竟叫宫监回奏，称病不赴。咸丰帝圣度汪洋，总道她身怀六甲，无暇责备，谁知入宫见嫉，她已别有心肠。那拉氏之心术，已露一班。

是日，杏花村馆，大集群芳，“花为帐幄酒为友，云作屏风玉作堆”，说不尽的绮腻风光，描不完的温柔情态。咸丰帝至此，乐得不可言喻。恐怕此时的欢乐，只有咸丰帝一人，杏花春或尚得其半，此外则阳作欢娱，阴怀妒忌，未必尽如帝意也。但天下无不散的筵席，圆则易缺，满则易倾，咸丰帝一生，也只有这场韵事，算作极乐的境遇了。

——民国·蔡东藩《清史演义》

对于四春娘娘的文字记载，可查的最早来源就是这部由蔡东藩写就的《清史演义》中“那拉氏初次承恩·圆明园四春争宠”一回。另外则就是民国时期的小说家许啸天所著的《清代宫廷秘史》一书。那么，四春娘娘是小说家的虚构，还是历史上的真实呢?

四春娘娘有无其人

至于四春娘娘有无其人，先让我们看一下咸丰帝的后妃全记录：

萨克达氏——孝德温惠诚顺慈庄恪慎徽懿恭天赞圣显皇后、钮祜禄氏——孝贞慈安裕庆和敬诚靖仪天祚圣显皇后、叶赫那拉氏——孝钦慈禧端佑康颐昭豫庄诚寿恭钦献崇熙配天兴圣显皇后、他他拉氏——庄静皇贵妃、佟佳氏——端恪皇贵妃。

其他妃嫔：婉贵妃——索绰络氏、玫贵妃——徐佳氏、璷妃——那拉氏、吉妃——王氏、禧妃——察哈喇氏、庆妃——张氏、云嫔——武佳氏、容嫔——伊尔根觉罗氏、璹嫔——那拉氏、玉嫔——那拉氏、玶常在——伊尔根觉罗氏。

现在可以一目了然了，正史之中，并没有这四个人的名字。不过这并不代表四个人从未存在过。要知道，中国有为尊者讳的传统。咸丰皇帝再没有任何才干，也是一国之君，史官们是不敢什么都写的。而野史也未必是空穴来风。因此，四春娘娘有无其人，还不敢下一个定论。

话又说回来，无论四春娘娘是否存在，咸丰帝逃不开酒色财气这四个字是肯定的。正如《清史演义》中的评价：

“酒色财气四字，为人生最大之魔障，而色之一关，尤为难破，其酿祸亦最甚。士大夫之家无论已，试观历朝以来，亡国之朕，大半由于女色。若仅仅酗酒，仅仅嗜财，仅仅使气，虽不能无弊，国尚不至于亡。咸丰帝颇号英明，当时称为小尧舜，观其闻选女之谠言，不加以罪，反褒奖之，其器识已可见一斑，然卒未能屏除肉欲，幸那拉，嬖四春，为主德累，四春尚未足亡清，而那拉实为亡清之张本，夫岂真遗碑成谶，非人力可以挽回者？主德可以格天，主不德，天数始不能逃也。”

恭亲王奕䜣为什么不受咸丰帝重用

……

作为道光帝最宠爱的儿子，能力超群的奕䜣不仅没有获得帝位，反而也没受到咸丰帝的重用。这一切出于何因？孝静皇后的谥号风波，又给奕䜣的政治生涯带来了哪些不利的影响？

一个“成”字引发的风波

爱新觉罗·奕䜣，号乐道堂主人，清道光帝第六子，咸丰帝同父异母兄弟，生母为静妃博尔济吉特氏。

奕䜣幼年师从卓秉恬、贾桢，聪明好学。道光帝立储时，曾在在四子奕詝和六子奕䜣之间犹豫不决。但于道光二十六年（1846年）下定决心由皇四子继位写下遗诏，并于道光二十九年（1849年）下令在妃园寝内为恭王之母静贵妃修墓，亲令静贵妃死后必须葬于妃园寝不得更改，变相暗示恭王争储失败。道光三十年（1850年）以宣宗遗诏公布封“皇六子奕䜣为亲王，皇四子奕詝立为皇太子”。娶重臣桂良女为福晋，这往往被认为是道光属意恭王之举，而实际上，这个指婚发生在道光下定决心写下遗诏之后，最多只能视为对恭王的补偿，况且恭王福晋并非桂良爱女，而仅为侧室所生的庶女之一。

奕䜣于咸丰三年（1853 年）在军机大臣上行走。四年连封都统、右宗正、宗令。五年其母孝静皇后去世，奕䜣为其母争封号，被免去军机大臣、宗令、都统，七年才恢复他的都统。

咸丰帝为康慈皇太后拟定的谥号为孝静康慈弼天辅圣皇后，不系道光帝谥，也就是不加道光帝谥号——“成皇帝”中的“成”字，不称“成皇后”，神位不祔太庙，强调孝静“皇后”和真正的皇后嫡庶有别，不能享受后代的香火，也不能得到宗室的承认。

皇后不系帝谥，始于明代，有很多明朝皇帝是庶出，也就是说他们的生母不是先朝皇后，即位后照例要追尊自己的母亲为皇太后，但规定她们的谥号中不加皇帝的谥号，以区别嫡庶，所以明朝的皇后中只有原配皇后的谥号中才有皇帝的谥号。但此制度在清朝未曾实行，例如顺治帝生母孝庄文皇后也没当过皇太极的皇后，但照样

奕䜣像

加上皇太极的谥号——“文皇帝”中的“文”字。咸丰帝不以家法而沿用前朝故事，一来认为自己已经尊博尔济吉特氏为皇太后，实在是加倍报了抚育之恩，二来觉得毕竟嫡庶有别，博尔济吉特氏既不是先朝皇后也不是自己的生母，出身也远逊于道光三后，能被尊谥为皇后已经是天大的恩赐了，帝谥是不能系的。然而恭亲王却对此颇有不满，而咸丰帝也毫不让步，认为自己做法无可厚非，对恭亲王的防范也愈发明显。

子因母辱，孝静皇后想不到的身后事

咸丰五年七月二十日（1855 年 9 月 1 日），孝静皇后的身后事操办完成，第二天，咸丰帝借奕䜣在办理皇太后葬礼时礼仪疏略，罢去了他的军机大臣、宗人府令和正黄旗满洲都统职务，退回上书房读书，从此对待奕䜣同其他异母兄弟没什么差别了，以至于后来咸丰帝临终时也未把奕䜣列入辅佐儿子同治帝的顾命大臣名单，将他排除于最高统治集团。整个咸丰朝，除了镇压太平天国运动和与英法联军谈判，奕䜣几乎没有受重用。

不能不说，为孝静皇后百般索要“太后”名分的行为，不仅是挑战理法制度，也违抗道光对其地位的钦定，更是实实在在挑战咸丰内心的感情底线，尽管咸丰一忍再忍，但最后恭亲王矫诏的行为彻底断送了养子咸丰对孝静母子最后的亲情。恭王的前途也因此而被断送。

四无皇帝死于何病

……

英法联军进犯北京，咸丰帝仓皇逃亡避暑山庄。内忧外患之际，咸丰客死他乡。圆明园大火熊熊燃烧之际，大清帝王在做什么？又是什么原因导致了咸丰之死？

千年国耻，火烧圆明园

1856年，英法以修约为借口对中国发动第二次鸦片战争，攻占了广州。1858年，英法联军攻占天津，进而向北京进犯。英法联军一边与清政府议和，一边继续进犯北京。在通州击败清军后，进攻北京。咸丰帝自圆明园仓皇逃亡热河，命恭亲王奕䜣留京议和。奕䜣代表清政府与英、法、俄签订了《北京条约》。

最令人痛心的是，英法联军进入北京后，一把火烧毁了举世闻名的皇家园林——圆明园。大火三天三夜不熄。中国园林艺术的精华和杰作，就这样被付之一炬。特别是园里面收藏的中华五千年的文物宝藏或者被焚毁，或者被抢掠。而圆明园收藏的这些文物宝藏个个都是价值连城，它不仅仅是收藏了清代文物，而是中华有史以来五千年文明的精华。可以说，圆明园被焚毁，被抢掠，是我们中华五千年文明史上最沉痛的浩劫。

有一天，两个强盗闯进了夏宫，一个进行抢劫，另一个放火焚烧。他们高高兴兴地回到了欧洲，这两个强盗，一个叫法兰西，一个叫英吉利。他们共同分享了圆明园这座东方宝库，还认为自己取得了一场伟大的胜利！

——法·雨果

正如法国著名作家雨果所描绘那样：火烧圆明园是英法两国携手制造的世界艺术史上最大的一场灾难。

与此同时，英法联军等侵略者用武力闯进了皇宫，进了天坛，让天子脚下这块本来最安全的地方的老百姓遭受涂炭，这也是中华民族五千年的历史长河中外国侵略者第一次侵入北京，是中华民族五千年的空前浩劫。

避暑山庄？避难山庄？

面对这场浩劫，身为一国之主，身系天下下苍生之安危的咸丰帝却在外敌入京、义军蜂起、社稷多难、江山危急之时，逃跑了，而不是身守社稷。英法联军一打入北京，咸丰就暗示大臣，给他上奏章，让他去木兰围场打猎去，借这茬儿就到了承德避暑山庄，留下恭亲王奕䜣在北京主持政务。

在大敌入侵之时，他不尽职守，不守国门。既没有与英法联军决战的诏书，也没有作战决心，更没有周密的作战部署。

起初，当英军 18000 余人、法军 7000 余人陆续开赴中国侵略时，面对不足三万人的“远征军”，咸丰皇帝并没有发动起抵抗力量，甚至连一份诏书都没发。对于拱卫京畿的要地——天津大沽炮台、塘沽海口，也没有增派一兵一卒。最为荒唐的是，当侵略者隆隆的炮声响彻北京防线的时候，咸丰，这个一国之君，却在圆明园里大张旗鼓地庆祝 30 岁“大寿”。文武百官齐聚一堂，在圆明园的同乐园里连看了四天的庆寿大戏。

此时，英法联军在圆明园的一片欢声笑语中加紧了进攻。

堂堂的一个大清帝国，数以百万计官兵，敌不过数万侵略军，是不可能的。但咸丰皇帝还是跑了，躲在热河闭目塞听。

咸丰皇帝的死因

世人皆知，咸丰皇帝有四大癖好：

其一，咸丰贪恋美色。在避暑山庄，他依旧不问窗外风雨，今朝有酒今朝醉，只图自己逍遥快活。据书中记载：奕詝置兵败于不顾，携妃嫔游行园中，寄情于声色，既聊以自娱，又自我麻醉。据野史记载：“山西籍孀妇曹氏，风流姝丽，脚甚纤小，喜欢在鞋履上缀以明珠。咸丰帝召入宫中，最为眷爱。国难当头，他却依然沉浸于美色，不思进取。”

其二，贪丝竹。他把一个戏班挪到承德，上午唱叫“花唱”，下午要“清唱”，天冷在屋子里演，夏天在“如意洲”演出。每天乐不思蜀。

其三，贪美酒。咸丰贪杯，一饮即醉，而且大耍酒疯。野史记载：“文宗嗜饮，每醉必盛怒。每怒必有一二内侍或宫女遭殃，其甚则虽所宠爱者，亦遭戮辱。幸免于死者，及醒而悔，必宠爱有加，多所赏赐，以偿其苦痛。然未几而醉，则故态复萌矣。”

其四，贪鸦片。咸丰继位不久，违背祖训，吸上鸦片，并美其名曰“益寿如意膏”。而且咸丰在热河期间常常吸食鸦片来刺激自己、麻醉自己。

咸丰如此折腾自己，自然就离死不远了。根据相关史料记载，早在北京时，咸丰帝就因为被酒色掏空了身子，面黄肌瘦，时常咳嗽不止。后来医生开出药方，说鹿血是纯阳之物，可以长期饮用，滋阴壮阳。于是咸丰帝就养了百余只鹿，每天取血引用。后来到了热河，鹿群留在北京，而他又不知休养生息，成天沉溺声色之中。

到咸丰十一年（1861 年）七月，老毛病终于又犯了。这次没有鹿血滋补，咸丰帝终于走向了死亡的边缘。十五日，咸丰帝病重，临死前立载淳为皇太子，并命八名心腹重臣为顾命大臣。两天以后一命呜呼，结束了他年仅 31 岁的生命。

第二十章

太平天国，洪秀全的大同梦

外国人担任过太平军上校吗

……

太平天国起义，本是农民的集合。但其中为什么会出现外国人的身影？那个太平军中的洋上校，究竟是何许人也？

太平天国军中的“洋兄弟”

1853年3月19日，太平军占领南京，改南京为天京，建立太平天国。清政府为了镇压太平天国运动，与外国反动势力相互勾结。美、英、法三国纷纷组织了洋枪队。清政府借助这些外国军事势力对太平天国将士进行疯狂的杀戮。太平天国面临着抗击中外反动势力的斗争。

在外国侵略者武装干涉太平天国运动的同时，一些外国人也参加了太平军。据史料记载，太平天国的外籍军人有数百人，忠王李秀成手下的洋人志愿军就有200人左右。这些人来自欧洲、美洲、澳洲、非洲。来自非洲的战士就有五六十人之多。来自欧美，有姓有名，其事迹可考的共有13人，其中英国5人，美国4人，法国2人，意大利1人，希腊1人。有6人在战斗中牺牲，这数字还不包括他们的家属，如英国人梭雷的夫人玛丽。太平天国的领导人称参加革命的外国友人为“洋兄弟”，现代史籍中称之为“洋将”。

洋人的参与，使太平军不再只靠冷兵器作战，西洋武器的使用使得这次大规模的农民起义显得有声有色，十分壮观。

英国人梭雷，太平军上校

梭雷是英国人，1840年2月3日出生于伦敦一个普通家庭。1859年夏，他乘“埃缪”号船来香港，在香港英军司令部当一名海军下级军官。到达香港后的第二年春天，太平天国在天京外围打垮了清朝江南大营，乘胜攻克常州、苏州和浙江的嘉兴，接着向上海进军。这一重大胜利，引起各方面的关注。梭雷决定辞去在海军中的职务，找一个不受拘束的自由职业，观察太平天国的情况。他在一艘中国商人的小轮船上当大副，船长也是他的一个辞去军职未久的同僚。这艘轮船要航行到上海附近的太平天国统治区收买蚕丝。

1860年秋，梭雷带夫人玛丽驾驶轮船进入太平天国辖境，防守边境的军士们彬彬有礼、严整肃穆的气氛与所见清朝官兵的凶残贪暴大大不同，生气勃勃的军队给梭雷留下了良好的印象。

不久他就大胆地去苏州拜见名震一时的忠王李秀成。那时候，李秀成刚刚从上海受挫回到苏州，听说有一个英国人要见他，李秀成立即答应了，并让他享受最友好的款待。李秀成为棱雷介绍了太平天国的情况，通过了解，棱雷明白，欧洲社会中所宣传的太平军肆意破坏和杀戮的形象是被歪曲的。从那时起，太平天国革命已经深深打动了他，于是他向李秀成表示愿意加入太平军。李秀成随即颁发给他一个可在太平天国辖区内自由往来的通行证。

1861年夏，棱雷投效太平天国后，就向那些许多拥有欧式大木船、宁波船及其他江船的欧洲人宣传太平天国的宗旨，激发起他们对太平天国的同情，鼓动他们用行动来支持太平天国革命。尽管当时外国侵略者和清朝统治者正在封锁为太平天国购买武器和粮食的人，他还是亲自到了上海。

棱雷是一名军人，曾在太平军中带炮队出征，但他更多的时间是为太平天国训练军队。他把自己所知道的铸造炮弹、制造引信和炮位瞄准的全部知识教给荣王廖发寿的部下。

1863年5月，天京雨花台要塞失守，天王急诏李秀成率军赶回浦口。这时候，棱雷正奉命协助守卫九洲要塞，接到李秀成前来支援的报告后，棱雷立刻把他所率领的船只开过去，为渡江的军队作掩护。

而九洲要塞正是保卫天京和浦口两岸交通的关键。清军水师为了控制长江数千里的交通，断绝太平天国接济，集结成千的炮船与太平军展开恶战。眼看九洲要塞失陷时，棱雷的夫人玛丽和战友埃尔中弹牺牲，他自己也受重伤昏了过去。

棱雷伤愈后又潜到上海去捕获敌人战船。棱雷仅带着6个人，利用自己外国人的身份假装记者登上了清军一艘叫“飞而复来”的轮船，当天夜里，在棱雷的策划下，终于把“飞而复来”号开回了太平天国。这艘船，船头架有一门32磅旋转炮，船尾架有一门性能良好的12磅榴弹炮，船中军火弹药极为充足。太平天国把它改名为“太平”号，由棱雷统领。太平军俘获这艘轮船，打乱了敌人进攻苏州的部署，在保卫无锡战役中，发挥了巨大威力。为此，棱雷也受到太平军的奖赏。

1863年11月底，棱雷和他的战友怀特取道嘉兴去上海。但是，他们抵沪不久，怀特就被英国领事拘捕入狱，以暗助“逆匪”的罪名监禁，入狱后几天他就死在地牢里。而此时清军大肆布置密探，棱雷也无法活动，同时因为积劳成疾，医生劝他转地疗养。最后，棱雷决定回英国。

1864年，棱雷回到英国。但是，他听到的都是英国人把干涉太平天国的侵略战争说成是“一种对于中国前途显得非常有利的政策”；把屠杀中国人民的刽子手戈登奉为“民族英雄”。对太平天国有极大的偏见。于是棱雷决定把自己的经历写成一本书，给人们一个太平天国的真实面目。1866年2月3日，棱雷的新书《太平天国革命亲历记》完成。棱雷称，他的《太平天国革命亲历记》是“遵照伟大的太平天国革命领袖的嘱托而写的”，书的扉页上写着：“献给太平军总司令忠王李秀成——如果他已去世，本书就作为对他的纪念。”该书出版时，李秀成已被杀害，但棱雷对李秀成的尊敬和怀念已跃然纸上。

终生不改其志的洋上校

1872 年 9 月 14 日，棱雷和他后来的妻子海伦结婚时，结婚证书上仍然署明自己是“前太平军上校”。1873 年 3 月 29 日，棱雷在他年仅 33 岁的时候，因左心房破裂在伦敦逝世。在死亡登记上，他的职业依然是“前太平军陆军上校”。棱雷终生铭记着他与太平天国的关系，作为众多太平天国的“洋兄弟”中的一员，人们将从他身上找到一群人的身影，尽管他们已经淹没在历史的浩瀚烟海之中。

杨秀清有没有逼封“万岁”

1856 年 9 月至 11 月，太平天国内部爆发了一次严重的内讧，北王韦昌辉和燕王秦日刚率兵攻入东王府，将东王府上下几千人悉数杀死，后韦昌辉和秦日刚又被洪秀全诛杀，次年又出现了翼王石达开由于受到洪秀全的猜忌，率领 10 万精兵出走天京的余波。这场“天京变乱”，严重挫伤了太平天国的事业，是太平天国运动由盛转衰的分水岭。那么，这场内乱缘何爆发，它的起因是什么呢？

杨秀清逼封万岁

一般都认为是因为东王杨秀清威逼洪秀全封自己为“万

岁”，而导致了统治者内部诸王之间矛盾的总爆发。

史学界大多数学者对“逼封”一事深信不疑，坚信“天京内乱”始于杨秀清“逼封万岁”，他们认为，从历史上看由于农民起义领袖自身的局限性，这种在革命政权相对稳定后，彼此恃功自傲、互相猜忌，争权夺利是完全可能的。

著名史学家罗尔纲先生说，逼封确有其事，“内讧的起因，确是由于杨秀清逼洪秀全让位而起”。徐彻也认为：天京变乱是“杨秀清逼洪秀全让位而起”“杨秀清要挟天王，威逼他加封自己为万岁，应视为篡位之举”。孙克复、关捷通过研究外国人在《华北先驱周报》上发表的通讯等资料认为：“杨秀清‘逼封’问题，是千真万确，无可怀疑的。”“杨秀清‘逼封万岁’给太平天国革命造成的后果是严重的。”“是整个‘天京事变’的导火线。”李宏生也认为：“从现存的资料来看，杨逼封万岁的史载恐难推翻，洪秀全‘主动加封’杨秀清万岁的断语恐难足信。”林庆元认为：“杨秀清为了夺取洪秀全的最高权位，曾图谋对洪行刺并逼洪封其万岁，这一史实是无法否认的。”

另外也有大量史料可以证明这一点：张汝男的《金陵省难记略》中记载：“一日，（杨）诡为天父下凡，召洪贼至，谓曰：‘尔与东王俱为我子，东王有大功劳，何止称九千岁？’洪贼曰：‘东王打江山，亦当是万岁。’又曰：‘东世子（东王之子）岂止是千岁？’洪贼曰：‘东王既万岁，世子亦便是万岁，且世代皆万岁。’东贼伪为天父喜而曰：‘我回天矣。’洪贼归，心畏其逼而无如何也。”张汝南本人曾记载，这段记述“系访问确切，得以附入。”另外，太平天国后期重要将领李秀成在其被俘后所写的供状中，也曾提到这件事：杨秀清“过度要逼天王，封其万岁。那时权柄皆在东王一人手上，不得不封”，最终杨“逼天王到东王府，封其万岁”。另据《贼情汇纂》记载：杨秀清后来确实行为跋扈，“自恃功高，一切专擅，洪秀全徒存其名”；还说：“秀清叵测奸心，实欲虚尊洪秀全为首，而自揽大权独得其实，其意仿古之权奸，万一事成则杀之自取。”且“每诈称天父下凡附体，令秀全跪其前，甚至数其罪而杖责之”。因而在这种情况下，杨秀清假借“天父下凡”逼洪秀全封其为“万岁”是完全可能的。由此得出结论，正是由于逼封事件的发生，才使得洪秀全感到东王有篡位之心，回宫后调动女兵防守王城，又密诏北王、翼王回京，从而出现了韦昌辉等血洗东王府的一幕。

纯属捏造的借口

然而，反对者却认为，“逼封万岁”一事纯属捏造，很可能是韦昌辉或洪秀全以及二人合谋提出的诛杀东王的借口。

首先，李秀成对这件事的叙述很值得怀疑。因为杨在天京“逼封万岁”时，李正在句容、金坛和丹阳一带同清军作战，根本不可能是“逼封”之事的目击者。再说，李“时官小，不甚为事”，还没有直接参与诸王之间的活动，因此他所说的“逼封”一事，肯定是道听途说而来，未必可信。

其次，《石达开自述》中曾记载，韦昌辉在就督江西之前，就有诛杀东王杨秀清之心，被洪斥责拒绝。韦杀杨后，洪曾指责他："尔我非东王不至此，我本无杀渠之意。"杨死后，洪在《赐西洋番弟诏》中更是说东王是"遭陷害"，并规定"东升节"有关事项，以纪念杨秀清。从这些资料分析，很可能是韦昌辉自己捏造了"逼封"之说，并以此为借口，打着天王"密诏"的口号，诛杀了宿敌杨秀清。正如学者庄福铭在考证了大量史料后所说的那样："所谓杨秀清称'万岁'和'逼封万岁'说法，都是缺乏历史事实根据的。从天王诏旨和天国现存的文献记载看，杨秀清爵职虽续有增封，唯独'九千岁'之称照旧。参照清方和私家著述的记载，虽真伪间杂，互有歧异，但关于东王杨秀清及其子东嗣君称'九千岁'和天国诏旨、文献记载是完全一致的"，"杨'逼封'不是事实，而是韦昌辉策动'天京事变'诛杨伪造的口实。"

再者，洪秀全密诏韦昌辉和石达开秘密进京，无疑包含着让二王"救驾"的意思，因而很可能是洪秀全后来也有了诛杀东王之心，与韦昌辉合谋提出了"逼封万岁"的说法，只不过杨死后，洪秀全才惺惺作态地表明自己没有杀杨之心。史式就认为："洪秀全和韦昌辉发动突然袭击杀害东王杨秀清时，总得找个借口，于是在杨秀清死后立即出现了'逼封万岁'的谣言"，"根据'谣言对谁有利'的线索，我们不难发现：这些谣言都来自天王府，来自洪秀全。"

太平天国官方文书中对这件大事从没有做过记载，这也难免让人怀疑这件事的真实性。史学家奚椿年认为："杨秀清代天父传言，一般都是把内容笔录下来，并作为文件一直保存”“而这一次‘逼封万岁’的传言，偏偏没有一字记录，连洪本人也未提及”“在英国发现的全部《天父天兄圣旨》中仍无此事的记载。”其中1856年8月9日天父下凡诏书，“明白无误地记的是天父指责‘朝内诸臣不得力，未齐敬拜帝真神’。而所谓‘封其万岁’，天父既未主动提出，杨也无‘逼封’之举。这就再次证明了，《金陵续记》《金陵省难纪略》以及《李秀成自述》所记均是与事实不合的”。

主动加封万岁

除了上述两个观点，也有说是洪秀全主动加封“万岁”的。这种观点认为，洪杨之间的矛盾是客观存在的，从事态的发展来看，是洪秀全最早露出了杀机，密诏韦、石回京，而且“天京变乱”的最大获益者也是洪秀全。因此，不排除是洪秀全主动为东王加封“万岁”，著名史学家方诗铭就认为，“1856年，太平天国大破清军江南大营，天京相对稳定。洪、韦认为时机已到，再露杀机，对杨秀清施加毒手。这次内讧也是洪秀全挑起的。如果加杨秀清‘万岁’称号，属于‘逼封’，是由杨秀清挑起的话，那么，他必然会提高警惕，尽管洪、韦发动突然袭击，也不能如此轻而易举地将他杀死。新本《石达开自述》揭出了历史真相，加封‘万岁’是洪主动的，一方面可以麻痹杨秀清，一方面又可以激怒韦昌辉，借韦之手杀死杨，然后再除掉韦昌辉。《李秀成自述》所叙述，是事后按照洪秀全意图伪造的历史”。从当时的情况看，这种可能也确实存在，因此“主动加封说”确实也有道理。

杨秀清究竟有没有“逼封万岁”，是关系到“天京变乱”起因以及评价洪、杨功过的一个重要问题，也是太平天国研究中无法回避的问题，所以在得到足够的证据之前，是不好随便下结论的。

洪秀全在“天京事变”中起何作用

……

历史上最大规模的农民运动——太平天国运动最终是失败了，人们努力找寻着其失败的原因，而作为这次农民运动转折点的“天京事变”，也引起了人们极大的兴趣。然而，直到今天，“天京事变”是怎样造成的、究竟是谁造成的还是一个谜。

天京事变的来龙去脉

1856年，一场“太平时，王杀生”的历史悲剧在太平天国的首都发生了，这就是“天京事变”。

关于“天京事变”的起因，最通常的说法是杨秀清“逼封万岁”与洪秀全“密诏杀杨”。综合起来，大概如下：

攻破围困天京的江南大营后，指挥作战的东王杨秀清十分骄傲，把功劳都归于他一人，心存篡窃之心。杨秀清借口西线紧急，把北王韦昌辉、翼王石达开等人派到前线督师。天京后方只剩下天王和杨秀清自己，杨秀清认为时机已成熟，就假借天父的名义将天王洪秀全召到东王府，假装“天父”的口气要洪秀全封其为“万岁”。

洪秀全假装高兴。二人于是决定在下月杨秀清生日时，正式晋封。

洪秀全还宫后，一面命令宫内女兵防守皇城，以防东王偷袭；一面派人送密诏给在长江上游督师的北、翼二王，令他们火速返京，勤王护驾。韦昌辉得到密诏后，立即带领3000精兵赶回天京城外，在守城军官的配合下，趁着深夜悄悄进入城内，与燕王秦日纲合兵一处，攻入东王府。杨秀清和他的爱妃正在睡觉，被突然到来的秦日纲一刀杀死，刀刃穿出后背。

天京失陷

由于天京事变破坏了太平天国内部团结，削弱了军队战斗力，加速了太平天国灭亡的进程。1864年7月，天京失陷。太平天国运动历时14年，战火烧及10多个省，大大影响了后人的反清斗争。

杨秀清被杀死后，韦昌辉和秦日纲把东王府男女数千人全部杀死，其中包括杨秀清的母亲及妾侍54人。

太平天国史专家罗尔纲在《太平天国领导集团内讧考》一文中这样解释“天京事变”发生的原因:“天京事变”是洪秀全和杨秀清之间矛盾的总爆发，杨秀清企图夺取太平天国的最高领导权，“逼封万岁”，可是洪秀全自然不让，密令韦昌辉把杨秀清杀死。

洪秀全是太平天国革命运动的开创者，是太平天国的最高领袖，但太平天国的军事、政治和宗教的实权被杨秀清所控制。杨秀清开始时把洪秀全当作傀儡，用以号召群众，后来由于军事的胜利，就想把洪秀全一脚踢开。但是，洪秀全是一个刚毅不屈的农民革命领袖，他一生都为坚持太平天国反封建反侵略的路线而不屈不挠地进行斗争，洪秀全当然不能让人把他作为傀儡，更不能让人把他一脚踢开。因而，当杨秀清“逼封万岁”，企图篡夺太平天国的最高领导权时，洪秀全就命令韦昌辉把杨秀清除掉。

天京事变，一场祸起萧墙的把戏

到了20世纪70年代末，许多学者对“天京事变”提出了不同的看法，或认为杨秀清并未“逼封万岁”，而是洪秀全鉴于杨秀清的功劳“主动加封”；或认为杨秀清实际上已是“万岁”，没有必要“逼封万岁”；或认为，洪秀全加封杨秀清为“万岁”是为了激起韦昌辉的杀心，以借刀杀人，天京事变完全是洪秀全一手导演的；或认为洪秀全并没有密令韦昌辉杀杨秀清，而是韦昌辉擅自所为，假借天王的旗号“矫诏杀杨”。

同时，更有学者认为杨秀清“逼封万岁”的说法完全是一个政治谣言。杨秀清完全就没有必要“逼封万岁”，理由是如果说杨秀清为了夺权，则业已大权在握的杨秀清不需要再夺取什么权力。如果说封万岁是为了尊荣，则赐封万岁者洪秀全仍然比杨秀清高出一头，这样的做法对于杨秀清于名于实都没有任何益处。

谣言从何而来?

那么谣言又是从何而来的呢？持以上说法者认为这要看谣言对谁有利，据此就不难找到制造谣言的线索，因为造谣者总是编造对自己有利的谣言，不会编造不利于自己的谣者。比较洪、杨双方，谣言自然对洪秀全有利而对杨秀清不利，因此，杨秀清不可能是造谣者。杨秀清如果是洪秀全下令杀害的，作为杀害的理由，这一谣言只能直接来自洪秀全；如果杨秀清是韦昌辉擅杀的，这一谣言就只能来自韦昌辉。但是，韦昌辉造谣，也得要洪秀全同意，因为“逼封万岁”这样的谣言，必须得到洪秀全的认可。归根结底，最终都是由洪秀全造成的。

在当时，天京的兵权由杨秀清控制着，北王、翼王等又在外领兵。身在天王府内的洪秀全要除掉杨秀清，就必须借助北王和翼王的力量。怎么办呢？于是洪秀全就故意上演了一场“加封万岁”的闹剧，然后再把杨秀清“逼封万岁”的风声放出去。不论“天京事变”的造谣者是谁，总之，这场起义领导者的内讧使得太平天国元气大伤，太平天国运动从此由盛转衰，最终失败，让人不由不扼腕叹息。而洪秀全本人，则成了这一事变的最大胜利者，成了名副其实的“天王”。

石达开出走之谜

……

石达开是太平天国领导集团中文武兼备的卓越领袖之一，天京事变后他率领精锐部队神秘出走，最后在大渡河全军覆灭。对其出走的根本原因，主要责任在谁，历来众说纷纭。史学界对此存在两种截然相反的观点，有的说是因为石达开本人，有的说是因为洪秀全的陷害。那么事实究竟如何呢？两种观点的各自论据又是什么呢？

心灰意冷的石达开远征四川

认为责任在石达开的观点由来已久，多为正统史书所采用。天京变乱后，石达开回朝，受到百官拥护，都向天王保举他辅佐天王治理天国。天王对深孚众望的石达开疑心重重，就封两个昏庸无能的哥哥洪仁发、洪仁达为安王和福王牵制石达开。对此石达开非常不满，由于早有远征四川、自立一国之心，遂于咸丰七年（1857年）六月率领部队离京出走。洪秀全得知后十分后悔，削去了两个哥哥的王位，并刻了“翼王”金牌一道，派人追赶挽留。但石达开不为所动，依然远去。

清方缴获的《六安州总制掌书陈凤曹上六安州总制陈敬禀》中更有“翼王私自出京，誓不回去”一语。李秀成在《自述》中也说：“那时朝中无将，国内无人，翼王将天朝之兵尽行带去。”在“天朝十误”中，李秀成更说：“误因翼王与主不和，君臣疑忌，翼起猜心，将合朝好文武将兵带去，此误至大。”

清朝明心道人写的《发逆初记》中说，石达开未出广西之前，已经主张进军四川，但是杨秀清不同意。由此看石达开出走天京，远征四川是蓄谋已久的事情。

史学家多认为石达开骄傲自满，刚愎自用，希图占领四川自立一国，从而削弱了太平天国的军事势力，为这场轰轰烈烈的农民起义的失败埋下了伏笔，自己也最终兵败大渡河，留下了千古悲歌。也就是说，石达开出走的根本原因在于自己的不顾大局，一意孤行。史学家牟安世就认为：“石达开出京远征的根本原因，首先在于石达开本人”“他利用群众对他的爱戴和推崇，具有乘乱擅权的个人野心，自负于他自己一系列的军事上的成就，滋长了目空一切的骄傲自满情绪”“从石达开以后的行动来看，他的出走实际上是一种分裂革命队伍的严重错误。”何龄修、龙盛运也认为：尽管石达开是被逼走的，但公开分裂的第一步毕竟是石达开迈出的，石出走后，洪秀全派人百计挽留，但石“拒绝义王封号，坚持分裂到底”“石达开的分裂行动，也给他自己和他带走的大军，带来了毁灭。”这种观点把离京出走，造成革命分裂的一系列原因都归于了石达开个人。

洪秀全逼走石达开

但也有人反对这种观点，认为应该具体问题具体分析。具体地说就是，石达开离开天京的根本原因应该是洪秀全，说石达开一心希图占领四川自立一国是不符合史实的。至于最后公开分裂革命，这一责任则应由石达开来负。

首先，石达开离开天京是迫不得已的事情。天京事变后，洪秀全对异姓王愈加猜忌，专信本族，不信外姓，并纵容两个哥哥监视和挟制石达开，甚至发展到“终疑之，不授以兵事，留城中不使出”，以至阴谋谋害。当时，湘军就得到情报，说“金陵各伪王忌石逆之能结交人心，石逆每论事，则党类环绕而听，各伪王论事，无肯听者，故忌之，有阴图戕害之意”。可见石达开在出走前处境之艰。并且以洪秀全的猜忌和阴险，杀掉人心所向的翼王是完全可能的。因此为了避免重蹈杨、韦被杀之覆辙，石达开逃离天京无可厚非。所以说，责任全在洪秀全。

至于洪秀全公开认罪后，按常理分析似乎石达开应该回去继续辅佐朝政，这样太平天国也许还会有一线转机的说法，有学者认为事实并非如此。洪秀全百般挽留石达开，也许只是惺惺作态。石达开就是回到天京一意委曲求全，也不一定能发挥多大作用，并且再次被洪秀全杀掉的可能性极大。另外，石达开和洪秀全在战略思想上也存在很大的矛盾。洪秀全自入天京之后，贪图享受，不思进取，只图眼前利益，再无长远眼光，保住天京城成了他的首要战略目标。而石达开认为只保京城，画地为牢，就会陷于被动，最后必然失败，主张以主力争取上游，夺取全面胜利。可能正是在这一思想的支配下，他觉得“将在外，君命有所不受”，可以按自己的战略思想指挥作战，以便发挥更大的作用。所以在洪秀全公开谢罪之时，他仍然不肯回京也完全在情理之中。

其次，李秀成在《自述》中说：“那时朝中无将，国内无人，翼王将天朝之兵尽行带去。”这句话是值得怀疑的。试想，石达开是私自离开南京的，并没有得到洪秀全的批准，岂能“将天朝之兵尽行带去”？事实上，石达开离开天京，渡江北上时，只带了随身警卫队伍数千人。在沿途张贴表明心迹的《五言告示》中，还谆谆劝告天国军民“依然守本分，照旧建功名”，并没有鼓动大家脱离太平天国，脱离洪秀全。还说“唯是用奋勉，出师再表真，力酬上将德，勉报主恩仁。唯期成功后，予志复归林”。因此谈不上是分裂革命队伍，而只是被迫离去。“出师再表真，力酬上将德”等句也表明他根本就没有分裂革命队伍的意思。并且仅凭数千人，怎么可能远征四川，自立一国呢？而后来石达开能够聚集到十万人马，完全是许多旧部自愿追随，千里归附的，这只能说明石达开为人心所向。

正如史学家史式所指出的，石达开出走以后的实际行动证明他并非蓄意远征不返。从史料来看，石达开出走后的近两年时间中，他只在皖、赣、浙、闽等省活动，先是赴援江西，进攻浙江以配合天京解围，以后又经过福建到达赣南的南安府，接着又准备北攻赣州（没有实现），从没有脱离太平军的主战场。当时清军对石达开的去向也提出了各种猜测，但从没有提到他可能远征四川。近来发现的咸丰七年（1857年）九月德兴阿向清廷上的奏片，也进一步说明了石达开离开天京后，仍和洪秀全有着批复奏折联系。片中说："又抄得石逆由安庆寄与洪逆伪章一纸，内有令贼党李寿成（李秀成）会合张洛行领数十万贼分扰下游，又调贼党陈玉成、洪仁常、洪春元、韦志俊、杨来清等各率贼数万及五六千不等概回金陵，并欲赴援江西，窜扰浙江等语。而书中之意，似与洪逆各树党援，不相附丽。洪逆伪批，亦似外示羁縻内怀猜忌。唯贼踪分合无常，总不容稍疏防范。"咸丰帝朱批该片的日期为九月二十二日。

史学家史式分析认为，这一奏折出自清廷，并且也符合当时的实际情况，应该是可信的。从这一史料可以看出，石达开出走天京四个月后，仍与洪秀全保持着奏折的批复联系。并且是按照事先的作战计划与太平军各路人马紧密配合的。石达开仍然关心着天京的防务，并且能够继续行使他全军统帅（通军主将）的职权，调动李秀成等人率部回援天京。因此，并非像通常说的那样，脱离天京后，石达开就自以为是，与南京失去了联系，走上了流寇主义道路。

说石达开主动分裂革命，就是从情理上来说也是讲不通的，石达开怎么可能一下子就断绝了与太平天国的感情呢？即便与洪氏集团有矛盾，他也不可能一下子就忘掉了太平天国。事实也是这样，一年以后在围攻浙江衢州时，石达开还曾大力配合天京方面的作战。而根据史实，直到石达开驻军江西南安府之时，才有人向他提出进图四川的建议，此时离开天京已近两年。这说明石达开离开天京前期根本就没有远征四川，自建一国的企图，而是仍和太平军紧密配合，努力解除天京之围。

因此史学家认为，石达开离开天京是被逼迫所致。正如吴廷嘉评价的那样：石达开的分裂主义错误“并不以天京出走为标志”，从1857年6月到1858年冬，他围战赣、湘、闽，未脱离太平军的主战场，“只是到了1859年2月，他确定远征四川，与天朝的政治军事斗争完全脱离，并一意孤行，无视洪秀全的悔悟，拒绝部下的告谏，才形成了他的转折和质变”。所以，联系当时太平天国的政治军事局势，石达开被逼离开南京，最后走上远征的道路是在主客观以及时势所迫等多种因素的情况下不得已的选择，这才是历史的真实情况。

从以上分析看，认为责任全在石达开的观点无疑受到了挑战。不过事实究竟如何，石达开出走的责任如何划分，还需历史学家做出最后定论。

李秀成投降书是真是假

……

忠王李秀成，太平天国后期重要的领导人之一。当太平天国的京城被清军攻破后，他不幸被湘军俘虏，竟然在曾国藩的囚笼里写下了长达五六万字的《亲供》，即后人所说的《李秀成自述》。这篇《李秀成自述》使李秀成成了一个晚节不保的叛徒，李秀成真的是叛徒吗？李秀成的投降书是真的吗？

疑点重重的投降书

李秀成投降书的原稿在后世一直不为外界所知。当时李秀成被害后，曾国藩命人将他的《李秀成自述》删改、誊抄了一份上报军机处，这份誊抄的文本后来由九如堂刊刻，即所谓的"九如堂本"。至于原稿的去处，世传曾国藩既没有上交朝廷，也不肯公开示人，而是私下扣留，他的后人也对此讳莫如深，严加保管，对外人一概保密。当曾国藩的刻本问世后，人们就对其真实性提出了种种怀疑。

清政府的伪造说

有人从根本上否认了这个投降书的真实性。如棱雷的《太平天国革命亲历记》一文说："1852 年，在太平军占领南京以前，满清官方即已捏造一篇他们名为《天德供状》的文件，伪托是叛军领袖的供状，谎称他们俘获了这个领袖。《忠王自述》很可能也是同样靠不住的。这篇文件或为某个著名的俘虏所伪造（他可能因此而得赦免），或为两江总督曾国藩的狡猾幕僚所伪造。"棱雷认为李秀成投降书根本就是别人伪造的，甚至李秀成被俘虏一事也可能是伪造的。

投降书原稿证明李秀成投敌

1944 年，广西通志馆的吕集义来到湖南湘乡曾国藩的老家，在百般请求下终于在曾家的藏书楼中阅读到了“投降书”的原稿，抄补了5000多字，还拍摄了14幅照片，之后根据这些文字和原来“九如堂本”的2.7万多字出版了《忠王李秀成自述原稿校补本》。罗尔纲先生根据吕氏的校补本和照片进行研究，写出了《忠王李秀成自传原稿笺证》。该书以笔迹、语汇、用词、语气、内容等方面的鉴定作为依据，指出曾国藩后人出示的李秀成《自述》的确是忠王的亲笔。例如，罗尔纲先生一字一句、一笔一画地拿“原稿”和庞际云收藏的李秀成亲笔答词28字真迹对照，还征求了笔迹鉴定专家的意见，最后断定“原稿”是真品。从内容看，“原稿”十分清楚地描述了从金田起义到天京陷落14年间的每个过程和细节，这是曾国藩难以捏造的。此外，罗尔纲还指出，“原稿”的称谓大都遵循太平天国的制度，这也不是旁人能够清楚知道的，曾国藩等人也不可能做到自然的遵守。而“原稿”的大量李秀成家乡的方言，更是曾国藩等人无法伪造的。

真与假再起争议

罗尔纲的这一观点曾一度成为定论，但是，随着曾氏后人所存的“原稿”的出版，更多人看到了《李秀成自述》的全貌。在20世纪80年代前后，学术界再次掀起了一场论战，如荣孟源曾经两次撰文断定这份“原稿”并不是李秀成的真迹，而是“曾国藩修改后重抄的冒牌货”。他的理由主要包括以下几点：

首先，根据其他史料记载，李秀成的自述一共写了9天，每一天若干页。按照常理，全文应该有8个间隔，但是今天所见的《李自成自述》“原稿”的影印本文字相连，每天都写到最后一页纸的最后一行字，看不出每天的间隔。何况，既然是每天各交一些，真迹就应该是散页或分装成9本，但是今本却是一本装订好的本子。由此可以推测，所谓的“原稿”显然是曾国藩派人将李秀成每天所写的真迹汇抄在一起的。

其次，根据很多材料的记载，李秀成当时写了5万多字，然而今天的“原稿”影印本却只有3.6万多字。那少了的1万多字到哪里去了呢？显然应该是被曾国藩撕毁了。既然是被撕毁，那么“原稿”的内容就应该上下不相衔接。可是在影印本中，每页都标有页码，整齐清楚，并且前后内容完全相连，人为更改的痕迹十分明显，显然是删节后的抄本。

第三，从写作的形式等方面看也有问题。太平天国有严格的书写规定，而“原稿”的影印本中出现的“上帝”“天王”等词多数并不抬头；一些字该避讳的时候不避讳，不该避讳的时候却避讳了，如凡“清”字均不讳，而不该讳的“青”却写成了“菁”等。这些显然都是违背太平天国的避讳制度的。何况，这样的笔误在“原稿”中出现的次数很多，不能简单地看成是笔误。

针对荣孟源的意见，也有人提出反对。陈旭麓认为，我们不可能设想当时的李秀成好像后来的作家一样，有一个每天分节写出的章节安排。至于书写形式，李秀成作为一个成年人早就已经形成了通行的书写习惯，尽管他熟悉太平天国的书写格式，但因疏忽犯讳，并不奇怪。说曾国藩作假也不合情理，他若要作假应该是在上报军机处和刊刻的时候就完成，何必造个假东西当作宝贝传之后代？曾氏后人又何必要将这个显然会招来众议的假东西公之于世？而钱远熔认为这个“原稿”不仅是李秀成的真迹，还是完整无缺的。曾国藩只对它进行了删改，并没有撕毁或是偷换。对钱远熔“完整无缺”的观点，罗尔纲先生虽然不同意，认为“原稿”确实有被曾国藩撕毁的地方，但他仍然坚持“原稿”并不是冒牌货，是李秀成的真迹。

不仅国内学术界对《李秀成自述》的真伪争论不已，国际上也有很多人予以关注。1978 年国际友人路易·艾黎即对此发表了自己的看法：“如果像曾国藩这样一个肆无忌惮的卖国贼官吏竟然会不去充分利用被俘的李秀成来进一步达到自己的目的，这是绝对不可思议的。他可以先鼓励李写下他本人的历史，然后再通过他的专家在同样的纸张，以同样的文风，添加上有害于太平天国事业的东西。之后，在显示他本人宽宏大量的同时，对全部东西加以剪裁。”又说：“由于自首书是经过篡改的，所以，曾国藩对它的完整性显得异常地神经过敏。他曾命令其家属不得给他人看这份自首书。我曾亲自在上海听见过他的孙子说过这件事。”还有一些国外学者持与此相反的看法，认为今天所见到的《李秀成自述》确实是李秀成亲手写的，等等。

李秀成生前在战场上英勇善战，对后期的太平天国的政治、经济、军事都产生了重大的影响。被后世争论了半个世纪之久的《李秀成自述》的真伪，也许是论断他功过的最好证据吧。世人希望这个谜能赶快解开。

洪秀全死因之谜

太平天国运动是中国历史上一次规模宏大的农民起义，洪秀全则是这次农民起义的杰出领导，但到了1864年6月1日，太平天国处于生与死的边缘。那天，清军几十万大军已包围天京城，太平军在京城外的防御工事几乎全部崩溃。祸不单行，此时洪秀全又突然去世！洪秀全究竟是怎么死的？

洪秀全因病而死

关于洪秀全的死亡，历来众说纷纭。主要的说法有两种，一是说他因病而死，另一种说法认为他是绝望自杀。

离豫明在《洪秀全》一书中认为洪秀全是因病而死。该书说由于长期的劳累与斗争，再加上太平天国内棘手的事务使他健康状况

洪秀全塑像

不断恶化。据书中记载，洪秀全5月中旬病倒，6月1日病死。钟文典著《太平天国人物》中则说当天京被围，“性情激烈而又不肯失志”、极其自负的洪秀全，日夜焦躁，但又无计可施，卧病三日，终于在1864年6月1日逝世。

服毒殉国的天王

一般近代史教科书基本上持“病死说”，如曾作为大学历史系教材的《中国近代史》(中华书局1979年版)就明确写道：“天王洪秀全因病逝世。”但20世纪60年代出版的不少历史书，如郭沫若的《中国史稿》、范文澜的《中国近代史》、牟安世的《太平天国》、束世徵的《洪秀全》等，均说洪秀全是“服毒自杀”。

洪秀全在1864年5月30日即他死的前日发布了一条诏令，说：“大众安心，朕即上天堂，向天父兄领天兵，保固天京。”这可看作他不愿被俘，决心以身殉国的临终遗嘱，而且自杀选择比较符合他一贯的性格特点。洋人富礼赐曾在《天京游记》上说：“天王五十一岁，身材高大，体格健壮。但待厌倦尘世之时，将有龙车自天下降，彼将乘之上升。”这种说法也在一定程度上附和了自杀说。在天京危急之时，洪秀全曾写一首诗明志，说：“神爷试草桥水深，为何吃粥就变心？不见天兄舍命顶，十字架上血漓淋。不见先锋与先导，立功天国人所钦！”有人认为在这首诗里，反映了他要以耶稣舍身上十字架和先烈萧朝贵、冯云山为榜样，表达了献身于革命理想和事业的决心。另外，太平天国的军事总统帅李秀成在《李秀成自述》中说:“九师之兵处处地道近城。天王斯时焦急，日日烦躁，即以四月二十七日服毒而亡。”洪仁玕在《洪仁玕自述书》中也说:“在我们之中其享福最久者，首推天王。起自广西田间首事诸人，唯彼存留至最后，而其结局并非丧在妖军之手，却在自己之手。”另外曾国藩给朝廷的奏稿也为自杀说提供了依据。另一份奏折里，有一个来自掩埋洪秀全遗体的人的口供:洪秀全于“四月二十七日，因官军攻急，服毒身死，秘不发丧”。(见《曾文正公全集·奏稿》卷二十)此外，在一些史料中还有对洪秀全自杀细节的说明。在李秀成部下任职多年的英国人棱雷在《太平天国革命亲历记》一书中写道:“敌人逼得太平王吞金自尽。”赵烈文在《能静君士日记》同治三年六月十九日(1864年7月22日)的记述说:“昨日擒伪松王姓陈，浔州人，言伪天王实于四月内死，或言知事不谐，吞金而绝。”

“病死说”的支持者认为，像洪秀全这样一个伟大的农民起义领袖不可能服毒自杀。“自杀”是阶级敌人和封建文人的“诬蔑”之词。白寿彝主编的《中国通史》中说，天京被围后，“城中被困缺粮，饿死者日增，洪秀全命‘合城俱食甜露，可以养生’。甜露是《旧约》圣经神话中上帝从天降下的一种食物，洪秀全这里所指的是一种草。他自己久食此草，因而得病”，最终去世。

持这两种说法者双方各执一词，针锋相对，而洪秀全之死这一疑案还是没有彻底解开。

太平天国宝藏之谜

……

大渡河因为太平天国将领石达开的覆灭，以及70余年后中国工农红军的成功抢渡而留在大多数中国人的记忆当中。同时，它也由于与石达开宝藏的关联而引起中外寻宝者的关注。

奇男子石达开

“稗史漫传曾羽化，千秋一例不平鸣。”石达开是太平天国最富有传奇色彩的将领之一。他生于1831年，1851年1月11日，太平天国起兵于广西金田，20岁的石达开开始统率千军万马。太平军很快攻占永安州，12月，洪秀全分封诸王，石达开被封为翼王。在太平军的诸将领之中，石达开以善用智谋著称，用兵如神。曾国藩曰：“查贼渠以石为最悍，其诳煽莠民，张大声势，亦以石为最谲。”左宗棠则说石达开“狡悍著闻，素得群贼之心，其才智诸贼之上，而观其所为，颇以结人心，求人才为急，不甚附会邪教俚说，是贼之宗主而我之所惧也。”更有人盛赞他为绝代英物，是奇男子。同时，他的勇敢无畏，正直耿介和温厚性情也使他获得了太平天国军民的热烈拥戴。

太平军曾一度占据了半壁河山，定都天京，意气风发，令清朝统治者措手不及，狼狈不堪。可惜，他们胜利之下滋长的骄傲情绪，内部的争权夺利斗争断送了太平天国的大好前程。

传闻东王杨秀清功高盖主，意图篡位。洪秀全授意北王韦昌辉剪除杨秀清，韦昌辉大开杀戒，杀了杨秀清的家人、部下1000余人，是为“天京事变”。石达开等人回到天京，责韦昌辉杀人过多，要求洪秀全惩办。洪秀全乘机剿灭了韦昌辉的势力。此后，太平天国的事务全权委托石达开代理，但洪秀全已经不信任任何人，处处掣肘。石达开忠而被谤，信而见疑，一怒之下率领部属离开天京，自立门户，这成为太平天国由盛转衰的分水岭。

石达开随后转战湘、鄂等地，后攻入四川。离开了太平天国根据地，石达开虽富有军事才能，但终究孤掌难鸣，于1863年被围堵在大渡河畔，全军覆没。英雄即使失败了也依然是英雄，在大渡河与石达开对阵的王松林、许亮儒，都对他的英雄气概与仁义之风钦佩不已。在石达开死后，有关他的传说遍布他生前转战过的大半个中国。甚至数十年后，清末革命党从事反清活动时仍有人打着他的旗号，并通过诗歌、小说、绘画等各种媒介宣传他的英雄事迹，以“激励民气，号召志士，鼓吹革命”。

石达开秘藏宝藏

关于石达开的另一个传说是：在大渡河覆灭的前夕，石达开自知此役凶多吉少，于是把军中大量金银财宝埋藏在一个隐秘之处。传说，石达开当时还留有一张藏宝图，图上写有“面水靠山，宝藏其间”的隐语。

太平天国覆亡后，曾盛传南京天朝宫殿下埋藏有大量宝藏，曾国藩兄弟所率湘军更是对此深信不疑，城破之日对南京城进行了大肆搜刮，但是否曾找到大量宝藏至今不知。那么太平天国是否藏有大量宝藏，最后下落又如何呢？

宝藏的下落之谜

有人认为，太平天国在南京苦心经营十载，一直就有洪秀全窖藏金银财宝的传说，不可能是空穴来风。当时太平天国为了应付残酷的军事斗争，采取了所有公私财产都必须统一集中到“圣库”（即国库），人们生活必需品由圣库统一配给的制度，甚至规定百姓若有藏金一两或银五两以上的都要问斩。这种制度使得太平天国的财富高度集中，为窖藏提供了可能。特别是洪秀全建天朝宫殿时，是倾“全国”所有，掠夺各地宝物于宫内，这也证明了窖藏的可能性。后来李秀成在临刑前的供状中也说：“昔年虽有圣库之名，实系洪秀全之私藏，并非伪都之公币。王长兄（指洪秀全）、次兄（指杨秀清）且用穷刑峻法搜刮各馆之银米。”这就进一步说明，天京事变后

太平天国天王府花园

太平天国政权由洪氏嫡系掌管，“圣库”财富已成洪秀全的“私藏”，因而洪秀全窖藏金银的可能性极大。甚至有人推测，洪秀全进入天京后便脱离了群众，避居深宫，十年未出。如果没有其亲许，任何人都不能进入天王府，对其他异姓诸王更是猜忌日深。

天王府成为他唯一信赖和感到安全的地方，如果要窖藏的话，最有可能就在天朝宫殿附近或者天朝宫殿下面。

但是当年曾国荃讯问李秀成：“城中窖瘗（埋藏）金银能指出数处否？”李秀成并没有正面回答。在《李秀成自述》中，他曾委婉陈述“国库无存艮银米”“家内无存金艮银”，似乎否定了窖藏的说法。并且太平天国长期处于清军围剿之中，日常开支甚大，有没有可能剩余大量财物，留下宝藏呢？这也是值得怀疑的。

不过，不管怎样，破城之日，湘军四处掘窖金却是事实。曾国藩甚至还为此发布过“凡发掘贼馆窖金者，报官充公，违者治罪”的命令，他在给朝廷的奏报里也对此事毫无隐瞒，公然提出“掘窖金”的话。

然而湘军入城后不久，又流传开了曾国荃（曾国藩之弟）得窖金的说法。曾国荃的部队是最先进入天王府的，相传曾挖得洪秀全的藏金而入私囊，最终为毁灭证据，一把大火烧了天朝宫殿。

清人笔记中曾有记载，洪秀全的窖金中有一个翡翠西瓜是圆明园中传出来的，上有一裂缝，黑斑如子，红质如瓤，朗润鲜明，皆是浑然天成。这件宝贝最后落到了曾国荃手中。另有记载：“宫保曾中堂（指曾国藩）之太夫人，于三月初由金陵回籍（湖南），护送船只，约二百数十号。”如此多人，是护送窖金，还是其他重要物品？这也令人生疑。虽然曾国藩向同治帝所上的奏报中，否认了天王府有窖金之事，只说除了二方“伪玉玺”和一方“金印”，别无所获，但是也让人怀疑是不是曾国藩欺上瞒下挖到了窖金，并秘密据为私有了呢？

后来，南京民间仍旧流传着大量有关太平天国窖金的传说，如所传蒋驴、王豆腐致富的故事等。直到辛亥革命以后，还有军阀要掘太平天国窖金发财。这种种迹象似乎表明天京城内应有窖金。

也有人认为，其实天王府并没有被全部毁掉，有不少还未烧尽，当年的核心建筑“金龙殿”依然存在，百年来，从来没有对其地下进行过勘查。“金龙殿”下边说不定还藏有宝藏呢？

总的来说，太平天国是否有宝藏本身就是个谜；而曾国藩兄弟是否挖到了宝藏，并私吞了这些宝物也是个谜；至今“金龙殿”下面是否还藏有宝藏还是个谜。

大渡河畔的宝藏

据说，抗战期间，国民党四川省主席刘湘曾秘密调了1000多名工兵前去挖掘。在大渡河紫打地口高升店后山坡下，工兵们从山壁凿入，见到了三个洞穴，每穴门均砌石条，以三合土封固。但是挖开两穴，里面仅有零星的金玉和残缺兵器。当开始挖掘第三大穴时，为蒋介石侦知。他速派古生物兼人类学家马长肃博士等率领“川康边区古生物考察团”前去干涉，并由“故宫古物保护委员会”等电告禁止挖掘。不久，刘湘即奉命率部出川抗日，掘宝之事也就被迫中止。

除了大渡河边藏有宝藏的说法外，在重庆南川区铁厂坪民间也曾有石达开藏宝的说法。说是当年石达开西征途中路过南川，留下了一批宝藏，只要找到了一座名为“太平山”的位置，就能找到石达开宝藏。这些煞有介事的记载，让人觉得石达开藏宝好像确有其事。那么事实究竟如何呢?

在大渡河岸边的石棉县安顺村，当地流传着这样一个传说：石达开随军带了很多金银财宝，这些金银财宝被装到 7 个大棺材里，他派相当于一个连的军队负责埋藏。埋完宝藏后，这一个连的人被守在出口处的由 10 个人组成的小分队全部杀死了。然后，这 10 个人的小分队回去吃完饭后全部死去，而做饭的炊事员后来也被一支毒箭射死。所以宝藏究竟埋在哪里根本没人知道。

太平山中的宝藏

在重庆南川区鱼泉乡山王坪“太平山”，确实能看到一块岩石上刻有“太平山”三个字，字体是普通的楷书，用錾子凿成，每个笔画成麦穗形状。据南川区文物管理所的工作人员介绍，“太平山”三个字，“时间太久，已经风化了，无法考据出具体年代”。不过，据说这里曾是当年太平军铸造过兵器的地方，从相关遗址附近挖出过一些破碎的青花、粗瓷瓷片，鉴定结果是晚清时期的，大致是与太平天国时间吻合，但并没有任何文字记载这里确实为石达开驻军之地。石棉县文物局和南川文物局也都表示没有任何的史料记载可以证明辖区内有石达开的宝藏。双方的回答如出一辙："民间传说而已，文物部门没有为此展开过任何专门的研究工作，也没有任何相关记载。"

但也有学者认为，太平军全军覆没后，确实留下了两大悬案，其一是太平军数量巨大的金银财宝秘藏之地；其二是翼王剑不翼而飞。当然，还有专家认为太平军当时的境况根本不可能有大量的金银财宝，完全是在弹尽粮绝的状况下才全军覆没的。

通过以上分析来看，所谓的石达开藏宝仅源于民间传说，除此之外，并没有发现别的什么证据可以证明。不过，分析当时太平军的情况，就是真有藏宝之举，也不会有人知道。因为藏宝本来就极为秘密，而石达开所率余部后来基本全军覆灭，就更不会有人知道了。

第二十一章

慈禧太后的未解谜团

慈禧太后的出身之谜

……

在慈禧太后众多的谜案中，她的出生地在哪里，也就是她的身世究竟如何，是近年来最惹人注目，说法最多的历史之谜。

慈禧太后究竟出生于何地

1851 年咸丰皇帝诏选秀女，对中国历史产生重大影响的叶赫那拉氏——后来的慈禧太后被选入宫，封为兰贵人。1854 年又被封为懿嫔，两年后她为咸丰帝生下了皇长子载淳，从而晋封为懿妃。1857 年，她的地位再次得到提升，被封为懿贵妃，从此她在宫中的地位仅次于咸丰帝的皇后钮祜禄氏。由于得到咸丰帝的宠幸，叶赫那拉氏开始干预朝廷政事。咸丰皇帝死后，她夺得太后的权位，与钮祜禄氏平起平坐。这也标志着继唐代武则天成为中国古代历史上唯一的女皇之后，又有一位女性开始操纵中国的命运。

按清朝史书记载，慈禧太后出生于满洲镶蓝旗一个官宦世家，父亲名叫惠征。清宫档案《内阁京察册》（清政府对京官三年一次的考察记录）记载：惠征在道光帝早年一直担任吏部笔帖式，道光二十六年（1846年）调任吏部文选司主事。后因工作成绩突出，受到了皇帝的接见，并被外放。咸丰二年（1852年），调任安徽徽宁池太广道的道员。从慈禧太后父亲惠征的履历看，他曾先后在北京、山西、安徽等地任职。这就导致了慈禧太后出生地的多种说法。

另外，几乎没有任何文献记载过慈禧太后的出生地，因为谁也没料到这个出身普通官宦之家的女子，几十年后会成为执掌大清国朝政近半个世纪的圣母皇太后，所以慈禧太后的出生地也就成了难解之谜，有人说她出生在北京，有人说她出生在安徽芜湖，有人说她出生在甘肃兰州，还有人说她出生在浙江乍浦，也有人说她出生在内蒙古自治区呼和浩特。至于哪种说法准确，一直以来都没有一个确切的结论，因为任何一种说法都有看似合理的依据。

出生于北京说

持这种说法的学者认为慈禧太后出生于北京西单牌楼北劈柴（今辟才）胡同一带或者北京东城方家园。有关学者在清宫档案中发现了咸丰五年（1855年）慈禧太后的亲妹妹（也就是后来醇郡王奕譞的侧福晋，光绪皇帝的生母）被选为秀女的记录。其上明确记载：此女属满洲镶蓝旗，姓叶赫那拉氏，父亲名叫惠征，最高官职做到五品的道员。而按照京师八旗分城居住的规定，乾隆三十五年（1770 年），镶蓝旗满洲都统衙门在阜成门内华嘉寺胡同；到民国初年，镶蓝旗满洲都统衙门旧地在阜成门内华嘉寺 14 号，劈柴胡同距华嘉胡同很近。慈禧太后的父亲属于满洲镶蓝旗，应当住在劈柴胡同一带。因此有学者认为，咸丰五年（1855 年）之前，慈禧太后的娘家应该住在北京西单牌楼北劈柴胡同，慈禧太后的出生地也应该在这里。

慈禧太后像

慈禧太后的后人根据祖辈的口述，也确证慈禧太后诞生于此。另外，现代小说大家高阳在《清朝的皇帝》中记述："慈禧太后母家在东城方家园，父官至安徽徽宁池太广道，时当道光末年，洪杨起事，惠征守土无方，革职留任，旋即病殁，遗妻一，子女各二，慈禧太后居长。"也有的书上说："恭亲王曾慷慨言之：'大清天下亡于方家园'！"注云："方家园在京师东北角，为慈禧太后母家所在地。"从这些史料看，慈禧太后则可能出生于北京东城方家园。慈禧太后出生于道光十五年（1835年），这时慈禧太后的父亲还在北京任职，因此慈禧太后出生于北京的可能性较大。但是这种说法也只是一种猜测，由于进宫以前对慈禧太后的生平资料并没有留下什么记载，慈禧太后入宫时选秀女的“排单”至今还没有发现，因此并没有过硬的资料或者证据可以证明慈禧太后就出生在北京。

出生于安徽芜湖说

这种说法主要是根据慈禧太后的父亲惠征曾做过安徽徽宁池太广道的道员，道员衙署在芜湖，因此说她出生在芜湖。据说，慈禧太后善于演唱南方小曲，比如民国时期出版的《清朝野史大观》中就记载:“那拉氏者，惠征之女也，惠征尝为徽宁池太广道，其女生长南中，少而慧黠，缳艳无匹侪，雅善南方诸小曲，凡江浙盛行诸调，皆朗朗上口。”一些小说、影视中也多有这样一个情节，兰贵人（就是后来的慈禧太后）在圆明园桐荫深处唱一曲“女儿十八正当年”的缠绵小曲，咸丰帝听得如醉如痴，从而博得了宠爱。不过，这种说法还是比较勉强的，因为根据史书记载：惠征当徽宁池太广道道员是在咸丰二年（1852年）二月，正式上任是在同年七月。而慈禧太后已经在咸丰元年（1851年）入宫，被封为兰贵人；档案中还发现了兰贵人受到赏赐的赏单。惠征未曾到安徽上任，慈禧太后已经入宫了，不太可能出生于芜湖。再说，从慈禧太后会唱南方小曲，就说她出生在南方，不和北方人会唱黄梅戏就说她生在安徽一样滑稽吗？所以，认为慈禧太后出生在安徽芜湖纯属无稽之谈。

出生于甘肃兰州说

这一说法源于慈禧太后的父亲惠征曾任过甘肃布政使，传说慈禧太后就出生在兰州八旗马坊门（今永昌路179号院）。不过专家们经过查阅文献、档案，认为这种说法恐难成立。

出生于浙江乍浦说

1993年8月22日某报刊登了一篇不足三百字的报道："史界新发现，慈禧太后生于浙江乍浦。"文中说，慈禧太后的父亲惠征，在道光十五年至十八年（1835~1838年）间，曾外放到浙江乍浦，任正六品武官骁骑校，而慈禧太后正是在这一时期出生，所以她的出生地是"浙江平湖市乍浦城内的满洲旗下营"。该报道还举证说：在现今的浙江乍浦老人中，仍有种种关于慈禧太后幼年的传说。单从时间上来看，这种说法是可信的，因为慈禧太后的确出生于道光十五年（1835年）。但是，一些学者查阅清朝考核官员的档案记载却发现道光十四年官员考核时，惠征被定为吏部二等笔帖式，三年后又被作为吏部笔帖式进行考试，可见这时惠征在北京做吏部笔帖式，为八品文官。可见，说慈禧太后出生在乍浦，是不恰当的。因为，如果惠征这几年确实在乍浦为官的话，他将从一个京城八品以下的二等文官，忽然连升几级，成了正六品的武官，这实在不合常理。再说，正六品武官怎么会一下子又降回到八品文官，并且没有任何原因，显然，这一说法存在许多破绽。

出生于内蒙古自治区呼和浩特说

这一观点的依据是慈禧太后的父亲惠征曾任过山西归绥道的道员，归绥道驻地在归化城就是今天的呼和浩特市。传说，慈禧太后就出生在呼和浩特市的落凤街，她小的时候还常到归化城边玩耍。可是，据文献记载，惠征任山西归绥道道员时是道光二十九年（1849 年）左右的事，可那时慈禧太后已经 15 岁，正在宫中参与选秀女，所以慈禧太后不可能出生于归化城。不过，说慈禧太后随父回归化城住过，倒是可能的。并且从礼法角度讲，慈禧太后的母亲也不可能从大老远的北京回娘家生孩子。所以，说慈禧太后出生在今呼和浩特市是没有根据的。

出生于山西长治说

近年，关于慈禧太后的出生地又出现了一种新的说法，即山西长治。一段时间以来，这种说法相当盛行，并且得到了许多相关学者的认可。

据山西长治人传说，慈禧太后不是满族人，生父也不是惠征，她是地地道道的汉族女子，在长治出生并度过了自己的童年。据说，她原是山西省潞安府（今长治市）长治县西坡村王增昌的女儿，名叫王小慊。王家极为穷困。母亲病死后，年仅四岁的王小慊被卖给上秦村宋四元家，并改名为宋龄娥。可是，没过几年，宋家又遭遇灾难，王小慊又被卖给了潞安府知府惠征家。惠征夫人见王小慊模样俊俏，又聪明伶俐，非常喜欢她。有一次，惠征夫人无意中还发现王小慊的双脚心各长一个贵痣，认为她是大福之人，就收她为养女，改姓叶赫那拉，更名玉兰，归为满族。知府还为玉兰在府署后院专设了书房，供她读书。

咸丰二年（1852年），玉兰被选入宫，后来还当上了皇太后。由于清廷严禁满汉通婚，违者满门抄斩，因此惠征及其家人不敢向外泄露半句，慈禧太后的真实身世也就不为世人所知了。

百余年来，在长治县西坡、上秦两村及附近村落一直流传着慈禧太后是本地人的说法。为此，上秦的宋家还曾联名写信，要求政府调查澄清这件事。中国人民大学历史系杨益茂教授在《慈禧太后童年应当考订清楚》一文中写道："在这些成果中，我认为最值得注意的是近百年来流传不息的口碑史料。并且，山西省长治地区那两个村子里的人也都口口声声地说慈禧太后就是他们那的人，而且不因慈禧太后名声不佳或历史政治批判所湮没，这实在是一个值得重视的问题。如果说解谜的话，应首先解开这个口传史料之谜。"

王家从乾隆五十九年（1794年）一直记录到现在家谱上，也明确有"王小慊后来成为慈禧太后"的记载。当地还盛传，在西坡村外边的山脚下，还有据说是慈禧太后生母的坟。坟前有碑，原来是木碑，后来竖立石碑。在上秦村关帝庙后，至今还保存着一处娘娘院，据说是慈禧太后入宫前住过的院落，一直保存至今。宋家还祖传有光绪年间清廷特制皮夹式清朝帝后宗祀谱（简称“皮夹子”）。据有关学者考证，皮夹子“与清廷宫规相符，显然是皇家之物，并非假造。在普通老百姓之家发现这种物件，必然有其缘由，值得重视”。

在上秦村宋家的土炕上，还曾刨出了慈禧太后给宋家的信，从中可以看出慈禧太后与宋家的关系及慈禧太后的身世等方面的一些情况。另外，上秦村宋六则家还祖传有慈禧太后寄（送）给宋家的单身照片。慈禧太后如果不是长治人，宋家又怎么会出现这些“宝物”呢？

据考证，慈禧太后酷爱长治一带的食品，如沁州黄小米、壶关醋、襄垣黑酱、酸菜，尤其爱吃团子。据说，慈禧太后当上皇太后后，还专门请了一个长治厨师给她做团子。特别是慈禧太后还会唱长治地区的上党梆子，而这种戏曲不但地方性强，很难懂，也从没有走出过本省。据说，在她六十大寿时，还专门请长治壶关一个叫“十万班”的戏班，为她唱这种戏。作为太后的慈禧，不但能听懂还会唱，如果她不是长治人就太让人奇怪了。

一些资料还表明，慈禧太后对满文知之甚少，批改奏折基本都是用汉文。慈禧太后还是小脚，有满族后裔回忆：“慈禧太后的脚不是我们满族人的那种大脚，是缠过又放开的那种。”我们知道满族女子都是天足，而慈禧太后缠过足，也见证了她可能是汉族女子。

一些学者还从慈禧太后极不尊敬惠征夫人以及相关亲戚等认为，慈禧太后不是惠征夫妇的亲生女儿。并从她关心农事，喜欢乡下风景，对山西的官员比较袒护等细节来佐证她是出身长治贫苦农村的汉族女子。

也有的学者认为，“慈禧太后是汉家女”的说法不仅破解了一些清末历史中的难解之谜，也为合理解释慈禧太后的某些行为提出了依据，从而为史学家研究慈禧太后打开了一个全新的视角。

比如一些学者就认为，慈禧太后年纪轻轻就发动“辛酉政变”，处理了肃顺等八大臣，并且执政后敢于打破清廷的常规，大胆启用汉臣，如曾、左、李、张等。她这种敏锐、果敢的政治素养，没有满、汉之分的成见，不大可能出自养尊处优的清朝贵族，而更有可能得益于她出身汉族贫寒家庭、幼失怙恃、备尝艰辛的生活经历和磨炼。这种说法从另一个侧面反证了慈禧太后出身于长治农家的可能。

慈禧太后出生于山西长治的说法，在长治可谓众口一词。对此，当地有关部门进行了长期的研究和大量资料的论证，长治市还专门成立了“慈禧太后童年研究会”。这种说法也引起了许多专家学者的重视，如今流传深广，影响巨大。

但是持否定态度的学者也大有人在，这些人认为，王家的家谱不是原来的家谱，是后来抄的，“这只是后人所为，是什么人所加，根据是什么都不知道”，因而不足为凭；所谓慈禧太后写给宋家的书信残片，经考证，字迹不像是慈禧太后的；全信的内容更是支离破碎，仅剩下了45个字，而由“山西说”的学者按自己的意思增加上去的就达118个字，并且关键性的字是加上去的，所以可信度很低；所谓的皮夹子，确实制作于清光绪年间，但是说持此皮夹者应为高级官员和皇亲国戚则不一定，由这个皮夹子而推断宋四元夫妇为慈禧太后亲生父母也缺乏根据；经有关专家考证，在相关的时间内，历任潞安府的知府共有七个人，但是没有惠征，那么既然惠征没有在山西潞安府做过官，慈禧太后怎么会在潞安府被卖到惠征家呢？显然在这些疑窦没解开之前，“山西长治说”也只能作为一种重要的说法存在，也非定论。

从上面的分析可以看出，慈禧太后的出生地究竟是什么地方，身世究竟如何，是出身满族的千金，还是山西长治的贫穷汉家女子，至今仍然没有定论。在这种种说法中，以“北京”和“山西长治”两种说法的可能性最大，而这两个中又究竟是哪个呢？我们还需拭目以待看有没有新的证据出现。

慈禧太后因何而获宠

……

无论慈禧太后出生于何地，可以肯定的是，她只是一个五品道员的女儿，没有高贵的血统可言。同时，她入宫之后，也仅仅是贵人而已，这在后宫七级嫔妃中只能排在第五等。为什么慈禧能够在短时间内迅速崛起？她究竟有何吸引到咸丰帝的魅力？

身份卑微的慈禧

清朝咸丰二年（1852 年），皇太后为咸丰皇帝挑选秀女。经过层层遴选，17 岁的那拉氏幸运地被选中了。于是，她走进了日思夜想的北京紫禁城。进宫后，那拉氏被选为贵人。宫中人称“兰贵人”。

三个月后，兰贵人入住长春宫。这长春宫的正殿高悬着乾隆帝的御笔匾额，上书“敬修内则”四个遒劲有力的大字，似在告诫后宫妃嫔要严格遵照祖宗家法行事，谨慎地规范自己的一切言行。在有清一代，对后宫的妃嫔制定了严格的等级限制：自皇后以下的妃嫔共分七级，第一级是皇贵妃，第二级是贵妃，第三级是妃，第四级是嫔，第五级是贵人，第六级是常在，第七级是答应。以上统称内廷主位。

当时，慈禧只被封为贵人，是第五级的嫔妃。可以说，她在后宫的嫔妃中，品级低下，身份卑微。慈禧对她这个地位，自然很不满意。然而，仅仅过了两年的时间，她就被晋封为懿嫔；再过了两年，她被晋封为懿妃；又过了一年，她被晋封为懿贵妃。也就是说，只经过短短五年的时间，慈禧便由第五级的兰贵人跃升为懿贵妃了。此时，年仅 22 岁的慈禧已经成为仅次于皇后的后宫女主人了。那么，年轻的慈禧为何能在美女如云的后宫中脱颖而出？她究竟是靠什么功夫获得咸丰皇帝的宠幸而独霸龙床的呢？

风姿绰约，慈禧脱颖而出的本钱

众所周知，皇帝后宫争宠之战历来云谲波诡，风云变幻。咸丰皇帝好色成性，后宫不仅佳丽无数，而且等级森严。当时，在咸丰的后宫中，皇后之下还有一个皇贵妃、两个贵妃、四个妃子、六位嫔，贵人、常在、答应则无定数。而此时，咸丰还挑选数十名年轻貌美的汉女佳丽入住圆明园，最让他心仪的就是人们所说的四春。“文宗渔色，于圆明园隅，暗藏春色，谓之四春，世竞传之。”这四春就是牡丹春、海棠春、杏花春、武陵春。她们原来都是良家女子，被逼迫而走入圆明园的。除四春之外，咸丰还钟情于一位曹寡妇。这位来自山西的寡妇，长得美妙绝伦，特别是一双小脚，不到三寸。她的鞋也与众不同，鞋底是菜玉做的，内衬香屑，鞋尖缀着光彩夺目的明珠。入宫后，“咸丰帝最眷之”。年轻的慈禧要在这六宫粉黛中脱颖而出，独霸龙床，实在是难上加难。

当然，慈禧年轻时也是一位美人。慈禧晚年常常炫耀说，年轻时宫里人都说她长得漂亮，大家都忌妒她。做过慈禧近两年女侍官的德龄，在她的书中如此描绘慈禧的外貌：“太后当伊在妙龄时，真是一位风姿绰约、明媚鲜明的少女，这是宫中人所时常称道的；就是伊在渐渐给年华所排挤，入于老境之后，也还依旧保留着好几分动人的姿色咧！”

曾与慈禧朝夕相处九个月的美国女画家卡尔在《慈禧写照记》中写道：“慈禧太后身体各部分极为相称，美丽的面容，与其柔嫩修美的手、苗条的身材和乌黑光亮的头发，和谐地组合在一起，相得益彰。太后广额丰颐，明眸隆准，眉目如画，口唇宽度恰与鼻宽相称。虽然其下颌极为广阔，但丝毫不显顽强的态势。耳轮平整，牙齿洁白得如同编贝。嫣然一笑，姿态横生，令人自然欣悦。我怎么也不敢相信她已享69岁的大寿，平心揣测，当为一位40岁的美丽中年妇女而已。”

施之无效的伎俩

虽然，年轻的慈禧美丽动人，雪明花艳，但是，受封为兰贵人之后的慈禧，并没有成为独宠专房的后宫嫔妃。当时，受到咸丰宠幸的有三人，一是天生丽质的云嫔，二是温顺柔媚的丽贵人，三是丰姿绰约的玫常在。云嫔武佳氏早在咸丰还未当皇帝之前就是他的宠妾了，不仅美貌超群，而且与咸丰的情谊深厚，咸丰称帝后对她宠眷不衰。丽贵人、玫常在和慈禧同年选秀入宫。丽贵人艳若桃李，美如西施，撒娇弄嗔起来，竟让咸丰神魂颠倒，不能自持。而玫常在徐桂氏聪明伶俐，心机过人，每次被召幸，总能带给咸丰新鲜和刺激，是咸丰帝的最爱，不久把她晋升为贵人，与慈禧平起平坐了。

此时的慈禧尽管每天都将自己装扮得俏丽可人，等待着咸丰的临幸。但是，总是等不到咸丰的到来。她环视后宫，自己并不是最美的，也不是最娇媚的，如果要集三千宠爱于一身，必须改变吸引皇帝的策略。于是，她听从了宫女的建议，每日饮“驻香露”，使自己渐渐玉体溢香；她听从了御医建议，用鸡蛋清敷面，让皮肤柔软有弹性；她让近侍从宫外采来人奶，天天用人奶沐浴，不久后通体细滑白嫩，肌肤宛如初生婴儿；用宫中特制的玉容散化妆，使面容珠圆玉润。由于保养有方，慈禧渐渐少了刚入宫时的那份青涩，多了一份成熟女人的风韵和妩媚。

在不断提升女性魅力的同时，还是兰贵人的慈禧开始主动与咸丰宠幸的嫔妃们竞争起来。她贿赂宫女太监，指使他们陷害此时圣眷正隆的玫贵人，让咸丰误以为玫贵人在慈禧的点心里下毒。于是，咸丰一怒之下将玫贵人降为常在，再降为宫女。不久，慈禧又用蛊惑罪陷害云嫔，结果云嫔被打入冷宫，又气又急，不久后悬梁丧了芳魂。而丽贵人一直是个聪明的女人，慈禧的所有伎俩在她面前都不管用，咸丰对她的宠幸有增无减，慈禧只好等待时机。

见缝插针的手段

咸丰四年，丽贵人身怀六甲，咸丰为了保住龙种，让丽贵人安心养胎，只好远离了丽贵人的身边。这让慈禧等到了难得的机会。一夜不临幸女人就心神不宁的咸丰急于找到丽贵人的替身，于是，颇具风韵，且善解人意的兰贵人进入了他的眼帘。《清稗类钞》也说慈禧："有机智，遇事辄先意承旨，深嬖之。"《慈禧外记》记道："以己之聪明智慧，遂蒙帝宠。"与手握生杀大权的皇帝相伴，要想获得宠幸，善于揣摩皇帝的深层思想是必备的能力。那拉氏正具有这一特殊的能力。《十叶野闻》记载了咸丰临幸那拉氏的情景："当文宗（咸丰帝）初幸慈禧之日，颇有惑溺之象，《长恨歌》中所谓‘春宵苦短日高起，从此君王不早朝’者，仿佛似之。”两年之后，慈禧从贵人被晋升为懿嫔，在她独霸龙床的人生目标上迈进了一大步。

提高素养，吸引帝王

为了独霸龙床，圣眷不衰，慈禧还学习书法绘画，以取悦咸丰。慈禧天分极高，在圆明园居住时，“因日习书画以自娱，故后（慈禧）能草书，又能画兰竹。”有的史料说她，“书法端腴”，有的史料记载她，“先入宫，夏日单衣，方校书卷”。咸丰帝寄情声色，懒于国事。有些奏章，就让慈禧代阅，甚至代批，“时时披览各省章奏，通晓大事”。《慈禧传信录》中说：“时洪杨乱炽，军书旁午，帝有宵旰劳瘁，以后书法端腴，常命其代笔批答章奏，然胥帝口授，后仅司朱而已。”但是，清朝皇帝一般不准后宫参与政事。时间一久，“帝浸厌之”。一旦发现咸丰不满，慈禧便急流勇退，“后亦敛迹”，马上蛰伏起来。善观风色的慈禧，能相机行事，知道进退。

因此，咸丰十分迷恋慈禧，时常召幸。慈禧终于在入宫四年时，即咸丰六年（1856年）三月二十三日诞下了皇子。这是咸丰帝唯一的儿子，是为载淳。母以子贵，那拉氏的地位发生了急剧的变化。《清皇室四谱》记道：“六年三月生皇子，是为穆宗（同治帝）。旋诏晋懿妃，十二月行册封礼。七年十二月晋懿贵妃。”但由于备受宠幸，且诞育了皇子，她的实际地位已在皇后之上了。就这样，此时的慈禧不想独霸龙床也不可能了。

她害死了慈安太后吗

……

正当盛年的慈安太后死得突兀，人们没有任何思想准备。因此，她死的当时，就产生了很多流言。有的说是被人谋害的，有的说是吞物自杀的，也有的说是正常死亡的。在流言中，谋害慈安的凶手就是慈禧了。慈禧谋害慈安的记载，在野史、笔记中流传甚广，几成泛滥之势。我们应该如何看待这些流言呢？到底是不是慈禧谋害了慈安呢？

安德海之死，矛盾的激化

同治、光绪两朝初年，慈安、慈禧两太后先后两次垂帘听政。慈安太后性喜清静，对政治权力不是很感兴趣。而慈禧太后则不同，辛酉政变后，她的权力欲不断膨胀，参与朝政，处处揽权。但是慈安太后居慈禧太后之上，手上握有咸丰帝临终授予的“御赏”印，对慈禧太后还是有很大限制的。不过，在两人的长期相处过程中，两位太后并没有出现什么大的矛盾。但是，同治八年慈禧太后宠监安德海之死，被认为是两位太后之间矛盾的集中体现。

安德海是慈禧太后十分宠信的太监，辛酉政变时，他受慈禧太后派遣，往来于承德和北京之间，与恭亲王奕䜣秘密联络，为政变的成功立下了汗马功劳，此后更是极得慈禧太后赏识。

安德海自恃慈禧太后娇宠，气焰嚣张，行为跋扈。皇宫上下，从王爷、军机大臣、嫔妃、公主，到小太监和宫女们，无不畏其三分，这引起了慈安太后的极大不满。到了同治八年（1869 年），安德海奉慈禧太后私令，到江浙一带采办龙衣。安德海乘船顺运河南下，龙旗招展，铺张声势，宛如天子出巡一般。他还沿途搜刮民财，招摇滋事，激起了极大的民愤。行到山东时，山东巡抚丁宝桢以假冒圣命的名义将其逮捕。

原来按照清初制度，太监不得出宫门，更没有让太监出外采办之先例，所以丁宝桢逮捕他名正言顺。丁宝桢的这一手出乎慈禧太后意料，使她陷入被动，因为她出面保护安德海，就说明她违反祖制，于常理不合。而慈安太后早就对安德海大为不满，抓住这个好机会，趁机召开军机大臣及内务府总管等议安德海之罪，并下令将安就地正法。

慈禧太后拖延了数日，终因众议愤然，还是被迫下发了谕旨。安德海之死暴露了两宫太后之间的矛盾，使慈禧太后更深切地感到，慈安太后是自己进一步控制大权的障碍。

慈安太后小病猝死

光绪七年（1881 年）三月十日，慈安太后偶患感冒，微疾小恙，根本就没有引起大臣的注意。谁料，当晚却传出了病故的消息。慈安太后小病猝死，年仅四十五岁，这自然引起了人们对其死因的猜疑。不少野史和民间传说更是不约而同地把矛头指向了慈禧太后，认为是慈禧太后害死了慈安太后。所以，关于慈安太后之死，世上流传着多种说法。

慈禧太后毒杀慈安

相传，咸丰帝死前，就觉察到慈禧太后是一个不法乱政、野心勃勃的女人。因此，他特别密授慈安太后朱谕，嘱咐她如果自己死后，慈禧太后恃子为帝，胡作非为，就以此谕将其除掉。咸丰帝死后，慈安太后曾把密谕拿给慈禧太后看，以示警醒。密谕的存在，让慈禧太后惶恐不安，办事谨小慎微，不敢胡作非为。对慈安太后更是言听计从，百般讨好。在慈禧太后的蒙骗下，慈安太后放松了警惕，并在一次同宴后，当着慈禧太后的面将遗诏烧毁。不久，慈禧太后派人给慈安太后送去了几样小点心，慈安太后吃后就中毒而死。

诛杀安德海，慈禧怀恨在心

还有一种说法是慈安太后下令诛杀安德海让慈禧太后怀恨在心，因而决意铲除她专权道路上的绊脚石，就密令太医用不对症之药，将慈安太后害死。后世的史学家也有相信此说的，明清史专家商鸿逵先生就认为：安德海为慈安太后下令杀掉，慈禧太后由此痛恨慈安太后，所传慈安太后因食慈禧太后所献食物暴死，“揆诸情由，当属可信”。《清朝野史大观》也载：“或曰慈禧太后命太医院以不对症之药致死之。”

尚不可知的真正死因

根据以上野史传闻以及史学者的推断或许可以得出这样的结论——慈安之死慈禧太后有着难以推脱的嫌疑，可是，正史上对这件事却并无记载。不过从有关的文件记载看，慈安太后之死确实异常：慈安太后三月初十感冒，非常想喝点什么，然而当晚就传出了病亡的消息。据说当时慈安太后头疼厉害，早上喝了一顿药；中午时已经神志不清，牙关紧闭；晚间只开了一些喝的药，但慈安太后已经进入了弥留状态，不能喝药了，当晚就离开了人世。从发病到死亡如此之快，确实令人不解。

当然，也有人认为慈安太后与慈禧太后共同垂帘听政达 20 年之久，二人的根本利益是一致的，慈禧太后没有必要害死慈安太后，慈安太后可能是患了脑出血等急性病去世了，与慈禧太后并没有什么关系。

总之，慈安太后之死涉及深宫隐秘，除当时的大臣、书法家翁同龢的日记外，没有发现还有什么资料对慈安太后的死因有记载的。退一步说，如果真是慈禧太后害死了慈安太后，她必定会销毁一切罪证。不过，按常理猜测，以慈禧太后的阴险和狡诈，为了大权独揽害死慈安太后的可能性极大，但是在没有确凿的证据发现之前，这也只是一种合理的猜测，毕竟历史疑案的破解终究是需要充分证据的。

缘何逼死珍妃

……

1900年八国联军进攻北京，慈禧太后携光绪帝出逃，行前，令人将珍妃推入乐寿堂后井中溺死。可是，慈禧太后缘何逼迫珍妃堕井？珍妃堕井的真相究竟怎样？长期以来流传着多种说法，令人真假莫辨。

恳请皇帝留京引祸端

珍妃，他他拉氏，满族镶红旗人，礼部侍郎长叙之女。光绪十四年（1888年）十月选为珍嫔，光绪二十年（1894年）春因慈禧太后六旬庆典，晋封珍妃。珍妃是光绪帝一生中唯一宠爱的妃子，也是唯一一个给光绪帝无助和压抑的生活带来阳光和喜悦的女人。1898年戊戌政变后，光绪帝被囚于瀛台，珍妃也受到牵连，被囚禁于紫禁城东北部的北三所。

关于慈禧太后逼死珍妃的一种说法是因珍妃请求“皇上留京”，触怒了慈禧太后，被慈禧太后下令扔进了井里。八国联军侵入北京后，慈禧太后胁迫光绪皇帝离京西逃。珍妃从北三所中放出来后，跪求慈禧太后将皇帝留在京城，主持朝廷的正常事务。慈禧太后大怒，以“扰乱后宫，不守本分”为名，令太监崔玉贵把珍妃推入了井中致死。曾为溥仪当过英文教师的庄士敦就认可这种说法，他曾写道：“珍妃曾跪在冷酷无情的太后面前，乞求她不要强迫皇帝随其出走。珍妃是皇帝最宠爱的妃子，她知道他愿意并渴望留下，去面对联军的司令官们……据说太后没有给跪在面前恳求她的珍妃任何回答，而是对她的随从太监勃然大怒，命他把泪流满面的妃子扔进井里。”

为保贞节逼自尽

另一种说法是慈禧太后以贞节观为由，逼珍妃自尽，珍妃不愿，慈禧太后便命令太监把她扔进了井里。

珍妃之死的见证人，原清宫太监唐冠卿曾这样回忆：

庚子七月十九（1900年8月12日），八国联军攻进北京，宫中一片恐慌。太监总管崔玉贵率领快枪队四十人守在蹈和门，我率领四十人守在乐寿堂。中午的时候，我在乐寿堂后门休息，突然看到慈禧太后从内殿出来，身旁并没有随侍的人陪伴。我想她可能要到颐和轩，于是就上前去扶她。走到乐善堂右边，太后又沿着西廊走，我感到很惊讶，就问她：“老佛爷到什么地方呢？”她说：“你不用问，随我走就行了。”

到了角门转弯处，她对我说：“你到颐和轩走廊上守着，如果有人偷看，就打死他。”我正吃惊，崔玉贵来了，扶着太后走出角门向西走去。我私下想，她不会是殉难的吧！但不敢开口问。

一会，听见珍妃来了。她向太后请了安，并祝老佛爷吉祥。太后说：“现在还成话么，义和团捣乱，洋人也进入北京了，该怎么办呢？……”

接下来几句，声音太小，我辨认不出说的是什么。忽然又听到太后大声说：“我们娘俩跳井吧！”

珍妃哭着求太后开恩，并说：“我没有犯重大罪。”太后说：“不管有无大罪，难道我们留下遭受洋人的毒手吗？你先下去，我也下去。”

珍妃不停地叩头请求太后开恩。接着又听到太后叫崔玉贵，就听到崔玉贵说：“请主儿遵旨吧。”珍妃说：“你算什么人，也逼迫我？”崔玉贵说：“主儿下去，我也下去。”珍妃怒曰：“你不配。”

我听到这里，已木立神痴，不知所措。突然又听到太后大声喊道：“把她扔下去。”然后听到有挣扎扭动的声音，过了一会，听到“砰”的一声响，想来珍妃已经落到井里了。

唐冠卿作为清廷太监，应该说是最接近珍妃之死现场的人，这种说法相对比较可信。

二合一的说法

金易、沈义羚著的《宫女谈往事》中，“崔玉贵谈珍妃之死”一节对珍妃之死的叙述，与上面两种说法十分接近，基本上是将二者合一，大致是这样的：

慈禧太后在出逃前，已经深思熟虑要逼珍妃自尽，当珍妃被带到颐和轩后，有这样一段对话（注：因为是宫女转述崔玉贵所说，这里是崔玉贵说的话）：“到了颐和轩，老太后已经端坐在那里了。我进前请跪安复旨，说珍小主奉旨到。

我用眼一瞧，颐和轩里一个侍女也没有，空落落的只有老太后一个人坐在那里，我很奇怪。珍小主进前叩头，道吉祥，完了，就一直跪在地下，低头听训。这时屋子静得掉地下一根针都能听得清楚。老太后直截了当地说，洋人要打进城里来了。外头乱糟糟，谁也保不定怎么样，万一受到了污辱，那就丢尽了皇家的脸，也对不起列祖列宗。你应当明白，话说得很坚决。老太后下巴扬着，眼连瞧也不瞧珍妃，静等回话。

珍妃愣了一下说，我明白，不会给祖宗丢人。

太后说，你年轻，容易惹事！我们要避一避，带你走不方便。

珍妃说，您可以避一避，可以留皇上坐镇京师，维持大局。

就这几句话戳了老太后的心窝子了，老太后马上把脸一翻，大声呵斥说，你死到临头，还敢胡说。

珍妃说，我没有应死的罪！

老太后说，不管你有罪没罪，也得死！

珍妃说，我要见皇上一面。皇上没让我死！

太后说，皇上也救不了你。把她扔到井里头去。来人哪！

就这样，我和王德环一起连揪带推，把珍妃推到贞顺门内的井里。

珍妃自始至终嚷着要见皇上！最后大声喊，皇上，来世再报恩啦！

我敢说，这是老太后深思熟虑要除掉珍妃，并不是在逃跑前，心慌意乱，匆匆忙忙，一生气，下令把她推下井的。”

这一记载如果确实是出自崔玉贵之口，那么显然是最接近历史真相的，就是慈禧太后在西逃前，逼死了珍妃，珍妃也确实曾请求让皇帝留下主持大局。

不随西行惹怒火

还有一种说法是珍妃因为当时患天花，请求不随慈禧太后西行，慈禧太后十分恼怒，把她淹死在井里。

据太监小德张过继孙张仲忱在《我的祖父小德张》一文中回忆：当年八国联军进城后，慈禧太后来到了御花园旁，在养心斋前换上了便装。各宫妃嫔陆续到来，光绪帝也由瀛台过来，换上了青衣小帽。

这时，慈禧太后命人把珍妃叫来，让她换好衣服一起走。不大一会儿，珍妃披散着头发，穿着旗袍走过来。慈禧太后大怒说：“到这时候了，你还装模作样，洋人进来，你活得了吗？赶紧换衣服走！”

珍妃说：“皇阿玛，奴才面出天花，身染重病，两腿酸软，实在走不了，让我出宫回娘家避难去吧！”

慈禧太后不同意，仍然叫她走，珍妃跪在地上就是不走。慈禧太后大为恼怒，回过身来大喊一声，叫太监崔玉贵把珍妃扔进了井里。

不让西行致死说

最后还有一说，出自《我所知道的慈禧太后》一书。这本书是慈禧太后的亲属叶赫那拉·根正所写，书中对珍妃之死经过是这样叙述的：

由于珍妃聪明而又漂亮，非常有才干，仿佛就是年轻的慈禧太后，也因此慈禧太后实际上十分喜爱珍妃。后来由于珍妃通过关系从外国人手里买了照相机，在宫中乱照相，并且穿的衣服在当时看来很失体面。慈禧太后当时对照相机缺乏认识，认为是妖术，邪术；珍妃爱穿男人衣服，也让慈禧太后不能理解。因此，慈禧太后与珍妃之间有了隔阂，但慈禧太后并没有因此而有加害珍妃之意。

八国联军攻进北京后，慈禧太后决定西行，可是西行带不了那么多人，便决定带上皇帝和隆裕皇后一起走，而其他的一些亲属都暂回娘家躲一躲，妃子也不例外。

然而，在这紧要时刻，珍妃一直缠着慈禧太后说：我是光绪帝的妻子，我也要跟着去，您有偏见，皇后是您的侄女，所以您偏心。

这让慈禧太后十分难堪，大清国，包括皇帝在内，也从来没有人敢顶撞她。

随后，珍妃一直跟着慈禧太后叙说自己的理由，走到了颐和轩附近，不死心的珍妃又说：我是光绪帝的妻子，就要跟皇上在一起，不在一起，宁愿死。活着是皇家人，死了是皇家鬼。慈禧太后一听更加生气，现在是什么时候了还大吵大闹的，就随口说：“你愿意死就死去吧。”

当时说话不远处正好有一口井，珍妃就说，既然这样，我就死给你看。于是就直奔井口而去。慈禧太后一看不妙，赶忙叫太监崔玉贵去拉住她，但已来不及了，珍妃已跳下了井。由于情况危急，太后来不及管她，就西行去了。

由于该书为慈禧太后亲属所著，这种说法明显带有为慈禧太后开脱的意味，真实性很值得怀疑。

在以上五种说法中，前四种说法较为可信，可是在当时的情况下，慈禧太后究竟为何非置珍妃于死地，是深思熟虑后的谋杀，还是一怒之下的冲动？至今仍是个莫衷一是的历史之谜。

慈禧太后是否害死了光绪帝

清光绪三十四年十月二十一日（1908 年 11 月 14 日），被慈禧太后囚禁十年之久的光绪帝，于中南海瀛台涵元殿崩逝，年仅 38 岁。令人奇怪的是，次日中午慈禧太后也于中南海仪鸾殿病逝。光绪帝正值壮年，怎么突然就去世了呢？光绪帝与慈禧太后相继去世，间隔不过一天，这仅仅是巧合吗？

光绪帝中毒身死

清光绪三十四年（1908 年）十月二十一日，光绪帝崩逝，年仅 38 年。《清史稿》载："癸酉，上疾大渐，崩于瀛台涵元殿。"意思是说光绪帝是病死的。不过清末名医桂庭在所写的《诊治光绪皇帝秘记》一书中却有不同的记载：光绪帝临死前三天，曾在床上乱滚，并且肚子疼痛难忍，脸颊发暗，舌头又黄又黑，似乎有中毒的迹象。那么光绪帝真的是中毒而死吗？

1980 年，清西陵管理处对清光绪帝及隆裕皇后所葬崇陵棺椁（于 1938 年被盗）进行了清理并重新封闭，而光绪及隆裕皇后的头发被移至棺椁外，保存在清西陵管理处文物库房。

光绪皇帝的遗骨犹在，随着科学技术的发展，通过尸体检测来揭开真相，越来越成为可能。2003 年，中央电视台清史纪录片摄制组、清西陵文物管理处、中国原子能科学院反应堆工程研究设计所和北京市公安局法医检验鉴定中心四个单位开始共同合作，组成"清光绪帝死因"专题研究课题组。课题组运用侦查破案的思维方式，根据信息的产生、传递、处理、还原、应用等原理，充分利用"中子活化""X 射线荧光分析""原子荧光光度""液相色谱 / 原子吸收联用"等一系列现代专业技术手段，通过开展综合分析、模拟实验、双向推理、多维论证等多项工作，对清西陵保存的光绪头发、衣物、遗骨以及墓内外环境进行反复的检验和缜密的分析研究。在经过五年研究之后，2008 年 11 月 2 日，课题组对世人公布确证"光绪帝系砒霜中毒而死”这一结论，但学术界仍提出异议。

如果光绪帝是中毒而死，那么谁又是凶手？有人认为以当时的条件、环境而论，如果没有慈禧的主使和授意，谁也不敢也不能下手毒杀光绪，而且慈禧又有谋害光绪的动机，因而，慈禧就是毒杀光绪的凶手。

皇帝与太后之间的矛盾

这还要从光绪帝与慈禧太后之间的矛盾说起。众所周知，戊戌变法失败后，以慈禧太后为首的顽固派重新把持了所有朝廷大权，改良派人士或遭屠戮或被通缉，光绪帝更是被囚禁于中南海瀛台，成了徒存虚名的皇帝。

但是，维新派在地方上的影响依旧存在，在名义上，光绪

瀛台 清

戊戌政变后，慈禧太后下令将光绪帝囚禁在北京城内中南海的瀛台。

帝依旧是皇帝，而他比慈禧太后年轻30多岁，慈禧太后一死，很有可能重新归政于他，到那时东山再起的光绪帝必定会对顽固派进行打击和报复。

并且，戊戌变法得到了许多国家的关注和同情，相对于行将就木并且保守的慈禧太后，列强们似乎更希望由年轻而又开放的光绪帝当政，所以光绪帝只要名号仍在，他所具有的巨大影响力就不容忽视。正是看到了这种潜在的威胁，从有关记载看，慈禧太后囚禁光绪帝后不久，就有意谋害或者废掉光绪帝。

慈禧太后起初的策略是，对外大张旗鼓宣布光绪帝已经病重，并下诏广求名医入宫为光绪帝看病，每天还将光绪帝的病历和药方传示各官署，甚至送到东交民巷各使馆。一时间，人心汹惧，似乎光绪帝大限已至。慈禧太后这样做，一方面是为谋害或者废掉光绪帝制造烟幕弹；另一方面借以试探各方的反映，尤其是试探各国公使的反映。出乎意料的是，光绪帝的安危受到了外界的广泛关注，一时人言鼎沸，传言甚多。有说光绪帝已经自尽身亡；有的说正抱病，被囚一室；甚至还有报道说光绪帝已被顽固派害死，所谓“病重”不过是一种假象；甚至对此极为不满的各国公使还纷纷向总理衙门建议，派一位医术高超的西医为光绪帝看病。慈禧太后起初不同意，后来迫于广泛的舆论压力，勉强同意让法国名医德对福入宫为光绪帝看病。诊断之后，德对福将结果公布于报纸之上，世人才知道光绪帝并没有什么大病，所谓的病情，也只是“体气瘦弱，精神短少，消化迟滞，大便滞泄”等，并非什么绝症。由此，慈禧太后通过“皇帝病重”谋害光绪帝的伎俩被揭穿，慈禧太后也通过这件事看到了舆论所向。

不久，顽固派又试图废掉光绪帝，对外宣称:“帝久病不能君临天下”，为废立制造舆论。但是这种做法也立即遭到了外国驻华使节的反对，一些手握实权的封僵大吏也致电表示反对，流亡海外的康有为、梁启超更是发动侨民，致电清廷，“请皇帝圣安”，并要求慈禧太后归政于光绪帝。在这种情况下，顽固派明显感觉到了光绪帝背后的力量，也暂时不敢轻举妄动。

后来，慈禧太后又听从亲信荣禄的建议，于光绪二十五年十一月（1899 年 12 月），宣布立端郡王载漪之子溥儁为大阿哥，定于次年元旦令光绪帝让位于他。不想这一计谋，也遭到了外国驻华使节的反对，外国人认为顽固派扼杀帝党，实行的是某些排外或者闭关的政策，这将对他们的侵略不利。后来甚至有传言，洋人要“勒令皇太后归政”，这让慈禧太后恼羞成怒，不惜利用义和团向侵略者宣战。之后，洋人和慈禧太后达成了谅解，洋人同意继续由慈禧太后维持局面，慈禧太后也甘愿为洋人效劳。在这种情况下，光绪帝的废立已暂时威胁不到慈禧太后的统治，慈禧太后也就放下了心。然而，慈禧太后对囚禁在瀛台孤岛上光绪帝的种种折磨，似乎让人感到她随时都希望光绪帝死去。

据有关资料说，光绪帝在瀛台孤岛上受着非人的折磨，生活极为凄苦。光绪帝刚到瀛台时，依照慈禧太后的吩咐，每天还给两席饭菜，后来只剩下一席。而所谓的饭菜，除了干冷变质的食品之外，别无其他。太监们也往往任意敷衍，有时甚至干脆不送。当时工部侍郎立山因为冬天给光绪帝住的大殿糊了糊窗户纸，就被慈禧太后大骂一顿。

光绪二十四年（1898 年）冬天，因南海结冰，光绪帝和几个小太监一起玩耍，不知不觉踏冰走上了岸，后被大太监崔玉贵看见。崔玉贵以小太监挟持光绪帝出巡，欲行不测为由，将 6 个小太监全部打死。从此，对光绪帝的管束愈加严格，只要南海结冰，就有人不厌其烦地砸冰，防止光绪帝逃跑。

慈禧太后对光绪帝精神上的折磨更加残酷，不仅逼死了他唯一宠爱的珍妃，还处处借机刺激和打击光绪帝，甚至到后来太监们也都不把光绪帝放在眼里。

正是因为慈禧太后曾试图谋害或者废掉光绪帝，并对他的“囚徒”生活极尽虐待之能事，人们才怀疑是慈禧太后最后派人害死了光绪帝。再说，一生要强的慈禧太后能容忍一直被自己压制的光绪帝死在自己的后面吗？她就不害怕光绪帝重新执政后，翻她的旧案？尤其是二人离世的时间相距不到一天，这仅仅是巧合吗？所以这种怀疑是理所当然的。当时长期担任起居注官，接近光绪帝的恽毓鼎，在所写《崇陵存信录》一书中说：光绪三十四年（1908 年）秋，入诊者都说光绪帝并无大病。十月初十，逢慈禧太后生日，他还准备给太后祝寿，后慈禧太后传懿旨：因皇帝有病在身，免其率百官行礼。并且说，当时慈禧太后患腹泻已经多时，有人进谗言，说光绪帝听到太后病了，面露喜色，慈禧太后十分恼怒地说道：“我不能死在你前面。”到了二十一日光绪帝就驾崩了。这样看来，慈禧是毒害光绪帝的真正凶手，不过，也有人持不同意见。

李莲英、袁世凯谋害皇帝

还有其他说法，认为是李莲英或者袁世凯出于自身安危的考虑，怕慈禧太后死后，光绪帝重新执政，会对自己不利，因而下手害死了光绪帝。德龄女士在《瀛台泣血记》一书中叙述：李莲英一直跟着慈禧太后，他怕慈禧太后死后，光绪帝重新执政算自己的老账，下手毒死了光绪帝。英国人濮兰德和白克好斯合著的《慈禧太后外传》中也支持这种说法。而末代皇帝溥仪在《我的前半生》中则说，他听说光绪帝是喝了袁世凯送来的一剂药而死的。由于在戊戌变法期间，袁世凯出卖了光绪皇帝，一旦慈禧太后死后，光绪帝重新执政，肯定会向袁世凯算账，所以袁世凯要在慈禧太后死之前，先把光绪帝害死。

总的来说，在光绪帝诸多的死因中，被慈禧太后害死是一种重要的说法。至于事实是否如此，到目前为止，史学界仍没有定论。

清史其实超好看

④

夏欣然——编著

北京燕山出版社

图书在版编目（CIP）数据

清史其实超好看 . 4 / 夏欣然编著 . — 北京：北京燕山出版社，2023.4

ISBN 978-7-5402-6748-3

Ⅰ . ①清… Ⅱ . ①夏… Ⅲ . ①中国历史—清代—通俗读物 Ⅳ . ① K249.09

中国版本图书馆 CIP 数据核字（2022）第 217716 号

清史其实超好看 . 4

编　　著　夏欣然
责任编辑　王长民
文字编辑　赵满仓
封面设计　韩　立
出版发行　北京燕山出版社有限公司
社　　址　北京市西城区椿树街道琉璃厂西街 20 号
邮　　编　100052
电话传真　86-10-65240430（总编室）
印　　刷　德富泰（唐山）印务有限公司
开　　本　880mm × 1230mm　1/32
总 字 数　720 千字
总 印 张　25.75
版　　次　2023 年 4 月第 1 版
印　　次　2023 年 4 月第 1 次印刷
定　　价　118.00 元（全 4 册）

发 行 部　010-58815874
传　　真　010-58815857

如果发现印装质量问题，影响阅读，请与印刷厂联系调换。

第二十二章　同治皇帝早夭之谜

第二十三章　光绪皇帝的成败

第二十四章　洋务运动的失败

第二十五章　北洋水师覆灭谁之过

第二十六章　百日维新百日谜

第二十七章　义和团由盛转衰

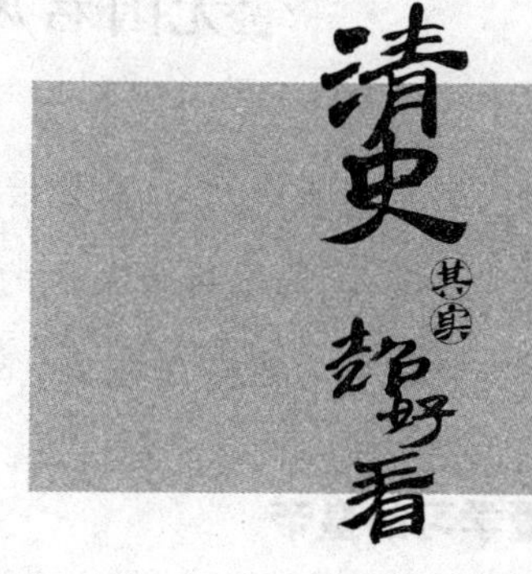
清史
其实
超好看

第二十二章

同治皇帝早夭之谜

毫无国君风范的同治帝

……

咸丰帝仅有一子，皇位继承人自然别无选择。年幼的载淳登基九五，却成了两宫太后的傀儡。为何同治帝在位期间毫无作为？他究竟是台前的傀儡，还是没有抱负的顽童？

不爱学习的皇帝

咸丰十一年（1861年），咸丰帝在热河驾崩，身后仅留下一子载淳。经过一场惊心动魄的宫廷政变，两宫皇太后掌握了实际权力，在恭亲王奕䜣的支持下，搞起了“垂帘听政”。大清国的最高权力，就落在了两个妇人之手。

幼稚无知的同治，懵懵懂懂被抬上了九五至尊的宝座，接受文武百官王公大臣的三跪九叩，山呼万岁。其实他什么也不懂，所有的军国大事，都由坐在身后的两位太后说了算，他也只是装装样子，每天的主要任务是到弘德殿读书。

清代皇子的教育是极为严格的，可是同治却是个例外。由于他从小就失去了父亲，而两位母亲又整日忙于国事无暇他顾，因此同治自小就和一帮太监宫女厮混在一起，正是所谓入鲍鱼之肆，久而不闻其臭。本来少年心性，贪玩好动，又没有得到严格的管教，同治逐渐养成了懒散不好读书的恶习。在清朝的所有皇帝中，他恐怕是唯一一个不爱学习的皇帝。

同治帝像

其实同治的老师不可谓不好，曾经教过他的老师都是朝廷重臣，饱学之士。例如礼部尚书祁寯藻，大学士翁心存，工部尚书倭仁，翰林院编修李鸿均、李鸿藻，咸丰朝状元翁同龢都曾经教过他。无奈同治脾气喜怒无常，“天威难测”，这些老师毕竟又都是臣子，并不敢过分要求，也只好睁一只眼，闭一只眼，得过且过。李鸿藻长年担任同治的老师，每天上课的时候不是陪他聊天，给他讲故事，就是下棋而已。

而同治的几位伴读奕详、奕询等人都是他的叔叔辈，同治始终对其敬而远之，没法儿起到相互鼓励，彼此切磋的作用，除了代同治受过，给他当出气筒之外一无是处。后来恭亲王奕䜣的儿子载澄进宫伴读，载澄脑子好使，又能说会道，可是也不好好学习，反而带着同治成天玩耍嬉闹，成了同治的玩伴。同治在课堂上有精神的时候就打闹嬉笑，无所顾忌，没精神的时候就呵欠连连，瞌睡连天。《翁同龢日记》记载了同治十年（1871 年）同治帝的学习情况：晨读懒洋洋，只是敷衍了事；作文腹内空空，几乎不能成篇；作诗吭吭巴巴，不堪卒读。完全就是一副老师最不喜欢的差学生模样。过了两年依然如此，连《大学》都背不下来。

看不懂奏折的同治

如此学问，同治的治国能力可想而知。同治亲政之后，甚至连奏折都看不懂，只得叫苦连天。曾经有一次，同治和翁同龢聊天，其间居然抱怨："当皇帝的差使太累了！"贵为一国之君，治国平天下本为分内之事。同治即使不能和他的先人雍正那样，视处理政务为日常生活的一部分；至少也应该和嘉庆道光一样，不求有功但求无过，勤恳办公。可他居然把皇帝的宝座看成一个差使，自己只不过是在当差。怀着这种做一天和尚撞一天钟的心态当皇帝，也难怪慈禧迟迟不肯把权力交给他。

强烈的排外情绪

不仅如此，同治的精神世界也极为抱残守缺。或者是著名的清流派首领倭仁、李鸿藻等人先后担任他的老师，或者是幼年时期随同父母出奔热河的经历给同治帝留下了浓厚的阴影，他虽然年纪不大，但却表现出强烈的排外情绪，有时候甚至强烈得令人生畏。据说当同治帝还是个小孩子的时候，就让太监用泥巴捏成洋人的样子摆在桌案上，他则拿小刀把这些泥偶的头一一割下来，一边割一边嘴里还念念有词："杀尽洋鬼子，杀尽洋鬼子。"待同治帝年纪稍大，他的排外情绪愈发高涨了。曾经给同治帝做伴读的兵部右侍郎夏同善有一块怀表，有一次拿出来看时间时，被同治帝看到了，便问他是何物？夏同善不敢隐瞒，便取出怀表呈给同治帝，说此物乃是西洋之物，可以计时。谁料同治闻言大大不悦，一把将怀表摔个稀烂，斥责道："没这玩意儿，你就不知道现在几点了吗？"等他亲政以后，更是对洋务运动不以为然，认为同文馆、方言馆、船炮制造局等都是没用的玩意儿。

沉迷游戏的帝王

同治一见书就头痛，但提到玩乐就两眼放光。他特别喜欢玩儿一种游戏：这游戏据说是某太监发明的，拿一条板凳，躺在上面，让另一个人按着肚子，然后以此为圆心不停地转圈，有精通此道者，不用板凳，随便躺在地上就可以转起来，煞是好看。同治便非常喜欢这个游戏，他自己贵为天子，不能随便行动，便经常命令小太监表演给他看，他在一旁手舞足蹈哈哈直笑。可是这个游戏对身体素质要求极高，只有身材小巧灵活者才表演得了，年纪稍大一些便无能为力，时间一长，便头昏眼花，甚至因此毙命。可同治才不管那么多，只要他想看，就强令小太监表演，由此死者也不在少数。

同治遇到载澄以后，玩儿的花样更多了。载澄极力怂恿同治出宫游玩，在他看来，掼跤把人累个半死，有啥意思！京城里好玩儿的地方太多了。只要有两个小钱儿，就能痛饮美酒，抱得美人儿。好不容易当了皇帝，反而被关在紫禁城里，太没劲了。同治被他忽悠得一颗心扑扑乱跳，于是跟着载澄出宫寻欢作乐，从此竟然一发而不可收。

微服私访的轶事

清人曾有论认为，同治“跳荡游冶之遗传性，亦得之慈禧为多”；如此说来，咸丰贪酒好色的毛病，也一丝不差地全部传给了同治。继承了父母“优良基因”的同治频频出宫，北京城几乎每个角落都留下了他的身影，在清人的笔记中，记载了大量关于同治微服私行的轶事。

同治自幼养尊处优，甫一接触外面的花花世界，顿时目迷五色，甚至不知道买东西是要给钱的。饿了就吃，渴了就喝，吃饱喝足，掉头就走，摊贩虽然不满，但见他前呼后拥，如此做派，想来必然大有来头，只得自认倒霉，不敢声张。

不过天长日久，同治自然也有所觉察。有一次他吃饱喝足，看到别人结账，不明所以，便问老板为什么要给钱。老板哭笑不得，说道：“我们做生意都是糊口，怎么能不要钱！哪儿像少爷您一看便不是凡人，我们是等着您一总赏下来呢。”

同治一听，也觉得不好意思，便说：“我老来你这里吃吃喝喝，大概也欠了你不少了，不过我出门都不带钱，给你写个欠条你看如何？”说完便取纸笔，写了几个大字“饬广储司付来人银五百两。”这老板也不识字，不知道写的是什么，便拿给朋友看。朋友一见骇然，说这广储司是内务府的银库啊，敢让你从广储司领银子的，只有当今圣上啦。

老板一听顿时吓得半晕，说什么也不敢去，无奈朋友怂恿，只得硬着头皮去广储司一试。管事儿的一听这事儿，深感为难，不知如何是好，只得回禀慈禧。慈禧便叫来同治问可有此事，同治供认不讳。慈禧一笑，告诉管事儿的官员：“皇上虽然是胡闹，可是也不能让老百姓觉得皇上说话不算数，这钱就赏下去吧。”

又有一次，同治出宫玩耍，不巧大雨滂沱，同治只得在一所寺院中避雨。可巧遇到一人，穷困潦倒。同治也是无聊，便上前搭话。二人攀谈起来，原来此人原是一大户人家的奴才，被主人赶了出来，无处容身，只得寄居在寺院中，苟活而已。同治听说如此，便问他想做什么。此人长叹一声，说要是能到广东海关当几年差使，就心满意足啦。

同治立刻取纸笔来写了一封信交给他，告诉他你只要拿着这封信去步军统领衙门，包你心想事成。此人半信半疑，第二天拿着信如此这般，步军统领一见此信，认得是皇上御笔，心知皇上又微服私访多管闲事，然而也无可奈何，只得安排此人赴广东就任。

奕䜣获罪的真相

……

同治继位，恭亲王奕䜣功不可没。在同治年间，同治帝曾吵着要处死奕䜣，是功高盖主的恐惧还是另有他因？背后又隐藏着什么秘密？

重修圆明园的闹剧

同治十二年（1873 年），同治开始亲政。由于他于第二年便遽尔驾崩，因此在这短暂的一年多时间并没有太多值得为人所称道之处，相反倒是惹出了一桩大风波。这位小主子在政务上的所作所为，只能让人徒呼可笑，就连记载此事的清人，也直言不讳地说“直是滑稽剧”。

同治十三年（1874 年），刚刚亲政没多久的同治居然打算重修圆明园，消息传出，众臣无不瞠目结舌。虽说此时太平天国和捻军的起义已经被镇压下去，而西方列强与清廷也处于“和平友好”的局面，整个朝政有所恢复，然而毕竟是战乱之后，各项事业方兴未艾。此时同治帝放着一大堆的军务政务不处理，却一心要重修已经被英法联军一把火烧得七零八落的圆明园，这要花多少银子。

最着急的莫过于恭亲王奕䜣，他此时是领班军机大臣，又是皇上的叔父。见到自己的侄儿如此胡作非为，真是看在眼里，急在心头，他又想到眼下京城中风言风语，说同治帝时常从宫中偷跑出去，白龙鱼服微服私访，这一切都让他忧心忡忡。不得已，只好写奏折进谏了。于是他挥毫奋笔疾书奏折一封，提了八条建议：停园工、戒微行、远宦寺、绝小人、警宴朝、开言路、惩夷患、去玩好。写毕又怕自己的分量仍然不足以打动同治帝，于是又找来醇亲王奕譞、惇亲王奕谅、孚郡王奕譓、额驸景寿、奕劻、大学士文祥、宝鋆、军机大臣沈桂芬、李鸿藻等九名重臣一道联名上疏，希望以此让皇上憬然醒悟，迷途知返。

十大臣的奏折送上去了，然而却仿佛石沉大海一般杳无音信，并不见同治召见群臣商议此事。过了几天，几位大臣凑在一起合计，觉得这样不妥，万一同治帝年纪轻轻，不耐烦看这语重心长的奏折呢，还是十个人一起去面见圣上比较好。计策已定，正好过两天宫中要演戏，十大臣便决定趁此机会递牌子面见同治帝。

谁料进宫一看，同治皇帝坐在龙书案前，手中捏着奏折，面沉似水，气色不正。奕䜣心一沉，暗叫不妙，只得连忙率众人磕头。果然，同治帝也不等大臣们起来，便兀自大嚷起来："你们这些大臣好不饶舌！说说停工的事儿也便罢了，如何又说出其他的事来？"十大臣头也不敢抬，心中暗暗叫苦，不知这位小主子是何主张。

奕䜣贵为皇叔，毕竟地位高些。待同治怒气稍息，徐徐回复道："皇上，臣下所奏，确实不止停工一事，还有其他条陈，请容臣一一讲来。”说罢，也不待同治答应，便从袖中取出奏折的副本念了起来。

谁知还没念几句，同治“啪”的一声，将手中的奏折往地上一摔，站起来怒气冲冲地嚷道：“别念了，你们不就是说我当不得皇帝吗？奕䜣，这位置我不坐了，让给你，你来！”

此言一出，十大臣顿时乱作一团。文祥闻听此言，连连叩头，眼前一黑，居然晕了过去。醇亲王奕𫍽痛哭流涕，泣不成声。其他大臣也纷纷落泪，连连叩头，七嘴八舌地苦苦劝谏。只有奕䜣黑着脸，低着头，不发一言，他是真的被这个侄子激怒了。

同治看着这些老臣，心中的怒火越烧越旺。又说道：“你们说我微服私访，可有证据？竟敢污蔑我，实属可恶！”

奕䜣此时再也忍不住，抗声说道：“陛下，据臣所知，某年月日，陛下曾经到过某处；又某年月日，陛下又曾到过某处……”他口讲指划，一一道来，竟是分毫不差。

同治被说中痛处，脸上一阵红一阵白，一时居然哑口无言。他咬着牙看了看兀自滔滔不绝的奕䜣，蹦出几个字：“不错，你却是如何得知的？”

奕䜣此时也顾不得许多，直起身来说道：“臣子载澄亲眼所见亲耳所闻。”

同治再也忍耐不住：“奕䜣，你欺朕年幼，跋扈弄权，和你儿子一起把持朝纲，结党营私，莫非是要逼宫不成！朕……朕要重重地治你！来人，拟旨，革去恭亲王一切差事，降为庶人，交宗人府严行管束！其子载澄，一并处理。”

闻听此言，十大臣大惊之下竟然呆若木鸡。醇亲王反应过来，膝行几步连连叩头：“陛下，请息雷霆之怒，收回成命。不然……臣只有一死以谢天下了……陛下……”明白过来的几位大臣也纷纷附和。只有奕䜣跪在旁边，木着脸一声不吭。

同治怒气更盛，向前一步，指着奕譞：“好啊，你要以死相逼，朕就成全你。拟旨，革去醇亲王爵位，与奕䜣一体处理！”

正当闹得不可开交的时候。李莲英从殿外跑了进来，叩头道：“皇上，两宫太后有旨，宣您速赴弘德殿见驾。”

同治一听要见母亲，只得把心中的火气勉强压了一下，向十大臣吼道：“还呆着干什么？朕要去见太后！你们这些狗奴才，差使都别干了，回家听候发落！”说完袍袖一抖，气冲冲走了出去。

原来，同治与十大臣在养心殿闹得不可开交，两宫太后早就听报事的太监宫女说了个一清二楚。慈禧闻听此事心中十分不悦，尽管重修圆明园是同治的主意，但其实背后却是慈禧自己的意思，聪明如奕䜣者怎么会想不到这一点，定是蓄意和自己为难。回头一想，又深恨同治这个不争气的儿子不明事理，居然把此事弄得这么僵。慈禧回头看了看端坐不动，闭目养神的慈安，暗暗决定了善后之策：园子是不能修了，奕䜣当然更不能杀，至于皇帝，让他亲政实在是勉为其难，只好继续垂帘听政。

在慈禧的调停之下，这场闹剧总算草草收尾。在慈禧的斥责之下，同治痛哭流涕，从此再不敢自作主张。奕䜣官复原职，然而猜忌和怀疑的种子却已经种在慈禧心里。

衣服惹的祸

同治十三年的这场风波闹得沸沸扬扬，尽人皆知，因此说法众多，不胜枚举，然而这些说法几乎都众口一词地指斥同治帝毫无体统，肆意妄为。

关于奕䜣的获罪还有一种说法：按照清宫祖制，皇帝原本应该穿明黄色的衣服，可同治帝不知为什么，偏偏喜欢穿黑色。恭亲王奕䜣看不过眼，仗着自己是皇叔，便婉言相劝同治帝换身衣服，不要丢了皇家的体面。谁知同治根本不把这位皇叔看在眼里，闻听此言，脸色一变，质问道："你说朕违反祖制，该当何罪啊？"

奕䜣一听，吓了一跳，连忙叩头表示，自己也就是这么一说，您贵为皇帝，怎么能有罪呢。同治不依不饶，反诘奕䜣道："我可是看见过，你儿子也经常穿黑衣服进宫来给我问安。你不好好管教他，反而来说我，什么意思啊？！"

这话太重了，吓得奕䜣再也不敢多嘴，落荒而逃。谁知刚出宫门，同治余怒未消，下了一道旨意：处死奕䜣！几位军机大臣实在看不过去了，只好跑到慈禧太后面前哭诉求情。

慈禧一听就火冒三丈，立刻让人把同治叫来，故意慢条斯理地问他："听说皇上要杀奕䜣，是为什么啊？"

同治本来就怕慈禧，而且又理亏，面红耳赤，一句话也说不出来。杀奕䜣的事儿也就不了了之。看来，“处死奕䜣”只是皇帝的一场闹剧，不过，通过此事，太后和大臣都觉得同治实在是少年心性，顽劣无比，做一国之君，也实在是为难他了。

同治自己可能也这样觉得，加之此时载澄已经患病身亡，同治想必感觉非常无助和寂寞，他重新开始出宫游玩，并且变本加厉。

同治之死，是天花还是花柳病

……

同治之死，始终未解的谜团。官方声称死于天花，民间流传死于花柳病，到底哪一个才是真相？一个外国医生提出了新的观点：政治谋杀！这又是怎么一回事？

花街柳巷中的帝王

此时的同治开始广泛出没于花街柳巷，秦楼楚馆。据说他经常到崇文门外的酒馆和妓院中饮酒作乐，“伶人小六如、春眉，娼小凤辈，皆邀幸”，又沉迷于“小说淫词，秘戏图册”中。这个时候，他又认识了王庆祺。

这王庆祺本是一世家子弟，英俊潇洒，多才多艺。有一次在广德楼饭庄唱曲儿，恰巧被微服私行的同治遇到，同治大加赞赏，便一见如故，给其加官晋爵，原本王庆祺只是个小小的翰林院侍读，骤然以五品官加二品衔，毓庆宫行走。这王庆祺其他本事没有，吃喝玩乐的手段却花样繁多，居然比已故的载澄还高明一筹。这下子同治真是心花怒放，于是与王庆祺朝夕相处，日夜游玩，简直一刻也离不开。

有一次，太监给同治送茶，远远就看见同治与王庆祺两人坐在榻上凑在一起津津有味地看一本小册子，状甚亲密，太监心中疑惑，待走近一看，居然是本《秘戏图》。两人看得入迷，连旁边有人都浑然不觉。由是便传出了同治亦好男色的说法。此外也有说同治甚至连宫内太监也不放过的不堪说法："有奄杜之锡者，状若少女，帝幸之。之锡有姊，固金鱼池娼也。更引帝与之狎。由是溺于色，渐致忘返。"

同治的身体本来就弱，根本经不起这种醇酒妇人的折腾。很快他就病倒了。同治十三年（1874年）十二月初五，年仅19岁的同治在养心殿驾崩。

因天花而死说

关于同治的死因，当时就众说纷纭。根据官方说法，同治是患天花不治身亡。这一点也得到了翁同龢的支持。

《翁同龢日记》中详细记载了同治从发病到病重，最终驾崩的情况，翁同龢根据太医的说法，明确提出同治是患天花而死。而历史研究者通过对清宫档案中保留下来的药方的研究也证实了这一点。

此外，根据一些野史的记载，同治患病之后，宫内外进行了规模浩大的"供送痘神"，恭请"痘神娘娘"进入养心殿接受供奉的宗教活动，由于天花是一种致死率非常高的疾病，而满人世居关外，对这种病几乎毫无免疫力，因此大多时候只能听天由命，通过宗教手段，期待自然痊愈。举行仪式时，两宫太后亲赴景山寿皇殿焚香祈祷，祈求列祖列宗的保佑；文武大臣身穿花衣，为皇帝祈福；宫中张灯结彩，贴着驱邪避祟的对联……皇宫内外，锣鼓喧天，乐声震地，好不热闹。

根据美国公使的说法，同治所患疾病并非不治之症，若以西医方法诊治，绝无不可医治之理。然而，同治却不得不忍受这些对他身体根本是有害无益的装神弄鬼，最终咽气。

而同治死后民间流传的一副对联似乎也能说明同治死于天花，上联是“弘德殿、广德楼，德行何居？惯唱曲儿钞曲本”，下联是“献春方、进春册，春光能几？可怜天子出天花”。

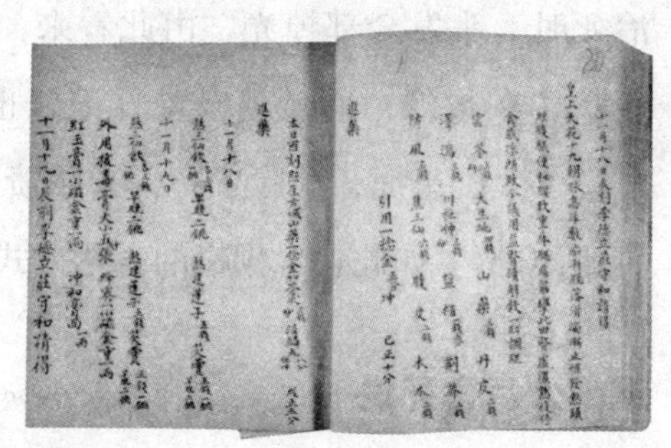

同治帝患天花进药档

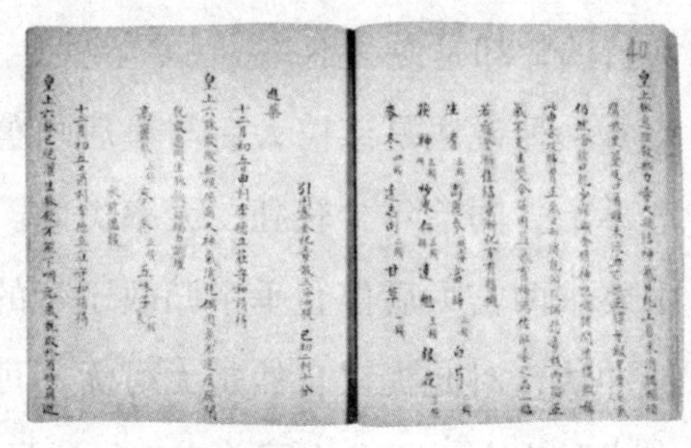

同治帝气绝之日进药档

然而，这副对联也嘲讽了同治帝生前过于糜烂混乱的私生活，也正是由于如此，不少人对天花致死说提出质疑，认为无论是翁同龢的日记，还是太医院的诊疗报告，都有可能是“为尊者讳”，因此不能作为切实的证据。

梅毒致死说

不少人坚信，同治是患梅毒而死的。根据野史记载，同治外出寻花问柳之时，由于担心被人认出，不敢去比较正规的娱乐场所，而是专拣私娼取乐。这种地方，鱼龙混杂，交叉传染的概率很大。同治患病以后，太医院恐怕伤了皇家体面，不敢对症下药，恐怕传为笑谈，佯装天花治之。同治自然病势日重，最终不治而死。

这一说法也有其他的证据：一些关于同治症状的记载说同治死时，头发全部掉光，由此看来，同治所患疾病，与梅毒的症状实在很像；而《越缦堂日记》也非常婉转地记载了此事，先说“上旋患痈，项腹皆一，皆脓溃”，又说“宫廷隔绝，其事莫能详也。”如此含含糊糊的表达方式，不禁让人生疑。

慈禧太后害死说

还有一种说法，认为同治是慈禧太后害死的。然而具体如何行凶，却是说法不一。

一种说法是慈禧太后与皇后阿鲁特氏的争执，导致同治病危不治。同治年少轻狂，大率类此。但随着他年纪渐长，朝野中要求两宫太后停止垂帘归政于帝的呼声也越来越高。慈安禀性冲淡，对此提议自然是无可无不可，可是慈禧始终以“典学未成”为由，不允许同治亲政。这虽是慈禧权力欲望强烈使然，但这个理由倒一点儿没错，同治没有治国之才是千真万确的。

不过，慈禧终究不得不遵守祖制，于同治十一年（1872年），宣称皇帝年纪渐长，理应亲政，不过皇帝既然成人，应当先举行大婚方为妥善。于是下诏命京城内外满蒙大臣送秀女入宫备选，为17岁的同治挑选皇后。

慈禧之所以选后的用意，是想在同治身边安插一个自己的内应，用“枕头风”间接控制同治。因此，她自然希望同治按照自己的心意立后。在众多的秀女中，慈禧看上了员外郎凤秀的女儿富察氏。说起来，这富察氏确实长得比其他秀女漂亮许多，特别惹眼。

然而慈安对此事却有不同的看法，她认为富察氏虽然漂亮，但也许是出身于小户人家的缘故，举手投足透着一股轻佻之态，一看便知缺少教养。这样的女子怎么能够统摄六宫，母仪天下。因此她看上的并非富察氏，而是翰林院侍讲崇绮的女儿阿鲁特氏。崇绮的父亲是道咸两朝重臣塞尚，岳父是郑亲王端华，而且自己才学过人，是清代唯一一个考中状元的蒙古人。因此阿鲁特氏算得上是出身于书香门第，官宦世家，从小就接受了极好的教育。据《清史稿》记载，阿鲁特氏“幼读书，知大义，端静婉肃，内外称贤”。虽然是溢美之词，却也不乏真实。总的来说，阿鲁特氏虽然长得不如富察氏，但气质却非富察氏可比。

结果，慈安和慈禧在立后问题上发生了分歧，双方都希望立自己偏爱的秀女为妃，这其中自然也包含着一点儿看皇上听谁的话的私心在内。当然，挑媳妇儿的事儿，老妈再怎么想都在其次，最终还是要儿子亲自决定。于是这个皮球被踢到了同治面前。

按照同治一贯好冶游恶读书的作风，他应该比较喜欢姿色过人艳丽无双的富察氏才对，可当他一看见跪在丹墀下的一排排美女的时候，也不知道怎么鬼使神差地就看中了气质过人温婉贤淑的阿鲁特氏。这可让慈禧大失所望、大为光火。所谓知子莫若母，慈禧对同治的想法可以说了如指掌，因此才定下这条计策，想不到居然失算了。

尽管在慈禧亡羊补牢的安排下，富察氏被册封为慧贵妃。但婚后的同治却与阿鲁特氏举案齐眉，相敬如宾，伉俪情深，对富察氏不理不睬，彻底晾到了一边儿。慈禧的计策至此彻底失败了。

盛怒的慈禧将一腔邪火迁到了皇后阿鲁特氏的身上。变着法儿地刁难皇后，甚至不许二人见面，逼着同治与慧妃同房，郁闷的同治只好变着法儿地抵制慈禧。他以身体不爽为名，独居养心殿。后来同治病重，皇后偷偷去护理侍奉，二人久未见面，不免说些儿女私情之话。

谁知慈禧得知此事，火冒三丈，亲自闯入养心殿暖阁，抓着皇后的头发拖出殿外，连打带骂，还要叫太监杖责，全然不顾太后和皇后的体面。

受辱不过的皇后情急之下说了句："媳妇是从大清门抬进来的，请太后留媳妇的体面！"谁知这句话反而激起了慈禧更大的怒火，慈禧本来就为自己未能在咸丰生前册为皇后而耿耿于怀，闻听此言宛如火上浇油一般，认为皇后是刻意讽刺自己，更加不依不饶。可怜同治见此，吓得人事不省，病情转重。

不久同治病重身亡，悲痛欲绝的皇后决心殉死，吞金自尽未遂。谁知慈禧却只是淡淡地说:“就随大行皇帝去了吧”。不久慈禧择载湉为新君，皇后在宫内已经没有任何名分可言。在同治驾崩 75 天之后，皇后也撒手西去，年仅 21 岁。

另有一说，据传来自王庆祺。同治死后，王庆祺随之被贬斥，愤愤不平的他曾经对人说过，重修圆明园，乃是同治深谋远虑的一步妙棋。原来同治虽然亲政，但慈禧仍然事事过问，频频掣肘。同治便打算重修圆明园，以请慈禧移居圆明园之名，行监禁之实。不料事机不密，被慈禧太后得知，最终酿成大祸。

此外还有一种更为奇特的说法，声称同治死于慧贵妃富察氏之手。传说清宫旧例，天子要巡幸某妃嫔宫中，需要经过皇后的批准方能成行，否则妃嫔不准擅自接驾。同治死前，曾经想要往慧贵妃宫中就寝，皇后阿鲁特氏再三不允，禁不起同治苦苦哀求，只得允许。谁料第二天同治突然发病，竟至于一病不起。更有甚者提到同治龙驭上宾之时，慈禧毫不悲痛伤心，而是忙着考虑由谁继承皇位。由此观之，慈禧定是凶手无疑。

其实这些说法，和史实相差太远，根本不能自圆其说，因此只能聊备一格而已。然而，有一种说法却甚为有趣。

传说，同治病重时，有一日忽宣李鸿藻入内见驾。李鸿藻进得殿来，却发现皇后也在。李鸿藻心中疑惑不解，连忙叩头请安。原来同治自知病重不治，便决定提前立储君，由于担心慈禧太后从中作梗，日后为难皇后，便特意宣李鸿藻来写遗诏，立贝勒载澍为储君。由于载澍年纪较长，慈禧便不能随心所欲操纵政局。李鸿藻闻听此言心中暗暗吃惊，他心知同治的这点小把戏根本不是慈禧太后的对手。于是当面假意应承，背后却立刻将此事报知慈禧太后。慈禧太后闻言大怒，立刻命人活活逼死了同治帝。

同治之死，一场宫廷阴谋

当年除了上述几种病因，关于同治之死，大英博物馆汉文藏书部助理道格思还提到了另一种说法，他曾在信中写道：在同治死之前，坊间流传着一个谣言，同治与两宫太后发生了一次严重冲突。1874 年 9 月 10 日同治朱谕：恭亲王奕䜣革去亲王世袭罔替，降为郡王，其子载澂革去贝勒郡王衔。第二天，皇太后懿旨，赏还奕䜣及载澂爵秩。不久，两宫就正式公告同治得重病，“12 月 8 日，帝病，命军机大臣李鸿藻代批答奏章，12 月 18 日，帝以天花，命内外陈奏事件由皇太后披览裁定（或云因微行致疾）”。1875 年 1 月同治去世。2 月 20 日，同治皇后吞金自杀。

当时民间谣传同治皇后怀有同治遗腹子，道格思按照自己对中国皇权体制的理解，推理嘉顺皇后很有可能诞下皇帝的继承人，这样，她就可以像两宫一样垂帘听政，但这个设想妨碍了她的两个婆婆既有的统治权，嘉顺皇后最后也只能“因病去世”。显然，在道格思的笔下，同治皇帝和皇后的死完全是一出宫廷阴谋。

同治是否死于官方所公布的天花，当年曾在北京行医的英国医生德贞就有所怀疑。1875 年 3 月他的一份报告说同治小时“曾感染过天花”，而且同治的许多病症“让人们质疑他疾病的真实性”，他以为只有公开病历才能说明真相。在德贞的医学报告中保存的一份中文资料中有未曾引起人们注意的史料：同治得天花的另一种官方解释。清宫廷正式宣布同治得天花的时间是 1874 年 12 月 8 日，即农历十一月初一，那天正是金星凌日——德贞指出，按中国人的传统说法，这一天就是有一个点从太阳盘上划过，所以那天天子的脸上会留下斑点，这样皇帝生天花便顺理成章了；德贞叹道中国人真是太智慧了，他们居然找到了这样的一个借口。

25 年后，道格思再次提起这个事件时，德贞明确告诉《泰晤士报》，同治不可能死于天花，依据是在他还是孩童时，自己曾为他提供过牛痘接种疫苗。他更否认道格思关于同治是在两宫太后逼迫下自杀的推断，理由是同治的病因众所周知——德贞以排除法说明同治不可能死于天花，又用“众所周知”一词来说明同治不可能死于两宫太后的迫害，但他最终回避了同治死亡的真正原因。

德贞的医学报告和公开信为同治之死因又增添了一层神秘色彩，如果同治曾感染过天花，或同治曾接种过疫苗，那么，他为何还会因天花而医治无效归天呢？这有待于公布更多的清宫医案来论证德贞的报告。

1990年《清宫医案研究》出版，公布同治患病期间的全部医案，最后得出结论："历来对其死因传说纷纭，多谓因微服冶游，'杨梅上天'。现有同治十三年十月三十日至十二月初五日脉案表明，当系死于天花。"权威的定论平息了学术界和民间的猜测，越来越多的学者接受"同治死于天花"的论断。但台湾学者对照故宫博物院出版的医案和《翁同龢日记》后发现，御医李德立撰写的同治脉案，并非全部是真相，这是一部官方文牍，因为医案写作与御医的荣辱生死关系重大，面对慈禧和翁同龢等大臣的巨大压力，李德立低调而婉转地记录同治的病情，致使这部医案中保留的脉案部分多有粉饰成分。不过这位学者同意当今的医生鉴定同治脉案后正式公布的死因，同治是"病之后为痘疹余毒所致'走马牙疳'，最后为毒热内陷而死。"目前学者可能接受的说法是，患天花的同治，也可能同时身染梅毒，最后死于"走马牙疳"。

第二十三章
光绪皇帝的成败

光绪登基，被抱来的皇帝

……

同治未留下任何子嗣便命丧黄泉。面对着大清皇储断档的危机，慈禧太后何去何从？明明应由“溥”字辈的清朝后裔继承的皇位，为何选择了“载”字辈的儿孙？

皇储断档的危机

同治十三年（1874 年）十二月的一个夜里同治在养心殿东暖阁的须弥宝座上闭上了眼睛。他的驾崩让享国二百余年的清帝国第一次出现了皇储断档的危机。

根据野史记载，同治去世后，慈禧命宫中侍卫封锁消息，秘密请尚被蒙在鼓中的恭亲王奕䜣进宫。奕䜣进得宫来，猛见同治的尸体放在养心殿中，吓得魂飞魄散。此时慈禧却面色平静得像刚睡醒一样，手持蜡烛在旁边徐徐说道：“事已至此，怎么办？”

其实，慈禧神色冷静的原因恐怕并不如道学家们所说的心肠狠毒云云，而是她正在紧张地思考下一任皇帝应该由谁来做。这不仅是有关大清“国本”之事，也涉及她是否还能继续把持大清的最高权力，对于已经垂帘听政十余年的慈禧来说，对权力的追求和控制早已成为生命中最重要的事情，她不会眼睁睁看着大权旁落的。

按照清王朝父死子继的不成文规则，同治帝载淳死后，应该由“溥”字辈接任皇帝，朝中一些大臣也如此想，便推举溥伦入主大宝。但这正是慈禧太后所不愿意之事，因为如果一旦这样，她的身份就变成了太皇太后，从而失去了继续“垂帘听政”的权力。所以她以支脉太远而拒绝了这一提议。慈禧太后的意思，是继续从“载”字辈中挑选一人继承皇位，并且此人还必须是同治皇帝的近亲，如此她就可以继续以皇太后之身份继续把持朝纲。这样一来，可选择的余地就变得很小了，候选人不外乎是咸丰帝几个兄弟的儿子，也就是同治的堂兄弟。慈禧最终挑中的是醇亲王奕譞的次子载湉，也就是后来的光绪帝。这是为什么呢？

选择载湉的原因

原来，在道光皇帝的几个儿子中，当时仍健在，并且育有后代的，就只有恭亲王奕䜣和醇亲王奕譞。但恭亲王奕䜣作为议政王，领班军机大臣，已经权倾朝野，倘若再有儿子继承皇位，奕䜣不啻无冕之王，权力过大。况且，奕䜣诸子年纪也都不小，不便控制；相反，醇亲王奕譞为人低调，而其次子载湉彼时年纪只有4岁，不大不小，便于从小控制，而且更重要的是，奕譞的正福晋，乃是慈禧的亲妹妹，两家可谓是亲上加亲。慈禧既是载湉的伯母，又是载湉的姨母。于是，事情就这么定了下来。

家中平白多出一个皇帝，似乎是件天大的喜事。但醇亲王奕譞可并不这么看。他深知慈禧的为人，明白自己的儿子当皇帝并不是要君临天下，而是要给自己的这位大姨子做个帮衬。因此在得知这一决定后，他当时就昏了过去。史载，奕譞"忽蒙懿旨下降，择定嗣皇帝，仓促昏迷，罔知所措。……身战心摇，如痴如梦"。

应该说，奕譞是个极为聪明的人，当然他的聪明与奕䜣不同。奕䜣的聪明表现在文武全才，有经天纬地之能；而奕譞的聪明则表现在深知进退，韬光养晦上。由于曾经参与辛酉政变，又亲自捉拿了八大臣之首的肃顺，醇亲王在同治朝深受慈禧重用，是仅次于恭亲王的重臣。然而他为了避免遭到慈禧太后的猜忌，在光绪皇帝甫一继位之时，就上奏折要求辞去一切职务。在其再三哀求之下，慈禧最终同意了他的请求，仅保留了亲王双俸的待遇。

不仅如此，奕譞还秘密给慈禧上了一道名为《豫杜妄论》密折，其内容大致是说，由于载湉当了皇上，自己虽然身为皇父，但绝对不会要求追封皇帝的称号。如果自己有一天死了，有不知好歹的大臣，请求慈禧或光绪追封自己，请拿出这封折子驳斥他。事情果然不出醇亲王的预料，十几年以后醇亲王去世，果然有大臣提出此议，结果被慈禧骂得狗血淋头。由此观之，奕譞实在是一个深谙政治斗争之道，有大智慧的人。奕䜣最终被削去官职，在家闲住，奕譞却荣宠不衰，富贵及终。

饶是奕譞如此低调，载湉的继位也仍然引起了朝中一些大臣的强烈不满。因为经过二百多年来清朝历代皇帝不断调整和完善，皇位继承制度已经形成了一套较为严密和合理的规则：首先是父死子继，清代历史上从来没有兄终弟及接替皇位的成例；其次，清代皇帝的确立，早期是由满族亲贵共同协商，或者皇帝留下遗诏决定的，在康熙、雍正创建秘密立储制度之后则依此而行；再次，但凡幼主继位，通常先帝都会安排辅政大臣辅佐新君，但具有强烈权力欲的慈禧却罔顾祖宗家法，一口气将这些成例全部打破，以一己之言，决定了皇位的归属，并继续垂帘听政。

御史以死抗争

光绪五年（1879 年），同治下葬于惠陵，御史吴可读请求陪同送葬。结果半路自杀身亡，身后留下一封遗折，请求慈禧待异日光绪成年之后，将其子过继给同治，作为下一任储君，以保持大清国祚绵长。这一“尸谏”事件震动朝野，慈禧太后迫于舆论压力也不得不批准了吴可读的建议。

无论如何，刚刚 4 岁的载湉被扶上了皇位，年号光绪。而慈禧太后也顺理成章地再次“垂帘听政”。光绪的幼年生活几乎和同治无甚区别，从6岁开始，进入毓庆宫读书，先后教过他的老师有翁同龢、孙家鼐、夏同善、孙诒经等人。光绪在这些饱学宿儒的教导之下受到了良好的教育。和贪玩懒学的同治不同，光绪从小就非常知书达礼。甚至慈禧也称赞他“实在好学，坐、立、卧皆诵书及诗。”两代帝师翁同龢看着光绪自小长大，与光绪感情甚好，在其《翁同龢日记》中记载了大量光绪小时候的轶事：光绪八岁那年，曾经向上天祈雨，为了表示虔诚，居然自行斋戒，并要求上书房的师傅一例办理；九岁那年过生日，宫中唱戏庆祝，光绪甚为不满，认为沉迷戏剧，有害无益。光绪小小年纪，其行为举止便深合儒家之道，这让翁同龢大为高兴。

等光绪年纪稍长时，他不仅熟读经史子集，而且能诗善书。据史料记载，“上（光绪帝）之文学本源极厚。书法钟颜，端厚浑朴，诗文极雅”。光绪自小养成了读书的好习惯，当他亲政以后，处理朝政之余，尚且手不释卷，终日阅读，而且中西书籍，均有涉猎；此外，光绪的记忆力也相当好，称得上博闻强识。据说当他亲政以后，阅览奏折一目十行，只要一遍便了然于胸。有些年深日久的折子，军机大臣甚至都不记得，而光绪还背得出来。有一次，有大臣从江南返回，觐见慈禧和光绪，不免谈些地方见闻。慈禧偶然提到河南上报某县遭受冰雹袭击，但一下居然想不起是哪个县，光绪在旁立刻提醒道是巩县。过了一会儿，慈禧又问起永定门外前几年修建的电车是何人所为？光绪应声答道是德国公使海靖。由此可见光绪的记忆力颇为了得，对国事也甚为关心。

光绪帝王生涯的真相

……

身为一国之君，毫无权力在手。面对着光绪的奉迎，慈禧太后无动于衷。皇帝的生活，连平民百姓都不如。深宫之中，光绪帝王生涯的真相究竟如何？

慈禧太后为何讨厌亲自选定的光绪

应该说，光绪的能力，完全有资格独立处理政务，虽未必会成为一代有道明君，但必然不会像咸丰、同治那样昏庸无用。可不幸的是，他当皇帝这件事本身就是一个悲剧。正如前文所说，他的即位，纯粹是为了配合慈禧掌握权力的要求。因此，当他年纪渐长，要求亲政的时候，便不可避免地与慈禧发生了冲突。

而且慈禧与光绪的关系，实在也说不上有多好，由于二人并没有血缘关系，所以慈禧对这个小皇帝并没有特别深刻的感情。据说光绪十岁那年，慈禧生了一场大病，光绪为此心急如焚，半夜暗暗向上天祈祷，甚至要效仿古人“割股奉亲”之举，拔刀自伤，意欲割肝做药，幸亏左右侍卫连忙抢救，才不致酿成大祸，然而光绪却也被割伤了。谁知道这样一份孝心，慈禧知道之后却神色漠然，不为所动。

慈禧始终提不起对光绪的兴趣的原因，可能还与年幼的光绪更加喜欢温柔可亲的慈安有关。年幼的光绪闲来无事，总是往慈安宫里跑。可是此时的慈安和慈禧早已经由于安德海的事情心生嫌隙。

皇帝也会营养不良

慈禧不喜欢光绪，便经常有意无意地为难小皇帝。光绪体弱多病，身体一直不好，据说是因为从小就营养不良所致。根据清宫规矩，皇帝每日进膳，都要上几十道菜，可是皇帝一个人怎么吃得了那么多，顶多就是拣离自己近的菜吃几口，结果就是离皇上特别远的菜每天都用小火煨着，每次都放在原来的地方，到夏天居然大多都发馊变臭了。就是皇上吃得到的几道菜，也不是现做，而是早就做好的，味道自然很差。

光绪帝读书像轴

年幼的光绪正在长身体的时候，却吃不到什么像样的东西，有时候甚至忍饥挨饿。实在忍不住的时候，光绪也会让御膳房换换菜谱，做些新菜。可御膳房对光绪的命令压根儿不理不睬，而是要禀明慈禧批准。慈禧自己每顿都吃小灶现炒，根本不管光绪，反而经常教育光绪要勤俭节约云云。如此几次，光绪再也不敢抱怨膳食。

年幼光绪的心理阴影

此外慈禧酷爱听戏，每次看戏都会叫光绪前来陪同。可是她根本不管小孩子的心情，总是点些《天雷报》之类阴森恐怖，神神鬼鬼的戏，给年幼的光绪心灵上留下了很深的刺激，以至于日后光绪非常害怕打雷。

后来光绪长大了，慈禧干脆不给他座位，就让他在旁边站着陪侍。据说，后来有一次，戏班子上演《十八扯》，戏中扮演皇上的丑角同情光绪帝，便插科打诨道："我是假皇帝，还有个地方坐；你看那真皇帝还站着呢！"慈禧听后默然，从此以后才给光绪帝安排座位。

大婚之夜，光绪为何落荒而逃

……

"久旱逢甘雨，他乡遇故知，洞房花烛夜，金榜题名时。"此乃人生四大喜事。然而，光绪帝的大婚之夜，却发生了一件不和谐的事：新郎官抛下了新娘子。这究竟是何原因?

光绪的选后纠纷

说来也巧，同治和慈禧不睦，始于慈禧为同治选后；而光绪与慈禧同样因为光绪大婚的事闹得很不痛快。光绪十三年（1887 年）冬，17 岁的光绪皇帝也要亲政了。按照惯例，自然是要先举行大婚典礼。慈禧太后此时的心境，与当年为同治皇帝选后时并无不同，仍然是想要在光绪皇帝身边安插一个自己人。因此，她安排了自己的亲侄女，都督桂祥的女儿参选。

清朝从建立之初就十分注重政治联姻和家族婚姻。政治联姻主要是满蒙之间的联姻，如努尔哈赤、皇太极、顺治等多人都娶了蒙古贵族女子为妻妾。家族婚姻则是政治联姻的延伸。

选后仪式安排在体和殿进行。这一天，备选的秀女依次排列在殿内，等待皇帝的挑选。殿内放着一张小桌子，上面放着一柄金镶玉的如意，两个红色绣花的荷包。按照清宫惯例，皇后和嫔妃由皇帝亲自挑选，如果皇上看中哪位女子，欲立其为后，则将如意赐之，欲立为妃者，则将荷包赐之。慈禧在安排秀女顺序时，特意让自己的侄女排在首位。此时没有了慈安的掣肘，慈禧自然以为光绪会乖乖听从安排。

年轻的光绪并不笨，他自然知道慈禧只不过是安排了一出戏而已，所以他根本不想配合慈禧把这场戏演下去。当慈禧拿起如意，告诉光绪看哪个姑娘合你心意，就把如意赐给她的时候，光绪直截了当地说道，婚姻大事，还是皇爸爸来做主，儿臣就算了吧。谁知控制欲极强的慈禧并不答应。也许在她看来，过程和结果同样重要。你光绪必须按照我制定的规矩来。光绪毕竟年纪尚幼，看到慈禧如此做派，居然以为自己即将亲政，慈禧也要尊重自己的意见了。大喜之余，一把抓起如意，看也不看站在第一排的桂祥之女，径直走到站在第二排的江西巡抚德馨女儿面前，就要把如意赐给她。

就在这关键时候，慈禧再也忍不住了。她也顾不得皇家的体面，严厉地喝了一声："皇帝！"光绪吃了一惊，愕然回过头来看着慈禧，此时慈禧却又闭上了眼睛，一语不发。只是朝着第一排的方向努了努嘴。光绪愣了一下，还是无可奈何地慢慢踅回身来，把如意重重地往桂祥之女的手中一塞，迅速回到了慈禧身旁。

光绪这个皇帝做得有点窝囊，虽然身为皇帝，可是面对专权的慈禧，也只有认命的份儿。光绪与表姐，也就是隆裕皇后在成婚前的关系一直不错，作为姐姐，隆裕对光绪特别照顾，就像对待自己的亲弟弟一样，两人的关系十分融洽。可是突然间，慈禧把自己的姐姐指给了自己当皇后，光绪心中实在难以接受。但为了服从慈禧，也为了讨好慈禧，光绪别无选择。

经此一场风波，光绪自然也不愿再挑选嫔妃。可是慈禧太后仍然不依不饶，她认为既然光绪有心于德馨的女儿，即使召入宫中作为嫔妃，日后定然也有夺宠之忧，于是自作主张，将两个荷包给了站在第三排的礼部左侍郎长叙的两个女儿。一场可笑的选后仪式就这么结束了。然而慈禧并没有想到，在这一次选后中，她仍然没有获得胜利；她的无意之举又为自己树立了一个敌人：长叙的小女儿，就是后来的珍妃。

光绪的一生也就只有这么一后二妃，是清朝皇帝中后妃最少的皇帝，也是成婚最晚的皇帝。慈禧的做法也是出于其政治上的考虑，目的就是要把朝政交给光绪后，还能够利用皇后来操纵光绪，最起码可以监视和掌握皇帝的一举一动。

可以想象，光绪自然不会对这样一场政治婚姻感到满意，尽管珍妃瑾妃也不是他亲自挑选的，但为了报复慈禧，他甚至刻意地疏远被封为孝定皇后的桂祥之女，而亲近珍妃和瑾妃。

大婚之夜的难堪

与隆裕皇后的大婚当晚，光绪甚至做出了一个有悖于皇帝身份的举动——扑倒在隆裕怀里大哭着说："姐姐，我永远敬重你，可是你看，我多为难啊。"这主要是光绪对慈禧安排的政治婚姻的不满。更重要的是，作为少年天子的光绪帝，自然希望自己的皇后国色天香，最起码也要有中人之姿吧。可隆裕长相丑陋，身材瘦弱，还有些驼背，这别说是一个皇帝了，就连家境稍微殷实点的男子，恐怕也无法对之产生好感。心里不痛快的光绪怎么肯跟这样的皇后同床？

自小养尊处优的隆裕皇后怎么能忍受光绪的这种轻蔑？因此二人时常爆发争吵。光绪十八年（1892年）夏，光绪与隆裕皇后又因为小事激烈争吵起来，光绪帝许是心情不好，骂得很凶，郁闷的隆裕皇后气不过，便到慈禧的寝宫发牢骚。

隆裕皇后的本意，只是找个人倾诉一下，获得一些安慰就可以了。谁知道慈禧闻听此事，勃然大怒，当着一众太监宫女大骂光绪，转脸又好言劝慰皇后：“别太难过了，你还年轻，不用为这个病秧子想不开。我有的是办法收拾他。”隆裕皇后一听此言，知道自己做过了头，然而也无可奈何。后来连续几个月，慈禧对光绪都没有好脸色，甚至一言不发。从此，慈禧就埋下了铲除光绪的心思。

光绪帝为何要叫慈禧亲爸爸

慈禧与光绪的关系中所最为人津津乐道的，就是那个奇怪的称呼——亲爸爸。有的野史资料也引作“皇爸爸”。这一称谓究竟是何意，引起了不少人的争论。根据慈禧后人的说法，“爸爸”是满族语“母亲”的意思，但也有研究者指出，根据清东陵满族人后裔的证明，满族语中并没有这样一种说法。

值得注意的倒是德龄女士《清宫二年记》中的一条记载：“皇帝及余（作者）等皆呼太后以男称。”而德龄也确实听到过光绪向慈禧请安时说“亲爸爸吉祥”。也就是说，“亲爸爸”用的正是本义，慈禧希望光绪将自己像生身父亲一样对待。

那么，慈禧为什么要这样呢？有研究者指出，慈禧的这一心理可能还是重男轻女思想在作祟，是一种心理感情和政治的需要。慈禧虽然是掌握大清王朝实际权力的人，但终究身为妇人，没有办法和九五至尊的皇帝相提并论，但慈禧并不甘心于此。她曾经说过，即使是光绪皇帝，也是我妹妹的孩子，就跟自己亲生的一样。那么，让九五之尊的皇帝叫自己亲爸爸，是对光绪帝的一种警诫：大清国的最高权力，在她慈禧手中！此外，对于天下臣民来说，也表明了慈禧的地位要高于光绪，她才是大清国的实际统治者。

慈禧是这么想的，也是这么做的。光绪亲政以后，慈禧规定，光绪必须每隔一日向她奏报政务，听候训示，还经常派人监视他的行踪。而光绪慑于慈禧的威严，每日请安时都浑身颤抖，有什么政务上的事情也根本不敢自作主张，还要主动向太后请旨才能实行。后来的戊戌变法，也是事事如此，甚至让慈禧不胜其烦，只好告诉光绪，可以便宜行事。后来戊戌变法失败，慈禧太后以“训政”为名，重新临朝视事，居然连垂帘听政的形式都免了，与光绪帝一起坐在须弥宝座上接受群臣叩头谢恩，三呼万岁。

俗话说天无二日，国无二君，这话在慈禧的面前被打破了。有大臣奏对政务，全凭慈禧一一裁决，光绪在一旁只是默然不语。有时候慈禧觉得不妥，用胳膊肘碰他，示意他说两句，光绪才提起精神，胡乱应付两句而已。说得不妥，还要遭到慈禧的斥责。

有一次，光绪听说英日同盟，很是担心，认为这对中国极其不利。慈禧当即厉声制止道：“外交上的问题，不要随便发言，如果传到外面去怎么办！”光绪一时不解，顶了一句：“就是传出去又有何妨？”慈禧大怒，居然举起拐杖就要责打光绪，吓得光绪连忙跪倒求饶。这种情况非止一次两次，往往要李莲英从中调解，慈禧太后怒气才能稍息。

在慈禧太后眼中，贵为天子的光绪帝不过是一个她实现权力欲望的玩偶与傀儡。或许慈禧太后认为，光绪能够做皇帝，这个权力与地位是自己给他的，所以他就必须要听话。后来的戊戌政变也体现了慈禧的这种心理。

第二十四章 洋务运动的失败

清派留学生为何没能改变大清的命运

……

第一次鸦片战争之后，大清王朝败象已现。如果再因循旧路，只能在世界大变革的浪潮中陷入可悲的境地。晚清政府腐朽无能，朝野的有识之士却在振臂高呼。即使他们没有看透大清帝国衰败本质的能力，但也知道，只有向西方学习，才有让大清延续的可能。清王朝第一批留学生就是在这种状况下出现的。

中国留学生之父容闳

1847 年，一艘去往美国的轮船上，三位不满 20 岁的中国青年容闳、黄宽及黄胜跟随美国教育家勃朗牧师赴美留学。他们十分清楚当前大清朝的积贫积弱，摇摇欲坠的紧迫形势。因此他们怀着一颗扶大厦之将倾的雄心壮志前往就学。虽然最终只有容闳一人留在美国升学，但他回国后却做出了骄人的成就，被誉为“中国留学生之父”。

1854年冬，容闳学成回到祖国。他一度想通过“藉雄厚之财力”创办实业的方式来挽救国家于危难之中，但不久便发现自己既然“志在维新，自宜大处落墨，若仅仅贸迁有无，事业终等于捞月”，于是决计弃商从政。

容闳在曾国藩、丁日昌的支持下，于1870年提出了派遣幼童赴美留学的计划。基于曾国藩的地位和影响，为了引起清廷的重视，曾氏决定由他领衔会奏，清廷迅即批准。

按理来说，留学生正监督一职应当由精通英语、擅长西学的人来担任。也就是说，非容闳莫属。但是朝中的顽固派却表示激烈的反对，为了能让留学成行，曾国藩、李鸿章又联袂领衔会奏朝廷，决定在为留学生设立的两名监督中，正监督由翰林出身、思想保守的刑部主事陈兰彬担任，副监督则以容闳任职。

令西方人刮目相看的东方面孔

1872年8月，第一批30名幼童（年龄定为10至16岁）抵达美国，它揭开了中国近代历史上批量走出国门、留学西方的第一页，是中国近代教育史上的一座里程碑。此后的三年时间里，中国留学生分三批按计划抵达美国。他们用自己的刻苦耐劳、勤奋好学征服了西方人，许多人的成绩甚至在美国学生之上。

据当时美国《纽约时报》报道：

中国幼童均来自良好高尚的家庭，经历考试始获甄选。他们机警、好学、聪明、智慧。像由古老亚洲来的幼童那样能克服外国语言困难，且能学业有成，吾人美国子弟是无法达成的。

功败垂成，千古之恨

幼童们来美后的积极奋进，刻苦学习的精神以及美国人士的好评，让容闳内心极为欣慰。但没有想到的是，支持自己实现此项“教育计划”的曾国藩却于1872年3月因病逝世，这一噩耗令容闳感到无限惋惜与悲痛。他说，如果上苍“赐以永年”，使之“得见其手植桃李，欣欣向荣”“手创事业之收效”“其乐当如何耶”？

真是“祸不单行”。令容闳更加没有料想到的困难接踵而至。曾国藩的去世使他的“教育计划”失去了有力的后援，以致这些留学幼童逐渐习染西风。开始西装革履，信奉基督教，尤其是不习汉文，不再遵守封建礼节。时任留学生正监督的陈兰彬及其继任者吴子登等人便与朝廷内部的顽固派沆瀣一气，对派遣幼童赴美留学的“错误做法”群起攻击。认为这些学生“若更令其久居美国，必致全失其爱国之心，他日纵能学成回国，非特无益于国家，亦且有害于社会”，因此为了防患于未然，应当马上将留美学生尽数撤回，“能早一日施行，即国家早获一日之福”等。

这场斗争实际上是改革与保守、前进与倒退、西学与中学之争，自始至终能够坚定不移站在支持方一边的，整个朝廷里只有容闳一人。虽然李鸿章对留学生给予了一定的同情，却也是爱莫能助。他只能在朝野的反对声中采取妥协的方针：在责令正副监督对留学生进行严加管束的同时，向美国政府提出希望能让中国留学生进入美国陆海军专门军事院校学习的交涉，希望以此培养出国家所急需的高级军事人才，同时也可减轻顽固派所施加的压力。然而美国政府却断然拒绝了这一要求。容闳的一再努力终归无效，1881 年夏，清廷最终做出解散留学生事务所、撤回全部留学生的决定。

堪堪功败垂成之际，容闳并不甘心就此承认自己努力的失败，他毕竟为此耗费了全部的精力。而此时自 1872 年以来先后赴美的留学幼童中，最小的也已满 20 岁。在他们中间，有很多人不仅高中毕业，甚至已经考入耶鲁、哥伦比亚等名牌大学，他们若是中道辍学，那将令人十分惋惜。

于是容闳向美国友人呼吁并请求他们伸以援手，希望他们可以利用自己的身份向清政府施压，请政府收回成命，让留学生们在美国继续学业。哪怕读的不是军事院校，理、工及其他高等院校也是可以选择的对象，学成归国后，一样可以帮助大清加快国家近代化的进程。

无奈的结局

容闳的呼吁博得了美国教育人士的响应，一时之间，致清政府的函文如雪片般飘落在皇帝的案头。在这些信中，美国耶鲁大学校长波特（Porter）及美国教育界众多名流联名呈递给清总理各国事务衙门的信最为真诚殷切。他们在信中说到，“（留学生们）自抵美以来，人人能善用其光阴，以研究学术……成绩极佳……咸受美人之欢迎……实不愧为大国国民之代表，足为贵国增荣誉也。”波特及众多名流希望，清政府能够收回成命，并且指出：“令学生如树木之久受灌溉培养，发芽滋长，行且开花结果矣，顾欲摧残于一旦而尽弃前功耶？”

可言者谆谆，听者藐藐，清廷顽固派依然反对派遣留学生出国，严令这些在海外求学的孩子们必须全部克期归国。1891年11月，除了坚决不归以及夭亡于异国他乡的28人外，剩下的94人回到上海。

至此，容闳心中最为华彩的教育救国之梦就这样破灭了。

虽然派遣幼童赴美留学一事本身未能善始善终以竟全功，但也未遭完败，因为这百余名归国留学生仍然在为祖国的富强奉献出了自己的一分力量。因而容闳后来说：

“今此百十名学生，强半列身显要，名重一时，而今日政府（指清廷）似亦稍稍醒悟，悔昔日解散留学事务所之计划，此则余所用以自慰者。”

同文馆，最后的努力

昔日轰轰烈烈的派遣留学生行动在保守派的干扰下无奈地落下了帷幕，而晚清政府则是更加风雨飘摇。国际上的环境已经容不得晚清政府明哲保身，唯有与世界相沟通，方可能争得一席容身之地。虽然清政府所采取的接轨方式过于简单，对危机四伏的统治也没有什么的帮助，但多少也迈出了第一步。

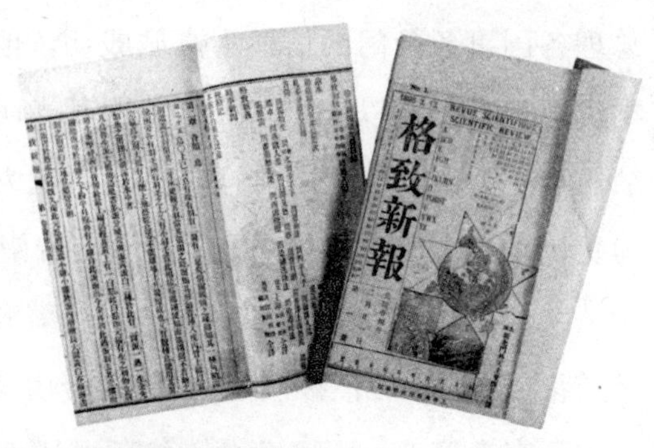

新式活字印刷刊物 清
由同文馆翻译的外文刊物。

痛定思痛。1861年的一天，奕䜣上奏朝廷，请求创立“同文馆”，其意在于培养外语翻译人才。这使朝廷想起一件痛心疾首的事情来。从1842年的第一次鸦片战争后，与英国政府签订的《南京条约》直到与洋人签订《天津条约》和《北京条约》时，竟连一个懂得外文的中国人都找不到，任凭侵略者蒙骗。这期间，大清朝真是哑巴吃黄连，有苦说不清。语言不通、文字隔阂，也是受欺蒙遭失败的原因之一。所以，辅政的两宫皇太后毫不犹豫地准奏，专门培养外语人才的同文馆便轰轰烈烈地开张了。

同文馆，附属于总理衙门。设管理大臣、专管大臣、提调、帮提调及总教习、副教习等职。总税务司英国人赫德任监察官，实际管理日常事务。先后在馆任职的外籍教习有包尔腾、傅兰雅、欧礼斐、马士等。中国教习有李善兰、徐寿等。美国传教士丁韪良自1869年起任总教习，历经25年之久。

同治元年（1862年）京师同文馆正式开办。该馆为培养翻译人员的“洋务学堂”，也是清代在北京开办的采用班级授课制的第一所洋务学堂。最初只设英文、法文、俄文三班，后陆续增加德文、日文及天文、算学等班。一开始，招生对象仅限14岁以下八旗子弟，结果6月份入学的就10个人；后来招生范围开始扩大，年龄较大的八旗子弟、汉族学生以及30岁以下的秀才、举人、进士和科举正途出身的五品以下满汉京外各官均可入学。

学生逐年增多。1872年，拟订了8年课程计划。每3年举行大考一次，列入优等者升官阶，次等者记优留馆，劣等者除名。同文馆的学员待遇非常优厚，除膳食、书籍、纸笔由官家供给外，每月发给薪水银10两。

学习期限初定三年毕业，但自光绪二年（1876年）后改为两种：由外文而延及到天文、化学、测地等各类学科的，8年毕业；年岁稍大，仅仅学习翻译的，5年毕业。课程设置在开始时只有英、法、俄、汉文，同治六年（1867年）后增设算学、化学、万国公法、医学生理、天文、物理、外国史地等科目。除汉文外的其他课程大多由外国人担任教习。其经费、人事等权利基本被控制在总税务司赫德手中。

京师同文馆的课程设置和管理章程极为统一，"四书五经"之类的传统科目基本上不在课程设置之中，中国近代新式学校的发端就源于这京师同文馆。毕业后的学生多数就任政府译员、外交官员、洋务机构官员、学堂教习等职。该馆所附设的印书处、翻译处，曾先后编译、出版自然科学及国际法、经济学书籍20余种。此外还设有化学实验室、博物馆、天文台等。1902年1月并入1898年创建的中国第一所具有现代意义的大学——

京师大学堂。

1863 年前后，上海广方言馆和广州同文馆相继成立。

成立于 1863 年的“广方言馆”是上海建立的第一所外国语专科学校，明显带有上海特色。所谓的“方言”即相对于京畿使用的官话而言的地方语言；而所谓“广方言”，就是对方言进行推广。妄自尊大的清政府认为外国语是“方言”，显然还沉浸在天朝上国的美梦中。

客居于上海的翰林冯桂芬早在 1861 年就曾提出“宜在广东、上海设翻译公所，选颖悟儿童，住院肄业，聘西人课以西国语言文字，并习经史算学”。李鸿章对冯桂芬的这一建议表示支持。

翌年，上海广方言馆于旧学宫（今学院路四牌楼相近）建立，昔日提出此议的冯桂芬被举荐为馆长。最初，上海广方言馆曾被拟名为“上海外国语言文字学馆”，这个名字曾经在李鸿章请设学馆的奏折中出现。不过在冯桂芬所拟试办的章程中，被改称为“学习外国语言文字同文馆”，简称“上海同文馆”，这也成了当时所使用的正式名称。这个名字沿用了四五年，1867 年改名为“上海广方言馆”。

成立后的上海广方言馆培养出了一批精通西文和西学的中国学生。1872 年 8 月 11 日，上海广方言馆的第一批 30 名 14 岁的学童，在陈兰彬、容闳的率领下赴美留学，近代中国官派留学生之先河由此开启。詹天佑，日后著名的近代中国铁路工程师就是其中之一。1874 年 9 月 19 日，第二批广方言馆学生在上海人祁兆熙的率领下赶赴美国。唐绍仪，日后的北洋政府国务总理便是其中一员。不少广方言馆毕业生经选拔后成为中国第一代外交官，汪凤藻、陆征祥、吴宗濂、刘镜人、唐在复等一干在日后大放光彩的名字均是个中翘楚。

同治元年，广州同文馆在李鸿章的奏请下开始组建。同治三年，在广州市北大门朝天街正式成立。继京师同文馆、上海同文馆后，这是近代中国建立起的第三所外国语学校，也是洋务派在广州所办的第一件较重大的洋务事业。

广州同文馆第一期共招收14~20岁的正途学生20人，其中满汉八旗子弟16人，汉人世家子弟4人，学制3年，学习科目主要有英语、汉语和算学。

待到光绪五年（1879年），广州同文馆再添设法文、德文两馆，各招学生10人，共20人，其中10人来自原英文馆中英语已经学有所成的，其余均在八旗子弟中选出。学制也由3年激增到8年，自然科学、社会科学、文学、艺术等课程均包含其中，同时又开设生理学、解剖学等若干选修课；不久之后又增设东语（日语）馆和俄语馆，定向对日语、俄语方面的翻译人才进行培养。广州同文馆的英语教习三顺所著的《三顺调音》《三顺文法》等书，是近代中国较早的学习英语拼音和文法的工具，尤其是《调音》一书，利用广州发音做说明，成为广东人学英国语音的津梁，后来也因此而被“两广方言学堂”等校继续采用。

在广州同文馆中的一干毕业生中，同样不缺乏日后栋梁。

清政府驻英属新加坡的第一任总领事左秉隆就是首届毕业生中的代表，曾出任外交部署主事的傅柏山，曾合译《各国史略》的杨枢、长秀，均出自广州同文馆。

在洋务运动的浪潮中，同文馆最多算是展开近代化教育、学习外语的尝试罢了，对于改变国内现状，缓解国家危机起不到很大的作用。在列强环伺的环境下，强军，才是抗争最直接有效的办法。

洋务派如何以技术立国

当世界进入到18世纪之后，大革命成为关键词。从封建制度向资本主义制度的过渡，建立在工业革命的基础之上。闭关锁国的大清王朝，在被炮火轰开大门之后，也萌生了以科技立国的念头。这就是洋务派所提出来的“师夷长技以自强”的口号。

改变信息传递技术的电报学堂

洋务运动在李鸿章为首的一批人的带领下已经如火如荼地进行了数载，随着洋务运动步伐的大迈进，“运动”中致命缺陷也越发显现出来——那就是如果想真正实现富国强兵的目标，单单靠培养军事人才是不行的，必须全方位地占有当前世界上全部的领先学科。而最能触及他们灵魂的莫过于信息的传递了。当李鸿章看到洋人使用每秒30万公里传输速度的电报，而此时的清政府还使用老旧的驿站快马加鞭的方式传递情报的时候，办电报学堂及掌握世界领先技术的欲念便在李中堂的心中与日俱增。

其实，在架设电线之前，中国已经自己开始创办电报学堂了。福州电报学堂就是中国的第一家电报学堂。1875年，丁日昌任福建巡抚后，将老百姓所拔的丹麦大北电报公司在厦门福州间和马尾擅自架设的电线杆和电线“买回拆毁，仍将电线留存，延请洋人教习学生”。这就是福州电报学堂。大北公司的工程师成为学堂里的洋教习。至于学生来源：一是从广州、香港招来的精通英文者，二是船政学堂已有一定的“数学知识者”。

津沽电线架设之初的1880年，李鸿章即于当年10月派官员在天津设立电报学堂，聘丹麦大北电报公司洋人来华“教习电学打报工作”。李鸿章认为，自己设学堂培养电报人才，可以做到“自行经理，庶几权自我操，持久不敝”。可见设电报学堂其实是为了把电报业的利权掌握在自己的手中。

事实上，天津电报学堂所起的巨大作用在中国电报事业发展中无法抹杀。随着津沪、沪汉、沪浙闽粤等电线的架设，对电报人才的需求极为迫切，一时“皆由天津学堂随时拨往”。学生的供不应求进一步促进了学堂的发展，一年后，天津电报学堂即“招谙习英文学生四五十名一体教习”。但仍不能满足社会上的需要。

为此，左宗棠于1882年在南京设同文电学馆。此学馆采取淘汰制，放宽对所招学习电报的幼童的人数限制，注重在学习的过程对其资质进行考察，做到“聪颖者留，鲁钝者去”。在一定程度上对学生的整体素质及专业技能有所提高和促进。

1883年，电报在全国范围内推广开来，电报专业的人士成为各地急需的人才。为了满足需要，在上海成立起一座较大的电报学堂。没用多长时间，上海便成为清朝训练电报人才的中心。正像李鸿章所说的那样，“因推广各省电线，在上海添设电报学堂教习学生”，以分拨各地。

西学馆，名副其实的实业学堂

在洋务运动中所成立的所有实业学堂中，最名副其实的应属西学馆，而西学馆中当推广东为先。这是由两广总督刘坤一所倡导的。刘坤一对广东同文馆只学习外语、而不务实业之学很是不满，且“专用旗人子弟，一味训课时文，虽仍聘一英员教习，略存其名”，“毫无实际”。他认为，根据当时的形势，务实的“西学馆之设，诚为急务”。于是在1876年时“以银八万元购买黄埔船澳为将来扩充机器局及开设西学馆地步”。这种西学馆的特点，“自不在外洋语言文字之末，以力求实际为是”。为办好这种务实的西学馆，刘坤一捐银15万两。

虽然广州西学馆是在刘坤一的提倡下建立起来的，但使它真正成立起来的却是后来担任两广总督的张树声。在论述办西学馆的目的时，张树声曾言：

“（中国）开厂造船，设局简器，讲求效法，积有岁年。而步其后尘，不能齐驱竞捷；得其形似，不能开径自行。则以西学入门层累曲折，皆有至理，不从学堂出者，大抵皮毛袭之，枝节为之，能知其所当然，不能明其所以然也。”

在他的眼里，只有学习西方科学技术知识，才能有所创造。刘坤一所捐的15万两银子，正给了张树声以启动资金，开辟出黄埔对河之长洲地方，购买外国船坞，“可为考证学业之资”。是年冬天开始动工，一年之后工程结束开馆，取名“实学馆”。学习的科目主要是制造。当时在籍丁忧的翰林院编修廖廷相被招聘为总办馆务。他说这样一来可以“称名正而言之顺，任人正而学者从”。

1883年，督办宁古塔等处事宜的吴大澂奏请在吉林创办表正书院，“数理精深，又能循循善诱”的江苏候补知县了乃文接受掌管教习事宜的委任，分教习则为候选从九品廖嘉绶。该书院的校址在吉林机器制造局东部，建造房屋26间，隶属于总办机器局的江苏候补同知朱春鳌负责监督建造。

其学生来源，是“吉林府教授衙门送满汉生童三十余名住院肄业，专令学习算法”；“该生童等有志向学，渐入门径，颇有可造之才，将来日进有功，与机器制造测量诸法，触类可通”。吴大澂在奏折中指出，学生的学习颇有成效。由此便可知道，表正书院的兴办与军用的制造局有着密不可分的关系。

应洋务事业需要，台湾巡抚刘铭传在台湾成立台湾西学堂。

之所以台湾要拥有自己的“西学堂”，首先是“台湾为海疆冲要之区，通商筹防，动关交涉”，然而台湾地区没有精通外国语的人才，内地的人才也处于紧缺状态中，难以向台湾输入；

其次是“台地现办机器、制造、煤矿、铁路”等工业企业，对此类科技人才有着迫切的需求。

出于这样的目的，1887 年 4 月，台湾西学堂正式建立。首批招收 20 余名“年轻质美之士”，聘两位汉教习，并“延订英国人布茂林为教习”“于西学余间，兼课中国经史文字，既使内外贯通，亦以娴其礼法，不致尽蹈外洋习气，致堕偏诐。”

学堂的学生在第一年学习外语，而后“渐进以图算、测量、制造之学，冀各学生砥砺、研磨，日臻有用”。这样，台湾便涌现出了大批的外交人才以及备有工业近代化中所需的科学技术等工程管理人才。

自强学堂，张之洞的努力

在晚清兴办事业学堂的浪潮中，湖北自强学堂不可忽视。

1893 年 10 月，张之洞在武昌建立湖北自强学堂，分为方言、算学、格致、商务四斋，也就是四门专业，每个月均会以考试的形式对学生的学习成绩予以考核。

在四门专业中，张之洞将重点放在了方言、也就是外语上。在方言斋就读的学生必须在学堂居住，直到毕业为止。其余的三斋学生可以自行选择是不是住校。对此，张之洞认为：“自强之道，贵乎周知情伪，取人所长，若非精晓洋文，即不能自读西书，必无从会通博采。”不过随着局势的发展，学堂开始重视技艺的掌握，并在 1896 年，把原铁政局内的化学堂并入到湖北自强学堂，成为单独的一门专业。

与其他实业学堂不同的是，张之洞的湖北自强学堂对国外有关工农商等方面的技艺书籍分外关注，并大量引入翻译此类著作。张之洞认为，随着事物的不断发展，现在的形势与以往已经大不一样，因此，在对交涉公法和武备制造等书进行翻译时，也要对其他领域的书籍有所涉猎。张之洞称，“方今商务日兴，铁路将开，则商务律、铁路律等类，亦宜逐渐译出，以资参考，其他专门之学，如种植、畜牧等利用厚生之书，以及西国治国养民之术，由贫而富，由弱而强之陈迹”等各方面的书，都应该进行笔译并且广泛刊发及流传，“为未通洋文者收集思广益之效”。

倡导实务，向西方学习，实质上是要推动中国的近代化进程。然而，在腐朽没落的封建政治制度环境下，任何努力都只是治标不治本。

李鸿章为何偏爱洋枪炮

……

在曾国藩所遗留下来的著作《曾国藩家书》中，我们可以很明显地看到曾氏在用兵方面对谋略的运筹、将士的使用有着特殊的器重。而作为他最得意的门生、晚清肱股之臣李鸿章，却在用兵之际更看重武器装备。一向以曾国藩为傲的李鸿章为何偏离了老师的路线，转而偏爱西方的洋枪洋炮？为此，他又做出了哪些努力？

太平军带来的沉重打击

李鸿章在上海剿灭太平军的过程中，发现外国枪炮性能优越，杀伤力强，而中国自己生产的质量却非常低劣。同时他还观察到，太平军专用洋枪，尤其是李秀成所部用洋枪最多。这件事给李鸿章的自尊心予以严重的打击。为了在战场上掌握主动权，于是他决定用西方新式武器装备淮军。

通过兄长李瀚章，李鸿章在广州购买了大量的西方新式枪炮，这些武器不仅用来武装改编后的淮军，同时也分拨给曾国藩、曾国荃的湘军使用。从 1862 年 6 月开始，李鸿章的淮军里面也出现了“洋枪队”。从此，湘淮两军开始了新式武器装备的使用，后来，曾国藩也曾多次提到，湘淮采用洋枪，是李鸿章倡导的。

其实事实上也的确如此。曾国藩并不迷信洋枪洋炮，因为他更注重战争中人的作用。当时，曾国荃屡次要求李鸿章为他代买洋枪洋炮时，曾国藩就表示，打胜仗“在人不在器”，关键还是训练好。

这种认识确实存在一定的误区，不过当时的曾国藩受到种种条件的制约，没有认识到武器装备在近代化战争中的重要作用。但他并不保守，对洋枪洋炮的威力有所了解后，不仅不对李鸿章的行动表示反对，反而给了他的这个得意门生以大力支持。可以说，正是在曾国藩积极地扶持和引导下，李鸿章才走上了洋务强国的道路。

最终，在奕䜣的帮助下，李鸿章的建议终于得到了慈禧太后的首肯，允许他在“剿匪”的前提下，学习制造军火。

这期间，李鸿章的洋务自强思想也在实践中不断得到深化。他认识到，想要自立自强，外国的生产技术必须掌握，长期依靠购买西方军火，只能增加对外国的依赖性。国家创办和发展自己的军工企业，实现自主生产才是强军的唯一途径。从此，他开始有意识地与经验丰富的外国军事人员接触，学习相关知识。在不断地了解过程中，逐渐坚定了生产先进西式武器的决心。

丁日昌与上海洋炮局

1862 年 10 月，在李鸿章所提供的军费资助下，技工们由韩殿甲领导开始生产炸药及雷管。

次年，英国人马格里在李鸿章的雇用下，会同直隶州知州刘佐禹，首先在上海设立了一个洋炮局，这是上海最早成立的洋炮局，主要生产炮弹铜帽等军用品。

同年 9 月，李鸿章将曾国藩的幕僚丁日昌调到上海，再建一局，对西式的短炸炮以及各种新式炮弹进行仿造。

早在李鸿章组建淮军时，就曾提议让丁日昌跟自己去上海；而曾国荃则提出要丁日昌跟自己去攻打太平天国的首都天京（今南京）。结果曾国藩谁也没有给，把丁日昌和李瀚章一起派到广东去办理厘金事宜去了。当时还在到处寻找人才的李鸿章听说丁日昌在广东军营已经督制出了 36 尊大小炮，2000 多发炮弹，心下十分羡慕，动了让他来主持炮局的心思。于是他便极力追着曾国藩要人，终于让朝廷批准把丁日昌调到上海。

其后的事实足以证明丁日昌的炮局是最有成效的，因为他办的炮局能制造“田鸡炮（迫击炮）”，还有能发射 80 磅炮弹的“开花炮”。后来，丁日昌一直跟随李鸿章做事，已然成为他身边最得力的助手，并成为“洋务运动”的积极实行者。

三个洋炮局先后成立，李鸿章将其合称为上海“炸弹三局”，当时也称之为上海洋炮局。

按理说，随着 1864 年 5 月苏南各城的收复，与太平天国的战争已接近尾声。此时的洋枪洋炮制造也该放松下来。但李鸿章不仅没有放松，反而认为更应当继续加强。同时，他进一步强调，要在仿制洋枪洋炮的基础上，不但要仿造，而且还要逐渐学会制造“制器之器”，而且刻不容缓。他还建议朝廷向近邻日本学习，将西方的先进技术掌握在自己的手中，以此来加强国家的国防力量，扭转被动挨打的局面，再现中华世界强国的荣耀。

由韩殿甲和丁日昌分别主持的炸弹局，“都不雇佣洋匠，只选中国工匠，仿照外洋做法”，采用手工铸造炸炮的方式。

由“炸弹三局”生产出来的各种弹药被源源不断地送往与太平军作战的前线，不仅为李鸿章镇压太平天国起义提供了有力的支持，也为他日后创办江南制造总局、金陵机器局积累了宝贵的经验。

自立自强，江南制造总局的目的

成立于 1867 年 9 月的江南制造总局又称上海机器局，初建时以生产枪炮弹药为主，待到后来修船造舰方面也能胜任，成为一家综合性的新式军用企业。曾国藩和李鸿章师徒二人成立江南制造总局的主要目的是“自立自强”，这也是该局的主旨。因此，二人事无巨细，无论是机构的设立还是人事的任免甚至是购置机器他们都要过问，这使得江南制造总局从一开始就有了强大的人力和物力的支持，所以发展得非常迅速。

凭借洋炮成为公认的洋务派首领

1864 年，淮军攻占苏州，马格里、刘佐禹主持的洋炮局被李鸿章迁往苏州，成立了苏州洋炮局。地址设在太平天国纳王府，占地比上海大得多。这期间，在李鸿章的允准下马格里又从外国购买了一批机器，所以，洋炮局的规模不断扩大，生产也颇有成效，每一星期就可以生产 1500 到 2000 枚枪弹和炮弹，还制造了规模不同的开花炸炮。总理各国事务衙门大臣奕䜣鉴于此，便于 1864 年 5 月奏请朝廷允准，从保卫宫廷的火器营中选出了 8 名武弁、40 名兵丁前往苏州洋炮局学习。于是此时的李鸿章已经成了让人们另眼相看的洋务派首领之一了。

金陵制造局便是苏州洋炮局，是被李鸿章迁到南京后改的名字。搬迁至南京后的金陵制造局规模逐渐扩大，生产力也随之迅速提高。该局以生产各种口径的大炮、炮弹和子弹为主，其他军用品也兼顾生产。该局以南京中华门外的瓷塔山为局址，规模又有所扩充，设备也有所改进，到1879年计有三个机器分厂，翻砂、热铁、柞厂各两个，还有火箭局、洋药局、水雷局等；能够制造炮位门火，车轮盘架，子药箱具，开花炮弹、洋枪、抬枪、铜帽、大炮、水雷等。

江南制造局和金陵制造局都是制造近代化军用器械的兵工厂。它们用蒸汽机作为动力，以机器为工具，雇用了一批工人，这表明此时中国已经出现了一种新的社会生产力。

来自近邻日本的启示

1864年5月，同太平军的战争即将结束，李鸿章再次强调制器事宜刻不容缓。他在致总署函中说：

“前者英法各国以日本为外府，肆意诛求，日本君臣发愤为雄，选宗室及大臣子弟之聪秀者，往西国制器厂师习各艺，又购制器之器，在本国制习，现在已能驾驶轮船，造放炸炮。去年英人虚声恫吓，以兵临之，然英人所恃为攻战之利者，彼已分擅其长，由是凝然不动，而英人固无如之何也。

“日本以海外区区小国，尚能及时改辙，知所取法，然则我中国深唯穷极而通之故，夫亦可以皇然变计矣。”

1865年，李鸿章接过曾国藩两江总督的职务。这时候的他发现，三个洋炮局的设备不全，于是在曾国藩的支持下，将原来设在上海的两个洋炮局与购买的上海虹口美国人的一座旗记铁厂合并，扩建为江南制造总局。江南制造总局规模极大，该局经费来自两江海关二成的洋税，主要制造军械。此外，江南制造总局还附设译书局，专门翻译外文科技书籍。

该局以“自立”“自强”为主旨，从经费的筹措、机器设备的购置、管理人员的委派到洋匠的雇用、机构的设立等问题，李鸿章和曾国藩都要一一过问，可谓尽心尽力。1867年夏天，江南制造总局从虹口一带迁至高昌庙，规模继续扩大。后经陆续扩充和添置设备，到19世纪80年代上半期，制造总局已拥有各种工厂十余座，船坞一座。1867年，用原有购置的设备及部分自造机器，每天已能生产毛瑟枪15支，12磅开花弹100发；每月平均生产发射12磅炮弹的开花炮18门。自1867年至1894年27年间，该局共计生产各种枪支5万多支，大炮585尊，水雷563枚，炮弹12万发以上。这些军工产品统一由清政府调拨，除供应淮军外，还供应南洋系统及各地的炮台、军舰，各总督所辖地区的军队。在制造枪炮之外，江南制造总局同时还生产“制器之器”也就是生产制造机械。除此之外，还专门设立了一个制造轮船的分厂。李、曾二人都清醒地认识到，要对付西方列强，实现自强，关键在于对海域的争夺，因此，就要多造船，用来更好地防御沿海各个重要港口。为了达到这个目的，曾国藩又奏请另外划拨两江海关的两成洋税，其中一成作为江南制造总局专造轮船的费用。终于，江南制造总局在1868年造出了第一艘大型新式兵轮。中国近代的船舶制造业从此开始。

李鸿章调任直隶总督之后，对崇厚所办天津机器局进行了接管并加以扩充。在他的经营之下天津机器局，分设东西两局，规模比以前大得多，主要生产火药、枪弹、炮弹、水雷等，辅之以修造船舰等。产品主要供应给淮军以及北洋水师。

这几个由李鸿章创办及接办的制造局加上左宗棠于 1866 年创办的福建船政局，成为中国早期军事工业的主干。几年间，初具规模的制造局，奠定了中国军事近代化的根基。可以说，这是和李鸿章的“偏好”和努力分不开的。在李鸿章和曾国藩的带领下，许多省份也先后用“机器局”“制造局”的名义，不断设立军火工厂。至此，中国通过多年的不懈努力，终于开始有了自己生产新式武器的能力，从根本上改变了清朝军队的落后状况，走上了国防近代化的道路。可以说，这是和李鸿章的“偏好”和努力分不开的。

洋务派为何将水运当作经济命脉

……

封建社会的经济特征之一便是重农抑商，两千多年的封建王朝之经济命脉都偏重在自给自足的农业生产上，即使到了资本主义萌芽出现的时期，农业仍是不可撼动的经济命脉。然而到了晚清时期，洋务派却将水运看作了财政上的救命稻草。众所周知，水运在国家经济中的作用，更多的是体现在商业上。那么，洋务派又为何要在封建社会的体制中舍本逐末呢？

轮船招商局，大清经济的最后希望

西方帝国主义用鸦片带走了中国的白银，用军舰大炮轰开了紧闭的国门。一场接一场的战败赔款，已经不是自给自足的农业经济所产生的价值所能予以支付的。人民还需生存，朝廷还要开销，国家总不能这样委屈地活着。想个办法，再组大清的经济命脉方是道理。轮船招商局便是这一理念下的产物。

1873 年，一艘悬挂着双鱼龙旗的中国商轮出现在长江之上，这就是成立于 1872 年 12 月的轮船招商局的结果。它的出现，标志着中国的水上交通由木船时代进入了轮船时代，代表了中国航运的一个新开端，属于中华民族自己的民族航运正式开始，具有一个划时代的重大意义。

其实早在 1867 年，轮船招商局的成立便已经在洋务派领导人的头脑里有了一个初步的雏形。曾国藩在与总理衙门的来往信件中，提到过在已经开放的通商口岸里，不少商人为了实现更为便利的运输，或购买、或租赁、或雇佣西方的轮船，同时又在西方商人的名下挂名，导致国家的税

轮船招商局

收大量流失。财政上本就捉襟见肘的清政府对此状况自然不能视若无睹，唯有解除购买或租雇洋船的禁令方能让暗箱里的操作摆在明面上，才能获得一部分的税收。

毕竟，挂名在西方商人名下的举动，对于国内商人来说也具有很大的风险，唯有中国人自己名下的轮船公司，方能兼顾到国家和个人双方的利益。因此，不少商人希望成立属于中国人的新式轮船企业。

清政府不是不明白这点，但朝廷中所担心的最大问题是中国航运业会受到外国公司的控制，甚至落到西方列强的手中，如此一来，不仅在商业上的运输起不到效果，就连关系到国家命脉的漕粮运输都要看西方人眼色行事。因此，对当时容闳所提出的按西方公司章程去筹组新式轮船企业的建议，总理衙门抱着非常大的戒心，批示称：轮船必须为华人所有。

1871 年，李鸿章在致山西按察使张树声的信函中强调，“倡办华商轮船，为目前海运尚小，为中国数千百年国体商情财源兵势开拓地步则大”。

这短短的一句话包含了国体（政治）、商情（经济）、财源（财政）、兵势（军事）四方面的内容，可见轮船招商局的成立对于已经是日落黄昏的大清帝国存在着何等重要的意义。

带动经济发展的商船运输

轮船招商局成立之初，仅 4 艘轮船，总吨位仅 2319 吨；等到了 11 年后的 1883 年，便已拥有 26 艘轮船，33370 吨的总吨位。略算一下便可得知，这 11 年里隶属于轮船招商局的船只增长 5 倍半，而吨位的增长却多达 14 倍有余。这意味着所增加的船多以大吨位为主，其经营规模和运输能力也在不断地扩大和提高中。轮船招商局所拥有的资本总额更是从最初的 59.9 万两激增 8.5 倍，达到了 533 万多两。短短十年间，一支颇具规模的商业船队迅速建成，“由内江外海以至泰西，逐渐开拓……或江、或河、或湖、或溪之间，皆有轮船往来，如此则华商火船之生业可以无所限止矣”。

船舶修造业与轮船的航行有着密不可分的联系。据资料显示，自 1874~1894 年，20 年间新建立的船舶修造厂家多达 30 家。也就是以招商局为龙头，带动了一大批为之服务的修造工厂，规模可观的近代船舶修造行业建立起来。

招商局开办后，要消耗大量燃料，煤矿开采业的发展也因此得到了刺激，近代煤矿业也随之而生。在众多煤矿中，规模最大的当属李鸿章开办于 1878 年的开平煤矿。开平煤矿之创办采用了招商集股的方式，计划中的首期达 80 万两（实际上 1878 年仅募得 20 万两），第二期则增加到 100 万两。在充足的资金条件下，拥有在当时的国内来说最为完善和先进的设备，其雇工更是多达 3500~4500 人，在当时的环境下，完全是一个空前的规模。其所开采出来的煤矿，除了可以满足招商局等官督商办企业、北洋海军的需求以外，在市场上也有大量的销售，在天津，一度抵制了进口煤矿对内地市场的冲击。

燃料问题解决后，又要进一步解决原料问题，于是同茂铁厂的创办及各种有色金属，如铜矿、铅矿、金矿之开采解决了此类问题。煤与各种金属矿厂的开办，陆上运输的问题又接踵而至，于是导致了铁路的建筑。因铁路的修建，需要大量优质钢材，于是1889年开始筹办汉阳铁厂。通讯、保险等事业也被提上日程——天津电报局于1880年开办，中国第一家船舶保险公司保险招商局也于1875年成立。此外，随之而起的是各行业人才的培养以及规章制度的创建。总之，在19世纪70、80年代短短20年时间里，一系列近代企业相继出现，取得了可喜的成果，而中国国民经济近代化事业也已迈开了坚实的步伐。

李鸿章给总署衙门的信中，已经明确说明创办轮船招商局的直接目的首先是将华商附搭洋行船只的资本收回；其次是收回长江外海航运权利，揽载客货，承运漕粮。这两条都是为了改变洋商在中国江海任意横行的局面，直接针对外国资本主义经济侵略势力而制定的。因此也可以说，轮船招商局的成立，是近代中国收回利权运动的伊始。

经过10年努力，当时户部对此给予了高度评价：

“谋深虑远，实为经国宏谟，固为收江海之利，以与洋商争衡，转贫为富，转弱为强之机，尽在此举。”

虽然其中有不少虚浮成分，但也从一个侧面反映了招商局在当时历史条件下抵制洋人侵略势力的积极作用。

据太常侍卿陈兰彬1876年奏称：“招商局创办后，合计三年中国之银少归洋商者，约一千三百余万两。”据李鸿章自己估计，“创办招商局十余年来，中国商民得减价之益而水脚少入洋商之手者，奚止数千万”。其实这只是大致的数目。从招商局历年来的账目上看，从创办之初到1884年，收取轮船运费共计1713.7万两。要是把跌价竞争而导致的西方商人收入的减少也计算在内，这10来年间，中国流失于西方的白银至少少了数千万两。以上这些只是账面上体现出来的一个绝对数字，如果考虑到其他因素，按照相对数据进行计算，招商局仅仅成立六七年，便将中国航运利权收回五分之三，李鸿章曾于1881年奏称：“迄今长江生意，华商已占十分之六，南北洋亦居其半。”

由于招商局经营有方，“生意极旺”，以致信誉日著，趋之若鹜，成为抢手货。从招商局股票行情波动看，1876年仅值四五折而已，1882年百两股票涨至250两。后为扩大经营而续招新股时，1882年即招满100万两，次年招足200万两。股商远及海外，直抵暹罗（28人，50000两）、南洋各地（38人，65200两），虽然海外所招股数额不大，但对于开拓业务、扩大影响面意义不小。招商局的经营状况蒸蒸日上。

对民族经济的保护

归并洋商的旗昌轮船公司则呈现另一种局面。独霸中国水域10余年由美国商人经营的旗昌公司的在华最大航运企业却一蹶不振。旗昌洋行在19世纪70年代初的营运情况是，面额百两股票竟“值银一百四五十两，最盛时高达二百余两”，仅1871年获净利94万两。可谓是如日中天。可是，轮船招商局的成立，加上怡和等行的竞争，导致它开始由盛而衰，逐步下滑。

1873年盈利猛跌至10.6万两（如只计长江航线，实则亏损）。1875年8月，面值百两的股票跌至60两，从此前景暗淡。与此同时美国南北战后，国内出现投资热潮，可是此时远东再也不是“理想的黄金之国”，所以越来越多的美国商人开始寻求脱手的机会。适逢其机，轮船招商局正雄心勃勃，打算扩大经营，大展宏图。双方经过几轮谈判，终于拍板成交。招商局方面以222万两代价，兼并了旗昌的全部资产。从此以后，招商局的运力从11854.88吨上升到30526.18吨，实力扩大了一倍半。为其开拓业务奠定了雄厚的物质基础。同时还扩增了地势优越的轮船码头，特别是像金利源这样的最佳位置的码头。这些因素都必然大大增强了轮船招商局与外商的竞争实力。当年盈利额便由16.1万两增至35.9万两，次年增为44.2万两。

兼并最大的一家外商洋行，在朝野引起巨大轰动。绝大多数有识之士都持赞成态度，欢呼雀跃。两江总督兼南洋通商大臣沈葆桢认为:“归并洋行，为千百年来创见之事……是真转弱为强之始。”李鸿章则给予了“为收回利权大计”“于国计商情两有裨助”的盛赞。

轮船招商局的成立与其所达到的效果，对中国民族资本主义的发展无疑起到了一个巨大的促进作用，同时，也在一定程度上遏制了西方社会在经济上对中国的掠夺，是洋务派在救国图存过程中一个具有重要意义的举动。更重要的是，轮船招商局的成立，让世人看到了封建经济在新时代的无能，以及新的经济形势所起到的效果，为日后的大革命时代打下了一个基础。

同时兴起的运动为何截然迥异

……

中国与日本，一衣带水的千年邻邦。同样的历史进程，同样的被辱命运，同样的寻求改变，为什么却得到了不同的结局？洋务运动与明治维新，两个旨在强国自立的运动，为何有着如此天差地别的命运？

先天不足的洋务运动

1840年，英国通过坚船利炮轰开了中国的大门，史称第一次鸦片战争；13年后，美国人的舰队又撞开闭关锁国的日本大门，史称“黑船事件”。这两个一衣带水的邻居，在短短的十余年间，先后迎来了相同的遭遇。但命运之结果，却大相径庭。

其实，无论是中国还是日本，在被强行轰开国门之后，两国的朝野都意识到自身之于国际形势的落后，都起了以改革来图强的心：中国的“洋务运动”如火如荼，日本则开始“明治维新”。众所周知的是，中日两国在相同的背景下，走上了一条截然相反的道路。

第一次鸦片战争期间，林则徐、魏源首先提出了“师夷长技以制夷”，他们是中国主张放眼世界的一代先驱。这句口号源自魏源应林则徐之约、于1842年编就的《海国图志》，是近代中国第一部对西方进行全面介绍的著作，但并没有引起当时中国应有的重视，反而是日本将其视为珍宝，认真研究，奉为圭臬。第一次鸦片战争后，中国一些主战派，看到了落后的中国与西方列强的差距，本欲进言朝廷奋发图强，无奈这批人在战败后纷纷被贬谪、发配，随即主和派占了上风，因此未能成为一次有效的图强运动。

曾国藩和李鸿章等人在太平天国战争和第二次鸦片战争中，见识了外国列强坚船利炮和新式洋枪的威力，意识到中国必须有自己的军工厂，生产制造新式洋枪洋炮，才能应对内部战争的需要以及更好地与列强对抗，继而兴起了影响广泛的“洋务运动”。李鸿章更是成为“洋务运动”的代表人物，其历史功绩褒贬不一。

1865 年，李鸿章兴办了江南机器厂和金陵制造局，主要生产枪炮、子弹等。1866 年，左宗棠在福建创建船政局及马尾船厂，这些都成为“洋务运动”的迈开的第一步，在“洋务运动”中占有重要的地位。

明治维新，日本命运的转折点

再看日本，第一次鸦片战争时期，它与中国一样，都是闭关锁国的国家，发展水平相差不大。1842 年，慑于中国在鸦片战争中的失败，日本不得不向西方列强妥协，开放一些港口，允许这些国家的军船补充煤炭和水。而发生于 1853 年的“黑船事件”才让日本真正敞开大门。在这次事件中，美国人佩里率舰队进入日本，强迫日本于第二年和美国签订了《日美亲善条约》，开放下田和函馆两个港口，供美舰补给用。西方列强看到了强权的威力以及利益的诱惑，于是英、俄、法、荷等国家纷纷派出将领，率领舰队来到日本，以军事为威胁，强迫与日本签订和美国相类似的条约。自此日本奉行了200多年的锁国政策，从此被打破。

1868年，日本倒幕运动以倒幕派获胜而告终，天皇摆脱了千百年来的傀儡身份，真正成了日本政权的最高领导者。同年4月，明治天皇以国家最高领导人的身份发出了第一封御笔信，宣布从此以后的日本，将是一个以天皇为中心的中央集权制国家。

日本走上了“明治维新”的道路。

日本和中国一样，都是被西方列强的炮火轰开了紧闭的国门。中国是因为鸦片战争，而日本是因为黑船事件。几乎同时被强迫打开大门，同时意识到了奋发图强，并同时进行革新，但是为什么结局却正好相反，是一个值得让人们深思的问题。

日本明治新政府成立之初，发布了《五条誓文》：

一、广兴会议，万机决于公论；

二、上下一心，盛行经纶；

三、官武一途以至庶民，各遂其志，人心不倦；

四、破旧有之陋习，基于天地之公道；

五、求知识于世界，大振皇基。

这《五条誓文》起到了一个临时宪法的作用。它赋予了日本国民一个很重要的权利，即参政议政权。从此以后，无论是哪一层的日本人民，都可以毫无限制地对国家政治发表自己的意见，无论什么事情大家都可以在会议上各抒己见，同时，政府也向民间、向大众征求治国的方针政策，希望举国上下齐心合力，共同治理国家。

日本新政府之所以实施起这样一系列的民主方针政策，是出于一种强烈的危机感。自古以来，日本便生存在中国的阴影下，当中国国势日衰之际，西方列强又纷至沓来。这种隐忍了数千年的局面让近代日本面临着严重的危机。再加之当时的日本幕府残余势力仍抱着反扑的梦想，内忧外患之下，如果国政上不再对民意有所反映，那么不仅建立不起一个可以与西方列强相抗衡的国家，更有可能会彻底地沦为西方的殖民地。由此，诞生了一个新的制度——“建白书”。

所谓的“建白书”，就是类似于提案的一种书面建言，无论是朝中大臣还是贩夫走卒，甚至是当时的日本尚未彻底解决的四个阶层中的最下等人民，都可以针对国家的政策无所忌言。另外，颇有价值的建言还会通过在报纸上选载的方式造成更大的影响。

日本政府的努力没有白费，新制度诞生不久，大量的建白书便如雪片般纷至沓来。

在日本的江户时代，政治只是武士的事情，一般庶民是不能参政的，甚至不允许讨论政治，“明治维新”后，国民平等了，国家成员的地位获得承认。日本百姓为国家着想的热情被唤醒，同时也对即将开设的议会满怀期待。与此同时，日本政府开始了制定宪法的准备，曾赴欧调查各国宪法的伊藤博文成为制宪的中心人物。明治二十二年（1889年），日本宪法颁布。在第二年，召开了日本的第一个议会，至此明治日本的近代国家形态已经基本完备。伴随着议会的成立，受理“建白书”的机关被关闭，随着议会的召开，20多年来反映民意的“建白书”，完成了其历史使命。

100多年前，曾有一位日本青年写下了如下这番话：

“政府实施新设议会之时，议会则为政府私有，而非天下百姓公有，议员则以官吏自居，议会应为，天下百姓之公有，而不可成政府之私物也，如果国民自己，不主动参与国事的决策，这样的国家就不会真正成为国民的国家。”

这是给予“建白书”制度最好的评价。

差异在根本

“明治维新”是一次全面的革新，是一次质的飞跃。它从上至下对国家的政体作了全新的变革，以天皇为中心的立宪君主制（与西方国家的君主立宪制不同。君主立宪制国家的君主并无实权，实权掌握在内阁手中。明治维新后的日本实权掌握在天皇手中，因此被称为立宪君主制）建立起来，近代的教育制度、军事制度、土地制度、银行制度等也随之而建立。日本正是有了这些近代制度的支撑，最后才能大踏步地前进跟上西方国家的脚步，并通过自己的努力，成为列强中的一员。

而清朝的“洋务运动”只不过是一种量的变化，并没有达到质变。国家政体没有丝毫变化，封建主义制度丝毫没有被触动，其落后性根本不能与日本的君主立宪制先进性相比。虽然在清朝末期出现过戊戌变法，但那毕竟如同流星般迅即陨落，百日维新很快被保守势力所镇压，随着六君子的人头落地，中国近代一次变法图强的努力，被扼杀在摇篮之中，它是一次不成功的变法。清朝那架破破烂烂的马车，在慈禧这个蹩脚的驭手驾驭下，颤颤巍巍地走上历史的老路，最终走向灭亡。

第二十五章

北洋水师覆灭谁之过

谁才是北洋水师的开创者

……

北洋水师，大清的骄傲。但谁才是提出建立北洋水师的人？清政府又为什么痛下决心，打造一支可以纵横亚洲海域的得力之师？

北洋水师组建的缘起

北洋水师，始终是清政府的一项骄傲。但其兴起之轰烈，覆灭之惨烈，却也是后人所诟病之一。它的缘起是这样的：1874年6月，清政府藩属国琉球的几艘渔船，因为大风意外漂流到了台湾，渔民与当地高山族人发生了冲突。清政府已经对此事作了妥善处理。但是，这件小事却引起了邻国日本的不满。原来，日本早已在琉球国内部暗中发展自己的势力，企图在条件成熟时以琉球为跳板侵占台湾。因此，他们以此次渔民冲突中清政府袒护台湾为借口，于1874年6月15日，派出几艘商船秘密出发，阴谋占领台湾。

日军入侵台湾的消息马上就被清政府知道。清廷急派林则徐的女婿——总理船政大臣沈葆祯，率领几艘近代化兵舰前往台湾。第一次见到了大清国的舰队，日本兵十分惊慌，因为他们乘坐的只是几艘商船。所以，迫于清军威力，纷纷逃离台湾。这场近代史上中日双方的第一次正面冲突，似乎以清军的获胜结束。但实际结果却并非如此。

由于施行了“明治维新”，使日本几乎在一夜之间从封建时期进入了“近代文明”时代。它通过外交手段废除了与列强签订的不平等条约，而这次改革也使日本这个亚洲国家开始向欧洲列强靠拢，成为被西方国际大家庭认可的一员。因此，当日本的目的没有达到时，他的同盟者美国联合英国和法国，帮助日本一起向清政府施压。在三国的支持下，理亏而又仗势欺人的日本向清政府索赔军费 50 万两，软弱的清政府竟然接受了日本的无礼要求。在这件事件中，清政府感到无比惊讶的是，日本竟然也像列强一样敢侵犯大清国土。此时国家信心再一次遭受了来自海上的重创。

鉴于此，恼怒的总理各国事务衙门在与日本签订赔款条约后的第六天，愤然上奏清廷，强调了海防问题的急迫性。而此时的清政府似乎也已认识到问题的严重性，以前所未有的高效率，在当天就发布上谕，令沿海沿江各省督抚们在一个月内将各自的讨论意见上奏朝廷。

海防战略大讨论

随即一场关于“海防战略”的大讨论迅速展开。

虽然时任直隶总督兼文华殿大学士的李鸿章对这次海防大讨论并不抱太大希望，但争强好胜的他还是提出了许多务实的看法。

限期一个月的海防大讨论，被拖延了大半年后，终于在1875年5月由恭亲王总结整理后上奏朝廷。依据讨论的结果皇上决定成立南、北洋水师，两支水师齐头并进。不久后，林则徐的女婿沈葆桢被任命为南洋通商事务大臣，而李鸿章则担任北洋通商事务大臣，他们兼办各自的海防事宜。

李鸿章和沈葆桢的明争暗斗

李鸿章和沈葆桢都是当时洋务运动中的领军人物，同时也是清政府大臣中较早放眼世界的有识之士，他们都赞成发展工商业以富国力的思想，并积极主张创立中国近代的海军，以增强国力。因此，他们互相提携，步调一致。但私下他们却因为清政府决定分配给南北洋水师共同使用的每年约400万两白银的海军军费而明争暗斗。

两人经过几个回合的较量，沈葆桢败下阵来。最终擅于权术的李鸿章得到了大部分的海军经费，而沈葆桢的南洋水师只拿到了很少的部分。在拿到了大笔的银子后，对军舰一无所知的李鸿章心中犹豫不决，因为他不知道应该向哪个国家购买最先进的军舰。

在担任清政府总税务司的英国人赫德的大力推荐下，李鸿章从1875年到1879年，先后从英国订购了8艘蚊炮船用于港口的守卫。

然而，经过考察，李鸿章发现同时订购的两艘巡洋舰“超勇”和“扬威”存在许多弱点。吃一堑、长一智的李鸿章后来经过细心比对，并暗中打探价格后，决定向德国购买军舰，而最主要的原因就是，德国是新兴的资本主义国家，价格比较便宜。与此同时，李鸿章把北洋提督的人选，锁定在了当时清政府骑兵总兵丁汝昌身上。

中日两国的军备竞赛

就在李鸿章抓紧时间组建北洋水师的时候，雄心勃勃的日本也在马不停蹄地购买军舰。日本入侵台湾未果后，并没有放弃自己的妄想，而是痛定思痛，马上向英国订购了“扶桑”“金刚”“比睿”三艘军舰。8年后，朝鲜的亲中派与亲日派之间爆发战争，中日两国各自派军舰进行干预。日本再次因海军实力远不如淮军将领吴长庆所率领的中国舰队，没有贸然发动战争。几次想要入侵朝鲜都被清政府的舰队阻碍，如此一来，日本对中国的海军恨得是咬牙切齿。把大清海军，尤其是大清海军的主力舰队北洋水师彻底击败，是日本海军从上至下的同一个梦想。与清军其他兵种相比较，北洋水师的正规化及近代化显然已经远远地走在了前列，即使是日本也要望其项背。因此，日本海军若想将这个梦想化为现实，并不是那么容易的事。

自有阶级社会以来，胜利果实的占有都在于人才的具有。这是古往今来的有识之士的共同见地。故而，中日两国都不约而同地开始收集人才。

1866 年，福建、广东等地的大街小巷贴满了一张张马尾船政学堂的招生告示。船政学堂是一所新式的军事技术学校，虽然它没有引起那些想通过科举考试走入仕途的学子们的极大兴趣，但是却吸引了许多家境贫寒的子弟。其中就包括邓世昌、刘步蟾、方伯谦在内的几十名十二岁至十五岁左右的孩子，他们也成了马尾船政学堂的首批学生。

几乎与此同时，位于日本獭户内海南端的江田岛，也成立了一个与马尾船政学堂类似的学校，叫江田岛海军兵学校。他们选拔那些日本青年中出类拔萃者，对他们进行世界上严酷无比的艰苦训练，最终将其培养成为具备古代武士道精神的现代海军军官。而具有长远眼光的李鸿章，也将首批马尾船政学堂中的大部分学生送到英国皇家海军学院留学。甚至有些人毕业后还会在当时世界一流的英国地中海舰队实习。

李鸿章不仅对他们的能力没有产生过丝毫怀疑，而且当这些中国第一代近代海军军官带着一口流利的英语学成归来后，他在各方面都给予了他们最好的待遇。

在北洋水师中，李鸿章给海军官兵支付的军饷远超陆军的标准。海军提督丁汝昌的报酬是每年 8400 两白银，比同级别的陆军将领的报酬要高出两倍多。就连北洋水师中刚入伍的新兵，每年也会有48两银子的收入，这也使得陆军的弟兄十分眼馋。此时，苦心经营北洋水师多年的李鸿章只差最后一步，便可以使这只水师称雄亚洲。但这关键一步也是萦绕在他心头多年的一个夙愿。

1879年底，首创大清海军的海防大臣沈葆桢去世。他在临终前的口述遗嘱中说道：

臣所每饭不忘者，在购买铁甲舰一事，至今无及。臣以为，铁甲舰不可不办，倭人万不可轻视。

一代名将沈葆桢抱着深深的遗憾离开人间。直到他身死，也没能看到属于大清国自己的铁甲战舰。李鸿章与沈葆桢有着同样的梦想，他不甘心让沈葆桢的悲剧重演在自己的身上，因此，李鸿章将后半生的大部分精力都投入到了海军的建设之中。

北洋水师的雄起

铁甲舰在当时海军中的地位，相当于今天的战列舰。是一只舰队中最重要的战舰，它有着巨型的火炮、坚硬的装甲和巨大的身躯，具有极大的杀伤力。但价格也异常昂贵。

在1879年日本吞并琉球，中国的海疆再一次受到了威胁。局势更加紧迫。清政府这才下定决心，下令李鸿章尽快向外国购买铁甲舰。

在驻德国公使李凤苞的大力推荐下，李鸿章选定了由德国伏尔锵船厂所建造的“定远”号和“镇远”号两艘铁甲舰，另外一艘铁甲巡洋舰“济远”号也一并在该厂订造。

“定远”和“镇远”属同一级别的姊妹舰。这两艘铁甲舰在设计时，集合了德国“萨克森”号和英国“英弗来息白”号这两艘当时世界上最先进的铁甲舰的优点。

伏尔锵造船厂先后花费了近5年的时间才完成了两艘舰艇的建造。两舰长93.87米、宽17.98米、排水量7335吨、航速14.5节，装甲总重为1461吨。为保证造舰的质量，李鸿章特派曾留学英、法的刘步蟾、魏翰等人进驻工厂监督制造。造成后的这两艘军舰，是为当时世界第一等的铁甲舰，在亚洲地区，更是第一巨舰。

北洋水师在装备实力上大大超过日本。这种状况一方面暂时遏止了日本的扩张野心，但同时也直接刺激了日本发展海军的狂热心理。

1887年，清政府向英德两国订造的四艘新式巡洋舰驶回中国。为了和西方海军接轨，李鸿章亲自下令制定北洋水师的军旗。按照海军军旗的设计惯例，军旗要以国旗作为设计基础。但是当时，大清国连自己的国旗都没有，更何况是军旗。最后几经讨论，北洋水师终于有了自己的军旗，这是一面明黄色的旗帜，上面绣了一

北洋海军提督署

幅蓝龙戏珠的图案，开始时做成三角形，后为与西方保持一致改为长方形。军旗做成后，清政府十分满意，索性把这面北洋水师的军旗也作为了大清国的国旗，一旗两用。

至此，包括已经全部归国的中国订购的外国军舰以及原有的国内自建的军舰在内，此时的北洋水师共拥有 50 多艘各类舰艇，总排水量达 4 万多吨。1888 年 12 月 17 日的刘公岛上，北洋水师正式成立，再加上南洋、广东、福建等地区的水师，中国海军的装备实力一下跃居世界第九，更是成为亚洲的龙头。

其实，在当时的腐败政府的制约下，再好的武器装备也都好像是舞台上的道具一般，摆设而已。最终，北洋水师也难以逃脱被覆灭的惨淡下场。

马尾海战引发的噩梦

……

马尾海战，福建水师全军覆没。大清水师为何会一败涂地？是谁下达了不战而逃的命令？马尾海战，打击的是谁的信心？

观音桥事件，马尾海战的导火索

观音桥是清朝时期中国对越南北黎地区的称呼，“观音桥事件”是中式叫法，而外国人一般称之为“北黎事件”。时间是 1884 年 6 月 23 日，该事件是中法战争第二阶段的起火点。

法国窥犯中国西南边疆已久，因此蓄意侵占越南。1884 年

6月22日法国将军杜森尼率军700人强行向谅山前进，到达观音桥，命令清军撤兵或投降。

次日，清军派三名联络官到法国军营去交涉。法军气势汹汹，一副傲慢姿态，声称是前来接收越南谅山、高平两省，将前来与之协调的清军联络官无辜枪杀，并向清军发起大规模进攻。和谈不成，清军被迫还击，接连两日战斗，均以法军溃败而告终。

28日，法国代理公使福禄诺以“中国背约”为借口向总署提出抗议，并要求给予赔偿，同时要求清军立即撤出越南北黎地区。7月12日，福禄诺下达了最后通牒：给清廷一星期的时间，满足其赔款、撤兵的无理要求。清朝表示可以撤兵，但赔款之事绝无商量。16日，在清廷的命令下，驻越清军全部撤至边境。这就是史家所称的“观音桥事件”。

“观音桥事件”发生后，中法两国的谈判仍没有完全结束。为了在谈判桌上取得没有在战场上获得的利益，法国决定用武力来迫使清廷屈服，用“踞地为质”的方式对慈宁宫政府施加压力。因此，法国政府在不到一年之后，将它在中国和越南的舰队合编成远东舰队，任命远东地区扩张的积极鼓吹者孤拔为统帅，准备攻占福州和基隆，扣押为质，作为谈判的筹码。

远东舰队基隆之败

就在法国人组建远东舰队同一天的1884年6月24日，为加强台湾地区的防卫力量，清政府接受了曾国荃的推荐，派淮军将领刘铭传前往台湾，对军务进行督办。

没过多久，法国的远东舰队便气势汹汹地杀赴台湾，对基隆展开进攻。在大炮的猛烈轰击下，清兵暂且撤退，避其锋芒。法军误以为清军羸弱，不堪一击，便强行登陆，哪知道正中了刘铭传所设下埋伏。等到法兵上岸后，清军突然三路杀出，把法兵杀得晕头转向，吓得他们落荒而逃。而这时海面突然涨潮，下船容易上船难，不少法兵在清军的追赶下，葬身大海，幸好有军舰炮火的掩护，残兵才得以撤离。

法国人本以为拿下基隆不过是闲庭信步，轻而易举，没想到反被打得狼狈逃窜，还损失了上百人，眼睁睁地吃了个大败仗，这使他们十分颓丧。

其实，法国实在是太小看中国军力。负责守卫台湾的刘铭传本是李鸿章的老部下，淮军主将之一，是沙场老将了。同时，刘铭传与李鸿章还是同乡，两人关系过密。临行前，李鸿章还特意面授机宜，并拨给刘铭传 3000 洋枪，还有江南制造局造的 30 门大炮，以加强台湾的防卫。刘铭传到了台湾后，形势当然大不一样。

虽然基隆一战使法国人受到重创，但是他们并不甘心失败。8 月 16 日，法国议会决定扩大战争，为了使中国屈服，还特别拨出专款 3800 万法郎，专款专用。同时，法国的外交部门在谈判中也同步调整了要价，要求清廷赔偿因基隆战败导致的 8000 万法郎的军费。

1884 年 7 月 14 日，趁着中法还在议和之机，两艘法国军舰以"游历"为名，驶进福建闽江口。两天后，法国舰队司令孤拔也乘军舰到达闽江口，随后法国舰队居然大摇大摆地驶进了福建水师的马尾军港。两个近乎交战国的舰队同处一港，也可以算是世界战争史上的奇闻。

战争史奇闻的渊源

其实，这种怪现象也有其历史渊源。在太平天国运动被镇压下去后，左宗棠在福州筹备创办福州船政局设厂造船，当时邀请的是江汉关税务司的日意格和退役军官德克碑，他们都是法国人，当时以这两个人为福州船政局的技术总监，来负责设址、建造和延请欧洲洋教习以及洋匠（多为法国人）等事务。

后来左宗棠调任陕甘总督，由沈葆桢接手福州船政局后，仍旧是以法国人为主，开展了海事海军教学、建造兵船和建设福建水师三大事宜。客观地说，这些外国专家对于船政局的各项事务还算是尽心尽力的，譬如福建水师的很多战舰如旗舰"扬武"号等，就是在法国人日意格和安乐陶等人的监督下完成建造的。等到福州船政局和这些外国专家们所签订的五年合同期满的1874年，他们才陆续离开福州。

位于福州东南的马尾是闽江下游的天然良港，内有福建水师和马尾船厂。当时的钦办福建海疆事宜大臣张佩纶、闽浙总督何璟、船政大臣何如璋、福建巡抚张兆栋和福州将军穆图善等人，也许是有这一份师生情缘和故国友谊，或者是因为当时认为和议将成，因此，当法国军舰陆续闯入闽江口并进泊马尾港的时候，清廷严格遵循了“不可衅自我开”的训令，不但没有拦阻法国舰队的进入，反而给予了热情款待，这也应该成为一段奇谈。

由此，法舰可以随意进出马尾港，反而是福建水师在该港处处受制，左右为难，已经成了法国的瓮中之鳖，就双方实力而言，两国的军事实力相差太多，这在后来法国舰队不到半小时就重创福建水师的情况可以看出。

更何况，福建水师的战舰大多数是法国人设计监造的，因此，法国人对福建水师的战舰可以说是了如指掌。同时，由于战舰都是由福州船政局自己生产的，所以和强大的法国舰队相比，根本就是不可同日而语。

当时的中法双方实力对比为：泊于马尾的法国有 8 艘军舰，两艘鱼雷艇，14500 吨的总排水量，77 门重炮，1800 名水军官兵；虽然福建水师的兵舰比法军多了 1 艘，但总排水量只有 9900 吨，47 门普通火炮和 1100 名水师官兵，均在法军之下；同时，为防止清军塞江封口，以保障后路的安全，法军另有两艘军舰停泊在金牌、琯头一带江面。

相比之下最为糟糕的是，法国舰队都是铁甲船，而福建水师兵船的材质都是木头，正如张珮伦所言，“船略相等，而我小彼大，我脆彼坚”。法国舰队配置的都是重炮，可以轻易击穿福建水师的木肋甲板，而福建水师的火炮却对法国舰队的铁甲丝毫没有威胁。从吨位、防护能力、重炮数量、兵员素质等方面来看，法国舰队有着太过于明显的优势。而中国在马尾海战中根本就是在以卵击石。因此这场海战如果说是一场战争还不如称之为一场屠杀。

战争领导者的致命失误

由此，似乎没有理由去苛责福建水师和妥协的官员。如果要追究马尾海战的失误，那么关键问题就在于不该让法国舰队进入港内。其实马尾港的地理位置十分优越，闽江口外，满是岛屿礁沙，譬如五虎岛、大小龟屿等，两岸都是山岭夹峙，地形相当险峻，而从闽江口至马尾港，水道极为狭窄，最窄处仅300米，如果法国舰队没有熟悉的引水员引航，则很难在此航行，譬如法国就曾有一艘炮艇因此搁浅。

同时，马尾港沿途两岸都建有炮台，对于贸然进入的法国舰队也可以构成很大的威胁，但闽浙总督何璟和福州船政大臣何如璋等人却担心阻止法舰进港会发生冲突，甚至会影响中法和谈，责任太大，于是便无所作为，究其原因无怪乎是将个人利益摆在了国家利益之上而已。等到法国舰队进入马尾港后，一切就都来不及了。当时也有人建议对驶入马尾港的法舰进行武力驱逐，但最终的结果却是中国水师反被法国舰队掣肘。与此同时，清廷当时抱定"彼若不动，我亦不动"的妥协方针，恐怕也是无奈之举，而何璟和何如璋等人又是唯朝廷命令所是从，因此他们的"严谕水师不准先行开炮，违者虽胜亦斩"的政策，也就不足为怪了。

在谈判毫无进展的情况下，8月22日，法国政府电令孤拔消灭中国福建海军。孤拔准备完毕，便决定于次日下午开战。据说，当时法国人曾经十分傲慢地向福建水师的“扬武”号舰长张成递送战书，张成见后赶紧送到福州船政大臣何如璋手中，可是何如璋收到后，不仅手足无措不说，竟然还封锁消息，秘而不发。

次日，原本安置在马尾港内军舰上的各国领事和商人都急匆匆地下船离开，很明显是大战在即的征兆。见此情景，福建水师的将士们纷纷向上级请战，要求立刻开始进入战争状态，为即将打响的战斗做准备。毕竟海军在战前要做升火起锚、调整炮位的准备工作，无法像陆军那样在仓促间也可以很快地进入战斗状态

然而当时督办福建军务的总负责人张佩纶对请战将士的态度是大声斥责，让其滚出自己的营帐，甚至连军火武器也不发下去。据说，连当时的法国教习迈达都跑来告诉他的学生魏瀚说，马上要开战了，应该速速做好准备。可是这些迂腐的领导就是不听。直到下午一点，法国舰队都已经升火起锚，张佩纶和何如璋等人才慌了神，赶紧派魏瀚去见孤拔，要求明日再战。

可是这战争在即，是箭在弦上不得不发，而且也不能说改就改。再说，孤拔早已进行了仔细观察，所以才选择中午退潮时开始攻击。这是因为当时泊在马尾港口里的军舰都是泊用船首，随着潮水涨落，船身也相应地改变方向：涨潮之时船头指向下游，退潮时则正好相反。如果是退潮时开战，福建水师正好将暴露在法国军舰的炮火下，这种对自身作战极为有利的局面，孤拔岂会随便放弃？

下午一点半，马尾港中潮水涨平。此时的天空突降大雨，法军趁机向福建水师发起攻击。事发突然，两艘福建水师的军舰还没能起锚就被击沉，多艘军舰受到重创。唯有旗舰“扬武”号对何如璋的禁令不予听从，在管带张成的命令下已经做好战斗准备。当法国军舰发起攻击时，在第一时间给予回击。更值得一提的是，战斗之中，“扬武”号的尾炮击中了法军旗舰“伏尔泰”号，5名法军水兵被当场击毙。

法军鱼雷艇见“扬武”号凶猛，便对其进行偷袭，发射了几枚鱼雷。在火力网的交织下，“扬武”号不幸被击中，搁浅后渐渐沉没，混乱之中，舰长张成等人跳水逃生，事后居然被清廷以临阵脱逃的罪名问斩！

尽管福建水师的官兵都很英勇，但是，毕竟实力相距太大，又没有做好充分的准备，海战进行了还不到30分钟，11艘福建水师军舰有9艘被击毁，其余两舰自沉，19艘运输船尽皆沉入海底，760名水师官兵英勇殉国。而法军方面，只有旗舰上的5名水兵被“扬武”号击毙，15人受伤，另有两艘鱼雷艇在战斗中受重伤，剩余的几艘战舰基本上没有遭受任何损伤。

福建水师官兵上下英勇作战，而总负责人张佩纶和何如璋却在海港内的隆隆炮声中冒着大雨和电闪雷鸣落荒而逃。在亲兵的拖曳下，张佩纶一路逃到了鼓山，然而败军之将不足言勇，更何况是临阵脱逃的一军之将。当地百姓一致拒绝对他进行接待，只好在一个距离船厂足有20多里远的禅寺下院里藏匿了一夜。次日，张佩纶一路跑到鼓山彭田乡，正在此时朝廷圣旨传到，闽浙总督何璟到处都找不到张佩纶，最后只好悬赏 1000 两，才算把张佩纶找到了。

不久之前的张佩纶好在朝廷上慷慨激昂地大骂别人卖国投降，待到朝廷派他到福建主持军务时，却漫不经心，骄傲自大，导致福建水师全军覆没。而当法国舰队大举进入马尾港后，张珮伦竟然采取了一个极为荒诞的对策：集中起福建水师所有的战舰，近距离地同法国舰队聚泊，还美其名曰是在效仿韩信，背水一战，来一个置之死地而后生。可结果是，这种所谓的背水阵形正给了法军以聚歼福建水师的良机，无异于是奉送给孤拔的一份厚礼。如果福建水师的兵舰可以分散停泊，战败虽然不可避免，但全军尽没的可能性会小一点。

落荒而逃的船政大臣

当马尾海战进行到最关键时刻、也是福建水师败象尽露之时，福州船政大臣何如璋竟然吓得落荒而逃，躲进了安施氏祠中。乡人们怎么能容忍这个无耻之徒对祠堂的“羞辱”？为了把他赶走，一把火将祠堂烧成了平地。最后何如璋迫于无奈，只好连夜逃走，投宿到洋行。第二天早晨，入城后他想借住在两广会馆，结果又被商人们驱逐，真可谓是狼狈不堪。

8 月 24 日上午，马尾船厂在遭到法国舰队持续炮击五小时后，船厂厂房、仓库和一艘尚未完工的巡洋舰都遭到了极大破坏。海战结束后清军已经料到法国人会对马尾船厂进行夺取，事先已经埋好地雷，打算将船厂炸毁，不能把好处留给敌人。

然而大作的风雨却把引线浇湿，地雷无法点燃，不过法国舰队炮轰船厂时距离有些远，所以对船厂的破坏效果十分有限。战争结束后，船厂经过维修后又恢复了生产，这也算是不幸中的大幸了。

点石斋画报·法犯马江战事 清

马尾港也称马江港，是闽江下游的天然良港，也是福建水师的墓地。

法国舰队在炮击马尾船厂后的几天里，又把布防于两岸的炮台尽数摧毁，这才离开闽江，宣告马尾大战最终结束。

法国海军受挫

马尾之战大败，清政府认为法国“专行诡计，反复无常，先启兵端”，正式对法国人宣战，并做好了发动反击的准备。

9月中旬，孤拔率5艘军舰进攻台湾基隆，副司令利士比则率3艘军舰，对台湾淡水展开攻击。法军的意图很明显，就是先占据这两处，然后继续分兵行动，在台北会师。

刘铭传考虑，由于当时的台湾兵力有限，分兵防守只会造成两地皆失，故决定放弃基隆，集中兵力坚守淡水。要知道，法军之所以要占据基隆，实质上是为了将当时已经开发完善的基隆煤矿纳入自己的囊下，以保障舰队对燃料的需求。10月1

日，法军在猛烈的炮火掩护下攻占压根没有设防的基隆。不过令他们万万没有想到的是，清军早已在法军到达之前将煤矿破坏，所以留给法国人的，只是一片荒滩废墟。

然而更在法国人意料之外的是，本以为是轻而易举的淡水登陆战竟然受到清军优势兵力的顽强抵抗，非但没有如愿占领淡水，反而扔下了上百具尸体，狼狈地逃回军舰。虽然孤拔军占领了基隆，但由于没有补充到所必需的燃料，军队无法深入，只得退而求其次，对台湾实行全面的海上封锁。

鉴于刘铭传的英勇表现，刘铭传被清廷任命为第一任台湾巡抚。

1885 年初，法国舰队对浙江镇海进行骚扰，截击南洋水师由上海派往台湾进行援助的五艘军舰。其中，“澄庆”“驭远”两舰由于航速较慢，脱离舰队于是就近避入了浙江石浦，后来这两艘军舰被七艘法国军舰追上，最终被鱼雷击沉。

另外三艘“开济”“南瑞”和“南琛”巡洋舰，凭借着较大的速度，并且依赖于大雾弥漫的海上天气，方才侥幸逃脱法国舰队的追击，进入岸防严密的浙江镇海口躲避起来。

法国军舰在击沉“澄庆”“驭远”两舰后便离开了石浦。但他们希望的是全歼南洋水师五舰，得知逃脱的三舰在镇海口停泊，便又对镇海施展攻击。后来清军在浙江提督欧阳利见的指挥下，沉着应战，最终法军在守军猛烈的炮火中，多次袭击非但没有成功，反而自己的旗舰被击伤，连指挥官孤拔本人也在炮战里中弹受伤，最后只得悻悻然撤离镇海，南撤后转而攻占澎湖岛。不久，孤拔就在浩瀚海洋包围的澎湖岛因伤势严重不治身亡，受到了应有的惩罚。

这场战役之后，南洋水师寿终正寝。

北洋水师为何要走私

……

走私，无论是古代还是现代，都是国法所不允的重罪。然而，堂堂的大清水师却利用军舰从事走私活动。是谁给了他们这么大的胆量？又是谁逼得他们如此铤而走险？

盛宣怀带来的“礼物”

天津，直隶总督兼北洋大臣衙门后堂。

直隶津海关道兼直隶津海关监督盛宣怀来了，跟他一起来到直隶总督李鸿章面前的，还有一只木盒子。

李鸿章打开盒子：数根根茎茁壮、齐全的上好高丽参！

李鸿章一眼便认了出来，在国内，只有宫中才可能在朝鲜朝贡时得到如此品质的人参。民间，乃至官场上，除了朝廷的恩赐，绝无任何合法渠道可以得到它。

走私——这是李鸿章想到的第一个词，也是唯一的一个可能。而盛宣怀的话让李鸿章更为愤怒：这只是所查获的走私货物中极小的一部分，而涉嫌走私的，正是他为之付出全部心血的北洋水师。

水师走私，公开的秘密

北洋水师利用军舰载客挣钱，利用军舰的豁免权从朝鲜向国内走私货物早已是公开的秘密。

军队经商，历来是大忌，无论古代还是现代，这一点都是政府所严禁的。如今北洋水师打着朝廷海军的旗号肆无忌惮，怎不让李中堂为之愤怒？

腐败到了骨子里

更为荒谬的是，军队本应时刻保持着的训练操守，完全是流于形式。海军章程上的规定，全都成了一纸空谈。

《北洋水师章程》上明确规定：海军之中，总兵以下各级官兵，必须常年在舰上居住，不得私自上岸，更不能在陆地上搭建、置办公馆。唯一可以例外的只有需要接待朝廷官员视察的海军提督。

然而实际情况却是，一到晚上，军舰之上的北洋官兵人数剩下的还不足一半，其余的都跑到了岸上吃喝嫖赌。李鸿章不得不承认，北洋水师初建时的朝气此时已经荡然无存了。

但李中堂也知道，丁汝昌之所以如此纵容官兵，实际上还是朝廷的原因。

慈禧太后从水师拿走了多少钱

筹备海军之时，朝廷上已经答应每年拨付南北洋水师400

万两的军费，但从1887年至1894年的整整八年时间里，水师两部总共才从朝廷的口袋里拿到1400万两，距离3200万两的应得数字少了不止一半。而且，购买军舰总共所花费的800多万两白银还没用朝廷破费，那都是李鸿章从各方筹集到的。

但就是这可怜的1400万两是不是全数用到海军建设上了呢？把持朝政的慈禧太后可不想这么做。

1894年是慈禧太后的六十大寿，不能马虎行事。所以朝廷开始在1888年对英法联军火烧圆明园时顺便焚毁的清漪园展开重修工程，并取“颐养冲和”之意，将之改名为颐和园，由清代200多年间主持皇家建筑设计的雷姓世家样式雷的第七代传人雷廷昌主持。

当雷廷昌伸手要钱的折子递到光绪皇帝手中时，皇上就已经宣旨，让户部如数拨款。但户部尚书翁同龢把账本给光绪过目：782万两，大清国库里的全部家当。这些钱倒是够修园子，但如果全部用来修建园子，满朝文武就没有俸禄可发。

慈禧冲着翁同龢发了一通火，也对财政的现状表示无可奈何。鸦片战争以后，不断地割地赔款，不断地镇压前仆后继的起义，将康乾时期积攒下来的家底全都赔了出去。但园子不修，慈禧又绝不甘心。最后还是一直跟李鸿章有罅隙的翁同龢出了个主意：向海军军费伸手。

大清的海军组建自鸦片战争之后便被提上了日程。林则徐提出，要建立起一支由150艘西式舰船组成的具有独立指挥系统的海上新型舰队，方能“往来海上追奔逐北，彼能往者，我亦能往”。魏源在林则徐的认识基础上，进一步提出“师夷长技以制夷”的认识观点，认为应学习西方“一战舰，二火器，三养兵练兵之法”，其中战舰是重中之重。

但这些救国方略上报到朝廷时，鸦片战争已经结束，清政府在享受割地赔款换来的那份安宁。“一切以隐忍待之”的思想在道光帝的头脑中占了上风。林则徐等人的一片苦心，全被朝廷当作了耳旁风。

然而清政府很快便更深地尝到了没有海上力量的苦头。1856年10月第二次鸦片战争爆发，依靠传统旧式水师护国的清政府，接二连三地惨遭败北。当时便有人提出向西方购买战舰，但因为在经费方面的掣肘而未能成行。

第二次鸦片战争结束后，太平天国起义仍旧如火如荼。恭亲王奕䜣再次提出购买兵船。面对严峻的局势，清政府方下定决心。

1862年，清政府向英国政府购买了总排水量为2635吨、总功率为660匹马力的六艘军舰，共耗银65万两。承办此次购船事宜的英国总税务司李泰国认为这是控制中国军队的大好机会。在英国政府的支持下，曾参加过鸦片战争的英国海军上校阿思本被委任为舰队司令，毫不掩饰地把舰队命名为“英中联合舰队”，舰队的所有舰只都由英国官兵掌控，甚至连军舰的命名和海军军旗的样式都由他们说了算，而且规定舰队只接受中国皇帝和李泰国两人的命令，李泰国还有权决定中国皇帝的命令是否有效。这支几乎是李泰国私人部队的舰队，史称“李泰国舰队”。

抵达中国的“李泰国舰队”让朝廷大出所料，军政大员们无论如何也不能接受一支不受自己控制的舰队。经过反复的争辩，清政府拿出了最终的解决方案：赔了32.8万两的白银，将这支舰队拆散，分别卖给了印度、日本和埃及。

舰队卖了，但是国家没有海上防御工具是万万不可。1864年，以恭亲王奕䜣、直隶总督李鸿章、两江总督曾国藩、两广总督张之洞、闽浙总督左宗棠等洋务派为代表，以“师夷长技以自强”为口号的洋务运动在朝野兴起。打造一支可以抵抗外侮的近代海军，便成了洋务派的首要之举。

于是北洋水师应运而生，在李鸿章的奏请下，丁汝昌任水师提督，统领北洋舰队。马尾海战之后，福建水师全军覆没，清廷方才知道一支近代化海军对于保家卫国是多么重要，便加大了打造海军的力度，正式成立海军衙门，任命醇亲王奕譞总理海军事务，庆郡王奕劻和李鸿章协办。

1887年秋，中国所有在外定购的军舰已全部回国，加上原有的自造舰只，北洋水师的舰艇总数达到62艘，计5万余吨。再加上归海军衙门节制的南洋、福建（战后重组）、广东水师，总吨位为8万余吨，炮500余门，鱼雷发射管70余具，实力居世界第九位。而在远东地区，清政府的海军力量占据首位。

北洋水师共耗资974.85万两白银，这对因战争及赔款而使得财政捉襟见肘的清政府来说可不是一笔小数目。李鸿章对这支可以称得上是自己嫡系的军队更是爱护不已。

就在老佛爷开始重修颐和园的同一年12月17日，刘公岛上，清廷正式宣告北洋水师成立，同日由刘步蟾等将领参与制定的《北洋水师章程》也由清廷颁布施行。中国拥有了一支强大的海军。

李鸿章把北洋水师视若珍宝，翁同龢却将之视为眼中钉。在这位户部尚书的眼里，李鸿章和他的北洋水师就是一个填不满的无底洞：买军舰要钱，造军舰要钱，军火、军饷、日常维护……处处都是用钱的地方。大清几乎用了倾家荡产之力，来供养李鸿章的这支“私家军”，翁同龢自然不满。既然颐和园要兴建，正是李鸿章该出力的时候了。

重修颐和园的七年时间里，慈禧太后一共从海军衙门拿走了750万两的白银，这些已经超出了1400万两的一半。而计划中需要拨给海军的剩余部分则全部被朝廷拿去修三海（北海、中海、南海）。实际能到海军手里的银子连舰队日常的维护都不够，还怎么支付水师官兵的军饷?

大清水师官兵也是血肉之躯，不能靠喝风饮露活着。朝廷指望不上，李鸿章捉襟见肘，水师官兵只能去铤而走险，为自己谋条生路。在这样的情况下，北洋水师的腐败气味已经透过厚厚的战舰钢甲，弥漫到大清海疆上去。

李鸿章对水师的腐败毫无办法，无赏即无罚，他所能给予这支海军的唯有纵容。

日本天皇日吃一膳的谎言

……

为建海军，日本明治天皇下令此后每天只吃一顿饭。上行下效，整个日本四岛都在为海军而疯狂。明治天皇的旨意是发自内心还是虚张声势？日本人疯狂的同时，北洋水师又在做什么？

一场出色的政治演出

东京，日本皇宫，松之阁。

“从今天起，朕每日只用一膳。帝国海军一日不强，朕一日不再食矣。”明治天皇望着殿下群臣，极为严肃地说出这句话。

伊藤博文、陆奥宗光、伊东佑亨、夏本武扬、桦山资纪……一干带着怪味名字的大臣被天皇的这句话惊得目瞪口呆。良久，才一个个竭力嘶吼起来。

这是1894年发生在日本皇宫中的一幕。而能够让明治天皇下如此决心的，却源于1886年的“长崎事件”。

一场长崎事件，两国军力对调

是年，北洋水师提督丁汝昌、琅威理率领六艘军舰在朝鲜东海岸海面进行例常操演。操演结束后，北洋水师并没有返回刘公岛待命，而是在李鸿章的命令下，率“定远”“镇远”“济远”和“威远”四舰前往日本长崎进行大修。

名为大修，实质上李鸿章却是抱着耀武扬威的炫耀之心去的。1874年日本侵略台湾事件始终让他耿耿于怀，那次事件，让清政府下了组建一支近代化海军的决心，如今，海军雏形已立，李鸿章迫不及待地想要拿出去震慑日本。

李鸿章的想法确实收到了成效。四艘军舰停泊在长崎港口时，长崎市万人空巷，来自中国的先进、巨大战舰上龙旗飘扬，当真是威风凛凛。一时之间，如云的观者群中发出了羡慕嫉妒恨的声音。着实让北洋水师赚足了面子。但李鸿章没想到的是，北洋水师最终的覆灭正缘于此。

四艘军舰在长崎停泊期间，几名水兵上岸购物，结果在烟花柳巷与当地警察发生了冲突，导致一名日本警察重伤，一名水兵轻伤。

对此，李鸿章承认，“争杀肇自妓楼，约束之疏，万无可辞”，但他却又认为：“弁兵登岸为狭邪游生事，亦系恒情。即为统将约束不严，尚非不可当之重咎，自不必过为急饰也。”

在李鸿章的眼里，这只不过是一个小小的冲突罢了，不必弄得两国都不愉快，也没必要对引发冲突的水兵给予重罚。然而日本却不这么想。

本来北洋水师的耀武扬威就在他们心里产生了芥蒂，他们的嫉妒，渐渐转化成了悄悄发芽的仇恨。冲突事件更似一根导火索，彻底点燃了仇恨的火焰。

是年的8月15日，全舰队放假一天，军舰上无论官兵，除了需要坚守岗位的之外，都可以上街观光。数百人便浩浩荡荡地前往长崎。

有了上一次冲突的教训，提督丁汝昌严饬上岸水兵不许带械，更不许滋生事端。

但日本人却早已等候多时。

上岸后的水兵分散行动。当部分水兵来到长崎市广马场外租界和华侨居住区一带时，预谋已久的数百名日本警察将多条街道两头堵得水泄不通，持刀举械地向手无寸铁的水兵进行攻击。而长崎市民也在仇恨之中向水兵展开攻击。从上往下倒开水、扔石头，甚至有的市民操起刀枪棍棒加入混战。猝不及防且又分散于各街的中国水兵奋起反击，最终5名死亡、6名重伤、38名轻伤，另有5名下落不明。日本方面则只有一个警察死亡，众多市民则带有轻伤。

这就是历史上鲜为人知的长崎事件。

虽然长崎事件之后，李鸿章在北洋水师的撑腰之下拿出了难得的强硬态度："长崎之哄，发端甚微。初因小争，而倭遂潜谋报复，我兵不备，致陷机牙。观其未晚闭市，海岸藏艇，巡捕带刀，皆非向日所有，谓为挟嫌寻衅，彼复何辞？"日方也不敢跟中国撕破脸皮。事件得到妥善的解决。但这一事件却彻底掀起了日本对中国的仇恨情绪。

军国主义愈来愈浓的日本朝野，个个都在咬牙发狠：一定要打败中国的北洋水师。

明治天皇的表演秀

次年，明治天皇颁布了一纸诏令：

朕以为在建国事务中，加强海防是一日也不可放松之事。而从国库岁入中尚难以立即拨出巨款供海防之用，故朕深感不安。兹决定从内库中提取三十万元，聊以资助，望诸大臣深明朕意。

但翻开日本的财政报表，可以发现一个秘密。皇室费定额在1886年和1887年为250万日元，从1888年开始，皇室费定额增加为300万日元。1885年至1893年，皇室费和神社费实际支出分别为2027394、2704440、2756523、2943562、3274666、3206811、3206796、3206796、3206810日元。捐款所得款项在八年的海军投资中不足2%，也远不能与正规募集资金的海军公债相比。如果不增加皇室费开支一项，就可以为海军筹集近300万日元的军费。

30万日元对于海军建设来说不过是杯水车薪，连船上的一个设备都买不起。此诏令中最重要的还是最后一句话："望诸大臣深明朕意。"何意？天皇都掏钱辅助海军，臣子自然也要如此。

天皇一带头，下面无不响应。各级官员、富豪纷纷解囊，平民百姓也踊跃捐款。当时，日本人莫不以向海防建设捐款为荣。

不到三个月的时间里，海防捐款的总额达到了 103 万之多。

但这些根本不够。

明治天皇挥起了鞭子，将日本新兴工业的开发权卷入到政府手中，将三井、三菱、住友等大公司及日本的外贸、重工业、银行全都予以控制把持，并通过各种进献、投资非法征用土地。

然而李鸿章却没有看到这一点。1891 年，在日本政府的大力邀请下，他欣然派遣丁汝昌率“定远”“镇远”“致远”“靖远”“经远”“来远”六舰——北洋水师的精华——自威海卫扬帆，前往日本进行访问。

殊不知，这正入了日本人所布下的圈套。

此际的日本正在为对华战争做着积极的准备，但他们还需要国内舆论的支持，更需要摸清北洋水师的底细。

日本方面对北洋水师的到来可谓是举国欢迎，水师所到之处“礼意其隆”。天皇亲自接见，日本外相招待游园，海军大臣盛宴款待……一切的一切，都表现出了中日友好的假象。

作为回报，丁汝昌也在旗舰“定远”上举行招待会，答谢包括媒体在内的日本各界人士。同时，又炫耀了北洋水师的军威。

这对日本又是一个巨大的刺激。曾登上“定远”舰参观的日本法制局局长宫尾崎三郎事后记述道：（定远舰）巨炮 4 门，直径 1 尺，长 25 尺，当时我国所未有……舰内清洁，不亚于欧洲……反观我国，仅有三四艘三四千吨级之巡洋舰，无法与彼相比。同行观舰者皆卷舌而惊恐不安。

惊恐不安之下，日本政府进一步加强加快了海军的建设。1894年，日本联合舰队共有各种军舰55艘，在总吨位、舰船航速、火炮射速上全面超过了北洋水师，弹药储备超出了一次对中战争可能消耗的数量，迅速发展成为一支强大的远东海军力量。

也就在这时，明治天皇再次宣布每日只吃一餐。

当日本天皇为了海军从牙缝里省钱的消息传到中国后，在北京城里竟然被传成了笑谈。殊不知，面临危险的，正是此时的中国清政府。

平壤之战，清军的落败

……

朝鲜内乱，日本期待已久的机会到来。深知朝鲜政局的袁世凯，为何在此时做出了错误的抉择？那封被朝廷摈弃的奏折，若是可以实行，历史又会向怎样的方向发展？

袁世凯的建议

袁世凯正在汉城的三军府里踱来踱去。作为清廷驻朝鲜的商务委员，他不仅肩负着与商业往来相关的工作，还承担着在朝鲜王室之中拉拢维护中朝两国关系的任务。

此时的他正在口述一封发往天津直隶总督衙门的电报，“乘朝鲜内敝，而日本尚不敢鲸吞朝鲜，列强亦尚未深入，我政府应立即彻底收拾朝鲜，建为一个行省”，或者“门户开放，免得与日本或帝俄正面冲突，索性约同英美德法俄日意各国，共同保护朝鲜”。

此时的朝鲜正处于一个微妙的时期。美国人福久勾结起一票朝鲜大臣酝酿着让朝鲜脱离中国这个宗主国而自主；日本明治维新之后，也计划着把朝鲜半岛并入到自己的版图中；朝鲜自己，也准备以关税作押向列强借款，而按照旧例，附属国的外交与关税都要由宗主国来做主。身在汉城的袁世凯对朝鲜私下里做的这些小勾当了如指掌，当即向中堂大人提出了自己的意见。

不得不说，袁世凯的这两个计策实为当时解决朝鲜问题的良方妙计，如果能够被朝廷采纳的话，就不会有后来的平壤之战。

然而，当时的朝野之中，除了李鸿章尚对国际局势保有一份清醒之外，其余君臣均未给予足够的重视，袁世凯的奏疏就此石沉大海。

日本人的狼子野心

但日本人是不会因为清廷对袁世凯建议的无视而断了对朝鲜的垂涎之意。日本人在朝鲜隐忍不动，其实是在等待一个机会。

早在 1873 年，日本陆军元帅西乡隆盛便曾致信明治内阁参议板垣退助称：

“我们决不能立刻就向朝鲜宣战，开战之事必须分为两个阶段进行。从现在的情况来看，从国际法中找出对朝宣战的理由不是没有可能，但国内外谁都知道，这是无中生有。在这种状况下，我们必须向所有人表明，我们并不想战争，我们只是批评朝鲜没有善待近邻。我们要谴责对方无礼，以此表明我们是敬友厚邦的国家。我们为亲善而派遣专使，对方此时一定会有轻侮（对我使节）之举，直至将我使臣杀害。这时，国内舆论就不会再沉默，一定会因此沸腾，全国的人都会一致主张出兵讨伐朝鲜，事情到此，派兵讨伐朝鲜就不存在任何疑问，也不会有任何反对意见了。”

从中可以看出，日本迟迟不动朝鲜，最害怕的是在国际国内舆论上所受到的冲击。只要给一个机会，就会实施它的狼子野心。

机会很快就到来了。

1894 年，朝鲜东学党起义爆发。

袁世凯的错误认识

面对如火如荼的起义局势，朝鲜王宫无能为力，向袁世凯提出要清廷出兵“代戡”的要求。

东学党起义刚刚爆发时，袁世凯认为这帮家伙不过是乌合之众罢了，不足以对朝鲜政权构成威胁。但他很快就发现，局势并没有他想象的那么简单，便开始考虑朝鲜王宫的要求。

他想借此机会提高清政府在朝鲜的“威望”，既让朝鲜对这个宗主国还存有忌惮之心，收敛一下独立自主的梦想，又能让自己捞到足够的政治资本，为将来平步青云奠定基础。在他发给李鸿章的电报中说：“其内乱不能自了，求华代戡，自为上国体面，未便固却……如不允，他国必有乐为之者，将置华于何地？”袁世凯认为出兵“代戡”，“自为必不可却之举”；并武断地认为日本“如多事，似不过借保护使馆为名，调兵百余名来汉”。

李鸿章轻信了袁世凯的话，立即奏派直隶提督叶志超率同太原镇总兵聂士成，选带1500名淮练军驰往朝鲜。另派丁汝昌调北洋水师三艘军舰，驶赴仁川掩护。

而东京方面，早就把此视作吞并朝鲜的良机。在获知清廷出兵之后，驻朝公使大鸟率领800人护卫队开进汉城，另有数千名海军对战队在仁川登陆。朝鲜局势骤然紧张起来。

袁世凯希望清廷出兵的本意是帮助朝鲜镇压东学党起义，却没想到事态会变得如此糟糕，当即慌了手脚，致电于李鸿章称：“大鸟来汉，必有挟意。”紧接着，又遍走西方驻朝鲜公使，希望他们给予居中调停，并积极寻求与大鸟的谈判。

经过一番周折，袁世凯与大鸟达成了同时撤兵的协议，并各向本国征求意见。

李鸿章方面自然没有什么意见，接到袁世凯的电报后，便命令入朝清军停止进军，原地待命；命叶志超赶往牙山整饬，准备归国。

预谋已久的日本岂会错失良机？大鸟与袁世凯的协商不过

是虚与委蛇，拖延时间。东京下令，日兵“决不撤退”“百尺竿头，再进一步”，同时向清廷提出“朝鲜内政改革案”，妄图取代中国的朝鲜宗主国地位。不仅如此，东京还变本加厉地命令大鸟，在避开战争责任的前提下，“不妨利用任何借口，立即开始实际行动”。

李鸿章没有看到日本的狼子野心，久在朝鲜从事外交事务的袁世凯却看穿了日本人的不怀好意，“绝无和意，我应妥密筹”。他提出，要在朝鲜发动政变，扶植亲中的王族上台。

李中堂可没有胆量在异国他乡发动起政变，断然否定了袁世凯的计划。面对着源源不断登陆朝鲜的8000多名日军，李鸿章还把希望寄托在俄、英等国的调停上，注重所谓的什么军事外交原则，不肯向朝鲜增派一兵一卒。把一个偌大的朝鲜拱手让给了日本，朝鲜政府很顺利地被其控制，袁世凯多年来辛苦培植的亲中势力瞬间土崩瓦解。

李中堂不发话，袁世凯也无可奈何。他知道从此之后，被日本人控制的朝鲜半岛上再无他袁某人的容身之处，干脆打起了退堂鼓。一天之内连发三电，请求回国。最后，干脆躺倒生病，对局势再也不管不问。李鸿章也拿他没辙，只得批准，派唐绍仪顶替袁世凯的位置。

寻求决战的日本海军

就在袁世凯归国后半个月的1894年8月1日，中日两国同时向对方宣战，中日甲午战争打响。

平壤战役结束后，日本海军一直在寻找机会同北洋水师作一决战。然而李鸿章却严令丁汝昌不得与日作战，要避战自保。他深知北洋水师目前的实力和状态，一旦卷入战争，将是不可挽回的损失。

朝廷却不知道。

在这场战争中，最为积极的主战派是光绪皇帝。深受慈禧太后多年制约的他，此际刚刚亲政。他迫切需要一场胜利，一场酣畅淋漓的大胜来为自己的皇位增光添彩。在他的印象里，北洋水师，还是那支世界第九，亚洲第一的强大海军。

一方面是顶头上司的严令避战，另一方面是皇上的催促出击。负责海军总指挥的丁汝昌陷入了两难的境界。

中日甲午海战图 清

但，是祸躲不过。1894 年 9 月 17 日，中日双方海军遭遇于黄海海域。

日本，等待这一天已经太久了。

为了与大清一战，为了称雄于东亚，日本用了十年时间，耗尽了举国之力，打造出一支可以雄踞东太平洋上的日本联合舰队。

在与北洋水师决战之前，日本朝野对这场战争并没有抱必胜的信心。内阁总理大臣伊藤博文已经让陆军做好了本土作战的准备。甚至打算一旦本土作战失利，将保护天皇退往北海道甚至是俄国，以图东山再起。

就连英国的《泰晤士报》都在这个时候声称："战争的胜利一方必定是中国。中国那强大的海军可以阻止日本军队的运兵船，并在与日本的海战中取得胜利。"

他们毕竟看到的只是北洋水师光鲜的外表，而没有闻到骨子里的那股腐朽味道。

北洋水师密电码泄露之谜

……

黄海大战，北洋水师一溃千里。是什么原因导致了战斗的失败？是政治、是军事、是实力，还是一个小小的细节？

北洋水师是胜是败

北京，颐和园，万寿山。

距离慈禧太后的六十大寿还有月余，但宫中早已开始了隆重而又奢侈的庆典。此日，慈禧太后正在为自己的大寿举行放生百鸟仪式。

各种珍稀名贵的鸟类脱开樊笼，振翅高飞。引来宫女太监、王公大臣们一阵阵欢喜的惊呼。

一身朝服的李鸿章也站在人群之中，但他的脸上却丝毫也看不出欣喜的迹象。

幕僚伍廷芳在他的身后低语着。声音很小，却字字如刀，刺得李鸿章心里阵阵疼痛，随之而来的，是一阵昏厥，漫天五色斑斓的鸟儿，在他的眼里模糊起来。

此前，有人报告他说，黄海海战，北洋水师精锐尽丧！

李鸿章怎么也想不到，他半生的心血，竟如此轻易地付诸东流。

1894 年 8 月 1 日，中日两国同时向对方宣战，中日甲午战争打响。

决定这场战争胜败的是黄海之战。

甲午战争打响后，日本海军一直在寻找机会同北洋水师作一决战。然而李鸿章却严令丁汝昌不得与日作战，要避战自保。他深知北洋水师目前的实力和状态，一旦卷入战争，将是不可挽回的损失。而朝廷却不知道。

1894 年 9 月 17 日，中日双方遭遇于黄海海域。是日上午 10 时 30 分左右，北洋舰队正准备起锚加航旅顺，发现日本舰队自西南驶来，丁汝昌即令舰队起锚迎战。日本舰队随后也发现了北洋舰队。

中日双方，就在这场“偶遇”中展开了激战。

黄海一役，北洋舰队损失“致远”“经远”“超勇”“扬威”“广甲”（“广甲”逃离战场后触礁，几天后被自毁）五艘军舰，死伤官兵千余人；日本舰队“松岛”“吉野”“比睿”“赤城”“西京丸”五舰受伤（“西京丸”“赤城”两舰被拖行不久后沉没），死伤官兵600余人。

仅仅从这个战果来看，北洋水师似乎是失利了：沉没五舰，阵亡千余人，优秀将领邓世昌、林永生以身殉国；而日本仅沉两舰，三舰受伤，阵亡人数也比北洋水师少得多。

北洋水师胜利之说

但战果并不能代表胜负，它只不过是参考条件之一罢了。至于黄海海战北洋水师是胜是败，我们需要看得更多一些。

众所周知的是，黄海之战是一场“遭遇战”：护航清军增援平壤返航的北洋舰队“偶然”遇到了日本联合舰队，双方便开始大打出手。

然而事实根本不是这么一回事。

早在长崎事件之后，日本海军就憋着一股子气，一定要击败北洋水师。作为一个岛国，海权对于日本来说尤为重要。一旦失去海上的空间，那么这个资源稀少的狭长国家便会失去生存的可能。他们忘不了黑船事件时来自大洋彼岸的羞辱，忘不了垂涎台湾时的惨败而归。唯有取得在东太平洋上的霸主地位，才有可能在中国大陆上取得实实在在的利益。

不公平的对决，北洋水师密电码泄露

自甲午战争打响之后，日本便一直寻求着与北洋水师来一场大决战。

两军的“遭遇”并不是“偶遇”，因为北洋水师的所有动向早就被日本知道得清清楚楚。

在中日甲午战争打响前夕的1894年6月22日，日本外务大臣陆奥宗光致函清朝驻日公使汪凤藻就国事进行商讨。次日，汪凤藻用密电码的方式向清廷总理衙门发出一封长篇电报，连带陆奥宗光发来的那篇函文也包括在内。

他没有料想到的是，这封电报被日本电信课长、负责监听中国方面信息的佐藤爱磨所截获。然而佐藤拿着中方通讯中的明码本苦恼了好久也没有破译出汪凤藻写的到底是什么玩意。

结果是那封出自陆奥宗光之手的函文给了这位电信课长以启迪。他用函文的原文与电报相比较，终于将中国密电码的编排规律大白于天下。

令人扼腕的是，密电码泄密一事中方毫不知情。甲午战争期间仍然在继续使用。这就等于将清陆、海军的行踪及各方面的情况全部暴露在了日军的面前。

黄海之上，日本联合舰队其实早已布下天罗地网，只等待北洋水师自来投。

因此，黄海海战并不是一场遭遇战，而是一场单方面的预谋之战。蒙在鼓里的，只有清军罢了。

日军发动此战的目的是要“聚歼清舰于黄海中”，但最后的战果却是北洋水师的16艘主力战舰在此战中仅仅损失五艘，这并非一个李鸿章所不能承受的数字。日军并没有实现最初的狂妄计划。而北洋水师此次的目的是为前往平壤的清军提供护航，且完成了任务，对清朝海军来说此战才是真正意义上的遭遇战。因此不能就此认定清败日胜。

在战斗进行的过程中，日军在第一阶段处于明显的劣势，至第二阶段方才扭转。到了第三阶段，北洋水师已经重整阵型，“镇远”“定远”等六艘军舰会合数艘鱼雷艇再度向日军发起攻击。

日军对于“定远”“镇远”二舰的会合十分惊恐，且此际天色已晚，不敢再战，拖着受伤舰只加大马力“向西南一带飞驶遁去”。

北洋水师在追击了一段之后，收队返回旅顺。

由此可以看出，实际上是日军率先撤出战斗。

此役之后，北洋水师的中坚力量尚在，中日两国海军的实力对比并没有从根本上得到改变，黄海制海权在此时也未完全沦落于日本手里。除却北洋水师损失较大的因素外，双方可以说是打了个平手，而北洋水师略占上风，并没有黄海战役北洋水师大败一说。

有此前因，黄海海战后，日本联合舰队司令官伊东佑亨不敢再与北洋舰队直接交锋，而采取守弱观变的策略，以待日本陆军的配合和帮助。这也正能说明日本并没有取得此役的胜利。

是谁断送了北洋水师

……

中日甲午战争，一向被清廷视为骄傲的北洋水师全军覆没。谁是避战保船这个说法的始作俑者？是李鸿章还是丁汝昌？谁该为北洋水师的悲剧负全责？

水师覆没之后的朝廷内乱

紫禁城中，一片凄风冷雨。

光绪凝神静气，良久，挥笔写下一副对联。细品许久，长叹一声，转身对刚进门来的翁同龢道：“翁师傅，你看看朕这幅联写得如何？”

翁同龢先告了罪，趋步来至案前。只见皇上的笔走龙蛇中，赫然写着：“此日漫挥天下泪，有公足壮海军威。”不禁叹道：“有万岁此赞，邓世昌等将士当可含笑九泉了。臣以为，应当对牺牲的将士们大加表彰，风风光光、热热闹闹……”

“风风光光、热热闹闹？”光绪怒道，“难道我们胜利了吗？”

翁同龢连忙伏倒在地：“奴才以为，此战虽是我大清水师失利，但老百姓不知道，也不必让他们知道。知道了没好处。而将悼念办得如同庆功一样，才能够稳定局势，鼓舞人心！”

光绪沉思不语。

翁同龢又奏道："但有罪之人不可不罚。赏罚分明，方可见我大清之法度。"

"你是说李鸿章？"

不日，朝廷传来一道旨意：北洋水师幸存官兵全部强行遣散，海军总理衙门撤销，内外海军学堂叫停；李鸿章由北洋大臣调为入阁办事，但"不得与闻政"，实为明升暗降；将丁汝昌的棺柩加三道铜箍捆锁，以示戴罪，用砖封在其原籍村头不得下葬。

为甲午战争的最后失败而负责的，应该是丁汝昌还是李鸿章？

李鸿章的电文

黄海海战结束后的次日，李鸿章急电丁汝昌："各船损伤处，赶紧入坞修理，防日舰复扰北洋"，并再三催促丁汝昌派出北洋舰队尽快出海，在旅顺、大连，威海一带巡航，"不然日知我无船，随意派数船深入，到处窥伺，若再护运兵船长驱直入，大局遂不可问"。

9 月 27 日，又发急电："信息日紧，即不能制敌，亦可在口外近边游弋，使彼知我非束手待毙。"次日，李鸿章得知日军准备攻占旅顺战略企图的消息之后，又发电称："师船速修，择其可用者，常派出口外，靠山巡查略张声势，雷艇应往小平岛附近旅口梭巡。"一直到威海卫沦陷，李鸿章始终在命令丁汝昌赶紧把船修理好，赶紧出海巡视，以防止日军的进一步行动。

丁汝昌的一意孤行

然而丁汝昌并没有听李鸿章的安排。

10月24日日军一部在花园口登陆，28日李鸿章便命令丁汝昌前去支援当地陆军。丁汝昌率舰队从威海出发，驶往大连湾，但对正在花园口艰难啃陆上守军这块硬骨头的日军并没有发起攻击，只是逛了一圈，敷衍一下，便掉头跑回旅顺，将一大好战机白白放弃。回过头来丁汝昌又给李鸿章发了封电报解释："我力过单，前去吃亏无益。现回旅赶配定、镇起锚机。"

这个愚蠢的借口激怒了朝廷，当即要求严惩丁汝昌，但被李鸿章保了下来。

李鸿章曾做出水路协同作战，共守旅顺要塞的决策，要求丁汝昌配合陆军共同抵抗日军。但丁汝昌都置若罔闻，龟缩不出。直到后来威海失陷，北洋水师全军覆没，丁汝昌服鸦片自尽。

由以上历史记载我们即可看出，北洋水师覆没之责任当在丁汝昌而非李鸿章。

黄海海战之后，丁汝昌和北洋水师龟缩旅顺、威海不出，将黄海制海权拱手让与日本，使得日本军舰在黄海海域畅行无阻，且可配合陆军进行作战，让大连湾、旅顺、威海在很短的时间内便宣告沦陷，更引发了旅顺大屠杀的悲剧。

一般认为，此责应由李鸿章"避战保船"的错误决定来承担，但事实上，李鸿章在甲午海战中给北洋水师制定的是"保船制敌”的作战方针，而非避战。

李鸿章之所以会做出这个作战方针，实际上是出于对中日双方海军实力对比的考虑。

甲午海战爆发初期，北洋水师与日本联合舰队的实力之比为：舰数 22 ： 31、火炮 253 ： 370、鱼雷艇 12 ： 37、总吨位 41200 ： 63995，在这些数字面前，双方强弱高下立判。

在射速上面，北洋水师更是远远不如对手。北洋水师的射速是五分钟开一炮，而日本则是一分钟开五炮。这种实力对比下，北洋水师没法不吃亏。

李鸿章针对“保船制敌”的策略指出：“海上交锋恐非胜算，即因快船不敌而言。倘与驰逐大洋，胜负实未可知。”并且认为“海上交战能否趋避，应以船行之迟速为准，速率快者，胜则易于追逐，败亦便于引避。若迟速悬殊，则利钝立判”，“海军功罪，应以各口能否防护，有无疏失为断；似不应以不量力而轻进，转相苛责”。

由此可知，李鸿章的“保船制敌”策略是在扬长避短，不争制海权，而是注重对入海口的防卫，在当时的客观环境下，不失为一个正确的方针。

只不过，丁汝昌这个歪嘴的和尚念错了经，将李鸿章的一个积极的作战方针变成了消极的避战之策，最终导致了这支曾是世界第九、亚洲第一的海军的悲剧。

甲午海战之于整个中日甲午战争，乃至后世的意义不在于它的胜负，而在于此战之后北洋水师领导与指挥者那愚蠢的避敌策略。它直接导致了中国海军的不复存在，从此之后，不仅日本的太阳旗纵横于中国海域，更在后来八国联军入侵北京之际，让中国的内河飘满了各国旗帜。对海权的漠视，让中国陷入了无尽的被侵略深渊。

17日上午，日军正式占领威海卫，将北洋水师的舰船俘获，插上日本旗。北洋舰队全军覆没，李鸿章保国的希望彻底破灭。

奇袭日本本土计划为何而流产

……

中日甲午战争之前，面对着强大的北洋水师，日本人心里也没有获胜的把握。伊藤博文甚至做出了一个决定：一旦日本战败，他的陆军将保护天皇退往北海道甚至是俄国，以避免清军反攻日本本土给天皇皇室带来的威胁。无巧不成书。日本为战争做了最坏的准备，而中日甲午战争期间，清政府方面也做了一个不为世人所知的计划——奇袭日本本土。这个大胆而又出人意料的计划是谁想出的？为何又被世人所知晓？

奇袭日本，宋育仁的奇想

中日甲午战争的硝烟燃起之时，清廷驻外使节宋育仁正在伦敦任中国驻英、法、意、比四国公使参赞。黄海海战清军惨败之后，宋育仁产生了一个奇想，准备就地购买英国的五艘兵舰，十艘鱼雷快艇，再招募2000澳大利亚水兵，假借为澳大利亚商船护航的名义，从菲律宾起航北上，直扑日本的长崎和东京。

据宋育仁事后回忆：“澳大利亚为英国的属地，西例商会本有自募水师保护商旅之权，中倭战起，澳洲距南洋最近，颇为震动，商会发议，举办属地水师一旅，以资保护，（英国候补议绅）庵洁华特暗联议院同党主行其议，而以此谋所购一旅假名于澳洲商会所为，仍挂英旗出口，则局外无嫌，而踪迹不露。”

从这点上来看，这个想法算不上异想天开，倒也有成功的可能。即使奇袭不成功也罢，最少可以逼得日本自中国退军以求自保。

此计策得到了两江总督刘坤一、张之洞的支持，同时，宋育仁方面也已经借到三百万英镑的费用。只要有钱就好办事，不几天，宋育仁最初设想的舰船、武器、战斗人员均已齐备，由前北洋水师提督琅威里率领，可以随时出发。

万事俱备，东风难起

然而后院起火。此时的清廷已经决定于日本媾和，准备赴日谈判的李鸿章对宋育仁的做法表示坚决地反对。又没过好一个生日的慈禧太后也以宋育仁“妄生事端”为由，将购舰募兵等事一概作废，同时严令宋育仁速回国内。宋育仁功亏一篑。

《马关条约》：中国人的耻辱

北洋水师，就在这样的内外交困中成了历史。而甲午战争的失败，让李鸿章不得不再一次签署丧权辱国的耻辱条约——《马关条约》，将中国进一步推向了半封建半殖民地社会的深渊。

《马关条约》，一个在中国人心中永远也抹不去的伤痛。

赔偿日军两亿两白银，割让辽东半岛（后因三国干涉还辽事件被清廷以3000万两白银赎回）、台湾及澎湖列岛，日本可以在通商口岸开设工厂……

因黄海海战的失败导致中日甲午战争的失败，再导致《马关条约》的签订，中华民族就这样宰割。

日本方面利用战争赔款将近代资本主义迅速发展起来，一举扭转了长久以来的颓势，并且将一部分资金投入到教育中去，日本变得愈加发达，最终走上了军国主义的侵略道路。

再反观中国。《马关条约》的签订让中国的国际地位进一步下降；洋务运动的努力彻底失败，民族资产阶级暗无天日；同

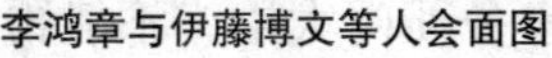

李鸿章与伊藤博文等人会面图

时，也激起了人民的反抗之心，直接导致戊戌变法的发生，更为日后辛亥革命的爆发奠定了根基。

清末海军远洋航行的目的是什么

……

明朝时期，郑和七下西洋，开启了中国官方远洋航海之旅。但在郑和之后的数百年间，由国家张起的船帆却从未出现在远洋之上。直到清末，方有一支官方舰队重开远洋之门，并且是中国舰队自古以来走得最远的一次。在内忧外患之中，清政府为何要出此大手笔？这次远洋航行的目的是什么？在清王朝即将倾颓的环境下，这支舰队的最后命运又是如何？

重建北洋水师

甲午战争的失败，让中国海军的精华尽失。虽南洋水师仍在，但实力远不如北洋水师，担不起守护中国海疆的重任。清政府自暴自弃，把原北洋水师当作战争失败的替罪羊，将官兵全部强行遣散，海军总理衙门撤销，内外海军学堂叫停。这些顽固派认为是办海军而招来了灾祸，主张韬光养晦，彻底停办海军事业，否则会“欲御侮反而适以招侮”。

一心想通过海军来支撑大清的李鸿章，也因这场战争的关系被明升暗降，由北洋大臣调为入阁办事，但“不得与闻政”。一年之后，又被委任为总理各国事务衙门大臣，不能再插手海军事务。清末的海军事业少了李鸿章，就等于少了一块主心骨，重振海军雄风之事，也就被清政府无限期地搁置起来。

但帝国主义列强的军舰却没有因为朝廷放弃了海军便心慈手软。随着一系列不平等条约的签订，帝国主义军舰开始不满于只在中国海上游荡，长江、黄河，凡是有入海口的中国内河上，到处是挂满了异国旗帜的军舰，哪里还看得出这其实是中国的土地？

这一幕幕深深地刺痛了朝野上下有志之士的心。同是洋务派代表人物的张之洞挺身而出，要求把重建海军作为御敌之第一大任，从应付外敌之严峻形势角度出发，宜应建立两支海军舰艇部队分属两洋。钦差大臣刘坤一也在奏请朝廷的建议书中说，中国南北海疆绵长，如无海军则无物以资御外敌，中国海疆若失，国不能成国，因此，必须考虑复建海军。他认为，鉴于北洋水师作为编制已经撤除，目前建立海军有所不妥，宜应由各地方政府定下决心，做一些复建海军的前期准备工作，如建立学堂、训练新兵、购置新舰等。

张之洞与刘坤一的振臂一呼，唤醒了已陷入绝望的朝廷正直官员。他们在朝堂之上一力坚持，深剖利弊，那些顽固派理屈词穷，也不得不认可了没有海军便没有中国的事实。

经过朝臣们的多方努力，1896 年，清廷终于在失去北洋舰队一年之后，下令重组北洋水师。在陆军部下设海军处，并再次向英国和德国订购军舰。但在一些冥顽不化的顽固派的阻挠下，北洋水师的重建工作进展困难。

这时候，李鸿章以古稀高龄，衰朽之身，不顾舆论的压力，又重新投入了重建北洋水师的工作。他虽然不能以负责人的身份直接处理具体事务，但凭着他多年丰富的外交经验，屡次化解一桩桩外交危机。

清人笔记中曾经记载了一件李鸿章重建北洋海军时的轶事：甲午战争失败以后，总理各国事务衙门，已经全面被顽固派官僚把持，李鸿章虽然是名义上的主官，但却由户部左侍郎张荫桓主政，大量只会坐而论道的官员充斥其中。李鸿章自知甲午战争之后自己已是危如累卵，因此也表现得甚为低调，每日办公只是虚与委蛇而已。

有一日，法国公使忽然来访。操着半生不熟的中文，气势汹汹地责问道："你们大清国，不是说要买我们的枪支弹药吗？为什么说好了，马上要签字的时候，又反悔了，决定买其他国家的军火？这是什么意思？你们中国有句古话叫'言而无信'，说的就是你们的举动吧！我代表我国政府警告你们，如果这样，对两国关系是非常恶劣的影响，我表示我们绝不会退让！"

见此情景，满屋子人都吓呆了，瞠目结舌，面面相觑，可是谁也不敢开口。生怕哪句话说得不对，更加激起法国公使的怒火。万一战火重燃，可怎么是好？就连张荫桓此时也呆若木鸡，无言以对。法国公使一看，更是气焰嚣张，连连威胁不已。

这时候，坐在角落的李鸿章站起来，慢条斯理地说话了："公使大人，您这话可就不对了。我国购买枪支弹药，只是商业行为，用我们中国话说叫'做买卖'，这上升不到外交层面？再说了，做买卖的道理，无非是谁家的东西物美价廉，就买谁家的。现在贵国的军火，又贵性能又差，所以我国才改了主意；要是再看到有更便宜的，我国肯定还要再考虑，那也无可厚非。退一万步讲，我国和贵国也还没有签订合同，所以才敢另买其他国家的军火。您这么吵嚷，恐怕有失外交礼仪。”

此言一出，轮到法国公使哑口无言了。他本来就是无理取闹，想借这个机会，对清廷进行外交讹诈。如今见势不妙，也只好打了几句马虎眼，仓皇离去。

李鸿章的努力没有白费。到1898年，中国开始了戊戌变法，欲通过资产阶级维新来复兴大清的光绪皇帝提出，“非添设海军、筹造兵轮无以为自强之计”，北洋水师的重建工作走上了正轨。虽然戊戌变法仅维系了短短的103天，就被慈禧太后发动的戊戌政变给扼杀，但北洋水师的重建工作却仍得以顺利进行。1899年，重建后的北洋水师已拥有巡洋舰5艘、驱逐舰2艘、鱼雷舰8艘，重新拥有了一定的规模。4月，清廷任命叶祖珪为北洋水师统领，萨镇冰为帮统。

但这支重建的北洋水师却命运多舛：1900年，八国联军入侵中国，炮轰山海关，火烧圆明园，将数艘北洋水师的军舰掠走。清朝的海军建设再次陷入低谷。

最后一支大清海军

1905年，清政府在南洋大臣周馥的建议下，下令统一南北洋水师，叶祖珪任提督，同年叶祖珪去世，由萨镇冰接任。宣统元年（1909年），宣统皇帝溥仪即位，随即设立筹办海军事务处，任命载洵和萨镇冰为筹办海军大臣，把全国五支舰队（北洋、南洋、福建、广东、湖北）统一改编，分为巡洋和长江两个舰队，并重新分配了舰船：巡洋舰队统领由程璧光出任，负责海防事务，下辖巡洋舰4艘、驱逐舰1艘、鱼雷艇8艘，练习船和运输船各1艘，共计15艘舰船；长江舰队统领由沈寿堃出任，负责长江河防，下辖鱼雷炮舰2艘，炮舰12艘，练习舰1艘，运输船2艘，共计17艘舰船。宣统二年（1910年），清廷又将筹办海军处改为海军部，载洵出任海军大臣，萨镇冰改任海军统制——相当于海军总司令之职，统一管理巡洋和长江两支舰队。

上任后的载洵和萨镇冰先后赴欧、美、日进行海军考察，并订购了一批军舰，中国海军又回到了蓝色的大海。

重建后的海军规模因财力所限，较之原北洋水师有很大的差距，更别提跻身当时世界的几强之列了。但对于中国海军事业来说，这次重建毕竟踏踏实实地跨出了一大步。到1910年底，清末海军已拥有巡洋舰8艘、驱逐舰8艘、鱼雷艇12艘、再加上1艘练习舰及其他战舰总共拥有舰船46艘，其中2000吨级以上的战舰有十几艘，"海天""海圻"两艘巡洋舰更是达到了4300吨。此外，江苏、浙江、福建、奉天、山东、广西、湖北、安徽等省份仍然保留了一些舰艇。据统计，全国总共有舰艇135艘，但大多都为旧式小舰艇，装备陈旧落后，完全不能满足出海作战的需要。大清帝国曾经的荣耀，几乎已经一去不复返了。

出使欧美，一去不归

尽管如此，重建后的大清舰队仍然执行了一次史无前例的任务：宣统三年（1911年），适逢英王乔治五世登基庆典，清廷决定派遣贝子衔镇国将军载振为头等专使大臣，前往致贺，并由巡洋舰队统领程璧光率领“海圻”巡洋舰随行，前往英国参加庆典。

4月21日，巡洋舰从上海杨树浦锚地启航。出长江口进入东海，穿过台湾海峡，直下南中国海驶出国门，继而穿过马六甲海峡进入印度洋，通过亚丁湾进入红海，穿过苏伊士运河进入地中海，通过直布罗陀海峡进入大西洋。

在万里长航中，“海圻”号先后通过新加坡、科伦坡、亚丁、塞得港和直布罗陀进入大西洋，随后沿大洋东岸向北航行，进入英国的普利茅斯港，在此停泊两周。6月20日，“海圻”号抵达朴次茅斯军港，在港外的斯匹赫德锚地下锚，等待参加为庆祝英王乔治五世而举行的多国海军编队海上大检阅。

次日，受邀参加受阅庆典的各国军舰与英国皇家海军舰队一同集结于斯匹赫德水域。当天，包括程璧光在内的各国军舰最高指挥官全部接到英方发来的书面请柬，正式收到出席英王加冕典礼的邀请。24日上午11时，在英国海军第一大臣的陪同下，前一日正式加冕的英王乔治五世和王后玛丽，同各国专使及英国内阁成员并皇家贵族一起乘坐三艘大型豪华游艇，自朴次茅斯港驶出，前往斯匹赫德水域对多国舰艇编队进行检阅。

中国专使载振和“海圻”号舰长程璧光在英王的邀请下，与乔治五世一同在第一艘游艇上观看海上大检阅。

校阅仪式共延续了1小时20分钟，中国海军官兵气势给乔治五世留下了深刻的印象。乔治五世国王及王后专程接见了率舰队校阅的中国海军统领程璧光，并向其颁赠“加冕银牌”。

此时，墨西哥发生了反华暴乱，受清政府电令，“海圻”舰再次远航，顺访美国、古巴、墨西哥，宣抚华人华侨，并给予反华的墨西哥以震慑。这是有史以来中国舰队第一次远赴美洲（传说明朝郑和下西洋时曾抵达美洲，但史无明载，暂且不论）。

在美国和古巴的访问引起了当地的巨大震动，程璧光一行受到包括时任美国总统的塔托夫以及古巴总统的盛情款待，并且对改善当地的华人华侨处境带来了深远的影响。

正当“海圻”号访问美国和古巴之时，墨西哥政府便已经针对反华暴乱正式向中国政府赔礼道歉，并偿付受害侨民生命财产损失。再加上当时的墨西哥与邻国发生战争，“海圻”号经过申请，取消了对墨西哥的访问，返回英格兰，并停泊在西北岸的巴罗因弗内斯港。

此时已是9月下旬，中国国内以推翻清朝封建统治为标志的民主主义革命已是风起云涌，燎原全国。消息传至“海圻”舰，顿时激起群情。面对这一局势，“海圻”舰当作如何选择？是继续效力于旧主大清王朝，还是投身革命，建立起新的社会秩序？程璧光与驻英大使刘玉麟进行了紧急磋商后，最后决定，“海圻”舰改旗易帜，官兵断辫蓄发，加入如火如荼的民主主义革命中去。不过由于此时国内局势不稳，“海圻”舰若是在此时即回归，很可能会沦为清政府抵御革命风暴的工具，因此，程璧光听从了刘玉麟的建议，将“海圻”舰暂时滞留于巴罗因弗内斯港。

这中间有一个小小的插曲。

当程璧光集合起全舰官兵宣布改旗易帜、支持革命时，表示：赞同的站在船的右舷，随其一同成为革命党人；反对的则站在左舷，发付路费。是留是走，悉听尊便，绝不勉强。

一声令下之后，全舰官兵整齐地列队于右舷，就连船员所养的一只猫，也在犹豫了一会之后，踱到了右舷。

猫其实压根不懂得革命为何物，只是跟着人走而已，但也可以从中看出，此际的清朝，已经彻底地丧失了民心。

“海圻”舰滞英不归，国内形势却依然高涨。1911 年 10 月 10 日，辛亥革命爆发，海军受命前往汉口镇压革命。但海军官员大都同情革命，准备发动起义。海军提督萨镇冰默认了起义行动。11 月 11 日晚 11 时，萨镇冰发出“我去矣，以后军事，尔等各舰艇好自为之”的信号，黯然离开舰队。11 月 15 日，清朝海军九江易帜，晚清海军宣告灭亡。

1912 年 1 月 1 日，是为“中华民国”元年元旦，“海圻”舰在巴罗因弗内斯港举行庄严的易帜仪式，象征着清封建统治的黄色青龙旗缓缓落下，取而代之的，是“中华民国”的红、黄、蓝、白、黑五色旗。

第二十六章

百日维新百日谜

南海先生怎么会召集起天下士子……

中日甲午战争，中国惨败，其后的《马关条约》让中国陷入了万劫不复之境。可以说，正是这场战争，逼迫中国走上变法图强之路。但让人不解的是，一介书生康有为，为何能够召集起天下士子支持变法？他的魅力究竟何在？

南海先生康有为的魅力

光绪二十一年（1895 年）又是三年一度的春闱会试之期。从前一年的年末开始，北京城里就逐渐出现了许多陌生的年轻面孔。这些寒窗苦读十几年的士子，好容易得中举人，无不想进京赶考，一朝金榜得中，鲜衣怒马，衣锦还乡，好不威风！暮春时节，考试已毕。往年的这个时候，赶考的举人们无不呼朋唤友，连日吃酒，热闹非凡；可今年却大不一样，酒楼茶肆的老板们惊讶地发现，这一科的举人们全然无心作乐，而是各个面露凝重之色，整日匆匆忙忙，奔走于京城之间交头接耳，窃窃私语，不知在忙些什么。

在宣武门达智桥胡同的杨椒山祠内，几百个举人正聚在一起，操着南腔北调，激烈地讨论着什么。在这些人中间，有一个三十多岁的中年汉子，看起来明显比其他人老成许多，此人并不说话，只是听着这帮人的争论。少顷，他才开口道：

“各位年兄年弟，都静一静。关于向朝廷上书这件事情，虽然各省举人都有去上，然而终究是各自为政之局，恐怕难以引起今上的重视。愚意以为，不若以十八省举人之名，联名上奏。我等都是国家抡才大典选出的天子门生，如此一来，庶几可以收到奇效啊！”

此言一出，顿时群情振奋。只听各种叫好之词、附和之语此起彼伏。此人面带微笑，顿了一会儿，举了举手示意大家安静下来，又说：“若各位年兄年弟认为此策甚好，在下便斗胆提笔作文，还要烦劳各位共同署名，稍后由卓如送到都察院去。”周围的举子们又纷纷响应。计策既然已定，这个中年男子也从一片壮怀激烈的气氛中慢慢地走出来，到后院去写这一封上疏。只见他拂开宣纸，提起狼毫笔，饱蘸浓墨，用恭恭敬敬的楷体写下几个大字：“上今上皇帝书”。他深呼了一口气，又继续写下去：“具呈举人康祖诒等，为安危大计，乞下明诏，行大赏罚，迁都练兵，变通新法……”

这个人，就是在中国历史上留下浓重一笔的康有为。

康有为原名康祖诒，字广厦，号长素，咸丰八年（1858年）

出生在广东南海一个书香门第。他的高祖康文耀在当地设帐讲学，收徒千余名之多，颇有名望；他的祖父康赞修是道光二十六年（1846年）举人，做过钦州学正，合浦、灵州、连州训导；父亲康达初也是举人出身，后来参加曾国藩的湘军，在江西做过小官。

康有为旧照

虽然其父康达初在他11岁那年就去世，但其祖父康赞修却对这个孙子关心有加。早在康有为八岁的时候，他就跟随在祖父身边学习。康赞修对宋明理学颇为崇信，对乾嘉汉学则不屑一顾，在他的影响下，康有为自然也对汉学家的烦琐考据的功夫不甚在意，而是立下雄心壮志，从小就以“圣人”自许。在祖父的教育下，康有为从小就熟读经史，为以后著书立说打下了扎实的基础。

光绪三年（1877年），康有为十九岁的时候，康赞修去世了。这对于刚刚成年的康有为是一个很大的打击。悲痛之余，他不得不寻找一位新的老师继续学习。不久他拜岭南学派著名的理学大师，人称九江先生的朱次琦为师。在朱次琦的指导下，康有为对理学有了更深入的了解。

然而不久康有为就感到了不足。这一时期，随着洋务运动的兴起，中国印行了不少讲“西学”的书籍，身处广州的康有为自然对此接触颇多。他逐渐感到，理学“仅言孔子修已之学，不明孔子救世之学”，他决心开创一种更加务实，经世致用的学问。

光绪五年，康有为去了一趟香港，被外国人的高楼大厦，清洁的街道和警察的办事效率深深的震惊，这更加坚定了他的信念。第二年，康有为到西樵山白云洞隐居读书，阅读了大量经世致用和西学书籍。光绪八年（1882年），康有为第一次赴北京参加会试，但未能录取，在返回广州的路上，他到了上海。日益繁华的上海滩让康有为深深折服，他认为这才是中国的出路。在返回广州前，康有为在上海一次购买了三千册图书，其中有相当一部分是翻译成中文的西方科技著作。他决心以此为基础，制定一套全新的学说。

康有为再一次于光绪十三年进京赶考，再次落榜，但这一次他却并非一无所获。借此机会，他写了一篇洋洋洒洒的万言书，要求进献给光绪皇帝。在这封上疏中，康有为综合了他十年来刻苦读书的心得体会，认为当今的世界大势，不能墨守祖宗成法，而应该变法维新，并提出了“变成法，通下情，慎左右”三条纲领性主张。康有为将这封上疏交给了李鸿章，请求后者代为上奏，但李鸿章并没有答应他的要求。

康有为的变法主张

回到广州以后，康有为租下了孔庙，在此创立了万木草堂，一面开馆讲学，一面著书立说。在这期间，他先后写下了《新学伪经考》和《孔子改制考》两书，后来又开始动笔写《万法公理》(后出版时定名为《大同书》)。《新学伪经考》将西汉时发现的古文经认定为伪书，而古文经学自然也就成了伪学。基于这一考证，康有为否定了汉学和宋学的学术争论，并以今文经学“微言大义”的传统为出发点，为变法维新张目;《孔子改制考》则在《新学伪经考》的基础上，进一步阐发了今文经学的“三世说”历史哲学。这一理论原本来源于春秋时期公羊学派，但长期默默无闻，在嘉道年间才由龚自珍魏源等人重新发掘出来加以论述。康有为在他们的基础上阐发了这一理论，将孔子的理论表述为信奉变化与发展。他写道:“所传闻世为‘据乱’，所闻世托‘升平’，所见世托‘太平’。乱世者，文教未明也；升平者，渐有文教，小康也；太平者，大同之世，远近大小如一，文教全备也。大义多属小康，微言多属太平。为孔子学当分二类乃可得之。此为《春秋》第一大义。”

康有为在这两部书中的言论较为大胆，他说中国历代相传的儒家经典都是假的，这在中国几千年遵循孔孟之礼的社会背景中无疑很有冲击力，他希望通过这种说法来颠覆人们的观念，但是有急躁冒进之嫌，遭到了守旧派的极力排斥，给变法带来了很大阻力。有专家学者认为“康有为的思想是用‘西学为营养，哺育出来的思想’。但是他又披上中国古老学术的外衣”。这就导致中西方思想在结合的时候有些脱节，有点理想化，不是非常符合社会实际。

毫无疑问，康有为的理论和学说在广州乃至其他地区的正统学者看来，不啻异端邪说，他们纷纷对其进行了猛烈的抨击，甚至达到了人身攻击的地步。但对于一些年轻人来说，康有为的学说却极其富有新意。这些年轻人从小接受了正统的儒家思想，同时又经受着“欧风美雨”的洗礼，自然怀着和康有为同样的心情。他们进入万木草堂学习，在康有为的指点下读书，并且试着从不同的角度观察世界。康有为的渊博学识和个人魅力都深深地吸引了他们，他们和康有为一道，致力于破除儒家经典，开创维新之路的工作。这其中，以一个名为梁启超的年轻人最为突出。

梁启超在后来的戊戌变法中同样起到了重要的作用，这个留到后文再讲。现在还是继续关注康有为的活动。光绪二十年（1894年），已经36岁的康有为再一次来到了北京，第三次参加科举考试。这一次与他一起来的，还有梁启超。本来这只是一次普通的会试，然而，由于甲午战争的惨败。一切变得都不一样了。

甲午惨败导致的结果

在甲午战争中，清军大败亏输，甚至连刚刚成军没几年的北洋水师也全军覆没。面对日军从海陆两路的逼近，清政府只能派出李鸿章赴日本签订和议。在和议中，清廷不但要赔付日方两亿两白银，还要将辽东半岛和台湾划归日方。4月底，这一消息传到了北京，官员百姓大哗，群情激愤。朝中的一些清流派官僚，坚决拒绝签署这一和议，在他们的策动下，大批现任官员纷纷上奏，数量竟达到数百件之多。一时间，都察院门口车水马龙，人潮汹涌。

这一消息对于刚刚考完试，坐待发榜的举子们来说更是晴天霹雳，他们本是国家栋梁，一个个都有揽辔澄清之志，对于这个丧权辱国的条约自然不能接受，不少举子甚至痛哭流涕，写血书以明志。康有为知道，自己推行变法的机会来了。5月2日，他与梁启超等人，在杨椒山祠内召集一些举人开会，商议上书之事，商定由他撰写，并代表十八省举人联名上书都察院一事。这便是前文提到的一幕了。

虽然根据近年来历史学家的研究，这一被后世称为“公车上书”的举动并未实行，而是中途夭折了。但是，康有为还是抓住了这次机会。因为过了不久，他居然被点了进士，并授予工部主事一职。从这时候开始，康有为的名声逐渐为世人所知，一次轰轰烈烈的变法行动就要开始了。

康有为的《大同书》是何时成书的

……

《礼记·礼运》对未来作了美好的描绘，“天下为公，选贤与能，讲信修睦”引发了人们对未来的美好憧憬。历史的发展、时光的流逝给这一古老的命题以崭新的内涵。康有为的《大同书》就是一篇赋予这一古老命题新生机的鸿篇巨制。《大同书》给人们留下了多少海市蜃楼式的幻影，激发人们的斗志和激情，但直到现在，此书的成书年代仍是一个令人迷惑的问题。

写于 1884 年之说

提到作品的撰作时间，当然是著者的发言最具有权威，更何况康有为尚不止一次地提到本书的撰作。在 1919 年，《大同书》甲乙两部单行本出版时，康氏专门撰写了《大同书题词》："吾年二十七，当光绪甲申（1884 年），洋兵震羊城，吾避兵居西樵山银塘乡之七桧园澹如楼，感国难，哀民生，著《大同书》。"而且在全书开卷之处，甲部《入世界观众苦》的《绪言》中也明言，本书为 26 周岁时撰作。康氏生于 1858 年，26 周岁适值 1884 年。书中复屡言撰此书于光绪十年（1884 年）。这样说来，此书的撰作时间、地点均言之凿凿，丝毫不容假借了。不过仔细加以考查，却又大谬不然。

1901 年方写就《大同书》

梁启超在 1901 年撰写《南海康先生传》时写道："先生现未有成书，而吾自十年前受其口说。"言下之意，康有为的《大同书》在 1901 年尚未著成。1911 年，梁启超又说："先生……辛丑、壬寅（即 1901 年、1902 年）间避地印度，乃著为成书。"可是康门弟子崔斯哲和陆乃翔认为此书著于 1884 年。崔说："南海先生于清光绪十年，本《礼运》之旨，著《大同书》……因秘其稿，不肯以示人。”陆说：康有为“盖自二十七岁（1884）悟道，即创《大同书》”。由此看来，要想从当事人扑朔迷离的说法中寻找答案，并不是一件容易的事。

仍然未解的谜团

有学者对全书加以校核后发现，这本书不可能告成于1884年或戊戌变法时期。因为该书不仅记载了1884年以后的事例，甚至还有披露戊戌变法以后的内容。可见，此书定稿不可能早于1901年。

当然，怀疑并不等于结论。如果《大同书》是于1902年或1901年前后成书的，那么为什么康有为的自述及弟子的追忆都反复提到康有为1884年著成此书并讲述大同思想呢？为什么梁启超1901年撰《南海康先生传》时论述的大同思想又与今本《大同书》有惊人的相似之处呢？最合理的解释应该是《大同书》始撰于1884年，以后陆续有所增补，至1901年避地印度时，最后定稿成书。

慈禧为何会放权

一向把持朝政的慈禧太后为何会在这个危难之秋选择放权？面对着如火如荼的变法浪潮，慈禧太后抱着的是什么打算？

变法浪潮的兴起

光绪二十一年（1895年）八月，在北京出现了一份名为《万国公报》的刊物。这刊物是双日刊，虽然名字和英美传教士在上海所办的刊物一样，但内容却大不相同。这份新的《万国公报》每册登载一篇论文，有时遇到长篇论文还会分期连载，内容大多是鼓吹变法，向西方学习；到了12月，这份刊物改了名字，叫作《中外纪闻》，改版后的刊物，内容丰富了许多，比原来要多出一倍。不仅选登邸报，刊登外文报纸和外文电讯的中译文，此外还介绍一些西方资本主义国家的政治经济社会情况以及先进的科学技术，等等。这份杂志的出版，引起了极大的争论：守旧派官僚对其大加批判，但相当一部分具有维新思想倾向的士大夫却对此相当欢迎。这份刊物的出版者，正是康有为。

“公车上书”事件以后，康有为的名声迅速在北京一带传播开来。另外一个好消息不久又传来，在刚刚结束的会试中，他被点为进士，并受工部主事之职。但此时的康有为已经并不在意这样的职

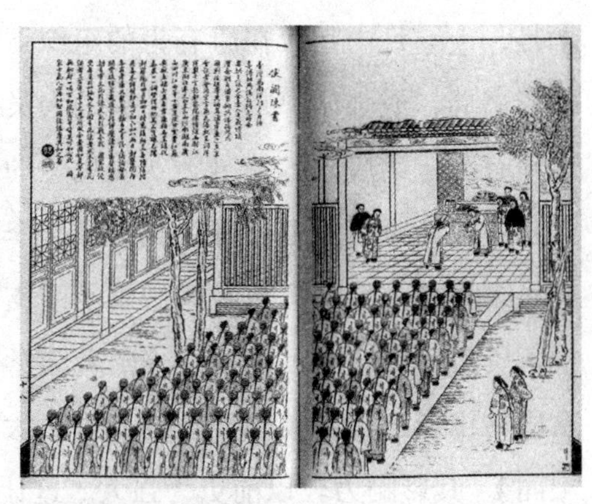

点石斋画报·伏阙陈书 清

记录康有为带领各省举人“公车上书”的情形。

位，随着名声的高涨，他已经把目光投向了更高的地方。

公车上书的浪潮，让康有为看到了将变法维新思想推向全国的希望。为了更好更快地达成这一目标，让变法维新成为当时中国的主流思潮。康有为拒绝了朝廷的任命。而是将注意力转向了开办学会，创办报纸上。他相信，通过这一方式可以吸引更多的人对他的思想和学说有所了解。

光绪二十一年（1895 年），康有为在北京率先兴办了《万国公报》，刊物之所以取这个名字是因为可以借助原有刊物之力，便于推广。正如康有为所料，这份刊物有力地推行了维新变法思想，给予当时北京思想界以强烈的震动。据康有为的回忆："报开两月，议论渐明。初则骇之，继而渐知新法之益，吾复挟书游说，日出与士大夫讲辩，并告以开会之故，明者日众。"

不久，随着赞成维新变法思想者人数日趋增多，康有为认为"思开风气，开知识，非合大群不可""合群非开会不可"。于是，十一月中旬，在康有为的组织下，又成立了强学会，又称译书局，或强学书局。强学会的人员主要由两部分组成，除了康有为，梁启超等持维新变法思想的知识分子以外，还包括文廷式、杨锐、沈曾植等帝党成员，李鸿藻、翁同龢等帝党元老虽未直接入会，但也在暗中给予了支持。有论者认为，这是中国资产阶级政党的前身。伴随着强学会的成立，《万国公报》在同情维新人士的英国传教士李提摩太建议之下改名为《中外纪闻》。其影响力较以前更为强大。这让朝中的保守派人士大为恐慌。更加起劲地攻击强学会及康有为等人。在这一困难的时候，强学会却做出了一个错误的决定。原本李鸿章对强学会甚感兴趣，曾经一度打算加入强学会；然而，一方面由于甲午战争之后，李鸿章被作为战争失败的替罪羊和签订合约的卖国贼对待，风评极差，另一方面李鸿章与帝党大多数官员的政见也不甚相合，特别是翁同龢更是与李鸿章屡有龃龉。于是，强学会断然拒绝了李鸿章入会的请求。在本应拉拢大多数人与守旧派官僚做斗争的情况下，强学会的决策者们却将李鸿章推向了对手的那一边，不可说不令人叹惋。

由于保守派人士的攻击和诋毁日益激烈，强学会众人开始担心康有为的人身安全，与此同时，康有为也认为应该南下，在江南地区宣传和推广维新变法思想。于是。十月份的时候，康有为南下南京，拜访当时被认为是具有维新思想的两江总督张之洞。出乎康有为意料的是，张之洞极其爽快地同意了他在上海成立强学会的请求，甚至还赞助1500两白银作为活动经费，并且要求列名其中。受到这样的鼓舞，十二月下旬，上海强学会顺利成立，发起者有康有为、梁鼎芬、黄遵宪、汪康年、张謇等人。随即开始出版《强学报》，宣传维新变法思想。

此时的康有为显得比以前更为高调，《强学报》在其影响之下也表现出更为浓厚的政治色彩。它明确地倡导变法维新，并提出了具体的政治主张，更为激进的是，《强学报》干脆抛弃了清代纪年，改用孔子纪年——也就是以孔子诞生的年份作为元年。

这一行为对于当时的清政府来说太敏感了。因为在当时中国人的观念中，纪年的方式是和皇帝联系在一起的，擅自使用或者更改纪年都是图谋不轨的体现。清代不乏因为使用错误纪年而遭受文字狱的先例。此时虽然已没有文字狱的存在，但这一行为仍然被视为大逆不道。果然，守旧派人士还没发表意见，号称维新领袖的张之洞先受不了了。他要求强学报取消孔子纪年，并改组强学会。康有为坚决反对这一要求。正当双方争执不下的时候，北京传来不好的消息。

陷入低谷的变法

原来光绪二十二年（1896年）初，御史杨崇伊上书弹劾北京强学会，他攻击强学会“专门贩卖西学书籍”“植党营私”“将开处士横议之风”，请求清政府立即查禁。值得一提的是，据说杨崇伊的上书是在李鸿章的指使之下进行的。这一奏折得到了慈禧太后的支持。于是，北京强学会被迫关闭，转型而为出版机构，受此牵连，《中外纪闻》也被迫停刊了。这一消息传到上海，张之洞也趁势关闭了上海强学会，《强学报》也便夭折了。康有为的变法维新活动一时陷入了低潮。

尽管清廷的顽固派坚决反对维新派的任何主张，但正所谓树欲静而风不止，甲午战争以后，正在步入帝国主义阶段的列强看到日本这个后起之秀都能够在对清帝国的争夺中获利甚丰，于是纷纷扑向远东，对清帝国展开了疯狂的侵略。

光绪二十三年（1897年），两名德国传教士在山东曹州被杀，史称曹州教案，德国趁机占据胶州湾地区；次年，俄罗斯以帮助清廷抵抗德国为名，将军舰驶入旅顺港，并进而侵占辽东半岛，将东三省划为势力范围；稍后，英国也以同样的理由和方式，侵占威海卫和香港新界地区，并将长江地区划为势力范围；法国则占领广州湾作为租界，并将两广划为势力范围。甚至刚刚取得台湾的日本，也将福建纳入了势力范围。一时间，整个清帝国面临着西方列强的蚕食鲸吞，顿成分崩离析之势，亡国危机就在眼前。

光绪帝的魄力源自何处

这时候，康有为等人再也坐不住了。光绪二十三年（1897年）康有为赶到北京，接连两次给光绪皇帝上书，痛陈了清帝国目前面临的危机局势，要求立刻变法。为了准备维新变法，康有为与梁启超又再次在北京成立了“保国会”。保国会制定了三十条《保国会章程》，宣称“保国家之政权、土地”“保人民种类之自立”“保圣教之不失”，并要求在各省府县建立分会。在当时救亡图存的大环境下，保国会的主张得到了大多数人的热烈响应。很快，保滇会、保浙会、保川会相继成立。如同之前的情况一样，保国会的成立，同样遭到了保守派官僚的猛烈攻击。他们纷纷上奏，攻击保国会“保中国不保大清”“名为保国，势必乱国”，要求查禁保国会。然而这时候的光绪皇帝已经坐不住了，他直截了当地驳斥了这些保守派官僚：“会能保国，岂不大善？”

光绪之所以敢于如此，是因为他已经深深地厌倦了作为一具傀儡每日看人眼色行事的日子。虽然光绪皇帝已经在十七岁那年亲政，但有了同治皇帝的教训，慈禧根本不会将实际权力交给光绪，前文已经说过，慈禧要求光绪每隔一日就要向她汇报朝政，而光绪对慈禧也是畏惧有加。但是随着年纪渐长，这种畏惧，自然逐渐会转化为不满，并最终爆发出来。到光绪二十四年（1898 年）时，二十八岁的光绪决心向慈禧太后要求实际权力，进行朝政改革。

慈禧认可维新变法

此时的慈禧对维新变法的事情并非一无所知，康有为第五和第六次的上书她都通过光绪帝之手看过了，作为一个经验丰富的统治者，慈禧非常清楚清帝国当前所面临的危机，因此实际上她并不反对康有为的维新变法理论，甚至对某些措施还颇为赞成。然而，她始终认为，改革需要在不危及清廷统治基础和可控制的范围内逐渐进行。这种思想一方面促成了她对光绪变法改革的默认，一方面又为后来变法的悲剧性失败埋下了伏笔。因此当光绪皇帝向慈禧要求改革时，慈禧并没有表示反对，而是放手让光绪去做，自己则移居颐和园修养。

等待了十余年的康有为终于等到了扬眉吐气的这一天，光绪二十四年（1898 年）六月八日，康有为拟定《请明定国是疏》，由大学士徐致靖代为上奏，请求光绪帝正式开始变法。三天之后，光绪帝颁布了《明定国是诏》，变法运动开始。

袁世凯是“戊戌变法”失败的罪魁祸首吗……

轰轰烈烈的戊戌变法在短短的103天之后便宣告失败。人们传说，袁世凯是导致戊戌变法失败的罪魁祸首。这是事实还仅仅是猜测？谁才是导致变法失败的元凶？

袁世凯告密说

戊戌变法是中国历史上第一次资产阶级改良性质的革命，提起戊戌变法，人们会想起康有为、梁启超，然而，同时也会不由自主地想起袁世凯。因为在一般的正史、野史记载中，都说戊戌变法是败于袁世凯之手，认为正是袁世凯的告密导致了戊戌政变的爆发，这一观点的依据是袁世凯死后才公开发表的日记。

日记的大意是说，谭嗣同夜访袁世凯的那天，“气焰凶狠，类似疯狂”“声色俱厉”地逼迫袁世凯带兵围攻颐和园，把慈禧太后废掉。袁世凯由于看见谭嗣同“腰间衣襟高起，似有凶器”，担心危及自己的生命，为了不吃眼前亏就假装答应谭嗣同。谭嗣同离去后，袁世凯连夜反复思量，决定第三天“请训”后马上赶回天津向荣禄告密。袁世凯在日记里口口声声说是为了“诛除误国误君之徒”以“保全皇上”才告密的。袁世凯还向荣禄宣誓说“如累及上位，我唯有仰药死耳”，荣禄得报，当晚就入京向慈禧告变。日记的记录表明，9 月 21 日的政变正是因为袁世凯的告密而发生的。

可是近些年来，因袁世凯告密导致戊戌政变的说法遇到了多方面的质疑。

政变与告密的时间差

有人认为，政变早在 9 月 19 日（八月初四）的那一天就已经发生了，因为 19 日慈禧已经提前从颐和园赶回皇宫，光绪皇帝处于被监视之中。光绪帝失去自由，这意味着政变的发生，21 日宣布“训政”，仅仅是形式而已。所以袁世凯 20 日晚向荣禄告密已经与 19 日的政变无关系了，因此并不能把戊戌政变归罪于袁世凯。

在这种说法的基础上，人们进一步提出：伊藤博文来华应该是政变的真正原因，而御史杨崇伊的密折则是政变的导火线。

伊藤博文与杨崇伊导致说

因为在变法刚开始的时候，慈禧对变法并不反对，这从慈禧允许光绪颁布《明定国是诏》的诏书中可以看出。在慈禧太后看来，只要不对她尊贵的地位构成什么威胁，皇帝爱干什么就干什么，她一概不管。康有为等人不过是一介书生，任他再闹也闹不到天上去。

但是在变法期间有几件事情令慈禧感到恐慌，她才决定回宫发动政变。

一是光绪请求启用议事机构懋勤殿，它实质是一个专属于光绪的办事机构。慈禧认为这使光绪完全摆脱了她的控制，使她感到不快。

二是光绪召袁世凯到京，准备授以重任。而袁世凯掌握着兵权，自然引起慈禧警觉。

第三件也是最重要的一件事就是伊藤博文来华。9 月 12 日，正当戊戌变法进行得如火如荼的时候，日本的实力派人物伊藤博文以“私人”的名义访华，维新派因此而大为振奋。康有为等人与伊藤博文接触频繁，许多维新派人士争相向光绪皇帝建议把伊藤博文聘请为顾问，以便辅助新政，同时说“中国转贫为富、转弱为强、转危为安之机实系乎此”。光绪帝采纳维新派的建议，决定 9 月 20 日（八月初五）召见伊藤博文。

在慈禧等人看来，维新派没什么可怕，可怕的是维新派与外国势力结合起来。所以变法刚开始时康有为等维新派主张联日英以拒俄，就遭到顽固派的极力反对，伊藤博文的到来，更使顽固派恐慌异常。9 月 18 日（八月初三），御史杨崇伊起草了一个密折，通过庆亲王奕劻呈给慈禧太后。密折说“依（伊）藤博文即日到京，将专政柄”，“近来传闻之言，其应如响，依（伊）藤果用，则祖宗所传之天下，不啻拱手让人”。

因此，由以上的史实得出的结论是：戊戌政变的爆发与袁世凯的告密不存在直接的联系，伊藤博文来华才是政变发生最主要的原因。当时就有人评论说：“八月发生的政变，皇上被幽禁，维新派遭到株连，新政被篡改，这样想法已非止一日，可是借口发难，却是因为伊藤的到来。”

毕竟事实的真相现在已经难以辨明，然而无论如何，袁世凯所负上的千古骂名不会因为这个未解之谜而被洗刷。

张之洞营救杨锐之谜

……

清流派领袖张之洞为何对维新派又是鼓励又是阻挠？变法失败之后，他又为何设法营救戊戌六君子中的杨锐？这互相矛盾的事件，为何集中在了张之洞一人的身上？

支持变法的张之洞

张之洞，字孝达，一字香涛，号壹公，晚年自号无竞居士，人称香帅。同治三年（1864 年）入仕，为朝中清流派首领。在中俄交涉事件中，张之洞处理得当，受到慈禧赏识。光绪七年至十年，张任山西巡抚，大力整顿吏治，并严禁鸦片。光绪十年，张受命筹划抗法，任署理两广总督，此间他开始兴办洋务。中日甲午战争后，张上书请求变法图强。此间，他与维新派关系复杂，既出资赞助，又极力阻挠，而“戊戌变法”失败后，又设法营救“戊戌六君子”中的杨锐。其中缘由令人费解。

继“公车上书”后，维新派利用各种方法宣传变法。光绪二十一年（1895 年）八月，在北京创办《中外纪闻》和强学会。

《马关条约》签订后，张之洞反对协议，变法运动兴起。张之洞积极支持，并且上《吁请修备储才折》，说明“修备储才急图补救”，并为北京强学会捐银5000两。这一位手握重权、拥护“新法”的重臣引起了康有为的注意，康有为把为张之洞推崇的丁立钧推为强学会总董之一，在强学会略有眉目之后，立刻启程南下，赶往张之洞处活动。

阻挠变法的香帅

但是，张之洞的“变法”是和改良派不同的，他对康有为的“孔子改制”非常不满。在《时务报》风靡全国时，张之洞顺水推舟，下令大家订阅。而梁启超的笔锋犀利，难免有些过激的话，张之洞只有让报馆经理汪康年加以限制，这就使汪、梁之间产生了裂缝。梁启超的议论越来越激烈，张之洞终于无法容忍。

维新变法失败后，西太后回紫禁城，将光绪帝软禁了起来，又一次“训政”，发动政变，同时通缉康、梁，逮捕了谭嗣同、杨锐、刘光第等人。

此事传到武昌，张之洞立刻倒向西太后，开始压制两湖地区的维新变法运动。他首先将湖南的南学会解散，改保卫局为保甲局。

张之洞不但镇压维新运动，对其大肆攻击，还为了取悦西太后，主动抓捕康、梁等人。清廷在康、梁逃往日本后，电告驻日公使李盛铎，叫他秘密捉拿康、梁，并派人借口考察商务赴日行刺。张之洞见了日本领事小田切，请求协助缉捕康、梁，张之洞的要求没有得到日本的同意。于是张之洞想派张斯洵去行刺，以致引起日本政府抗议。

不辞奔波营救杨锐

张之洞在戊戌政变时期的这种做法极大破坏了自己的声誉。但是，他却曾为营救自己的“得意门生”杨锐而不辞奔波。

九月二十一日，慈禧再次“训政”。二十四日，杨锐被捕，关在了刑部大牢。张之洞知道后，急电盛宣怀，请顺天府尹夔龙及户部尚书、协办大学士王文韶营救杨锐。同时他致电在北京的湖北按察使，提出杨锐是由湖南巡抚陈宝箴保荐，“与康没有关系”；在给瞿鸿的电文中，请他找王文韶、刚毅帮忙。在二十七日晚，他还致电在天津的荣禄，表示要亲自为杨锐作保。但是，刚毅由于杨锐说他昏愎无知，而且阻挠变法导致没有成功，反而在慈禧面前鼓煽：“此辈多杀几个何惜？”西太后异常地厌恶变法，对“康党”势不两立。二十八日，她就将被捕的谭嗣同、康广仁、刘光第、林旭、杨锐、杨深秀六人在北京菜市口处死，史称“戊戌六君子”。

第二十七章
义和团由盛转衰

义和团的兴起之谜

……

义和团，他们心怀着反清复明的梦想，处处与清廷为难。这一个在盗贼频发之处兴起的组织，为何能够在短时间内将起义之火燃遍北方？他们的兴起背后，隐藏了哪些不为人知的秘密？

天子脚下，义和拳的天下

光绪二十六年（1900 年）春夏之交，北京城的居民惊讶地发现，城里忽然多了不少头裹红黄两色头巾，腰缠红黄两色板带，打着绑腿，身背大刀，手持长矛的男性农民，这些人自称为“义和拳”。他们少者三五成群，多者数十上百，大多数操着直隶方言，也有少部分操着山东方言。

很快，义和拳在一些热闹的地区建立了自己的组织，有胆子大一点儿的居民偷偷跑去他们聚集的地点一窥究竟，只见这些人围在一起，先是舞刀弄棒，接着求神拜佛，围着香炉念念有词，少时，便有人大叫一声，人事不省，少顷便站起身来，手舞足蹈，仿佛神佛上身一般。过了不久，有不少年轻女性也加入了他们的队伍，这些女子穿戴与前者相仿，不过手持红巾和红灯，她们自称为“红灯照”，虽然很少舞刀弄棒，但据说她们的法力更为高强。令人惊奇的是，这些义和拳民不仅没有被官府驱赶，反而迅速成了他们的座上客。一些规模较大的组织，甚至和朝廷里的王爷们搭上了关系。很快，北京城就成了义和拳的天下。

义和拳改称义和团

这时候，山东巡抚张汝梅已经由于镇压不力而被撤换，新上任的山东巡抚毓贤是一个具有强烈排外情绪的守旧派官僚，因而对义和拳的态度要温和得多。他虽然最初也进行了几次对义和拳的镇压，但发现无济于事以后，便采取怀柔政策，除了对义和拳首领严惩不贷以外，对其他普通拳民则收编为民团，企图为我所用。于是“义和拳”又逐步改名为“义和团”。彼时适逢山东地区遭受旱灾，大量的贫农参加了义和团。结果在毓贤的纵容下，山东地区的义和团运动呈现飞速发展之势，并且向直隶蔓延开来。

义和团运动的蓬勃兴起让西方列强甚为紧张。在洋人的压力之下，毓贤调任山西巡抚，由袁世凯接任山东巡抚。袁世凯坚决反对义和团运动，在他的镇压之下，山东地区逐渐失控的局势有所缓和，义和团不得不向直隶地区移动。而直隶总督裕禄则和毓贤一样，对义和团的态度甚为暧昧。于是义和团运动扩展到了直隶，并逐渐进入了北京。

日益激化的皇帝与太后之间的关系

北京城外闹义和团的时候，慈禧正在为如何除去光绪帝发愁。

自从光绪二十四年（1898 年）百日维新失败以后，光绪就被软禁在中南海的瀛台上，这是一个三面环水的半岛。到隆冬时分，南海子结冰，不能自由活动的光绪只能带着太监踏冰而行，然而，就这点儿自由也被慈禧无情地剥夺了。慈禧为了防止光绪帝出门，特意叫人将冰块凿碎。苦闷的光绪帝只能以读书打发时间，据说，当光绪帝看《三国演义》时，仰天长叹："朕现在连汉献帝都不如啊！"

光绪对慈禧的抵制和不合作让慈禧也颇为不满，因此她动了废帝的念头。由于光绪已经成年，不便控制，慈禧打算故伎重施，再次找一个小孩子作为傀儡。然而，自从戊戌变法以来，西方列强就一直对中国的政局保持着高度的关注。对于列强而言，保持中国政局的稳定，有助于他们更好地从中国攫取权益，而皇帝的更换，无疑会使政局动荡。因此，早在戊戌变法刚刚失败时，英国公使窦纳乐就直截了当地向李鸿章警告，不可对光绪轻举妄动。在这样的压力下，慈禧虽有废黜光绪的想法，但也只能采取比较温和的手段，徐徐图之。于是慈禧决定不直接废黜光绪，而是先行为光绪立嗣，然后再伺机拥立新君即位。慈禧选中的皇储，是端郡王载漪的次子，十五岁的溥俊。

载漪是道光帝第五子惇亲王奕誴的次子，后来过继给瑞郡王奕志为子，并继承了郡王的爵位。有趣的是，由于在册封的诏书中出现了笔误，将“瑞”误写作“端”，载漪便成了端郡王。他的正福晋是慈禧弟弟桂祥的三女儿，而前文已经提到，桂祥的二女儿正是光绪的孝定皇后。所以载漪算起来还是光绪的连襟，又和慈禧太后有亲戚关系。光绪二十六年（1900年）初，年仅15岁的溥俊受诏入宫，被封为大阿哥，实际上就是立其为储。为了给大阿哥继位铺垫，慈禧对外界宣布光绪病得很重。各国公使不相信，要求派法国医生进宫探病，慈禧坚决不允许，在各国公使的极力强求下，才答应把法国医生召进宫来，去给光绪看病。没想到，这位医生看完病以后对人们说：“皇帝血脉正常，根本没有什么病。”

因此，册封大阿哥的决定遭到了所有外国公使的强烈反对，他们当然知道如此一来，光绪的帝位自然岌岌可危。于是居然众口一词，全部不承认这位大阿哥的身份，致使慈禧非常不高兴。以这一事件为契机，中外关系重新趋于紧张。

毓贤提出的妙计

这时候，山东义和团的反洋教斗争已经发展得如火如荼。在大阿哥事件前不久，英国圣公会传教士卜克斯刚刚在山东肥城被朱红灯所杀。在西方列强的压力下，毓贤被免职。然而他进京觐见慈禧太后的时候，却向慈禧太后和王公大臣们详述了义和团的好处，认为可以招安义和团收为己用。也许是他的“妙计”起到了作用，慈禧并没有过多降罪于他，而是把他换到山西当了巡抚。

由于毓贤的“引见”，原本将义和团视作叛乱贼寇的清廷拿不定主意了。从来也没见过打着“扶清灭洋”旗号的叛贼。而且更重要的是，“灭洋”这个口号也很合朝中一部分群臣的心意。由于光绪皇帝在百日维新中曾经寻求英美日俄等国的帮助，因此，团结在慈禧周围，反对变法维新的一般守旧派官僚本来就对洋人没什么好脸色，接着又赶上了“大阿哥事件”，这些大臣对这些西方国家粗暴干涉我国内政的行为更是十分愤怒。再加上光绪二十三年（1897 年）以后列强掀起的瓜分中国的狂潮，清廷内部已经弥漫着一股十分强大的排外氛围。

在这种情况下，毓贤的建议不啻给这些盲目排外的群臣打了一针兴奋剂。端郡王载漪原本就因为儿子没有当成皇帝，对西方列强耿耿于怀。闻听义和团之事，自然喜出望外。抱有同样想法的还有庄亲王载勋，载漪的弟弟载澜等满族亲贵。这些人极力怂恿慈禧招抚义和团以抵抗列强，为了说服慈禧，他们弄了不少野语村言的传说给慈禧，说这都是义和团的法力无边造出来的。像这样的“义民”，又有“忠忱神力”，一定要用其“报仇雪耻，张我国威”云云。慈禧闻之心动，随即下了一道谕旨，要求各省巡抚停止镇压义和团，并奖励其反对洋教的行为。

直隶总督裕禄忠实地执行了这道谕旨。他不仅向义和团民发放饷银，还邀请义和团著名首领曹福田到天津开坛聚众；而此时在山东的袁世凯却没有理睬这道谕旨，反而继续着他严厉打击义和团的一贯策略。受到袁世凯的打击，山东的义和团纷纷涌入直隶，到四五月间，从天津到涿州、保定已经出现了大量的拳坛和拳厂。

扶清灭洋，义和团旗号的变质

受到清政府鼓励的义和团，把反洋教的范围扩大到了反对一切外来事物。

但是，清政府与义和团也存在矛盾。五月份，驻扎在涞水县的清军同义和团发生了几次冲突，但是清军居然不是义和团的对手。得胜的义和团占领了涿州，控制了从卢沟桥到保定的铁路，扒铁轨，烧车站，毁桥梁，弄断电话线。到六月，甚至是裕禄都不得不请求清廷派兵严厉镇压义和团，清廷只好调来坚决反对义和团的聂士成的武卫军来控制局势。

这个时候的慈禧再也无法稳坐江山。虽然清廷仍然对外做出了镇压义和团的姿态，但私底下却派出了军机大臣协办大学士刚毅和顺天府尹赵舒翘到涿州考察义和团是否能够为我所用。赵舒翘得出的结论是“拳匪不可恃”，但刚毅则不这么看，他平素就和端王、庄王等人关系甚好，自然认为义和团“拳民忠贞，神术可用”。赵舒翘无奈，只好和刚毅向慈禧太后汇报说义和团可以因势利导，“抚而用之，统以得帅，编入行伍”。

历史总是有着偶然性，就在清廷得出义和团可用这一结论差不多同时，驻京各国公使开始担心日益混乱的局势有可能对北京的使馆造成危险。英国全权公使窦纳乐作为代表，要求外国军队进行支援。5月31日，337名外国水手与陆战队员从停泊在大沽附近的十数艘军舰上登陆，并于当晚抵京保卫使馆区，稍后，又有89名德国与奥匈帝国的陆战队员抵京。

列强调集军队进京的消息让清廷大为不满，也激起了义和团更大的怒火。

清廷和义和团终于取得了一致。6月9日，慈禧从颐和园返回紫禁城，开始研究如何指挥义和团之事，并调来董福祥的甘军进入北京城驻扎在永定门内。董福祥和聂士成不一样，他是义和团运动的同情者，因此，他的甘军中不少是义和团成员，甚至他自己也同义和团首领之一的李来中结拜为兄弟。第二天，端王载漪被任命为总理衙门大臣，义和团终于大规模地进入了北京城。

这时候的北京城几乎已经失去了控制。6月13日，义和团进入北京内城，当天烧毁了11所教堂，数以千计的教徒逃入西什库教堂和东交民巷使馆区。不久，义和团烧毁了前门的老德记西药房，附近数千家商铺也化为废墟，甚至前门城楼也被烧毁。

史载“京师乱起，载澜从拳匪入人家，大索，得毡布及他物，皆以教民论，扑杀之，虽宗室大臣不免”。北京陷入一片混乱。

敢于向十一国宣战的慈禧太后

……

向英国、美国、法国、德国、意大利、日本、俄国、奥匈帝国、西班牙、比利时、荷兰十一国宣战。纵观世界历史，如此胆大的人恐怕也只有慈禧太后一人了。是谁给了她如此勇气？难道清朝已经强大到敢向全部西方列强挑战的地步了吗？

愈演愈烈的义和团行动

当义和团把北京城搅得翻天覆地的时候，各国公使并没有闲着。他们对清廷内部的排外气氛并不是没有察觉，对于清廷和义和团的利益关系也清楚得很。因此，虽然一方面通过外交手段不断敦促清廷镇压义和团，一方面也打算调兵进入北京自行保护使馆。

事情果不出列强的意料，虽然总理各国事务衙门答应了各国的增兵要求，但人数限制在每国三十人。这些公使自然是不管这件事，而是各调了三百余人进京。随即，清廷与义和团站在了一方，义和团冲进了北京城，见外国人就杀，所有的外国人都被堵到了西什库教堂和东交民巷。

由于义和团把所有的电线都剪断了，驻天津的各国领事已经无法和北京的使馆联系，虽然义和团进城围困使馆和教堂的消息他们尚未得知，但凭着几个月来对时势的观察，他们也明白大事不好了。于是在各国领事的协调之下，由俄、英、美、日、德、法、意、奥八国迅速组织了2066名联军，由英国海军司令西摩尔率领，乘坐火车增援北京。

但是联军没有想到的是，这时候清军已经被命令配合义和团的行动了。

清军与义和团的配合作战

因此当八国联军一出天津，行至廊坊一带就遭到了清军和义和团的联合阻击。由于铁路早已被义和团破坏，联军狼狈不堪，只能下车拒敌，可是这毕竟是一只临时拼凑的部队，而西摩尔又是海军将领，对于陆战是个外行，因此并不是清军和义和团的对手，联军且打且退，从廊坊退回杨村，险些被清军和义和团围困在此。联军伤亡惨重，只好退回大沽口。这一次援救计划宣告失败了。

不过，义和团在这一次战斗中也损失惨重。因为配合他们作战的清军乃是聂士成的武卫军。聂士成本是极度反对义和团，一向主张严厉镇压，他曾经在给荣禄的信中写道："拳匪害民，必贻祸国家。某为直隶提督，境内有匪，不能剿，如职任何？若以剿匪受大戮，必不敢辞。"话虽如此，但在这样的大环境中，却也无可奈何。不过，聂士成还是要了诡计，他的武卫军是清军的精锐部队，装备有重机枪。在与联军的战斗中，聂士成命令义和团为先锋，义和团并不以为意，又仗着自己有神灵护身，金钟罩的功夫刀枪不入，因此便一口答应。谁知道天上神佛，挡不住洋人的子弹。在联军的机枪扫射下，毫无战术纪律，只知道往前冲的义和团死伤惨重，幸存者一见法术失灵，又调头往回跑，结果聂士成早已架好了机枪又将义和团的人射杀。这一役，义和团几乎伤亡殆尽。这之后，聂士成才指挥着武卫军和联军交了火。

尽管出现了这样并不愉快的小插曲，但清政府和义和团都将这次胜利看作是一场抗击外敌的重大胜利，史称“廊坊大捷”。这一仗打下来，清廷和义和团更加有理由坚信，洋人并非不可战胜的。于是一边命令聂士成再接再厉，攻打天津紫竹林租界，一边开始围攻北京的西什库教堂和东交民巷使馆区。

乱七八糟的一场战斗

北京此时的情况已经乱成一团。6月11日，日本驻华使馆书记杉山彬在永定门被董福祥的甘军杀死。随后义和团兵分两路分别攻打东交民巷和西什库教堂。北京曾有童谣曰“吃面不搁酱，炮打交民巷；吃面不搁醋，炮打西什库”，说的就是这两场围攻战。

西什库教堂位于西皇城边，始建于康熙四十二年（1703年），于光绪十四年（1888年）迁今址，是天主教北京教区的主教座堂。义和团运动爆发时，担任枢机主教的是法国传教士樊国梁。樊国梁旅居中国多年，有“中国通”之称。他早在义和团刚刚进入北京的时候就预感到了危险，在接纳了3000余名外国传教士和中外教徒之后，他特意向法国公使馆请求派遣士兵保护，结果法国和意大利只派了40余名士兵护卫西什库教堂。

樊国梁的担心很快变成了现实，6月15日，端王载漪亲率一队义和团进攻西什库教堂。法意士兵迅速回击。两天以后，清军也参加了进攻。义和团以自制的各种火器发动进攻，挖地道，埋地雷，攻势凶猛，但守军却顽强回击，数次打退义和团与清军的进攻。由于清军和义和团的长期围困，教堂内缺少粮食，半个月后，教堂内的人员开始以马匹和骡子充饥，后来又开始吃树皮和野草。尽管如此，西什库教堂被围困长达两个多月，居然始终未能被攻陷。直到8月八国联军进城，才将西什库教堂中的人员解救出来。据统计，西什库教堂一役“共死教民四百人，地雷炸死小孩七十六口，法兵死十人，意兵死五人”。而义和团和清军被杀死600人以上。

19世纪末，外国教会势力在中国日益扩张。这是天主教北京直隶教区的总堂——西什库大教堂。

西什库教堂没有打下来，而东交民巷也未有过大损失。虽然东交民巷的外国兵力要比西什库教堂多一些，但也只有四百余人，而义和团和清军的人数达到了数十万人之多。根据记载，在攻打东交民巷之时，使馆区附近的民房顶上，密密麻麻站的都是义和团民，大声鼓噪，气势惊人。然而，东交民巷仍然顽抗了两个多月，直到八国联军前来增援。

在攻打东交民巷时，端王见久攻不下，于是矫诏调来新建陆军中的山炮营助攻，山炮营所使用的“开花大炮”系从德国进口，威力极大，一颗炮弹重几百斤，只要两三炮，使馆就该夷为平地了。可是山炮营领官张怀芝却不敢轻举妄动，找到顶头上司荣禄，讨要一道发炮的命令。

荣禄知道，要是真的下达了开炮的命令，这炮弹要是真的落在了使馆的头上，那后果可就要由自己来承担；要是表示反对开炮，端王那里也不好交代。这可不是他愿意承担也能够承担得起的。面对张怀芝的要求，他只是含含糊糊地应付，就是不肯把一纸命令写给张怀芝。

张怀芝更不想去承担这个责任，硬是缠着荣禄讨要究竟是否开炮命令，大有不达目的不罢休的顽固。荣禄毫无办法，两难之际只得含混地说了一句：“你打吧，反正让人听到炮声就得了。”

张怀芝心知肚明，闻听此言恍然大悟，当即回到营地，号称“炮位不准”，亲自动手调试，瞄准了东交民巷内一块无主空地，然后火力全开，猛烈攻击。

炮声大作一夜，端王那边听得清清楚楚，以为这下可以圆满解决掉东交民巷。结果整整一个晚上，发炮五六百响，没有一个洋人在炮火中受伤，大使馆的建筑更是纹丝未损。

清军如此三心二意，义和团也没好到哪儿去。虽说他们士气很高，但由于极端排外，坚决不使用任何西洋武器，也没有战术纪律，只是拿着刀枪棍棒，法术一运，符水一喝，往上就闯，结果做了洋人的靶子，死伤甚众。面对此种情况，义和团首领们不承认是自己战斗力差的缘故，反而认为是洋人邪术厉害。

如此打了几天，列强未灭，但越来越多的义和团涌入北京城，导致北京到处一遍战火和杀戮。慈禧一见不妙，便打算解散义和团，准备停战。但端王等人却不肯罢休，为了坚定慈禧继续作战的心志，载漪指使军机章京连文冲伪造了一份西方列强给清政府的外交照会，以强硬的语气提出了四条要求：其中包括让慈禧归还光绪全部权力，并要求将清政府的经济和军事权力交由外国人掌握。

向十一国宣战

可叹慈禧聪明一世却糊涂一时。她居然对这份照会深信不疑，于是勃然大怒。正如她终其一生所坚持的那样，凡是涉及可能动摇她统治权力的行为，她都绝不让步。6 月 17 日，慈禧决定同洋人开战，将义和团编为民团，称为“义民”，由刚毅、载漪、载勋、载濂、载澜等人统领，又任命载勋为步军统领九门提督。6 月 21 日，清廷以光绪帝的名义，发布了一道谴责洋人和表达抗战决心的诏书，在诏书中宣称对“彼等”开战。

这实在是一份可笑的诏书：它完全又回到了几十年前天朝上国的思维模式中。按照现代外交惯例，宣战通知应该写明宣战的对象，并且交予对方使节。可这份诏书只是明谕下发，昭告天下；那么“彼等”又是什么人呢？只能认为是包括了在东交民巷设有使馆区的英国、美国、法国、德国、意大利、日本、俄国、奥匈帝国、西班牙、比利时、荷兰十一国。这个名单几乎包括了当时所有的西方列强。以一国残破之力，同时对抗世界最先进的十一个国家。慈禧如果不是年老昏聩，就一定是历史上最胆大的女人。

义和团因何而破灭

……

义和团为何会在轰轰烈烈之后彻底覆亡？5万多条义和团众的性命该向谁去申冤？八国联军进入北京，到底遭到了多大的抵抗？

德国公使克林德之死

光绪二十六年（1900年）6月20日清晨，混乱不堪的北京城内已是一片狼藉。这个时候，义和团几乎已经控制了北京城的绝大多数地方，不过时间还早，烧杀抢掠了一天的义和团员很多还在昏睡之中。街上早就没有行人了，两旁街道上的商铺只剩下经过打砸抢后残破的门窗，还有扯碎的旗幡，在夏日的微风中孤零零地摆动着。只有一队队全副武装的清军还在街上巡逻，搜捕可能出现的洋人。

驻扎在煤渣胡同的神机营霆字队枪八队，从胡同口转出来向东单牌楼的方向走去，开始例行的每日巡逻。管队章京恩海走在队伍的前面，右手搭在别在腰间的枪把上面，正在漫不经心地左右观瞧，看大街两边的胡同里是不是有形迹可疑、神色仓皇的人。

恩海所属的神机营是清廷禁军的组成部分，现在由端郡王载漪统帅。端王爷平生最痛恨的是洋人，刚刚带上队伍，就召集所有士官训话，给他们讲扶清灭洋的道理，最后告诉他们，见洋人就杀，杀得多了，就有资格得到赏赐和提拔。端王还特别指出，重点打击对象是德国公使克林德。

克林德出生在波茨坦，曾经是一名德国军人。1881年，他辞去军职，改做外交官，不久被派往中国。他先在广州和天津当了几年领事，又到美国和墨西哥待了几年。于1899年返回中国，担任德国驻华公使。

德国人素以严谨高傲著称，克林德是军人出身，自然这种习性又加强了几分。他对清政府相当轻视，对义和团更是深恶痛绝。早在义和团在山东刚刚兴起的时候，克林德就极力要求清政府严厉镇压。义和团进入北京城后，克林德又毫不留情地下令德国使馆卫队开始了所谓的“猎取团民行动”，并要求其他使馆配合行动。他首先逮捕了一名进入使馆区的义和团民，接着又下令使馆卫队用机枪扫射聚集在使馆区外的团民。然而诡异的是，奥匈帝国使馆卫队的机枪不知为何，打出几百发子弹，却没有打死人。有人说是机枪准度太低的缘故，但义和团民们却把这看作是法术的胜利。气急败坏的克林德展开了进一步的行动。6 月 14 日，当义和团再一次经过使馆区时，克林德毫不留情地下令使馆卫队向义和团民开枪，当场打死 20 人。

克林德的行为无疑激化了义和团与洋人之间的矛盾，以至于义和团将克林德看作是元凶首恶。但克林德却不以为意，他仍旧坚持对清政府实行高压政策。6 月 17 日，慈禧太后被端王载漪的假照会所骗，决心对洋人开战。两天以后便照会所有使馆区人员，要求其在 24 小时之内撤离北京。各国公使一听自然大为不满：在现在的这种混乱情况下，撤离北京不啻自投罗网，何况 24 小时的时间也根本不够收拾东西。于是各国公使联名向总理衙门写信，述说了如上的理由，要求延缓离京的最后期限，并要求在次日九点之前给予答复。

按理说，回函递出去，等着回复就可以了。可是克林德却非常不满意。各国公使开碰头会的时候，他就一直说对中国太客气。因此，他建议光靠写信不行，而应该所有国家公使一起去总理衙门谈判。其他国家的公使并没有接纳克林德的意见。他们大多认为这样只会让局势变得更糟，目前应该表现出低调的姿态来。但克林德拒绝接受这个决议，并且决定次日自己单独赴总理衙门谈判。

克林德满心希望能够有公使改变主意，和他一同前往。但他的希望落空了。第二天早上他出门的时候，仍然只有孤零零一个人。于是他只好带了翻译柯达士，怒气冲冲地出门了。

克林德和翻译柯达士的走动被正在巡逻的清军士官恩海等人撞见。双方便开火打了起来，克林德被杀身亡。

愚蠢战术导致天津的沦陷

克林德的死让清廷和西方列强的关系彻底进入了战争状态。第二天，慈禧就颁发了与十一国为敌的“宣战”诏书，并且下令悬赏洋人，同时命令清军协助义和团攻打使馆。而各国驻天津领事早已纷纷向本国告急，调集援军，从大沽口源源不断地进入租界。

此时在天津的清军和义和团还在忙着攻打租界，他们虽然人数众多，但却各自为政，缺乏统一的作战规划，甚至连天津到大沽口的道路也没有切断，而只是一味蛮干，猛冲猛打。这自然不是日渐得到兵员补充的联军的对手。到七月上旬，联军在租界的人数已达到17000余人，并且有统一的部署和指挥，而清军和义和团则伤亡甚众。7月13日，联军展开反攻，围攻天津城，清军不敌，退往杨村一带，聂士成在战斗中中炮身亡。第二天，联军占领了天津。

经过短暂的休整，人数达到18000余人的外国联军于8月初向北京进发了。在路上他们几乎没有遇到什么有效的抵抗，义和团毫无战斗力，清军也一触即溃。

全军覆没的义和团

8月11日，联军占领通州，两天以后兵分三路攻打北京城。此时北京城内还有10余万名清军和义和团民，但是已全无战意，第二天，英军首先攻入广渠门，其他国家的军队也相继入城。经过三天的巷战，联军彻底控制了北京城。当时还留在城中的5万名义和团民几乎全军覆没，清军伤亡4000余人，联军方面仅仅死伤400余人。

到此为止，义和团的神话已经被完全戳穿了。慈禧和满朝文武已经束手无策，全然不知该如何是好。这时才知道上当的慈禧愤怒不已，迁怒于端王等人，但终究已经酿成大祸。不得已，只好再次逃跑。8月16日，就在联军即将攻入皇城前的一刻，慈禧带着光绪和内宫女眷，连同一帮文武大臣，踏上了西去的道路。

慈禧为何要走上狼狈的西逃路

……

临阵脱逃，万寿无疆。这是一位士子“送”给慈禧太后的贺寿之联。面对着来势汹汹的八国联军，慈禧太后选择了她老公咸丰的旧路——逃。不过，她去的不是与北京相邻的避暑山庄，而是山西太原。在西狩路上，慈禧太后和光绪帝品尝到了哪些苦头？一路走来，又有着怎样的传说？

逃离北京城的选择

光绪二十六年（1900年）8月16日，北京城内鼓角连营，号炮震天，枪声阵阵，喊杀连连。清军和义和团且战且退，背后是一队队的洋人正在迅速向紫禁城推进，转眼之间就和防守紫禁城的清军交上了火。在战斗中，一颗子弹打偏了方向，向着慈禧的寝宫——长春宫飞去。子弹打破窗棂纸，在地上打了几个滚。

深居宫中的慈禧，这时候才知道战事输得一塌糊涂。一转头，却看到辅国公载澜已经跪在殿门外，请老佛爷快走。过了一会儿，紫禁城后门外驶出了一辆驴车，载澜在车上扬鞭，催着驴车急急向德胜门方向而去。车上坐着一个身穿蓝粗布大褂，绢帕罩头的老妪，和一个同样穿得甚为简陋的年轻汉子，这一老一少，就是当今的圣上和圣母皇太后——光绪和慈禧！

其实清廷颁发宣战的上谕没几天，慈禧就后悔了：无论如何，中外构衅，向来都是胜少负多，何况是同时和十一个国家开战？眼看着义和团打了十余天，死伤甚众，御河都被塞住了，可是连小小的东交民巷都攻不下。而天津的列强军队已经越聚越多，是战是和的问题已经迫不及待地要提上日程了。

在御前会议上，众臣争论得相当热烈。虽然端王、庄王等人仗着义和团的势力作威作福，但朝中仍然有不怕死的大臣竭力制止战争，主张与列强议和。一时间朝堂之上吵成一团。

匆匆忙忙的逃命路

朝堂上的牙尖嘴利并不能掩盖战场上的节节败退。终于洋人还是打到了北京城，慈禧只得拉上光绪匆匆逃命。

落荒而逃的慈禧到德胜门的时候，宫中的后妃、太监宫女、文武大臣才跟了上来。众人都穿着老百姓的衣服，混在逃难的人群中，显得更加凄惨。第二天行至昌平时，时任甘肃臬台的岑春煊率兵前来救驾，慈禧等人才把心放下来。在岑春煊的护送下，这一支老弱病残的逃难队伍缓缓向太原行去。

苦不堪言的亡命之旅

此时，由于战争的缘故，河北混乱不堪。在八国联军的进攻下，几乎所有的清军都被调去前线，内陆防务空虚，土匪趁势而起，所以逃难的一路甚不平静。慈禧等人出宫匆忙，几乎身无长物。一路上吃了不少苦头。

曾国藩的孙女婿吴永是清末著名的画家、文人，时任怀来县令。慈禧等人的銮驾正好经过怀来。他因迎驾有功，被升为粮台，并随銮驾“西狩”，负责一路的后勤供应补给之事。后来他写下《庚子西狩丛谈》一书，对慈禧等人的狼狈状况多有描述。

据记载，慈禧等人到怀来县城时，“饥寒已两日夜，情状极困苦”。据慈禧自述，他们一行“连日奔走，又不得饮食，既冷且饿。途中口渴，命太监取水，有井矣而无汲器，或井内浮有人头，不得已，采秫秸秆与皇帝共嚼，略得浆汁，即以解渴。昨夜我与皇帝仅得一板凳，相与贴背共坐，仰望达旦。晓间寒气凛冽，森森入毛发，殊不可耐。尔试看我已完全成一乡姥姥，即皇帝亦甚辛苦。今至此已两日不得食，腹馁殊甚”。可是，怀来县经过兵乱，也已是空空如也。仅能以小米绿豆粥供应。而慈禧居然大喜过望，连说“甚好甚好”，连筷子也没有，就拿秸秆临时凑数，呼呼地喝了起来。慈禧吃完，感叹良久，居然痛哭流涕道:“我和皇帝连日来走了几百里，一个百姓都见不到，官吏也都跑得无影无踪。我实在是没想到大局竟然不堪到如此地步！如今看到你怀来县令居然还能衣冠楚楚地来接驾，真是不容易。看来大清的江山还算完好啊。”此话说得可怜。

在怀来县稍住几天后，慈禧一行人继续前进。经由沙城、宣化、大同、忻州一路来到太原，驻跸于万寿宫。这时候，慈禧已经完全恢复了在北京时颐指气使的神气，然而，太原并不能够确保慈禧等人的安全，所谓的“西狩”还得继续。

光绪帝的要求

此时的光绪虽然是跟着慈禧一路向西逃窜，但其实他内心却是愤懑难当，一点儿也不想跑。他之前就不主张招安义和团，而应该同洋人和议。但慈禧却无视他的意见，还杀掉了数名主和派的大臣。据清人笔记记载，洋人进城之时，慈禧慌张逃窜，光绪却冷静异常，对慈禧说道:“亲爸爸，儿臣以为可以不必逃走。想那洋人本为友邦，对我大清并无恶意，此次出兵，乃是剿灭拳匪，不会对我有碍。儿臣请求亲自去东交民巷，与各国公使面谈，必定安然无恙。”

慈禧听了这话，只当光绪胡言乱语，并不理睬。光绪无奈，只好自己回到养心殿，盛装朝服，想要独自去使馆谈判。侍奉太监见光绪如此，大惊失色，连忙报告慈禧。慈禧勃然大怒，亲到养心殿，一把扯去光绪朝服，逼着他换上粗布衣服，不许轻举妄动，随即便拉着他逃出宫去。

光绪并没死心，当慈禧一行人遇到前来护驾的岑春煊时，光绪再次提出了议和的要求。他要求岑春煊护送慈禧“西狩”，自己要返回北京，亲自与洋人议和。岑春煊不笨，知道慈禧断然不会让光绪离开她的身边，于是百般推脱，终于未能成行。

到太原之后，光绪第三次提出了返回北京议和的要求，但仍未获批准。当慈禧决定继续西行至西安后，光绪再也忍耐不住了。在潼关，他愤愤不平地公开表态：“朕能走，洋人就不能走吗？这么走下去什么时候是个头啊！就算去了四川，又能怎么样？太后老了，可以去西安躲躲。朕要回北京了，否则战事不了，终究还是要倒霉！”

慈禧和诸大臣面面相觑，无言可对。然而第二天，慈禧仍然带着光绪继续西行了。光绪甚至流下了热泪。

光绪与岑春煊未竟的密谋

还有一种说法称，光绪到西安之后，仍然希望借助岑春煊的力量，将自己护送回京。某日他瞅准慈禧不在行宫，特意单独召见岑春煊，正要转到正题上，慈禧突然返回。光绪当时面无人色，而岑春煊也汗流浃背，知道此举极可能引起太后的猜忌，只好胡说了两句，匆匆告退。好在慈禧并未察觉。一场风波才过去。

这个说法其实并不可靠，因为依岑春煊的个性实在不像是会对慈禧有异议的人；但这也说明了慈禧彼时一味逃跑是多么不得人心。当时清人普遍认为，假如当时真的光绪先期回到北京主持和议，则后来的辛丑条约不至于如此严酷，可惜大多数大臣都不明所以，至于慈禧，则担心光绪趁机亲政，在洋人的支持下剥夺自己的权力，故而也不肯松口。于是，最好的和谈时机便被慈禧白白浪费了。

慈禧在，大清亡

不过慈禧深知：和谈，并不是不可以，可是看要由谁来谈。早在洋人刚刚入城的时候，没有离开北京的大学士昆冈等人就找到担任海关总税务司的英国人赫德，让他“设法斡旋，以救眉急”，赫德建议由庆亲王奕劻出面，与各国“商议和局大事”。昆冈随即将这个建议传给了还在流亡途中的慈禧。慈禧得信后，立刻下令已经到达宣化的奕劻立刻返回北京主持和谈。10月初，奕劻回到北京，在英军和日军的护送下他见到了各国公使。根据奕劻给朝廷的奏折，奕劻不可谓不卖力，他“往拜俄、英、美、法、意、比、日本各公使，备述此次拳教相仇，致使各国动兵，并婉谢各国洋兵保护宗社臣民盛意”，十足的奴颜婢膝；

可是战争进行得意犹未尽的各国公使根本懒得搭理他，纷纷跟他打官腔道："尚未奉到本国国家训条，无从议办"，只是要求清政府赶紧转变对义和团的态度，"自行实力剿办，勿再贻误"。

收到这一消息，慈禧立刻下发谕旨，宣称："此案初起，义和团实为肇祸之由，今欲拔本塞源，非痛加铲除不可。严行查办，务尽根诛。"并且督促奕劻加紧议和，"事宜从速，夜长则梦多，不可一误再误"。

不久，各国公使礼节性地回访了奕劻，对议和之事仍然绝口不提，只是提出几条要求：首先要求慈禧与光绪下罪己诏；其次清除朝廷内部的顽固派势力；再次要求战争赔款，否则八国联军不会撤军；第四，北京的防务暂时由联军管理，清政府无权参与。俄国公使格尔思更要求清军在东北立刻停战，否则俄军将继续作战。奕劻对这些要求哪儿敢不听，连忙一一照办。尽管如此，各国公使仍然迟迟不与奕劻谈判。奕劻也明白，他虽然位高权重，但以他的资历和地位还不足以让各国公使坐在谈判桌上。因此他再次向清廷上折，要求速调时任两广总督的李鸿章进京主持谈判。在经过几次三番的讨价还价后。9月底，清廷终于发下谕旨，委任李鸿章为全权大臣，"著准其便宜行事，将应办事宜，迅速办理，朕不为遥制"。

在李鸿章的极力斡旋下，第二年，丧权辱国的《辛丑条约》签订了。按照传统史学的说法，这一条约的签订标志着中国半殖民地半封建社会的彻底确立，清政府彻底堕落为西方帝国主义的帮凶。尽管舆论界对此一致哗然，但此时的慈禧却因为条约中将本已拟定的废黜太后之条最终删除而欣喜不已。光绪二十七年（1901年），慈禧“回銮”之时，她早已忘记了出逃之时的狼狈。西安城张灯结彩，锣鼓喧天，慈禧一行3000多辆马车，满载着金银、古董，浩浩荡荡起驾回京。一路上竟以黄沙铺路，大肆搜刮，大肆挥霍，穷奢极欲。三个月后，慈禧一行回到北京，结束了西逃生活。她到京后10天，就举行盛大宴会招待各国驻华使节及其夫人，极尽献媚求宠之能事。

李鸿章式外交失败之谜

……

李鸿章，大清帝国乱世之中的最后一根柱石。每每帝国有难，慈禧太后想到的第一人便是这个老中堂。这个被外国人誉为东方俾斯麦的老人，为何在生命的最后时光，签署了让中国蒙羞的条约，从而让他背上了“卖国贼”的千年骂名？

“东南互保”，李鸿章最后的保国努力

光绪二十七年（1901年）11月7日，大清帝国的最后一根柱石——李鸿章于北京贤良寺驾鹤西去，享年78岁。临死之前，李鸿章“目张口动，欲语泪流”，然而已经没有人知道他想说什么了；他的老部下周馥伏在床前替他擦去眼泪，边擦边痛哭流涕，泣不成声。在周围人的抽泣声中，李鸿章缓缓地闭上了眼睛。

光绪二十六年（1900年）春夏之交，当山东、直隶一带的义和团正闹得热火朝天时，就任两广总督没多久的李鸿章却忧心忡忡地关注着朝中的局势。和陷入疯狂的端王、庄王不同，甚至和韬光养晦的庆亲王、荣禄也不同，以李鸿章为首的东南各省方面大员，异口同声地坚决反对招安义和团并与洋人开战，其中包括两江总督刘坤一、湖广总督张之洞、闽浙总督许应骙、四川总督奎俊，以及北方的陕西总督端方和山东巡抚袁世凯。由于他们治下的地区大多数与洋人的势力范围和西方列强关系密切，因此，他们对于世界局势更加清楚，也十分明白利用义和团运动的危险性。就在义和团进入北京城的时候，张之洞和刘坤一就曾经联名上奏朝廷，申明洋人已经做好了对清政府战争的准备，并且提到赫德已经对他们发出了警告。随后，在铁路大臣盛宣怀的串联下，这些方面大员们通同一气，彼此密议应当如何保持所辖省份的稳定，避免西方列强以战争的名义侵略；他们甚至与英国人讨论了假如一旦北京沦陷、慈禧和光绪罹难，由李鸿章出任总统稳定局面的可能性。

6月21日，清廷发出了向十一国的宣战诏书，诏书传到东南各省，李鸿章将其看作是慈禧和光绪在威逼利诱之下发布的伪诏，断然拒绝接旨，他通过电报通知了盛宣怀这一决定，并经由后者转告各个大员。很快，这些方面大员纷纷响应李鸿章的号召。为了确保这一意见的实施。由盛宣怀牵头，张之洞、刘坤一委派官员，和上海道台余联沅，与以美国总领事古纳为首的各国领事签订了《东南保护约款》。其中公开宣称保护外国人在长江流域中下游的权益。这一条约签订以后，李鸿章、奎俊、许应骙、端方、袁世凯等人纷纷响应，先后加入。史称“东南互保”。

“东南互保”的成立让朝廷中的守旧派官僚极其震惊，刚毅痛斥李鸿章为“媚外汉奸”，咬牙切齿地诅咒要将他“尸诸市朝”；迷信义和团的山西巡抚毓贤甚至无法相信这一事件的真实性，表示“不胜骇异”，认为这是“奸宄捏造”的假消息。然而，慈禧得知此事后，却以含含糊糊的口气默许了“东南互保”的存在。恐怕，彼时的慈禧已经在盘算着如果这一仗打输以后的退路了。

随着战局的发展，清廷愈加发觉事情不妙，曾经急电要求李鸿章和袁世凯进京，当时正是联军攻占大沽口的时候，战局尚未明朗。清廷召他们两位进京，无疑是想借助他们在外交方面的长处来从中斡旋。然而这两位却以各种理由百般推脱。其中李鸿章在接旨以后，连续发了五封电报，明明白白地阐述了自己的意见——进京平事儿可以，不过要先把义和团除去再说，否则一切免谈。

清廷见此情况，迫不得已，只好调李鸿章为直隶总督兼北洋大臣，半强迫性地调他来京。职责所在，李鸿章不得不起身。

无奈之举，被赶鸭子上架的中堂

7 月 16 日，李鸿章坐船到达上海，先同各国领事见了面，互通声气。此时，参加“东南互保”的几位大员纷纷上奏，要求赋予李鸿章全权大臣之职。8月底，已经在“西狩”路上的慈禧批准了这一建议。于是李鸿章作为全权大臣，继续北上了。

李鸿章临行之前，他曾经与南海知县、他的同乡晚辈裴景福有一番对话。此事被清人完完整整地记录了下来，从中不难看出李鸿章对局势的预测和把握都惊人地准确。

农历六月正是一年之中最热的时节，广州外洋海面上正值退潮，黄埔港内，一只官船正懒洋洋地泊在码头上，桅杆上挂着一面大幡，上面五字“两广总督李”向人们威严的显示着船内之人的身份。原来这一天是李鸿章奉旨进京出发的日子。在码头上七七八八站着不少前来送行的两广官员，却都是抬首仰望的姿势，用焦急的目光盯着船舱入口处。少顷，一个人影从船舱内闪出来，几步跳下跳板，原来是两广总督李鸿章的亲随家人，只见他对各位官员拱了拱手，满面赔笑道：“各位老爷，我家老爷说，感谢各位费心前来相送，天气炎热，担心各位老爷身体，就不一一相见了。不过南海裴老爷请留步，我家老爷说，裴老爷是他同乡，又是晚辈，恐怕身体健壮，耐得暑热，不妨进船舱一叙。”

裴景福在众人混杂着艳羡和失望的目光中提带撩袍，匆匆走上甲板，心中还在琢磨李鸿章单独见他的用意。一低头进了船舱，却看见年过古稀的李鸿章短衣襟小打扮，正倚在一张小藤榻上。见礼已毕，李鸿章叫裴景福捡条凳子坐了，缓缓说道：“偌大个广州城，靠得住的人却没几个。我看你为官以信为本，倒是很好。要说起来维护地方稳定这事儿，知府知县的职责可要比督抚大得多！能把地方治理好了，洋人就不会生出侵略之心。你要好好干啊！”

裴景福当下连忙谢过李鸿章夸奖，然后一拱手道：“少帅说得甚是有理，以景福愚见，东南的安危，取决于上海；上海的安危，又取决于香港；香港的安危，又取决于广州；广州的安危，则取决于我南海县一带。外国领事洋商，大多在此居住，倘若要是有匪人为非作歹，把南海搞乱了，香港也要跟着动荡，则整个东南不免沦于战火。景福身为南海县父母官，愿与南海共存亡。还望少帅经过香港时，与港督提及此事，彼此同心协力才好。”

李鸿章颔首道：“无妨，我虽然赴京，但还是两广总督嘛。有什么事尽管和我说嘛，我还是要管的。”裴景福闻听此言一笑：“原来少帅还不知道，今天朝廷来电，少帅已经正式升任直隶总督兼北洋大臣了。听说，各国领事知道这个消息，都喜欢得了不得。说您这一去必然战事不起。”

李鸿章听了此话甚是高兴，当下掀髯一笑，以手捻须，自言自语道：“当今之世，舍我其谁！”自得之情，溢于言表。裴景福见他得意，也不吱声。

李鸿章接着又说：“古语云，百足之虫，死而不僵。京师的局势虽已收拾不住，但袁世凯、张之洞、刘坤一这几人颇有见识，必然相互扶持，不至于全局混乱。现在看看联军的兵力，恐怕最多两个月，京师必然陷落。不过聂士成已经阵亡，马玉昆又不能打，日本人离得近，英国人要是从中帮忙的话，恐怕最多能撑一个月啊！”话说到这里，李鸿章悲从中来，喃喃自语道:“内乱如何能停啊……”两眼一闭，竟自落下泪来。也不发一语。

裴景福见如此，便有些局促。起身深施一礼，便要告辞。李鸿章这才如梦方醒，连连说道:“老糊涂了。竟然把你晾在这里。来，喝点儿汽水解渴。”又叫裴景福坐下说话。

裴景福只得又坐下说道:“既然如此，那敢问此番入京，当作如何打算？”李鸿章摇摇头，艰难已极地说道:“此次进京，洋人不外乎提出三大条件。第一剿灭拳匪，第二诛杀祸首，第三是赔偿损失和军费。前两件不难，但最后这赔款数目可就不好说了。我也只有反复谈判，力求把数量减少，年限延长罢了，尽力而为！”说着说着，李鸿章竟然泪如雨下，几乎泣不成声。

裴景福见此，不敢久留，胡乱说了些安慰的话，便告辞离去。李鸿章亲自送出，并再三叮嘱地方要紧。裴景福唯唯答应，心情沉重地目送着李鸿章的船只起帆而去。

签订条约，弱国无外交

光绪二十六年（1900年）10月，李鸿章抵达北京，和八国联军展开谈判。果然正如李鸿章所料，各国提出的要求，都没超出李鸿章的预想。在随后的谈判中，李鸿章根据国际法据理力争，他提出皇室之前的宣战诏书乃是受到胁迫而写成，而义和团乃是叛逆，和清政府并无关系。因此这场战争并不是清政府与十一国交战，而是外国派兵入华帮助剿灭义和团。基于这一理由，李鸿章坚决不同意割地的要求，只同意赔偿军费及其

《辛丑条约》签字现场旧照

1901年9月7日《辛丑各国和约》(《辛丑条约》)在北京签订的情景。左起：荷、日、比、奥、西、俄、德、英、美等十一国代表，右二为李鸿章。

他要求。经过将近一年的谈判。终于达成了一致，这就是著名的《辛丑条约》。

正如李鸿章自己所言，他最终为了这个条约的签署，搭上了自己的性命。不妨说，李鸿章是被气死和累死的。他奋斗一生想要让大清国"外修和好，内图富强"，在生命的最后阶段，在他落笔签署《辛丑条约》之时，彻底灰飞烟灭了。

辛丑条约为什么没有割地条款

1901年，清政府被迫与英、法、美等十一国签订中国近代史上赔款数目最庞大、主权丧失最严重、史上最屈辱的《辛丑条约》。但，该条约没有任何涉及割地的内容。这是为什么呢?

屈辱的《辛丑条约》

先让我们看看《辛丑条约》的内容。

条约共有12条正文和19个附件，主要内容是：

1. 中国赔款4.5亿两白银，以关税、盐税和常关税作担保，分39年还清，年息4厘，本息共9.8亿两。

2. 在北京东交民巷设立使馆区，由各国驻军把守，中国人一概不准在内居住。

3. 拆除大沽炮台和北京至海通道的各炮台；在天津周围20里内不得驻扎中国军队，列强可以在北京驻扎防守使馆的卫队，并在京榆铁路沿线包括山海关在内的12个要地驻扎军队；至少两年内禁止中国进口军火和制造军火的材料。

4. 永远禁止中国人成立或参加“与诸国仇敌”组织，违者处死；各省官吏必须保护外国人的安全，否则即行革职，永不叙用；惩办赞助过义和团运动的“首祸诸臣”，在外国人“遇害被虐”的地方，“停止文武各等考试五年”。

5. 中国将总理各国事务衙门改为外务部，“班列六部之前”，并指定皇族亲贵担任外务大臣。

其中，并没有如同《南京条约》（割让香港等）、《马关条约》（割让台湾及澎湖列岛等）等不平等条约中割地的内容。这是什么原因？

民众不愿做亡国奴，列强难以瓜分中国

1900年6月6日，八国联军，侵犯中国。英国统帅西摩尔以保护各国使馆为名，率领2000人的侵略军从天津强行西进，企图打入北京。

俄国《新边疆》报的记者德米特里·杨维茨基，作为一名战地记者，于1900年在参与八国联军侵华战争中写下了战地日记——《八国联军目击记》，书中对廊坊之战有着详细的描述：

在廊坊，西摩尔远征军首次与中国官兵打了一个硬仗。上午8时战斗开始。中国的马队在后方步兵和炮兵的支援下，迅速逼向车站，但一遇到俄国的水兵排射，又迅速退回。马队并没有惊慌失措，他们绕过邻近的一个小村庄包抄过来，从右边进攻陆战队。但突然又碰上了德军，德军向马队开火，骑兵受阻后撤。随后，中国的步兵开了火，义和团也冲了上来，但遭到俄国水兵和德国军队的扫射。中国人的子弹都打得过远，联军的后备队吃了苦头，前锋损失不大。中午1时，战斗结束。这天晚上，西摩尔率领的联军开始总撤退。

同时，在大沽炮台，在天津城南的八里台，在海河东岸的老龙头火车站，在河西紫竹林租界，天津民众和清军爱国官兵舍生忘死，与侵略者浴血奋战，总兵罗荣光及聂士成等人英勇殉国。八国联军一度陷入进退两难、疲惫不堪的境地。此外，山东、河北各地民众都参加到天津的战斗中来，阻止西摩尔率

领的联军进犯北京。据史料记载，河北霸州民众抵抗德兵，战死者300余人，東鹿县旧城民众，徒手与侵略军相搏，牺牲4000余人。八国联军进犯保定、唐山、张家口、沧州等地时均遭到当地民众坚决抵抗，损失惨重。在东三省，北起黑龙江畔，南至渤海之滨，到处都掀起了抗击沙俄侵略军的战斗。

可以说，中国民众的英勇抵抗使侵略者遭受到了巨大的损失，他们也开始从瓜分的梦幻中走出来。联军的统帅们不得不改变对中国时局的认识，发表了所谓的《大沽宣言》，其目的之一就是企图消除中国民众对“瓜分”的疑虑。

列强分赃不均，内部矛盾重重

列强本来各怀鬼胎，占领北京以后，他们之间的矛盾就显现出来并空前激化。

利用八国联军侵华之机，俄国出兵侵占了东北三省。此举不仅触怒了日本，也损害了英、美的侵略利益。日俄矛盾尤为突出，为了报复俄国，日本随即派兵进入朝鲜，以示对抗，同时积极寻找反俄同盟。英国对于俄国在华势力的空前膨胀也感到极为不安，阻止俄国独霸中国东北是其远东政策的一个重点。为此，英国支持日本对抗俄国，在外交上日益与日本接近。

此外，列强对在华代理人的人选上也意见不合，围绕李鸿章和谈代表资格的问题争论不休。八国联军逼近北京之际，清廷正式任命李鸿章为全权议和大臣，与列强谈判。列强对此反应不一，沙俄为诱迫清廷承认它侵占东三省合法化，首先表示承认李鸿章代表资格，赞同与清廷议和，并提议立即撤出在北京的各国军队，开始议和。这一提议遭到法国以外的其他帝国主义国家的反对。英、德等国拒不承认李鸿章的代表资格。德国甚至与英国商定准备拘捕李鸿章，阻挠清廷与俄国的交涉，并提出以惩办慈禧太后、端王载漪等战争祸首作为议和的先决条件，从而使和谈无法进行。各国的矛盾日益加剧，斗争更加激烈，甚至发生了大规模的士兵互斗事件。

在这种情况下，帝国主义各国急于找出一个彼此都能接受的方案，早日同清政府议和。美国作为“门户开放”政策的谋划者，向来的态度就是反对列强瓜分中国，主张维持原状，以利用其强大的经济优势逐步排挤其他列强，达到最后垄断中国市场的目的。这样，由美国倡导的以维持中国领土完整为前提的“门户开放”政策成了各国共同对华的基本纲领。同年10月，英国与德国达成保持中国领土完整的原则协议，并照会奥、法、意、日、俄、美六国政府，各国政府均表示没有异议。同时，由于慈禧对列强极力示好，表示要“量中华之物力，结与国之欢心”。这样，在挑选代理人的问题上，列强态度也渐趋一致，决定“保全”慈禧，与清廷和议。《辛丑条约》不割地的基本方案就这样初步达成了。

列强并非没有瓜分中国的野心，而清政府的腐朽也给了他们这样的机会。但由于全国军民所表现出的抗击侵略之决心以及列强之间错综复杂的矛盾，迫使他们瓜分中国的计划破产，由瓜分中国的政策改变为“以华制华”的政策。

第二十八章
末代皇帝溥仪

缘何清宫三代无婴啼

……

为什么从同治到光绪再到末代皇帝溥仪，都没有留下一男半女的后代？是诅咒，还是他因？清宫三代无婴啼，究竟是为何？

连续三位帝王均无后

同治皇帝载淳，十九周岁死去的时候，没有留下一儿半女，虽然野史曾提到过皇后阿鲁特氏已怀有龙种，但正史中得不到任何依据，便无法作数。掐指一算，同治皇帝于同治十一年九月（1872 年 10 月）举行大婚典礼，死于同治十三年十二月（1875 年 1 月），这期间两年零三个月的时间里，他居然无法留下自己的一点骨血，实属怪事。

光绪皇帝死的时候三十八岁，居然身后也没有留下一男半女。光绪皇帝于光绪十四年十月（1888 年 11 月）大婚，虽然他在政治上难以有所动作，是慈禧控制下的傀儡皇帝，但在婚姻中，还是有一些自主权利的，慈禧并不会去干涉他的私生活。而且作为一国之君，他起码有着皇后妃子，几名女子陪伴，而且还有宠爱的珍妃常伴身旁，但膝下无子，确实让人费解。

而作为光绪帝继位人宣统帝溥仪，这位末代皇帝活了六十一岁，但也是没有孩子留下。晚清接连三任皇帝都没有留下子嗣，的确是够让人震惊了。

接连三朝皇帝都没有留下一男半女，这在中国的封建历史上还是绝无仅有的，“不孝有三，无后为大”，对于平常人家来说如此，对于帝王家更是如此。一个皇帝没有生育能力，这是要被天下人耻笑的。

幼年溥仪旧照

登基大典上的一语成谶

……

年仅3岁的溥仪被抱上了龙椅，摄政王的一句话，成了大清王朝命运的谶语。“快完了，快完了”，大清王朝就这样完了吗?

一场乱七八糟的登基大典

光绪三十四年（1908年）十一月初九，天气冷得出奇。紫禁城太和殿内却钟鼓齐鸣，一派雍雍穆穆的景象。年仅三岁的小皇帝——溥仪的登基大典正在举行。然而这次登基大典举行的却是前所未有的荒唐。拥立了新皇上的文武群臣不但没有露出开心的神色，反而一个个忧心忡忡。慈禧和光绪的同时崩薨，还没有让这些大臣们从震惊中清醒过来。登基大典上闹出的闹剧，让这些国家柱石们的心头蒙上了一层阴影。

很多年以后，溥仪在自传《我的前半生》曾经回忆了当时的情形：

由于溥仪刚刚入宫，他是怀着恐惧的心情面对这一切的。天气的寒冷也让这个小皇帝早就受不了。他一个人孤零零地坐在须弥宝座上，听着震耳欲聋的皇家音乐，看着一帮陌生人在自己的脚下手舞足蹈，三跪九叩，终于再也无法忍受这个场面。

正当登基大典举行得热闹的时候，溥仪突然开始哇哇大哭，边哭边喊："我不挨这儿，我要回家！我不挨这儿，我要回家！"说着就要从宝座上跳下来。

溥仪的父亲，议政王醇亲王载沣此时正单膝侧身跪在宝座之下，扶着小皇帝。见溥仪如此折腾，也不敢动弹，只好死死地压着溥仪。动弹不得的溥仪不断地挣扎，哭喊声越来越响，"我要回家"的声音伴随着盛大的钟鼓声在太和殿内回荡。急得满头是汗的载沣只好连连安慰道："别哭，别哭，快完了，快完了！"

对于历来迷信的清廷官员而言，这些话实在是不祥之兆。他们交头接耳，窃窃私语："怎么可以说'快完了'呢？""说'要回家'可是什么意思啊？"

溥仪小皇帝——年号宣统，就这样登上皇位，成了大清王朝的最后一任皇帝。

为何溥仪成皇帝

传闻溥仪之所以会当上皇帝，是慈禧病重之时，见光绪也病入膏肓，认为两人随时都有宾天的可能，由于光绪无子，挑选大清帝国的下一任皇帝的重担便又落在了慈禧的肩头。慈禧虽然深知自己已经不能再像从前一样垂帘听政，但她仍然要挑选一位和自己沾亲带故，关系甚近的皇族接替皇位。根据光绪入宫的前例，自然是还要从奕譞这一支中选择。

此时奕譞早已去世，接替醇亲王爵的是其第五子载沣。慈禧为了笼络载沣，又使出了她熟悉的策略，将宠臣荣禄的女儿认作了养女，并指婚给载沣。本来载沣当时已经定亲，但慈禧坚持如此，载沣只得听从。这样，载沣又成了慈禧的干女婿。载沣和这位大小姐生了两个儿子，溥仪和溥杰。慈禧立储的时候，就挑中了年纪稍微大一点儿的溥仪。

不过，有了前车之鉴的醇亲王府并不愿意把溥仪交出去——溥仪的亲叔叔，现在的光绪帝载湉当初也是这么被送进宫去，在宫里活活地被折腾了三十多年，此时马上就要撒手人寰。都说当皇帝有享不尽的荣华富贵，可只有这些天皇贵胄才知道其中的辛酸。

奕譞尚在人世的妻子，载沣的母亲一听说自己视若掌上明珠的大孙子又要被抱进皇宫去，当时就两眼一黑昏了过去。醒来以后死死地抱着溥仪不松手，而溥仪则又哭又叫又喊又闹——整个醇王府一片混乱。所有的人都在盯着年轻的摄政王载沣，可载沣也一句话也说不出来，只是无可奈何地苦笑。乱了一阵子，有个乳母看溥仪哭得可怜，便过来给他喂奶，溥仪这才渐渐安静下来。

执掌大清权力的父亲

溥仪即位之后，由于年纪太小，载沣掌握了大清朝实际的权力。对于这个两代为帝的家庭来说，所谓树大招风，因此不得不韬光养晦，低调做人。前文已经说过，老醇亲王奕譞在光绪即位以后，便辞去了全部职务，希望以此远离政治斗争。然而，光绪长大以后与慈禧的对立还是让奕譞的处境极为尴尬。

一方面，他与荣禄等人甚为友善，最后还结为亲家；另一方面他和支持光绪的翁同龢等人关系也很不错。为了不让慈禧对他有任何意见，他甚至放弃了所有原则，在督办北洋海军的建设时，挪用经费给慈禧修造颐和园。载沣也继承了乃父的此种家风。小心翼翼，明哲保身。朝中大事，几乎都由庆亲王奕劻和其他军机大臣做主。他则摆出一副超然世外与世无争的架势。

不过，载沣虽然低调如此，有一件事情他却始终耿耿于怀：那就是光绪的失势，他始终认为，如果不是袁世凯关键时刻倒戈，百日维新就不会失败，而光绪也就不会受到慈禧的百般凌辱，最终郁郁而终。因此，他处心积虑要为光绪报仇。一时间，民间流言四起，传说载沣已经将袁世凯秘密处死。

然而，流言终究是流言。事实上，载沣要想除去实力已经异常强大的袁世凯，几乎是不可能完成的任务。他只能团结一帮年轻气盛却没有任何政治斗争经验的少壮派满族亲贵来筹划此事，然而这一举动却遭到了庆亲王奕劻和张之洞的坚决反对。

据说，当载沣和几位军机大臣碰头，把自己的计划和盘托出时，所有的军机大臣都吓了一跳。庆亲王更是连说不妥。他认为，袁世凯虽然现在已经被夺了军权，但北洋新军都是他的手下，段祺瑞、冯国璋、王士珍等人都是他一手提拔起来的。如果这些人造反，带兵进京，谁挡得住？

最后，万般无奈的载沣只好同几位军机大臣达成妥协，以袁世凯患“足疾”为由，将其免职，令回原籍。载沣自以为从此可以安然无恙，然而过了不久，革命的风暴席卷全国，已经

载沣像

对清廷彻底失望的袁世凯卷土重来趁势夺取了政权。这就是他所想不到的了。

就这样，大清朝的政局，愈加动荡了。

清政府推行新政时，定下了预备立宪的计划，但由于慈禧的去世，继续推行这一计划的权力，交到了载沣的手里。由于这也是光绪遗诏中所关心的事情，载沣并不敢怠慢。宣统元年（1909 年），如期举行了各省谘议局的选举；第二年，资政院也告开院。正当全国人民翘首以盼第一任内阁的建立的时候，载沣却做出了一个愚蠢的决定。

愚蠢的皇族内阁

宣统三年（1911 年）载沣任命了第一届内阁。然而，这一届内阁有 13 名成员，居然有 9 人是满族人，而这 9 人中又有 7 人是宗室子弟。内阁总理大臣就是军机大臣庆亲王奕劻。除此之外，清廷还宣布，由于内阁制度为首创，为了慎重起见，本届内阁仅根据内阁办事暂行章程成立，具体国务处理还依照原来的政治模式进行；并且，军事方面的问题也不由内阁总理大臣负责，而是由军咨府大臣载涛负责。

由于这届内阁徒有其表，它被立宪党人和革命党人异口同声地讽刺为“皇族内阁”；载沣的决策失误，也让社会舆论大失所望，认为清廷根本无意立宪，既然和平手段无法解决，就以武力夺取之。很多立宪党人从此倒向革命派。革命的暴风迅速席卷了大江南北。

滦州兵谏，君主立宪梦的破灭

……

为保大清，有识之士不惜发动兵谏。十二条政纲，无疑是大清王朝最后的续命仙丹。为什么朝廷对之嗤之以鼻？面对滦州兵谏，摄政王采取的是何种态度？

握有重兵的士官三杰

黄花岗起义以失败而告终，革命形势也陷入了暂时的低谷。不过，晚清政府却从中看到政治改革的必要性。朝廷中的立宪党人都在抱着在政治改革的进程中分得一杯利益之羹的幻想。可以说，这种幻想，正是滦州兵谏的根源所在。

滦州兵谏的主要领导人吴禄贞、张绍曾和蓝天蔚，三人在日本留学时一见如故，结为莫逆。而且，由于三人在留学时成绩突出，志趣不凡，时人有“士官三杰”之美誉。

吴、张、蓝三人在日本留学之时，颇受孙中山思想的影响，更与湖北籍的革命者刘成禺等人交往密切。然而，他们的身份是清廷官派的军事留学人员，对于晚清政府，仍然保有着无限的幻想和忠诚。因此，他们并不是严格意义上的革命者，更不是孙中山、黄兴、宋教仁那样以革命为职业的革命家。他们心里只是有着变法强国的愿望，却没有从根本上改变政治制度的勇气，只能称之为朝廷中的立宪党一派。

学成归国后的 1911 年，吴禄贞任陆军第六镇统制；张绍曾任新军第二十镇统制，驻守沈阳、新民一线；蓝天蔚则任第二混成协统领官。可以说，这三人手中所掌握的新军兵力之总和，在北方来说当属首屈一指。这也为他们举起滦州兵谏的大旗创造了条件。

黄花岗起义之后，政治改革的呼声愈加强烈，清政府也开始主动寻求改革。一时之间，朝中的立宪党人仿佛看到了一线曙光。

5 月 8 日，清政府开始实行责任内阁制。然而，建立的却是被时人称之为“皇族内阁”或“亲贵内阁”。这一责任内阁制的出台使得立宪党人先前的政治期待全都化为泡影，激起了他们极大的恼怒。紧接着，盛宣怀所提出的铁路国有化之建议又为朝廷所采纳，南方各省群情激奋，反抗声音此起彼伏。最终导致了保路运动、这一武昌起义先声的浪潮。

这种国内局势可不是清政府希望看到的。为了压制各地风起云涌的抗议声浪，清廷决定，于当年秋天调动大军举行永平秋操。

永平秋操提供的机遇

所谓的永平秋操，也就是当年秋天在永平县举行的军事演习。清军共分为东西两军。一是以满族人为主的禁卫军为西军；二是以汉人为主的新军为东军。早在演习开始之前，朝廷便已将结果内定为西军胜东军败。一场演习变成了演戏。

军咨大臣载涛被朝廷特别任命为永平秋操大元帅，舒清阿为西军总统官，东军总统官则为冯国璋。禁卫军的第一混成协、第二混成协和第三混成协和新军的第一镇、第四镇、第二十镇及第二混成协被指定为参加秋操的队伍。两军先后从原驻地向滦州一带集结。

新军第二十镇正是由张绍曾所统领。当张部从驻地新民府开往滦州之时，武昌起义爆发，一时之间全国大震，士气不振，军心大哗。朝廷当即下令将当年秋操的一切准备活动予以停止，并计划将新军第二镇、第四镇及第六镇的一协编为第一军，将第二十镇和第三镇、第五镇各一协及第二混成协编为第二军，赶往湖北前线。

接到朝廷旨意后，从各地进发滦州集结的各路大军相继回撤，返原驻地待命。唯有张绍曾所部的第二十镇仍旧驻扎于滦州。

滦州乃北京门户，拱卫帝都的京畿要地。张绍曾在此要害之地按兵不动，朝廷顿时起了疑心。此时正值多事之秋，紫禁城里自然担心武昌之事在滦州重演，而一旦武昌变局再现，北京势必会成为起义者首当其冲的目标。为避免这一极为不利的后果，清廷派出多名与张绍曾相交的将领，赶往滦州当说客。第六镇的统领吴禄贞便是其一。

此时的吴禄贞已经奉清廷之命返回原驻地保定。出生于湖北的吴禄贞、蓝天蔚等人对家乡发生的武昌起义尤为关心，再加上留日期间受到革命党人思想观念的熏陶，对武昌起义确有遥相呼应的考虑。而且，张绍曾滞兵滦州不归，其实也是“士官三杰”最初的计划之一。

朝廷派吴禄贞前去游说张绍曾，实等于给了士官三杰一个名正言顺的沟通串联机会。三人也正好借此良机，对之前制订的计划做一番修正。

重兵逼宫，胆怯的清政府

10月27日，张绍曾坐拥滦州之兵，联络一批新军将领，发动兵谏，联名向朝廷施加压力，要求朝廷将立宪事宜尽快提上日程，以政治制度上的彻底变革，来对南方革命党人的合理要求进行回应。张绍曾他们认为，此措施不仅能维系清政府继续存在下去，也能在政治上推动中国的进步。

很明显，张绍曾等人的建议触动了皇族的切身利益。面对着自身利益与国家未来，一时之间，朝廷难以抉择。张绍曾等人又继续施压，要求将军队驻扎在南苑，以兵临城下之势逼迫朝廷。

这种重兵逼宫的要求朝廷当然不敢答应，否则的话，将是紫禁城的血流成河。

朝廷的态度让率先发难的张绍曾等人骑虎难下。他们既不能放弃政治要求，也不能真的不顾朝廷旨意，兵发北京城。要是如此做，他们就是革命者而不是立宪党。

军火列车，一线逼宫的希望

这时，一列载满发往武昌前线军火的列车，给张绍曾又一个向朝廷施压的机会。

这趟专列上的军火采购于欧洲，奉朝廷之命，由东三省总督赵尔巽发往武昌前线，天津兵站司令部副官彭家珍负责押运。但赵尔巽万万没有想到，这个彭家珍，竟是一个潜伏得极深的革命党人。

彭家珍知道，这批军火一旦被送到武昌前线，将会对革命形势产生不利影响。因此，他接到这个特别紧急的任务后，马上通过特殊渠道通知第二十镇统制张绍曾，希望张绍曾用各种手段将军火截留或扣留，以用来支援武昌前线的革命将士。

张绍曾心里非常清楚这批军火之于武昌前线的意义，但他却不欲将之据为己有，而是想用被扣留的军火向朝廷施压，以实现尽快政治改革、尽快实行君主立宪、回应南方的要求的政治目的。这与彭家珍以及其他革命党人的想法明显不同。

张绍曾扣押支援武昌前线军火的消息传到北京，马上引起了一系列连锁反应。朝廷动用了各种关系，通过各种方式劝张绍曾有话好好说，以国家大事为重；身处前线或者准备开往前线的冯国璋、段祺瑞等人也劝他有话说话，前线弟兄的性命可不是闹着玩的。

但张绍曾等人并没有把这些或软或硬的劝告放在心上。醉翁之意不在酒，目的没有实现，军火不可能就此乖乖交出。10月29日，张绍曾、卢永祥、蓝天蔚、伍祥桢、潘榘楹（吴禄贞因调任山西巡抚而未一同联名，后于11月7日，被袁世凯所派的杀手暗杀）等新军将领联名向朝廷上奏，要求清政府立即实行真正、彻底的君主立宪制，“以定国危而弭乱”。

被拒绝的大清续命仙丹

这份洋洋洒洒万余言的奏折归根结底只有一句话，就是要求朝廷立刻进行政治体制的改革。为此，张绍曾等人在这个奏折后，附上了十二条政纲：

1. 大清皇帝万世一系。

2. 立开国会，于本年内召集。

3. 改定宪法，由国会起草议决，以君主名义宣布，但君主不得否决之。

4. 宪法改正提案权专属于国会。

5. 海陆军直接归大皇帝统率，但对内使用应有国会议决特别条件遵守，此外不得调遣军队。

6. 格杀勿论、就地正法等律，不得以命令行使；又，对于一般人民不得违法随意逮捕、监禁。

7. 关于国事犯之党人，一体特赦擢用。

8. 组织责任内阁，内阁总理大臣由国会公举，由皇帝敕任；国务大臣由内阁总理大臣推任；但皇族永远不得充任内阁总理及国务大臣。

9. 关于增加人民负担及媾和等国际条约，由国会议决，以君主名义缔结。

10. 凡本年度预算未经国会议决者，不得照前年度预算开支。

11. 选任上议院议员时，概由国民对于由法定特别资格者公选之。

12. 关于现时规定宪法、国会选举法及解决国家一切重要问题，军人有参议之权。

张绍曾的奏折与十二条政治纲领，其基本精神就是要建立起一个类似于英国君主立宪制的虚君国家，而不是日本那种立宪君主制的政体。如果张绍曾等人的建议能够为朝廷所采纳，武昌方面的那场如火如荼的起义至此就完全可以结束，因为此时的革命党人还需要借助封建官僚的势力，这种折中的结局也正是他们所期待的。

然而清廷却罔顾张绍曾等人的忠诚，对他们的建议采取了糊弄的对策：一点点让步，一点点为皇族争取更大的权益。结果错失良机，君主立宪的机会完全丧失。大清帝国，也就在武昌首义的革命浪潮中走向了最终的灭亡。

末代皇帝长眠在了哪里

……

中国末代皇帝溥仪一生充满传奇色彩，他的身份在历史沧桑中不断变化，许多人都知之一二。1967 年溥仪因患肾癌在北京逝世，溥仪死后葬于何处？此事鲜为人知。

清西陵的风水宝地

据记载，1915 年溥仪 10 岁时，帝室决定为溥仪选择“万年吉地”。担当此任的是精通风水的广东廉州府李青。

李青等人踏遍了河北省易县西陵的山山水水，经过勘测与计算，认为泰东陵旺隆村北，是一处上吉佳壤。陵穴定在西北的山坡上，与崇陵遥遥相对，清皇室经过讨论，并派人实地验证后，认为可以选用，即时将此地圈禁起来。

据徐广源《清朝皇陵探奇》记载，当时“溥仪小朝廷没有自己的经济来源”，“更何况时局不稳，小朝廷自身难保，所以陵址虽已选定，但一直未能兴工”。

还有一种说法，出自陈宝蓉著《清西陵纵横》：“溥仪入承大统后，便于崇陵旁的旺隆村北选定了‘万年吉地’”。并“于宣统二年破土修建，采取了先地下，后地上，由后向前逐步施工的办法。施工一年有余，完成了地宫开槽奠基和明楼宝城等基础工程。辛亥革命爆发，清王朝便倒台了。至此宣统陵寝工

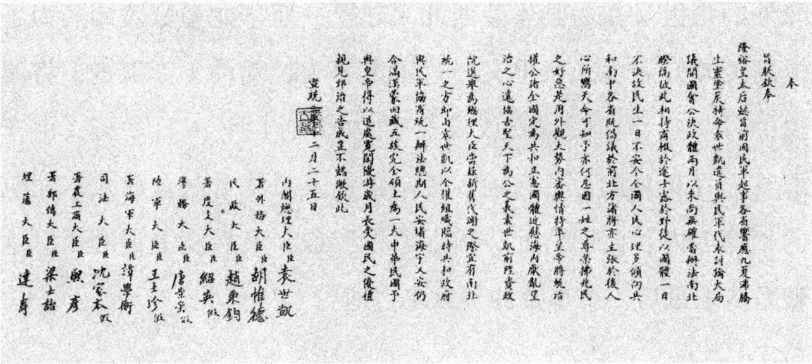
奉
旨朕欽奉
隆裕皇太后懿旨前因民軍起事各省響應九夏沸騰
生靈塗炭特命袁世凱遣員與民軍代表討論大局
議開國會公決政體兩月以來尚無確當辦法南北
睽隔彼此相持商輟於途士露於野徒以國體一日
不決故民生一日不安今全國人民心理多傾向共
和南中各省既倡議於前北方諸將亦主張於後人
心所嚮天命可知予亦何忍因一姓之尊榮拂兆民
之好惡是用外觀大勢內審輿情特率皇帝將統治
權公諸全國定為共和立憲國體近慰海內厭亂望
治之心遠協古聖天下為公之義袁世凱前經資政
院選舉為總理大臣當茲新舊代謝之際宜有南北
統一之方即由袁世凱以全權組織臨時共和政府
與民軍協商統一辦法總期人民安堵海宇乂安仍
合滿漢蒙回藏五族完全領土為一大中華民國予
與皇帝得以退處寬閒優游歲月長受國民之優禮
親見郅治之告成豈不懿歟欽此
宣統 二月二十五日
內閣總理大臣臣袁世凱
署外務大臣臣胡惟德
民政大臣臣趙秉鈞
署度支大臣臣紹英假
學務大臣臣唐景崇假
陸軍大臣臣王士珍假
署海軍大臣臣譚學衡
司法大臣臣沈家本假
署農工商大臣臣熙彥
署郵傳大臣臣梁士詒
理藩大臣臣達壽

宣统帝退位诏书

1912 年 2 月 12 日，清朝末代皇帝退位，颁布了退位诏书，标志着大清统治中国的结束。

程被迫停止，再没有恢复兴建”。

各种说法，孰是孰非，有待考证。

葬于八宝山

溥仪逝世后，是土葬还是火化呢？据溥仪的夫人李淑贤说，溥仪的遗体是 1967 年 10 月 19 日火化的，对于骨灰如何处理，有关领导当时做了明确指示：一是可由爱新觉罗家族决定；二是可由家属选择在革命公墓、万安公墓和其他墓地的任何地方安葬或寄存骨灰。10 月 20 日家属聚会进行了讨论，经家族一致商定，将溥仪的骨灰寄存在八宝山人民骨灰堂。

从八宝山迁至清西陵

1980 年 5 月后，溥仪的骨灰重新安放在八宝山革命公墓第一副室。至 1994 年溥仪葬地又有变化。据记载：1994 年，旅居海外的张世义在易县崇陵西北兴建了一座华龙皇家陵园。为了提高陵园知名度，张世义经过不懈努力，劝动了李淑贤，将溥仪的骨灰迁葬西陵。安放仪式于1995年1月26日举行，由李淑贤把骨灰盒捧至墓穴前，陵园工作人员将骨灰盒放入水泥筑的“椁”内。面南背北，盖上“椁”盖，最后浇上混凝土。这就是清末最后一个皇帝的“万年吉地”。